KB217334

破 大 乘
顯 根 本

대승은

끝났다

시
현
지
음

불광출판사

동격자이시자
바르며 –같은– 깨달음을 이루신
그분 세존께 귀의합니다.

———————

Namo tassa Bhagavato Arahato Sammāsambuddhassa

얼거리

이 책의 대의는 '破大乘 顯根本'(대승의 삿된 사상을 깨뜨리며 근본불교의 원형을 드러내다.)
이다. 깊숙한 구멍을 여기저기 몇 개만 뚫어 놓으면 물이 콸콸 쏟아져 나오고 금이
가다가 마침내 거대한 둑이 무너지듯이, 대승에 대해 그런 구멍 역할을 하려는 것
이 이 책의 취지다.

깔라마 경

"깔라마인들이여, 전해 들었다고 해서, 연이어진 것이라고 해서, 다들 그렇게 말한다고 해서, 모음집을 구족한 것이라고 해서, 사유한 것이라고 해서, 체계적인 것이라고 해서, 짜임새 있는 판단이라고 해서, 숙고해서 이해한 견해라고 해서, 유력해 보인다고 해서, '이 출가수행자는 우리의 스승이시다.'고 해서, 그런 것들을 받아들이지 마십시오.

깔라마인들이여, 참으로 자기 스스로가 '이러한 가르침들은 좋지 않은 것이고, 이러한 가르침들은 오점이 있는 것이며, 이러한 가르침들은 식자들의 비난을 받는 것이다. 이러한 가르침들을 곧이곧대로 받들어 행하면 해악과 괴로움이 따른다.'고 알게 되었을 때, 그런 것들은 버려야 됩니다." (앙1-460)

들어가기

들어가기에 앞서 재가 신도님들께 미리 당부드릴 말씀이 있습니다. 본서는 발심 출가자들을 위한 책이고 그 수준에서 이해될 수 있는 내용으로 이루어져 있습니다. 본서의 대부분의 내용들은 정법시대에는 신도들에게 가르치지 않았습니다. 그 이유는 아무리 사실이라고 하더라도 상대에게 해롭다면 말해주지 말아야 하기 때문입니다. 본서의 내용도 근본불교를 드러내기 위해 최대한 사실을 밝히려고 노력했지만 신도님들에게는 해로울 수 있습니다. 예컨대 율장의 단타 제4조에서 나타나듯이 재가자가 발심과 수행이 결여된 채 불법의 전문 지식만을 습득하면 스님들을 대하는 태도가 거만해질 수도 있습니다.(율3–1345) 그러나 요즘은 정보 개방의 시대여서 어차피 숨기기도 어렵습니다. 결국 알려질 수밖에 없다면 사실을, 진실을 알려줘야 할 것입니다. 그러므로 본서를 읽는 신도님들은 글을 읽는 동안이라도 윤회하는 삶에 완전히 정떨어진 발심수행자의 마음으로 읽으시기 바랍니다. 그리한다면 오히려 왜곡된 말법 불교의 믿음을 정법 불교의 믿음으로 같이 바로잡아 나갈 수도 있을 것입니다.

내가 믿고 있는 것이 사실이 아니라고 밝혀지는 것이 두려운 것이 아니라 사실이 아닌 것을 사실이라고 평생 믿고 사는 것이 두려운 일일 것입니다. 삐딱한 심성이 자라나는 것이 염려스럽지만 비판 정신이 결여된 종교·사상은 삶을 맹목과 편견으로 이끕니다. 아마도 이러한 딜레마는 혼탁한 말법시대에까지 굴러든 자들의 불가피한 굴레라는 생각도 듭니다. 다만 위로가 되는 것은 부처님께서 '8정도(八正道)'의 첫 번째에 '바른 견해[正見]'을 세우셨다는 점입니다. 이 바른 견해는 불교 수행의 시작이자 끝이기도 합니다. 바꿔 말하자면 불교 수행은 처음부터 끝까지 바른 견해의 완성을 위해 비판 정신의 끈을 놓아서는 안 된다는 뜻으로도 새길 수 있을 것입니다. 마냥 허우적거린다고 격류를 건널 수는 없습니다. 바른 가르침인지 삿된 가르침인지 잘 구별해 내는 것은 깨닫는 통로[擇法覺支]이기도 합니다. 만일 자신의 인생을 건 종교가 어떤 종류의 것인지, 힘든 수행이 무엇을 향한 것인지조차 모른다면 참으로 우습고도 어이없는 희비극이 아니겠습니까?

그러나 옳든 그르든 한 시대의 패러다임은 형성시키기도 어렵지만 벗어나기도 어렵다는 것은 종교·사상·철학의 역사가 증명하는 바입니다. 당대의 천재들도 그러했으니 범부들은 말할 것도 없을 것입니다. 2천 년의 역사를 지닌 대승의 사상과 문화도 그러한 경우에 해당한다고 봅니다. 대승은 네 가지 측면, 즉 기본자세, 계율 조목, 실체 사상, 수행 방법에 있어서 불교일 수 없다는 것이 이 책의 요지입니다. 일단 세간을 자극하려는 극단적인 글쓰기라는 선입견을 면하기 어려운 주장처럼 보일 것입니다. 그러나 이 주장이 극단적이라는 선입견은 대승이라는 극단적인 패러다임에 빠져 있기 때문에 생겨난 맹목적인 역반응은 아닌지도 반성해 봐야 할 것입니다. 다른 종교만 그런 것이 아니라 우리 불교도 얼마든지 맹목적일 수 있다는 것을 말입니다. 그리고 저라고 대승과 근본불교를 원만히(?) 회통시켜서 웅숭깊은 안목을 지닌 수행자로 보이고 싶지 않겠습니까? 저 또한 제 인생이 소중하고, 잘못된 가치관을 가지고 살아가는 것을 누구보다도 두려워하는 사람입니다.

그런데 사실, 대승을 공격하지 않아도 대승은 이미 생명력을 잃어서 퇴색되었고 유명무실해지고 있으며, 쇠망의 기운도 역력합니다. 그렇지만 이제라도 대승을 분명하게 정리해야 할 때입니다. 그 정리 작업이 제대로 이루어지지 않으면 더욱 왜곡된 불교로 변질되어 갈 것이 뻔하기 때문입니다. 일부 대승 문화권을 제외하면 대승 비불설(대승경전은 부처님이 직접 설한 것이 아니라는 주장)은 대세로 굳어지고 있다고 보입니다. 지금까지 학계에서 행해진 역사적 자료의 비교·분석을 통한 문헌학적 비판은 괄목할 만한 성과를 이루어서 대승이 비불설임을 상당 부분 증명했습니다.(이 부분에 대해서는 본서에서 다시 번다하게 다루지는 않을 것입니다.) 그러나 그 성과물만으로는 대승 비불설에 대한 종지부를 찍지 못하는 한계를 가졌을 뿐만 아니라 '대승 비불교'(대승은 불교가 아니다.)에 대한 논의에는 더욱 미진한 것이었습니다. 그런데 만약 대승이 비불교임이 확실하다면 대승 비불설은 따로 증명할 필요가 없어질 것입니다.

이 책의 대승에 대한 비판은 위의 네 가지 측면으로 이루어지지만 그 모두에 관통하는 비판 원리는 (ⅰ) 경전 자체의 논리적 정합성을 통한 비판, (ⅱ) 기본 개념의 선명화를 통한 비판, (ⅲ) 출가자의 수행 정신을 통한 비판, 이 세 가지입니다. 이 원리들은 지금까지의 대승 비불설 혹은 대승 비불교에 대한 연구의 미흡한 부분을 보완해 주리라 믿습니다. 특히 본서에서는 기존의 번역과 차별성을 갖는 번역어와 기본 개념들이 주석에서 상당 부분 다루어지고 있기 때문에 주석의 개념 다듬기 작업을 꼼꼼히 소화하지 않으면 본서에 대한 이해는 떨어질 수밖에 없을 것입니다. 그러나 번역어와 그 개념을 하나씩 잡아나가다 보면 불교 전체를 관통하고 회통하는 희열을 맛볼 수 있을 것이라고 기대합니다. 아울러 부록으로 실린 '찾아보기 번역 대조'를 자주 점검하고 숙지하면 현재 번역된 근본경전들을 독파함에 있어서 입체적이고도 정밀한 안목을 얻으리라고 봅니다.

늦은 감은 있지만 최근에 다행히도 근본불교에 접근하는 데 중요한 역할을 해 줄 초기불교의 바람이 우리나라에서도 일고 있습니다. 한국불교는 지금 초기불교의 초기라고 할 수 있습니다. 그렇다고 이 책이 초기불교(정확하게는 부파불교의 아비담마 철학)를 옹호하는 글이 아니라는 것은 본문에서 확인할 수 있을 것입니다. 오히려 초기불교의 요체라고 할 수 있는 아비담마 철학에 대한 비판도 대승에 대한 비판

만큼이나 비중 있게 다루어져야 합니다. 아비담마에 대한 정확한 비판 없이 대승에 대한 정당한 비판은 불가능하기 때문입니다. 특히 요즘 한국불교에서 부흥하는 남방상좌부 철학에 대한 맹목적인 추종은 중국불교를 수입하던 때와도 비슷하며 기독교와는 또 다른 형태의 정신·문화적 사대주의라는 생각이 듭니다. 협소한 예로, 한문을 숭상하다가 요즘에는 영어를 숭상하는 사대주의와도 흡사하게, 예불까지도 빨리어로 모시는 행태에서 주체성을 상실한 외세지향주의를 확인할 수 있습니다.

초기 단계의 여러 부작용들이 있긴 하지만, 일찍이 일본에서 근본경전(Nikāya)의 수입을 제2의 불교 전래라고 불렀듯이 한국불교에도 새로운 희망이 보입니다. 이미 초기경전의 진솔한 가르침을 접한, 안목과 선근을 갖춘 수행자들과 불자님들은 금방 부처님의 음성을 알아듣고서 감동을 받고 있습니다. 더욱이 대승에 나름대로 식견이 있는 분들은 벌써 초기경전과 대승과의 차이를 느끼고 있을 것입니다. 대승이 근본불교를 어떻게 변형시켰는지, 그 사상은 근본불교와 일치하는지, 또한 그 수행 방법과 결과물은 근본 가르침과 일치하는지, 더불어 한국불교의 주된 수행법인 간화선의 수행 내용과 그 깨달음은 부처님께서 가르치신 수행법과 어느 정도 부합하는지 등의 질문에 이제는 더 이상 피해갈 수 없는 막다른 골목에 처해 있다고 보입니다. 특히 많은 출가수행자들의 경우에는 지금까지 수 년, 수십 년을 대승경전에 입각한 수행을 나름대로 열심히 해 왔지만 별다른 진보를 경험하지 못하고 대승은 뭔가 이상하다는 느낌을 지속적으로 받아 왔던 것이 사실입니다. 이 책을 읽으면서 그 이상한 느낌의 정체가 무엇이었는지 조금이라도 선명해졌으면 좋겠습니다.

이 세상에 불교를 다 아는 사람은 단 한 명도 없습니다. 그러므로 불교의 교법과 수행에 대해 자기와 견해가 다르다고 해서 감정적으로 배척해서는 안 될 것입니다. 오로지 진리를 위해, 생사 해결을 위해 모든 것을 버리고 출가한 수행자라면 더욱더 겸허히 기존의 고정관념과 기득권을 버리고 올바른 법을 받아들여야 마땅할 것입니다. 제 생각에 대승은 불교를 얼마나 정확히 파악하고 있는지 테스트하기 위해 어떤 것이 불교의 내용이고 어떤 것은 불교의 내용이 아닌지 가려내 보라고 제출된 시험지와도 같습니다. 이 책은 애오라지 그 답안지의 하나일 뿐입니다. 아무쪼록 제방의 눈 밝은 대덕·현철들께서 양심 어린 평가와 질책을 해 주시리라 기대해 봅니다.

차례

제3편

사상

윤회하느냐 소멸하느냐 그것이 문제로다

제4편   # 수 행
부처님의 전생 수행으로 퇴행하다

제5편   # 평가

대승은 더 이상 불교가 아닙니다

- 쓰고 나서

일러두기

- 니까야 경전의 빨리어 원전으로는 PTS본을 사용했습니다.
- 니까야 경전의 출처는 누구나 확인하기 쉽도록 우리말로 번역된
  대림·각묵 스님의 초기불전연구원 시리즈나 전재성 박사의 한국빠알리성전협회
  시리즈를 통해 밝혔습니다. ('약어 해설' 참조 요망)
- 본서에서 번역된 니까야 경전 구절이나 단어들은 기존의 한문 번역이나 최근의
  한글 번역과는 상당 부분 다를 수 있습니다. 특히 기본 어휘들에 대해서는
  부록에 실린 '찾아보기 번역 대조'를 잘 활용해야 이해도를 높일 수
  있을 것입니다.
- 대승경전류의 출처는 주로 신수대장경 등으로 밝혔지만 다른 한글 번역물을
  이용하기도 했습니다.
- 부처에 대한 높임법은 부처님이라는 호칭에 한하고 나머지 높임말은
  형편상 평서체로 기술했습니다.

약어 해설

A   Aṅguttara Nikāya (앙굿따라 니까야·증지부·가짓수 부류)

D   Dīgha Nikāya (디가 니까야·장부·긴 부류)

M   Majjhima Nikāya (맛지마 니까야·중부·중간 부류)

S   Saṁyutta Nikāya (상윳따 니까야·상응부·묶음 부류)

V   Vinaya Piṭaka (율장·규제집)

앙   『앙굿따라 니까야』 ('앙1-460'라는 표기는 대림·각묵 스님의 초기불전연구원 시리즈 중에서 '앙굿따라니까야 제1권 460페이지'라는 뜻이다. 나머지 책들의 권수 및 페이지 표시법도 이와 같다. 4부 니까야 즉, 앙굿따라·디가·맛지마·상윳따 니까야의 출처는 모두 초기불전연구원의 번역물로 밝혔다.)

디   『디가 니까야』

맛   『맛지마 니까야』

상   『상윳따 니까야』

법   『법구경』 (2012년본. 이하의 경들은 빠알리성전협회의 번역물로 출처를 밝혔다.)

숫   『숫타니파타』 (2013년 양장확장본)

우   『우다나-감흥어린 시구』 (2009년본)

이   『이띠붓따까-여시어경』 (2012년본)

율1   『마하박가-율장대품』 (2014년본)

율2   『쭐라박가-율장소품』 (2014년본)

율3   『빅쿠비방가-율장비구계』 (2015년본)

율4   『빅쿠니비방가-율장비구니계』 (2015년본)

테라 『테라가타-장로게경』 (2016년본)

테리 『테리가타-장로니게경』 (2017년본)

구사 『아비달마구사론』 전4권 (권오민, 동국역경원, 2002)

아길 『아비담마 길라잡이』 전2권 (대림·각묵, 초기불전연구원, 2002)

청론 『청정도론』 전3권 (대림, 초기불전연구원, 2004)

大正 『대정신수대장경』

제1편

기본

도명(盜名)하는 자가 어찌 올바른 자랴!

1
부처의 이름으로 부처를 쳐내다

요즘 대승 문화권의 불교를 보면 대승 문학의 작자들이 이이제이(以夷除夷) 작전과 사자 벌레 용병술로 불교를 전복시킬 의도를 가지고 있었던 것은 아니었을까 하는 의구심을 갖게 된다. 아니면 자기야말로 불교를 통폐합하고 승화시킬 수 있는 안목의 소유자라고 생각했던 과대망상자였을지도 모른다. 마치 예수와 동시대에 자기야말로 구세주라고 외치며 활동했던 여러 그리스도들처럼 말이다. 그들 중 어느 실력자의 말이 추종자들을 포섭하고 양산시켜서 큰 세력을 형성하고 여러 세대를 거치면 너무도 당연하고 당당한 집단이자 진리 명제가 되리니….

사악함에도 길게 흥행하는 것들은 나름대로 이유가 있을 것이다. 아마도 인간의 근원적인 무지와 공포, 그로 인해 쉽게 빠져드는 상상과 편견들을 교묘하게 이용한다는 점이 아닐까 싶다. 물론 때로는 창시하는 주체들조차 착각 속에서 벌이는 일일 수 있으며 반드시 나쁜 의도를 가졌다고 단정할 수도 없다. 그러나 대승경전들이 위경(僞經)이라면 그 작자들의 의도가 무엇이었든지 간에 부처님의 이름을 도용한 것 자체가 그들을 진실한 자라고는 볼 수 없게 만든다.

종종 대승이 위경인 것은 맞지만 그 작자들은 부처님과 같은 경지의 성인일 것이라고 추측하는 사람들이 많다. 그것은 말 그대로 추측일 뿐이다. 근본경전에서는 불법이 '확정하지 못하는 법들'(aṭṭhita-dhammā)이라고 비판하는 외도들에 대해 "돌기둥 같고 쇠기둥 같은", "아라한에게 불가능한 아홉 가지 경우들"[1]이라는 확정된 법을 제시한다. 이 중에서 네 번째인, 말할 때 뻔히 그렇지 않다고 알고 있으면서도 자각적으로 거짓말하는 경우는 아라한에게 있어서 결코 불가능하다는 내용이다. 그러므로 위경의 작자들은 최소한 아라한이 아니라는 것이 확실해진다. 그 작자들이 부처님과 같은 깨달음의 경지라는 것도 추측일 뿐이라는 것이 더욱 확실해진다.

하나의 종교를 창시하는 교주인 경우에는 자기가 구세주라든가 최고의 깨달음을 얻었다라고 착각하는 경우가 얼마든지 가능하다. 인류 역사에 그런 자들은 수없이 나왔지만 가르침이 모두 다른 것을 보면 대부분 착각했거나 모두 틀렸을 것이다. 착각한 그들에게는 적어도 괘씸죄란 없다. 그러나 중간에 위경을 만들어 낸 자들의 경우에는 다르다. 틀렸을지도 모를 종교를 다시 한 번 왜곡한 고의적인 잘못이 있기 때문이다. 기존의 종교에 근원적인 문제가 있고 자신의 견해가 더 뛰어나다면 새로운 종교를 만들면 되는 것이다. 위경이란 그

· · · · · · · · · · ·

1 번뇌의 유입이 멸진한 비구는 ① 고의적으로(sañcicca) 생명체의 목숨을 빼앗는 것이 불가능하다. ② 주지 않은 것을 가지는 도둑질이 불가능하다. ③ 음행하는 법을 수용하는 것이 불가능하다. ④ 자각하면서(sam-pajāna) 거짓을 말하는 것이 불가능하다. ⑤ 전에 재가자였을 때처럼 축적해 두고 욕망(kāme)을 향유하는 것이 불가능하다. ⑥ 욕구(chanda, 欲)의 '그른 길'(agati, 非道)에 빠져드는 것이 불가능하다. ⑦ 화(dosa, 瞋)의 그른 길에 빠져드는 것이 불가능하다. ⑧ 어리석음(moha, 癡)의 그른 길에 빠져드는 것이 불가능하다. ⑨ 두려움(bhaya, 怖)의 그른 길에 빠져드는 것이 불가능하다. (디3-242)

어떤 이유를 들어 합리화하려 해도 진리를 추구하는 자의 정직함과 솔직함이라는 기본자세를 갖추지 못했다고 밖에 볼 수 없다. 또한 부처님의 이름과 권위를 도용해서 자신의 견해를 퍼트리려는 근본 계략 자체가 부처님께 귀의하는 자의 마음가짐으로 볼 수 없는 오만하고도 간교한 정신적 권력 의지라는 평가를 면할 수 없다고 본다. 교활하게도 베일에 둘러싸인 지존의 쾌감을 만끽했을 터이다. 옳은 가르침인지 아닌지에 대한 판단은 후대 인류에게 맡겨진 일이다. 어떤 종교에 대해서든 중간에서 거짓된 권위와 꾸며낸 말로 근본 가르침을 뒤바꾸는 일은 후대 인류 정신에 짓는 커다란 죄악이다. 예컨대 어느 정체 불명자가 자기의 생각을 예수의 말씀이라고 하면서 복음서를 지어서 유포했다면 그 내용이 아무리 그럴싸하더라도 교인들과 성직자들을 우롱한 파렴치한이자 교만한 자가 아니겠는가? 더욱이 그 내용이 근본 가르침과 한참 벗어나 버린 것이라면, 그 참담함이란 신실한 종교인이라면 누구나 통감할 것이다.

본서가 의지하는 경전인 『깔라마 경』에서 "'이 출가수행자는 우리의 스승이시다.'고 해서, 그런 것들을 받아들이지 마십시오."라는 말씀은 주체적이고도 자각적인 수용을 요구한 것이겠지만 혹시 대승 문학의 작자들을 염두에 둔 가르침으로도 보면 어떨까? 비불설인데다 거짓말을 상습적으로 구사한다면 비불교일 확률이 매우 높지 않겠는가? 대승경전들은 이야기의 첫머리부터 거짓말로 시작한다는 것, 이것이 이 책의 화두다.

2
대승의 종착역, 티베트와 달라이 라마

대승의 쇠멸과 대승의 종점으로서 밀교의 온상이었던 티베트의 멸망이 역사의 쌍곡선을 그리고 있다는 것은 우연의 일치일까? 오로지 자원에 대한 욕심으로 어떤 명분도 없이 티베트에 행해진 중국의 무자비한 침략과 점령 과정은 미국보다도 더 오만한 패권 국가가 탄생할 것 같다는 불길한 징표였다. 아직도 현 인류는 폭력적인 약육강식의 수준에 머물러 있는 것이다. 티베트는 세습 군주제도 아니고 민주주의도 아닌, 오직 윤회를 통한 단 한 명의 정치적이면서도 종교적인 지도자를 열네 번이나 재추대한 인류 역사에 유례가 없는 희유한 나라였다.

그런데 인과응보의 측면에서 본다고 했을 때, 욕조차 거의 없는 행복 지수 1위였던 나라, 그런 나라가 무력 앞에서 힘없이 멸망해버린 이유는 무얼까? 달라이 라마는 그 옛날 티베트가 중국을 자주 침략한 적이 있었는데, 아마도 그 과보인 듯하다고 자평한 적이 있었다. 언뜻 보면 무한소급의 오류처럼 들리기도 한다. 그런데 정말로 그는, 스님들이 정치를 한 과보인 줄은 몰랐던 것일까? 종교인이 정치에 끼어들면 나라 망하고 종교 망한다. 정교분리는 인류 역사의 교훈으로 자리 잡은 철칙이기 때문이다. 『마태복음』에 "하나님의 것은 하나님에게로 카이사르의 것은 카이사르에게로….",라는 예수의 말도 같은 주장을 하고 있는 것이다. 대승의 종점에 있는 티베트가 승속의 무차별적인 대승사상에 의해 멸망한 것이라고 한다면 조금은 비약적

인 주장이겠지만, 일련의 조건이 되어 주었다고 한다면 무리한 주장
은 아닐 것이다. 대승에 기본적으로 깔린 승속 무차별주의와 그 폐단
은 생각보다 심각한 파장을 갖고 있음을 알아차려야 한다.

한편 달라이 라마는 그의 저서 『반야심경(The Essence of the Heart
Sutra)』에서 대승경전이 역사 속의 석가모니 부처님의 친설이 아님을
인정했다.

> "이런 상황에서 보면 대승불교의 가르침은 일상적인 시간과 공
> 간 개념을 초월한 차원에서 부처님으로부터 전해졌을지 모릅니
> 다. 『반야심경』을 포함한 대승불교 경전들의 기원을 그렇게 이
> 해해도 좋을 것입니다."[2]

이렇게 역사적인 의미에서의 대승 비불설을 인정하다 보니 『반야심
경』의 내용에 대해서도 이교도의 신비적인 해석을 내릴 수밖에 없
었다.

> "『반야심경』에서 사리자[3]는 단순한 제자가 아니라 높은 단계에
> 오른 보살로 이해해야 합니다. 본문에서 기술하는 것처럼, 부

· · · · · · · · · ·

2 『달라이 라마의 반야심경』 달라이 라마, 주민황 역, 무우수, 2003, 67p.

3 舍利子. 상수제자였던 사리뿟따(Sāriputta, 舍利佛)의 다른 한역. '사리(Sārī)의 아들(putta)'
이라는 뜻이다.

처님은 이 특정한 가르침을 실제로 말씀하지는 않았습니다. 부처님은 '심오함의 표현'이라고 불리는 '다양한 현상 삼매' 속에 머물고 있습니다. 그러나 부처님의 삼매의 힘은 관자재보살과 사리자로 하여금 이 대화를 하도록 영감을 불어 넣습니다. 그 대화가 이 『반야심경』에 담긴 가르침을 만들어냅니다."[4]

이 책의 본문에 여러 번 등장하는 '영감'이라는 단어는 사실상 이교도의 '계시'와 다를 것이 없는 사상적 위상을 가진 말이다. 존재론적 차원인 '초월'이라는 표현도 근본불교 경전에서는 쓰지 않는 말이다. 미국에서 활동하면서 최근 불교 학문의 객관적인 정보를 접한 사람으로서 대승의 비불설을 인정하지 않을 수도 없었겠지만 대승의 종착지인 밀교의 수장으로서 계시사상이라도 운운하지 않을 수도 없었을 것이다. 기독교 문명국인 미국에서 교황을 제치고 현 인류 최고의 현자로 꼽혔던 불교 지도자 중에 한 사람이 이교도의 계시사상에 손을 뻗친 것을 보면 집도 절도 없는 늙은 나그네의 궁여지책 같아 보여서 안쓰럽기까지 하다. 그러나 출판 검열이 엄격한 시대 이후로는 어떤 종교에서도 계시 같은 일은 불가능해지지 않았던가?

어쨌든 달라이 라마는 대승 최후의 수장답게 진흙 속의 연꽃처럼 입전수수의 경지를 최고도로 실현해 보였다. 그는 대승 나름의

· · · · · · · · · ·
4 앞의 책, 100p.

결정체일 것이고 아마도 현 인류에서 다시 경험하기는 힘든 인물일 것이다.

3
근본 없는 초기란 없다

대승경전들이 비불설(非佛說, abuddha-vacana)이라는 주장은 이미 부파불교 시대부터 나왔다.(상2-522의 주석 559번 참고) 이런 주장이 학술 논쟁의 대상이 된 것은 도미나가 나카모토(富永仲基, 1715~1746)가 『출정후어(出定後語)』(1745년)에서 가상설[5]을 주장하면서부터다. 그러다 무라카미 센조(村上專精, 1851~1928)가 『불교통일론』(1901년)에서 대승비불설론을 주장하면서 본격화되었다. 한때 대승권에서 배척되었던 이러한 선구적인 주장들은 이제 널리 받아들여지게 되었다. 그렇지만 구체적인 내용상의 보완도 이루어져야 하고 역사적인 구분도 좀 더 명확히 구분해서 표현할 필요가 있다.

. . . .

5 加上說. 불교 경전은 시대를 거치면서 성립했고 단순한 것에 복잡한 것들이 덧붙여지며 발생했다는 가설.

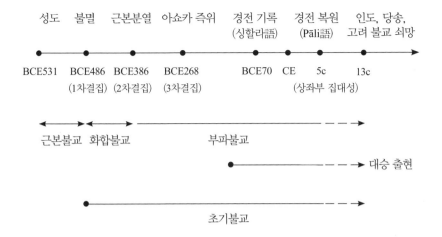

도표 1. 초기불교의 역사

　　부처님들만이 전체적으로 온전히 파악하고 있는 법을 '순수불법'이라고 할 수 있을 것이다. 이에 비해 역사적으로 부처님이 세상 사람들에게 직접 가르친 불교를 '근본불교'라고 할 수 있다. 근본불교라는 용어는 아네사키(姉崎正治)가 1910년 『근본불교』라는 저서에서 부처님 생존 시의 직접적인 가르침이라는 뜻으로 처음 사용했고, 본서에서도 그 기본적인 의미만은 동의하면서 사용하려 한다. 앞의 도표로 보자면(연도는 가변적임) 성도 후 가르침을 펴기 시작해서 열반하는 직전까지의 기간이 근본불교에 해당한다. 그런데 부처님 재세 시에도 그 가르침을 하나도 빠뜨리지 않고 전체 그대로를 암송하고 있던 제자는 아무도 없었다. 다만 아난다가 가장 많이 외우고 있었을 뿐이었다. 그렇지만 부처님은 가르침을 숫자로 정리하고 간결 명확한 문장들을 정형구로 만들어서 반복적으로 설했기 때문에 수많은 제자들 사이에서 부처님의 직설이라고 확인되고 회자되던 가르침은 뚜렷이 있었다. 이 가르침이 근본불교이겠지만 아직은 확정되지 않았고 추구하며 추적할 원형이라고 여겨진다. 왜냐하면 불멸 후 이 근본 가르침은 초기경전에서조차 약간의 변형은 이루어졌다는 주장이 제기되기 때문이다. 어떻게 보면 본서도 그 근본 원형을 추적하는 작업의 하나일 것이다.

한 가지 짚고 넘어가야 할 점은 '근본'이라는 용어에 대한 오해다. 특히 최근 들어 이런 오해는 더욱 심해졌다. 바로 일부 기독교나 이슬람교의 과격한 행동에 '근본'이라는 단어가 붙으면서부터다. 기실 이 단어는 교조주의자라는 부정적인 뉘앙스까지 띠고 있다. 하지만 독선과 배타주의를 근본주의로 부르는 것은 잘못이다. 어느 종교·사상이든 근본에 충실한 것 자체는 비난의 대상이 될 수 없다. 다만 창시자의 말이나 문자만을 절대적인 것으로 맹신하며 현실적 합리성과 융통성을 잃는 경우에 대해서는 '교조주의'(doctrinism)라든가 '문자주의'(literalism)라는 규정이 합당하다. 예컨대 정통 마르크스주의나 성경 무오류설 등이 그렇다. 교조주의나 문자주의에서 오는 독선과 배타를 굳이 근본주의로 표현한다면 '닫힌 근본주의' 정도로 불러야 할 것이다. 아마도 '극단주의'라고 통칭하는 것이 좋을 듯하다. 한편 근본에 충실하되 현실적 합리성과 논리적 비판성에 대해 포용적인 자세를 갖춘다면 '열린 근본주의'라고 할 만하다. 본서가 지향하는 근본주의이기도 하다.

그런데 위에서 언급했듯이 우린 아직 근본이 확정되어 있지도 않다. 교조적 도그마를 거치지도 않았는데 벌써 (닫힌) 근본주의를 우려하는 것은 떡 줄 사람은 꿈도 안 꾸는데 김칫국부터 마시는 꼴이다. 설사 근본불교의 원형이 완벽히 복원되고 확정되더라도 불교는 다른 종교와는 달리 교주인 부처님이 직접 자신의 가르침을 뗏목으로 여기라고 당부할 정도이기 때문에(맛1-546) 독선과 배타로 흐르기 어려운 근본적인 설정을 가지고 있다. 이것은 부처님이 깨달은 연기[6]의 필연적인 귀

. . . .

6　緣起 ① paṭicca- ② sam- ③ uppāda. 우리말로 '따라서-같이-생겨남'으로 번역할 수 있다. 불교의 진리에 해당하는 가장 중요한 용어이기 때문에 꼼꼼한 번역이 필요한 단어다. 한역의 간결함은 오해와 불통의 문제를 안고 있다. 부처님이 중대한 진리를 표현하기 위해 7음절이나 되는 긴 복합어를 창작해서 제시한 이유를 생각해 봐야 한다.
① 'paṭicca'는 '~을 향하여'(paṭi)와 '가다.'(√i)로 어원 분석된다. 12연기의 '접촉의 연유로 느낌이'에서의 연유(緣, paccaya)라는 말과 같은 어원 분석을 가진다. 그런데 'paṭicca'는 부사어로 쓰이기 때문에 격변화하지 않는 불변화사이다. 용례를 보면 "빛의 경계는 어둠을 따라서 알아진다."(상2-392) "수명은 온기를 따라서 존속하고 온기는 수명을 따라서 존속합니다."(맛2-304) "이 둘을 따라서 생겨난 결박을 알아차린다."(디2-521) "한 쌍을 따라서 접촉이 있고"(상2-159) "경계를 따라서 인지가 생기고, 견해가 생기고"(상2-399) "비구들이여, 이처럼 무상한 연유를(paccayaṁ) 따라서(paṭicca) 생겨난(uppannaṁ) 눈의 식별이 어떻게 항상할 수 있겠습니까?"(상4-208), "귀를 따라서 소리에 대한 귀의 식별이 생겨납니다."(상4-209) 등등이 있다. 이상에서 보듯이 'paṭicca'는 어원과 문맥상 '따라서'라는 말이 번역어로 적합하다.
② 'sam'이라는 접두어는 빨리어에서 가장 많이 쓰이는 접두어이자 불교에서 가장 중요한 접두어다. 共同 · 同一 · 同時의 뜻을 한꺼번에 갖고 있다. 우리말로 풀면 '~와 함께 똑같이 동시에' 정도의 뜻이다. 우리말에서 이 모두의 뜻을 한꺼번에 갖는 최대한 근접한 말은 '같이'라고 할 수 있다. 이 'sam'은 세상이 생멸할 때 어떻게 사건과 사건이 결합하고 생겨나는지를 압축적으로 표현하고 있는 말이기도 하다. 후대 부파불교의 역사는 이 'sam'을 어떻게 해석할 것인지에 대한 논쟁의 역사라고 해도 과언이 아닐 것이다. 그런데 'sam'은 명사와 명사가 합성될 때 동격을

결이기도 하다. 불교가 패권을 장악해도 다른 종교에 대한 탄압의 역사가 없었다는 점과 불교 내에 여러 부파와 종파가 난립했던 와중에도 물리적 분쟁은 거의 찾아볼 수 없다는 점이 반증으로 제시될 수 있다.

요즘 널리 쓰이는 '초기불교'[7]라는 용어는 애매하게 규정된 단어다. 초기불교란 넓게는 근본불교·화합불교·부파불교를 모두 포괄하는 용어로 볼 수도 있다. 그러나 요즘 우리나라에서 맹목적으로 전파되는 내용들을 현실적으로 규정하자면 아마도 '아비담마 철학'[8]의 주석서들을 중심으로 한 부파불교를 의미한다고 보아도 크게 틀리지

· · · · · · · · · ·

나타내기 위해 중간에 삽입되는 경우도 있다. (예: viriya-sam-bojjhaṅga 정진-이라는-깨닫는 통로) 연기에 쓰인 'sam'도 단순히 결합을 위한 접사일 수도 있지만 부처님이 진리를 표현하기 위한 복합어로 쓰인 것이므로 신중을 기할 필요가 있다. 그래서 일단 'sam'에 최대한 가까운 말인 '같이'를 집어넣어서 번역해 보겠다.

③ 'uppāda'의 어원 분석은 '솟아오르다.'(√ud) + '걸어가다.'(√pad)이다. 한역은 '起'라고 번역했지만 '일어남'에 해당하는 단어로는 'udaya'가 있다. 'udaya'는 '해가 떠오르다.'에 쓰이듯이 이미 있는 것이 솟아오른다는 뉘앙스가 강하다. 그러나 한역에서는 두 단어를 '起'와 '生'으로 혼용해서 번역하고 있다. 거의 비슷하게 쓰이지만 일단 구분할 필요가 있을 것 같다. 일어남(udaya)은 같이-일어남(sam-udaya)의 꼴로 4성제의 '괴로움이 같이-일어남'이라는 성스러운 진실(集聖諦)에 나타나고, 소멸(nirodha)이나 사라짐(atthaṅgama)이라는 단어와 대칭해서 자주 쓰인다. 생겨남(uppāda)은 소멸(nirodha)이나 사그라짐(vaya)과 대칭해서 자주 쓰인다.

7 『초기 불교 이해』 각묵, 초기불전연구원, 2012, 17p. 이하 참조.

8 본서에서 '아비담마 철학' 엄밀하게는 북방상좌부일 경우엔 '아비달마', 남방 상좌부일 경우엔 '아비담마' 라고 부르는 이유는 부파불교 시대에 자신들의 학설 체계를 스스로 '아비담마'라고 부르고 있고 이 학설들은 근본불교에 대한 새로운 학설이지만 근본불교와 전혀 다른 수행법이나 실천 양식을 주창하는 것은 아니기 때문이다. 이에 반해 대승은 단순히 새로운 철학에만 그치는 것이 아니라 새로운 수행법과 실천 양식까지 전개시키기 때문에 사상이라는 단어를 붙여서 '대승사상'이라고 표현하겠다. '아비담마'라는 용어의 개념의 변천사는 본서 제7장을 참고하라.

않을 것 같다. 앞의 도표에서 보이듯이 내용적인 측면뿐만 아니라 시대적으로도 일치한다. 그런데 초기라는 단어는 근본에 대한 초기일 수밖에 없다. 종교에서 근본을 거론하지 않는 초기에 대한 담론은 단순한 문헌학에 불과하다. 설사 일부에서 부정적인 뉘앙스가 섞인 근본이라는 단어를 사용한다고 해서 그 보편타당한 용어를 피하려다 자칫 편협해질 수 있음을 유념해야 할 것이다.

덧붙여 앞의 도표에 대해 설명하자면, '화합불교'란 불멸 후 백 년간 승가가 분열되지 않았던 불교를 필자가 지칭한 것이다. 불멸 백년 후 계율과 관련된 '열 가지 기초 사항들'[9]에 대한 이견으로 승가가 대중부와 상좌부로 근본 분열이 일어났기 때문이다. 이로써 불교는 더욱 분열되어 20여 개의 부파불교가 성립되었고, 앞으로 자세히 살펴보겠지만 이때부터 이미 근본불교와는 이질적인 아비담마 철학이 융성하게 된다.

대승경전들은 기원 전후로 창작됐다는 것이 일반적인 결론이다. 부처님이 "'유사 정법'(saddhamma paṭirūpaka, 像法)이 세상에 생기면 정법은 사라지게 된다."(상2–523)고 했을 때, 그 유사 정법이 만약 아비담마 철학이라면 정법은 불멸 후 약 1~2백 년밖에 머물지 못했던 것

· · · · · · · · · ·

9 十事, dasa-vatthūni. ① 소금뿔의 정당화(kappa)는 정당하다(kappati). ② 손가락 두 개 너비의 정당화는 정당하다. ③ 마을 안의 정당화는 정당하다. ④ 거처의 정당화는 정당하다. ⑤ 허락받는 정당화는 정당하다. ⑥ 관습의 정당화는 정당하다. ⑦ 젓지 않은 우유의 정당화는 정당하다. ⑧ 미발효주는 정당하다. ⑨ 테두리 없는 좌구는 정당하다. ⑩ 생금과 화폐는 정당하다.(자세한 설명은 율2–1080 참고)

이고 유사 정법이 대승사상이라고 한다면 정법은 불멸 후 약 500년 정도 유지된 것으로 볼 수 있다.

4
근본경전들의 신빙성

성경에도 떠도는 여러 복음서들을 간택하고 편집한 역사가 있듯이 대승경전들도 출처가 확인 안 되는 정체불명의 떠도는 문서들의 취합이었다. 기원 전후는 그런 시대였다. 이러한 문서들이 위경임이 밝혀지면서 스승으로부터 직접 전해 듣고 전달하는 암송의 전승 방식에 대한 정당성이 반증되었다고 볼 수도 있다.

　부처님 시대에 문자가 없어서 부처님 말씀을 기록하지 않은 것이 아니었다. 기록할 수 있는 문자는 버젓이 있었다. 마하깟사빠(大迦葉)가 출가 전에 아내 될 여자와 편지를 주고받은 얘기도 있고 빔비사라 왕이 서신으로 딱까실라의 왕인 뿌꾸사띠에게 부처님 가르침을 전해 주어서 결국 그 왕이 출가까지 하게 되어 부처님과 조우하는 감동적인 스토리도 전해진다.[10] 문자의 신뢰성에 대해 지금 시대와 풍토

....

10　맛4-477의 주석 501번 참고.

로 정법 시대를 속단하는 것은 위험한 일이다. 사기와 거짓말이 범람하는 요즘엔 개인의 주관적인 말보다 객관적인 문서 자료를 더 신뢰한다. 그러나 순수하고 단순했던 옛날로 거슬러 올라갈수록 사람에게 직접 전해들은 얘기라야 믿을 수 있었다. 더욱이 반월마다 사소한 거짓말까지 점검하는 포살[11]을 시행했던 정법시대의 승가에서는 스님 말이라면 틀림없었다. 승가에서만큼은 스승에게 직접 전해들은 말이라야 권위가 있었지 떠도는 글 나부랭이는 믿을 수 없었다. 이것은 동양만의 전통도 아니고 불교만의 전통도 아니다. 지금의 성경 복음서들도 예수 사후 70년 후에야 기록되기 시작한 것들이다. 인도 전통 종교인 바라문교의 베다 또한 암송에 의한 전승이었다.

현대인들이 이해하기 어려운 부분이 고대인들의 기억력이다. 현대인들은 자기들이 고대인보다 진화·발달했으며 더 뛰어난 두뇌를

· · · · · · · · · ·

11 布薩, uposatha '재계(齋戒)' 혹은 '준수'의 뜻을 가진 단어로, 스님들이 보름과 그믐밤에 모여 규제목차(別解脫, pātimokkha)를 암송하며 그동안 규율을 범한 것이 있으면 자백하고 참회 절차를 밟는 '재계의식'이다. 원래 바라문교에는 '그믐 제사'(新月祭, darśamāsa)와 '보름 제사'(滿月祭, paurṇamāsa)가 있었다. 그 제사들의 전야제를 'upavasatha'라고 했는데 포살은 이 의식에서 유래한 단어다.(『원시불교의 연구』 평천창, 혜능 옮김, 민족사, 2003, 438p.) 전야제라고 해서 요즘의 축제라고 보면 안 되고 오히려 엄숙하고 정갈하게 단식을 준수하면서 몸가짐과 마음씨를 가지런히 가다듬으며 다음날 있을 제사를 준비하는 의식을 말했다. 이뿐만 아니라 자이나교도들의 경우에도 포살은 비폭력을 실천하는 날이었다.(율1-54) 불교도 보름과 그믐날 밤에 규제 목차를 암송하며 자신의 청정을 공식적으로 확인 받는 의식을 포살이라는 용어로 정착시켰다. 또한 이 포살이라는 단어는 출가자에만 쓰이는 말이 아니고 '여덟 관문의 재계'(aṭṭhaṅga uposatha, 八關齋戒)처럼 재가 신도에게도 쓰였다. 심지어 목동이 하루 일을 마치고 그날 밤 일과를 정리해 보고 내일 일과지 정리해 보는 것을 목동의 포살이라고 하고 있다.(앙1-490)
한편, 포살이라는 단어는 요즘에는 49재(四十九齋)나 관음재일(觀音齋日) 등에 끼어 있는 '재(齋)'라는 단어를 통해서 이질적으로 계승되고 있다고 보인다.

가졌다고 믿기 때문이다. 그러나 적어도 기억력만큼은 퇴화되었음을 알아야 한다. 기록 문화는 인간의 기억 능력을 감축시켰다. 일찍이 플라톤은 『파이드로스(phaidros)』에서 "책은 기억보다 망각을 가져온다."라고 갈파했다. 책을 위시한 기록 문화가 인간 기억의 1차 퇴행이었다면 현대문명의 영상 미디어는 인류에게 기억력의 2차 퇴행을 가져올 것이다. 근현대에 이르기까지 3장[12]을 모두 암송하는 스님들이 끊임없이 이어져오지 않았다면 비불교권의 현대인들은 고대 승가의 암송 전승의 신빙성을 도저히 믿지 않으려고 했을 것이다.

부처님은 빔비사라왕이나 빠세나디왕에게 자신의 교리를 기록·보관해 달라는 부탁이 얼마든지 가능했었다. 그러나 장구한 안목으로 봤을 때 한 나라와 그 문자는 금세 사라져 버릴 수도 있는 것이다. 또한 그 옛날에는 어느 권력자에 의해 문서의 폐기와 개작은 손쉬운 일이었다. 이에 비해 투철한 출가수행 정신을 지닌, 여러 지역과 시대에 걸친 수많은 스님들의 자연스러운 이동과 교류는 면면히 이어질 것이었다. 서로서로 조금씩이라도 외우고 있었기 때문에 특정인에 의한 전면적인 개작은 불가능했다고 보인다. 수행 측면으로 보더라도 암송은 사람을 변화시키는 힘이 있다. 부처님 말씀이 항상 머리에 새겨져 있는 것과 종이쪽지에만 쓰여 있는 것과는 천양지판의 차이를 가져온

· · · · · · · · · ·

12 Ti-piṭaka, 三藏. 1차 결집 때 교학을 세 가지로 분류하면서 붙인 이름이다. 'piṭaka'란 원래 '바구니'를 의미하지만 여기서는 '모두 모음' 즉, '전집'이라고 해석하는 것이 좋겠다. 즉, '3장'이란 '세 가지 전집'이라는 말이며 '경전집'(經藏, sutta-piṭaka), '규제집'(律藏, vinaya-piṭaka), '논문집'(論藏, abhidhamma-piṭaka)을 지칭한다. (디3-558)

다. 결과적으로 보더라도 암송에 의한 전승은 탁월한 선택이었다.

이렇게 면면히 암송에 의해 전승되던 경전들이 BCE[13] 1세기경에 스리랑카에서 최초로 기록되는 일이 생겼다.(도표 1. 참고) 그 이유는 스리랑카에 12년간이나 지속되는 가뭄과 흉년으로 속인이든 스님이든 대규모의 아사가 발생했기 때문이었다. 심지어 속인들이 늙은 스님들부터 잡아먹는 일이 생기자 부처님 말씀이 단절될 수 있다는 위기감이 형성되어 기록으로라도 남겨야 되겠다는 결정이 내려졌던 것이다.[14] 이때 기록한 문자는 스리랑카어인 싱할라어인데 5세기경에 붓다고사(佛音)에 의해 다시 원어가 복원되어 지금의 니까야(Nikāya)라고 부르는 경전군이 전승되고 있다. 이 니까야의 원어를 후대에 성전어(聖典語)라는 의미인 빨리(pāli)어라고 부르게 됐다. 이 전승의 계통을 남방 전승, 즉 '남전(南傳)'이라고도 한다.

근본경전의 전승은 위의 남전만 있는 것이 아니다. 북방 전승, 즉 북전(北傳)이라는 계통도 있다. 남전은 아쇼카왕의 장남인 마힌다 스님이 BCE 3세기경에 스리랑카에 전해 오늘날에 이른 것이므로 스리랑카의 남방상좌부는 아쇼카왕의 제3차 결집본인 경장과 논장 등을

· · · · · · · · · ·

13 'Before Common Era'의 준말. '공통기원 전'이라는 말이다. 기존에는 'BC'(Before Christ, 그리스도 이전)로 쓰였지만 종교 편향적 용어이므로 현대의 종교 학자들이 객관적인 용어로 'BCE'를 제시했다. 연도는 기존과 변함없다. 또한 기존의 'AD'(Anno Domini, 주님 그리스도의 해)라는 표기도 'CE'(Common Era, 공통기원)로 제시되었다. (『세계 해탈을 위한 붓다 프로젝트』 원담, 민족사, 2016, 14p. 참고)

14 『한 권으로 읽는 빠알리 경전』 일아 역편, 민족사, 2013, 722~726p.

토대로 전개된 것으로 보인다. 이에 비해 북전은 인도 자체에서 진행된 전승과 논설들이 산스크리트어(梵語)로 통일되어 중국으로 건너와 한역된 것이다. 이것을 아함경(阿含經)이라고 한다. 바라문교의 베다어인 산스크리트어가 불경의 전승 문자가 된 것은 2세기경 인도 쿠샨 왕조의 제3세인 카니쉬카(Kaniṣka)왕의 후원 아래 성립된 제4차 결집에서 결의한 결과였다. 아쉽게도 이 범어 전승들은 대부분 소실되어 확인할 수 없게 되었지만 중국의 한역으로 풍부하게 남아 있고 범본의 투사본(透寫本)이라고 할 수 있는 티베트본이 충분히 보완할 수 있도록 현존하고 있다. 산스크리트어는 어원 및 격변화 등이 컴퓨터처럼 정교하고 정확한데 비해 빨리어는 사투리처럼 두루뭉술하고 불규칙적이어서 해석의 다양성이라는 불편함을 안겨 준다. 간간이 발견되는 범본들과 이 한역본 및 티베트본들은 남방상좌부의 빨리어본의 그러한 한계를 극복하도록 역할을 해 줄 것이다. 또한 내용적인 측면에서도 서로 다른 전승의 비교·대조를 통해 객관성을 확보하고, 근자의 남방상좌부 일변도의 초기불교 이해에 대한 편협을 바로잡아 주리라 기대된다. 특히 북방상좌부의 아비달마를 집대성한 바수반두(Vasubandhu, 世親. 320~400?)의 『아비달마구사론』은 남방상좌부의 준거인 『청정도론』에 대해 균형 잡힌 시각을 던져 줄 것으로 보인다. 남전과 북전의 상응하는 경전들을 정리해 보면 다음의 도표와 같다.

전승	남방상좌부 (스리랑카, 미얀마)		북방상좌부 (설일체유부, 경량부…)
경전	5부 니까야[15] (본래 마가다어?)		4부 아함(본래 범어)
번역	BCE 70년경 스리랑카 싱할라어로 최초 기록 → 5C경 스리랑카에서 붓다고사에 의해 지금의 빨리어로 정착됨	남전대장경 (빨리어본의 일역, 1942)	중국에서 한역됨 (2C~5C)
분류	긴 부류(Dīgha-nikāya)	장부(長部)	장아함(長阿含)
	중간 부류(Majjhima-nikāya)	중부(中部)	중아함(中阿含)
	묶음 부류[16](Saṁyutta-nikāya)	상응부(相應部)	잡아함(雜阿含)
	가짓수 부류[17](Aṅguttara-nikāya)	증지부(增支部)	증일아함(增一阿含)
	자잘한 부류 (Khuddaka-nikāya)	소부(小部)	신수대장경 본연부에 산재함
집대성 논서	붓다고사(佛音) 『청정도론』 5C경		바수반두(世親) 『아비달마구사론』 4C경

도표 2. 근본경전의 두 전승

· · · · · · · · · ·

15 Nikāya, 部. 'ni(줄지은) kāya(유형)'이라고 파자된다. 'kāya'는 몸[身]이 기본적인 의미이지만 '기본 유형'을 의미하기도 한다.(주석 165번 참고) 'Nikāya'가 '부류'라는 뜻인 것은 다른 일반적인 문맥에서도 확인된다. "다른 어떤 부류(nikāya)도 이와 같이 다양한 것들을….."(상3-407) 또한 주석 174번도 참고하라.

아무리 승가라는 암송의 전승을 전담하는 거대한 전문가 집단이 있었다고는 하나 방대한 내용에 대해서 암송하기 편리하도록 운문과 재편집의 과정에서, 역사의 격동과 오랜 세월 구성원의 변천에서, 녹음기와 같은 원형을 기대하기란 힘들다는 것은 자명하다. 경전에 대한 두 전승의 정확도의 우열을 논하자면 역시 남방상좌부의 전승 쪽으로 신뢰가 기운다. 우선 원어가 충실히 보존되어 있다는 점이 주된 이유일 것이다. 이에 비해 북전은 원전인 산스크리트어본(梵本)이 소실되었을 뿐만 아니라 한역본의 한문이란 산스크리트어와는 너무도 이질적인 문자여서, 인류 역사상 가장 긴 세월에 걸쳐 국가적인 후원 아래 대규모의 천재들이 동참한 역경이었음에도 그 정확도는 떨어질 수밖에 없었다. 게다가 원본 자체가 각기 다른 부파에서 시대별로 하나씩 입수되어 번역한 것이어서 통일성마저 결여하고 있다.

그런데 마스타니 후미오(增谷文雄)는 또 다른 흥미로운 이유를 제시한다. 스리랑카의 불교 수용 양식은 문화 접촉(acculturation)상의 불균형형(不均衡形)에 속하기 때문이라는 것이다. 불교는 수입국이었던 스리랑카의 문화보다 훨씬 수준 높은 문화였고 그러한 경우에는 높

. . . .

16 좀 더 정확히 직역하면 '같은 것끼리(saṁ) 묶은(yutta)'이라는 뜻이다. '묶음'이라는 단어 자체가 동종의 묶음을 말하므로 '묶음' 한 단어로 표현해도 무방하다. 예컨대, 'devatā-saṁyutta'란 '천신 묶음'으로 번역할 수 있고 천신과 관련된 경들을 한곳에 모아 묶었다는 뜻이다. 남전대장경에서는 '관련 묶음'이라는 뜻으로 봐서 상응(相應)이라고 번역했다.

17 직역하자면 '가지(aṅga) 올리는(uttara)'이라는 뜻이다. 1~11까지의 법수로 된 것들을 같은 법수끼리 모아서 분류한 것이다.

은 문화를 고스란히 답습만 하는 것이 일반적이라고 한다. 그러나 중국의 문화는 대등한 수준을 갖추고 있었기에 변용과 자체 발전 과정을 밟아 나갔다고 봤다.[18] 이런 정황으로 봐서도 남전의 정확도는 높을 수밖에 없는 것이다.

남전과 북전에 우열이 다소 있을지라도 두 전승 모두 문자화 이후에 첨삭이 행해진 것은 분명하다. 그러므로 현재의 근본경전 또한 엄밀한 검증 작업을 거쳐야 할 것이다. 물론 원형을 알아볼 수 없을 정도로 심각하게 뒤바뀌진 않았다고 보인다. 두 전승이 70퍼센트 정도의 교집합을 갖는 것으로도 어느 정도 가늠할 수 있다.

이렇게 되면 대승경전이나 근본경전이나 오차가 있다는 점에서 별반 다를 것이 없다고 볼 수도 있을 것이다. 그러나 근본경전은 어디까지나 변형과 첨삭의 문제이지만 대승은 완전한 창작이라는 점을 잊어서는 안 된다. 변형과 창작은 근원적인 가치에 있어서 전혀 다른 차원의 것이다. 부분적인 오류와 전체적인 오류의 문제도 있지만 기본적인 태도가 종교 영역에서 허용될 수 없는 거짓됨이 깔려 있기 때문이다. 이것은 기본적인 사상까지 살펴봐야 할 필요성을 던져 준다. 본서가 앞으로 다루어 나갈 몫이기도 하다. 어쨌든 근본경전에 있어서 오차의 범위, 그 모두를 감안하더라도 다음의 네 가지는 확실하다고 인정될 것이다.

....

18 『불교개론』 마스타니 후미오, 이원섭 역, 현암사, 2009, 211p. 이하 참고.

① 계율 조목의 골자

② 기본 교리의 골자

③ 수행 방법의 골자

④ 큰 사건의 골자

이 네 가지 골자만으로도 불교는 충분히 복원될 수 있다.

5
교상판석의 잘못

북방 전승을 받아들인 중국의 초기불교는 매우 혼란스러운 상황이었다. 아함경만 하더라도 방대한 것이었는데 대승경전까지 무분별하게 수입되었다. 그뿐만 아니라 중국 자체에서 창작되는 대승경전들까지 무더기로 출현했던 것이다. 베스트셀러 작가를 꿈꾸는 불교 소설가들의 야망이었든, 불교사상의 헤게모니 장악을 위한 암투의 수단이었든, 위경의 문화는 중국에까지 밀려들었던 것 같다. 상황이 이러다 보니 기독교에서도 경외성경을 결정한 일이 있었듯이 중국 초기불교사에도 대승경전들 중에 위경이라고 판정을 내리고 그 위경들을 축출한 일이 이미 있었다. 그 일을 도맡은 사람은 4세기 동진의 미천(彌天, 하늘을 덮을 만큼의 천재라는 뜻이었음) 석도안 스님이었다. 이 스님에 의해 수많은 대승경전들이 잘려 나갔고 그 작업이 잘되었든 잘못되었든 그 경전들의 대부분은 이제 유통되지 않는다.[19] 이러한 정리 작업에도 불구하고 살아남은 대승경전들의 종류와 양은 방대했다. 더욱 문제인 것은 대승경전들의 내용이 천차만별이어서 어떻게든 정리할 필요성이 대두되었다. 그래서 탄생한 것이 중국만의 독특한 교상판석이다.[20] 여러 가지가 있지만 대표적으로 거론되는 두 가지만 정리해보겠다.

	천태 지의	현수 법장
1	화엄시	소승교(아함경)
2	아함시	대승시교(유식·중관)
3	방등시	대승종교(능엄경)
4	반야시	대승돈교(유마경)
5	법화·열반시	대승원교(화엄경)

도표 3. 중국의 교상판석

· · · · · · · · · ·

19 이때 정리된 대승경전이지만 아직도 한국에서 음성적으로(?) 퍼져 있는 경전으로 『천지팔양경』과 『부모은중경』 등을 들 수 있다.

20 敎相判釋. 교법들을 시기별·내용별·수준별로 구분지어서 해석·정리한 일종의 교리 발달사. 줄여서 '교판'이라고 함.

남북조 시대의 여러 교판들을 통폐합해서 교판의 표준을 정립시킨 사람은 수나라의 천태 지의(天台 智顗, 538~597)였다. 황당한 점은 우리 승가에서는 지금까지도 이 교판에 대한 맹목적인 설명을 심심찮게 들을 수 있다는 것이다. 아함 12년, 방등 8년, 반야 22년, 법화 8년, 열반 1주야 등으로 말이다. 승가 전승의 고지식함을 잘 대변해 주는 사례이기도 하다. 화엄종의 3조이자 『화엄경』 연구의 교학적 토대를 확립한 당나라의 현수 법장(賢首法藏, 643~712)은 설법의 시간적 순서보다 내용적 수준을 중심으로 구분했다. 법장 자신은 후기의 사종판에서 여래장 사상을 최고의 가르침으로 간주하며 돈교(頓敎)와 원교(圓敎)를 지워냈지만, 위의 5시교의 교판이 후대에 많이 쓰였다. 그런데 이 교판들에는 두 가지 관점이 있고 둘 다 문제가 있다.

첫째, 부처님이 연도별로 경전군을 설한 것으로 분류한 관점이다. 그러나 대충 한 번이라도 아함이나 부류 경전들 전체를 읽어 본다면 이 초기경전들이 부처님 평생에 걸친 내용임은 쉽게 알 수 있다. 결정적인 증거로 교화의 마지막 열차에 올라탄 행운의 사나이, 수밧다 유행자의 이야기를 들 수 있다. 수밧다는 여러 교주들이 각기 자신이 뛰어난-앎[21]을

....

21 abhiññā, 勝知. 불교에서는 보통 '여섯 가지 뛰어난 앎들'(chaḷ-abhiññā)에 나타나는데 '六神通'으로 잘못 한역되었다. 신통이라는 단어는 오직 'iddhi'로만 표현된다. (우리말에도 신통함은 상식 이상으로 대견하고 훌륭하다는 뜻이 있듯이 'iddhi'도 마찬가지다. 경에 마하수닷사나왕은 미모, 장수, 건강, 인기라는 네 가지 신통함을 갖추었다고 표현된다. 디2-320) 이 'iddhi'는 신족통(神足通)으로 잘못 한역된 (神足이라는 단어는 '四神足' cattāro iddhi pāda, 즉 '네 가지 신통한 발들'의 번역어일 때만 합당하다.) '신통류'(iddhi-vidha)에 나타난다. 여덟 종류가 있다. ① 분신합체, ② 현몰자재, ③ 담벽통과, ④ 지하출입, ⑤ 수상보행, ⑥ 허공비행, ⑦ 일월마찰, ⑧ 범천왕래. (디1-250) '여섯 가지 뛰어난 앎들'

얻었다는 주장에 의문[22]이 생겼다. 그래서 누가 진짜로 뛰어난 앎을 얻었는지 부처님께 여쭈었다. 부처님은 이 질문에 대해 '성스러운 8차선의 길'[23]을 기준으로 삼아야 된다고 답한다.(디2-280) 만일 위의 교판이 옳다면 대승의 6바라밀 보살도나 일불승의 길이나 여래장, 원각, 불성 등의 수행과 사상을 말해줬어야 옳을 것이다. 왜냐하면 진정 뛰어난 앎을 논할진댄 가장 뛰어나고 최종적인 가르침을 기준으로 제시해야 합당할 것이기 때문이다. 그리고 이 가르침은 『대반열반경』이라는

· · · · · · · · · ·

에는 '신통류'가 첫 번째로 들어 있긴 하지만 '뛰어난 앎'(abhiññā)을 '신통'(iddhi)으로 번역하는 것은 내포적인 오역이다. 여섯 가지 뛰어난 앎들은 다음과 같다. ① 신통류(iddhi vidha, 神通), ② 하늘귀의 경계 (dibbasota dhātu, 天耳), ③ 마음을 읽어내는 앎 (ceto pariya ñāṇa, 他心知), ④ 전생을 잇따라 상기하는 앎(pubbenivāsa anusati ñāṇa, 宿命知), ⑤ 하늘눈(dibbacakkhu, 天眼, 중생들의 사멸과 출현을 앎), ⑥ 번뇌의 유입들이 멸진하는 앎(āsavānaṁ khaya ñāṇa, 漏盡知).(디1-250~참고) 본문에서의 뛰어난 앎이란 궁극적인 깨달음을 의미하고 있다. 정확히 말하자면, 여섯 가지 뛰어난 앎들 중에서 여섯 번째인 '번뇌의 유입들이 멸진하는 앎'에 해당한다고 할 수 있다.

22 kaṅkhā. 의심(vicikicchā)과 유사어이다. kaṅkhā는 선택과 질문의 문맥에서 나타난다.(디2-407) 과거·현재·미래에 대한 '세 가지 의문들'(tisso-kaṅkhā, 디3-375) 혹은 '일곱 가지 정화'(七淸淨) 중에서 네 번째인 '의문을 건너가는 정화'(kaṅkhā vitaraṇa visuddhi)에 쓰인다.(맛1-584) 이 외에 의심의 유사어로 'saṅkā'는 '의혹', '의심스러움'을 뜻하고(예컨대, 의심스러워지는 활동을 하고 saṅkassara samācāro, 상4-385) 'pari-saṅkita'는 '두루 의심스러운 것'('3면으로 청정한 고기'(三淨肉)의 세 번째 조건임. 맛2-477)을 뜻한다. 모두 '疑'로 한역되었는데 오해될 소지가 있다.

23 八正道. 정견(正見)·정사유(正思惟)·정어(正語)·정업(正業)·정명(正命)·정정진(正精進)·정념(正念)·정정(正定)을 말한다. 빨리어로는 '성스러운(ariya) 8(aṭṭha) 차선(aṅgika)의 길(magga)'이다. 한문으로 직역하자면 '聖八支道'라고 해야 할 것이다. '차선'은 가지·갈래·통로의 의미를 갖는 'aṅga'와 '~와 관계된'의 의미인 'ika'가 결합된 'aṅgika'를 번역한 것이다. '통로와 관계된 것' 혹은 '통로 같은 것'을 의미하는데 의미의 간명화를 위해 '차선'이라고 의역했다. 앞의 여덟 가지 통로들이 깨달음을 향해 점진적으로 흐르는 하나의 길을 이루고 있기 때문에, 각각 고유의 영역이 있지만 서로 이어지고 건너갈 수도 있기 때문에 '차선'이라고 볼 수 있다.

부처님 최후의 교설에 속하기 때문에 그 신빙성은 매우 높다. 만일 예수가 십자가에 못 박혀서 한 최후의 말인, "나의 하나님, 나의 하나님, 어찌하여 나를 버리셨나이까?"라는 외침이 잘못된 전승이라면 나머지 복음서의 모든 내용은 더욱 그 신빙성을 잃어버릴 것이다. 그렇듯 부처님의 최후 교설인 이 대목은 결정적인 증거로 삼을 만한 것이다.

부처님 교설의 불가사의 중에 하나는 서른다섯이라는 한창 나이에 최상의 원숙한 가르침을 거의 일시적으로, 단 한 번 만에 정리해서 그 핵심적인 내용을 조금도 수정하거나 바꾸지 않고 입멸할 때까지 장장 45년 동안 한결같이 설했다는 점이다. 이러한 부처님의 위대함을 본인 스스로 여래[24](한결같은 이)라는 자칭을 설명하면서 드러내기도 했다.

....

24 如來, tathāgata. '그대로인(tathā) 것이 들어간(gata)'이라고 직역할 수 있다. 알기 쉽게 '한결같은 이'라고 의역할 수 있겠다. 디3-246 이하에서는 부처님이 직접 여래의 의미를 설명하고 있다. 단 유의할 점은 이 여래라는 단어는 부처님이 창조한 단어가 아니라 외도들이 쓰고 있던 말을 차용한 것이다. 예컨대 외도들은 열 가지 질문들을 다른 종교인들에게 물어봄으로써 상대 종교인들과 논쟁을 벌이곤 했는데 여기에 대해 부처님은 일체 확정적인 답을 표명하지 않았다. (디3-247) 이것이 유명한 열 가지 '무표명'(avyākata, 無記. 주석 151번 참고)이다. (우-466 이하에서는 16가지로도 나온다.) 이 중에 한 가지 질문이 여래는 사후에 생성되는가 아닌가의 문제였다. 그런데 이런 질문은 외도들이 불교 출가자에게만 한 질문이 아니고 다른 모든 종교의 입장을 저울질하고 논파하려는 질문이었기에 이 질문 속의 여래가 부처님만을 의미한다고 봐서는 곤란하다. 외도들이 유독 부처님만을 부각시켜서 거론할 리가 없기 때문이다. 이 경우 여래의 뜻은 경전에서 외도가 직접 '최상의 사람', '최고의 사람', '최고의 경지에 도달한 분'을 의미한다고 풀이하고 있기도 하다. (상5-134) 그러므로 최고의 경지가 한결같은 이라는 의미로 외도들 사이에서도 이미 쓰이고 있었던 단어로 보인다. 그리고 이 한결같은 이란 다름 아닌 인간 내면에 잠재한 한결같은 이로서의 자아를 뜻하는 표현으로 볼 수도 있다. (우-458의 주826 참고) 이것을 뒷받침하는 내용으로, 외도들의 질문이 우-466에서는 16가지로도 이루어지는데 거기에서는 여래라는 단어 대신 자기(attā 즉, 진아)가 대신 쓰이고 있다는 것을 들 수 있다.

"쭌다여, 한결같은 이가 무상정등각(無上正等覺)을 확연히 깨달은 밤으로부터 '포착된 잔재가 없는 열반'[25]의 경계[26]로 완전히 열반하는 밤, 그 사이에 설하고 말하고 가르친 그 모든 것은 그대로일(tathā) 뿐이지 달라진 것이 아닙니다. 그래서 한결같은

. . . .

25 an(無)-upādi-sesāya(餘)-nibbāna(涅槃). 여기에서 보이듯이 upādi는 한역에서 생략되었다. 이 단어는 포착(取, upādāna, 붙잡음, 주석 248번 참고)과 같은 어원을 가진다. 'upa(가까이)-ā(자기 쪽으로)-√dā(주다.)'로 파자된다. '붙잡다.' '움켜쥐다.' 정도로 풀이된다. 아마도 'upādiyati'(포착하다.)의 과거수동분사인 'upādiṇṇa'(포착된)의 결합형이 아닌가 싶다. 'sesa'는 승잔(僧殘)의 '잔'(남겨진 것, 나머지)에 해당하는데 여기서는 '지금까지 움켜쥐어 온 애착들이나 붙잡고 있는 결박들'이라는 뜻이다. 그러므로 'upādisesa'는 '포착된 잔재'라는 뜻으로 보면 무난하다. 그런데 부처님이나 아라한들은 그러한 '포착된 잔재'란 없다.(상5-163)
『아띠붓따까』(106p.)에 유여열반(有餘涅槃)이라는 용어가 한 번 등장하지만 전승과 내용이 모두 의심스럽다. 다만 '유여'(有-餘, sa-upādisesa)의 '여'(餘)에 해당하는 'upādisesa'는 아라한에 비해서 불환자에게 남아 있는 잔재, 즉 '다섯 가지 높은 결박'(五上分結)을 의미한다. "현실법에서 직접-앎(주석 31번 참조)을 얻거나 '포착된 잔재가 있을 때에는'(sati vā upādisese) 돌아오지 않는 상태가 된다."(상5-406)에서 그런 의미로 쓰였다.
그런데 일상적인 문맥에서 유여열반의 '유여'(有-餘, sa-upādisesa)라는 용어가 사용된 곳이 있기는 하다. 즉, 독화살을 뽑고 독을 제거했지만 아직 독의 '포착된 잔재가 있는데도'(sa-upādisesa) 자기는 '포착된 잔재가 없다.'(an-upādisesa)라고 생각하면서 함부로 섭생한 결과, 죽음에 버금가는 고통을 당한다는 이야기에서 나온다.(맛3-670)

26 dhātuyā, 界. 'dhātu'는 일정한 범위와 한계를 갖는 기본적인 부분·구역·경지를 뜻한다. 부처님의 교리상의 구분법은 고립된 요소적인 구분이 아니라 범위와 교차를 갖는 '정도적(程度的)인 구분'을 이용한다. ① 6근과 6경으로부터의 열두 가지 영역(āyatana, 處)은 그대로 열두 가지 경계(dhātu, 界)로도 다루어진다. ② "중생들은 경계에 따라 함께 모이고 함께 어울린다."(상2-401)에서는 경계로써 취향 내지 쌓아 온 업(kamma)의 성질을 나타내고 있다. ③ '열등한 경계'(hīna dhātu), '해침의 경계'(vihiṁsā dhātu), '욕망의 경계'(慾界, kāma dhātu) 등의 합성어들은 모두 어떤 성질의 영역과 범위를 나타내고 있다. 이처럼 'dhātu'는 한역과의 연계성으로 보나 모든 문맥의 형통함으로 보나 '경계'라는 번역어가 알맞다. 'dhātu'가 '요소'와 '세계'라는 뜻을 어느 정도는 갖고 있지만, '요소'는 너무 좁게 닫힌 개념의 번역어고 '세계'는 너무 넓게 벌린 개념의 번역어다.

이라고 부릅니다.

쭌다여, 한결같은 이는 말한 대로 그대로(tathā) 행하고 행한 대로 그대로 말하는 자입니다. 이렇게 말한 대로 그대로 행하고 행한 대로 그대로 말하는 자라고 해서 한결같은 이라고 부릅니다."

(디3-246)

이러한 부처님의 한결같은 위대한 설법이 대승의 차별 설법에 의해서 빛바래게 되었다. 앞과 뒤의 주장이 다르고 전혀 다른 차원의 사상이 전개되기 때문이다. 이제 부처님은 한결같이 말하는 이가 아니라 다르게 말하는 자요 제자들을 이간시키는 양설자(兩舌者)가 되어버린 셈이다. 그러나 이를 부정해 줄 결정적인 증거로 삼을 만한 최후의 설법은 또 있다.

"아난다여, 나는 '틈새 없이'²⁷ '외부 없이'²⁸ 법을 교시했습니다.

· · · · · · · · · ·

27 anantaraṁ. an(부정 접두어) + antara(사이, 빈틈). '틈새 없이'라는 말은 경전 전체에 걸쳐 '끊어짐 없이 곧장'이라는 뜻으로 쓰인다. 결과가 아주 짧은 시간 안에 이루어지는 경우도 있을 수 있지만 '즉시에' 혹은 '단박에'라는 건너뜀의 의미로 단정 지어서는 안 된다. 용례를 들자면, "세존께서는 제4선에서 출정하고서 그것과 '같이-틈새 없이'(sam-anantarā) 완전히 열반하셨습니다."(디2-290) "어떻게 알고 어떻게 관찰하면 틈새 없이 번뇌의 유입들이 멸진하게 됩니까?"(상3-216, 상3-296) 등등이 있는데, 후자의 용례인 경우에는 아래 과위를 건너뛰며 아라한에 즉시 도달하는 결과적인 일을 묻는다기보다는 여러 단계나 절차를 밟거나 에두르는 경로를 거치지 아니하는 직접적인 핵심 수행법 한 가지를 묻는 것으로 해석해야 한다.

28 abāhiraṁ. 보통 안과 밖에 해당하는 단어로는 ajjhatta(內)와 bahiddhā(外)가 쓰인다. 그런데 이 단어들에 식별에 의한 범위의 의미가 첨가되어 '내부'와 '외부'라는 단어가 생기는데 각

아난다여, 한결같은 이의 법들에는 '스승의 주먹'[29]과 같은 것이 따로 없습니다."(디2-203)

이 최후의 말씀은 입멸 직전까지의 교법이 완결적이고 최종적임을 선포하고 있으며 다른 이교도의 인습처럼 자질이 뛰어난 제자에게 더 뛰어난 가르침을 비밀스럽게 전수해 준 것이 없음을 확인시켜 주는 결정적인 대목이다.

두 번째, 중생들의 자질이 성숙해지는 것을 보고 수준별로 설해진 것으로 분류한 관점이 있다. 즉 현수 법장류의 견해다. 그런데 그 주장대로라면 중생들이 소승의 아라한 정도는 기본적으로 도달하는 것을 보고 다음 단계인 대승을 가르쳤어야 이치적으로 옳을 것이다. 또한 10지 보살인 관세음보살 정도는 다 도달하는 것을 보고 『법화경』의 불승(佛乘)을 가르쳤어야 옳았을 것이다. 마치 구구단 정도는 외워야 방정식을 가르칠 수 있듯이 말이다. 학생들은 다들 어리둥절

. . . .

각 'ajjhattika'와 'bāhira'가 그것이다. 이 두 단어는 '안·이·비·설·신·의'로부터의 여섯 가지 '내부 영역'(ajjhattika āyatana, 內入處)과 '색·성·향·미·촉·법'으로부터의 여섯 가지 '외부 영역'(bāhira āyatana, 外入處)으로 주로 쓰인다. '여섯 가지 외부 영역'의 객관적 대상인 측면을 나타내는 육경(六境, cha visayā. 여섯 범위, 즉 색성향미촉법)은 후대에 만들어진 용어다. 반면에 간단한 줄임말인 '여섯 영역'(saḷāyatana, 六入)은 '여섯 가지 내부 영역'(六內入處)과 동의어로서 근본경전에 혼용되어 쓰였다.

29 ācariya muṭṭhi, 師拳. 주먹 안에 소중한 것을 꼭꼭 숨겨 놓았다가 좋아하는 사람에게만 몰래 전해주는 행위처럼 신임하는 제자에게만 더 뛰어난 비법을 죽기 직전에 가르쳐 주는 이교도의 수법을 풍자적으로 표현한 말이다. 후대 대승에서 종종 목격할 수 있는 풍습이기도 하다.

한데 선생님만 자꾸 진도를 **빼면** 안 될 일이다.

더군다나 부처님 입멸 후에 배포되는 대승경전들은 어떻게 설명해야 할까? 청량국사는 『화엄경소』의 서문인 '왕복서'에서 용수 보살이 용궁에서 『화엄경』을 가져온 덕택에 정법시대에도 듣지 못했던 가르침을 접하게 됐다면서 감개무량해 했다. 명석하고도 준엄했던 두뇌의 소유자가 이런 순박한 판단을 내린다는 것은 아이러니가 아닐 수 없다. 혜능대사가 『육조단경』에서 높디높은─사람(上上人)에게도 낮디낮은─지혜(下下智)가 있다고 한 말이 이러한 경우일 것이다. 그런 낮디낮은 지혜는 '스승의 주먹' 같은 것은 따로 없다고 말한 부처님을 거짓말쟁이로 만들어 버린다. 삿된 가르침이지만 그의 훌륭한 인격 때문에 중생들은 가르침 자체의 본질을 파악하기가 더욱 힘들게 되는 것이다.

그런데 과연 정법시대의 비구들이 말법시대의 중생들보다 그릇이 작고 이해력도 떨어졌을까? 오히려 중생들의 자질이 갈수록 하열해진 것은 역사가 증명하는 사실이다. 더군다나 이것은 부처님 당대부터 시작된 일이었음을 밧달리 비구의 질문을 통해서도 확인할 수 있다.

"세존이시여, 무슨 원인과 연유 때문에 이전에는 공부조목[30]이

....

30 sikkhāpada. '學處'라고 한역되었다. 승속을 통틀어서 불교 공부를 위해 필요한 계율과 관련된 조항 모두를 일컫는 용어다. '다섯 가지 계행'(五戒, pañca sīla. 혹은 '다섯 가지 공부조목들' 五學處, pañca sikkhāpadāni로 표현하기도 한다.), '사미의 열 가지 공부조목들'(沙彌十戒, sāmaṇera dasa sikkhāpadāni), '여덟 관문의 재계'(八關齋戒, aṭṭhaṅga uposatha), '열 가지 좋은 작업의 행

더 적었는데도 직접-앎^{31}으로 우뚝 섰던 비구들은 더 많았으며, 무슨 원인과 연유 때문에 지금은 공부조목이 더 많아졌지만 직접 앎으로 우뚝 서는 비구들은 더 적습니까?

밧달리여, 그것은 이와 같습니다. 중생들의 자질이 떨어지고 정법이 사라질 때에는 더 많은 공부조목이 있지만 직접 앎으로 우뚝 서는 비구들은 더 적습니다."(맛2-647)

. . . .

로들'(十善業道, 十善法, 十善, dasa kusala kamma pathā. 十戒, dasa sīla), 비구 227가지 규율과 비구니 311가지 규율 등, 이 모두를 공부조목이라 한다.

31 aññā. 아라한의 깨달음을 얻게 하는 알아차림(智慧, paññā. 주석 270번 참고)을 '직접-앎'(aññā)이라고 한다. 'aññā'의 동사형은 'ājānāti'이고 범어는 'ājñā'이다. 동사형 'ājānāti'는 'jānāti'(알다.)라는 동사에 'ā-'('자기에게로' 정도의 뜻이 부가된다.)가 붙어서 이루어진 단어다. 동사형인 'ājānāti'는 '(스스로) 직접 알다.'라는 뜻으로 일상적인 용법에서 자주 쓰인다. 예컨대 외도가 부처님은 열 가지 문제에 대해서 단정적인 법으로 교시하는 것을 자기는 '직접 알지'(ājānāmi) 못하겠다고 비판한다.(디1-482) 또한 부처님이 전법을 망설이고 포기하는 대목에서 "그때 사함빠띠 범천이 세존의 마음속 판단을 마음으로 직접-알고서(aññāya) 이렇게 생각했다."(상1-489)고 말하고 있다. 『오분율』(大正22-56하)에 의하면 아릿타 비구가 아나타삔디까(給孤獨) 장자 등 부부생활을 하는 재가자들이 과위를 이루는 것을 보고서 "내가 세존께서 교시한 법을 직접-아는데, 세존께서 설하신 '결함에 관계되는 법들'(antarāyikā dhammā)은 그것들을 향수하더라도 전혀 결함이 되지 않는다."라고 하고 있다.(율3-1628) 이러한 일상적인 용법의 뜻을 부처님은 전문적인 용법에 그대로 가져다 쓰는 언어 사용법을 구사한다. 'aññā'의 경우에는 아라한을 이룰 때의 알아차림을 대변하는 단어로도 쓴다. 『여시어경』에 잘 표현되어 있다. "올곧은 길을 따라 아직 배우고 있는 유학(有學, sekha)이 멸진의 행로를 알면 그것으로부터 '직접-앎'이 '틈새 없이'(anantara) 뒤따른다."(이띠-347)

참고로, 이 직접-앎에는 '세 가지 기능들'(tīṇi indriyāni)이 있다. ① '직접 알지 못해서 직접 알려고 하는 기능'(未知當知根, anaññātaññassāmitindriya), ② '직접 앎의 기능'(已知根, aññindriya) : 나의 해탈(vimutti)은 부동하다고 한결같이 아는 것. ③ '직접 안 뒤의 기능'(具知根, aññātāvindriya) : 고요한 경지를 향유하고 최후의 몸을 지니는 것.

부처님의 제자들 중에서도 뛰어난 제자들은 거의 교화의 초기에 대거 입문했었다. 부처님의 명성이 더욱 커진 후기에 들어온 것이 아니었다. 깨달음 이후 1~2년 안에 불교가 갑자기 인도 종교계를 평정한 것은, 당시의 마가다 대국 종교계의 거장이었던 우루웰라 깟사빠[32] 3형제와 처음부터 상수 제자로 출발했던 사리뿟따, 마하목갈라나가 귀의했을 뿐만 아니라 그들이 제자들과 함께 신속하게 아라한을 이룸으로써 1,250명의 아라한들이 한꺼번에 출현했기 때문이었다. 태양이 떠오르자 다른 불빛들은 갑자기 무색해져 버리는 현상과 같았다.

이처럼 불교의 실제 역사는 대승의 주장과는 정반대다. 부처님은 자신의 교법을 몇 년씩마다 수준별로 높여가며 판에 박은 듯이 구획해서 설했던 것이 아니라 '따라서—같이—생겨남'(緣起)과 잘 어울리게도 삶의 매 순간, 매 상황마다 상대에 따라서 설명 방법을 바꿔 가며 동일한 최고의 깨달음을 한결같이 펼쳤을 뿐이었다.

이상으로 중국의 교상판석이란 대승의 거짓말이 양산해 낸, 천재들의 가공할 만한 편집 능력의 결정체였음을 알 수 있을 것이다.

· · · · · · · · · ·

32 Uruvelā Kassapa. 이때의 깟사빠는 10대 제자이자 1차 결집을 주도한 마하깟사빠 (Mahā-Kassapa, 大迦葉)와는 다른 사람이다. 본서에 등장하는 인명과 지명은 대한불교 조계종 교육원의 표기안을 따르되 대승경전의 한역을 인용할 때는 기존 한역음을 따르겠다.

6
누가 대승경전을 창작했나

여러 가지 측면으로 대승경전들을 분류할 수 있겠지만 그보다 더 중요한 작업은 대승경전들을 관통하고 있는 공통점과 초기불교와 달라진 몇 가지 특징들을 정리해 보는 일일 것이다. 다음과 같다.

① 청법자가 비구·비구니가 아닌 보살들이나 선남자·선여인[33]이라는 점이다. 이것은 기존 승단을 무시하려 했거나 승속을 통폐합시키려는 의도가 있다고 보이며 적어도 그러한 효과를 가진다.

『대지도론』에서는 보살의 위치를 "총괄해서 설한다면 재가 보살은 남신도·여신도 가운데 있으며, 출가 보살은 비구·비구니 가운데 있다."(大正25-85상)라고 밝혔다. 즉, 보살은 승속을 통폐합시키는 용어다. 그러나 보살이라는 용어는 초기경전에서는 부처님의 전생이나 깨달음과 관련된 중생 시절을 지칭하는 용어로만 쓰였다.

특히 선남자·선여인은 대승경전 전체에 걸쳐서 경전의 수지·독송·선설의 주체가 되고 있다.[34] 『법화경』 「법사품」에 뚜렷하게 보인다.

· · · · · · · · · ·

33 善男子(kulaputta), 善女人(kuladhitā). 직역하면 '양가의 아들', '양가의 딸'이라는 뜻이다.

34 이 부분에 대한 자세한 논의는 『초기 대승불교의 종교 생활』 평천창 저, 심법제 역, 민족사 1989, 259p.

"만약 어떤 선남자·선여인이 여래께서 멸도하신 뒤에 '4부 대
중'35을 위하여 이 『법화경』을 설하고자 한다면 어떻게 설해야
하는가? 이 선남자·선여인은 여래의 방에 들어가 여래의 옷을

· · · · · · · · · ·

35 四部大衆, catasso parisā. 즉, 비구·비구니·남신도·여신도. 반면, 초기경전에서
'catasso parisā'는 문맥상 카스트의 네 계급의 사람들을 뜻할 수도 있다.(디1-326) 혹은 끄샤뜨
리아·바라문·거사·수행자 집단을 의미하기도 한다.(디2-182) 초기불전연구원의 '네 가지 회
중'이라는 번역이 좋다. 율장을 제외하면 초기경전에서 잘 나오지 않는 이 용어가 비구·비구
니·남신도·여신도를 지칭하는 용례는 『가짓수 부류』 한 곳밖에 없다.(앙5-82) 그런데 그곳에
서 부처님은 데와닷따가 지옥에 떨어져서 겁이 다하도록 머물고 용서 받을 수 없다고 말한다.(
앙4-245에서도 나옴) 그리고 경의 말미에 이 법문은 네 가지 회중 가운데 잘 확립되어 있지 않다
고도 말하고 있다. 잘 확립되지 않은 내용이 1차 결집에서 합송되었다는 것은 의심스럽다. 그
리고 굳이 그런 말을 합송할 때 언급할 필요도 없어 보인다. 『가짓수 부류』는 네 가지 니까야(
부류) 중에 제일 변형이 심한 전승인데다 내용도 조금 의심스러운 곳이 가끔씩 있다. 한편, '여
덟 가지 회중'(aṭṭha parisā)인 경우에는 ① 끄샤뜨리아 회중, ② 바라문(신성인) 회중, ③ 장자 회
중, ④ 사문(출가수행자) 회중, ⑤ 사대천왕 회중, ⑥ 33천 회중, ⑦ 마구니 회중, ⑧ 범천 회중
등을 나열하고 있다.(디3-447)
그러므로 'parisā'(회중)를 번역한 대중(大衆)이라는 번역어는 승가(saṅgha)의 번역어로서의 대중
과는 다른 단어다. 한 단어로 똑같이 번역된 한역만 보고 남신도와 여신도도 승가(대중)의 일원
이라고 착각해서는 안 된다. 대승의 언어들은 초기불교에 대해 동음이의어 전략 혹은 내용 바
꿔치기 전략을 구사하고 있음을 간과해서는 안 된다. 참고로, 승가(saṅgha)의 번역어는 대중
(大衆)인데 '친족 대중'(ñāti saṅgha, 디1-324, D1-115)처럼 일상적으로 널리 쓰이는 말을 차용
한 단어다. 그러나 불교 내에서 이 단어의 쓰임새는 네 명 이상의 스님을 의미하고 재가 신도
에게는 결코 쓰지 않는다. 승가와 대중은 같은 말이지만 요즘의 우리나라에서의 현실적인 쓰
임새는, 대중은 각 지역별 혹은 단위별로 모여서 실제로 생활하는 모임을 지칭하고 승가는 그
러한 대중 전체를 아우르는 거시적인 단체를 지칭하고 있다. 초기불교 율장에서 전자는 '대면
하는 대중'(sammukhā saṅgha, 現前僧伽)으로, 후자는 '사방의 대중'(catuddisā saṅgha, 四方僧
伽)으로 구분했다. 그러나 근본경전에서 '대중'이라는 단어는 대부분 '대면하는 대중'에 무게중
심을 두고 사용되고 있다. 그러므로 '대면하는 대중'이라는 의미를 지워 내는 '승가'라는 음역
은 편협하게 이해될 수 있다. 이에 따라 본서에서 '승가'라는 단어는 '사방의 대중'이라는 의미
로 쓰되 되도록 삼가겠다.

입고 여래의 자리에 앉아서 마땅히 4부 대중을 위하여 이 경전

을 널리 설해야 한다."(大正9-31)

선여인이라는 용어는 초기경전에서 매우 드문 것에 비해 선남자라
는 단어는 가끔씩 등장한다. 그러나 초기경전에서는 대승경전에서와
같은 위상을 지닌 용어가 아니었고 어디까지나 훌륭한 가문의 출신
자라는 뜻이거나, 출가의 문맥에서만 부처님이 당신의 제자에 대해
미칭(양가의 자제분)으로 쓰던 정형구에 한정된 것이었다. 이러한 선남
자·선여인이 대승경전에서는 네 가지 회중에게 여래처럼 경전을 설
하는 주체로 서게 되며 부처님의 직계 제자인 비구·비구니는 오히려
대승 법문을 듣기에는 하열한 자질을 가진 자들이어서 법문 자리에
서 퇴장하는 묘사까지 등장하게 된다.

　　대승경전에 나오는 단어들은 설사 초기경전에 나오는 단어라 하
더라도 그 내용과 사상적인 위치가 현격하게 달라진 경우들이 많다.
예를 들면, 마음(citta), 진여(tathatā), 법성(dhammatā), 승가(saṅgha), 공
(suññata), 식별(viññāṇa), 보살(bodhisatta), 삼매(samādhi), 깨달음(bodhi),
열반(nibbāna) 등등. 얼핏 보아도 불교의 핵심 용어라는 것을 알 수 있
다. 선남자·선여인 또한 이러한 내용과 위상이 바뀐 용어 중에 하나
다. 대승은 이러한 용어들을 교묘히 변형시킴으로써 불교사상까지
왜곡시키고 있다. 앞으로 본서가 예의 주시하는 부분이다.

　　② 대승경전들에서 부처님은 신격화되는 반면 기존 대중에 대해
서는 대결의식을 엿볼 수 있다는 점이다. 이것은 대승사상에 관통하

여 흐르는 '극단적인 정신적 원리주의'[36]에 기인한 것이다. 그래서 대승경전에서는 부처님의 역사적 숨결을 거의 느낄 수 없다. 미간의 백호 광명이 시방세계를 뒤덮는다는, 전능한 브라만 신과 같은 묘사만이 범람할 뿐이다.[37]

한편 대승의 승속무차별주의로 인해 기존의 대중을 어떻게든 폄하해야만 했다. 이제는 학계에서 더 이상 쓰지 않고 '부파불교'라고 부르는 '소승'(小乘, hīna-yāna[38])이라는 단어의 정확한 번역어는 '열승'(劣乘. 열등한 탈것)이다.(비슷한 예로 기독교에서 '구약'은 학계에서 더 이상 쓰지 않고 '히브리 성경'이라고 부르는 것과 같다. 구약이라는 단어는 기독교가 신약−

· · · · · · · · · ·

36 이상적이고도 이치적으로 극단에 치우친 경향성을 말하는데, 구체적인 현실을 무시한 무차별주의에 대한 숭상, 승속의 공통점만을 부각시켜서 통폐합하려는 시도, 유토피아론자들에게서 나타나는 근거 없는 환상적인 세계의 추구 등을 아울러 표현한 말이다. 이념적 무차별주의라고 불러도 괜찮을 것이다.

37 『묘법연화경』제1권(大正9−2중) 참고. 물론 초기경전에서도 상식적으로는 이해 안 되는 초자연적인 기술들이 등장한다. 예를 들면, 『경이롭고 희유한 법의 경』(맛4−273)에서는 부처님이 태어나자마자 "북쪽으로 일곱 발짝을 내딛고 … 나는 세상의 으뜸이요, 나는 세상의 최상이요, 나는 세상의 어른이다. 이것이 마지막 태어남이고 이제 다시−생성됨은 없다."라고 선포하는 장면이 나온다. 한역된 주석서에서 흔히 접하게 되는 '천상천하 유아독존'과 상응하는 내용이다. 그러나 대승의 『수행본기경』에서처럼 '天上天下 唯我獨尊'에 이어 '三界皆苦 我當安之'(삼계가 모두 괴로우니 내가 응당 편안하게 하리라.)와 같은 표현은 없다.

38 빨리어에서 '작은'을 뜻하는 적확한 단어는 'cūḷa, culla'(율장 '小品'에서의 小) 혹은 'khudda'('小小戒'에서의 小)이다. '열등하다.'(hīna)라는 단어는 '세 가지 차등'(tisso vidhā)에서 분명하게 드러난다. 즉, '월등하다.'(seyya), '동등하다.'(sādisa), '열등하다.'(hīna).(상5−272) 대승(mahā-yāna)에서의 'mahā'는 '크다.'(大)와 '위대하다.', '중요하다.', '훌륭하다.'라는 여러 가지 뜻을 고루 가지고 있는 반면 'hīna'라는 단어는 항상 '열등하다.' '하열하다.' '하천하다.'라는 의미로만 쓰이고 '작다.'라는 뜻으로는 쓰이지 않는다. 'yāna'는 탈것(乘)이라는 뜻이다.

새로운 약속—을 들고 유대교에서 갈라져 나오면서 차별화 전략으로 사용했던, 유대교에 대한 모독적인 단어이기 때문이다.) 이 열등한 탈것은 다름 아닌 부처님 재세시의 대중이거나 기존의 정통 비구·비구니 대중을 가리키는 용어였다. 이렇게 되면 결국 부처님은 제자들을 편 가르고 이간질하는 자로 평가될 수밖에 없을 것이다. 그리고 이것은 승잔[39] 제10번 '대중깨기'[40](破僧. 화합하는 대중을 깨뜨림)를 범한 것이기도 하다.

. . . .

39 僧殘, saṅgha(대중)-ādi(처음)-sesa(나머지). 어원적인 해석은 '대중이 처음부터 나머지까지 맡는다.' 정도의 뜻이라고 보인다. 범본에는 'saṃghāvaśeṣa'와 'saṃghātiśeṣa'라는 두 단어가 등장한다. 해석이 조금씩 다를 수는 있지만(자세히는 『비구계의 연구』 1-369 참고. 평천창 저, 혜능 역, 민족사, 2002) 승잔에 관련된 전반적인 내용으로 봐서, 해당 규율을 범한 비구의 '완전히 순수함'(淸淨, pari-suddha)을 회복하기 위해서는 '20인 이상의 대중에만 그 방법이 남겨져 있다.'라고 승잔이라는 단어를 풀이할 수 있을 것이다.(의정 스님이 번역한 『근본설일체유부비나야』 大正23-681에서 선명하게 표명되어 있다.) 대중을 떠나야 하는 참수형인 단두(波羅夷, pārājika) 다음으로 무겁고 추악한 죄에 해당한다. 비구율은 열세 가지 조목으로, 비구니율은 열일곱 가지 조목으로 이루어져 있다.

40 saṅgha bheda, 破僧. 법답게 화합하는 대중을 깨뜨리는 것을 말한다. 그런데 번역에 있어서 주의할 점은 '분열'(分裂, 갈라짐, 나뉨)과 '파괴'(破壞, 깨기)는 개념의 범주가 다르다는 것이다. 파승(破僧)에서의 '파'(破)의 원어는 'bheda'이고 이것의 어원인 √bhid는 '나뉘다.'가 아니라 '깨뜨리다.'이다. 분열은 파괴를 포함하는 개념이다. 분열은 하나의 단체가 여러 개의 단위로 갈라져 나뉘는 것이어서 반드시 그 단체의 본질이 변질되거나 망실되었다고 단정할 수는 없는 개념이다. 단순히 분립의 외형적 양상만을 가질 수 있다. 물론 분열은 결과적으로 파괴로까지 이어질 수 있다. 그러나 파괴(깨기)는 그 단체의 본질적인 기능과 존립마저 망실됨을 직접적으로 의미한다. 그러므로 분열은 해당 단체의 본질상 비법(非法)이 아닐 수 있지만 파괴는 반드시 비법성을 담고 있다. 다시 말해 '대중 분열'은 합법적으로 나뉘는 경우에도 쓸 수 있는 용어이지만 '대중깨기'는 반드시 비법으로 갈라짐을 의미한다. 반대로 비법으로 화합하고 있는 대중을 고의로 가서 깨뜨리는 일은 허용되었다. 그러나 근본불교와 그 대중을 열등한 것으로 부정한다면 본질적인 가치를 부정하고 파괴하는 것이므로 '대중깨기'에 해당한다.

승잔의 경우는 데와닷따가 비법으로 대중에서 갈라져 나간 경우이므로 '대중깨기'라고 불러야 한다. 데와닷따의 경우에는 일차적으로 대중에 대한 패권을 위한 것이고 이차적으로 사소한 규

이렇게 대승과 소승이라는 개념 규정을 통한 차별화 전략에서도 기존 대중에 대한 대결과 도전 의식이 드러나지만, 경전 속 내용에서는 더욱 뚜렷해진다. 『유마경』에서는 사리뿟따나 수부띠(須菩提) 등 내놓으라는 성문 제자들이 유마 거사에게 미치지 못하는 수준이어서 쩔쩔매며 한 수 배우는 꼴로 묘사되고 있다. (이때 당한 창피 때문에 1차 결집 때 다들 입을 다물고 전승하지 않았던 것일까?) 또 『화엄경』의 선재동자가 찾아다닌 53선지식 가운데 비구는 다섯 명, 비구니는 단지 한 명에 불과하다. 그조차 초반부에서만 다루어진 것을 보면 불교 색채를 내기 위해 쓰인 구색용 장엄일 뿐이라는 것을 알 수 있다. 여러 가지 변명이 가능하겠지만, 초반에 다룬 스님들의 가르침보다 점점 진행되는 구도 행각에 등장하는 장자, 바라문, 외도 등의 가르침이 훨씬 수준 높은 것으로 기술되어 있다는 것이 일차적인 사실이다. 왜냐하면 선재동자의 구도 행각은 『화엄경』의 52계위와 맞아떨어지도록 배치되어 있기 때문이다.

또한 대승은 10대 제자들을 의식한 듯, 여러 보살들을 내세운 경전들을 통해 맞대결을 펼친다. 지혜제일 사리뿟따 대신에 과거 7불을 가르쳤다는 지혜의 상징 문수보살을, 신통제일 마하목갈라나 대신에 천

· · · · · · · · · ·
제들이기는 하지만 이미 허용되어 있는 규제 사항들을 강제적인 조목으로 신설하는 경우이기 때문에 비법으로 간주되는 것이다. 이에 비해 불멸 백 년 후 사소한 규제 사항들인 '열 가지 기초 사항들'(十事, 주석 9번 참고)로 대중이 상좌부와 대중부로 갈라진 것은 '대중 분열'이라고 부를 수 있다. 불멸 후에는 사소한 규제(小小戒, 본서 제18장 참고)의 경우 대중이 합의하면 없앨 수 있는 것이므로 그것에 대한 의견 차이로 인해 갈라진 것을 비법이라고 단정할 수는 없기 때문이다.

개의 손과 천 개의 눈을 가진 관세음보살을, 두타제일 마하깟사빠 대신에 웅장한 난이도의 원력 수행에 매진하는 보현보살을, 전법에 목숨 바친 뿐나(puṇṇa, 富樓那. 설법제일 뿐나와는 다른 인물이다. 맛1-581의 주석 783번을 참고하라.) 대신에 지옥 중생들을 위해 세세생생 목숨 바치겠다는 지장보살을 내세운다. 이외에도 여러 위력 있는 대승 보살들을 선보이며 성문 제자들을 기죽인다. 대승경전에 나타나는 수많은 허장성세형의 표현들은 이렇게 과도한 경쟁 심리에서 피어난 무리수였다고 봐야 할 것이다. 웅장하고 화려하며 자극적인 것들은 대개 삿됨의 징표다.

③ 아비담마 철학들이 보통 삼원론적인(정신, 물질, 열반) 다원적 실체론[41]이었다면 대승사상은 대부분 관념론적인 일원적 실체론이라고 할 수 있다. 대승사상은 관념적인 실체 하나를 상정하고 그 실체를 정점으로 불교 전체를 회통시켜서 단일한 구조로 정리하는 작업을

• • • • • • • • • •

41 예컨대 남방상좌부 철학에서는 궁극적 실재를 정신과 물질로 양분하고('nāma-rūpa' 名色을 '정신-물질'로 잘못 해석해서 양분하고 있음. 제38장 참고) 다시 마음(1), 마음부수(52), 물질(18), 열반(1) 등으로 '네 등분'(四位)한 72가지 자성(自性, sabhāva. 자체성질 : 이것은 철학사상적으로 실체에 해당함)을 상정하고 있다. (아담길上-96) 한편 북방상좌부를 대표하는 설일체유부는 위의 네 등분에 '마음과 상응하지 않는 형성작용들'(心不相應行, citta viprayuktāḥ saṃskārāḥ. 아비담마 철학에서는 마음을 식별과 동의어로 보기 때문에 아비담마 철학 이후에 등장하는 '마음과 상응하지 않는'이라는 전문용어는 '식별로 뚜렷하게 파악되지 않는'의 뜻이며, 한마디로 '불분명한'이라고 번역하면 쉽게 이해될 수 있을 것이다.) 열네 가지를 추가해서 '다섯 등분'(五位)을 내세우지만 남방상좌부에서는 인정되지 않는다. 본서에서는 주로 남방상좌부를 중심으로 다루겠다. 자세히는 주석 214번을 참고하라.

수행하고 있다. 이것은 관념론적인 일원적 실체철학[42]의 전형적인 체제이자 기술 방식이다. 예를 들면, 『화엄경』의 일심, 『능엄경』의 여래장, 『원각경』의 원각, 『해심밀경』의 아뢰야식, 『법화경』의 불성 등이 그러한 실체에 해당하는 사상적 자리를 차지하고 있다. 제3편 사상에서 자세히 살펴볼 것이다.

④ 대승경전들은 하나같이 출가수행자의 구체적인 규제[律]나 수행법에 대해서 미약하거나 잘못된 정보를 갖고 있다는 점이다. 비구나 비구니의 규제들에 대해서는 직접적으로, 구체적으로 다뤄지지 않는다. 물론 기존 대중에 대한 대결과 배척 정신을 가진 대승사상으로 봐서는 당연한 일인지도 모르지만, 종종 무시를 넘어서서 무지하다고 할 만한 대목들을 만나게 된다.(기회가 닿는 대로 본문에서 거론될 것이다.) 다만 대승경전에서는 승속을 통폐합하는 계행[43]으로서 '열 가지 좋은 작업[44]의

· · · · · · · · · ·

42 서양 철학으로 보자면, 플라톤의 이데아, 헤겔의 절대정신, 기독교의 유일신 사상 등을 들 수 있다.

43 계행(戒, sīla)은 일반적인 말로 '도덕적인 행위' 즉, '덕행'에 해당하는 단어다. 처벌이 가해지는 전문적인 법률로서의 규제(律, vinaya. 규율)와는 다르다. 둘을 합쳐서 '계율'이라고 하는데 대승불교, 특히 중국불교에서 즐겨 쓰는 통폐합적인 표현 방식이다. 자세히는 제10장을 참고하라.

44 '작업'으로 번역한 '業'(kamma)은 '자업자득'(自業自得) 할 때의 업이다. 부처님의 정의에 따르면 작업[業]은 '의도적인(cetanā) 행위'다.("비구들이여, 의도가 작업이라고 나는 말하나니, 의도한 뒤에 몸(kāya)과 말(vacī)과 정신(mano)으로 작업을 짓습니다." 앙4-262) 부처님은 일상적인 용법의 단어를 전문적인 용법에도 그대로 사용하면서 기본적인 의미를 계속 부여하는 언어 사용법을 구사한다. 작업이라는 용어는 "도반들이여, 여기 비구는 작업(kamma)을 해야 합니다."(디3-440)에서 일상적인 용법으로 뚜렷하게 쓰이고 있다. 이때 작업은 옷이나 발우의 수선이 대표적이다. 율장에서는 대중의 의결작업을 뜻하는 말로도 쓰인다.(예컨대, '대중 작업'(僧羯磨), '들

행로들[45’46]이나 '보살계'만을 강요할 뿐이다. 또한 대승경전들에서는

....

어내기 작업'(擧羯磨), '알림 작업'(單白羯磨), '알림과 두 번의 작업'(白二羯磨), '알림과 네 번의 작업'(白四羯磨) 등등)

작업은 윤회의 주체로도 천명된다. "바라문 학생이여, 중생들은 작업이 주인이고, 작업의 상속자이며, 작업이 기원이고, 작업이 권속이며, 작업이 의지처입니다. 말하자면 중생들이 천하고 귀하게 되는 것은 작업이 차별 지은 것입니다."(맛4-408) 작업은 5온의 형성작용(行)에 포함된다고 할 수 있다. 물론 이 형성작용은 대상적인 단일한 존재가 아니다. 그러므로 실체인 것은 아니다. 그런데 이런 작업이라는 용어가 '업'이라는 한 글자로 된 명사로 한역됨으로써 작업의 결과물로서의 업이라는 측면으로만 편협하게 이해되고 있다. 그 결과 '모든 것이 전생의 업'이라는 숙명론에 빠져 버린다. 이것은 외도 사상이었다.(디1-200 참고) 특히 자이나교에서처럼 업을 결과적인 악업의 측면으로만 파악해서 '몸의 작대기(처벌)', '말의 작대기(처벌)', '정신의 작대기(처벌)', 셋으로 나누는 주장과 같은 사고방식에 젖게 되기도 한다.(맛2-486) 위에서 보듯이 근본경전에서는 지금 진행하고 있는 의도적인 행위라는 측면으로서의 '작업'이 주되게 쓰이고 있다. 찾아오는 것만이 업이 아니고 지어가는 것도 업인 것이다. 덧붙여, 요즘에 속어로 쓰이는 '여자에게 작업을 걸다.'의 의미와 비슷하게도 작업(kamma)이 쓰인다. 율장의 '두 가지 정해지지 않은 법들'(二不定, dve anitayā dhammā)에서는 여인과 단둘이 음욕으로 '충분히-작업할 만한 자리에'(āsane alaṁ-kammaṇiye) 은폐된 (혹은 드러난 곳이라도) 앉아 있는 것을 경계하고 있다.

참고로, 'kamma'는 실제로 4세기에 승가제바가 번역한 『중아함』에서 '作業'으로 번역되기도 했다.("作業時少", "所作業不善", "作業雖廣大"….)

45 초기경전에서 '道'로 한역되는 원어로는 세 가지를 들 수 있다. ① 일반적인 '길'을 의미하는 'magga'. (예: 八正道) 영어의 'way'에 해당한다. ② '행보'를 의미하는 'paṭipadā'. 어원적으로는 '~을 향해(paṭi) 걸어가다(√pad).'의 뜻이다. (예: 中道, majjhima-paṭipadā) 영어의 'walking'에 해당한다. ③ '행로'를 의미하는 'patha'. 일정하게 다니는 길을 뜻한다. (예: 지칭의 행로, 언어의 행로, 제시의 행로, 디2-136) 영어의 'path'에 해당한다.

46 十善業道. ① 산목숨을 해침, ② 주지 않은 것을 가짐, ③ 욕망에 있어서의 삿된 행위, ④ 거짓말, ⑤ 뒷담화, ⑥ 거친 말, ⑦ 쓸데없는 말, ⑧ 욕심, ⑨ 언짢음, ⑩ 삿된 견해 등을 짓지 않는 것이다. 이것을 알아차리는 것은 '바른 견해'(正見)의 시작으로, 초기경전에서부터 기본적으로 중요시되었다.(맛1-290) 이 '열 가지 좋은 작업의 행로들'은 규제[律]가 아닌 덕행[戒]에 속하기 때문에 후에 '10계'(dasa sīla)라고 부르기도 했다. 한편, '사미 10계'(沙彌十戒)라는 표현은 잘못된 것이다. 사미는 재가자도 아니고 스님도 아니기에 공통적으로 표현할 수 있는 공부조목(學處, sikkhāpada)이라는 용어를 쓴다. 그러므로 '사미 10계'는 '사미의 열 가지 공부조목들'(沙

깨달음에 이르는 부처님의 근본 교리이자 핵심 수행법들인 4성제, 4념처, 8정도, 12연기, 37조도품 등에 대해서 그 이름만이 거론될 뿐이고 자세한 내용 설명은 거의 찾아볼 수 없다. 이 때문에 대승권에서는 출가자라 하더라도 근본 교리나 핵심 수행법에 나오는 기본 용어조차 두루뭉술하게 알 뿐, 그 정확한 의미와 행법을 파악할 수는 없었다. 아니, 파악하지 못하고 있다는 것조차 몰랐다. 대신에 대승의 반야부 계열의 경들에서는 승속에 상관없이 수행할 수 있는 6바라밀이 제시된다. 이것은 초기경전군인『자잘한 부류』 중에서도 문제점이 많은 경인『불종성경(佛種姓經, 부처의 계보)』에 나타나는 10바라밀[47]의 축약과 보완 작업의 결과물로 볼 수 있다. 그러나 10바라밀이란 부처를 이루기 전인 보살 시절의 수행법으로 간단히 제시된 것이었기 때

. . . .

彌十學處, sāmaṇera-dasa-sikkhāpadāni)이라고 해야 한다. 이 사미의 공부조목에 대해서는 비구 · 비구니와 같은 전문적인 규제는 가해지지 않지만 어느 정도의 제재는 있었다.

47 十波羅密, dasa-pāramiyo. 『Buddhavaṁsa』 16p~참고. ① 보시 바라밀(施-波羅密 dāna-pāramī), ② 덕행 바라밀(戒-〃 sīla-〃), ③ 초탈함 바라밀(出離-〃 nekkhamma-〃), ④ 알아차림 바라밀(慧-〃 paññā-〃), ⑤ 정진 바라밀(精進-〃 viriya-〃), ⑥ 인내 바라밀(忍-〃 khanti-〃), ⑦ 진실 바라밀(諦-〃 sacca-〃), ⑧ 결단 바라밀(受持-〃 adhiṭṭhāna-〃), ⑨ 자애 바라밀(慈-〃 metta-〃), ⑩ 담담한 바라밀(捨-〃 upekkhā-〃)
'저 언덕'(彼岸, pāramitā, 빨리어로는 pāramī)으로 번역되는 바라밀에서의 언덕은 '부처의 세계'를 의미한다. 열반으로 해석하기도 하지만 그럴 경우에 열반은 이미 근본경전에 나타나는 꺼짐으로서의 열반은 아니다.(본서 제26장 참고) 이미 열반이 존재론적인 대상으로 변질되어 있기 때문이다. 근본경전에서 열반에 이르는 길은 '37항목의 깨달아지는 법'(三十七助道品, 주석 233번 참고)으로 정리되어 있다. '열 가지 방법으로 저 완성된 부처의 세계로 건너감'을 뜻하는 10바라밀은 '열 가지로 도착하기'라고 번역할 수 있겠다. 이 10바라밀은 『화엄경』의 10지 중에서 제7지의 주된 수행법으로 재등장한다. 이에 따라 『화엄경』에서는 제7지부터 본격적인 대승 수행법과 그 색깔이 표출된다고 볼 수 있다.

문에 이것을 계승한 6바라밀은 구체성이 결여된 이념적 구호에 가까운 수행법이 될 수밖에 없었다. 더 나아가 대승 수행법이 밀교에 이르면 성적인 교섭까지 수행법으로 채택될 뿐만 아니라 가장 뛰어난 자질의 수행자들만이 감당할 수 있는 수행법으로 찬양된다. 이렇게 대승 수행법의 역사는 퇴보와 타락의 길을 걸어 왔다.

⑤ 덧붙여 대승경전들은 제목과 내용에서 불설임을 강조하고 있고 이것을 부정하는 자들에 대해 무시무시한 공갈·협박을 퍼붓는다는 점이다. 그런 자들은 영원히 불성 종자가 끊어진다는 둥, 영겁 동안 3악도의 고통을 받는다는 둥…. 그러나 이것은 오히려 대승경전이 비불설임을 드러내는 자격지심의 반증이 되어버렸다. 부처님 당대에 부처님이 스스로 이런 강요와 저주[48]를 할 필요성은 없을 것이기 때문이다. 이것은 '예수천당, 불신지옥'과 같은 이교도 수법과 하등 다를 바 없는 말이기도 하다. 또한 이런 저주의 표현은 비구니 규율 중에서 단타[49] 제19조(『사분율』에서 제88조)에 해당한다.

이상과 같은 내용들을 종합적으로 고찰해 봤을 때 대승경전들은 부처님이 직접 설하지 않았다는 것은 물론이거니와 부처님 당대에 저작되었다고도 말하기 힘들다. 이에 대해 평천창의 지적은 음미할 만하다.

. . . .

48 abhisapita. 창조신을 섬기는 바라문들의 전문 수법인 '저주'에 대해서는 맛2-499의 주석 538번을 참고하라.

49 單墮, pācittiya. 波逸提라고 음역되었다. '참회'라고 해석되기도 하지만 확실하게 밝혀지지 않았다. (자세히는 평천창, 『비구계의 연구』 3-31이하 참조. 민족사) 비구는 92조목, 비구니는 166조목이 있다.

"대승의 맹아기부터 대승과 소승이 함께 공존했다고 한다면, 아비달마 논서에 대승이 언급되지 않은 것은 아무래도 이해가 되지 않는다. 게다가 성문을 여농여아(如聾如啞, 귀머거리 같고 벙어리 같다.)라고 꾸짖는『화엄』, 성문승을 구하는 비구·비구니에게 친근하지 말라고 설하는『법화』, 성문지·벽지불지에 떨어지는 것은 보살의 죽음이라고 주장하는『십주비바사론』등, 강렬한 어조로 성문승을 배척하는 대승경전의 지지자가, 만약 비구 승가 가운데 존재하면서 —그들과 함께 거처하는 것을— 승가의 실권을 쥐고 있는 상좌의 장로들이 과연 허용했을까? 이것은 의문의 여지가 있다. 이와 같이 대승교도가 처음부터 부파교단 가운데 존재했다고 보는 것은 곤란한 점이 있다."[50] 이 책은 이어서 불탑을 중심으로 신행생활을 한 재가자들이 대승 보살의 기원을 이루었을 것이라고 논하고 있다.

한 가지 더 생각해 볼 점은 대승경전의 성립사를 연구한 학자들은 대부분 대승경전들이 기원 전후를 중심으로 제작·유통되었다고 보고 있는데[51] 이때까지만 해도 대중에서는 여법한 재계의식(포살)이 충실히 시행되는 정법시대에 속한다는 것이다. 특히 거짓말에 대해서는 요즘처럼 느슨하게 다뤄지지 않았다. 그러므로 그런 풍토에서 대승경전과 같은 내용을 암송하거나 율장에서 허용되지 않는 어떤 저술 재료들을 갖춰가며 전승과 저작 활동을 이어간다는 것은 불가능하

··········

50 『초기 대승불교의 종교생활』평천창, 심법제 역, 민족사, 1989, 12p. 참고.

51 『경전의 성립과 전개』미즈노 고겐, 이미령 역, 시공사, 1996, 1장~3장 참고.

다. 정법시대의 대중생활을 해야 하는 스님이 할 수 있는 활동이 아니라는 말이다. 만일 대중 안에서 스님에 의해 대승경전이 저술되었다면 충분히 세속화된 대중과 스님이었을 수밖에 없다.

위의 내용들은 전체적으로 대승경전들은 아무래도 불교에 나름대로 지식이 있으면서도 기존 대중에 불만과 도전의식이 있었던 거사의 작품일 것이라는 심증을 서게 한다. 또한 이후로 본서에서 제기하는 비판들 전체가 그런 심증을 더욱 확실하게 만들 것이다. 어쨌든 이 모든 의혹과 논쟁은 대승의 거짓말에 기인한다는 점만큼은 분명하다.

7
거짓말의 시작 – 아비담마 철학

"비구들이여, 어떤 비구들은 한결같은 이(如來)가 일러주지 않은 것과 설명하지 않은 것을 한결같은 이가 일러줬고 설명했다고 밝힙니다. 그 비구들은 많은 삶들을 손해와 불행으로 이행시키는 자이기 때문에 많은 신과 인간들의 수많은 삶들에 불이익이 되고 손해가 되고 괴로움이 됩니다. 비구들이여, 그 비구들은 많은 악덕을 쌓고 정법을 은폐시킵니다."(앙1-103)

대승의 거짓에 기초한 저술들은 후대 수행자들에게 커다란 혼란과 심각한 후유증을 남기게 된다. 그런데 이러한 거짓말은 대승사상에서 갑자기 시작된 문화가 아니었다. 그 거짓말의 문화는 아비담마 철학에서 비롯된 것이었다.

아비담마 철학의 거짓말 중에서도 대표적인 것은 바로 '아비담마(abhidhamma)'[52]라는 그 철학의 이름에서부터 발견된다. 아비담마는 한역으로 '승법(勝法)' 혹은 '대법(對法)'이라고 번역되었다. '대법'이라는 한역은 당나라 현장 법사에 의한 것이다. 이 번역은 '아비담마'의 '아비(abhi)'를 '~에 대하여(對)'라고 파악했기 때문인데 이것은 오역이다. 빨리어에서 'abhi'는 '뛰어난', '압도적인' 등의 의미를 부가해 주는 접두어다. 근본경전에서 이 접두어가 '~에 대하여'라는 의미로 쓰인 명백한 용례를 찾기란 힘들다. 그리고 '~에 대하여'라는 의미는 처소격이라는 격변화를 통해서 충분히 나타낼 수 있다. 실제로 그런 경우에는 '아비담마'의 처소격인 'abhidhamme'라는 표현으로 나타난다.[53] 이 표현은 현장의 번역대로라면 '법에 대하여에 대하여'라는 부

• • • • • • • • • •

52 범어로는 'abhidharma'이며 '아비달마(阿毘達磨)'라고 한역으로 음사되었다. 같은 단어이지만 '아비달마'란 설일체유부 등 범어로 전승된 북방의 교학 체계이므로 '북방아비달마' 혹은 '북방상좌부'라고 따로 부르겠다.

53 "두 비구가 '아비담마에 대하여(abhidhamme)' 다른 주장을 가질 수도 있습니다."(맛3-637)
"다시 도반들이여, 비구는 법을 욕망하고 사랑스럽게 대화하면서 '아비담마와 아비위나야에 대해서(abhidhamme abhivinaye)' 한층 더 애정을 가집니다."(디3-459)
"도반들이여, 숲속에 머무는 비구는 아비담마와 아비위나야에 대해서 수행해야 합니다."(맛2-704)
"아비담마에 대해서 지도할 수 있고 아비위나야에 대해서 지도할 수 있고…."(율1-210)
"그러나 그는 아비담마와 아비위나야에 대해서 질문을 받으면 피해갈 뿐 대답하지 않습니

적절한 표현이 되어 버린다.

　북방아비달마든 남방아비담마든 그 당시 이 철학에서는 '아비담마'를 '뛰어난 법'(勝法)이라고 해석하고 있었다. 남방아비담마의 대부인 붓다고사는 직설적으로 '아비담마'를 '수승한 법'이라고 규정하고 있다.(아길-43) 설일체유부를 대표로 하는 북방아비달마 철학을 정리하고 있는 『구사론』(1-4)에서도 아비달마란 궁극적으로는 '무루[54]의 5온'을 말하고, 포괄적으로는 무루의 5온을 획득시키는 지혜와 논서 모두를 일컫는다고 하고 있다. 또한 직설적으로 "향상하기[55] 때문에 뛰어난 법이라고 한다."(구사1-4)라고 규정한다. 역시 아비담마를 수승한 법이라는 의미로 파악하고 있다. 이어서 다음과 같이 주장한다.

　　"만일 '법의 간택(擇法)'을 버린다면
　　온갖 번뇌를 소멸시킬 수승한 방편이 있을 수 없도다.
　　번뇌로 말미암아 세간은 생성됨의 바다를 떠도나니

· · · · · · · · · ·

다."(앙1-638)

54　無漏. 무루의 '漏'에 해당하는 빨리어는 'āsava'이다. 원래 '유입(流入)'의 뜻이지만(주석 252번 참고) 여기 아비담마의 변용된 문맥에서는 끊임없이 흘러나오는 온갖 '번뇌' 내지 '오염'으로 이해해 두기로 하자.

55　범본에서 해당하는 범어는 'praty-abhi-mukha'인데, '향하여(praty) 더 뛰어나게(abhi) 앞면(mukha)'으로 파자된다. 한역에서는 '對向·對觀'이라고 애매하게 번역했다. 이 단어는 '더 높고 수승한 앞쪽을 향하여'라는 뜻이고 한마디로 '향상(向上)'이라고 번역할 만한 단어다.

이로 인해 부처님은 아비담마를 설했다고 전하느니라[56] ."

(구사1-5)

부처님은 번뇌를 소멸시킬 더 뛰어난 법들을 경전 곳곳에 산설해 놓
았는데 그 뛰어난 법만을 채취하고 편집한 체계적인 가르침이 자기
들의 아비담마 철학이라는 주장이다.(구사1-6) 물론 아비담마 철학
은 부처님의 근본경전들의 말씀으로 짜깁기 되어 있지만 변용된 개
념과 그 체계는 근본경전에 입각한 것들이 아니었다. 다시 말해 부
처님은 아비담마라는 단어를 설한 적은 있지만 아비담마 철학을 설
한 적은 없었다. 아비담마 철학 일부에서는 자기들의 철학을 사리뿟
따가 시설한 것으로 주장하기도 하지만 이것은 대승의 밀교에서 자
기들 사상의 시조를 라훌라라고 주장하는 것과 같은 터무니없는 억
지에 불과하다. 날카로운 철학적 비판 정신의 소유자였던 세친은
『구사론』(1-6)에서 아비담마 철학의 시조를 가다연니자(迦多衍尼子,
Kātyāyanīputra)라고 지목하고 있다.

경에서 아비담마와 항상 짝을 이루어 나타나는 단어가 '아비위나
야(abhivinaya)'이다. '뛰어난 규제[57]'라고 직역할 수 있다. 그런데 남방
아비담마 철학의 해석대로 아비담마를 자기들의 논서라고 말하고 아
비위나야를 부문[犍度]과 보충[附隨]으로 주장하는 것은 오류다. 왜냐

. . . .

56 『아비달마 대비바사론』 제1권 서문 참고(大正27-1)

57 規制. 'vinaya'의 번역어인 '규제'에 대해서는 본서 10장 혹은 주석 66번을 참고하라.

하면 논서나 부문과 보충들은 최소한 제1차 결집 이후의 작품이거나 체계이기 때문에 부처님 당시의 말씀 속에 등장하는 아비담마나 아비위나야라고 볼 수는 없기 때문이다. 더군다나 논서에 비해서 근본경전이, 부문과 보충에 비해서 경분별의 공부조목들이 오히려 더 뛰어난 법과 더 뛰어난 규제라고 해야 할 것이다.

거짓말로까지 이어진 이러한 혼란과 개념의 변용은 근본경전에서 '아비담마'와 '아비위나야'에 대한 자세한 규정이 표명되어 있지 않았던 것에 기인한다고도 볼 수 있다. 몇 번밖에 나오지 않는 단어이지만 이 단어가 쓰인 문맥의 흐름을 짚어보면 그 의미를 조심스럽게 추출해 볼 수 있을 것이다. 『합송경』(디3-459)의 '열 가지 주인이 되는 법들'에서 "아비담마와 아비위나야에 대해서 한층 더 애정을 가집니다."라는 표현이 나오는데, '한층 더 - 애정을 가집니다.'(uḷāra-pāmujjo)에는 '더 뛰어난'의 의미와 상응하는 측면이 있다. 그리고 '주인이 되는 법들'(nātha karaṇā dhammā)이란 더욱 당당한 주체로 우뚝 서는 내용으로 이루어져 있다. 한편 아라한을 이루더라도 아비담마와 아비위나야에 대한 질문에 대답을 못하는 경우도 있을 수 있는 것으로 기술된다.[58](앙5-432) 이런 맥락에서 보면 아비담마나 아비위나야는 평범한 수준의 담마[法]나 규제[律]를 의미하지는 않는다고 보인다. 그리고 'abhi'라는 접두어의 일반적인 용법으로 보더라도 아비담마나 아비위

. . . .

[58] 예컨대 아라한이더라도 무색정이나 여섯 가지 뛰어난 앎들을 모두 갖추었던 것은 아니었다.(상2-343~ 참고)

나야는 일단 '뛰어난 법'과 '뛰어난 규제'라고 직역해야 할 것이다.

그렇다면 더 '뛰어난 법'은 무얼까? 『굴릿사니 경』(맛2-704)에서는 숲속 수행자에게 좀 더 기대를 갖고 더 뛰어난 법과 더 뛰어난 규제를 묻는 내용이 나온다. 그런데 그 숲속 수행자가 대답하지 못하면 핀잔을 받게 되므로 숲속 수행자는 이 두 가지를 수행해야 된다고 요구하고 있다. 이때의 더 뛰어난 법을 추측해 본다면, 예컨대 비상비비상보다는 상수멸이 더 뛰어난 법이 될 것이고 예류자보다는 아라한이 더 뛰어난 법이 될 것이다. '여섯 가지 뛰어난 앎들'(주석 21번 참고)도 평범한 앎을 뛰어넘는 앎들이다. 이렇게 한 단계 더 자세하고도 심화되는 더 뛰어난 법을 물을 수 있었을 것이다.

한편, 더 뛰어난 규제로는 대표적으로 '열세 가지 두타행'(주석 60번 참고)을 들 수 있을 것이다. 그리고 규제 조목들마다 '허용 범위'(開遮)가 있었는데 허용 사항이란 모두가 강제로 누리며 지켜야 하는 의무 사항이 아니었다. 수행자들마다 그 범위 안에서 지키는 규제의 강도는 각기 달랐다. 예컨대 오후불식(午後不食)의 경우, 오후에 과일즙은 허용되었지만 엄격한 자들은 그것조차 허용하지 않을 수 있었다. 또한 오전의 죽 공양도 용인되었지만 일일일식(一日一食)을 지키는 수행자들도 많았다. 이렇게 더 뛰어난 규제라고 할 만한 내용들이 있었고 지금의 대중에서도 수행자들의 규제의 강도는 각기 다르다. 다만 '더 뛰어나다.'는 내용을 단정적으로 한정 짓기란 애매한 구석이 있다. 아마도 이런 애매함이 근본경전에서 구체적인 규정의 결여로 나타났으리라고 추측된다. 이것은 어디까지나 필자의 추측이지만 적어도 아비담마 철학의 주장에서 발견되는 오류와 모순은 없을 것이다. 또한 부처님의 가르침에는 숨겨둔 비밀의 교법이란 없으므로 '뛰어난 법'과 '뛰어난 규제'가 일반 대중에게 공표되지 않은 별도로 전승되는 가르침일 리도 없을 것이다.

불교사상사란 근본경전에 등장하는 한정된 단어와 표현들을 차용하고 왜곡하며 변용한 '개념의 변천사'였다. '아비담마'라는 단어를 통해서도 이를 확인할 수 있었다. 이것은 넓은 의미에서 혹은 결과적으로 거짓말의 역사를 만들어 냈다. 그리고 이 거짓의 문화는 대승으로까지 이어지고 증폭되었다. 본서는 앞으로 여러 개념의 변천사를 추적하면서 이를 더욱 증명해 나갈 것이다.

제2편

계율

데와닷따의 일은 불법승의 일이 아닙니다

8
데와닷따의 반역

불교경전 중에서도 비교적 확실한 전승이며 가르침의 결론적인 핵심을 확인할 수 있는 경전은 최후의 말씀을 담고 있는 『대반열반경』이라는 것을 앞에서 살펴보았다. 이와 같이 부처님의 말년에 설한 법문이나 큰 사건을 살펴본다면 대승경전 작자들의 신분과 가치 평가에 도움이 되는 기준을 발견할 수도 있을 것이다. 큰 사건의 골자만큼은 확실한 전승이라고 봐도 좋은데 부처님 말년의 큰 사건이라면 더욱 확실할 것이다.

부처님 말년에 가장 큰 사건 하나를 꼽으라면 단연 데와닷따의 반역이다. 데와닷따는 부처님 살해 공작이 수포로 돌아가자 추종자들을 이끌고 대중에서 이탈하기에 이른다. 이 사건이 부처님의 위신력과 대중 화합에 얼마나 큰 타격과 충격을 주었는지는 이 일도 부처님의 전생 악업의 과보라는 측면으로 기술된 내용을 전혀 찾아볼 수 없다는 점이 반증해 준다. 인과의 원리상 데와닷따 쪽에서만 세세생생 해코지를 했을 리가 없겠지만 '대중깨기'(破僧)란 조금이라도 합리화시키거나 희석시켜서는 안 되는 중대 사안이었을 것이다. 부처님도 큰 폐해가 있다면 사실이라도 말하지 않는 것이 옳다는 입장이었다.

간혹 어떤 학자들은 데와닷따가 제시한 '다섯 가지 기초 사항들'59을 보고서 대중 개혁론자로 묘사하기도 한다. 물론 100퍼센트 선하기도 힘들지만 100퍼센트 악하기도 힘들다. 부처님 교화의 초기에 비해 풍요롭고 흐트러진 대중을 보고 바로잡아 보고 싶은 생각이 조금은 들었을지도 모른다. 율장마다 차이는 있지만, 다섯 가지 기초 사항들은 부처님 암살 시도를 세 차례나 실행한 후에 제기한 사항이었다. 처음부터 고민하며 제기한 문제의식의 발단이 아니었다. 처음부터 제기한 문제 사항이라고 하더라도 부처님이 모르고 있었을 리도 없는데 교주인 부처님을 살해하면서까지 자기주장을 관철시키려는 행위는 명백히 반역이다. 교주에게 결정적인 결함이 있는 경우에는 그 단체에서 탈퇴하면 그만이다. 개혁과 반역은 기본틀을 달리하는 개념이다. 데와닷따를 개혁론자라고 운운하는 것은 신선한 학문적인 성과에 조급했거나 지적 개방성을 과시하려다 오히려 편협에 빠져드는 경우가 아닐까 싶다.

그런데 부처님은 데와닷따의 반역에 대해 어떻게 대처했을까? 대

. . . .

59　五事, pañca vatthūni. ① 평생, 숲속 수행자로 남아야 합니다. 마을에 귀속되면 죄를 범하는 것입니다. ② 평생, 탁발 수행자로 남아야 합니다. 초대에 응한다면 죄를 범하는 것입니다. ③ 평생, 걸레옷 수행자로 남아야 합니다. 거사의 옷감을 입으면 죄를 범하는 것입니다. ④ 평생, 나무 밑 수행자로 남아야 합니다. 지붕 밑으로 들어간다면 죄를 범하는 것입니다. ⑤ 평생, 생선과 고기를 먹지 말아야 합니다. 생선과 고기를 먹으면 죄를 범하는 것입니다. (율2-873)『사분율』에서는 ①번 대신에 '평생, 버터와 소금을 먹지 않는다.'로 되어 있다. (大正 22-594중) 걸레옷이란 분소의(糞掃衣 paṁsu-kūla)라고 한역된 단어에 해당한다. 걸레 등으로 쓰이다가 오물(paṁsu)이 묻은 채로 언덕(kūla) 등에 버려진 천을 주워서 깨끗이 빤 뒤 염색하고 기워서 만든 옷을 말한다.

중에서 나가라고 삿대질하며 윽박지를 것인가, 아니면 대중들이 달려들어서 가사를 벗기고 속인 옷으로 갈아입힌 뒤 길거리로 내몰 것인가, 아니면 몽둥이 운력으로 혼쭐을 내서 쫓아낼 것인가, 그것도 힘들면 빔비사라왕에게 부탁해서 감옥에 집어넣을 것인가. 우리나라 근현대 정화개혁 때, 얼추 일어났던 일이지 않은가? 성자 중의 성자, 최고의 지혜를 갖춘 인간이 매 순간 매 상황마다 어떻게 사건을 처리하는지 기대하게 되고 감탄하게 된다는 것이 율장 읽기의 희열이다. 어두운 부분만이라도 잘 칠해서 전체적인 윤곽을 드러내는 몰골법처럼 율장은 부처님의 그림자다. 계율의 완성과 부처의 완성이 같아지는 이유도 빛과 그림자가 둘이 아니기 때문이다. 달리 말하자면, 율장은 부처님에 대한 탐침이다. 긴 쇠꼬챙이로 여기저기 이리저리 찔러 보아서 감춰진 물건의 길이, 부피, 단단함 등을 알아내듯이….

부처님이 데와닷따의 다섯 가지 기초 사항들에 대해 제시한 대답은 이렇다. "① 데와닷따여, 원하면 숲속 수행자가 되어도 좋고, 원하면 마을에서 지내도 좋습니다. ② 원하면 탁발 수행자가 되어도 좋고, 원하면 초대에 응해도 좋습니다. ③ 원하면 걸레옷 수행자가 되어도 좋고, 원하면 거사의 옷감으로 입어도 좋습니다. ④ 데와닷따여, 나는 8개월 동안의 나무 밑 처소와 ⑤ 보지 못했고, 듣지 못했고, 두루 의심스럽지 않은, 3면으로 청정한 생선과 고기를 용인했습니다."(율2-874) 이 다섯 가지를 통틀어 말하자면, 원하는 사람은 실천해도 되지만 모든 수행자들에게 부과되는 규율로 만들 수는 없다는 내용이다. 부처님은 마하깟사빠(大迦葉)를 칭찬했듯이 기본적으로 청렴행(두타행)을 칭송했었다.(상2-485) '열세 관문의 청렴행'[60]에는 위의 ⑤번을 제외한 네 가지 항목이 다 들어 있다. 권장 사항[戒]과 규제 사항[律]은 범주가 다르다. 이 둘을 정확히 구별하는 것은 의외로 쉽지 않다. 더군다나 규제 사항의 '허용과 제한[開遮]'의 범위를 정확하게 가늠하여 확정하는 것은 더욱 어려워서 부처님만의 능력으로 인정되었다. 이런 영역을 데와닷따가 넘본 것이고 그 궁극적 목적은 대중에 대한 패권이었다.

　데와닷따의 반역 사건에서 좀 더 중요하게 살펴볼 점은 데와닷따가 부처님께 대중에 대한 패권을 물려 달라고 요구했을 때의 부처님의 조치다. 일의 순서는 율장마다 달라서 단정하기는 힘들지만 패권 요구는 다섯 가지 기초 사항들을 제시하기 이전인 반역 사건의 발단에 해당하는 부분이다. 다섯 가지 기초 사항들은 이 발단 부분이 구

· · · · · · · · · ·

60　terasa-dhutaṅgāni 十三頭陀支. 두타(dhuta)는 동사 dhunāti(털어버리다.)의 과거분사로서 음역이다. 고행(tapa)과는 다른 개념으로, '청정한 마음으로 물욕을 털어냄'을 뜻하는 청렴(清廉)에 해당하는 단어다. 욕심냄에 대해 강한 거부감이 있는 청렴결백의 기질을 가진 자들의 수행법이라고 볼 수 있다. 열세 가지의 관문이 있다.
① 걸레옷만 입는 관문(paṃsu-kūlikaṅga, 糞掃衣支), ② 세 가지 의류만 가지는 관문(te cīvaraṅga, 但三衣支), ③ 탁발한 음식만 먹는 관문(piṇḍa pātikaṅga, 常乞食支), ④ 차례대로 걸식을 다니는 관문(sapadāna carikaṅga, 次第乞食支), ⑤ 한 자리에서만 식사하는 관문(ekāsanikaṅga, 一座食支), ⑥ 한 발우만 먹는 관문(patta piṇḍikaṅga, 一鉢食支), ⑦ 추후에 얻은 공양으로 식사하지 않는 관문(khalu pacchā bhattikaṅga, 時後不食支), ⑧ 숲속에서 지내는 관문(āraññikaṅga, 阿蘭若住支), ⑨ 나무 밑에서 지내는 관문(rukkha mūlikaṅga, 樹下住支), ⑩ 노천에서 지내는 관문(abbhokāsikaṅga, 露地住支), ⑪ 묘지에서 지내는 관문(sosānikaṅga, 塚間住支), ⑫ 자리가 주어지는 대로 머무는 관문(yathā santhatikaṅga, 隨處住支), ⑬ 앉아서만 지내는 관문(nesajjikaṅga, 長坐不臥支).

체적으로 심화된 단계에 속한다. 부처님은 "한결같은 이는 길을 알려주는 자일 뿐입니다."라고 말하거나(맛3-699), "아난다여, 한결같은 이는 '내가 비구 대중을 통솔한다.'거나 '비구 대중은 나에게 집약되는 것이다.'고 생각한 적이 없습니다."라고(디2-204) 말한 것을 보면 자신을 대중의 통치자라고 생각한 적이 없었다는 것으로 해석된다. 당연한 귀결로서 생전에 본인의 지도자적 자리를 물려준 비구는 없었다.(맛3-705) 대중은 오직 교법[法]과 규율[律]에 의지해서만 존립할 뿐이다. 이런 대중의 기본 체제를 무너뜨릴 만한 요구를 부처님이 허락할 리가 없었고 그럴 수도 없었다.

부처님은 데와닷따의 반체제적, 반역적인 요구에 대해 '공개 작업'[61]으로 대처했다. 라자가하(王舍城)에서 벌인 그 공개 내용은, "지금 데와닷따의 성품은 예전의 성품과는 다릅니다. 데와닷따가 몸과 말로 행하는 것은 불법승의 것이라고 보아서는 안 됩니다. 오직 데와닷따의 것이라고 보아야 합니다!"라는 것이었다.(율2-854) 단타 9번에

. . . .

61 顯示羯磨, pakāsanīya-kamma. '드러내야 할 작업'이라는 뜻이다. 이 작업의 결정을 위해 먼저 대중 안에서 '알림과 두 번의 작업'(ñatti-dutiya-kamma, 白二羯磨)을 거친다. '알림'이란 사안의 내용을 해당 승가인 대중 전체에게 공지하는 것이다. '두 번'이란 한 번의 확인 질문과 한 번의 결정지음으로 이루어진다. '확인 질문'(필자의 명명임)이란 알림 사항에 대한 처리를 인정하면 침묵하고 인정할 수 없으면 일러 달라고 묻는 것이다. '결정지음'(필자의 명명임)이란 진행자가 알림 사항을 다시 반복한 뒤 "대중이 침묵으로 인정했으므로 저는 그렇게 수지하겠습니다."라고 말하며 최종적으로 결정하는 단계를 말한다. 이는 판사가 가결 혹은 부결을 판결하는 선고를 내리고 의사봉을 세 번 치는 단계와 같아서 생략하면 작업이 불완전해진다. 좀 더 중요한 사안인 경우 '알림과 네 번의 작업'(ñatti-catuttha-kamma, 白四羯磨)을 통해 결정하는데 확인 질문을 세 번 반복한다는 점만 다르다. 사소한 사안일 경우에는 '알림 작업'(ñatti-kamma, 單白羯磨)을 하는데 사안을 대중에 알리기만 하면 된다.

의하면 어떤 비구의 '추악한 범행'[62]을 일반 재가자에게 누설하는 일은 '비구의 합의'[63]를 제외하고는 금지 사항이었다.(율3-1409) 그러나 부처님은 대중의 파괴를 예견했는지 데와닷따의 요구를 심각한 일로 받아들이고서, 비구의 합의인 대중 작업을 통해서 세상에 데와닷따의 허물을 공개하기로 결정했다. 라자가하 사거리에서의 공개 작업이란 요즘으로 보자면 대중매체를 통해서 대대적인 공고를 하자는 것과 같다. 결국 어떤 폭력도 없이 다만 선만 그었을 뿐이다. 다시 말하자면 비폭력적인 승단 추방형에 처한 셈이다. 물론 정법자가 지배적인 시대에 가능했던 일처리다.

이러한 공개 작업을 통해서 드러나는 부처님의 뜻을 두 가지로 정리해 볼 수 있다. 첫째는 대중에 대한 일인 독재식의 패권주의는 시도 자체만으로도 불교 안에 묶어 둘 수 없는 반역에 해당한다는 점이고, 둘째는 나아가 그 목적을 달성하기 위해 기존의 규율과 이질적인 규율을 주장하는 것도 당연히 불교라는 테두리에 포함시킬 수 없다는 점이다. 이러하다면 데와닷따와 같은 행보와 주장을 하는 자는 정법

. . . .

62 duṭṭhulla āpatti, 麤罪. 단두법(pārājika-dhamma, 波羅夷法)과 승잔법(saṅghādisesa-dhamma, 僧伽婆尸沙法)을 말한다. 주석 103번 참고.

63 bhikkhu-sammuti. 'sammuti'는 접두어 saṁ(같이)과 √man(생각하다.)으로 이루어진 단어다. 관례를 뜻하기도 한다. 비구의 합의란 여기서는 '대중 작업'(saṅgha-kamma)을 뜻한다. 대중 작업은 공개 작업 등등 여러 종류가 있고 그 작업의 심각성에 따라 합의 과정상에서 '알림 작업', '알림과 두 번의 작업', '알림과 네 번의 작업' 중에 하나를 채택해서 결정한다.

시대에 불교 테두리 안에서 같이 머무는 것이 불가능했다는 것을 알 수 있다. 또한 그와 같은 일이 어느 시대에 벌어지더라도 불교로 인정해서는 안 된다는 것이 부처님의 뜻이라는 것도 확실하다 하겠다.

9
대승의 시조, 데와닷따

무학 대사는 자신을 돼지로 놀리는 이성계에게 돼지 눈에는 돼지만 보이고 부처 눈에는 부처만 보인다고 응수했다. 그와 같이 대중의 통치권을 장악하고 싶었던 데와닷따에게 부처님은 대중에 대해 절대적으로 군림하는 권능자로 보였다. 이런 중생심의 야욕은 후대에 중생 제도라는 캐치프레이즈에 내재된 대승의 현실적 패권주의와 대중에 대한 절대 권력을 향한 데와닷따 후예들의 야망에 대해서 이데아로 위치하게 된다.

흔히 대승의 시조를 용수라고 보는 학설은 뿌리를 보지 못한 단견이다. 대승의 시조는 단연 데와닷따로 상정해야 한다. 부처를 만나면 부처를 죽이는 부정의 정신과 기존의 계율에 얽매이지 않는 무애의 삶, 그리고 새로운 체제를 세우는 창조적인 기질, 간접 살생과 소의 고통에 이르기까지(고기를 먹으면 짐승을 도살시키게 되고 우유를 먹으면 소에게 젖이 짜이는 고통을 안긴다는 것이 데와닷따의 논리였다.) 다른 존재에 대한 자비를 우선순위로 상정하는 이타주의 등, 전체적으로 불교 내부에서 피어난 반역세력이라는 점이 그 이유다. 또한 조금은 확대해석 같지만, 데와닷따의 다섯 가지 기초 사항들에는 관념적 실체론으로 포맷이 가능한 극단적이고도 정신적인 원리주의가 코드화되어 있다. 새로운 체제를 꿈꾸는 야망가들은 항상 기존의 것보다 더 강렬하고 이상적인 구호와 공약이 필요한 법이다. 그럼으로써 정의감에 불타는 기질을 가진 자들을 포섭하고 세력을 형성시킬 수도 있다. 데와닷따를 따라 나섰던 비구들은 초심으로 뭉친 신참 비구들이 대부분이었다.

그런데 데와닷따가 대승의 시조라는 이유들에는 하나의 공통된 원동력이 발견된다. 즉, 권력에 대한 의지다. 데와닷따 반역의 저변에는 명예욕·권력욕·존재욕이 똬리를 틀고 꿈틀거리고 있다. 이는 후대 대승의 사상·문화·수행 등에서 다양하게 피어나게 된다. 극단적인 정신적 원리주의는 사상적으로는 관념론적인 일원적 실체론으로 정점을 찍는다. 하나의 관념적 실체가 상정되고 그것에 의해 세상의 모든 것들이 파생한다. 대승의 마음, 아뢰야식, 불성 등이 그러한 것들이다. 예컨대 기독교의 하느님은 그와 같은 자리를 차지하고 있는 절대 권력자다. 또한 기독교의 천국처럼 유일하고 단일하며 영원한 실체가 현현되는 공간으로서의 유토피아를 필요로 하게 되는데, 상적광토나 극락이 그에 해당한다. 물론 부처님이나 보살들은 그곳에 머물다가 적당한 때(?)에 죄 많은 중생들을 구원하기 위해 사바세계에 재림한다. 기독교나 브라만교와는 용어만 다를 뿐 그 내용은 똑같다. 이러한 관념론적인 일원적 실체론은 일인 독재의 권력 구조에 딱 들어맞는 사상이기도 하다. 역사적으로도 독재자들에게 애용되어 왔다. 그래서 대승사상의 영향권에 있는 모든 대중에서는 시나브로 일인 독재식의 체제가 완고하게 자리 잡게 된다. 대중들도 이제는 그런 체제가 체질화되어서 단박에 모든 문제를 해결해 줄 도인의 재림을 손꼽아 기다린다. 그러한 재림 이전에 완수해야 할 중생제도라는 대승의 수행 문화는 사실상 맹목적인 교세팽창주의를 가져왔다. 기독교의 전도 문화와 대동소이하다. 중생제도라는 명목 저변에는 자기도 제도되지 못한 자들의 패권주의가 깔려 있다.

한편, 극단적인 정신적 원리주의가 계율이나 수행에 적용되면 고행에 가까운 주장으로 변화한다. 얼핏 보면 더 위대한 것 같은 이 주장들은 이전의 체제를 넘어섰다는 지지를 받아야 하는 부담감이 양산해 낸 결과다. 대승의 계율인 보살계나 대승경전에 나타나는 보살의 수행을 보면 이것이 현실적으로 가능한가 하는 의구심이 일어난다. 아무래도 상상에 빠져서 일단 내질러 본 것 같다는 생각이 든다. 이 모든 과도한 행보의 원동력인 대승의 권력에 대한 의지는 그 원류를 데와닷따의 반역에서 확인할 수 있다는 점에서 데와닷따는 대승의 시조라고 해야 한다. 하지만 데와닷따는 당대의 패권 장악에 실패했기 때문에 그의 이름을 내건 실질적인 시조가 되지는 못했고 정신적인 유산만을 후대에 드리운 사상적 계통상의 시조로 자리매김하게 된 것이다. 대승이 의식적이든 무의식적이든 데와닷따의 줄에 서서 행보하고 있다는 것만큼은 분명하다.

데와닷따는 기존 유대교의 형식 율법주의에서 탈피하여 보다 근본적이고 보편적인 정신성을 부각시키며 기독교의 시조가 된 예수와도 공통점이 있다. 또한 피상적으로만 본다면 신통을 남용한 점, 비참한 최후를 맞이한 점, 훗날 완성된 존재로 재림한다는 예언설이 형성된 점 등도 상당히 닮은꼴이다.

그런데 유대교와 기독교는 같은가, 다른가? 불교와 대승의 관계도 그와 같다.

10
계와 율의 차이

대승의 극단적인 정신적 원리주의와도 관련된 문제로서, 계(sīla, 戒)와 율(vinaya, 律)의 공통점과 차이점을 살펴볼 필요가 있다. 앞에서 계는 권장 사항에, 율은 규제 사항에 배대해서 설명한 적도 있었지만 정확한 구분은 아니다. 둘의 구분이 힘든 이유는 둘이 공통분모를 가지고 있을 뿐만 아니라 서로 보완 관계에 있기 때문이다. 그러나 둘은 각기 다른 영역을 가진 단어다. 마치 아버지와 아들이 여러 공통점이 있고 서로 도우며 살더라도 엄연히 다른 두 개인이듯이….

'계'(sīla, 戒)란 한마디로 도덕적인 행위, 즉 '덕행'에 해당하는 용어다. 도덕적인 행위에는 양심[64]이 근원적으로 작용하고 있다. 이 덕행이라는 단어는 불교만의 용어가 아니고 그 시대·사회·단체가 올바른 행위라고 여기는 통념이나 실천을 의미하는 일반적인 말이었다.(상 4-661) 계라는 한역이 견고하게 상용화되어 있기 때문에 계행이라는 단어를 당분간 병행하는 것도 괜찮을 것 같다. 불교에서는 덕행을 대표적으로 다섯 가지 조목으로 정리했는데 살·도·음·망·주, '5계'(五戒, 다섯 가지 덕행)가 바로 그것이다. 그러나 이것은 어디까지나 대표적인 정리이고, '장부의 덕행 활동'[65]에서는 수행 전반에까지 걸쳐진 바람

. . . .

64 lajjā, 慙愧. 비구의 덕행을 설명하는 대목에서도 "양심이 있고"(lajjī. 디1-224)라는 말로 설명하고 있다. 또 '일곱 가지로 문제를 멈춤'(七滅諍) 중에 '그보다 나쁜 죄악이라는 작업'이란 자기의 죄를 알면서도 좀 더 가벼운 죄목인 것으로 거짓말을 하는 경우에 부과하는 재판법인데(주석 67번 참고), 그 다섯 가지 성립 조건 중의 하나가 거짓 진술을 하는 '양심 없음'(alajjī. 율2-598)이다. 유사어 중에 참고로 번역되는 '부끄러움'(hirī)과 '죄스러움'(ottāpa)이라는 단어가 있다. 둘 다 양심과 두려움을 공통분모로 하지만(앙4-338 참고) '부끄러움'은 자책의 두려움이 강한데 비해 '죄스러움'은 남의 힐책과 형벌 및 악처의 과보에 대한 두려움이 강하다.(앙2-294 참고) '부끄러움'의 동사형은 가림벽이 없어서 "비구들이 소변보기를 '부끄러워했다.'"(hirīyanti. 율2-743)에서 쓰인 것처럼 남부끄러움이나 창피함 혹은 수치심의 뜻을 포함하고 있다. 경에서는 '부끄러움'과 '죄스러움'을 세상을 보호하는 두 가지라고 말한다. (앙1-193) 한편, 붓다고사는 『청정도론』(2-469)에서 규수의 부끄러움과 궁녀의 죄스러움으로 빗대어 대조적인 설명을 하고 있다.

65 purisa-sīla-samācāra. 장부로 번역한 'purisa'는 성인 남자, 사람, 사나이 등을 고루 표현하는 영어의 'man'에 해당하는 단어다. 부처님의 '서른두 가지 대장부(mahā-purisa)의 특징들'에서도 쓰이고, '네 쌍의 여덟 장부인-사람들(purisa-puggalā)'에서도 쓰인다. 비구니 단두 제5조는 '무릎부터 목까지 남자와 부딪히며 즐기지 않는다.'인데 여기서 남자에 해당하는 용어도 'purisa-puggalā'(장부인 사람)이므로 'purisa'가 기본적으로 남자를 뜻한다는 것을 알 수 있다. 여장부라는 단어도 있기 때문에 두 성을 아우르는 우리말로 '장부'라는 단어를 선택했다. 활동으로 번역한 'sam-ācāra'는 한역으로는 '行'으로 번역되는데, '같이(sam) 자기와 관련된(ā) 돌아다님(cāra)'으로 풀이된다. '정신활동'(mano-samācāra 맛4-123, 디3-375)에도 쓰였다. '行'으로 번역되는 빨리어는 'ācāra', 'caraṇa', 'cariya', 'carita', 'kiriya', 'kamma' 등 여러 가

직한 생활 자세 내지 그 양식들을 말하고 있다.(디3-199) 또한『긴 부류』중에『출가수행의 결과 경(沙門果經)』에서는 덕행의 크고 작은 여러 덕목들이 나열되고 있다.(디1-224)

'율'(vinaya, 律)이란 한마디로 '규제'라는 뜻이다. 율이라는 한역을 살려서 규율이라는 단어를 번역어로 병용하는 것도 좋겠다. 규제란 국어사전적으로 '어떤 규율을 정하여 제한하고 처단함, 혹은 그 규율'을 뜻한다. 규율을 좁은 의미에서 금지 조목(공부조목)이라고 한다면 규제는 좀 더 넓은 개념이어서, 제한하고 처단하면서 결국 제거함으로 진행하는 행로의 폭을 가진 단어다.[66] 그런데 규제는 처벌하는

. . . .

지다. 먼저 'ācāra'는 '행위' 내지 '행실'을 뜻한다. 부정접두어 'an'이 붙으면 不善行으로 한역된 'an-ācāra', 즉 비행(非行)을 뜻하게 된다. 'caraṇa'는 '실행', 즉 실제 행동이라는 뜻으로, "태생을 묻지 말고 실행을 물어라."에 나온다.(상1-560) 'cariya'는 '실천'이라는 뜻으로, '신성한 실천'(brahma-cariya)으로 많이 나온다. 'carita'는 이미 행위한 '행적'의 뜻이 강하다. 'kiriya'의 어근은 √kr(짓다.)인데 인과가 적용되지 않는다는 주장인 '무적론'(a-kiriya vāda)에 쓰인다. 'kamma'도 앞 단어와 어근이 같고 '業'이라고 많이 번역되지만 '行'으로 번역되는 경우도 있는데 의도적 행위인 '작업'이라는 말이다.(주석 44번 참고)

66 규제의 원어인 vinaya는 접두어 'vi'(분리)와 어근 '√nī'(이끌다.)로 된 단어다. '떼어내며 이끌어감' 정도로 직역할 수 있다. 단박에 끊어낸다는 뜻이라기보다는 제한하고 압박하면서 버리고 제거시키는 과정적인 의미가 담겨 있다. 다음의 문장 배열도 그런 과정적인 순서를 나타낸다. "세상에 대한 욕구와 애착을 규제하고 욕구와 애착을 제거하는 것이 세상에서 벗어나는 것입니다" 앙1-586 (yaṁ loke chandarāga vinayo chandarāga pahānaṁ idaṁ loke nissaraṇanti. A1-258) 한편, '성스러운 규제'(ariya vinaya, 聖律)처럼 부처님이 깨달음의 안목으로 규정한 '개념상의 제한'을 의미할 때에도 규제가 쓰인다.

뜻으로만 쓰이는 단어가 아니고 '일곱 가지로 문제[67]를 멈춤들'[68] 중에서 '상기시키는 규제'와 '착란이 없다는 규제'에서처럼 처벌하지 않게 하는 처리도 일종의 규제로 보고 있다.(주석 68번의 ②, ③ 참고)

· · · · · · · · · ·

67 문제, adhikaraṇa. 말썽과 원인을 모두 나타내는 단어다. 쟁사(諍事)라고 한역되기도 하지만 꼭 다툼의 뜻만 있는 것은 아니다. "어떤-문제로부터(yatva-adhikaraṇaṁ) 이 눈의 기능을 제어하며 지내지 않으면….."(디3-393) "다른 방면에 속하는 '문제'(숫양과 암양의 교미 사건)의 어떤 부분이나 유사한 점만을 포착하여 단두법이라고 비방하되….."(율3-972) "내적인 즐거움과 괴로움의 연유로서의 '문제'가 생성되지 않는다."(상2-194) 다만 율장에서는 말썽거리로서, '네 가지 문제들'(cattāri adhikaraṇāni)로 주로 쓰인다. 즉, ① 논쟁 문제(vivāda adhikaraṇa, 評論諍事), ② 힐책 문제(anuvāda adhikaraṇa, 敎誡諍事), ③ 범행 문제(āpatta adhikaraṇa, 犯罪諍事), ④ 해야 할 문제(kicca adhikaraṇa, 事諍事). '해야 할 문제'란 대중 작업 등이 비법인 절차와 방법으로 행해졌으므로 이를 바로잡기 위해서는 해야 할 소송사건이라는 뜻이다.

68 七滅諍法, satta-adhikaraṇa-samathā. '네 가지 문제들'이 벌어졌을 경우 해결하는 방법으로 일종의 재판법이다. ① 대면하는 규제(sammukhā vinaya, 現前毘尼), ② 상기시키는 규제(sati vinaya, 憶念毘尼) ; 누명을 쓴 피고에게 당시 상황을 상기시켜서 그러한 일이 없었음을 확인하는 대중 작업이다. ③ 착란이 없다는 규제(amūḷha vinaya, 不癡毘尼) ; 전에 지은 범행은 정신착란 상태에서 저지른 일이었고 지금은 제정신임을 확인한 다음에, 전에 지은 범행이 죄가 되지 않음을 공식적으로 결정하는 대중 작업이다. ④ 자백 처리(paṭiññāta karaṇa, 自言治), ⑤ 다수결(yebhuyyasikā, 多人語), ⑥ 그보다 나쁜 죄악이라는 것(tassa pāpiyyasikā, 覓罪相) ; 더 무거운 죄를 지었으면서도 더 가벼운 죄라고 주장하거나 무죄를 주장할 때, 추궁해서 죄를 밝히고 자백을 받은 후, 해당 비구에게 대중 작업인 '그보다 나쁜 죄악이라는 작업'(覓罪相羯磨)을 공식적으로 주는 것을 말한다. ⑦ 짚으로 덮어버리기(tiṇa-vatthāraka, 如草覆地) ; 둘 이상의 비구들이 서로서로 작은 범법들로 복잡하게 얽혀서 더 큰 대중 분열로 이어지므로 짚으로 진흙을 덮어버리듯 없었던 일로 하자는 대중 작업이다.(율2-566 이하 참고)

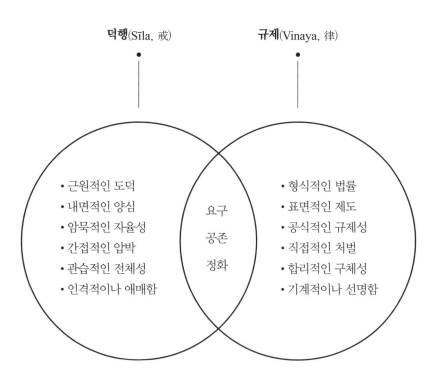

덕행(Sīla, 戒)　　　　　규제(Vinaya, 律)

- 근원적인 도덕
- 내면적인 양심
- 암묵적인 자율성
- 간접적인 압박
- 관습적인 전체성
- 인격적이나 애매함

요구
공존
정화

- 형식적인 법률
- 표면적인 제도
- 공식적인 규제성
- 직접적인 처벌
- 합리적인 구체성
- 기계적이나 선명함

도표4. 계와 율의 비교

후대에 계행(덕행)과 규율(규제)을 합친 계율이라는 합성어가 자주 쓰이지만 초기경전에서는 잘 나타나지 않는다. 물론 둘을 함께 써도 될 만한 공통점은 있다. 둘 다 인간들이 함께 평화롭게 공존하기 위한 필요 사항이라는 것과 잘못과 죄악을 정화하는 기능을 가지고 있다는 점이다. 또한 둘 다 표현 양식은 다를지라도 결국 금지의 내용을 담고 있다. 그리고 둘이 다루려는 내용상의 범위는 기본적으로 같다.

덕행과 규제의 결정적인 차이는 공식적인 강제성과 처벌의 유무에 있다. 덕행도 조목의 형태로 정리할 수는 있지만 규제처럼 공식적인 강제성과 처벌은 주어지지 않으며 권장 사항이거나 양심의 차원에 맡겨야 할 문제에 속한다. 물론 외적인 압박이 전혀 없다고 볼 수는 없다. 홍찬 스님이 "계는 그릇됨을 막고 악을 그치게 하는 것이요, 율은 가볍거나 무거운 죄를 처단하되 무엇을 지켜야 하는지, 어떤 것이 범하는 것인지, 어디까지 허용되고 어디서부터는 제한하는지 등을 밝힌 것이다."[69]라고 규정한 것은 대체적으로 잘 구분한 것이다. 한마디로 규제란 덕행이 공식적으로 형식화된 제재 사항이다. 그러므로 대중이 행해야 할 여러 금지 조목[經分別]과 의식 부문[犍度]으로 이루어진 규제집은 율장(律藏)이라고 하지 계장(戒藏)이라고 하지는 않는다.

덕행과 규제의 관계는 요샛말로 도덕과 법률과의 관계와 같다. 어

....

69 "防非止惡曰戒, 處斷輕重 開遮持犯曰律"『沙彌律儀要略增註』上篇, 戒律門.

느 한쪽만을 강조하다 보면 다른 쪽의 성질이 위축된다. 덕행이란 내면에서 외부로 발현되는 제재와 실천의 덕목이라면 규제는 외부에서 내면으로 향하는 제재와 실천의 양식이다. 앞의 도표에서 보면 둘의 성질이 대칭 관계를 갖고 있음을 알 수 있을 것이다. 반면에 서로서로 자신에게 없는 성질의 것을 상대편에서 보완해 주리라는 것도 기대된다. 이런 성질을 '덕행과 규제의 상보성'[70]이라고 할 수 있겠다. 바람직하기로는 덕행만으로도 사회와 단체가 아무런 문제없이 굴러가면 좋다. 부처님 교화 초기에 규제가 제정되지 않았던 기간은 무려 12년 동안이나 된다. 그러나 음행 사건을 비롯하여 범행이 터질 때마다 규제가 하나씩 제정되어 갔다. 노자가 "법령이 번다해질수록 도둑은 많아진다."고 했던가. 부처님은 말년에, 규제가 많아지면 아라한은 나오지 않는다고 했다.(맛2-648) 아마도 덕행과 규제의 상보성 때문일 것이다.

한편, 승속 무차별을 낳는 대승의 극단적인 정신적 원리주의는 엄격히 구분 짓는 규제보다는 덕행에 무게중심을 둘 수밖에 없다. 하지만 새로운 체제와 현실적인 규제의 필요성 때문에 그 덕행의 조목들은 일정한 강제성을 부과하며 압박하는 규제의 표현들을 사용하게

· · · · · · · · · ·

70 相補性. 영어로는 'complementarity'이다. 비견하자면, N.H.D. 보어는 양자의 운동에서 위치와 운동량을 동시에 모두 파악하는 것이 불가능하다는 점을 들면서 이런 관계성을 상보성이라고 명명했다. 위치를 포착하면 운동량이 파악되지 않고 운동량을 파악할 땐 위치를 포착할 수 없다. 그러나 양자의 운동은 분명 이 두 가지 측면을 모두 파악해야 온전한 것이다. 빛의 입자성과 파동성, 시간과 에너지 등도 상보적인 관계성을 가진다.

되었다.(나중에 『보살계』에서 좀 더 살펴볼 것이다.) 그렇지만 구체적인 처벌이 가해지지는 않고 다만 양심적인 자제만을 요구한다. 이러한 애매함 때문에 결과적으로 대승권에서는 덕행과 규제를 구분하지 못하는 사태에 이르렀고 두루뭉술하게 계율이라는 합성어를 남용하게 된다. 거꾸로 말하자면 대승에서는 덕행과 규제를 구분하지 말고 차라리 두루뭉술한 계율이라는 용어를 쓰는 것이 대승 문헌의 문맥상으로는 형통하다.

대승의 계율에 대한 이러한 애매함은 데와닷따의 다섯 가지 기초 사항들에서 다시 확인된다. 데와닷따는 다섯 가지 기초 사항들을 제시하는 이유로 이렇게 말한다. "세존이시여, 세존께서는 갖가지 과정으로 무욕·지족·검소·청렴·청빈·덜어냄·분발정진 등을 찬탄하셨습니다. 이 다섯 가지 기초 사항들은 갖가지 과정으로 무욕·지족·검소·청렴·청빈·덜어냄·분발정진 등에 도움이 됩니다."(율2-873) 이것은 근본적으로 덕행의 정신적 원리를 강조한 것이다. 이것을 극단적으로 규제화한 것이 이어서 제시한 다섯 가지 기초 사항들이다. 물론 제시할 당시에는 정식으로 대중의 규제 사항으로 채택된 것도 아니고 구체적인 처벌 사항도 명시하지 않아서 본격적인 규제라고 할 수는 없지만 분명히 규제의 목적으로 제시된 것이었다. 이런 데와닷따의 다섯 가지 기초 사항들이 갖는 어정쩡하고도 애매한 계율상의 위치는 그대로 대승의 계율로 이어지게 된다.

11
데와닷따의 부활 ❶ -『보살계』

데와닷따의 화려한 부활은 그의 사후 약 천 년 즈음에 일어났다. 이번에는 다르다. 스케일에 있어서, 사상적인 보완에 있어서, 조목의 완성도에 있어서 결정판을 가지고 나타났다. 그것은 바로 대승의 대표적인 계율로 자리 잡은『범망경보살계』이다. 고려대장경본에 의하면 갖춘 이름은『범망경노사나불설보살심지계품제십권(梵網經盧舍那佛說菩薩心地戒品第十卷)』이다. 줄여서『보살계』라고 부른다.

스케일이란, '열 가지 무거운 계'(十重大戒)와 '마흔여덟 가지 가벼운 죄'(四十八輕垢罪)로 나누었다는 점이다. 조목 수도 꽤 많고 경중을 나누어 배열한 것은 제법 부처님이 구분한 규제 조목을 흉내 낸 것으로 보인다. 대승의『법화경』에서는 데와닷따가 훗날 지옥고를 마치면 성불이 예정되어 있다며 터무니없는 구원의 메시지를 날렸다. 그런데『보살계』는 마치 데와닷따가 이미 지옥고를 마치고 부활해서 예전의 실수를 만회하려고 야심차게 선보인 작품처럼 느껴진다.

사상적인 보완이란,『화엄경』의 인드라망 사상으로 치장하면서 노사나불을 설주로 내세워 마치 보다 더 근본적인 부처님의 직설인 듯이 위장했다는 점이다. 이것으로 보건대『보살계』는『화엄경』이후에, 삼신불[71]

----

71 法身佛·報身佛·化身佛. 부처님을 세 가지 측면으로 분석한 이론인데, 부처님의 본체에 해당하는 측면을 법신이라 하고 오랜 수행·공덕의 과보로 받은 모습, 즉 32상 80종호의 모습

사상이 확립된 이후의 작품임이 확실하다.

조목의 완성도란, 데와닷따의 다섯 가지 기초 사항들에서 엿볼 수 있는 패권주의, 고행주의, 채식주의 등을 좀 더 보완했다는 점이다. 다른 것들은 나중에 하나의 장으로 따로 다루기로 하고 여기서는 패권주의만을 거론하겠다. 앞에서 데와닷따의 대중에 대한 패권 장악의 음모와 이를 실현하기 위한 다섯 가지 기초 사항들은 부처님에 의해 불교 테두리에 묶어 둘 수 없는 것으로 판명되었음을 살펴봤다. 그런데 『보살계』에서는 그 패권주의와 체제 전복의 방법이 구체적으로 명료화된다. 대표적으로 경구죄 제8조에서 뚜렷하게 명시하고 있다.

> "만일 불자가 마음으로 대승의 상주하는 경과 율을 등지고 불설이 아니라고 말하며, 이승(二乘)과 외도의 악견과 일체의 금계와 사견인 경과 율을 수지하면 경구죄를 범하느니라."

이것과 사실상 같은 내용이 경구죄 제15조와 제24조에 다시 나온다.

· · · · · · · · · ·

을 보신이라 하며 역사상 화현으로 나타난 석가모니불을 화신이라고 한다. 이 이론은 더 나아가 각각의 측면에 인격적 개체로서의 부처님을 배당하게 되는데, 법신불을 비로자나불이라 하고 보신불을 노사나불이라 부른다. 이 삼신불 사상은 중국 사상의 전통적인 짜임새인 體·相·用 과 정확히 일치하는 수법이다. 굳이 초기경전에서 근거를 찾아본다면, "와셋타여, 한결같은 이에게는 '법의 몸'(法身, dhamma kāya)이라거나, '신성한 몸'(brahma kāya)이라거나, '법의 생성체'(dhamma bhūta)라거나, '신성한 생성체'(brahma bhūta)라는 다른 이름이 있기 때문입니다."를 들 수 있다.(디3-161)

편집이 어설프다고 할 수 있다. 앞에 인용한 조목 내용 중에 이승이란 부처님의 음성을 직접 들은 당대 제자들인 성문(聲聞)과 홀로 깨닫고 교화 없이 홀로 살다 가는, '홀로 부처님'인 벽지불(辟支佛, paccekabuddha. '연각(緣覺)' 혹은 '독각(獨覺)'이라고도 한역됨)을 말한다. 경구죄 제15조에서는 '성문의 경전과 계율'을 가르치지 못하게 하였고 경구죄 제24조에서는 '삿된 견해인 이승'을 배우지 말라고 했다. 쉽게 말하면 근본불교의 경전인 니까야(아함)와 근본 규율인 비구 227조목 내지 비구니 311조목을 배척하고 있는 것이다. 『보살계』는 위에 인용된 바와 같은 58개의 조목만이 나열되어 있고 그 어떤 설명도 부가되어 있지 않다. 범본도 남아 있지 않고 한역만이 현존하고 있다. 후대의 주석서 중에는 위의 조목이 아함(니까야)이나 비구·비구니의 규제 조목을 배척하는 것이 아니라고 견강부회하기도 한다. 그러나 길게 논할 것도 없이 위의 조목이 간단명료하게 표방하는 글귀 그대로 해석해야 옳다. 다시 말해서 대승이 소승이라고 폄하하는 근본불교를 배척하고 새로운 계율을 세우고 있는 것이다. 또한 부처님 당대의 대중을 부정하고 있는 것이기도 하다. 달리 해석할 여지가 없다.

『보살계』에 대중의 하나로 언급되는 비구·비구니는 대승에 귀의한 출가자일 뿐이지 근본 규제에 입각하여 입문해서 그 근본 규제의 조목을 수지하는 비구·비구니일 수는 없다. 왜냐하면 근본 규제의 입장에서 보면 『보살계』는 데와닷따의 다섯 가지 기초 사항들을 확대·완성한 동질의 계율이므로 인정할 수 없고, 『보살계』 입장에서도 위의 조목처럼 성문승의 규제를 수지해서는 안 되기 때문이다. 경구죄

제6조에서 설법하는 주체로 비구·비구니가 아니라 법사[72]가 등장한 다는 점이 이 상황을 대변하고 있다. 이 법사에게 매일 삼시로 공양 올리되 하루 식사로 석 냥의 금과 백미 음식을 드리고 침상과 의약으로 공양드리며 받들도록 하고 있다. 기존 출가자의 계율과는 맞지 않는 내용이다.

『보살계』는 한걸음 더 나아가 경구죄 제38조에서 보살계를 받은 순서대로 앉으라고 명령한다. 비구·비구니를 따로 거론하고 있지 않다.[73] 대승에서는 비구·비구니도 보살이라고 부른다. 우리나라에서는 현실적으로 여신도를 부르는 용어로 굳어졌지만 보살계를 받았으면

. . . .

72 法師, dharma-bhāṇaka. 이 법사라는 단어는 『법화경』의 설법자로도 등장하며 대승의 초기 반야경 계통의 설법자이기도 하다. 대승에서는 선남자, 선여인과 같은 위치를 갖는 용어다.

73 제38조 조문은, "불자들이여, 법답게 차례대로 앉아야 하나니, 먼저 수계한 자는 앞에 앉고 나중에 수계한 자는 뒤에 앉아야 하느니라. 노인이든, 젊은이든, 비구든, 비구니든, 귀인이든, 국왕이든, 왕자든, 나아가 내시든, 노비든 묻지 않고 '모두' 먼저 수계한 자는 앞에 앉고 나중에 수계한 자는 차례대로 앉아야 하느니라."(若佛子應如法次第坐, 先受戒者在前坐, 後受戒者在後坐. 不問老少, 比丘, 比丘尼, 貴人, 國王, 王子 乃至 黃門, 奴婢, '皆應前受戒者在前坐, 後受戒者次第而坐….) 라고 되어 있다. 후대 『보살계』의 주석가들은 거의 비구였기 때문에 차마 비구들이 재가자와 섞여서 뒤에 앉는 일을 허용할 수 없었다. 그래서 비구들을 재가자들과 따로 줄을 세우기 위해 위의 원문에 나열된 여러 신분들은 끼리끼리 줄을 세운다고 해석을 내린다. 그러나 원문의 내용을 그렇게 해석하는 것은 억지다. 후반부에 '모두'(皆)라는 말은 앞의 예들 중에 예외를 두지 않는다는 말이다. 만일 같은 신분끼리 따로따로 줄을 세우라고 명령하려고 했다면 '모두'가 아니라 '각각'(各各)이나 '따로따로'(別別)라는 표현을 썼어야 했다. 설사 같은 신분끼리 따로따로 줄을 세우라는 문장이라 하더라도 두 가지 문제점이 발생한다. 첫째는, 예들에는 국왕도 들어 있는데 보통 국왕은 한 명일 것이므로 줄은 따로 세워서 앞뒤에 앉힌다는 말은 맞지 않는다. 둘째는 천한 신분들(내시, 노비)을 따로 줄을 세우는 것은 근본적인 심지계의 평등무차별의 정신을 외면한 세속적인 차별주의여서 자기모순이라는 비판을 피할 수 없게 된다.

모두 보살이라고 불렀었다. 비구는 '비구 보살'이라고 부른다. 경구죄 제38조에서 출가자를 따로 언급하면서 예외 사항으로 명시하지 않은 이상, 원칙적으로 출가자도 재가자보다 늦게 보살계를 받았을 경우에는 재가자 뒤에 앉아야 한다. 후대 주석서처럼 출가자는 당연지사로 따로 줄을 세운다는 주장을 인정하더라도 근본 규제에 입각한 입문으로부터 생기는 법랍 순이 아니라 보살계를 받은 순서대로 좌차를 정해야 한다는 말이다. 한 나라의 헌법이 전혀 새로운 것으로 바뀐다는 것은 전혀 새로운 나라가 수립된다는 것을 의미한다. 그와 같이『보살계』가 이렇게 현실적인 좌차까지 뒤바꾸려고 한 시도는 정신적인 원리로서만, 이념적인 표상으로만 기능하려고 의도했던 것이 아니라 현실적으로도 새로운 이념과 계율 아래 대중 혹은 불교 교단을 새로운 조직으로 탈바꿈시키려고 한 명백한 징표다.

『보살계』는 이 제목에서도 스스로를 '계'(덕행)라고 칭하고 있고 서분의 게송에서도 근본불교에서는 쓰지 않는 계장[74]이라는 단어로 자신을 부르고 있다. 그러나 바로 이어서 '계장인 바라제목차'[75]라고

. . . .

74 戒藏. 빨리어로 환언하자면 'sīla-piṭaka'일 것이다. 이 합성어는 부처님이 사용한 적이 없다. 율장(律藏)을 뜻하는 'vinaya-piṭaka'라는 단어도 1차 결집 때 부처님이 제정한 규제(律, vinaya)를 모아서 합송한 것을 규정한 단어여서 부처님이 사용한 합성어는 아니다.(디3-562) 『보살계』는 현실적인 처벌 조항이 없으므로 일단 '계'라고 할 수 있고 계장이라는 자기규정도 틀렸다고 볼 수는 없다. 그러나 『보살계』를 바라제목차(급선무)라고 하거나 10중 대계를 바라이죄라고 부른 것은 모순이며 어색한 흉내 내기라고 보인다.

75 波羅提木叉, pāti-mokkha. 범어로는 prātimokṣa. '戒本' 혹은 '戒經'이라고도 부른다. '別解脫'이라고 잘못 한역되기도 했다. '보호' 혹은 '지킴'을 의미하는 'pāti'를 'paṭi' 혹은 'pāti'

칭하기도 하는데, 경구죄 제37조에서는 아예 이 바라제목차인『보살
계』로 반월마다 재계의식(포살)을 시행하도록 명하고 있다. 이것은 명
백하게 '대중깨기'(破僧)에 해당한다.(앙6-179) 이렇게『보살계』는 덕행
과 규제를 혼용하고 있다. 정확히는 혼동하고 있거나 구분하지 못하
고 있다. 이것은 데와닷따의 다섯 가지 기초 사항들이 갖고 있는 애
매함의 유산을 물려받은 것이다. 또한 데와닷따의 패권주의 내지 반
역의 유산을 물려받은 것이기도 하다.

- - - - - - - - - -

로 잘못 읽어서 '別'이라고 번역했던 것이다. 'mokkha'도 범어에서의 'mokṣa'(해탈, 해방)로 잘
못 읽었다. 빨리어의 'mokkha'는 두 가지 뜻이 있다. 각각 어원이 다른데 결국 하나의 발음으로
로 정착된 단어다. 즉 동음이의어다. 첫 번째 뜻은 해탈로 한역되었고 어원은 '√muc'(풀리다.)
이다. 두 번째 뜻은 'mukha'(입, 얼굴)에서 파생한 형용사로 '제일의', '최고인'의 뜻을 가지고 있
다. 'pāti-mokkha'에서 'mokkha'는 두 번째의 의미로 쓰였다. 그러므로 'pāti-mokkha'를 직
역하면 '지킴-제일'이다. 풀이하면 '가장 먼저 지켜야 할 일'이라는 뜻이다. 다시 말해 '최우선
의 의무'라는 말이며 한 단어로는 '급선무(急先務)'라고 할 수 있다. 율장에서 직접 이 뜻을 밝히
고 있다. "급선무란 좋은 법들의 시초이자, 얼굴이자, 선두이다. 그래서 급선무라고 한다."(율
1-285)『사분율』과『오분율』에서도 같은 설명이 나온다. (자세히는『율장연구』 평천창, 박용길 역,
토방, 447p. 참고)
'pāti-mokkha'의 일상적인 용법으로는 본생담(Jātaka 5-25)에서 (방기하지 않고) '제일 먼저 지켜
야 하는 약속'(saṅgaraṁ pātimokkhaṁ)이라는 표현으로 등장한다. 이것은 '급선무'라는 번역어
에 신빙성을 더해 준다. (율1-15 참고) 또한 "'pāṭimokkha'의 단속으로 단속하면서 지낸다."(디
1-223)라고 흔히 쓰이는 관용구에서 'pāṭimokkha'를 반드시 비구 227 공부조목과 비구니 311
공부조목으로만 단정할 수는 없다. 그러나 후대에 보통은 그 두 가지 공부조목을 의미하게 되
었고 포살(재계의식)할 때 암송되었다. 'pāṭimokkha'의 범위를 어디까지 잡든 이 단어는 덕행의
차원이라기보다는 규제의 차원에서 사용된 단어임에 분명하다.

12
데와닷따의 부활 ❷ - 조계종의 수계식

후대의 전승에서는 데와닷따가 부처님의 상수제자인 사리뿟다(舍利佛)와 목갈라나(目連)의 활약으로 반역에 실패한 후 독 묻은 손톱으로 부처님을 해치려다 땅이 갈라져서 산 채로 지옥에 떨어졌다고 말한다. 그러나 법현(4C)의 『고승법현전』(『佛國記』라고도 함)에서는 "데와닷따에게도 따르는 무리가 있어서 항상 과거 3불은 공양을 올리면서도 석가모니 부처님만은 공양을 올리지 않았다."라고 기록하고 있다. 또 이보다 후대인 현장(602~664)의 『대당서역기(大唐西域記)』에서는 "따로 세 개의 가람이 있는데 유제품을 먹지 않고 데와닷따가 남긴 가르침을 받들고 있다."는 기록도 남아 있다.[76] 이것을 보면 데와닷따의 무리는 완전히 근절되지 않았을 뿐더러 천 년 후까지도 그의 후예들이 활동하고 있었다고 볼 수 있다. 그렇다면 데와닷따의 다섯 가지 기초 사항들을 계승·보완한 『보살계』와 데와닷따를 석가모니 부처님의 전생 스승으로 등장시키는 『법화경』 등이 저술될 때에도 데와닷따의 후예들이 잔존하고 있었다는 말이므로 그들과 위의 대승경전들이 모종의 관계 내지 영향을 주고받지는 않았을까 하고 추측해 보는 것도 불가능하지는 않을 것 같다.

· · · · · · · · · · ·

76 『불타석가모니』 와타나베 쇼코, 법정 역. 문학의 숲, 2010, 368p.~ 참고.

그런데 놀랍게도 데와닷따 후예들의 질긴 생명력은 여기에서 그치지 않았다. 또다시 천오백 년의 긴긴 중음신의 암흑기를 견뎌내고 현재 한국에서 다시 환생하여 왕성한 활동을 펼치고 있는 것이다. 데와닷따의 다섯 가지 기초 사항들을 대중에 대한 패권 장악을 위한 선거공약으로 본다면 데와닷따는 종단 사판승의 종조요, 데와닷따가 부처님의 계율이 아닌 다른 삿된 계율로 명리를 추구했다는 점으로 보자면 대승 율사들의 종조다. 결국 데와닷따는 격세유전의 법력을 지닌 현대판 양대 종장인 셈이다.

데와닷따의 후예들은 같은 노선인『보살계』가 유행하는 한 계속 양산될 수밖에 없다. 그 결과 대중의 분열과 깨짐도 막을 수 없게 된다. 부처님이 규제집(율장)에서 화합에 대해 내린 정의는 "동일하게 작업하고 동일하게 설계(說戒)하는 것"이었다.[77] 여기서 작업이란 대중 의결 작업을 말하고 설계란 재계의식(포살)을 의미한다. '동일하다.'는 뜻은 '한 종류의 것이고 같은 내용이며 평등하게 적용됨'을 의미한다. 그래서『사분율』은 '동일한 계율'(同戒)을 설명할 때 "하나의 계율이자 동일한 계율이자 평등한 계율"이라고 해석했다.[78] 쉽게 얘기해서 한 나라에 헌법이 두 가지가 있어도 안 되고 같은 사건에 상이한 처벌이

· · · · · · · · · ·

77 同一羯磨同一說戒 (大正22-595상) 다른 곳에서 "대중이란 단일한 재계의식과 단일한 대중 작업이다."라고 정의한다.(僧者 一說戒 一羯磨. 大正22-687중) 빨리어 규제집에서는 "화합 대중 이란 동일하게 같이 사는 것이며 동일한 테두리(결계)에서 머무는 것을 말한다."라고 정의하고 있다. (samaggo nāma saṅgho samānasaṁvāsako samānasīmāyaṁ ṭhito. 율3-1680)

78 一戒同戒等戒 (大正22-571중)

내려지거나 이랬다저랬다 해서도 안 되며 누구는 적용하고 누구는 적용하지 않아도 안 된다는 말이다. 너무나도 당연한 말이다. 서로 배척하거나 이질적인 두 가지 규제 사항을 받들면서 무슨 결정과 해결을 기대할 수 있겠는가? 그런데 어처구니없게도 대한불교조계종에서는 비구 수계식[79]에 바로 이어서 이 비구의 규제 조목에 대해 배척하거나 폄하하고 있는 보살계를 또 수계시키고 있다. 또한 총림에서는 결제철에 한해서 반월에 한 번은 비구의 근본 규율에 대한 재계의식을, 다음 반월에는 보살계에 대한 재계의식을 시행하고 있다. 물론 둘 다 형식에 불과하기 때문에 현실적인 마찰은 벌어지지 않는다. 그러나 이러한 이율배반적인 수계식과 재계의식은 출가자의 정체성을 뒤흔드는 이중의 잣대이자 출가 생활 내내 씁쓸한 웃음과 비참한 통

· · · · · · · · · ·

79 受戒式. 근본불교에서는 없는 말이다. 굳이 이 용어의 사용 가능한 경우를 들자면 재가자의 5계 수계식에 쓸 수 있을 것이다. 비구·비구니가 되는 일은 '입문'(upasampadā)이라는 표현을 쓴다. 하지만 구족계(具足戒)라고 오역되어 쓰이고 있다. 'upasampadā'는 '가까이(upa) 구족(sampadā)한다.'고 파자할 수 있다. 입문이라는 용어는 '어느 스승의 문하에 들어가 제자가 됨'을 의미하며 부처님 당시에도 일반인에게 널리 쓰이는 말이었다. 그렇기 때문에 부처님의 최초 출가 제자인 꼰단냐 존자는 초전법륜에 깨달음을 얻고 "세존 곁으로 출가하여 입문하고 싶습니다."라고 의사를 표명했던 것이다.(율1-109) 이후로 입문이라는 용어는 불교 규제집에서만큼은 부처님의 출가 제자가 됨을 의미하는 전문적인 용어가 된다. 이 입문은 처음에는 부처님의 "오십시오, 비구여!"(ehi, bhikkhu)라는 말로 이루어졌고, 혹은 3귀의만으로도 이루어졌으나 규제가 세워지면서 10인 이상의 화합대중에 의한 '알림과 네 번의 작업'(白四羯磨)으로 정해졌다.

한편, '입문'이라는 단어는 그 유명한 '7불통계게'에도 등장한다. 즉, "나쁜 일은 일체 말고, 좋은 일에 입문하며, 자기 맘을 맑히라고, 부처님들 가르쳤네."(諸惡莫作, 衆善奉行, 自淨其意, 是諸佛教. sabba pāpassa akaraṇaṃ, kusalassa upasampadā, sacitta pariyodapannaṃ, etaṃ Buddhāna sāsanaṃ. 법-513)

탄을 동시에 자아내게 하는 블루 코미디다.

13
『보살계』의 작자

데와닷따의 정신적 계보를 잇는 『보살계』는 그 자료나 수계식의 기록 등이 정작 인도에서는 흔적조차 찾아볼 수가 없다. 이것은 주목할 만한 일이다. 중국에서 일어난 보살계의 거대한 돌풍을 고려해 보면 납득하기 힘들다. 경구죄 제37조, 제41조, 제47조에 나타난 불상 숭배를 보면 『보살계』는 기원후의 작품이라고 보인다.[80] 노사나불이나 인드라망 사상이 나타나는 것을 보면 『화엄경』 이후의 작품인 것도 확실하다. 또한 경구죄 제24조에서 아비담마 철학을 배우지 말라고 한 것을 보면 아비담마 철학이 상당히 자리 잡은 시기의 작품이라고 볼 수 있다.(아비담마가 집대성된 시기는 4세기~5세기 정도에 해당한다.) 그런데

....

80 다카다 오사무, 『불상의 탄생』 (이숙희 역, 예경, 1994)에 의하면 불상은 불멸 후 오백여 년 간 조성되지 않았다. (고대 종교에서 지극히 존중하는 존재에 대한 형상화를 꺼려하는 일은 비교적 공통적인 현상이었다.) 부처님의 형상이 등장하는 가장 고형인 부조 형태의 '기원보시도'(앞의 책 98p.)도 대략 1세기 중엽으로 추정된다. 그러므로 불상의 기원이 간다라 지방이든 마투라 지방이든 입체형의 단독 불상은 더욱 후에 조성된다. 후대의 삽입과 변형이 의심되는 『증일아함경』(제28권)에 나오는 우전왕의 불상 조성설은 학계에서 인정받지 못하고 있다. 남방 전승인 니까야 경전에서는 나오지 않는 내용이다.

『보살계』의 도입부에서는 "효를 계라고 부른다(孝名爲戒)."라고 근본 규제집(율장)과는 이질적인 개념 규정을 하고 있다. 이러한 중국풍의 내용들은 『보살계』가 중국에서 찬술된 것이 아닐까 하는 의심을 들게 한다.

『보살계』를 최초로 한역한 사람은 인도 아리안족에 속하는 구자국(지금의 庫車) 출신의 구마라집(Kumārajīva, 344~413)이다. 잘 알려진 대로 구마라집은 하루에 천 개의 게송(약 2만 8천 자)을 외울 정도의 천재였고, 그 명성 때문에 한 사람을 얻기 위해 두 차례의 전쟁을 치르게 한 인류 역사상 유일한 인물이다. 준포로의 신분으로 양주에서 여광에 의해 16년 동안의 반감금 생활을 했고 그때 강제로 구자왕의 공주를 처로 맞이하게 된다. 그 후 401년에 후진의 요흥왕이 다시 여광의 후량을 쳐서 구마라집을 장안에 국사급으로 모신다. 이때부터 서명각과 소요원에서 51여 부의 대소승의 경·율·논을 번역했다. 『출삼장기집』에 의하면 『보살계』는 최후에 번역된 경전이고 번역된 직후에 보리심을 일으킨 출가수행자 300여 명이 불교의 기록 역사상 최초로 보살계 수계를 받았다.

이쯤 되면 『보살계』의 작자를 구마라집으로 상정해 볼 수 있지 않을까? 좀 더 표적 수사를 진행시켜 보자면, 『보살계』는 대소승의 경·율·논에 대한 폭넓은 식견이 녹아들어 있는데 그 모두를 섭렵한 이력을 가진 사람은 당대에 구마라집 외에는 찾기 힘들다. 구마라집은 소승을 가르쳐준 반두달다를 설득시켜 대승으로 귀의하게 만들 정도였다. 또한 하루에 『vocabulary 28000』 한 권 정도는 거뜬히 외울 수 있는 머리로 양주에서 16년 동안의 유폐 생활을 했기 때문에 전에 범어로 익힌 지식을 한문으로 번역해 낼 문장 실력은 충분히 갖추어졌을 것이다. 그런데 구역(舊譯)이라고 불리는 그의 번역 스타일은 후대 신역(新譯)이라고 불리는 현장의 직역투가 아니라 함부로 경전을 첨삭하거나 단어를 변형시키는 의역투의 번역을 구사했다.(아마 그의 안목이라면 어차피 대승경전은 창작된 작품이라는 사실을 짐작했었기 때문이었으리라.)『보살계』는 중간 중간에 이상의 내용은 『범망경』의 무슨 품에 자세히 나와 있노라고 정리를 하고 있다. 그런데 같은 이름인 『범망경』은 근본경전 중에서도 『긴 부류』의 첫 번째 경으로 나와 있다. '신성한 그물'(brahma-jāla, 梵網)이라는 뜻인 이 경에서는 불교의 덕행(계)과 외도 사상이 총망라되어 있다. 아마도 『범망경보살계』는 이 근본경전과의 대결의식으로 붙여진 이름처럼 보인다. 대승경전 중에서 단일 경으로는 가장 방대한 『화엄경』 80권보다 더 권수가 많은 120권 혹은 300권이라고 주장한다. 대승사상에서 이런 대결 의식은 종종 발견되는 성질의 것이다. 하지만 대승 『범망경』의 범본과 한역본이나 『범망경보살계』의 범본은 발견되지 않는다. 더군다나 범본 주석서나 다른 범본 주석서에서의 인용조차 발견되지 않는다. 결국 『범망경』이라는 유령 경전을 상정해서 보살계의 권위를 세워 보려는 지능적인 영략법(影略法, 그림자를 드리우듯 암시적으로 생략하는 수사법)을 구사했다고 볼 수 있다.

한편 구마라집을 흠모했지만 그의 천재성을 아까워한 후진의 요흥왕은 후사를 얻기 위해 구마라집에게 열 명의 기녀를 내린다.(그러나 후사에 대한 확실한 기록은 없는 것 같다.) 이런 일들로 제자들 사이에 잡음과 이탈이 생겼고 구마라집은 후대 대승권에서 계율에 약점이 많은 큰스님들이 자신의 행동을 보지 말고 자신의 법(?)만을 보라고 설파하는 것처럼 진흙을 보지 말고 연꽃만 보라고 당부했다. 이상으로 보자면 구마라집은 제2의 용수라고 불릴 만한 행적과 사상편력을 가지고 있으며 『보살계』를 창작하기에 최적화된 인물이었다.

한 가지 더 생각해 보자면, 구마라집으로부터 약 백년 후쯤에 달마와의 거량으로도 유명한 양무제가 보살천자라는 별명을 얻었을 정도로 불교를 중흥시킨다. 그는 네 번이나 출가를 감행했었고 스스로도 엄격한 계율주의자여서 마포 옷을 입었고 주육을 금했을 뿐만 아니라 일일 일식을 실천했다. 그가 511년에 전국 사찰에 '단주육문'(斷酒肉文, 술과 고기를 끊으라는 문서)을 칙령으로 내린 것을 보면 아직 대중에 보살계가 정착되어 있지 않았다는 것을 알 수 있고, 나아가 구마라집 시대에는 더욱더 대중을 규제할 만한 이렇다 할 계율이 없었다고 추정할 수 있다.[81] 구마라집이 장안에 입성했을 때는 중국에 불교가 전래된 지 겨우 200년 남짓한 시기에 불과했다. 그리고 근본 규제들을 그대로 적용하기에는 중국의 문화는 너무 이질적이었다. 이런 상황에서 구마라집은 사실상의 국사로서 어떤 대책 마련에 대한 책임감을 느꼈을 것이다. 계율에 대해서 재가신도는 무지할 수밖에 없

. . . .

81 중국에 근본 규제집 전체가 처음으로 번역된 것은 구마라집 역, 『십송율』(404년 ~ 409년)과 불타야사 역, 『사분율』(410년 ~ 412년)이었고 그 이전에는 중국에서 규제집에 대한 이해는 박약한 상태였다. (자세히는 『율장연구』 평천창, 박용길 역, 토방, 1995, 131p. ~ 참고)

고 전문적인 관심을 가질 필요성도 별로 없다. 『보살계』 또한 어설픈 점은 있지만 재가자가 흉내 내기 힘든 전문성을 가지고 있다. 즉, 『보살계』의 창작에는 출가자의 이력이 필요하다.

그런데 『보살계』의 범어본 송출은 특별히 구마라집이 직접 송출했다고 한다. 구마라집의 번역물은 혼자서 이루어낸 작품들이 아니고 국가적인 인적·물적인 지원 아래 여러 분야로 나누어져서 이루어졌다. 경전들은 역경장에서 범어본의 송출이 이루진 후에 번역되어야 하므로 『보살계』가 창작물이라면 범어로 창작이 이루어져 있어야 했다. 그렇다면 이 모든 일을 쥐도 새도 모르게 뚝딱 해치울 수 있는 지능범은 구마라집밖에 없다. 최후의 번역물이라는 사실도 창작의 고통스러운 시간을 대변해 주는 것은 아닐까?(물론 『보살계』는 A4 용지로 치자면 열 장 남짓한 양밖에 되지 않아서 거창하게 말하기에는 어색하지만.) 만일 구마라집이 『보살계』의 작자가 아니라면 구마라집과 같은 사람이 작자일 수밖에 없을 것이다.

구마라집은 탁월한 번역으로 경전의 대중화에 크게 기여함으로써 북방불교에 커다란 영향력을 끼쳤다. 사상적으로는, 불교가 중국에 전래된 후 200여 년 동안 '무(無)'라고 잘못 이해되고 있었던 '비움'(suññata)이라는 단어를 '공(空)'이라는 알맞은 단어로 바꿔준 일은 큰 업적이었다.[82] 그러나 만약 『보살계』가 그의 작품이라면 그의 행적

· · · · · · · · · ·

[82] 우리나라에서 애송되는 현장 번역의 『마하반야바라밀다심경』에서 "色卽是空 空卽是色"이라는 유명한 구절은 구마라집이 먼저 번역한 『마하반야바라밀대명주경』의 번역을 그대로

과 더불어 업적만큼의 폐해도 후대에 드리운 셈이 된다.

14
대승의 무분별 ❶ – 마음 제일주의

대승경전 전반에 걸쳐서 근본 규제를 버리고 승속을 통폐합하려는 극단적인 정신적 원리주의는 당연히 승속에 두루 적용시킬 수 있는 덕행[戒]에 관심이 쏠릴 수밖에 없다. 그런 관점에서 대표적인 덕행으로 채택된 것은 후대에 '10선(十善)', 혹은 '10계(十戒)'라고 불린 '열 가지 좋은 작업의 행로들'(十善業道)이었다.[83] 이것은 근본불교에서도 바른 견해의 하나로 승속에 두루 적용되는 덕행의 덕목이었다.(주석 46번 참고) 『보살계』가 창작되기 전까지 대승의 모든 경전에서 공통적으로 추구하는 덕행은 바로 '열 가지 좋은 작업의 행로들'이었다. 『보살계』는 그런 10계가 갖는 승속 무차별을 극단적으로 승화시킨 작품이다.

　현실적인 처벌이 없고 덕행[戒] 중심인 대승의 계율은 범계의 기

. . . .

따른 것이다.

83 『마하반야바라밀경』 제5권에서 계바라밀을 10선으로 설명하고 있고(大正8-250상), 『화엄경』 제35권에서 이구지를 10선의 조목으로 설명한다.(大正10-185상) 또한 『대지도론』 제46권에서는 "10선을 총상계라 한다. 별상으로는 무량한 계가 있다."라고 대승계의 핵심으로 제시한다.(大正25-395중)

준을 구체적인 행동 양식에서 찾기보다는 마음 작용에 중점을 두게 된다. 그래서 마음에 음욕이 일어나면 벌써 파계[84]로 간주하는 설명을 자주 만나게 된다.(이것은 예수가 『마태복음』에서 "음욕을 품고 여자를 보는 자마다 마음에 이미 간음하였느니라."고 말한 정신적 원리주의와 비견해 볼 수 있다.) 반대로 마음만 깨끗하면 죄도 소멸한다는 주장도 횡행하게 되었다. 작업[業]에는 몸·말·정신의 세 가지 작업이 있고 '정신 작업'(意業)이 근본임은 주지의 사실이다. 그러나 정신 작업이 모든 작업과 필요충분조건은 아니듯이 정신 작업으로 인한 죄가 모든 죄와 필요충분조건은 아니다. 오히려 죄를 결정짓는 것은 정신 혹은 마음보다 몸과 말이다. 정신이나 마음의 조절과 소멸에 상관없이 과보 또한 따른다. 그래서 옛사람은 '도력이 업력을 못 이긴다.'고 했고 부처님도 지은 작업의 과보를 면할 수 없었다. 그러므로 '마음이 삐긋하는 순간 벌써 파계다.'는 식의 설명들은 정신 작업과 죄를 과도하게 필요충분조건으로 연결한 오류논증이다.

반대로 마음만 좋게 썼다면 죄라고 볼 수 없다는 견해도 의도와 무지를 분별하지 못한 오판이다. 아무리 삿된 의도가 없었거나 좋은 의도였다 할지라도 무지로 인해 삿된 견해에 빠져서 잘못된 언행을 저지른

----

84 破戒. 대승의 덕행[戒]과 규제[律]의 혼동과 혼합으로 파계라는 단어도 분명한 선이 없이 사용되고 있다. 현재 우리나라에서도 쓰이고 있는 파계라는 용어는 청나라 서옥 스님이 『사미율의요략술의』 상권에서 밝힌 대로 4단두인 살·도·음·망에 한해서 사용하는 것이 좋다. (나머지는 '파위의(破威義)'라고 불렀다.) 살·도·음·망은 덕행과 규제가 호환될 만큼 겹쳐지는 부분이므로 규제의 4단두에 대해서도 파계라고 칭할 수 있다. (주석 111번도 참고하라.)

경우엔 얼마든지 나쁜 과보를 받게 된다. 또한 이미 지은 악업에 대해 무심해 본들 과보가 없어지는 것도 아니다. 이러한 유형의 오판들은 좋은 마음만 알았지 무지한 마음은 몰랐던 것이며 무심만 알았지 무지의 소치는 몰랐던 것이다. 그래서 규제에 대한 학습이 필요한 것이다.

부처님도 근본 규제에서 욕망의 마음을 일으키는 순간부터 범행의 제목을 정하긴 했다. 마음 작용이 근본임은 대승만의 입장이 아니라 근본 규제에서도 마찬가지이다. 그러나 삿된 마음만 일으켰을 때에는 '과실'(惡作, 突吉羅, dukkaṭa)이라고만 했고 참회도 반성만으로 이루어진다. 이외의 범행의 제목은 대부분 몸의 작업과 말의 작업을 기준해서 정도에 따라 정해졌고 참회도 각각의 범행에 따라 경중을 나누어서 여러 가지로 정해졌다. 정확한 차별이 평등이요, 적절한 분별이 지혜임을 보여 준다. 『천 명이 넘는 경』에서 왕기사 장로는 부처님을 "측면에 맞게 분류하시는" 분이라고 칭송하기도 한다.(상1-624) 이에 반해 대승에서는 무분별(주석 201번 참고)이 지혜라는 전통이 강했고 이것은 계율에서도 마찬가지였다. 이러한 전통이 『보살계』에서는 덕행과 규제의 무분별로 나타난다. 예컨대 덕행으로 다루어야 마땅한 대계 제8조인 '인색하지 말라.'와 대계 제9조인 '화내지 말라.'를 바라이죄(단두, 참수형)로 규제하고 있다. 또한 10대계 외의 나머지 48가지는 모조리 경구죄[85]라고 규정한다. 이렇게 되면 중간 죄에 해당

· · · · · · · · · ·

85 輕垢罪. 『보살계』에서 경구죄는 근본규제에서의 '과실'(惡作, 突吉羅, dukkaṭa)에 해당한다.(법장, 『범망경보살계본소』제7권, 二辨名, 참고) '과실'이라는 죄목은 근본 규제에서 제일 자잘

하는 죄목이 아예 없는 것이어서 이는 과정상 합리적인 규제라고 볼 수 없다.

한편, 『보살계』의 덕행과 규제의 무분별, 승속 무차별주의는 재가자의 입장에서 보면 지키기 어려운 조목들을 양산하기도 했다. 대표적으로 대계 제3조는 '음행하지 말라.'인데 여기서의 음행은 5계처럼 부부관계 외의 삿된 음행이 아니라 출가자의 절대 음행 금지에 해당한다. 현실적으로 재가자에게 무리한 조목들 때문에 보살계 수계식 법사들은 툭하면 "앉아서 받고 서서 파하더라도 무량한 복덕이 있다."[86]라고 설득하며 권유한다. 이 문구는 승속을 통폐합시키고 그 경계를 무너뜨리려는 무리한 시도로 말미암아 속인으로서는 거의 불가능한 계목들을 합리화시키기 위해서 기형적으로 배배 꼬여버린 상습적인 관용구이며, 데와닷따 후예로서의 대승 율사들과 매판자본가로서의 사판승들이 보살계를 계절마다 소비되는 순환성 소모재로 둔갑시키기 위해 광고용으로 써먹는 마케팅 전략상의 카피일 뿐이다. 이렇게 보살계는 상품화되었다. 결국에는 중세 기독교의 면죄부처럼 보살계 수계첩은 천상 티켓용으로 장롱 속에 고이 보관되기에 이른다. 망상적인 관념을 중생들에게 고정관념으로 세뇌시키는 일에 성공하면 부당한 돈다발이 종교단체에 손쉽게 수북이 쌓이게 되는 법

한 공부조목인 75중학법(75가지 공붓거리, 주석 107번 참고)이나 이에 준하는 잘못을 저지른 것에 해당한다.

86 "坐受立破 得無量福"(영명 연수(永明延壽) 『수보살계법병서(受菩薩戒法幷序)』 中)

이다.

　다만 한 가지 유념할 점은 어느 정도의 정신적인 원리주의는 필요하다는 것이다. 규제의 원리는 덕행의 원리이기도 하다. 이 원리는 두 가지로 집약해 볼 수 있는데, 첫째는 '욕망으로부터의 벗어남'이고 둘째는 '다른 존재에 대한 배려'라고 할 수 있다. 이 두 가지 원리의 벼리는 '청정'이다. 이러한 원리에서 보자면 태국 스님들이 근본 규제집에 담배 피우지 말라는 조목이 없다고 하면서 길거리에서 대놓고 담배를 피우는 것에는 문제가 있다는 것을 알 수 있다. 이러한 자세는 문자주의이자 닫힌 근본주의에 해당한다. 하지만 반대로 정신적 원리주의가 극단적으로 편협해져도 근본에서 벗어난 이질적인 문화와 사상을 낳게 된다. 원리주의가 해로운 것이 아니라 극단주의가 해로운 것이다. 그러한 예를 『보살계』가 잘 보여주고 있다.

15
3면으로 청정한 고기

『보살계』는 데와닷따의 극단적인 정신적 원리주의의 충실한 계승자로서 다섯 가지 기초 사항들의 제5조에 해당하는 경구죄 제3조에 '고기를 먹지 말라.'는 조목을 마련해 놓았다. 게다가 바로 다음의 제4조에서는 '5신채[87]를 먹지 말라.'는 조목까지 추가해서 보완하고 있다. 이 조목들은 한국 율사의 전적인 척도이기도 하다. 또한 한국 승단은 다른 보살계의 조목들은 잘 지키지 않으면서도 유독 이 두 가지 조목에 대해서는 강한 현실적 규제성을 요구해 왔었다. 아마도 근본 규제가 무너진 상황에서 재가자에게 청정함의 징표로 각인되고 그로 인한 현실적인 차별성과 권위를 세워주는 대체 법안으로서의 계율이었기 때문이라고 생각된다. 그 결과 먹거리에 까다로운 스님이 청정한 스님인 듯한 착각도 형성되었다. 그러나 부처님은 곳곳에서 "공양드리기 수월한 성질"(subharatā, 맛1-195, 앙6-298)의 스님이 될 것을 당부했다.

입에 들어가는 것으로 청정해지지 않는다. 오히려 입에서 나오는 것으로 청정해진다. 부처님은 온갖 악행과 악견이 비린 것이지 육식이 비린 것이 아니며 고기를 먹지 않는 것으로 깨끗해지지 않는다고 말했다.(숫-519) 채식에 대한 우월감, 이것이 비린 것이다. 부처님 당대에는 고기든 5신채든 주는 대로 탁발해서 먹었는데 어떻게 그런 불량식품(?)을 먹고도 수많은 아라한들이 나왔겠는가? 부처님이 입멸 직전에 먹고 식중독에 걸린 음식도 '연한 돼지고기 요리'(sūkaramaddava, 디2-248)였다.

. . . .

87 五辛菜. 마늘·파·부추·달래·흥거. 마늘(lasuṇa, 蒜)은 비구니 단타 제1조(『사분율』, 단타 제70조)에 금지되어 있다. 비구의 경우에는 공부조목으로 명시되지는 않았지만 '과실'로 규정하고 있다.(大正22-737중) 근본규제에서 마늘을 금한 이유는 맛을 탐했거나 입내가 났기 때문이었다. 약으로 먹거나 가루 내어 음식에 조미료로 넣은 것은 허용되었기 때문에 일반적인 음식으로 섭취가 가능하다.(율4-1562)

그러나 근본 규제에서 아무 고기나 모두 허용된 것은 아니었다. 세 가지 측면에서 문제없는 고기는 받아먹어도 괜찮았는데 이것을 '3면으로 청정한 고기'(ti-koṭi parisuddha maṁsa, 三淨肉)라고 한다. '3면'이란 자기에게 주려고 죽이는 것을 보지 않았고(不見), 죽는 비명소리도 듣지 않았으며(不聞), 두루 의심스럽지 않은(不疑) 것을 말한다. 이러한 고기라면 정당한 것이다. 다만 세속의 사람들도 혐오하며 먹지 않는 고기, 예컨대 인육이나 개고기, 뱀 고기 등은 허용되지 않는다.(율1-546)

　그런데 『대승입능가경』(제6권 제8 「단식육품」)에서는 "자살도 아니고 타살도 아니며 마음에 죽인 것이라고 의심되지 않는 고기는 세상에 없기 때문에 이런 뜻에서 성문에게는 그런 고기는 먹어도 된다고 허락한 것이다."라고 말하고 있다. 이것은 '3면'에 대한 잘못된 이해이며 문장도 억지 논리다. 특히 의심이라는 단어에 대해서 전혀 모르는 소리를 하고 있다. '3면'의 하나로서 '疑'라고 한역된 원어는 'pari-saṅkita'로, 정확한 번역으로는 '두루-의심스러운 것'을 말한다.(주석 22번 참고) 이것은 여러 정황상 심증이 서는 경우의 것을 의미하는 것이지 무조건 의심한다는 말이 아니다. 예를 들면, 신도 집에 초청을 받아 갔는데 들어갈 때 닭장에 닭이 세 마리 있는 것을 봤다. 그런데 닭 잡는 것을 보지도 못했고 듣지도 못했지만 조금 후에 닭백숙이 나왔다. 혹시나 해서 닭장을 보니 닭이 두 마리밖에 없었다. 이런 경우에는 충분히 자기를 위해 닭을 바로 잡아서 요리한 것이라고 의심할 만하다. 이렇게 '틀림없이 그러했을 법한 것'이어서 '두루 의심스러운 것'이라고 말하는 것이다.(맛2-477의 주석 513번 참고) 또한 의심이 들어도 물어보지 말라는 법은 없다. 『대승입능가경』은 이어서 "대혜여, 나는 일찍이 제자에게 고기 먹는 것을 허락한 적이 없으며 현재에도 허락하지 않고 응당 허락하지 않을 것이다. 대혜여, 무릇 육식하는 것은 출가자에게 모두 부정한 것이다. 대혜여, 만일 어떤 어리석은 자가 '여래는 육식을 허용했고 자신도 먹었다.'고 비방한다면 이 사람은 반드시 악업에 묶여 영원히 이롭지 못한 곳에 떨어진다고 마땅히 알아라."라고 강변한다. 부처님 스스로 자기의 말을 번복하고 저주의 말로 입막음까지 하고 있는 셈이다. 이러한 '두말하기(añña-vādaka, 異語)'는 단타 제12조에 해당한다.

　가능하다면 육식보다 채식 중심이 바람직할 것이다. 채식주의자들이 건강과 환경과 자비의 측면에서 채식을 주장하는 내용들은 설득력이 있다.(다만 채식이 육식에 비해 살생죄를 짓지 않는 깨끗한 음식이라는 주장은 농사 한 번 지어보지 않은 자들의 탁상공론에 불과하지만.) 그러나 주는 대로 먹어야 하는 탁발수행자의 경우에는 또 다른 문제들이 있다. 인류의 역사에 먹거리가 항상 보장되는 것은 아니다. 채식만을 고집하고 규제로 확정해 놓는다면 수행자의 생명과 건강을 약속할 수 없을 뿐만 아니라 대중 또한 존립마저 위태로운 상황이 언제든지 벌어질 수 있다. 빈대 잡으려다 초가삼간 태운다고 한 것처럼 부분적으로 옳다고 해서 반드시 전체적으로 옳은 것은 아니다. 부처님이 3세(과거·현재·미래)의 안목을 지닌 분이라고 칭송 받는 이유가 여기에서도 확인된다. 물론 육식의 허용이 스님들끼리 삼삼오오 모여서 맛집을 찾아다니며 고기를 즐기는 것을 허용하는 것은 아니다.[88] 이런 폐단보다는 차라리 채식의 폐단이 나을 것이다.

아직까지는 보살계가 한국불교 문화에 강한 영향력을 가지고 있다. 그렇지만 먹거리에 대한 보살계의 편협한 계율은 부처님이 제정한 계율이라고 생각하면서도 이를 깨뜨리는 착각범과 그 과보를 양산시켰으며 그러한 스님들을 또다시 비방하는 재가자들의 착각 비방업까지 불러일으켰다. 이렇게 삿된 계율의 도미노 해악은 일파만파로 교단을 멍들게 한다.

16
『보살계』가 불교의 계율일 수 없는 이유

앞에서 이미 살펴본 『보살계』의 해악들을 정리해보자면, 극단적인 정신적 원리주의로 승속의 구분을 흩뜨려 놓은 점, 전통적인 비구·비구니의 공부조목을 폄하하고 배척한 점, 고기와 5신채를 금하여 탁발

....

88 이것은 단타 제39조를 범한 것이다. 이 조목은 우유나 고기 등의 미식을 요구해서 먹으면 안 된다는 내용인데, 이것은 주는 대로 먹는 고기는 기본적으로 허용됨을 반증하는 것이기도 하다. 또한 '다섯 종류의 식사들'(五種食, pañca-bhojanāni)를 쌀밥(飯, odana), 곤죽(粥, kummāsa), 보릿가루(麨, sattu), 물고기(魚, maccha), 육고기(肉, maṁsa) 등으로 규정한 것도 육식 허용의 반증이다. (율3-1518, 大正22-656중, 大正23-91중)

정신을 무너뜨린 점, 결국 부처님을 두말하는 자로 만든 점과 실제로 지켜야 할 공부조목들이 유명무실화된 점 등을 들 수 있다. 이 외에도 몇 가지 더 생각해 볼 문제들이 있다.

먹거리 문제의 연장선에 있는 사안으로서 경구죄 제27조와 제28조에서는 별청(別請)을 금한다. 대부분의 주석서에서 설명하듯이 『보살계』에서의 별청은 개별 요청, 즉 신도가 스님을 개별적으로 따로 공양드리는 요청이다. 『보살계』는 근본 규제에 어둡거나 근본 규제를 무시하기 때문에 용어를 정확하게 상응해서 사용하지 않는 경우들이 있다. 별청이라는 용어도 근본 규제 입장에서 보면 그 개념 규정이 명확하지 않다. 다만 『보살계』 주석서들의 설명대로 개별 요청[89]으로 파악한다면 범어로는 'pratyeka-pravāraṇa'에 해당한다.[90] 이 용어가 나오는 공부조목은 우기 4개월 동안에 약을 보시하는 '4개월 연유

....

89 '개별 요청'(別請)에서 요청[請]이라는 단어는 빨리어로 'pavāraṇa'인데 자자(自恣, 스스로 맡긴다.)라고 한역되기도 했다. 이럴 경우에는 스님들이 결제 마지막 날(음 7월 15일) 밤에 재계의식(포살)을 마치고 치르는 의식을 말하는데, 결제 동안 자기도 모르게 지은 잘못이 있으면 대중 스님들께서 지시해 달라고 '요청'하는 의식을 말한다. (원래 석 달 하안거를 성만하고 이 요청 의식을 마쳤을 때 법랍을 한 살 올리게 되어 있다. 그러므로 하안거를 성만하지 않았으면 법랍을 올려서는 안 된다. 우리나라 대중은 세속처럼 안거에 상관없이 설날이 지나면 법랍을 올리는데 자기 나이도 셀 줄 모르는 바보와 같다.) 부처님은 이 의식의 중심적인 정신을 '요청'에 두었기 때문에 이 의식의 이름을 '요청'이라고 이름 붙인 것이다. 그러므로 '자자'라는 한역은 부정확한 번역이다. 그냥 '요청 의식'이라고 하면 된다. 또한 신도가 스님에게 자기 집으로 공양하러 오시라고 하는 요청이나, 어떤 공양물을 어떤 식으로 드리겠다는 요청을 하면 해당 스님은 그 신도에게 필요한 것을 요청할 수 있는데, 이때의 요청은 모두 'pavāraṇa'라는 용어로 같이 쓴다.

90 『비구계 연구』 3-559, 평천창, 혜능 역, 민족사, 2010.

의 요청'[91]을 신도로부터 받았으면 병이 없더라도 개인적으로 그 신도에게 약을 요청해서 먹을 수 있다는 내용이다. 또한 4개월이 지났어도 신도가 특정 스님에게 개별적으로 약을 보시하겠다는 요청을 하면 그러한 별청은 허용되었다.[92]

다른 한편으로 별청이 식사에 관계된 내용이라면 데와닷따 때문에 제정된 단타 제32조인 '집단 식사(別衆食, gaṇa-bhojana)' 금지를 들 수 있다. 여기서 별중으로 번역된 'gaṇa'는 외도 자이나의 출가 단체나 세속의 상인조합의 경우에도 사용되던 용어인데 특정 '집단'이라는 뜻이다.[93] 이 용어가 문맥상 데와닷따의 무리가 따로 집단행동을 하는 경우에 쓰였기 때문에 별중이라고 한역되었다.[94] 이런 집단행동은 4인

. . . .

91 빨리어 규제집에서의 원어는 'cātumāsa-paccaya-pavāraṇā'이다. 단타 제47번에 나오는 용어인데 풀이하자면, '4개월 동안 약이라는 여건으로 요청하기'라는 뜻이다. 『사분율』에서는 '四月請-因緣-請與藥'이라고 어설프게 한역하고 있다.(大正22-668하) 그런데 『마하승기율』권 20에서는 '四月-別-自恣請'이라고 한역되어 있고(大正22-553하) 이에 상응하는 설출세부의 『범문계경』에서는 'cāturmāsikā-pratyeka-pravāraṇā'로 되어 있다. '別'은 'pratyeka'와 상응하며, '벽지불'(辟支佛, pacceka-buddha)의 '벽지'에 해당하는 단어다. 이 경우의 별청은 4개월이라는 별도의 개별적인 기간에 한정한다는 의미에서 쓰인 것이다.(『비구계 연구』3-556, 평천창, 혜능 역, 민족사, 2010)

92 『십송율』권17(大正23-118상), 『근본설일체유부비나야』권41(大正23-855상). 두 경우 모두 단타(바일제) 제74번에서 다루고 있다.

93 불교에서도 초창기에는 승가(대중)와 가나(집단)를 혼용해서 사용했다.(『원시불교의 연구』평천창, 혜능 역, 민족사, 2003, 21p.~ 참고)

94 별중이라고 한역되는 또 다른 용어는 'vagga'이다. 이것은 '무리'를 의미한다. 규제집의 『대품』(큰 무리)이라는 제목에서처럼 품(品)이라고 한역되기도 했다. 따로 무리지어서 하는 비법인 재계의식과 대중 작업을 '무리 지은 재계의식'(別衆布薩, vagga uposatha), '무리 지은 (대중)작

이상인 경우를 말한다. 그러므로 3인까지는 신도의 공양청에 따로 응해도 되었다. 이런 경우에는 '공동 식사'(共食)라고 불렀다.(大正23-93하)

하나 더 예를 들자면, 『사분율』의 단타 제32조(빨리어 규제집에서는 단타 제33조)는 '연이은 식사(展轉食, parampara-bhojana)를 하지 않는다.'이다. '뒤의 공양'(pacchā-bhatta. 점심 공양)을 요청받아 놓았는데, '앞의 공양'(pure-bhatta. 점심 공양 이전의 공양)으로 걸식하거나 요청을 받아서 점심에 상당하는 식사를 한 뒤 원래의 점심 공양청에 참석했기 때문에 음식을 많이 남겼고 그것을 본 보시자의 불평으로 제정된 조목이다. 개인이든 집단이든 이런 행태는 금지되었다. 이 조목에서 부처님은 공양 요청을 '대중 좌차대로의 요청'(僧次請)과 '개별 요청'(別請)으로 나누었다.[95](大正22-657상) 또한 개인이 여러 요청을 겹쳐서 받은 경우에는 하나의 요청을 다른 스님에게 안배[96]하고 자기는 또 다른

· · · · · · · · · ·

업'(別衆羯磨, vagga kamma)이라고 부른다.

95 빨리어 규제집에서는 승차청과 별청이라는 구분은 안 보이지만 부문의 '큰 무리'(大品)에서 출가자의 '네 가지 의지물들'(cattāro nissayā, 四依. 탁발 식사·걸레옷·나무 밑 처소·민간약) 중에 탁발 식사가 그 하나인데, 예외로 대중-공양(saṅgha-bhatta, 僧次食?)과 집약-공양(uddesa-bhatta, 別請食?)을 들고 있다.(율1-185) 집약 공양이란 특정 스님(들)을 지정하여 공양드리는 것을 말한다.

96 按排, vikappanā. 心施, 施與, 傳與 등으로 한역되었다. 사타 제1조는 '옷이 완료되고 열흘이 지나도록 여유 의류를 수지하지 않는다.'이다. 이때 '여유 의류'(長衣, atireka cīvara)는 일종의 '정당화 처리'(作淨, kappa karaṇa)이자 정당한(淨, kappiya) 합법화 과정인 '안배'를 통해 계속 사용할 수도 있었다. 이 경우에 '안배'는 淨施, 分別 등으로 한역되었다. 단타 제59조에 의하면 안배는 '대면해서 안배하기'(對面淨施, 眞實淨施, sammukhā vikappanā)와 '원격으로 안배하기'(展轉淨施, 遙示淨施, paramukhā vikappanā), 두 가지가 있다.(율3-1602, 大正22-674중)

요청에 응하는 것도 용인되었다.(율3-1510)

어쨌든 별청은 용인된 일이었으므로『보살계』에서 7불에게는 별
청하는 법이 없다고 한 것은 터무니없는 주장이 된다. 물론 한 대중
에 살면서 개인적인 공양청을 받으면 위화감이 생길 수 있다. 그러나
이것도 후대 중국불교에서 강하게 나타나는 사찰 단위의 결제를 기
반으로 하는 사고방식이다. 근본불교 시대에는 같은 결제 테두리(結
界)라고 하더라도 여러 처소들이 있었고 결계 내에만 있으면 혼자 거
처하는 것도 가능했다. 대중공양(saṅgha-bhatta)을 꼭 결계 내의 모든
대중에게 베풀어야만 하는 것은 아니었고 단위별로, 개인별로 가능
했다. 보시는 보시자의 형편에 따르는 것이다.

불교가 '괴로움과 즐거움의 중간행보'(苦樂中道)라는 것은 초전법륜
을 통해서 잘 알려진 사실이다. 그러나『보살계』는 데와닷따의 다섯
가지 기초 사항들에서 드러나는 극단적인 엄격주의 내지 고행주의를
더욱 발전시킨다. 경구죄 제16조에서 "만약 몸이나 팔이나 손가락을
태워서 모든 부처님께 공양하지 아니하면 출가한 보살이 아니니라."
라고 강요하고 있다. 이로 인해 북방 대승불교권의 여러 스님들이 현
대에 이르기까지 소신(燒身)공양이나 소지(燒指)공양을 행해 왔다. 참
으로 기상은 갸륵하나 안목은 협소하다고 하겠다. 고행주의는 인류
역사에서 동서고금을 통해 수행자들이 곧잘 빠져드는 정서적인 견해
의 협곡이다. 종종 기개와 신심이 강한 자일수록 육체적인 고통스러
운 자극을 통해 자신이 수행하고 있다는 위로와 존재감을 확인하려
는 성향이 강하게 발견된다. 게다가 고행은 세속인들에게 경외심을

유발시키는 효과가 있기 때문에 은연중에 이를 의식한 보여주기 심리가 결합하게 되면서 고행주의는 수행자들의 상습적인 험로가 되어 왔다.(율3-729 참고) 부처님의 위대한 점 중 하나는 자신의 고행을 자랑거리로 삼거나 두둔하지 않고 그 폐해를 솔직히 드러내 보인 것이다. 요즘 선원에 흔히 걸려 있는 부처님의 고행상은 부처님의 구도열을 본받기 위한 것이겠지만 자칫 고행에 대한 숭상의 정신을 불어넣을 수 있다. 고행상은 부처님이 그렇게 수행하지 말라고 배척한 모습임을 명심해야 한다. 현대에는 성적 금욕만 실천해도 고행이라고 말하는 시대다. 그러나 부처님이 말하는 고행이란 소지공양과 같은 육체적인 자기 학대 수준의 고통을 말하는 것이며(더 정확히는 근본 규제집에서 제시된 규제 이상의 규제를 말한다고 보면 될 것이다.) 이런 행위는 결과적으로 수행의 퇴보를 가져온다. 아누룻다(阿那律)의 경우는 워낙 대근기여서 실명을 가져온 고행을 뚫고 아라한을 이루었지만 부처님의 충고대로 수행했다면 남에게까지 피해를 주게 되는 실명도 없었을 뿐만 아니라 더 빨리 아라한을 이루었을 것이다.

이상과 같은 여러 해악들을 넘어서 『보살계』가 불교일 수 없는 첫째 이유는, 인연담과 허용 범위[開遮]가 빠진 계시적·일방적·강압적인 이교도의 율법 형식이라는 점이다. '따라서-같이-생겨남'(緣起)의 원리에서 벗어나는 불법이란 없다. 불교의 계율도 '따라서-같이-생겨남'이라는 진리가 규제의 측면으로 형식화된 것이다. 그렇기 때문에 근본 규제집에서는 각각의 공부조목마다 그 조목이 생기게 된 인연담을 먼저 서술함으로써 '따라서-같이-생겨남'의 원리와 안목을 보여주고 있다. 또한 상황에 따른 허용 범위[開遮]를 설정해 줌으로써 '따라서–같이–생겨남'의 어울림도 잘 배려하고 있다. 이에 반해『보살계』의 위압적이고도 무조건적인 명령들은 독선과 배타의 문화를 형성시킨다.(예컨대, 먹는 자와 안 먹는 자!)『보살계』는 다른 종교의 율법에서는 찾아볼 수 없는 불교만의 '따라서–같이–생겨남'이라는 진리의 안목과 현실적인 어우러짐과 인간 중심의 자각적인 율법의 장점들을 모두 지워버렸다.

이상과 같이『보살계』에서 나타나는 천재적인 위조의 결함들을 보면 근본불교의 계율이 부처님이라는 통달자가 아니면 결코 세울 수 없는 내용임을 다시 한 번 실감하게 된다. 그러나 다른 한편으로 데와닷따의 다섯 가지 기초 사항들은 이러한『보살계』에 비하면 모든 면에서 새 발의 피다. 데와닷따의 다섯 가지 기초 사항들이 불교의 계율일 수 없다면『보살계』는 더욱더 불교의 계율일 수 없다.

17
공부조목의 오역

『보살계』의 이교도적인 계율 정신은 근본 규제를 이해하는 대목에서도 악영향을 미치고 있다. 특히 출가자의 공부조목들과 재가자의 5계에 이르기까지 각각의 계율 조목의 제목들을 '~하지 말라.'는 식으로 번역하는 것은 기독교의 10계명과 같은 이교도의 계시적·일방적·강압적인 율법에 영향 받은 오역이자 악역이다. 이 오역은 부처님의 지고한 안목을 크게 훼손시키고 있다. 또한 요즘 스님들에게 은근히 형성된 계율에 대한 막연한 거부감에는 재계의식 때마다 낭송되는 이 명령투의 오역이 한몫하고 있다고 보인다.

근본 규제집에서는 각각의 범법 행위에 대해서 '이러이러한 행위는 무슨 무슨 범죄다.'는 형태의 문장으로만 표현되어 있다. 후대 중국에서 이러한 조목에 간략한 제목을 달았는데 계목(戒目)이라고 불렀다. 예를 들면, '불살생(不殺生)'이나 '불음주(不飮酒)' 같은 것들을 말한다. 그런데 이런 제목들을 하나같이 '살생하지 말라.'(莫殺生), '술 마시지 말라.'(勿飮酒)라는 부정명령형으로 번역하고 있다. 이것은 '급선무'인 규제 목차를 처음으로 정식 번역하고 출판한 운허 스님의 번역을 계승한 번역들로 볼 수 있다. 그러나 이것은 부처님이 『대반열반경』에서 자신이 대중의 통치자나 지배자라고 생각하지 않는다고 한 말을(디2-204) 거짓으로 만들어 버린다. 물론 부처님도 일상생활 속에서 제자들에게 '~하지 말아야 합니다.'와 같은 문장을 구사하는 경우는 있었다. 하지만 전체 대중을 향한 부처님의 공식적이고도 객관적인 법률 제정의 표현으로 부정명령형은 적합하지 않다. 제자들의 입장에서야 금지명령으로 받아들여야 할 측면도 있지만 위의 조목은 '살생하지 않는다.', '술 마시지 않는다.'처럼 부정평서형으로 직역해야 마땅하다. 그래야만 불교에서 계율을 받아들이는 원리인 '자서수계(自誓受戒)', 즉 자기 스스로 맹세하며 계율을 받아들이는 주체성도

살릴 수 있는 것이다.[97]

공부조목의 제목들은 남산율종의 개창자인 수당시대의 도선 스님 (596~667)이 『사분율산번보궐행사초(四分律刪繁補闕行事鈔)』(줄여서 『행사초』라고 함)에서 정식화한 제목과 그 전통을 대부분 따르고 있다. 그런데 도선 스님이 제목을 달 때 부정명령형에 쓰이는 '莫'이나 '勿'을 사용하지 않고 '殺人戒'(살생에 대한 계율) 혹은 '飮酒戒'(음주에 대한 계율) 등으로 호칭한 점을 눈여겨봐야 한다. 이것은 근본 규제의 조목에 나타나는 표현 양식이 부정명령형이 아니라 단순히 범법에 대한 형벌의 규정만이 진술되어 있음을 간과하지 않고 그대로 존중했기 때문일 것이다.

운허 스님류의 오역들은 대승불교 문화권에서는 어쩌면 당연한 결과라고 할 수 있다. 대승경전에서 부처님은 사실상 창조신과 같은 형이상학적인 지위를 부여받았다고 할 만큼 신격화되어 있기 때문이다. 『보살계』에서도 화신인 석가모니불이 본신인 노사나불에게 전수를 받는 형식을 취하고 있는데, 이것은 메시아나 선지자가 창조신에

· · · · · · · · · ·

97 근본불교에서는 재가자가 스스로 3귀의만을 맹세해도 신도가 되는 것으로 기술되고 있다.(상6-337) 한편 5계는 본인이 지킬 수 있는 만큼만 공부조목을 선택할 수 있었다. 설일체유부와 같은 부파는 5계의 일괄 수계를 주장하기도 한다. 그러나 남방상좌부는 5계의 부분 수계를 인정하고 있다. 또한 『마하승기율』 제9권에서는 5계 중에 한 개를 수지하는 것은 '일분행(一分行)', 두 개를 수지하면 '소분행(少分行)', 서너 개를 수지하면 '다분행(多分行)', 5계 전부를 수지하면 '만분행(滿分行)'이라고 부르고 있다.(大正22-306상) 부처님도 꼬살라의 빠세나디왕이 술을 먹지 않고 정치하기 힘들다는 청원을 받아들여서 허락하기도 했다. 5계는 '다섯 가지 덕행'이라고 번역할 수 있듯이 일괄적으로 부과되는 규제와는 다르다. 그러므로 재가자에게만큼은 수계식에서 공부조목을 선택할 기회를 주어야 하며 스스로 다짐과 맹세를 표현하는 양식을 제공해야 한다. 덕행 차원의 공부조목을 일괄·일방적·강제적으로 부과하면 『보살계』처럼 상습범과 범법 불감증을 양산하게 된다.

게 계시를 받는 구조와 일치한다. 그 결과, 표현 양식도 조물주가 피조물에게 명령을 하달하는 어투를 취하게 된 것이다. 즉,『보살계』의 금지 조목들은 '~하지 말라.'(莫~) 혹은 '~해서는 안 되느니라.'(不得~)라는 문장으로 표현되었고, 권장 조목들도 계시적인 명령투의 문장으로 표현되었다.(~해야 하느니라.)

이와 연결된 문제로서 부처님의 대화체가 기독교의 성경에서 창조신이나 예수의 권위적인 말투처럼 '~이니라.' 식으로 번역되고 있는 것도 대승사상의 문화가 낳은 부작용이다. 경전에 쓰인 범어나 빨리어는 인도·유럽어족으로서 높임 선어말어미나 높임 어말어미가 없다. 영어와 같다. 그런데 부처님이 한국에 출현했다면 반말이나 명령투의 권위적인 언어를 썼을까? 경전에 나타나는 부처님의 어투는 정중함, 차분함, 군더더기 없음, 한결같음이라고 정리할 수 있다. 어린아이들의 경우엔 재론의 여지가 있겠지만 성인들에게 높임말을 쓰는 것은 기본적인 인격을 갖춘 사람이라면 당연한 일이다. 요즘의 경전 번역을 보면 부처님이 그런 기본적인 인격도 갖추지 못한 것처럼 보인다. 부처님은 역사적인 사실이 밝혀지면 밝혀질수록 더욱 존경심이 우러나올 수밖에 없는 성자임을 알아야 한다. 권위적인 어투의 번역에는 높은 존재일수록 권위적일 것이라는 유치한 사고방식이 깔려 있는 듯하다. 다른 한편으로, 그런 잘못된 번역은 요즘 한국 스님들이 신도들에 반말을 함부로 하는 문화에도 영향을 미쳤으리라고 여겨진다.

공부조목에 나타난 단순 규정의 표현과 자서수계의 원리는 '길을 알려주는 자로서의 부처님'(맛3-699)이라는 일관된 태도를 보여주고 있으며, 부처님의 주체적·능동적·자각적인 교법의 맥락을 견지한 최상의 법치주의를 나타내는 한 대목이다.[98] 공부조목에서의 부정명령형과 권위적인 어투의 번역은 맞지 않는 외투를 뒤집어 쓴 것처럼 사상의 기본적인 가풍까지도 뒤흔드는 오역이라고 할 수 있다. 애써 최고급 요리를 차려 주었는데도 비빔밥으로 짓이겨 먹는 것은 경우가 아니다.

18
소소계란 무엇일까?

『대반열반경』에서 "아난다여, 내가 간 뒤에 '잘고 잇따라 자잘한 공부조목들'(小小戒)은 필요하다면 대중이 폐지해도 좋습니다."(디2-285)라는 부처님의 당부는 근본 규제가 계시적인 맹목성을 가진 것이 아니

· · · · · · · · · ·

98 대승의 『능엄경』 도입부에 마등가녀가 아난다에게 주문을 걸어 음행으로 계체(戒體, 비구의 상태)를 무너트리려 했는데 부처님이 문수보살에게 능엄주를 주어서 구해오도록 한 이야기가 실려 있다. 그러나 이것은 근본 규제의 기본 정신을 파악하지 못한 작자의 어설픈 공상이었다. (실제로 엇비슷한 이야기가 실린 『비구니 경』에서 아난다의 의연하고도 현명한 대처를 확인할 수 있다. 앙2-341) 부처님은 제자들의 범행의 진행 상황을 다 알고 있었지만 결코 대인방어(man-to-man)할 수 없는 입장에 있었다. 고발로 인해 범행한 제자들과 대면했을 때 다 알면서도 범행 사실에 대해 자백하도록 사실 여부를 되물은 것도 근본 규제의 주체적·능동적·자각적인 정신에 충실하기 위함이었다. 또한 아난다만을 구제하는 것은 법률의 형평성에도 문제가 있는 것이다. 또 한 가지 문제는 제정신이 아닌 상태에서 저지른 음행은 파계가 아니라는 규제의 구체적인 허용 범위에 대해 무지하다는 점이다. 대승은 항상 규제의 정신과 내용에 있어서 미약하고 어설프며 세속적이다.

며, 따라서-같이-생겨남의 진리가 관통하고 있는 것이며, 대중이 주체성을 가진다는 것을 표방하는 귀중한 한마디다. 후대 대중을 위해 이보다 더 요긴한 힌트 내지 자비가 있을까 싶다. 그런데 이 당부 말씀 중에서 '잘고 잇따라 자잘한 공부조목들'이 무엇인지 밝히려면 먼저 근본 규제집의 전체 짜임새를 한번 정리해 볼 필요가 있다.(빨리어 규제집에 준해서 정리하겠다.)

· · · · · · · · · ·

99 五篇, pañca-āpatti-khandhā. 다섯 가지 범행 덩어리들. 규제집에서 범행들을 다섯 가지로 분류한 것이다. 일곱 가지로 분류한 경우에는 '일곱 가지 범행 덩어리들'(七聚, 七罪聚, satta-āpatti-khandhā)이라고 한다.(V5-91) '다섯 가지 범행 덩어리들'은 공통된 분류임에 비해 '일곱 가지 범행 덩어리들'은 『비니모경』과 『율22명료론』에서 '단두·승잔·추행·사타·단타·실토·과실'로 다르게 분류했다. 그런데 이 후자의 분류가 더 합당한 것 같다.

100 斷頭, pārājika. '波羅夷'로 음역된다. 어원은 불명확하다. 다만 거의 모든 율장에서 단두, 즉 참수형이라는 해석을 공통적으로 내리고 있다. 목이 잘린 사람처럼 금생에는 다시 회복되지 않는, 딱 한 번의 실수도 용납되지 않는 냉혹한 형벌이다. 살·도·음·망, 네 가지는 부처님 당시 세속에서도 단두법으로 다루어졌다. 『빠딸리야 경』에서는 세속에서 살·도·음·망에 대해 참수형에 처하는 기록이 나온다.(상4-664~667, 앙2-546도 참고) 비구니 승잔 제2조에서는 간통한 부인을 죽여도 된다는 릿차비족의 판결이 인용된다.(율4-887) 또한 (살·도·음·망은) "전과 같이 후에도 그대로 단두이니 같이 살 수 없습니다."(율3-759)라는 문장이 나오는데, 『남전』(1-182)은 "(출가) 전에 그랬듯이 후에도 단두가 됩니다."(如於(出家)前爾後亦爲波羅夷)라고 번역했다. 이것을 증명할 또 하나의 대목은, 얼마 이상일 때 빔비사라왕이 도둑질로 처벌하는지 부처님이 물어보고서 그것을(5마사까이상) 기준으로 도둑질에 대한 규제 조목을 제정한 것이다.(율3-542) 대승경전이기는 하지만 『대방등대집경』 제24권에서도 부처님이 빔비사라왕에게 자문해서 국가의 4단두법을 도입했다고 밝히고 있다.(大正13-172하)

101 주석 39번, 110번 참고.

102 근신(謹愼)은 mānatta(意喜, 摩那埵)의 번역으로, 승잔을 범하면 기본적으로 주어지는 여섯 밤 동안의 자숙 기간이다. 의무생활은 'parivāsa'(別住)의 번역인데, '완전히(pari) 삶(vāsa)'이라고 직역할 수 있다. 승잔을 숨긴 날짜만큼의 기간 동안 비구의 여러 권한이 정지당한 채 90여 가지의 의무사항들을 준수해야 한다.(율2-233~) 그러므로 '완전히 삶'이란 '의무사항들을 완수

편성	경중	목차	5편[99]	7취	조목 수 (비구니)	참회법
경분별	무거움	단두[100]	단두	단두	4(8)	참회 불가능, 대중 생활 불가능
		승잔[101]	승잔	승잔	13(17)	20인 이상의 대중에서 근신·의무생활[102] 이수
	가벼움	·	·	추행[103]	·	결계 밖으로 가서 4인 이상 스님에게 참회
		부정[104]	·	·	2(·)	자백 후 해당 범행 내용에 따라 정해짐
		사타[105]	단타	단타	30(30)	대중 앞에 부정 취득물을 내놓고 참회
		단타			92(166)	1인 이상의 스님에게
		실토[106]	실토	실토	4(8)	내용을 상세히 밝히며 1인 이상의 스님에게
		공붓[107] 거리		과실· 나쁜말	75(75)	·고의 시 → 1인 이상의 스님에게
		문제를 멈춤			7(7)	·비고의 시 → 반성만
부문 [犍度]		큰 무리 (大品)	과실		①큰 부문 ②재계의식 부문 ③우기 시작 부문 ④요청의식 부문 ⑤가죽 부문 ⑥약품 부문 ⑦질긴 옷 부문 ⑧의류 부문 ⑨짬빠 부문 ⑩꼬삼비 부문	
		작은 무리 (小品)			①작업 부문 ②의무생활 부문 ③누적 부문 ④멈춤 부문 ⑤자잘한 기초사항 부문 ⑥처소 부문 ⑦대중깨기 부문 ⑧준수사항 부문 ⑨급선무의 차단 부문 ⑩비구니 부문 ⑪오백 부문 ⑫칠백 부문	
총정리	후대에 전체적으로 요약 · 정리된 논서가 첨부됨[108]					

도표 5. 규제집의 개괄

해야 하는 생활'이라고 풀이할 수 있다. 의역해서 '의무생활'이라고 번역했다. 대중과 자리를 같이 할 수는 없지만 그렇다고 격리되는 것도 아니다. 대중의 관찰 속에 머물고 대중에 보고하며 지내야 한다. 이것은 비구에게만 행해졌던 규제가 아니라 외도수행자가 불교에 입문하기 전 과정으로도 제시되었다. 승잔을 저지르고 숨겼던 비구가 이 의무생활을 마치면 이어서 근신 기간을 이수해야 한다.

103 thullaccaya, 麁罪. 음역은 偸蘭遮. 단두와 승잔의 미수죄를 말한다. 승잔 미수는 무거운 것과 가벼운 것으로 나뉜다. 단두 미수와 무거운 승잔 미수는 4인 스님을 결계 밖으로 모시고 가서 참회 드려야 한다. 이 참회법은 오직 『십송율』 제57권(大正23-425상)에서만 다루어지고 있다.
참고로 '麁罪'로 한역되는 또 다른 빨리어로 'duṭṭhulla āpatti'라는 용어는 단두와 승잔을 모두 일컬을 때 쓰이며 '추악한 범행'이라고 번역할 수 있겠다.

104 不定, aniyata. 여인과 단둘이 앉아 있었다고 확인되었지만 아직 공식적으로 죄목이 정해지지 않은 경우를 말한다. 가려진 곳에서의 정해지지 않은 법과 드러난 곳에서의 정해지지 않은 법, 두 가지로 나뉜다. 믿을 만한 신도의 고발로 생기는 법으로서, 피고인 스님의 자백에 의해 전자는 단두, 승잔, 단타 중에 하나로 결정되고 후자는 거의 승잔이나 단타로 결정된다. 두 경우 모두 최하 단타에 해당된다.(단타 제44조, 제45조)

105 捨墮, nissaggiyā-pācittiyā. 음역은 尼薩耆-波逸提. '꺼내놓아야 할 단타'로 풀이된다. 부정 취득물에 대한 법이다. 단타(單墮, pācittiya)는 그냥 '墮'(떨어짐)로 번역하면 되지만 사타와 대비한 한역이다. 그러나 사타는 단타의 한 종류로 볼 수 있다. 대부분 단타를 지옥에 떨어지는 죄라고 해석하지만 그러면 다른 목차의 과보와 변별력이 떨어진다. '범행에 떨어지기 쉬운 것들이면서 스님과 대중을 타락시키기 쉬운 것들'이라는 뜻으로 보면 좋을 듯싶다.

106 pāṭidesaniya, 對他說, 波羅提提舍尼. '실토해야 할'의 뜻이다. 부적절한 상황에서 음식을 수용하는 경우의 범법이다. 이 상황을 다른 스님에게 밝히면서 참회의 문장을 토로해야 한다.

107 sekhiya, 衆學. '공부해야 할 (것)'의 뜻이다. 실제로는 형벌이라기보다 주의사항 정도에 해당하는 범행이다.(공붓거리를 제외한 '150여 개의 공부조목'이라는 말이 강조되어 쓰인 것을 보면 공붓거리는 사실상 주되게 다루어지는 조목들은 아니었던 듯하다. 앙1-535, 543) 조목 수도 규제집에 따라 편차가 심하다. 『승기율』의 66조부터 『십송계경』의 113조까지 다양하다. 다른 범법들은 '4단두법'처럼 숫자를 관례적으로 붙여 말하지만 이것은 '공부해야 할 법들'(sekhiyā dhammā)이라고만 말한다. 범어 규제집에는 '많은(衆)'을 뜻하는 'sambahulāḥ'가 앞에 붙는 경우도 있는데 빨리어 규제집에는 없다. 한편 중국 및 우리나라에서 전지해온 『사분율』의 조목 수는 100개인데 다른 규제집에는 없는 불탑신앙에 관계된 26개의 조목이 들어 있다.(제60조~제85조) 이것은 명백한 후대의 삽입이다.(주석 80번 참고) 어쩌면 공붓거리가 갖는 '비중 없는 융통성'인지도 모르겠다. 『사분율』은 가장 풍부한 설명을 볼 수 있는 규제집이며 빨리어 규제집과도 가장 일치하는

『사분율』의 단타 제72조는(빨리어 규제집에서도 제72조임) '잡쇄계(雜碎戒)를 쓸데없다고 비방하지 않는다.'이다.(大正22-685하) 잡쇄계에 해당하는 빨리어는 'khudda anu-khuddakāni sikkhāpadāni'이다.[109] 이 용어는 앞의 『대반열반경』에서 '잘고 잇따라-자잘한 공부조목들'이라고 번역한 말과 같은 용어. 그런데 이 경우에 한역은 '小小戒'라고 번역했기 때문에 한역만 보는 사람들은 위의 잡쇄계와 같은 용어임을 알아볼 수 없었다. 위의 조목은 어느 비구가 불평하는 소리를

· · · · · · · · · ·

규제집이지만 빨리어 규제집에 비해 전승의 정확도와 충실도가 떨어진다.

108 '보충'의 빨리어는 'parivāra'이다. '완전하게(pari) 덮다(√vr).'로 파자된다. '附隨'라고 한역되었다. 요즘의 권말 부록에 해당하는 논서로, '완전정복', '완전정리'라는 뜻이다. 규제에 관련된 법수도 정리되어 있다.

109 'khudda'는 '잘다.' 혹은 '작다.'는 뜻이고 'khuddakāni'는 'khudda'에 '조금 모자람'을 뜻하는 접미사 'ka'를 붙인 복수형이다. 이 복수형에 '반복과 연속'(자꾸자꾸 계속해서)을 의미하는 접두사 'anu'(잇따라, 잇따르는)를 붙여서 'anukhuddakāni'가 되었는데 '잇따라 자잘한'의 뜻이다. 접두사 'anu'의 의미를 살려서 '隨小'라고 한역한 곳도 있다. '자꾸자꾸 계속해서'를 한 단어로 하자면 '잇따라'일 것이다. 이 접두어는 '법과 잇따르는-법(法隨順法)을 이행하는'(dhamma anu-dhamma paṭipanna, 상2-145), 혹은 '깨닫고 잇따라-깨달은 제자들'(buddha anu-buddha sāvakā, 상2-484)의 경우처럼 동류인 다음의 것으로 연속적인 반복이 이루어지는 경우에 정형적인 패턴으로 쓰인다. 한편, '계'(戒)라고 한역된 빨리어는 'sikkhāpadāni'인데 '공부조목들'이라고 번역해야 하는 단어다. '공부조목'이라는 용어는 덕행[戒]과 규제[律]에 모두 걸쳐서 쓰는 단어이고 단타의 조목에서 쓰이는 경우에는 덕행보다는 규제에 해당되므로 '계'(戒)라는 한역은 잘못된 번역이다.

듣고 제정된 규제다. 얼핏 생각해서는 경책 내지 훈계 정도로 나무라고 말 일인 듯하지만 부처님은 아예 규제 조목으로 제정하며 강력하게 대처한 편의주의 문제였다. 그런데 『사분율』에서는 "송출해야 한다면 4단두와 13승잔을 송출해야 한다."(大正22-686상)라고 말하면서 잡쇄계는 송출하지 말자고 주장하면 단타라고 기록하고 있다. 이것은 결과적으로 잡쇄계를 4단두와 13승잔 이외의 규제라고 규정하고 있는 것과 같다. 따라서 『사분율』을 전지한 북방불교의 모든 율사들의 주석서는 그 규정에 따라 규제의 경중을 나누었다. 물론 다른 부파의 율사 대부분의 해석도 그와 같다.

그렇다면 부처님 입멸 후 마하깟사빠가 아난다에게 '잘고 잇따라 자잘한 공부조목들'이 무엇인지 부처님께 여쭈지 않았던 것을 경책한 것은 어떻게 봐야 할까? 부처님이 입멸 직전에 말한 '잘고 잇따라 자잘한 공부조목들'이라는 용어가 단타 제72조에서 본인이 직접 제정하고 보름마다 암송했던 단어와 같다는 것을 몰랐을 리는 없다. 그런데 마하깟사빠는 몰랐을까? 물론 마하깟사빠가 규제에 대해서 우빨리(優波離)만큼 밝지는 못했을 것이다. 하지만 마하깟사빠의 아난다에 대한 힐책은 1차 결집을 앞두고 자칫 시비와 분쟁으로 '중차대한 작업'(디3-548)이 망쳐질 수 있는 문제였기 때문에 일종의 봉쇄 조치를 취한 것으로 봐야 할 것이다. 후대에 소소한 '열 가지 기초 사항들'(十事, 주석 9번 참고)로 근본분열이 일어났음을 상기해 볼 필요가 있다. 또한 마하깟사빠의 아난다에 대한 힐책은 발심 수행의 경책도 담겨 있는 사려 깊은 처사였다. 한편, 부처님 입멸 당시에는 기존 규제에 대한 폐기를 다룰 필요가 없는 시대였다. 따라서 부처님도 자세한 부연 설명을 하지 않은 것이 바람직한 말하기였다고 평가할 수 있다. 또한 규제집 전반을 자세히 살펴보면 명확하게 드러나는 문제이기 때문에도 굳이 밝히지 않았을 것이다.

덧붙여 마하깟사빠의 아난다에 대한 힐책을 후대 학자들이 선종과 교종의 갈등으로 묘사하는 것은 아라한에 대한 몰이해에서 비롯된 색안경 소견이라고 봐야 한다. 아라한에게 선종이니 교종이니 하는 구분은 의미가 없다. 하여튼 불교는 사리뿟다와 마하목갈라나를 대신할 수 있는 마하깟사빠와 아난다가 있어서 전승의 초석을 다질 수 있었다. 물론 그 둘이 없었더라도 자기를 드러내지 않고 있는 수많은 아라한들이 또다시 그 자리를 메워줬겠지만 말이다.

이쯤에서 본격적으로 '잘고 잇따라 자잘한 공부조목들'을 밝혀보겠다. 4단두법이 자잘한 조목이 아닌 것은 명백하다. 그리고 제일 하위인 공붓거리들이 자잘한 조목들이라는 것도 명백할 것이다. 또한 사타와 단타 및 '실토해야 할 법'은 탁발 관련이거나 옷 관련이거나 금전 등의 자잘한 일상생활에 관련된 내용들이어서 아마도 시대·문화에 따라 불가항력적으로 변할 수밖에 없는 사안들일 것이다. 특히 단타 제72조가 '잘고 잇따라 자잘한 공부조목들을 쓸데없다고 비방하지 않는다.'인데 이 조목을 남겨둔 채로 단타 이하의 자잘한 조목을 버릴 수도 없고, 버린다면 이 단타 제72조가 남아 있을 이유도 없어지는 딜레마가 생기므로 단타는 논리적으로 '잘고 잇따라 자잘한 공부조목'이 될 수밖에 없다. 두 가지 정해지지 않은 법은 말 그대로 어느 쪽이라고 정해진 조목이 아니다. 결국 13승잔[110]이 문제다.

그런데 승잔이 추악하고 무거운 범행이라는 설명은 경전과 규제집의 도처에 등장한다. ① 이미 위에서 살펴본 것처럼 『사분율』에서는 '잘고 잇따라 자잘한 공부조목들'을 4단두와 13승잔 이외의 조목들로 규정하고 있다. 그리고 이것은 거의 모든 부파의 율사들의 공통된 해석이다. ② 비구 단타 제9조는 '스님의 추악한 범행을 스님이 아닌 사람에게 누설하지 않는다.'이고, 단타 제64조는 '추악한 범행을 덮어주지 않는다.'인데, 여기서 추악한 범행은 4단두와 13승잔이라고 규정된다. ③ 비구니 단타 제35조도 '추악한 범행을 덮어주지 않는다.'이지만 비구니의 경우엔 다른 비구니의 단두를 덮어주면 더불어 단두가 되므로 이 단타에서 추악한 범행은 17승잔만 해당된다. ④ 규제집의 『큰 무리』에서는 "4단두와 13승잔은 '덕행의 어그러짐'(sīla vipatti, 壞戒)"이라고 묶어 말하고[111] 나머지 범행들은 '행위의 어그러

....

110 승잔의 13조목을 한 줄짜리 제목으로 정리하면 다음과 같다. ① 고의로 정액을 내지 않는다. ② 음탕한 마음으로 여인과 닿지 않는다. ③ 여인에게 음담패설하지 않는다. ④ 여인에게 몸을 요구하지 않는다. ⑤ 중매 서지 않는다. ⑥ 시주가 없는데 초막(kuṭi)을 한도(약 2.65평) 이상으로 짓지 않는다. ⑦ 대중에게 장소를 지정 받지도 않은 채 시주로 거처(vihāra)를 짓지 않는다. ⑧ 근거 없이 단두라고 비방하지 않는다. ⑨ 근거를 꾸며서 단두라고 비방하지 않는다. ⑩ 대중을 깨지 말라는 말을 거역하지 않는다. ⑪ 대중을 깨는 자를 동조하지 말라는 말을 거역하지 않는다. ⑫ 스님들의 법다운 지적에 어기대지 말라는 말을 거역하지 않는다. ⑬ 사악한 활동 때문에 마을에서 떠나라는 말을 거역하지 않는다.

111 『숫자별 부류』 중에서 『어그러짐 경』에서는 덕행의 어그러짐을 "산목숨을 해치고, 주지 않은 것을 가지고, 욕망에 있어서 삿된 행위를 하고, 거짓말을 하고, 뒷담화하고, 거친 말을 하고, 쓸데없는 말을 하는 것"이라고 정의하고 있다.(앙1-603) 덕행 차원으로 보자면 원론적으로, 핵심적으로 이 정의가 알맞다. 이렇게 덕행의 핵심적인 영역인데도 그것을 어그러뜨리면

짐'(ācāra vipatti, 壞行)이라고 말하고 있다.(율1-459) ⑤ 이외에도 '무거운 법'(garu-dhamma)을 어기어 의무생활을 당하는 경우와(율1-171, 376) 부처님이 데와닷따에게 "대중깨기는 '엄중한 것'(garuka)입니다."(율2-875)라고 말할 때의 '무거운 법'과 '엄중한 것'이란 모두 승잔을 의미한다. ⑥ 승잔은 형벌을 보더라도 무겁다. 최소 20인 이상의 전체 대중에서 참회를 행해야 한다는 점이나 6일 밤의 근신과 숨긴 기간만큼의 의무생활[別住]을 이수해야 한다는 점, 그리고 그 이수 기간에는 무려 94가지의 의무 사항이 있다는 점(율2-231) 등은 다른 형벌들과 현격하게 차이난다. 또한 형벌 기간에 승잔을 재범하는 경우, 다시 '원점으로 되돌리기'(本日治, mūlāya paṭikassana)가 주어진다. 더욱이 환속했다가 다시 재출가하는 경우에도 환속하기 전에 이수하지 못한 승잔 참회가 다시 살아나서 나머지를 이수해야 하는 만큼의 혹독하고도 철저한 형벌이다. 그러나 나머지 범행들은 재출가자에게 이전의 참회 여부를 묻지 않는다. ⑦ 승잔을 '잘고 잇따라 자잘한 공부조목들'로 볼 수 없는 결정적인 이유는 승잔 제10번과 제11번이 대중깨기를 금지하는 조목이기 때문이다. 만일 승잔을 폐지해도 되는 자잘한 조목으로 보면 결국 대중깨기를 용인하는 자기모순에 빠지게 된다. 이렇게 많은 이유가 승잔을 추악하고 무거운 범행이라고 증명해 준다.

. . . .
비도덕적인 인간이라고 평가될 수 있다는 말이다. 다만 본문에서는 출가자의 전문적인 규제의 차원에서 13승잔을 핵심적인 것으로 포함시켰다고 보인다. 13승잔은 "신성한 실천에 걸맞는 공부조목들"(brahmacariya sāruppāni sikkhāpadāni, 앙1-538)로 평가되며 "죽음에 버금가는 괴로움"을 가져오는 범행이라고 표현되기도 하기 때문이다.(상2-618)

'잘고 잇따라 자잘한 공부조목들'이 무엇인지 확정하는 것은 매우 중요한 문제다. 왜냐하면 부처님 말씀에 입각해서 비구와 대중의 정체성을 확보하는 문제와 직결되기 때문이다. 4단두는 사실상 사미의 열 가지 공부조목들에 포섭되기 때문에 비구의 차별성과 정체성을 확립하기에는 역부족이다. 비구 수계식도 면허증 발부 행사에 불과하게 된다. 위에서 증명한 결과로 4단두와 13승잔은 시대·문화에 상관없이 철칙처럼 지켜져야 할 사항이라는 것이 부처님의 뜻이라고 보인다.

다들 계율이 지금 시대에 맞지 않다고 불평한다. 그러나 단타 제72조에서 보이듯이 규제[律]란 부처님 시대에도 그 상황대로 힘든 것이었고 인욕을 요했다. 불교 수행은 언제나 반시대적이고 반세속적이었고 반중생적이었다. 출가수행의 목표가 단지 시대에 순응해서 살아남기 위한 것이 아님을 기본적으로 명심할 필요가 있다. '잘고 잇따라 자잘한 공부조목들'은 시대에 맞추어서 폐지할 수도 있지만 4단두와 13승잔은 시대를 맞추어서 지켜나가야 한다. 단두는 죽음에 해당하고 승잔은 빈사 상태에 해당하기 때문이다. 반면에 유의할 점은 자잘한 조목들을 한꺼번에 모두 폐기하라는 말로 볼 수는 없을 것이다. 예컨대 단타 제1번인 '거짓말하지 않는다.' 단타 제51번인 '술 마시지 않는다.' 단타 제74조인 '홧김에 스님을 때리지 않는다.' 등등은 시대와 별로 상관없이 지켜야 할 조목들일 것이다.

요즘에는 이중 승적자들이 늘어나는 것 같다. 4단두와 13승잔이 지켜지는 한, 비구와 대중으로 인정하고 예우해야 한다. 이로써 세계 전체의 대중이 서로서로 인정하고 교류할 수 있는 사방대중의 실현이 가능해질 것이다.

19
대승의 무분별 ❷ – 스님과 승복

계율에 있어서 대승의 승속 무분별주의와 정통 출가자에 대한 폄하의 태도는 출가수행자에 대한 호칭에도 영향을 미쳤다. 근본불교에서의 출가수행자는 후대에 출가 5중(五衆. 이것에 해당하는 빨리어는 발견되지 않는다.)이라고 정리되었다. 즉, '비구·비구니·사미·사미니·정학녀[112]'이다. 이 중에 비구·비구니만이 귀의의 대상이다. 비구(比丘, bhikkhu)는 원래 다른 종교의 출가자들에게도 사용되던 용어로 '걸식수행자'라는 뜻이었다. 그래서 걸사(乞士. 그러나 '선비'보다는 '스승'의 의미를 붙여서 '乞師'로 번역하는 것이 더 옳을 것이다.)로 한역되기도 했다.

우리나라에 와서 출가수행자의 의미로 정착된 용어의 하나는 중(衆)이라는 단어였다. 이 단어는 승가(saṅgha)의 번역어인 대중(大衆)의 줄임말이었다. 그러므로 특정 신분을 호칭하는 말로 적확하지 않은

· · · · · · · · · ·

112 正學女. sikkhamānā. 식차마나(式叉摩那)로 음역된다. 사미니가 된 후 비구니가 되기 전에 2년간 거치는 과정으로 임신 여부를 확인하는 기간이었다.

말이다. 이 '중'이라는 단어는 본래 비어가 아니었지만 조선조 500년의 탄압 시절에 쓰였던 단어여서 이제는 비어의 뉘앙스가 풍기게 되었다. 마치 흑인을 뜻하는 'negro'라는 단어가 본래 비어가 아니었지만 노예 시절에 주로 쓰인 용어라서 이제는 비어의 뉘앙스를 지니게 되었고 'black people'이라는 용어가 쓰이는 것과 같은 이치다. 그와 같이 요즘에는 중이라는 말 대신 스님이라는 단어가 쓰이는데 이 단어의 원형은 불분명하다. 다만 승가(僧伽, saṅgha)의 '승'에 '님'자를 붙인 존칭이라는 설명이 설득력이 있다. 결국 음편 현상으로 'ㅇ'이 탈락하면서 스님이 된 것이다. '중'에 '님'을 붙여 불렀으면 '주님'이 됐을 것이다. 물론 둘 다 특정 신분을 호칭하기에는 원론적으로 부적절한 단어다. 스님이라는 호칭은 이제 높임말이라기보다 보통명사화된 듯하다. 대중 안에서도 본인을 아무개 스님으로 자칭하고 있다.

스님이 승가에서 파생된 단어라면 비구·비구니를 지칭한다고 봐야 원론적으로 맞다. 그러나 우리나라에서 스님이라는 호칭의 현실적인 쓰임새는 비구·비구니만을 의미하지 않는다. 사미, 사미니, 정학녀, 대처승('아내가 있는 스님'이라는 말은 성립되지 않으므로 '아내가 있으면서도 스님 행세하는 자'라는 의미의 용어로 봐야 한다. 다음 두 합성어도 마찬가지로 해석된다.), 은처승, 파계승에게까지 두루 쓰이고 있다. 그러므로 스님의 현실적인 쓰임새는 '불교 전업 지도자'라고 규정할 만하다. 현실적인 그림은 다음과 같다.

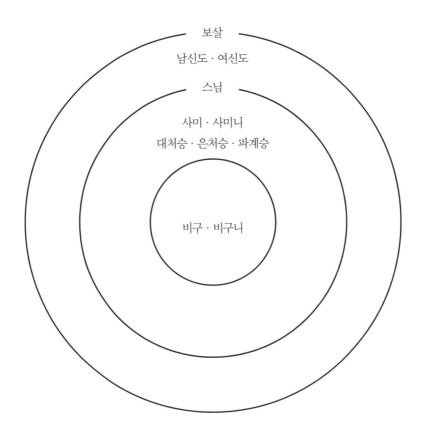

보살
남신도 · 여신도
스님
사미 · 사미니
대처승 · 은처승 · 파계승
비구 · 비구니

도표6. 한국불교에서의 스님

스님이라는 현실적인 쓰임새가 갖는 비법성은 역사의 굴곡에서도 원인을 찾을 수 있겠지만 그 전에도 같은 쓰임새의 중이라는 용어가 쓰였다는 점을 보면 보다 더 근원적인 이유가 있다고 봐야 한다. 그것은 다름 아닌 대승의 사상과 계율이 갖는 승속 무분별주의에 연원을 두고 있다. 이 무분별은 오랜 역사 속에서 비구·비구니에 대한 정체성과 경각심을 무력화시켰고 승속 통폐합형의 호칭들(법사, 대사, 보살, 스님 등등)을 즐겨 부르게 만들었다. 결과적으로 비구·비구니라는 단어는 어색해졌다.

대승의 승속 무분별은 더 나아가 승복을 승속의 구분 없이 착용하는 사태로도 이어졌다. 그것도 큰스님들이 앞장서서 추진한 일이다. 아마도 불교 신도들을 단합시키고 수행 정신을 강하게 부여하려는 의도였는지는 모르나 그보다 대승의 승속 무분별적 정신에 경도되어 경각심이 무디어진 결과물이라고 봐야 한다. 이것은 부처님의 옷에 대한 입장을 거역하는 처사다.

부처님의 승복에 대한 입장은 기본적으로 실용주의적이다. 세 가지 측면에서 살펴볼 수 있다. 첫 번째는 옷의 가짓수다. 부처님은 옷의 가짓수를 정할 때 한겨울에 직접 체감온도를 밤새 측정하면서 '세 가지 의류'[113]를 기본적으로 확정했다.(율1-671) 물론 후에 여러 가지

. . . .

113 三衣, ti-cīvara. 두루마기(saṅghāṭī), 윗마기(uttarāsaṅga), 아랫마기(antaravāsaka)를 말한다. 각각 僧伽梨·鬱多羅僧·安陀會로 음역되기도 했다. 두루마기는 두 겹이 기본이고 나머지는 한 겹이 기본이다. 번역에 유의할 점은 삼의(三衣)라는 용어는 영어의 'three-piece'(남자의 경우 외투·재킷·바지)에 해당하며 세 가지가 한 벌이 되는 경우를 이르는 말이다. 그러므로 세

옷들이 허용되었다. 두 번째는 옷의 색깔이다. 단타 제58조는 "'새로운 의류'[114]는 세 가지 괴색[115] 중에 하나로 물들여서 입는다."이다. 이 조목은 다른 출가자 집단 내지 속인과 스님의 옷이 구분되지 않아서 생기는 폐단 때문에 제정된 것이다. 세 번째는 옷의 디자인이다. 부처님은 경지정리가 잘된 마가다국의 밭을 보고 사각형 헝겊으로 옷을 기워 입게 했다. 이것은 옷감에 대한 애착과 멋 부림을 막기 위함이자,(율1-688) 떨어지는 대로 그 부분만 기워 입게 하기 위함이자, 대중공양한 옷감을 잘라서 고루 나누고자 한, 여러 이유들이 있었다.

이렇듯 부처님의 옷에 대한 규제는 현실적이고 실용적인 필요성

....

벌 옷이라고 번역하면 안 되고 '세 가지 의류' 혹은 '의류 세 가지'라고 번역해야 한다. 'cīvara'는 옷과 옷감 등 옷이 될 수 있는 것들을 총칭하는 단어다. 그래서 의류라고 번역했다. 결국 출가자의 최소 소유물을 나타내는 삼의일발(三衣一鉢)은 '옷 한 벌 발우 하나'라는 뜻이다.

114 新衣, nava cīvara. 새 옷, 혹은 다른 옷을 말한다. 새 것이거나 헌 것(걸레 옷)이거나 새로이 얻은 옷이다.

115 壞色, dubbaṇṇa. 나쁜(du) 빛깔(vaṇṇa)이라고 풀이된다. '흉한 색'이라는 뜻이다. 한자 '壞'는 '무너뜨리다.'와 '흉하다.'의 뜻이 모두 들어 있는 절묘한 번역이다. 세 가지 괴색은 청색(靑, nīla), 진흙색(泥, 木蘭, kaddama, 주황색), 흑갈색(黑, kālasāma) 계통의 간색을 말한다. 세 가지 색을 반드시 모두 섞어야 한다는 말은 아니고 그중 하나의 간색만이라도 선택해서 '괴색처리'(dubbaṇṇa-karaṇa)하면 된다.(율3-1599) 당시 인도인들은 원색을 좋아하고 간색을 싫어했다. '스님의 옷'(僧服)을 뜻하게 된 가사(袈裟, kāsāya)도 본래 '흐림'(kasāya)이라는 뜻에서 파생한 말로 간색을 의미하고 있다. 결국 '흐린 (색) 옷'이라는 뜻이고 부처님 당대에는 흐린 색으로 보통 황색이 널리 사용되었던 듯하다.(결국 'kāsāya'는 황색이라는 의미도 가지게 된다.) 특히, 부처님 입멸 시 뿍꾸사가 보시한 황색(siṅgi-vaṇṇa) 옷 두 벌을 부처님과 아난다가 나누어 가진 일로 미루어 알 수 있다. 덧붙여, 입멸 시 "유달리 부처님의 몸은 완전히-순수해지고(pari-suddho) 피부색이 지극히-맑아져서(pari-yodāto)"(디2-258) 그 황색 옷과 구분이 잘 안 될 정도였다고 한 것은 부처님이 황인종이라는 유력한 증거이기도 하다.(맛2-149도 참고) 백인의 피부색이 지극히 순수해졌다면 백옥과 같았을 것이다.

에 입각한 것이었다. 그중에 하나가 승속의 구분이었다. 그런데 우리나라에서는 신도에게 승복을 입히고 스님에게는 장삼이라는 법복을 또 다시 만들어 입혔다. 설상가상이다. 장삼은 중국에서 드러난 오른 어깨를 가리기 위해 덧댄 옷에서 시작했는데 이것이 와전되어 이제는 장엄용 의식복이 되었다. 특히 휘늘어진 옷자락과 주름잡은 치마로 연결된 장삼은 분명 부처님이 금지한 멋 부린 옷이다.(율1-706) 이 옷에 대한 거북함과 부끄러움을 못 느낀다면 수행자의 정신에서 많이 벗어나 있는 상태라고 자각해야 한다. 가사 또한 불교 출가자의 옷을 지칭하는 말로 굳어진 '흐린 색의 옷'이라는 뜻의 일상복에 불과했다. 그랬던 것이 이제는 의식복으로 자리 잡았을 뿐만 아니라 대승 경전들에 의해 수호신과 같은 물신숭배사상까지 덧붙어서 변질되어 버렸다. 그렇다고 지금의 가사가 부처님이 입었던 가사의 형태, 색깔과 똑같은 것도 아니다. 장엄용 의식복으로서의 가사·장삼은 부처님이 표명한 옷에 대한 입장과는 정반대의 성질의 것이다. 이런 옷은 출퇴근하는 성직자의 옷이지 수행자의 옷이 아니다. 이 장엄용 의식복인 가사·장삼이 수행자에게서 빼앗아 가는 돈, 시간, 에너지는 실로 막대하다. 우리나라에서 세 가지 의류란 두루마기, 윗마기(동방, 적삼), 아랫마기(바지)라고 해야 할 것이다. 이것이 우리의 가사, 즉 승복이다. 세속인의 옷과도 구분되고 색깔도 흑색의 괴색인 회색으로 법답다. 적당히 기워서 입는다면 더 바람직할 것이다. 이것으로 충분하고 나머지는 군더더기다.

　대승의 승속 무분별주의는 구체적인 사항들에 이르기까지 악영향

을 미친다. 그중에서도 위에서 살펴본 스님이라는 호칭과 승복에서
도 출가자의 정체성과 위상의 붕괴, 그리고 수행력의 누실을 가져온
다는 점을 확인할 수 있다.

20
스님과 속인의 분기점

어느 독신 거사 불자가 있다. 핵가족 시대라 부모와 떨어져 살며 명
절 때나 볼까 말까다. 낮에 잠깐 일하고 나머지 시간엔 시민선원에서
죽어라 참선만 한다. 불교교리도 척척박사다. 머리는 짧은데다 옷과
신발도 개량 한복과 고무신이 편하단다. 산기슭 기와집에서 사는데
거실에는 불상도 모셔놓고 예불까지 드린다. 자, 이 사람을 스님으로
불러도 될까?

　　무엇이 스님과 속인을 구분 짓는 분기점일까? 그것은 바로 '여법
한 입문식'이다. 이것은 형식적이면서도 근원적인 규정이다. 규제
집에서 비구의 정의는 "화합대중[116]에서의 '알림과 네 번의 작업'으로

. . . .

116 和合大衆, samagga saṅgha. 입문식에서의 화합대중이란 10명 이상의 대중 전체를 말한
다. 10명을 도저히 모을 수 없는 변방일 경우에는 5명 이상으로도 용인된다. '화합'에 대해서는
주석 77번과 주석 198번을 참고하라.

'부동의 장소'[117]를 얻는 것에 있어서 동격으로 입문한 비구"이다.(율 3-131) 먼저 '열 가지 결함에 관계되는 법들'[118]을 확인한 후, '화합대중에서의 알림과 네 번의 작업'이 거행되는데 이것이 곧 입문식이다. 입문식이 완료되면 '비구의 상태'[119]가 획득된다. 간단한 형식에 불과한 것으로 치부할 수도 있으나 이것을 거쳤는가의 여부로 현격한 차

....

117 '부동의 장소'(得處所, akuppa ṭhāna)에 대한 명확한 정의가 나타나지는 않지만, 확고한 권리로서 평등하게 누릴 수 있는 대중의 처소 내지 공간을 말한다고 보인다.

118 10遮, '遮'는 빨리어로 'antarāyika dhamma'이다. ① 나병, 악성 종기, 괴사, 폐결핵, 간질과 같은 질병이 있는가? ② 인간이고 장부인가? ③ 자유민인가? ④ 빚이 없는 자인가? ⑤ 왕의 신하가 아닌가? ⑥ 부모가 허락했는가? ⑦ 만 스무 우기가 되었는가? ⑧ 발우와 옷을 갖추었는가? ⑨ 이름이 무엇인가? ⑩ 은사의 이름이 무엇인가?(율1-268) 『사분율』에서는 입문시켰더라도 취소시켜야 할 13난(難, 불가능)이 사전 확인 질문으로 거론되지만 빨리어 규제집에서는 정식화되지 않았고 위의 열 가지 경우들만이 따로 언급될 뿐이다. (율1-249~256)

119 bhikkhu-bhāva, 戒體. 'bhāva'는 생성됨(bhava, 有)과 같이 √bhū(되다.)를 어근으로 갖는다. 생성된 성질을 말하는 '상태'라는 뜻이다. 그러므로 '비구의 상태'란 생성된 형성작용이지 본래부터 있었던 것도 아니고 하늘에서 계시처럼 부여받은 것도 아니다. 화합대중의 여법한 대중 작업이라는 조건으로 생성되는 것이고 4단두를 지키는 것에 의해 유지되는 형성작용이다. 그러므로 그러한 조건이 사라지면 그 상태도 사라진다.
참고로 은사(upajjhāya, 친교사 혹은 화상이라고도 부름)가 될 스님이 계율을 지키지 않는 스님이라는 것은 알았지만 그런 은사를 통해 입문하면 그 입문은 성립되지 않는다는 것을 모르고 입문한 경우에는, 그 입문은 정식으로 성립되고 그 입문자는 비구의 상태를 획득한다. 하지만 입문식을 거행한 대중은 '과실'을 범한 것이다. 『사분율』에서는 직접 밝히고 있다. (大正22-816중) 빨리어 규제집에서는 입문을 시켰더라도 취소하고 추방해야 할 경우들로는, 고환이 없는 자, 비구니를 능욕한 자 등등을 들고 있다. (율1-249~256) 그러나 이에 비해서 이미 입문시켰다면 입문시킨 대중은 과실에 해당하지만 당사자의 입문은 인정하는 경우로는, 외도에 소속된 자를 은사로 삼아 입문한 경우, 축생을 은사로 삼아 입문한 경우, 벙어리를 입문시킨 경우 등등을 들고 있다. (율1-256~264) 이렇게 빨리어 규제집에서도 은사와 관련된 착오 문제는 출가자 개인에게 책임을 묻지 않는다. 그러므로 한국불교는 계맥이 끊어졌다는 주장은 규제집에 대한 무지에서 비롯된 위험한 견해다.

이가 발생한다. 승속을 가르는 분기점이자 비구·비구니의 정체성과 대중의 정통성을 확보하는 초석이자 불법을 존속시키는 생명줄이라는 역할이 그것이다. 그러므로 부처님 제자라면 결코 무시하거나 훼손해서는 안 된다.

그런데 입문한 비구에게 바로 이어서 반드시 '네 가지 의지물들'과(주석 95번 참고) 4단두를 반드시 숙지시키도록 되어 있다.(율 1-272~) 입문식에 의해 형성된 비구의 상태는 4단두를 깨뜨리거나, 정식으로 환속하거나, 완전히 죽거나, 이 세 가지로만 없어진다. 그러므로 승속의 분기점은 입문식이지만 사실상 현실적으로 승속을 구분하는 척도는 '4단두의 유지 여부'라고 봐도 된다. 재가 신도들도 복밭[福田]을 판단할 안목을 갖추기 위해서라도 4단두만큼은 알아둘 필요가 있다.

4단두는 '음행하지 않는다.', '주지 않은 것을 가지지 않는다.', '사람을 죽이지 않는다.', '초인의 법을 얻었다고 거짓말하지 않는다.'이다. 비구의 경우,[120] 음행이란 여자의 세 가지 길, 즉 성기, 항문, 입 중에 어느 한 곳이라도 음욕의 마음으로 자신의 성기를 넣자마자 성

. . . .

120 비구니의 경우에는 8단두가 있다. 비구 4단두에 다음 네 가지가 덧붙는다. 제5조 '무릎부터 목까지 남자와 부딪히며 즐기지 않는다.' 제6조 '다른 비구니의 단두를 덮어주지 않는다.' 제7조 '(범행을 인정하지 않아서 대중에서 들어내기 작업을 부과한) 들어낸 비구를 따르지 않는다.' 제8조 '남자와 여덟 가지 기초 사항들을 이루지 않는다.' 여덟 가지는, ① 장부(purisa)가 손잡는 것을 받아들이고, ② 두루마기 자락을 잡는 것을 받아들이고, ③ 같이 머물러서고, ④ 대화하고, ⑤ 함께 약속해서 가고, ⑥ 장부가 도착하는 것을 받아들이고, ⑦ 가려진 곳에 진입하고, ⑧ 그 목적으로 몸에 다가서는 것을 말한다.

립된다. 짐승에게 해도 성립하고 남자끼리는 항문과 입에 행했을 때도 성립한다.

'주지 않은 것을 가지지 않는다.'는 조목은 문젯거리가 많다. 수행자에게는 담을 넘어 훔치는 것만이 도둑질인 것이 아니라 자기에게 직접적으로 주어지지 않은 것을 자기 것으로 삼기 위해 가져가는 것이 도둑질이다. 정확히 규정하자면 다섯 가지 조건을 전부 갖추었을 때 단두가 성립된다. 즉, ① 타인의 소유물이고, ② 타인의 소유물임을 인지하고 있었고, ③ 중요한 것이고, ④ 가치가 5마사카 이상인 것을, ⑤ 훔칠 마음으로 장소를 이동시키면 단두다.(율3-556) 그런데 ④번에서 5마사카가 요즘의 돈으로 얼마인지 확정하는 것은 쉽지 않다. 전 세계 대중의 어느 곳에서도 이것에 대해 신빙성 있는 확정을 내린 경우는 없는 것 같다. 이것은 부처님 시대부터 시대와 장소가 바뀔 때마다 대중들이 릴레이식으로 가치를 환산하지 않았기 때문이다. 다만 여러 가지로 비교해 보면 대충 어느 정도의 가치인지 가늠할 수는 있다.

마사까(māsaka, 錢)는 가장 낮은 화폐 단위라고 보인다. 더 낮은 단위는 발견되지 않는다. 아마도 '콩 한 말'이라는 주장이 맞을 것이다.('māsaka'는 '콩'이라는 뜻이다.) 다만 확실한 것은 5마사까는 1빠다(pāda, 分)이고, 4빠다는 1까하빠나(kahāpaṇa, 迦利沙槃)이고,[121] 4까하빠나는 1깜사(kaṃsa, 長量, 大錢)에 해당했다.(율4-1132) 그런데 비구니 사타 제11번은 '고가의 두꺼운 겨울옷을 구하지 않는다.'인데 여기서 고

. . . .

121 『비구계 연구』 1-245 평천창, 혜능 역, 민족사, 2002.

가란 4깜사 이상의 옷이었다. 즉, 320마사까 이상에 해당한다. 또 그 다음 조목인 제12번에서 고가의 얇은 여름옷은 200마사까 이상에 해당한다. 그러므로 옷이 지금보다 귀했다하더라도 5마사까는 부처님 당대에도 그리 큰돈은 아니었다고 보인다.[122]

가치를 환산하는데 몇 가지 주의할 점들이 있다. 먼저 부처님이 국가법에서 4단두를 차용했다 하더라도 구체적인 처벌 수위까지 일치시킬 필요는 없었을 것이다. 살인죄를 제외하고는 수행자의 규제 내용은 다를 수밖에 없다. 당시 국가법에서 얼마를 훔쳤을 때 참수형에 처했는지는 알 수 없다. 다만 지금보다 생명과 인권의 가치는 낮았고 상대적으로 물질의 가치는 높았다는 점은 분명하다. 그런데 부처님이 도둑질에 대한 단두의 기준으로 5마사까를 정한 것은 당대에도 시비의 소지가 있을 수밖에 없다. 예컨대 어떤 비구가 옷을 하나 훔쳤을 때 그 옷이 얼마의 가치인지는 어떻게든 환산해야 하고, 부처님 당시라도 환산의 방법과 가치 기준의 편차 때문에 그 결과가 절대적으로 옳은 수치라는 보장은 할 수 없었으리라고 보인다. 더구나 환산의 결과가 4.9마사까이면 단두가 아니고 5마사까이면 단두가 되어서 0.1마사까의 차이로 환속이냐 아니냐가 결정되는 불합리를 낳게 된다. 이것은 사후에 천국 아니면 지옥이라는 이분법이 갖는 경계선

· · · · · · · · · ·

122 율3-542의 주석 192번을 참고하면 부처님 당시 황소 한 마리 값이 12까하빠나였다고 한다. 결국 5마사까는 황소 한 마리의 48분의 1에 해당하는 가치였다. 요즘 황소 시세로만 보면 5마사까는 15만 원 남짓이다. 그러나 현재 미얀마에서는 5마사까를 쌀 20알의 무게에 해당하는 금(1/24온스)으로 본다고 한다. 요즘 금 시세로 보자면 5만 원이 안된다.

상의 불합리와도 비견된다. 그러나 규제를 세워서 선을 그어야 하는 현실적인 상황에 있어서는 이런 모순은 불가피하다고 보인다. 이것은 규제[律]의 현실적인 한계이기도 하다. 어쨌든, 어떻게든 규제의 선을 긋는 것은 현실적으로 요구된다. 그리고 그랬을 때 발생하는 경각심은 규제의 수치보다 더 중요하다. 논란의 소지는 있을지라도 규제의 선이 일단 정해지면 그 선이 자신의 생명선이 되기 때문에 그 근처에는 아예 접근하지 않게 된다. 경각심의 경계선을 무너뜨리는 마음의 악독함이 단두의 핵심을 이루는 것이라고 해석할 수 있을 것이다. 한편, 수행자의 정신을 망각하지 않고 주지 않은 것은 바늘 한 개라도 가지지 않겠다는 덕행 차원의 보완이 요구되는 지점이기도 하다.

도둑질에 대해 특별히 장황하게 이야기한 이유는 현 대중의 당면 문제이기도 하기 때문이다. 신도들이 사찰에 보시금을 낼 때 주지 혼자 임의적으로 수용하거나 처분하는 것을 허락하면서 내는 것은 아닐 것이다. 특히나 공공 사찰인 경우에는 대중 전체에 회향되어야 할 보시금이라는 것은 당연한 사실이다. 그럼에도 요즘 사찰 재정의 운영은 불투명하다. 불투명한, 애매한 돈을 가지는 것은 불교의 규제에서 도둑질에 해당한다. 주지의 도둑질이라는 범법을 재생산하지 않게 하기 위해서는 규제의 선이 선명하게 제시되어야 하고 재정의 투명성도 엄격한 차원에서 확보되어야 할 것이다.

살인은 비교적 간명한 주제여서 여기서는 생략하기로 하겠다. 단두 제4번에서 '초인의 법(uttari-manussa-dhamma, 上人法)'이란 보통의 인간을 넘어서는 경지를 말한다. 간단하게 요약하자면 4향4과,[123] 9차제멸[124], '여섯 가지 뛰어난 앎들'(주석 21번 참고)을 말한다. 이것을 얻지 못했음을 알고 있으면서도 얻었다고 거짓말했고 상대가 알아들으면 그 순간 단두가 성립한다.

복밭이란 최소한 이상과 같은 4단두를 지키며 비구의 상태를 유지해야만 가능하다. 4향4과인 깨달음을 이루면 큰 복밭이 된다. 4단두를 범하면 아무리 머리가 깎여 있고 승복이 입혀져 있더라도 속인일 뿐이며 거짓되게 보시를 받는다면 큰 빚이 쌓여 갈 뿐이다. 그러므로 이 4단두는 대중과 재가를 구분 짓는 마지노선으로 지켜져야 한다. 시대를 논할 수 없으며 천불이 하강해도 바꾸지 못한다. 몰랐다는 변명도 통하지 않는다.(율3-1656) 대중이 4단두를 묵인하고 점검하지 않는다면 그 대중 또한 최소한도의 기본 기능을 상실한 것이다. 만약 이 4단두를 도저히(?) 지킬 수 없는 시대가 온다면 비구를 포기한다는, 대중임을 포기한다는 사실을 공표해야 한다.[125] 그렇지 않으면

. . . .

123 四向四果. 즉, 예류도, 예류과, 일래도, 일래과, 불환도, 불환과, 아라한도, 아라한과. '向'의 원어는 '길'을 의미하는 'magga'이고, '果'의 원어는 '결과'를 의미하는 'phala'이다. 그러므로 '4도4과'라고 해야 직역이지만 여기에서 길은 도정(道程)을 의미하기 때문에 결과를 '향해 간다.'는 의미에서 '向'이라고 의역한 듯하다.

124 九次第滅. 즉 '네 가지 색계선정'(四禪), '네 가지 무색정'(四處), '상수멸'(想受滅).

125 예컨대 억불의 조선조에 일어났던 임진왜란의 경우처럼 어쩔 수 없이 스님들이 전쟁에 참가할 수밖에 없다면 사계(捨戒, sikkhaṃ paccakkhāna, 공부 포기)를 한 후에 참가해야 한다. 그래야 파계의 과보를 면할 수 있다. 사계는 한 사람에게라도 '저는 부처님을 포기합니다.' '저는 법을 포기합니다.' '저는 계율을 포기합니다.' 등등으로 환속을 뜻하는 문장을 진지하게 전했

복밭의 기능이 없으면서 짐짓 신도의 보시를 사취(詐取)하는 사기죄에 해당하며, 존경과 귀의까지 받으므로 명예 도용죄 또한 가중처벌로 받아야 마땅하다. 이 모든 죄업에서 벗어나고 대중과 비구의 기본적인 정체성을 유지하는 일은 최소한 4단두만큼이라도 실질적으로 점검하는 재계의식(포살)을 시행함으로써만 보장 받을 수 있을 것이다.

21
보살은 스님? 신도?

대승경전에 나타나는 여러 보살들은 대승의 이상형이자 귀의의 대상이다. 그렇다면 이들은 대중에 속할까? 우선 대승의 보살들은 현재 스님들도 귀의하며 예경까지 올리므로 신도가 아닌 것은 분명하다. 그런데 그 보살들이 역사적인 인물들이 아니라는 것은 이제 자명한 사실로 인정되고 있다. 초기경전에서 보살[126]은 부처님이 깨닫기

· · · · · · · · · ·

을 때 상대가 알아듣는 즉시에 성립한다. 비구의 상태도 즉시 사라진다. 사계를 명시했다면 환속했다가 다시 재입문하는 것이 가능하다. 사계는 7번 허용되므로 최초 입문까지 치면 8번 입문이 가능하다. 칠전팔기라고 할 수 있다. 8번째의 환속은 가능하나 재입문은 불가능하다.

126 菩薩, bodhi-satta. '覺-有情'이라고 직역되기도 했다. 우리말로 직역하면 '깨달음의 중생'이다. 이것을 이미 이전에 '깨달은 중생'이라고 풀이하거나 운명론적으로 '깨닫게 될 중생' 등으로 편협하게 이해해서는 안 된다. 풀이하자면 '깨달음에 관련된 중생'이라는 말이다. 즉, 부처님의 전생(현생 중에서도 깨닫기 전) 중에서도 깨달음의 자량이 되어 준 중생 시절의 존재를 뜻한다.

전이었던 중생에 대한 지칭으로만 쓰였다. 그러한 깨닫기 직전의 부처님을 제외하면 보살이란 현존 인류의 역사적인 인물은 아니다. 이런 인물을 귀의의 대상으로 삼을 수 있을까? 먼저 근본불교에 입각한 귀의의 대상으로서 대중의 범위를 명확히 밝힐 필요가 있다.

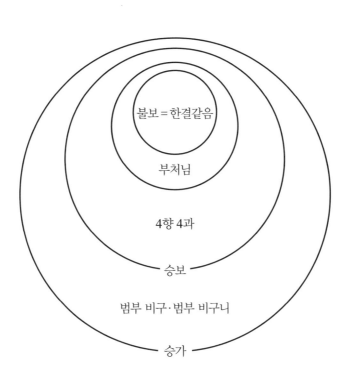

도표7. 승가와 승보

근본불교에서 대중(승가)과 승보는 같은 개념이 아니었다. 승가는 앞에서 살펴보았듯이 대중이라는 뜻이고 4인 이상의 비구 혹은 비구니를 말한다. 비구·비구니의 정의 또한 앞에서 살펴본 대로 명확하다. 그러므로 대중의 범위도 명확하다. 이 대중이 신도들의 귀의의 대상이다. 그런데 『숫타니파타(경모음)』의 『보배 경』에서는 승보(僧寶, saṅghe ratana)라는 용어가 등장한다.(숫-510) 'saṅghe'(僧)는 'saṅgha'의 처소격(~에서)이다. 그러므로 직역하면 '대중 속의 보물'이라는 뜻이다. 경에서는 승보를 '네 쌍의 여덟 장부인 사람들'이라고 규정하고 있다. 다른 말로 4향4과를 지칭한다. '부처 속의 보물'(佛寶, Buddhe ratana)로는 '한결같음으로써'(tathāgatena)라는 속성을 들고 있고, '법 속의 보물'(法寶, dhamme ratana)로는 '열반'과 '고정됨'[127](三昧,

· · · · · · · · · ·

127 고정됨[固定]이라는 의미에서 '定'이라고 한역되었다. 'samādhi'를 파자하자면 '똑같이 (sam) 자기 내면에(ā) 놓음(√dhā)'이다. 이것을 한역에서는 직역하여 등지(等持, 똑같이 지속됨) 라고 번역하기도 했다. 음역으로는 삼매(三昧)로 한역되었다. 경에서는 "마음의(cittassa) 한 (eka) 정점(頂點, agga) 상태(tā)"(心一境性)라고 정의했다.(맛2-322) 비유하자면 보자기 한 가운데를 잡아 올려서 천장에 못으로 박아놓은 것과 같은 상태다. '한 정점'이란 남방상좌부에서는 하나의 대상을 나타낸다고 주장하지만 마음의 상태를 나타내는 표현이라고 봐야 한다. 마음의 고정됨을 위해서 대부분 하나의 대상 혹은 그 인상이 매체로 이용되지만 반드시 하나의 대상이나 인상만이 매체로 이용되는 것은 아니다. 4념처처럼 일정한 범주의 다양한 인상을 통해서도 마음의 고정됨은 이루어진다. 물론 그 일정한 범주는 부처님만이 정확하게 정할 수 있을 것이다. 그리고 '한 정점'에서 '한'이란 '어느 한'이라는 의미인데 '마음의 한 정점 상태'는 여러 가지가 있기 때문이다. 예컨대 '4선'(四禪)과 '4무색'(四無色)을 들 수 있다.
고정됨은 집중 현상이 결부된다. 그래서 일반적으로 '시선 고정'이라는 말은 '시선 집중'이라는 말로도 표현된다. 그러나 'samādhi'를 집중이라는 단어로 설명하기에는 역부족이다. 고정됨의 하나인 무상정(無想定, 인지하지 않음에 고정됨)은 어느 하나의 인상에 집중하는 수행이 아니다. 인지함이 없기 때문이다. 상수멸도 인지함이 없기 때문에 어느 하나에 집중하는 수행이 아니다.

samādhi'을 들고 있다. 불과 불보, 법과 법보는 성질상의 차이이기 때문에 독립시켜서 가시화하기 어렵지만 승가(대중)와 승보는 현실적으로 뚜렷한 개체상의 구분을 갖는다. 승보는 승가(대중)의 일부이며 그중에서도 탁월한 보배인 4향4과의 스님들만을 말한다. 즉, 범부인 비구·비구니는 제외된다. 그러므로 근본불교에서 재가자가 3귀의를 하면서 불교 신자가 될 때에는 항상 대중에 귀의한다고 말하지 승보에 귀의한다고 말하지는 않는다. 물론 승보는 당연히 귀의의 대상이다. 그러나 3귀의에서 승보에 귀의한다고 표현하면 내포적인 오류와 오해를 불러일으키게 된다. 다만 비구니 대중이 생기기 전에는 비구 대중에게만 귀의한다고 말하는 곳도 있다.

그런데 빠알리성전협회의 전재성 박사는 『묶음 부류』 중에 『다섯 가지 증오와 두려움 경』의 한 단락을 인용하며 귀의의 대상인 대중을

. . . .

경에서는 "안으로 마음을 고착시키고(saṇṭhapetabbaṃ) 안정시키고(sannisīdetabbaṃ) 일정하게 만들어서(ekodi kātabbaṃ) 고정해야 합니다."라고 기술하고 있다. (맛4-250) 'samādhi'를 설명하는 다른 문맥에서도 '고착'·'안정'·'일정'이라는 단어들은 반복적으로 나타난다. (상4-412) 만일 'samādhi'가 집중(集中)이라는 뜻이어서 그 뜻을 설명했다면 '(마음을) 모은다.'(集) 혹은 '가운데로'(中)와 같은 용어들이 등장했었을 것이다. 또한 나중에 자세히 다루겠지만 제2 선부터는 '마음의 일정한 상태'(cetaso ekodi-bhāvaṃ)가 두드러지게 나타난다는 점을 보더라도 'samādhi'는 '고정됨'이 중심 개념이다.

한편, 아비담마 철학에서 잘못 주장하는 것처럼 고정된 상태에서 대상을 바꾸었을 때 그 마음의 한 정점 상태가 갑자기 사라지는 것은 아니다. 예컨대 수학 문제 풀이에 집중하면서 생긴 고정된 마음의 상태가 영어 문제 풀이로 대상을 바꾼다고 해서 갑자기 그 집중과 고정된 마음의 상태가 흐트러지지 않는 것과 같다.

이렇게 'samādhi'는 어원에 있어서, 경전에서의 정의에 있어서, 경전의 여러 문맥에 있어서, 한역과의 연계성에 있어서, 4선정과 4무색정을 전부 아우르는 개념에 있어서, 실제 수행 감각에 있어서 '고정됨'이라는 번역어가 적확하다.

4향4과에 한정시키고 있다.[128] 먼저 그 단락을 그대로 인용해 보겠다.

"그는 '세존 제자들의 대중은 잘 행보하시고, 세존 제자들의 대
중은 올곧게 행보하시고, 세존 제자들의 대중은 이치에 맞게 행
보하시고, 세존 제자들의 대중은 합당하게 행보하신다. 그중에
서도[129] 네 쌍의 여덟 장부인 사람들께서 계신다. 이러한 세존 제
자들의 대중은 공양 받아 마땅하고, 대접 받아 마땅하고, 보시
받아 마땅하고, 합장 받아 마땅하며, 세상의 위없는 복밭이시
다.'라고 대중에 사무치는-확신[130]을 갖추게 됩니다."(상2-247)

· · · · · · · · · ·

128 『쌍윳따니까야』1-54, 전재성 역, 빠알리성전협회.

129 yadidaṁ. '어느 것'(yad) 중에서도 '이것인데'(idaṁ) 정도로 직역할 수 있다. '그중에서도
가장 적절한 것을 콕 찍어서 말한다면'이라는 뜻의 접속사다. 여러 용례에서 '그중에서도' 혹은
'특히'라고 번역해야 의미가 선명해진다는 것을 알 수 있다. ① "비구들이여, 여기 정점인 나의
비구 제자들이 있습니다. 지난날을 아는 제자들(복수)이 있는데, 그중에서도 안냐 꼰단냐입니
다."(앙1-112) ② "욕망들을 벗어남이니, 그중에서도 초탈함입니다."(이-363) ③ "이러한 두 가
지 보시가 있는데, 그중에서도 법보시가 으뜸입니다."(이-436) ④ "이와 같이 저 세존의 회중
은 같이 발전하는데, 그중에서도 서로서로 말해주고 서로서로 빠져나오게 해주기 때문입니
다."(율3-1008) ⑤ "이것이 있음에 이것은 있게 되고, 이것의 생성됨으로부터 이것은 생성됩니
다. 이것이 없음에 이것은 없게 되고, 이것의 소멸로부터 이것은 소멸합니다. 그중에서도 무명
(無明)의 연유로 형성작용들(行)이…."(상2-168)

130 avecca-pasāda, 不壞淨. 예류자의 믿음을 나타낸다. 'avecca'는 '아래로(ava) 가다(√i).'
로 풀이된다. 내면 깊숙이 사무침을 말한다. 'pasāda'는 강조 접두사인 'pa'와 '앉다'를 뜻하는
어근 '√sad'가 결합한 단어다. 확실하게 자리 잡은 믿음을 의미한다. 다음의 구절들은 예류자
의 사무치는 확신을 동일한 의미로 풀이하고 있다. "선서에 대한 믿음이 뿌리내려서 확립하나
니…."(앙1-413) "한결같은 분에 대한 믿음이 깊어지고 뿌리내려서 확립하면…."(맛2-362, 맛
2-720)

이 단락은 '네 가지 흐름에 드는 통로들'[131] 중에서 대중에 대해 음미하는 구절이다. 전재성 박사의 결정적인 실수는 이 단락의 중간에 '그중에서도'라는 접속사를, 필요충분조건을 뜻하는 '곧'이라고 잘못 해석한 점에 있다. '곧'이라는 접속사에 해당하는 빨리어는 'yathayidaṁ'이다. "비구들이여, 이것과 다른 어떤 하나의 법도 이렇듯 개발되지 않고 작업하기 힘든 것을 나는 보지 못하나니, 즉(yathayidaṁ) 마음입니다." 등에서 나타난다.(앙1-78) 접속사 하나로 기본교리까지 뒤흔들릴 수 있다. 전재성 박사는 대중의 범위를 잘못 산정하는 바람에 대중을 '참모임'이라며 성자들에 국한된 개념으로 번역했고 비구는 '수행승'으로, 비구니는 '수행녀'라는 애매한 중성적인 단어로 번역하기에까지 이르게 되었다. 굳이 전재성 거사의 실명을 거론한 이유는 초기 대승의 작자는 불교에 해박한 거사였을 것이라는 추측을 방증하는 사례가 될 수 있기 때문이다. 물론 박사만이 접속사를 잘못 본 것이 아니고 모두들 잘못 보고 있다. 다만 승속의 경계를 무시하려는 대승적 기질을 가진 자들이 유독 이 부분을 아전인수로 다룬다는 점은 지적할 만하다. 승속의 무분별, 기존 대중에

· · · · · · · · · ·

131 cattāri sotāpattiyaṅgāni, 불·법·승·계(佛·法·僧·戒)에 대해 사무치는 확신을 갖는 것을 말한다. 이것을 통해서 예류자에 도달할 수가 있다.(상6-260, 상6-294) 그래서 '네 가지 예류자의 통로들'(cattāri sotāpannassa aṅgāni)이라고 표현하는 경우도 있다. (디3-395) 다만 불·법·승에 대한 확신은 필수조건임에 비해 덕행[戒]은 유익함으로서의 필요조건으로 다루어진다.(상6-304) 덧붙여 유의할 점으로, '네 가지 흐름에 드는 통로들'이 보다 구체적인 수행을 표현하는 경우에는 다음의 네 가지를 말한다. ① 참사람을 모심, ② 정법을 들음, ③ 기원에 맞는 정신작용, ④ 법과 잇따르는 법을 이행함.(디3-395, 상6-366)

대한 폄하와 경계선 허물기는 대승의 기조다. 그렇다고 전재성 박사의 초기불교에 대한 선구적인 업적과 신심을 폄하하려는 것은 결코 아니다.

　대승경전에서 기존 비구, 비구니에 대한 폄하는 일관된 것이었다. 대승경전에서 비록 비구, 비구니가 거론되더라도 그때의 비구, 비구니는 근본불교의 비구, 비구니와는 다르다. 즉, 대승에 귀의하고 '보살 집단'[132]에 귀의한 출가자일 뿐이다. 불교 이전부터 '걸식자'(bhikkhaka)라는 의미가 기본적으로 담긴, '걸식 수행자'의 뜻인 비구(bhikkhu)라는 용어가 쓰였다. 근본 규제집에 의한다면 대승에서의 비구란 그 당시에 널리 쓰여 왔던 비구 중에서도 '자칭 비구'(paṭiññāya bhikkhu, 自稱比丘) 내지 '통칭 비구'(sāmaññāya bhikkhu, 名字比丘)에 해당한다고 할 수 있다.(율3-130) 그러므로 대승에서의 3귀의 중에 귀의

. . . .

132 菩薩衆, bodhisattva-gaṇa. 대승경전에 등장하는 '보살중'이라는 용어에서 '衆'이라는 단어의 원어는 'saṅgha'(僧伽, 衆)가 아니라 'gaṇa'이다. (衆이라고 번역된 또 다른 원어인 'parisā'에 대해서는 주석 35번을 참고하라.) 이 'gaṇa'(집단)는 불교 초창기에는 '대중'처럼 불교 출가자 단체를 지칭하는 말로 겸용해서 쓰이기도 했지만 점점 대중(大衆)이라는 말이 불교 출가자 단체를 의미하게 되었고 'gaṇa'는 자이나교의 출가자 집단을 지칭하거나 불교 내의 따로 무리 짓는 집단이라는 부정적인 의미로 쓰이게 된다. (주석 93번, 94번 참고)
비구라는 단어도 다른 종교 일반에 널리 쓰이던 용어였지만 결국 불교 출가자를 의미하는 고유명사가 된다. 이것은 현대 종교에서도 일어나는 자연스러운 언어 이동이다. 일상적인 단어라도 지배적인 어느 한 종교가 즐겨 쓰면 그 단어는 그 종교의 뉘앙스가 입혀지게 되어 있다. 예컨대 장로(長老, thera)라는 단어는 원래 불교에서 쓰이던 용어였으나 기독교의 장로파가 자신의 종파명으로 사용하고 교회의 한 직분으로 사용함에 따라 우리 사회 일반에 널리 정착되었다. 그 결과 이제 장로라는 단어는 기독교용 용어가 되어 버렸고 역전 현상으로 불교에서는 '대덕'이나 '노장'이라는 단어들이 대신 쓰이게 된 것과 같은 이치다.

승의 의미도 기존의 의미와는 달라질 수밖에 없게 된다. 용수 보살의 저작이라고 알려진 『십주비바사론』에서는 대승의 3귀의를 잘 정리하고 있다. 그중에 귀의승을 다음처럼 말한다.

> "만약 모든 성문인으로서 아직 법위(法位)에 들지 않은 자에게는 위없는 마음을 내게 하여 부처님의 10력을 얻게 한다. 먼저 재물보시로 섭수하고 나중에 법보시를 한다. 4과의 승가와 분별하지 않는 귀한 대중을 깊이 믿되 성문의 공덕을 구하여 해탈을 증득하지는 않는다. 이것을 승가에 귀의한다고 부른다."
>
> (大正26-55상)

여기에서 범부 비구·비구니는 재물로 포섭해서 교화할 대상이지 귀의의 대상은 아니다. 4과의 성문승도 믿음의 대상임을 인정은 하지만 그들의 해탈은 부정된다. 결국 '분별하지 않는 귀한 대중'인 보살들이 귀의의 진정한 대상이다. 대승경전들은 한 사람의 작품이 아니라 여러 시대와 여러 지역과 여러 신분에 의해 창작되었기 때문에 주장이 일관되지는 않는다. 대승의 초기작에 해당하는 『대보적경』에는 성문승 모두에게 귀의하는 자세의 내용도 있지만(大正11-473상) 후기로 갈수록 소승의 성문에 대한 비난은 혹독해진다. 특히 『유마힐경』에서는 유마 거사의 법문을 들은 마하깟사빠가 일체 성문·연각은 대승에 있어서 이미 '썩은 씨앗'(敗種)처럼 영원히 그 뿌리가 잘려버렸다고 스스로 통탄한다. (大正14-527하)

그러나 근본불교에 입각하면 재가자 중에 최고의 과위는 3과 성
자인 불환자였다.(맛2-695 참고) 부처님은 "비구들이여, 여기 저울
(tulā)이자 한도(pamāṇa)인 나의 남신도 제자들이 있는데, 그중에서도
(yadidaṁ) 찟따 장자와 알라위 핫타까[133]입니다."(앙1-274)라고 말했
다. 남신도를 대표하는 이 두 사람은 모두 불환자였다. 특히 찟따 장
자는 남신도들 중에 '법을 논하는 자'(dhamma kathika)로서는 정점이
었다.(앙1-138) 유마 거사가 정점이었던 것이 아니었다. 그런데 이
찟따 장자는 스님들께 법을 물을 때에는 항상 "예경을 올리고 나서"
(abhivādetvā) 물었다.(상4-568) 그중에는 기본 교리조차 대답을 못하
는 장로 비구들도 있었다. 아무리 불환자인 성자라도 거사인 한, 대
중에 귀의하는 신도인 한, 스님들께 예경을 드리는 것은 근본불교에
서는 당연지사였다. 유마 거사처럼 예경하는 모습이 없고 훈계하는
듯한 자세를 갖는다면 높은 성자일 리도 없고 대중에 귀의하는 신도
일 리도 없다. 물론 범부 스님의 입장에서야 예경은 받더라도 성자인
거사의 가르침은 받아들일 마음 자세를 가져야 하겠지만 말이다.

근본불교에 입각하면 재가자도 아라한에 도달하는 것이 가능하기
는 했다. 초기경전에서는 네 가지 경우를 들 수 있는데, 야사와 바히
야와 케마[134]와 욱가세나의 경우다.(주석서가 아닌 경전에서 직접 밝혀진 경

. . . .

133 핫타까(Hatthaka) 왕자에 대해서는 앙1-364의 주석 386번 참고.

134 Khemā. 빔비사라왕의 첫째 왕비였다. 자세히는 앙1-133의 주석 129번 참고. 상5-127
의 『케마 경』도 참고할 것.

우는 야사와 바히야뿐이다. 율1-118, 우-273) 그러나 바히야는 당일 죽게 되고 나머지 셋은 모두 당일로 출가해서 비구와 비구니가 되었다. 아라한은 세속적인 삶이 불가능하다. 아라한은 재가자들처럼 재산을 축적해 두며 향유하는 일이 불가능하기 때문이다.(디3-242) 그러므로 재가 신도가 아라한이 되었다면 출가대중에 입단하지 않을 수 없게 된다. 탐진치가 사라진 자가 세속에 머무는 것은 어울리지 않고 본인이나 주변에 해로울 수 있다. 결국 아라한을 능가하며 질책할 수 있는 유마와 같은 거사는 불교에서 있을 수 없다. 적어도 근본불교에서는 찾아볼 수 없다. 이에 대해 부처님은 "왓차여, 재가의 결박을 제거하지 않고도 몸이 파괴되면서 괴로움의 끝을 지은 재가자는 아무도 없습니다."라고 경전에서 직접 밝힌 대목도 있다.(맛3-79, 맛2-695도 참고할 것.)

그렇다면 대승에서 귀의승의 자리를 차지해버린 보살을 역사적인 인물로 창출해 낸 존재 중에 하나가 유마 거사라고 볼 수도 있을 것이다.(심지어 현재 인도의 파트나-부처님 당시의 웨살리(毘舍離)-에는 유마 거사의 생가를 관광 상품으로 지어 놓았다. 장성에 홍길동 생가가 지어져 있는 것과 같다.) 대승의 보살들을 역사화하면 거사일 수밖에 없다. 보살들의 형상이 금관을 씌운 긴 머리카락에 보배 구슬 목걸이를 둘러서 요사스러운 속기가 좔좔 흐르는 모습으로 표현된 이유이기도 하다. 그러나 대승의 보살들이 역사적인 인물이 아닌 것은 분명해졌다. 그렇다면 천신일까? 천신이라도 불교에 귀의한 천신인 한 범부 비구 스님에게도 예경해야 한다. 그 천신이 전생에 비구였다 하더라도 죽음과 함께 '비구의 상태'(bhikkhu bhāva, 戒體)는 없어지므로 더 이상 스님이 아니고 귀의의 대상이 될 수 없다. 4향4과를 나타내는 다른 표현으로 '네 쌍의 여덟 장부인 사람들'의 경우에도 분명히 '신'(deva)이 아닌 '사람들'(puggalā)이라고 한정하고 있다. 그러므로 천신이 깨달았더라도 귀의의 대상은 아니다. 전생에 비구였던 사람도 금생에 태어나자마자 계속 이어서 비구인 것이 아니어서 다시 10인 이상인 화합대중에서의 알림과 네 번의 작업에 의한 입문식을 통해 '비구의 상태'를 획득해야 하는 것이다. 그러므로 근본불교에서 부처님의 전생 중 깨달음에 관련된 중생으로서의 보살도 귀의의 대상인 것은 아니다. 부처님의 전생 수행자인 보살은 스님이었던 적도 있었지만 대부분 외도이거나 재가자이거나 심지어 축생이기도 했다.

대승의 극단적인 정신적 원리주의로 인한 승속 무분별의 행태는 대중에 대한 몰이해를 가져왔고 한국불교의 3귀의의 귀의승에 대한 번역에서도 극명하게 드러나게 되었다. 지금 조계종에서 귀의승은 "거룩한 스님들께 귀의합니다."로 번역되고 있다. 스님들이란 두 명, 세 명도 스님들에 해당한다. 그러나 대중이란 네 명 이상의 비구 혹은 비구니를 말한다. 그리고 4인 이상이 되면 대중의 의결 작업에 의해 대중의 대소사를 결정짓고 운영해 나간다. 신도는 그러한 대중에 귀의하는 것이다. 스님 개인은 귀의의 구성 성분이자 신뢰와 존경의 대상이자 복밭이다.[135] 개체 수가 일정 이상으로 늘어나면 집단적인

. . . .

135 그렇다면 대중에게는 귀의하지만 스님 개인에게는 귀의하지 않는 일이 가능할까? 이것은 결론적으로 옳지 않다. 예컨대 내가 어떤 의열단을 존경하고 후원하려는 마음과 실천을 가졌는

성질의 변화로 인한 개념의 변곡점이 오기 마련인데 불교에서는 네 명이 그 변곡점이다. 그러므로 귀의승은 "(거룩한) 대중에게 귀의합니다."로 해야 정확하다.

3귀의는 서로서로 유기적으로 맞물려 있어서 어느 한 가지에만 귀의하거나 어느 한 가지에는 귀의하지 않거나 하는 일이 불가능하다. 따라서 대중 스님들께 귀의하지 않는 자는 불자일 수도 없고 스님일 수도 없다. 다만 그런 자기가 불자라고, 스님이라고 착각하는 경우가 있을 뿐이다. 이렇게 대중에 대한 기본 개념과 기본자세마저 흐트러진 근원적인 이유는 승속 무분별적인 대승사상에서 찾을 수 있다.

심지어 대승에서는 후기로 갈수록 보살들이 귀의승의 자리에 머물지 않고 귀의불의 자리에까지 오르게 된다. 그렇게 해서 사실상 불·보살·법·승이라는 4귀의가 되어 버렸다. 대승경전이라는 창작물은 기존 대중은 무시하되 가공의 인물인 보살이나 거사들을 등장시키고 그들을 이상형으로 제시하며 그들에게 귀의시킴으로써 불교의

· · · · · · · · · ·

데도 의열단 단원인 어느 개인에게는 존경과 후원을 하지 않을 수 있을까? 아마도 후원하고 존경하는 이유인 단체의 기본 조건을 갖춘 구성원이라면 응당 존경과 후원을 보낼 것이다. 대중과 스님 개인에 대한 귀의도 그와 같다. 대중의 기본 조건은 화합대중의 정의에 입각한다면 대중 의결 작업에 의해 대중이 운영되어야 한다는 것이고 스님 개인의 최소한도의 기본 조건은, 비구 상태를 획득하고 유지하는 조건인 법다운 입문과 4단두의 지킴이다. 그러므로 비구 스님 개인이 화합대중의 '알림과 네 번의 작업'으로 입문한 후에 4단두를 지키고 있다면 신도는 기본적으로 귀의하는 마음과 자세를 가져야 한다. 이렇게 기본 조건을 갖춘 스님 개인에게 귀의하지 않는다면 부처님과 그 가르침에 대항하는 것이기도 해서 불자라고 볼 수 없게 된다. 스님들이 얼마나 소중한 존재인지는 법의 눈이 열릴수록 절감하게 된다.

기본적인 교리조차 뒤흔들어 놓는다. 3귀의가 뒤흔들린다는 것은 불교 교단이 뒤흔들린다는 말과 같다.

22
우란분재와 천도

대승경전이 비역사적인 인물과 근본 규제에 어긋나는 사건을 상정해서 만들어 낸 심각한 왜곡 중에 또 다른 하나로 우란분재를 들 수 있다. 초기경전에서는 나오지 않는 의식이지만 어원만 보자면 '우란분(盂蘭盆)'은 '매달림'을 뜻하는 'avalambana'에서 전화한 'ullambana'의 음역이라고 말하고, '재(齋)'는 아마도 '재계(齋戒)'로 번역된 'uposatha'(布薩)의 번역 같다. 어설픈 합성어다. 대승의『불설우란분경(佛說盂蘭盆經)』이나『목련경(目蓮經)』등에 의하면 우란분재란 하안거 해제일에 치르는, 지옥에 매달린 조상 천도재다. 후에 여러 가지로 한역되었지만 보통 백중(百衆, 여러 대중에게)이라고 불린다. 현실적으로는 절에 돈 내고 조상에 제사 지내는 행사로 느껴진다.

　우란분재의 근원이 되는 대승경전은『불설우란분경』과『목련경』, 그리고『지장보살본원경(地藏菩薩本願經)』등이 있다. 내용은 모두 조야하고 환상적이다. 대승권에서조차 모두 위경들이라고 보는 의견이 지배적이다.『목련경』은『불설우란분경』의 각색으로 인정되고 내용도 엇비슷하므로 『불설우란분경』을 중심으로 살펴보면 충분하다. 목갈라나(목련)의 어머니가 살아생전에 지은 많은 죄업으로 아귀에 떨어져 고통 받는 모습을 목갈라나가 하늘눈으로 알아보게 된다. 이를 부처님께 고하고 구제 방법을 여쭌다. 부처님은 목갈라나 혼자 힘으로는 불가능하고 음력 7월 15일, 하안거 해제일에 재를 베풀고(?) 대중 스님들께 갖가지 좋은 음식으로 공양을 올리면 어머니의 천도가 가능하다고 가르쳐준다. 그리고 "칠월 보름날은 시방에 있는 스님들이 여름 안거를 마치고 각자의 허물이나 남의 잘못을 마음대로 말하는 날이다."라고 말하고 있는데 자자, 즉 요청 의식을 정확히 모르고 있다.(주석 89번 참고) 이어서 이날을 신비화하여, 비구로 화현한 10지 보살들이 섞여 있어서 특별히 영험이 있는 날인 것처럼 현혹한다. 근본 규제집의 내용을 정확히 모르는 동떨어진 문화에서 만들어진 내용들임을 시사한다고 하겠다.

부처님이 도리천(맛4-271에 의하면 도솔천임)에 있던 친모를 제도시킬 능력은 있으면서 지옥에 있는 목갈라나의 친모는 천도시킬 능력이 없다는 것이 찜찜했던지 『목련경』에서는 부처님이 직접 신통으로 목갈라나의 친모를 대지옥에서 소흑암지옥으로 천도하는 것까지는 해결해준다. 그러나 결국 해젯날 대중 스님들께 공양 올리는 공덕으로 해결하도록 결론짓는다. 여기에는 하안거 석 달 동안의 수행이 어떤 특별한 공덕이 있고 그 마지막 날은 더욱더 막판의 영험으로 장엄된다는 의미가 표방되고 있다. 근본 규제집의 학습에 소홀한 대승권 스님들은 그런 의미의 연장선에서 결제하는 이유를 특별히 모여서 효율적이고도 집중적인 수행을 하기 위한 것이라고 생각하기 쉽다. 하지만 사실은 신도의 요구로 자이나교의 제도를 받아들인 것이고, 그 유일한 이유는 벌레 들끓는 우기에 산으로 들로 마구 짓밟고 다니며 살생하지 않게 하기 위함이었다.(율1-367) 다시 말해 하안거 결제의 목적은 집단적인 좌선 정진에 있는 것이 아니라 불살생에 있었다. 그런데 우리나라 대중들은 오히려 결제철에 모여서 산으로 들로 마구 짓밟고 다니고 있으며 도량에서는 살충제도 마구 뿌린다. 혼자 정진하는 것보다 더 많은 살생을 저지르고 있다. 대중이라는 이름으로….

수행정진 측면으로만 보자면 부처님은 모여서 정진하기보다는 혼자서 정진하라고 항상 당부하시는 분이었다.[136] 심지어 '모임에 관계된 것을 즐기고'(saṅgaṇikārāma) '집단을 즐기면서'(gaṇārāma) 쉽게 깨달음을 얻는 것은 가능하지 않다고까지 말한다.(맛4-246, 앙4-275) 부처님 당시에는 결제철이라도 지금 우리의 대중처럼 큰방에 모두 모여 정진하는 것이 아니라 정해진 테두리(sīma, 結界)를 벗어나지만 않으면 각자 정진 처소를 정하고 살 수 있었다. 설사 대중이 모여 사는 처소라도 '따로-있기'(paṭi-sallāna, 獨坐)라는 표현은 흔히 나타나는

. . . .

136 『법구경』 305번 게송에서는 "홀로 앉고 홀로 자며 홀로 다니면서도 태만하지 않는 자, 홀로 자기를 다스리는 자는 숲에서 즐겨 지낸다."(법-648)라고 말한다. 홀로 수행의 가풍은 대율사 우빨리(優波離) 존자의 말씀에서도 확인된다. "믿음으로 헤치고 나와서 이제 출가한 신참들은 '정당한지 아닌지에 대해서'(kappākappesu) '좋게 되고서야'(kusalo) '어울리지 않고'(apurakkhato) 거처해야 하리라."(테라-722, 제251게송.)

수행 모습이었다.(맛1-269) 또한 보통은 해제철에 해당하겠지만 인적이 없는 곳으로 대중과는 '멀리-떨어지기'(pa-viveka, 閑居)라는 수행법도 권장되었다.(앙4-469)

살생 측면으로 보면 해제철에도 불살생의 조목은 똑같이 적용되며 결제 테두리만 없을 뿐 반월마다 점검하는 재계의식[布薩]도 계속된다. 더군다나 해제철은 벌레도 줄어들어서 결제철보다는 살생하지 않게 된다. 이렇게 보았을 때 결제철이 해제철에 비해 어떤 특별한 공덕과 영험이 생길 이유는 별로 없어 보인다.

지금의 남방불교에서 해젯날에 대중 스님들에게 성대한 공양이 베풀어지는 전통이 이어져 오는 것은 부처님 시대에도 해제 후에 의류 보시와 '바느질틀'[137]의 제공이 이루어졌었던 일에서 기인한다. 그러나 이것은 다만 모처럼 많이 모인 대중 스님들이 뿔뿔이 흩어지기 전에, 긴 유행 기간을 감당하기 위한 옷을 마련하기에 시기상으로 적합했기 때문이었다. 물론 옷이란 그 옛날에는 귀중한 물품이어서 스님이나 신도나 옷의 보시는 무게감이 있고 정성스럽게 치러야 할 일

· · · · · · · · · ·

137 kaṭhina. 堅固衣, 功德衣. 기본적으로는 '거칠다.', '견실하다.'의 뜻이다. '바느질틀'을 의미한다.(『비구급선무』 시현, 불광출판사, 2021, 208p) 해제 후 '세 가지 의류'(三衣)를 만드는 동안 사용하는 작대기 틀이다. 원래는 해제 후 한 달 동안이 '의류 만드는 시기'(cīvarakāra-samaya, 作衣時)이지만 이 바느질틀을 정식으로 만들면 의류 만드는 시기가 네 달 연장되어 5개월 동안 여벌(atireka-cīvara, 長衣, 여유 의류)을 지닐 수 있고 다섯 가지 규제 조목도 정당해진다. 즉, ① (아침식사나 점심식사 때) 허락 없이도 다니는 것, ② (세 가지 의류를) 완비하지 않고도 다니는 것, ③ 집단으로 식사하는 것, ④ 필요한 만큼의 의류를 받을 수 있는 것, ⑤ ('연이은 식사'(parampara-bhojana, 展轉食)를 하면서) 거기에서 어떤 의류가 생겨나면 그의 것이 되는 것.(율1-604)

이었다. 그러나 정법 시대에 해젯날의 대중공양이 조상 천도를 목적으로 베풀어졌다는 기록은 없다. 목갈라나의 모친 천도용 대중공양이 역사적인 사실이었다면 스님이나 신도들 사이에 천도재 문화가 늦가을 마른 갈대밭에 불붙듯이 번졌을 것이고 기록되지 않을 수 없었을 것이다.

그런데 역사적인 사실이라면 목갈라나는 대중공양물을 어떻게 마련한 것일까? 근본 규제대로라면 병 없이 사적인 이득을 위해 신도에게 보시를 요구할 수는 없었다. 다만 스님들은 돈이나 보물이나 허용된 것을 벗어난 물품을 직접 지닐 수 없었기 때문에 그러한 재물이 보시 들어온 경우에는 대신 보관해주는 집사(執事, veyyāvaccakara), 혹은 '정당한 처리인'(淨人, kappiya-kāraka)이 있었다. 물론 허락 사항이지 권장 사항은 아니었다. 그러나 목갈라나는 아라한이었기 때문에 재물을 축적하며 향유하는 일이 불가능하다. 또한 부모가 남긴 유산이었을 것이라는 추측도 출가자의 기본 문화조차 모르는 말이다. 출가란 기본적으로 가업을 잇지 않는 것을 의미하고 가업이란 직업·유산·후사·동거 등의 의미를 모두 담고 있다.

최초로 음행을 저지른 수딘나 비구의 인연담을 보면, 외아들 수딘나의 출가로 막대한 유산이 국가로 귀속될 상황에 처한 속가에서 후사를 요구했기 때문에 전처와 음행을 저지르는 내용이 나온다.(율 3-106~) 또한 높은 관직 출신인 우다이 존자는 동료들에게 많은 보시를 받았고 그 보시금은 집사가 보관하고 있었다. 그의 사후에 친족들이 유산권을 주장하자 부처님은 우다이가 속가의 유산을 받은 적이 없었으므로 우다이의 유산에 대한 친족들의 재산권은 무효이며 그 유산은 대중에 환원되어야 한다고 결정한다. 이것으로 보건대 우란분재를 다루는 대승경전들은 출가자의 기본적인 자세와 문화조차 모르는 시대와 신분에서 만들어진 경전임을 알 수 있다.

요즘에 사찰에서 행해지는 해젯날(백중)의 우란분재는 조상 천도재라고도 부르고 있다. 현실적인 차원으로 보자면 유교의 제사와 그 행태가 별반 다르지 않다. 위경일지라도 우란분재의 기원을 이룬 위의 경전들의 내용으로는 대중 스님들에게 공양한 공덕으로 조상의 천도가 이루어진다는 것만큼은 공통된 주장이다. 그러나 요즘의 우란분재에 바쳐지는 보시금은 거의가 주지 개인의 임의적인 자산으로 쓰일 뿐이다. 위경의 내용조차 만족시키지 못하는 실정이다. 그리하여 주지들은 부처님 당시의 바라문 제사장과 너무도 똑같은 사제(司祭 : 제사 담당자) 집단이 되어 있다.

부처님은 제사를 전면 부정하지는 않았다. 살생이 없는 제사는 권장되었지만(상1-349, 앙2-142) 출가자에 대한 보시와 더 나아가 수행을 통한 깨달음이야말로 큰 공덕이 있는 진정한 제사라고 가르쳤다.(디1-367~) 그리고 살생 없는 제사라고 할지라도 그 영향력은 조상이 아귀계¹³⁸에 태어난 경우에 한해서 그 조상은 제사의 보시물을

. . . .

138 餓鬼界, petti-visaya. '귀신의 범위'라고 직역할 수 있다. 'petti'는 '조상'(petā)과 관련된 단어로 '조상 귀신'이라고 보면 된다. 이 존재들은 사람들이 제사로 주는 음식을 흠향하므로 후대 중국에서 배고픈 귀신을 뜻하는 아귀로 번역되었다. 요샛말로 귀신이라고 보면 무난하다고 보인다. '범위'라는 말로 그 종류와 영역이 다양하고 넓다는 것을 암시하고 있다.

즐길 수 있다고도 했다. 대신 자신의 조상 중에 아귀계에 태어나지 않은 사람은 없다고 단정하기도 한다.(앙6-457) 그러나 부처님이 제사의 공덕을 인정했다고 해서 제사가 천도[139]의 공덕까지 있다고 인정한 것은 아니었다.

> "촌장이여, 예를 들면 어떤 사람이 커다란 넓적돌을 깊은 호수로 던졌다고 합시다. 그런데 수많은 군중이 함께 그곳으로 모여들어 기도를 드리고 찬양하며 합장한 채 그 주위를 돌면서 '떠오르소서, 넓적돌이여! 올라오소서, 넓적돌이여! 땅으로 올라오소서, 넓적돌이여!'라고 한다고 합시다. 촌장이여, 이를 어떻게 추정하십니까? 그러면 그 넓적돌은 수많은 군중이 기도를 드리고 합장한 채 그 주위를 도는 것을 원인으로 해서 떠오르고 올라오고 땅으로 올라오겠습니까?"(상4-619)

부처님은 이러한 비유들을 통해서 사후에 어떤 의식이나 염원 등으로 망자의 갈 곳을 바꾸지 못한다는 것을 가르친다. 이런 말씀을 의식해서인지 『지장십륜경』의 완성판으로 보이는 『지장보살본원경』의 제7 「이익품」에서는 49재를 지내면 그 공덕의 7분의 6은 재주(齋主)인 산 사람에게 돌아가고 7분의 1만이 망자에게 돌아간다고 저자세를

· · · · · · · · · ·

139 薦度. 다른 높은 차원으로, 더 행복한 존재층으로 옮겨 준다는 뜻. 다만 좁은 의미에서 이제 막 죽은 이가 자기의 행업에 맞게 '가는 곳'(gati, 度)으로 가도록 인도하는 의미의 천도와는 구분해야 할 것이다.

취했다.

하늘눈으로 직접 확인하고 사실만을 말하는 부처님의 말씀은 듣지 않고 정체불명의 대승경전을 의지했을 때 어떤 미신이 형성되는지 이상으로 확연해졌으리라고 본다. 아무리 좋은 의도였다 하더라도 사실에 입각하지 않으면 본의 아니게 남을 속이고 사기 치는 일까지 벌어지게 된다. 불교의 기본적인 가르침에도 무지할 뿐만 아니라 근본적인 법까지 흩트려놓는 대승의 삿된 가르침은 반드시 삿된 불교문화를 꽃피운다는 것을 알아야 한다.

23
또 다른 분열 – 『선원청규』

지금까지 살펴본 바에 의하면 대중 분열의 역사는 계율 분열의 역사이며 수행력 약화의 흐름은 계율 수지력 약화의 흐름과 정확히 일치한다는 것을 알 수 있다. 이것에 대한 또 다른 증거로 중국 선불교에서 피어난 청규[140]를 거론할 수 있다. 청규는 당나라 백장 회해(749~814) 선사가 따로 수행처소를 꾸리고 선수행에 걸맞는 규율을

. . . .

140 淸規. '淸淨大海衆'(청정대해중)의 '淸'(청)과 '規矩準繩'(규구준승)의 '規'(규)를 따서 만든 용어이다.

세운 것에서 기원한다. 그러나 이때의 청규는 소실되었고 그 소실된 청규를 '백장청규' 혹은 '고청규'라고 부른다.[141] 이 고청규의 핵심을 양억(974?~1020?)이 몇 가지로 요약한 「선문규식」이 『경덕전등록』 제 6권에 전해질 뿐이다.[142] 요즘에 '선원청규'라고 부르는 것은 고청규를 가장 충실하게 재현했다는 평가를 받는 북송 시대 자각 종색(1106년 경 입적) 스님의 말년작인 『선원청규』 10권본에 입각해서 말하는 것이다.[143] 이 『선원청규』에 입각해서 살펴본다면 청규는 선수행의 큰 부흥을 가져오기도 했지만 불교 역사의 전체적이고도 결과적인 측면에서 두 가지 부정적인 결과를 낳기도 했다. 첫째는 '사미들의 자급형 선수행 집단'이고, 둘째는 '수행의 분파주의 형성'이다.

첫째의 '사미들의 자급형 선수행 집단'에서 '사미들'이라고 한 이

· · · · · · · · · ·

141 고청규는 아마도 「선문규식」에 정리된 몇 가지 내용(다음 주석 참고)이 사실상 전부이고 정식적인 규제집의 형태로 정리되어 있지 않았을지도 모른다. 많은 이들이 추앙했던 큰 도인이 만든 장편의 규제집이 흔적 없이 사라지기란 쉽지 않은 일이다. 「선문규식」의 내용 외에도 여러 법식들이 있었겠지만 구체적인 책자 형태로 정리되지는 않았을 것이다. 수승한 근기의 모임일수록 자잘한 사항에 대한 강압적인 규제는 불필요하다. 우리나라 근현대 결사의 청규 내용도 몇 가지 핵심 조목으로만 이루어져 있었다.

142 『선원청규』 제10권에 '백장규승송'으로 전문과 게송 등이 실려 있다. 열 가지 정도의 내용이 기술되어 있는데 요약해 보면, ① 장로와 방장의 명칭 및 소임, ② 불전 없이 법당만 세움, ③ 긴 평상에 좌차대로 앉을 것, ④ 오른쪽으로 누워서(右脇臥) 잘 것, ⑤ 입실청익(入室請益, 방장실에 들어가 법을 구함) 외에는 각자의 부지런함과 게으름에 맡김, ⑥ 장로의 상당(上堂 : 법당에 올라 설법함) 법문 시에 줄지어 서서 들을 것, ⑦ 오후불식 할 것, ⑧ 대중운력(普請)은 균등하게 나눌 것, ⑨ 유나(維那 : 규준을 뜻하는 '綱維'의 '維'와 처벌을 뜻하는 'dāna'의 끝 음절인 '那'를 결합한 梵漢 합성어. 悅衆이라고도 번역됨)의 대중 관리, ⑩ 중죄를 범한 자는 대중이 모여서 몽둥이로 치고 의발을 태운 후 쪽문으로 쫓아낼 것. (아래 책 380p.~ 참고)

143 자세히는, 『고려판 선원청규 역주』 '해제' 참고. (최법혜 역주, 가산불교문화연구원, 2001)

유는 청규에 의해 세워진 총림의 구성 신분이 대부분 사미들로 이루어졌었기 때문이다. 비구에 대한 차별과 귀의는 이루어지지 않았으며 비구들이 중심이 되어 근본 규제대로 총림을 이끌어나간 것도 아니었다. 이러한 상황이었기 때문에『선원청규』는 소승의 계율들과 대승의 보살계를 수지하라고 말은 하고 있지만 비구의 입문식은 다루지 않은 채 사미 수계식만을 수록하고 있다.『칙수백장청규(勅修百丈淸規)』(大正48-1138중)에서도 마찬가지다. 이에 대해 일본의 무착 도충 스님은 "선종은 오로지 참선 공부만을 중요하게 여기기 때문에 사미계만을 받는데 그치고 비구와 어울려 지냈을 뿐이다 … 전통적인 견해도 선승들의 수계는 청규와 사미 10계만을 거론했고 구족계(비구로 입문함)는 싣지 않았으며 평생 사미계만을 수지했을 뿐이라고 했다." 라고 말한다. 다만 사미 수계식 말미에 '대계(비구 계율)에 대한 감사의 글'(謝大戒詞) 몇 줄을 실은 것은 "규범의 모양만을 갖춘 것일 뿐"이라고 말했다.(『백장청규좌휴(百丈淸規左觿)』677하~)『몽산법어』에서 몽산 덕이 선사는 스승에게 "5계는 지키고 있다고 봅니다."라는 대답을 한다. 백장 시대인 당나라 때에는 사미의 열 가지 공부조목들이 비교적 잘 지켜졌으나 원나라에 이르러서는 이마저도 반토막이 난 듯하다. 몽산 스님이 이럴진대 나머지 스님들은 말할 것도 없을 것이다. 사정이 이렇게까지 된 이유는『선원청규』에서 그 기원을 찾아볼 수 있다. 한편, 사미계를 중심으로 한 선(禪) 수행 풍토는 한국 근현대 선승들에게까지 면면히 계승된 가풍이기도 했다.

'자급형'이라고 한 이유는,『선원청규』에 의하면 선원 총림은 방장까지 대중 전체가 운력[普請]을 통해 사원을 관리·운영하였으며 불향 답을 확보하고 소작을 부치므로 사원이 경제적으로 자립할 수 있는 단초를 형성했기 때문이다. 또한『선원청규』에서는 요즘의 우리 선원처럼 항구직 혹은 피라미드식 진급형이 아니라 소임을 살고 난 뒤에 다시 대중으로 돌아가는 순환형의 소임 체제로 되어 있었다. 대중을 무서워하고 공심으로 소임을 볼 수밖에 없는 체제였다. 어찌 보면 공산주의의 절정이었으며 사회주의 국가인 중국에서도 살아남을 수 있었던 하나의 이유이기도 했다. 이러한 자급형 대중은 폐불의 시대에 대중이 존속할 수 있는 가능성을 보여주기도 했지만 후대 역사가 증명하듯이 부의 축적으로 인한 부패와 다시 그로 인해 폐불을 당하는 악순환도 발생시켰다. 또한 더 나아가 자급형 체제는 대중과 재가의 순환 고리를 단절시킬 수 있는 여지가 있으며, 이는 대중의 의미와 기능의 문제를 새롭게 대두시킬 수 있다.

　'집단(gaṇa)'이라고 한 이유는 앞에서 언급한 것처럼『선원청규』의 총림에서 비구의 상태로의 입문은 선택 사항이었을 뿐이었고, 이것은 근본 규제의 입장에서 보자면 정식 대중이라고 보기 힘들기 때문이다. 중국에 대중이 산재해 있다고 해서 중국이 대중인 것은 아니듯이 선원에 비구가 끼어 있다고 해서 선원이 대중인 것은 아니다. 백장 선사 자신이 대소승 계율을 박약절중(博約折中)해서 만들었다고 말한 청규는 사실상 사미계와 보살계를 뭉뚱그린 것에 불과한 빈약절충(貧弱折衷)이었을 뿐이었다. 백장 선사가 따로 사원을 분립한 이유로는 선원이 율종 사원에 기거했을 때 설법이나 주지함에 궤범이 맞지 않았기 때문이라고 밝혔다.[144] 그러나 이것은 대승을 만들어 놓고 기존 대중을 소승이라고 규정한 것처럼 선종 사원을 만들어 놓고 기존 사원을 율종 사원이라고 부른 것일 뿐이었다. 비견하자면 데와닷따의 다섯 가지 기초 사항들을 지키는 청렴종(淸廉宗, 청렴 즉, 두타를 종으로 삼음)이 부처님의 율종 사원에서 더부살이하다가 궤범이 맞지 않아서 분립한 것이라고 주장하는 것과 같은 말이지 않을까? 데와닷따의 무리는 근본 규제집에서는 대중이라고 부르지 않고 별중(別衆)이라고 한역된 집단(gaṇa)이라고 불렀다.

둘째로 '수행의 분파주의 형성'이라고 한 것은 이상과 같이 백장 선사의 사원 분립과 청규 제정으로 결국에는 사원이 율종 사원과 선종 사원으로 확연하게 갈라졌기 때문이다. 이에 대해 일본 도원 선사의 『보경기(寶慶記)』에서 천동 여정 선사는 "말법시대의 쇠락한 풍조"(末代燒風)라고 비판했다. 이 폐단이 우리나라에 이르러서는 사원이 강원, 율원, 선원, 총무원 등으로 더욱 분열하여 각각의 전문 과목만을 수행하게 만들었다. 즉, 강원이 생김으로써 경전 공부는 강사나 하는 일이 되었고, 율원이 생김으로써 계율은 율사나 지키는 일이 되었고, 선원이 생김으로써 참선은 수좌들이나 하는 공부가 되었으며, 총무원이 생김으로써 사찰과 종단 운영만 하면서 사는 사판승이 생겨났다. 포살(재계의식)도 강원은 사미 포살을, 율원은 보살계와 비구 포살을, 선원은 청규 포살을, 총무원은 종헌·종법 포살을 해야 할 판이다.

....

144 앞의 책, 380p.

사실상 아니라고 말하지 못할 것이다. 더 나아가 전강(傳講)·전계(傳戒)·전법(傳法) 등으로 인한 파당 문화와 사판승들의 정치 모임에 이르기까지 대중의 분열 양상은 가속화되었다. 이러한 현상은 계·정·혜, 세 덩어리들을 원만하게 수행함으로써 증폭 작용을 일으키는 '한통속 공부'가 아닌 '따로따로 공부' 혹은 '반쪽 공부'를 가져왔다. 이러한 수행의 분파주의로 인한 교단의 마찰과 수행상의 비효율성은 갈수록 출가자들이 고령화되는 대중에서 더 큰 문젯거리가 아닐 수 없다.

위에서 살펴본 것처럼 수행의 분파주의와 대중 분열로 인해 요즘의 선원에서는 청규를 재계의식의 대상으로 착각하고 있다. 이것은 청규가 근본 규제집에서 어느 위치를 차지하는 것인지 내용상의 성격을 간파하지 못했기 때문에 생겨난 어리석은 판단이다. 근본 규제집은 도표 5에서 정리했듯이 크게 경분별(經分別), 부문[犍度], 보충[附隨]으로 나뉜다. 경분별은 비구 분별과 비구니 분별로 다시 나뉘는데 여러 규제 조목들을 분별한 내용으로 이루어져 있다. 부문은 다시 '큰 무리'(大品)와 '작은 무리'(小品)로 나뉘는데 모두 22부문으로 이루어져 있다. 이 부문들의 내용을 요약하자면 입문, 안거, 방사, 의복, 작업, 처벌 관련 등등의 대중 운영에 관한 세부 사항들이 주되게 다루어지고 있다. 그런데 『선원청규』에서도 수계, 안거, 소임, 여러 법식들과 행사 등등이 나온다. 역시나 대중 운영에 관련된 세부 사항들일 뿐이다. 용어만 다를 뿐이지 사실상 같은 계통이라고 할 만한 내용들로 이루어져 있다. 다만 근본 규제집과의 결정적인 차이는 자급형 집단 운영에 필요한 소임에 대한 내용이 많이 다루어지고 있다는 점이다.

『선원청규』 10권 중에서 소임에 직접적으로 관련된 내용은 제3권, 제4권, 제7권에 해당하지만 나머지 대중의 법식과 행사들이 어차피 소임에 의해 진행되는 것이므로 『선원청규』는 사실상 거의 소임에 대한 해설 책자라고 보아도 무방할 정도다. 구체적인 내용에 있어서 차이는 있지만 총체적으로 보았을 때 청규는 대중 운영에 필요한 자세한 지침과 설명이므로 근본 규제집에서의 '부문'에 해당한다고 위치 지울 수 있다. 이런 규제집의 기본 갈래조차 모르고서 청규를 경분별의 집약본인 급선무(계본)처럼 보름마다 암송하는 재계의식의 대상으로 삼는다면, 데와닷따의 무리에게 내려진 '공개 작업'을 부과해야 하고 대중으로부터 제외시켜야 할 것이다.

부문에 속하는 청규는 대중 운영상의 세부사항들이므로 원칙과 공통점도 있겠지만 시대와 처소에 따라 다를 수밖에 없고 오히려 달라야 한다. 단일한 규격품 같은 청규는 프로크루스테스의 침대처럼 대중의 팔다리를 마구 자르는 절단기로 둔갑할 수도 있다. 따라서 상이한 처소마다 상황에 맞는 '소임 보는 법'의 정비는 불필요한 대화와 군더더기 절차, 쓸데없는 신경전과 특정 기득권 등을 해소시키고 신속·정확하게 수행에 집중하도록 이끌어 줄 것이다.

24
규제를 제정한 첫 번째 취지

보살계의 천재적인 창작의 결함과 청규의 수행자적인 절충의 부작용
을 보면 규제(vinaya, 律)의 제정은 부처님만의 능력이라고 생각한 직
제자들의 판단은 존중할 만하다. 사리뿟따조차 규제를 제정하는 정
확한 시점을 알지 못하고 부처님께 규제 제정을 건의하지만 부처님
은 아직 때가 되지 않았다며 거절했다. 이 거절에는 통달자의 웅숭깊
은 안목들이 깃들어 있다.

부처님 교화 초기의 대중은 거의 아라한들로 이루어졌고 12년간
구체적인 규제 없이도 덕행 차원에서 별다른 말썽 없이 지내며 인도
종교의 중심으로 자리 잡았다. 그러던 중에 수딘나(Sudinna, 須提那) 비
구가 기근으로 탁발이 힘들어진 동료 비구들을 위해 부유한 속가에
도움을 청했다. 그리고 속가의 대를 이어달라는 요청으로 음행이 발
생했고 이것을 원인으로 규제가 제정되기 시작했다.[145] 부처님은 단두
제1조인 '음행하지 않는다.'를 최초의 규제로 제정하면서 규제를 제
정하는 '열 가지 취지'(dasa atthavasa, 十利, 十句義)를 밝힌다. 즉, ① 대
중을 탁월하게 유지하기 위하여(saṅgha suṭṭhutāya), ② 대중의 안락을
위하여, ③ 악독한 사람을 조복시키기 위하여, ④ 정직한 비구의 안

. . . .

145 이렇게 범행이 생기는 것에 따라 규제를 제정하는 원리를 '수범수제(隨犯隨制)'라고 부른
다.(맛2-648 참고)

락을 위하여, ⑤ 현실법에 관계된 번뇌의 유입들을 단속하기 위하여, ⑥ 내세에 관계된 번뇌의 유입들을 물리치기 위하여, ⑦ 확신하지 못하는 자를 확신시키기 위하여, ⑧ 확신하는 자를 아주 증장시키기 위하여, ⑨ 정법을 머무르게 하기 위하여, ⑩ 규제의 보존을 위하여.[146]

　부처님은 법수를 나열할 때 순서를 그냥 정하지 않는다. 특히 첫 번째는 더욱 그러하다. 위의 열 가지 취지 가운데 첫 번째는 나머지 취지들을 모두 포함하는 포괄적인 규정이라고 보인다. 『사분율』에서는 '섭취어승(攝取於僧)'이라고 한역되었고 다른 규제집들은 대부분 '섭승고(攝僧故)'로 한역되어 있다. 한역의 '攝'을 '다스리다.'의 뜻으로 파악하여 첫 번째 이유를 '대중을 통치(통솔, 통제)하기 위하여'라고 번역하는 것은 부처님이 입멸 직전에 본인이 대중의 통치자라고 생각한 적이 없다고 한 말에 위배될 뿐만 아니라 본인이 제정한 규제를 본인에게도 똑같이 적용하며 살다간 부처님의 위대한 일생을 무시한 오역이다. 한역의 '攝'은 빨리어를 참고했을 때 '攝持'(흐트러지지 않게 지키다.) 정도의 뜻으로 해석해야 할 것 같다. 다만 『사분율』의 어설픈 한역만을 봤을 때는 '대중에 포섭하기 위하여'라고 번역할 수밖에 없다. 그래서 대만의 광화 율사는 대중이 계율을 잘 지키면 세속의 훌륭한 이들이 환희심을 일으켜 출가하게 되고 그 훌륭한 이들이 또한 계율을 잘 지키며 수행함으로써 청정한 대중은 계속 훌륭하게 유지

· · · · · · · · · · ·

146 『사분율』에서는 ⑩번이 빠지고 ①번 다음에 '대중을 기쁘게 하기 위하여'(令僧歡喜)가 들어간다.(大正22-570하) 여러 규제집에 나타나는 규제 제정의 '열 가지 취지'에 대한 비교·대조는 『율장연구』 평천창, 박용길 역, 토방, 1995, 337p.을 참고하라.

된다고 풀이했다.[147] 요행히도 결론은 같다고 할 수 있다. 이런 맥락에서 볼 때 어떤 물질적인 혜택을 걸어 놓고 출가자를 모집하는 일은 계율을 도외시하는 자들이 부처님의 취지에 대항하며 적심출가[148]자들을 양산시킴으로써 결국에는 불교를 망가뜨리는 훼불행위를 저지르는 것으로 밖에는 볼 수 없을 것이다.

규제 제정의 첫 번째 이유에서 대중은 어떻게 운영되어야 하는가에 대한 부처님의 의중이 잘 드러나고 있다. 대중은 어느 한 사람에 의해 운영되는 단체가 아니다. 그것은 교주인 부처님도 행사하지 않았던 독재 권력일 뿐이다. 근본불교의 대중은 직접적 민주주의, 공화적 법치주의, 지역적 자치주의로 운영되었다. 아마도 이러한 초기 대중은 인류가 만들어낸 공동체 중에서 가장 이상적인 모델로 제시될 수 있을 것이다.

규제 제정의 첫 번째 취지는 부처님이 입멸 직전에 "아난다여, 내가 간 뒤에는 내가 교시하고 제시한 법과 규제가 그대들의 교주가[149]

· · · · · · · · · ·

147 『四分律比丘戒本講義』廣化, 南普陀佛學院, 1998. 52p. 참고.

148 賊心出家. 도둑의 마음으로 출가하는 것. 즉, 불교에서 베풀어지는 물질적인 이득을 위해 출가하는 경우를 말한다. 다시 말해 의식주의 해결을 위해, 병 치료를 위해, 돈·지위·권력 등을 얻기 위해 출가하는 경우로 부처님은 이런 이들이 대중에 정식 입문했더라도 취소시키고 내보내도록 규제했다. 부처님에게는 교세를 위해 썩은 불교 조직일지라도 유지시켜 보려는 의향은 발견되지 않는다.

149 satthā. 외도들의 교주를 칭할 때도 쓰이는 단어다.(상1-323) 한결같은 이의 명호 중에 하나이기도 하다. 유사어로, '스승의 주먹'(ācariya-muṭṭhi)에서의 'ācariya'는 스승과 제자 관계에서 쓸 수 있는 외연이 넓은 단어다. 보통 근본 규제집에서는 법랍 5년 이상이면 신참 비구를

될 것입니다."(디2–283)라고 말한 것과 상통하며, 자기 자신과 법을 섬[150]으로 삼고 귀의처로 삼으라는 당부에서 다시 확인된다.(디2–205)

. . . .

가르칠 수 있는 자격이 주어진다. '교수사(教授師)'로도 번역되는 그러한 비구를 모두 'ācariya'로 부른다. 한편 법랍 10년 이상으로 은사의 자격이 주어지는 비구는 'upajjhāya'라고 하는데 음역 인 '화상(和尙)' 혹은 의역인 '친교사(親教師)'로 한역되었다.

150 dīpa. 한역에서 '자등명 법등명(自燈明 法燈明)'의 등불[燈]에 해당하는 단어다. 빨리어의 'dīpa'는 범어의 'dvīpa'(섬, 洲)와 'dīpa'(등불)를 동시에 표현한다. 그러므로 빨리어의 'dīpa'는 문맥에 따라 섬으로 번역할지 등불로 번역할지를 결정해야 한다. 예컨대 "나는 '등불을 잡고 서'(dīpaṁ gahetvāna) 거처에 들어갔습니다."라는 표현이 있다.(『therī gāthā』제115번)
'자등명 법등명'의 서장본에는 '燈明'에 해당하는 범어가 '섬'을 의미하는 'dvīpa'로 되어 있다고 한다.(마성 스님의 『자등명 법등명의 번역에 대한 고찰』에 의하면 전재성 박사에 의해 확인되었다.) 그러나 빨리어가 부처님이 사용한 언어이고 범어본이 나중에 편찬된 것이라고 보면 범어본도 일종의 번역물이다. 서장본도 범어본의 투사본일 뿐이다. 그러므로 범어본의 'dvīpa'는 빨리어 'dīpa' 를 번역한 역자의 해석일 뿐이다. 그런데 범어본을 한역한 번역자는 '등불'로 번역했다. 이것에 는 두 가지 경우의 수가 있다. 하나는, 한역자의 범어본에는 등불을 의미하는 'dīpa'로 되어 있 었던 것이다. 아함경의 한역은 범어를 번역한 것이기 때문에 '燈'(등불)으로 한역되었다는 것은 범어 원전에는 'dīpa'(등불)로 되어 있었다는 것을 의미한다. 예컨대 신설일체유부의 논서인 『阿 毘達磨-燈明』의 범어 원어는 『Abhidharma-dīpa』이듯 말이다. 그리고 다른 경우는, 한역자 의 범어본에도 섬을 의미하는 'dvīpa'로 되어 있었지만 한역자가 의역하여 등불로 번역했던 것 이다. 빨리어가 원문이라는 입장에서 보면 빨리어의 'dīpa'는 등불과 섬, 두 가지로 번역이 모 두 가능하기 때문에 등불로도 쓰이는 'dīpa'를 후대에 범어로 섬(dvīpa)이라고 다수가 번역했더 라도 부처님의 본의를 잘 해석했다고 장담할 수는 없는 상황이다.
그런데 부처님은 자등명 법등명의 의미를 4념처 수행이라고 정의한다.(디2–205) 4념처는 장 소로 표현된 수행법이다.(본서 제58장 참고) 또한 "촌장이여, 이들은 나를 섬, 동굴, 대피소, 귀 의처로 삼아 거처하기 때문입니다."(상4–622)라고 말한 대목에서도 'dīpa'는 장소들과 어울려 서 쓰이고 있기 때문에 역시 등불보다는 섬으로 번역하는 것이 타당해 보인다. 결국 '자등명 법 등명'은 '자주 법주(自洲法洲, 자기를 섬으로 삼고 법을 섬으로 삼다.)라고 보는 것이 원전의 정합성 에 맞는 듯하다. 생사고해의 거친 풍랑을 피할 수 있는 의지처는 자기와 법이라는 말이고 그것 을 섬으로 비유했던 것이다.
다만 번역의 문제에 있어서는 한역자의 입장을 다시 생각해 볼 필요가 있다. 비유의 언어는 어 디까지나 이해도를 높이기 위한 수단일 뿐이다. 'dvīpa'는 남섬부주(南贍部洲, jambu-dvīpa)와 같이 대륙(洲)에 가까워서 풍랑을 피하는 작은 섬[島]으로 비유하기에 적절하지 않은 듯하다. 다

이러함에도 불구하고 우리 대중에서는 대승의 패권주의와 맞물려서 어느 한 명의 도인 출현으로 대중이 정비되고 불교가 흥할 것이라는 노스텔지어를 가지고 있다. 이러한 영웅주의는 이교도의 메시아사상의 변종에 지나지 않는다. 부처님은 처소마다 아라한 한 명씩 모셔놓고 그 아라한에 의지해서 공부하라고 가르치지 않았다.(물론 금지 사항이라는 말은 아니며 아라한이 곁에 있다는 것은 큰 이익일 것이라는 점도 당연하다. 상5-300 참고) 이것은 단타 제8조에서 '실제로 깨달았다고 해도 스님이 아닌 사람에게는 말하지 않는다.'는 규제에서 기본적인 의향이 드러난다.(율3-1368) 그 결과 부처님은 빠세나디왕에게 세속적인 욕망을 즐기는 자들이 아라한을 알아보기란 어려운 일이어서 오랜 시간 지혜의 안목으로 관찰해야 알아볼 수 있을 것이라고 말하게 된 것이

· · · · · · · · · ·

시 설명이 필요한 비유는 좋은 비유라고 할 수 없다. 혹시 고대 인도인들에게는 설득력이 있었기 때문에 부처님은 섬이라는 말로 비유했더라도 지금의 우리에게는 앞길이 깜깜한 절망스러운 상황에서 '앞길을 밝혀 주는 길잡이'라는 상징적인 의미가 강한 '등불'이라는 비유가 더 적절할 것 같다. 『법구경』 146번 게송에서도 "세상은 항상 불타고 있고 그대들은 어둠에 덮여 있는데 어찌 등잔불(padīpa)을 구하지 않을 것인가?"(법-463)라고 말하고 있다. 이런 점들이 한역자가 범본을 따르지 않은 이유이지 않을까? 결과적으로 '등불'이라는 번역어는 이미 널리 정착된 기존 한역과의 호환성에 있어서도 장점이 있는데 굳이 비유의 선명도가 낮은 '섬'이라는 번역어를 고집할 이유가 있는지도 생각해 볼 문제다.

한편, 등불의 비유는 영혼과 같은 실체론으로 오해될 여지가 있다는 주장도 동의하기 어렵다. 비유를 천착하는 자들을 과도하게 의식할 것은 없다. 섬이라는 비유도 천착하자면 독립된 실체 혹은 도피주의로 해석할 수도 있다. 물론 교법의 전체적인 정합성으로 봤을 때 모두 성립할 수 없는 해석들이다. 비유는 비유일 뿐이다. 참고로 빨리어의 'padīpa'는 기름이 적셔진 심지를 돋우어야 하는 등잔불 내지 호롱불을 말한다.(맛4-495) 유사한 용어로 'tela-pajjota'는 '기름-불빛'이라고 직역할 수 있는데 '횃불'을 말하는 듯하다. 정형구로 나오는 "눈 있는 자는 방해물들을 보라고 횃불을 쥐어주듯이…."(상1-336)라는 구절에 쓰였다.(상1-642 참고)

다.(상1-354)

　이상의 말들은 대승과 외도의 가풍에 오염된 요즘의 수행자들에게는 의아스러운 내용일 것이다. 인가해주는 모습도 보여주고 깨달았다고 공식적으로 발표도 해서 중생 교화의 일선에 나서야 중생들도 신뢰하고 그의 가르침을 의지해서 수행을 해나갈 것이 아니겠는가? 이러한 사고방식이 바로 법에 의지하는 것이 아니라 사람에 의지하는 사고방식임을 꿈에도 모르고 있는 것이다. 오히려 그 위대한 아라한이 아깝게도 대중에 묻혀서 살고 있다고 생각한다. 근본 규제에 입각하자면 아라한이 되었다고 해도 좌차조차 바뀌지 않는다. 그러나 그런 삶이야말로 법에 의지해서 법대로 사는 삶이고 남들도 법과 규제만을 의지해서 살도록 조장해주는 '자기-없음'(無我)의 삶이요, '따라서-같이-생겨남'(緣起)의 삶인 것이다.

　7세에 아라한을 이룬 답바(沓婆摩羅子, Dabba mallaputta) 존자는 후에 자기 자신은 일을 마쳤으니 무엇을 하면 좋을까 생각하다가 방사 배정이나 초청 공양의 배분 등, 대중 스님들의 뒷바라지를 하기로 결정한다.(율3-947) 요즘의 원주나 주지의 소임은 이러한 고귀한 정신으로 시작되었다. 대중은 정해진 규제대로, 가르쳐 준 수행법대로 열심히 공부만 하면 그만이다. 내가 대중을 이끌고 정비해야겠다는 생각은 데와닷따의 생각이다. 근현대 한국 대중의 큰 분쟁들은 모두 그런 자들의 역사였다. 대중은 오직 법과 규제에 의해 굴러가는 것이고 그런 가운데 아라한이 생긴다. 개인적으로는 생사를 해결하고 신도들은 큰 복밭을 만난다. 도인은 어느 메시아와 같은 선지식이 한마디

찔러주는 말로 배출된다기보다 법다운 대중이 배출하는 것이다. 바른 수행법으로 공부가 익으면 두두물물이 선지식이 되어 한마디 찔러주게 된다.

부처님은 덕행의 청정을 목적으로 법을 교시한 것은 아니었다.(상 4-165, 맛3-213) 그러나 1차 합송의 결집에서 "규제는 불법의 목숨입니다. 규제가 확립될 때 법도 확립됩니다."(디3-558)라며 규제를 첫 번째로 합송했다는 것을 상기할 필요가 있다. 규제에 대한 바른 선행 학습 없이 경전에 대한 번역과 교학 및 수행을 이어간다는 것은 매우 위험한 행보다. 규제가 제정된 첫 번째 취지에서 바른 대중 운영과 바른 수행 자세에 관한 위의 모든 내용이 함축되어 있다고 하겠다.

제3편

사상

윤회하느냐 소멸하느냐 그것이 문제로다

25
궁극의 세계 – 상적광토

대승은 계율상의 기본 개념들을 변형시킴으로써 근본불교의 계율상의
중요 내용들을 변질시켰듯이 사상의 측면에서도 전혀 이질적인 개념들
을 재창출하면서 근본교리를 왜곡시킨다. 그중에서도 대승에서는 부처
님이 '표명하지 않은[151] 한결같은 이의 사후 상태를 적극적으로 표명한

· · · · · · · · · ·

151 avyākata, 無記. a(부정 접두어)-vi(두드러지게 분리되어)-ā(밖으로)-√kṛ(짓다.)로 파자
된다. '무표명'을 뜻한다. 이 무표명은 '좋음(善 kusala)·안 좋음(不善 akusala)·무표명(無記
avyākata)'이라는 구분에서도 나타난다. 예컨대 논쟁 문제에서 논쟁을 일으킨 자가 법과 비법
을 가리기 위해 좋은 마음으로 논쟁을 일으켰다면 좋은 논쟁 문제라고 할 수 있지만 안 좋은 마
음으로 일으켰다면 안 좋은 논쟁 문제에 속하게 된다. 그런데 좋은 마음인지 안 좋은 마음인지
드러내지 않는 경우에는 무표명인 논쟁 문제라고 부른다.(율2-617) 여기에서는 형이상학적인
질문에 대한 무표명을 다루는 문맥에서의 무표명을 말한다. 16가지 질문으로 나열되는 경우도
있지만(우-466) 보통 열 가지 질문으로 나타난다. ① 세상은 영원한가? ② 세상은 영원하지 않
은가? ③ 세상은 유한한가? ④ 세상은 무한한가? ⑤ 생명이 바로 육체인가? ⑥ 생명과 육체는
각기 다른가? ⑦ '한결같은 이'(如來, tathāgata)는 사후에 있게 되는가? ⑧ 한결같은 이는 사후
에 없게 되는가? ⑨ 한결같은 이는 사후에 있게 되기도 하고 없게 되기도 하는가? ⑩ 한결같은
이는 사후에 있게 되는 것도 아니고 없게 되는 것도 아닌가?
부처님은 이러한 질문에 대해 '단정할 수 없는 법들'(anekaṁsika dhammā)이라고 명시하
면서 단정적인 해답을 표명하지 않는다.(디1-482) 부처님은 이러한 질문에 '한 면만 취하여
서'(ekaṁsena ādāya 맛2-567) '이것만이 진실이고 다른 것은 헛되다.'고 주장하는 것은 '장님
이 코끼리 만지고 말하기'처럼(우-455) '단편적인 진실'(pacceka-sacca)에 불과하다고 말한다.
다시 말해 질문 자체가 잘못된 편협한 질문이라는 말이다. 부처님은 여러 곳에서 이런 질문은
깨달음으로 인도하지 못하기 때문에 답변을 표명하지 않는다고 설명하고 있다.(디1-478, 맛
2-617) 소모적인 논쟁만을 양산하는 문제인 것이다. 한 가지 유의할 점은 위의 ⑦~⑩번에 나
오는 '한결같은 이'는 불교 내부에서 거론될 때에는 여래, 즉 부처님을 직접적으로 지시하는 경
우도 있지만(상5-128) 외도들이 거론하는 경우에는 '최고의 존재로서 그 경지가 한결같은 이'를
표현하는 단어라고 봐야 할 것이다.(주석 24번 참고) 그러므로 무표명한 질문에서 나오는 '한결같

다. 그것이 바로 부처님의 법신으로 상징되는 비로자나불이 머무는 세계, 즉 상적광토(常寂光土)이다. 다시 말해 부처님의 사후 세계이자 궁극의 세계인 셈이다. 그러나 결코 이상적일 수만은 없는 세계로 보인다.

　　개미 새끼 하나 기어가는 소리도 없이 적적하고, 다들 번뇌가 소멸되었으니 무슨 말 한마디 있을 리 없는 늙은 부부들같이 사는 무미건조한 곳이기에 '적(寂)'이다. 뭔 놈의 빛은 그리도 눈부신지 뵈는 게 없을 정도여서 다 그게 그거이기 때문에 '광(光)'이다. 어쩌다 한번 그러는 것이 아니고 항상 그렇다고 해서 '상(常)'이다. 선방에서 좌복에 앉아 버티는 훈련은 여기서 써먹기 위한 코스였던지 주야장천 오늘도 내일도 앉아 있어야 하는 화려한 연화대가 마련되어 있다고 해서 '토(土)'이다. 혹은 뭐가 뭔지 분간할 수 없는 무분별의 정신으로, 일렁이는 바람인 듯 흐물흐물한 아메바인 듯, 각성(覺性) 내지 불성(佛性)으로 버티고 있다가 정신이 번쩍(?) 들었던지 이때다 싶으면 중생들의 세계로 내려가서 할(喝)이요, 방(棒)이요, 야단법석이다. 도인이니, 큰스님이니, 불보살의 화현이니, 구세주처럼 추앙이 대단하다. 중생제도인지 중생군림인지 알쏭달쏭하다.

　　비로자나불과 그의 나라인 상적광토는 이교도의 창조신과 그의 나라인 천국과 동일한 위상을 지닌 연결 개념이다. 앞으로 살펴보겠지만 만법을 발현하고 전개시키는 마음의 본래자리인 비로자나불은

· · · · · · · · · ·

은 이'는 부처님을 뜻하는 여래로 한정해서 번역하면 안 된다. 물론 경전에서도 '번뇌가 멸진한 비구'와 '아라한'과 부처님을 '한결같은 이'라고 동격으로 다루기도 한다. (상3-330)

사상적으로 창조신의 변형된 개념일 뿐이기 때문이다. 그리고 위와 같은 대승의 궁극적 세계인 상적광토란 계속 '생성되려는 갈구'[152]를 지닌 거사들이나 꿈꿀 법한, 명예욕과 지배욕이 뒤엉킨 무한 반복재

. . . .

152 bhava taṇhā, 有愛. 생성됨에 대한 갈구. '有'로 한역 되는 빨리어는 두 가지가 있다. 'atthi'와 'bhavati'이다. 'atthi'의 어근은 '√as'인데 영어의 'be'와 같아서 '존재'를 뜻하는 가장 일반적인 의미인 '있다.'는 말이다. 불교에서는 고정적인 것으로 인식된 것으로서의 존재를 말할 때 주로 쓰인다. 여기에서 파생된 'sacca'는 변하지 않는 진정한 사실이라는 의미로 '진실'을 의미하며 '네 가지 성스러운 진실들'(四聖諦, 본서 제33장 참고)에 주로 쓰인다. 'bhavati'의 어근은 '√bhū'인데 영어의 'become'과 같아서 '되다.' 혹은 '생성되다.'는 말이다. 불교는 생성·진행·과정의 철학으로 볼 수 있으므로 진행되는 실제를 표현할 때에는 주로 'bhavati'를 즐겨 쓴다. 'bhava'(생성됨)는 'bhavati'의 명사형이므로 '존재'(본서에서 이 단어는 생성됨으로서의 존재와 고정된 것으로서의 존재, 모두를 포괄하는 넓은 의미로 사용하겠다.)라고 추상적으로 넓게 번역하면 많은 오해와 편견을 낳게 된다. 진행적인 존재가 갖는 비확정적인 애매함은 아난다가 부처님에게 질문하는 표현 양식에서 드러난다. "어느 정도여야 생성됨이 있게 됩니까?"라는 물음에 부처님은 "아난다여, 중생들은 무명에 덮이고 갈구에 결박되어서 식별이 하열한 경계에 확립됩니다. 이렇게 미래에 다시 생성됨이 재발합니다. 이와 같이 생성됨이 있게 됩니다."라고 대답한다.(앙1-523) 또한 부처님은 윤회하는 세상 전부를 세 가지로 분류했다. 즉, 慾有(kāma-bhava), 色有(rūpa-bhava), 無色有(arūpa-bhava). 이에 대해서는 도표 8번을 참고하라. 'taṇhā'의 동사형은 'taṇhāyati'인데(혹은 'taṇhiyati') '갈구하다.'는 뜻이다. 유사어로는 'tasiṇā'가 있는데 '목마름', '갈증'을 뜻한다. 'taṇhā'는 목마른 자가 물을 찾는다는 의미가 담겨 있다. 이것을 한역의 '愛'에 맞추어서 '갈애'라고 번역하면 극심한 애착과 집착을 의미하게 되어서 '찾다.'(求, 望)라는 의미를 넘어서 매우 진행되어 깊어진 감정을 중심적으로 표현하게 된다. 나중에 살펴보겠지만 이것은 포착(取, upādāna)과의 관계에서도 문제가 된다. 갈구는 '괴로움이 같이-일어남'이라는 성스러운 진실(集聖諦)을 설명하는 대목에서 "어떤 것에 대한 갈구는 또다시 생성됨을 가져오고 기뻐함(nandi)과 애착(rāga)이 결부되어서 여기저기 반기는 것이다."라고 말해지고 있다.(상6-385) 갈구에 기뻐함과 애착이 결부된다고(sahagata) 해서-어디까지나 결부일 뿐이므로- 갈구가 '愛'를 중심 개념으로 갖는다고 보아서는 안 된다. 갈구는 화살에 비유된다.(맛3-676) 갈구의 중심은 '구함' 혹은 '원함'에 있다. 36가지의 갈구를 나타내는 문장들은 대부분 그러한 원함을 표현하고 있다.(앙2-485, 혹은 앙2-344, 상3-193도 참고) 간략히는 세 가지 갈구가 있다. 욕망에 대한 갈구(慾愛, kāma-taṇhā), 생성됨에 대한 갈구(有愛, bhava-taṇhā), 생성됨의 단절에 대한 갈구(無有愛, vibhava-taṇhā).

생의 끝없는 삶일 뿐이다. 여기에서 영겁회귀의 무의미와 허무함을 느끼지 못한다면 윤회의 덧없음을 느끼고 발심 출가자가 된다는 것은 더욱 어렵지 않겠는가?

26
열반이란 '꺼짐'이다

근본경전에서 출가수행자의 궁극적인 목표는 상적광토가 아니라 열반(涅槃, nibbāna)으로 표현되었다.[153] 상적광토가 열반의 비유로 이해되어서는 안 되는 이유는 열반이 무엇을 의미하는지 구체적으로 밝혀졌을 때 드러나게 될 것이다. (사실 열반뿐만 아니라 근본경전에 나타나는 기본 용어를 정확히 파악하면 대승의 오류는 저절로 드러나게 된다.) 경전은 여러 곳에서 "양가의 아들들이 제한된 공간에서 무제한의 공간으로 올바르게 출가하는 목표인 그 위없는 신성한 실천의 완결을 현실법[154]에서 스스로 뛰어난 앎으로 실현하고 들어서 거처했다."(상1-496)라는 정

. . . .

153 "라다여, 신성한 실천의 삶은 열반으로 귀착되고 열반이 구경이며 열반으로 완결되기 때문입니다."(상3-479)

154 diṭṭha-dhamma, 現法. 일차적으로 '드러나 보이는 것'이라는 뜻이다. 영역에서 'here and now'(지금·여기)로 번역한 것은 현재라는 의미만을 표현하고 사건(dhamma)이라는 의미는 희미해진 번역이다.

형구를 통해서 출가수행의 궁극적인 목표를 표현하고 있다. 여기에서 '신성한-실천(brahma-cariya, 梵行)의 완결'이란 열반의 다른 표현이자 '다섯 가지 법 덩어리들[155][156]의 하나인 '풀려남[157]의 앎[158]과 봄[159][160]

· · · · · · · · · · ·

155 khandha, 蘊. '다섯 덩어리들'(五蘊, pañca khandhā. 색·수·상·행·식)에 주로 쓰인다. 어원은 √skand(뛰어오르다.) 혹은 √skandh(모으다.)로 추정된다. '뭉쳐져서 불룩해진 것'이라고 해석할 수 있다. 같은 종류로 갈래짓고 뭉쳐서 헤아리는 단위 명사로 많이 쓰인다. 나무의 몸통(줄기)을 의미하기도 하고(상1-668, 상4-256), '탐욕 덩어리'(상5-335), '어둠 덩어리'(이-247) 등등으로 나타난다. 'khandha'를 '무더기'로 번역하면 어원상으로는 가깝지만 어감이 부정적이고, '다발'로 번역하면 어감은 세련되지만 어원에서 멀어진 번역이 된다.

156 pañca dhamma khandhā, 五法蘊. '계·정·혜·해탈·해탈지견'을 말한다. 후대에 오분법신(五分法身)이라고 부르기도 했다.

157 vimutti, 解脫. vi(분리)와 √muc(풀리다.)로 파자된다. 동일하게 파자되고 동일하게 해탈이라고 한역된 단어로 'vimokkha'가 있다. 'vimutti'는 "마음이 풀리고 나약해져서"(ceto vimutti parihāyi 맛1-601)와 같이 일상적인 문맥에서부터 다섯 가지 장애에서 풀려남이라든지, 궁극적으로는 열반과 동의어로 볼 수 있는 번뇌에서 완전히 풀려남에 이르기까지 폭넓게 쓰인다. 반면 'vimokkha'는 주로 '8해탈'에서 전문적으로 쓰이고(디3-450) 그 외에는 드물게 쓰인다. 'vimutti'와 'vimokkha'의 구분을 위해 전자는 '풀려남'으로 후자는 '해탈'로 번역하겠다. 참고로 '해탈'이라고 한역되는 비슷한 용어로서, 'mokkha'는 외도들이 주장하는 영원불변하는 진아가 물질과 악업의 구속으로부터 헤어남을 뜻할 때 쓰이므로 '해방'이라고 보면 되고, 'mutti'는 어원에 충실하게 '풀림'이라고 보면 될 것이다.

158 ñāṇa, 知. '알다.'(know)라는 뜻의 가장 일반적인 동사인 'jānāti'의 명사형이다. '네 가지 앎들'로 '법에서의 앎, 추리에서의 앎, 경험에서의 앎, 합의에서의 앎'이 제시되기도 한다.(디3-395)

159 dassana, 見. '보다.'(see)라는 뜻의 가장 일반적인 동사인 'dassati'의 명사형이다. '봄'이라고 직역되지만 '식견'(識見)의 의미를 포함하고 있다. 그런 맥락에서 요즘 인도에서는 철학·사상이라는 용어로 쓰이고 있다.

160 vimutti ñāṇa dassana, 解脫知見. 본문의 인용문은 '풀려났다고 앎'(vimuttaṁ iti ñāṇaṁ)이라는 구문으로 수식되기도 한다.(디1-260) 또한 "나에게는 '부동함으로 나의 마음이 풀려났다. 이것이 태어남의 마지막이다. 이제 다시 생성되는 일은 없다.'는 앎과 봄이 일어났다."는

을 말하는데, 연이어서 다음의 정형구로 표현되었다.

"태어남은 끝났다. 신성한 실천을 마쳤다. 할 일을 해냈다. 다시는 이러한 상태로 되지 않는다."(상1-497, 상2-154)

열반은 이렇게 "맑은 호수 속에 물고기를 보듯이"(디1-261) 직접적으로 현실에서 태어남은 끝났다고 분명하게 "스스로 알고 스스로 보며" (맛3-241) 확인하는 성질의 것이다. 확인할 수 있는 것으로서의 열반에 대한 구체적인 예는 상수멸[161]로 아라한을 이루면서 번뇌의 유입

· · · · · · · · · ·

문장으로 표현되기도 한다.(상4-105)

한 가지 생각해 볼 점으로, 해탈지견의 빨리어는 한문처럼 격변화 없는 명사들의 합성어다. 그래서 한문처럼 여러 해석이 가능하다. 직역하면 '풀려남·앎·봄'이라고 해야 한다. 한문이야 원래 명사에 격변화 어미가 붙지 않지만 빨리어는 명사에 격변화가 가능하다. 그런데도 격변화 없는 명사 합성어를 만든 이유는 아마도 명사들 사이에 의미상의 입체적인 관계가 있기 때문일 것이다. 이것은 한 가지 격변화만으로 단정해서 번역하면 편협해진다는 뜻이기도 하다. 전통적으로 이러한 합성어에 대한 여섯 가지 해석이 행해졌었다.(이것을 '六合釋'이라고 한다.) 해탈지견은 기본적으로 '풀려났다고 알고 봄'이라고 풀이할 수 있다. '알고 봄'이란 한 단어로 '안목'(眼目)이라고 해도 될 것이다. 그런데 풀려남이란 그 어떤 앎과 봄이 있어야 가능할 것이다. 또한 풀려나는 그 순간의 앎과 봄을 생각해 볼 수도 있다. 나아가 앎과 봄의 관계도 앎이 곧 봄이기도 하고 앎으로 얻어진 봄이기도 할 것이며 봄이 있어야 앎도 있다고 할 수도 있을 것이다. 이렇기 때문에 격변화 없는 명사들의 합성어는 최대한 다양한 해석의 여지를 주는 번역으로 이루어져야 할 것이다. 합성어의 입체적인 관계를 깊이 음미하지 않으면 교리 이해에 있어서 많은 편협함을 가져오게 될 것이다.

161 想受滅, saññā-vedayita-nirodha. '인지와 느껴진 것의 소멸'이라고 직역할 수 있다. '느낌'(vedanā)을 쓰지 않고 과거수동분사형인 '느껴진 것'(vedayita)이라고 한 이유는 '느낌'에는 '겪음'의 뜻이 들어 있고 '인지와 느껴진 것의 소멸'도 넓은 의미에서 겪음의 하나로 볼 수 있으므로 엄밀하게는 겪음으로서의 느낌이 모두 소멸되었다고 할 수는 없었을 것이다. 그러나 "

들이 완전히 멸진하는 경우라고 제시되기도 한다.(앙5-514) 불법에는
현실에서 직접 확인이 불가능한 가르침이란 없다. 이 때문에 불법만
의 특장점을 다섯 가지의 정형구[162]로 정리했을 때 그중에서 첫 번째
가 '확인할 수 있는 것'이라고 규정된 것이다. 이 점에 대해서는 탐진
치가 남김없이 멸진한 것을 낱낱이 겪는 것이 '열반은 확인할 수 있는
것이다.'의 풀이로 제시되었다는 점에서도 증명된다.(앙1-406) 열반
은 이렇게 현실에서 다수에게 직접 확인되는 성질의 것이지 대승에

··········

상수멸을 달성한 자에게 인지와 느낌이 소멸합니다."(디3-457)라고 말하는 곳도 있기 때문에 '
느껴진 것'과 '느낌'의 구별은 결정적이지 않은 듯하다. 한편, '상수멸'은 '소멸의 달성'(滅盡定,
nirodha-samāpatti)을 통해 얻어진다고도 말한다.(상2-393)

162 '불법의 5대 특장점'이라고 제목을 붙여 볼 수 있겠다.(상1-166) ① 확인할 수 있는 것
(sandiṭṭhika), ② 비시간적인 것(akālika, 막연한 혹은 길게 정해진 시간을 요구하지 않는 것), ③ 와서
알아보라는 것(ehi passika), ④ 인도해 주는 것(opanayika. 맛3-699 참고), ⑤ 식자들이 각자 겪어
야 하는 것(paccattaṁ veditabbo viññūhi, 맛2-228 참고)
①번에 대해 부언하자면 '같이(saṁ) 보인 것(diṭṭha)과 관계된 것(ika)'이라고 직역할 수 있고 '
누구든지 지금의 현실에서 똑같이 드러내어 밝힐 수 있는 것'이라는 뜻이다. 예컨대, '확인할 수 있는
(sandiṭṭhika) 보시의 결과'와 '내세적인(samparāyika) 보시의 결과'를 대비시켜서 설명하기도 한
다.(앙3-114)
②번에 대해 부언하자면 '非時'로 한역된 원어는 'a-kāla'와 'vi-kāla'가 있다. 'a-kāla'는 시간
으로 따질 수 없는 것 혹은 적당하지 않은 때를 나타낸다. '비시간적인 것'이란 전자의 의미에서
파생한 말이다. 구체적으로는 따라서-같이-생겨남과 깨달음에 이르는 과정에서의 비시간성
을 말한다고 할 수 있겠다. 'vi-kāla'는 엄밀하게 한역하자면 過時(때 지난 때)라고 해야 옳다.
제때를 벗어난 때를 말한다. 이 단어는 오후불식인 '때(제때) 지난 때에 먹지 않는다.'(不非時食)
에 쓰인다. 여기에서의 제때는 밥때를 말하며 정오 이전을 가리킨다.
덧붙여, 『청정도론』을 맹신하는 남방상좌부에서는 5대 특장점 앞에 '세존에 의해 잘 설해
진'(svākkhāto bhgavatā, 청론1-509)이라는 수식어구를 하나의 특장점으로 분립시켜서 여섯 가
지로 설명하지만 이 수식어구는 항상 붙는 것이 아닌 것을 보면 독립된 가짓수로 인정하기 힘들
다. 수식어구만 보더라도 특정한 내용을 나타내지 않는다. 이렇게 『청정도론』의 맹신으로 원문
에 없는 수식어구가 삽입되는 경우까지 발생했다. 상1-166의 원문을 확인해 보면 알 수 있다.

서 주장하는 상적광토나 연화장세계처럼 사후에 존재론적인 대상으로 위치해 있는 것이 아니다.

열반의 현실성은 열반이라는 단어의 현실적인 쓰임새에 있어서도 드러난다. 열반은 'nibbāna'의 음역인데, 잘 알려진 대로 어근 √vā(불다.)에서 파생된 단어로 '훅 불어서 불이 꺼짐'을 뜻한다. 한마디로 직역해서 '꺼짐'이다. 부처님의 언어 사용법은 '격의법'[163]이라고 규정할 수 있다. 즉, 기존에 통용되고 있는 격식화된 뜻을 빌려 쓰는 법을 사용한다. 널리 일상적으로 쓰이고 있는 말 중에서 기본적인 의미가 불교에서도 통용될 수 있으면 다른 종교의 단어일지라도 그대로 가져다 쓴다는 얘기다. 그러므로 당시의 사람들은 불교의 법문을 들었을 때 불교에 문외한이라도 기본적인 의미는 바로 알아들을 수 있었다는 말이 된다. 물론 불교만의 심화된 전문적 의미는 덧붙게 되어 있다. 열반뿐만 아니라 불교의 기본적인 용어는 거의가 이러한 원칙에 의해 구사되고 있다. 그러므로 불교용어의 일상적인 문맥에서의 의미를 파악하는 일은 불교 이해에 있어서 매우 중요한 관건이다. 나아가 스마트폰만 갖다 대면 번역이 되는 요즘 시대에 불교용어의 일상화는 '웹 접근성'(web accessibility)을 높여주어서 불교의 대중화와 세계화를 앞당겨 줄 수도 있을 것이다.

경전에서는 열반, 즉 꺼짐에 해당하는 동사(nibbāti 혹은 수동형

....

163 格義法. 이 단어는 원래 중국의 위진남북조시대에 불교를 처음 수입해서 번역할 때 불교의 용어를 노장 사상의 용어를 빌어서 번역한 방법을 말한다. 有爲·無爲·戒·道·智慧·無心 등등이 그런 용어다.

nibbāyati)가 "불이 꺼졌다."(aggi nibbuto, 맛3-90)라는 과거형으로 사용되고 있으며 부처님의 사후는 그 꺼진 불과 같다고 연이어서 설명되었다. "현자들은 호롱불처럼 꺼집니다."(nibbanti dhīrā yathāyaṁ padīpo, 숫-515)라고도 말한다. 더욱이 "불빛의 꺼짐일 뿐⋯."(pajjotassa eva nibbānaṁ, 상1-537)이라는 용례에서는 꺼짐의 명사형이 그대로 사용되고 있다. 그러므로 열반이라는 단어는 그 어떤 전문적인 의미가 부과된다고 하더라도 일단 '꺼짐'으로 직역되어야 한다. 그래야만 열반에 대한 추상화와 신비화, 존재론적인 대상화의 오류를 최소화시킬 수 있다.[164]

전문적인 의미에 있어서도 열반은 '꺼짐'이라는 기본적인 의미를 벗어나지는 않는다. "꺼짐이란 생성됨의 소멸"이라고 직접적으로 정의된다.(상2-335) 또한 '탐진치의 소멸'을 꺼짐이라고 하기도 하고(상4-510) '형성되지 않는 것'(asaṅkhata)이라고 말하기도 한다.(상5-100) 결과적으로는 '존재유형[165]의 소멸'의 경지를 직접 알 때 번뇌의 유입

••••••••••

164 『위대한 완전히 꺼짐 경(大般涅槃經)』에서는 부처님의 죽음을 '반열반에 드셨습니다.'와 같은 표현으로 묘사한 것이 아니고 "완전히 꺼지셨습니다."(parinibbāyi)로 표현하고 있다.(디2-290) '드셨습니다.'라는 표현은 열반(꺼짐)을 들어갈 수 있는 존재론적인 대상인 것처럼 오해하게 만드는 번역이다.

165 sakkāya, 有身. 범어로는 'sat-kāya'이다. 'sat'는 'atthi'(있다.)의 현재능동분사로 '존재'라고 번역할 수 있다.(주석 152번 참고) 'kāya'는 보통 감각기관으로서 '몸'이라고 번역되지만 몸통이라는 의미의 연장선에서 '기본 유형'을 뜻하기도 한다. '명칭의 유형'(nāma kāya)이라고도 쓰이고(디2-132) 식별·접촉·느낌·인지·의도·갈구 등이 6근이나 6경에 의해 여섯 가지 기본 유형으로 분류될 때에도 쓰인다.(디3-421) 예컨대 여섯 가지 '식별의 유형'(viññāṇa kāya)은 눈의 식별, 귀의 식별, 코의 식별, 혀의 식별, 몸의 식별, 정신의 식별을 말한다. 모든 식별은 이 기본 유형에서 파생하게 된다. 나머지도 이와 같다.
보통 '존재유형'은 '다섯 가지 포착 덩어리들'(五取蘊)을 말하지만(상3-421) 위의 본문에 인용된

없이 완전히 꺼지게 된다고 말한다. 그리고 이것을 성자들은 즐거움이라고 보지만 세상 모두는 반대로 알아본다.(상4-310)

부처님 당시에도 '불이 꺼진다.'에 사용되는 꺼짐이라는 단어가 긍정적이고 기분 좋은 말이었을 리는 없다. 부처님이 전법을 망설인 이유도 따라서−같이−생겨남이라는 진리의 난해함과 꺼짐이라는 결과에 대한 중생들의 거부감, 이 두 가지로 요약된다.(상1-487) 꺼짐에 대한 가장 적극적인 표현은 『우다나』에서의 네 개의 『꺼짐 경』에서 보인다.(우-518~529) 이 경에 의하면 우리가 그 어떤 존재를 말하더라도 그러한 존재는 꺼짐의 경계에서는 없다.[166] 그러므로 꺼짐이란 적어도 개체성의 소멸을 의미한다. 대승처럼 개체적인 영원불멸의 생명을 추구하는 자들에게는 절망적인 혐오감을 발생시킬 것이다. 그래서 부처님 당시의 외도들은 부처님을 '단멸론자'(uccheda−vāda,

· · · · · · · · · ·

문맥에서는 6경(색·성·향·미·촉·법)이 존재유형으로 나타난다. (그러므로 '신성한 세상'도 존재유형에 포함된다고 한 것이다. 상6-363) 한편, 다섯 가지 포착 덩어리들을 자기와 관련시키는 견해를 '존재유형에 대한 견해'(sakkāya diṭṭhi, 有身見)라고 하는데, 이것은 예류자에서 없어지는 세 가지 결박 중에 첫 번째이기도 하다.

참고로, 자이나교에서는 존재−유형(asti−kāya)을 '생명 있는 것'(jīva)과 '생명 없는 것'(ajīva)으로 나누고, 다시 생명 있는 것을 '해방된 것'(mukta)과 '속박된 것'(bandha)으로, 생명 없는 것을 '법'(dharma), '비법'(adharma), '허공'(ākāśa), '물질'(pudgala)로 나누었다.

[166] "비구들이여, 그 어떤 영역이 있는데 그곳에는 땅도 없고, 물도 없고, 불도 없고, 바람도 없고, 무한공간의 영역도 없고, 무한식별의 영역도 없고, 아무것도 없는 영역도 없고, 인지가 있지도 없지도 않은 영역조차 없으며, 이 세상이든 저 세상이든 없고, 해와 달 둘 다 없습니다. 비구들이여, 거기에는 버릴 것도 없고, 오는 것도 없고, 가는 것도 없고, 정착도 없고, 사후도 없고, 출현도 없고, 기반도 없고, 전개시킬 것도 없으며, 어떤 대상도 없습니다. 이것이 바로 괴로움의 끝입니다."(우-518)

앙5-92) 혹은 '생성의 파괴자'(bhūnahu, 맛3-118)라고 비방했다. 대승 교도들 또한 꺼짐을 설하는 부처님이 그렇게 보일 것이다. 불법에서 다루는 단멸론이란 죽기만 하면 개체가 소멸하여 없어진다는 주장을 의미한다.(디1-158) 그러나 불법으로 보자면 죽는다고 해서 개체가 없어지지 않는다. 그것은 탐진치가 모두 소멸된 '꺼짐'에서야 실현된다. 이런 경우에는 단멸론이라고 하지 않는다.(불교와 단멸론의 차이는 이-321에서 다루고 있다.) 꺼짐이란 '없음 자체'가 아니며 원래 있던 자아를 없앤다는 말도 아니기 때문이다. 자신의 개체에 대한 착각과 애착이 있는 자들이 꺼짐에 대해 생각하면 두려움이 일어날 수도 있을 것이다. 그러나 꺼짐에 대한 생각에는 두려움이 있을지 모르지만 정작 꺼짐에는 두려움 따위란 없다.

어떤 이들은 야마까 비구의 착오에 대한 사리뿟다의 훈계를 보고 생성됨의 소멸인 꺼짐을 글자 그대로 받아들이지 않을 수도 있을 것이다. 야마까 비구는 "내가 세존께서 교시하신 법을 직접 아는 바로는[167], (번뇌의) 유입이 멸진한 비구는 몸이 파괴되면 단멸하고 사라져서 사후에 없게 된다."라고 말하며 사악한 견해에 빠지게 된다.(상

· · · · · · · · · ·

167 야마까 비구가 자기는 부처님께 '직접' 들은 내용을 그대로 말하는 것이라고 주장하고 있는 부분이다. 사리뿟다도 부처님은 그렇게 말하지 않았다고 꾸짖지는 않는다. 부처님의 말과 어긋나게 전달하는 경우에는 "그렇게 말하지 마십시오, 세존을 비방하지 마십시오. 세존께 대항하는 것은 좋지 않기 때문이고 세존께서는 그렇게 말씀하시지 않았기 때문입니다."라고 말하고서 친설의 내용을 전달·확인시켜 주는 것이 타당한 순서였다.(율3-1632, 맛2-206, 디3-430 등 참고) 또한 『신성한 그물 경』에서는 법을 비방하는 경우 사실을 확인시켜주어야 한다고 직접적으로 요구하고 있다.(디1-86)

3-324) 이에 대해 사리뿟따는 '다섯 덩어리들'(五蘊) 각각에서 '한결같은 이'(부처님 혹은 아라한의 자아)가 성립하지 않음을 보이고서 현실법에서도 한결같은 이는 진실로, 그대로 성립되지 않으므로 사후의 한결같은 이를 제시하는 것은 더욱 타당하지 않다고 지적한다.(상3-330) 야마까 비구의 착오는 있지도 않은 유령이 자기에게 붙어 있다고 착각하는 사람이 자신이 죽으면 유령도 죽는다고 주장하는 것과 같은 어리석은 견해다. 아라한[168]이나 부처님에게 영원불변하는 진아와 같

··········

168 阿羅漢, arahant. '응공'(應供, 응당히 공양 받을 만한 분)이라고 잘못 한역되어 왔었다. 『묶음 부류』에서 '공양 받을 만한 분'(āhuneyya)은 '네 쌍의 여덟 장부인 사람들'(四雙八輩) 모두를 가리키는 말이었다.(상2-247, 디3-440, 앙1-216, 그리고 디3-437, 앙4-346의 '보시할 만한 dakkhiṇeyya 일곱 사람들'도 참고하라.) 그러므로 응공이 아라한만을 지칭하는 용어로 번역되는 것은 외연적인 오역이다.
'아라한'이라고 음역된 'arahant'의 형용사형은 'araha'인데 '~할 동등한 자격이 있는' 혹은 '~에 해당하는'이라는 뜻을 가진다. '√arh'(~에 상당하는, ~에 해당하는, ~의 가치가 있는)에서 파생한 단어다. 이 형용사형은 대부분 'A-araha B' 구문으로 쓰이는데, 'A에 해당하는 B' 혹은 'A할 동등한 자격이 있는 B'로 풀이된다. 예를 들어, 'mūlāya paṭikassana-arahā bhikkhū'는 '원점으로 되돌리기에 해당하는 비구들' 혹은 '원점으로 되돌리기를 해야 할 동등한 자격(수준)의 비구들'이라고 번역할 수 있다.(율2-240) 'chanda-arahānaṁ bhikkhūnaṁ'은 '욕구를 전할 수 있는 동등한 자격의 비구들'이라는 뜻이다. "부동의 장소를 얻는 것에 있어서 '동격으로'(arahena) 입문한 비구"(율3-130)에서도 쓰였다. 'araha'의 동사형은 'arahati'인데, "존경할 동등한 자격의 교주라네."(satthā arahati mānananti. 상1-323)라는 문장에 쓰였다. 결국 아라한은 '동격자'라는 뜻이다.
최고의 경지에 도달한 사람을 지칭하는 '동격자'라는 용어는 부처님 이전에 이미 바라문교에서 사용하고 있었던 용어였다. 바라문교적으로 풀자면 브라흐마 창조신의 신성을 실현한, 그럼으로써 브라흐마와 동격에 도달한 자라는 뜻일 것이다. 브라흐마를 섬기던 시절의 우루웰라 깟사빠는 부처님의 신통을 보고서 "그렇지만 그는 정말로 나와 같은 동격자는 아닐 것이다."라고 생각했다.(율1-130) 아라한의 정확한 번역어는 후에 깨달음의 단계를 논할 때 중요한 쟁점으로 다시 떠오를 것이다.

은 것은 당연히 없을 뿐더러 윤회를 지속시킬 주체 같은 것도 세워져 있지 않다. 부처님은 큰 불과 같고 제자 동격자(아라한)들은 작은 불과 같다. 부처님과 제자 동격자들의 사후는 꺼진 불과 같다.('포착된 잔재가 없는 꺼짐'(無餘涅槃)이라고 부르기도 한다. 주석 25번 참고) 큰 불이든 작은 불이든 꺼진 상태는 같다. 그들의 사후는 꺼진 불처럼 헤아려지지 않는다. 예컨대, 어떤 컴퓨터가 화재로 다 타버리고 눌어붙은 하드웨어만 남았다고 하자. 전송 클릭(이것은 12연기의 '愛→取'에 해당한다.)을 하지 않았다면 그 컴퓨터에 저장되어 있던 수많은 프로그램과 문서 및 동영상들은 어디로 갔을까? 동격자들의 사후도 그와 같다.

수행의 궁극적인 목표인 '꺼짐'은 불교의 근본 사상인 '자기-없음'(an-attā, 無我)과 대응을 이루며 교리상의 완벽한 정합성을 보여준다. '자기-없음'의 완전한 실현은 곧 '완전히-꺼짐'(pari-nibbāna, 般涅槃)을 가져온다. 어떤 차원이든 자기의 상태가 생성되었다 하면 괴로움의 따라서-같이-생겨남은 피할 수 없다. 그렇기 때문에 괴로움의 완벽하고도 궁극적인 해결은 '완전히 꺼짐'밖에 없다.

안개 너머에 무엇이 기다리고 있는지 알려주지도 않고 안개 속으로 뛰어가라고 명령하는 것은 무책임하고도 불합리한 처사다. 그와 같이 수행의 목적과 결과를 애매하게 얼버무리거나 회피하면서 그 수행에 인생을 바치도록 요구하는 것은 더욱 어처구니없는 경우다. 부처님은 궁극적인 목적지에 대해서 숨김없이 일상적인 쉬운 언어로써 직설적으로 표현했다. 만일 부처님이 후반기 법문에서 꺼지지 않는 영원불변한 궁극적인 세계를 따로 제시했다면 마지막 설법에서 평생의 가르침은 '틈새 없고 외부 없이' 설한 것이라고 한 말이 두말이 되어 버린다.

　적확한 번역어 한 단어는 어설픈 해설서 여러 권보다도 낫다. 열반의 적확한 번역어인 '꺼짐'은 그것이 사용될수록 불교에 대한 많은 오해와 왜곡을 해소시켜줄 수 있을 것이다.

27
윤회하느냐 소멸하느냐, 그것이 문제로다

꺼짐이라면 그 무엇의 꺼짐이기도 하지만 그 무엇으로부터의 꺼짐이기도 하다. '그 무엇으로부터'의 그 무엇을 정확히 알 때 꺼짐의 정당성도 좀 더 정확히 따져볼 수 있을 것이다. 물론 '그 무엇'이란 당연히 윤회를 의미한다. 달라이 라마는 인간을 두 부류로 나누어보라는 질문에 히말라야를 본 자와 보지 못한 자로 나누겠다며 멋진 위트로 응수했다. 그러나 진지하게 대답해준다면 부처님의 출현 후 인간은 가장 크게 두 부류로 나누어졌다. 즉, 윤회의 길을 걷는 자와 소멸의 길을 걷는 자이다. 먼저 윤회의 길을 전체적으로 나타내보면 다음과 같다.

경계(dhātu)·생성됨(bhava)	생성 원인 (특징)	거처의 종류		세상의 분류	
무방해물의 경계(無色界)·무방해물로 생성됨(無色有)	무방해물에 고정됨 (평화로움)	비상비비상처천 무소유처천 식무변처천 공무변처천		무방해물의 천상	
방해물[169]의 경계(色界)·방해물로 생성됨(色有)	신성한 실천 (불환자)	색구경천(=유정천) 선견천 선현천 무열천 무번천	정거천	방해물의 천상	신성한 세상
	제4명상[170] (청정)	무상유정천(=승자천) 광과천 복생천(북방전승) 무운천(북방전승)			
	제3명상 (깨끗함)	변정천 무량정천 소정천			
	제2명상 (광명)	광음천 무량광천 소광천			
	제1명상 (창조신)[171]	대범천(대신성자의 천상) 범보천(신성한 보좌의 천상) 범중천(신성한 회중의 천상)			
욕망의 경계 (欲界)·욕망으로[172] 생성됨(欲有)	덕행·보시	타화자재천 화락천 지족천(=도솔천) 야마천 33천 사왕천	6욕천	욕망의 천상	5[173]도윤회
	투쟁·복덕	아수라 유형[174]			
	다섯 덕행	인간		사바세계	
	인색	귀신의 범위[175]		3악도	
	탐욕·우치	잡된 기원[176](축생…)			
	온갖 악업	지옥[177]			

도표 8. 윤회하는 삶의 지도

169 色, rūpa. ① '다섯 덩어리들'(五蘊)의 첫 번째에 해당한다. 부처님의 직접적인 정의는 "비구들이여, 그렇다면 왜 방해물[色]이라고 부르겠습니까? '방해된다.'(ruppati)고 해서 방해물이라고 합니다. 그러면 무엇에 의해서 방해되겠습니까? 추위에 의해서도 방해되고, 더위에 의해서도 방해되고, 배고픔에 의해서도 방해되고, 목마름에 의해서도 방해되고, 파리·모기·뙤약볕·파충류와의 접촉에 의해서도 방해됩니다. 비구들이여, 이렇게 방해된다고 해서 방해물이라고 합니다."이다.(상3-274) 'rūpa' 혹은 'ruppati'의 어근은 √rup(방해하다, 부서지다.)이다. 여러 주석서에서는 공통적으로 'ruppati'(방해되다.)의 유사어로 'kuppati'(흔들리다.), 'ghaṭṭīyati'(방해받다.), 'pīḷīyati'(해를 입다.), 'bhijjati'(파괴되다.)를 들고 있다. 부처님의 직접적인 정의로 인용된 위의 문장과 똑같은 문장이 다른 곳에서도 등장하는데, 거기에서는 위의 내용에 대해서 "불쾌하고 호감이 가지 않고 목숨을 위해하는 육체적인 느낌들"이라고 설명하고 있으며(맛4-218, 맛4-297), '닿고', '해를 입고', '죽어 간다.' 등으로 설명하기도 한다.(맛1-429) 그러므로 'rūpa'를 단순히 물로 보고서 'ruppati'를 물질의 양태인 '변형되다.'라고 이해해서는 안 된다. 정의된 인용문에 '방해되다.' 대신에 '변형되다.'를 넣어서 읽으면 어색한 예문이 되어 버린다. 몸의 변형이라면 '표정에 의해서도 변형되고, 움직임에 의해서도 변형되고, 사고에 의해서도 변형되고, 늙음에 의해서도 변형된다.' 정도의 예문이 적절할 것이고, 외부 물체의 변형이라면 '(그릇이) 깨짐에 의해서도 변형되고, (집이) 무너짐에 의해서도 변형되고, (막대기가) 휨에 의해서도 변형되고, (공이) 쭈그러짐에 의해서도 변형된다.' 등등이 적절한 예문이 될 것이다. 위의 예문에 해당하는 잡아함(제2권 46경)의 『三世陰世食經』에서 구나발다라는 'ruppati'를 閡(막힐 해, 걸릴 해)로 번역했다.

② 'rūpa'는 12고리의 따라서-같이-생겨남의 네 번째 고리(名色, nāma-rūpa)에서도 나타는데 거기에서의 정의는 "'네 가지 큰 생성체들'(四大, cattāro mahā-bhūtā, 흙·물·불·바람)과 네 가지 큰 생성체들을 포착하는 것으로서의 방해물"로 되어 있다.(상2-98) 이 정의로 보면 'rūpa'를 요즘의 물리 과학적인 물질로 보면 안 된다는 것을 알 수 있다. 이 방해물(rūpa)은 흙·물·불·바람을 가리키는 물질적인 것임에 분명하지만 단순히 객관적인 외부의 물질에 한정되지 않고 '포착하는 것으로서의'(upādā. 이 단어에 대해서는 주석 248번을 참고하라.)라는 인식론적인 의미가 결부되기 때문이다. 또한 '방해물의 포착 덩어리'(色取蘊, rūpa upādāna khandha)에 대한 정의도 위의 정의와 동일하며 흙·물·불·바람 각각에 대해 모두 '포착된 것'(upādiṇṇaṁ)이라고 설명하고 있다.(맛1-672) 불교에 있어서 이런 주관과 객관의 융합으로서의 존재론은 모든 법들이 뿌리 내리는 과정을 잘 묘사하고 있는 『뿌리 내리는 과정 경』(맛1-138)에서 상세하게 다루어지고 있다.

③ 한편 'rūpa'는 여섯 영역[六入]의 하나인 눈의 대상이다. 눈의 대상이 형태와 색깔이라는 특징을 가지고 있다는 점은 분명한 사실이다. 그러나 'rūpa'를 형색이라고 한정해서는 안 된다. 눈에 보이지 않는 'rūpa'도 있기 때문이다.(디3-376)

① ② ③을 종합해서 정리하자면 'rūpa'란 기본적으로 눈에 보이고 걸리며 방해되는 물질적인 것이다. 한마디로 '방해물'이라고 번역해야 부처님이 'rūpa'라는 단어를 사용한 이유를 최대한 반영한 번역어일 것이다. 이러한 방해물이라는 용어에 담긴 부처님의 의도는 방해물의 경계에

서 무방해물의 경계로 넘어가는 8해탈의 문맥에서 "거리낌(paṭigha)에 대한 인지를 소멸하고" 라는 설명과 부합하는 교리상의 상관성으로 더욱 드러난다.(디3-450) 또한 방해물들이 없는 무 방해물의 영역은 '평화로운 해탈들'(santa vimokkhā, 맛1-247)이라고 부르는 것에서 의미의 연 관성을 다시 확인할 수 있다. 물질세계와 정신세계를 넘나드는 존재에게 눈에 보이는 물체들은 아마도 방해물이라는 의미로 다가오리라고 여겨진다.

부처님 당시의 외도였던 자이나교에서는 물질적인 것을 'pudgala'라는 단어로 표현했고 상키 야(Sāṅkhya, 數論)교에서는 'prakṛti'라는 단어를 썼다. 이 단어들도 현대 물리학적인 물질과는 다른 의미들을 지니고 있다.

참고로 근본경전에서 '물질적인 것'으로 다룰 만한 용어로는 세 가지를 들 수 있는데 먼저 위 의 'rūpa'와 'mahā-bhūta'가 있다. 'bhūta'는 'bhavati'(생성되다.)의 과거분사형으로 '생성된 것' 이라는 뜻이다. 그러므로 'mahā-bhūta'란 말 그대로 흙·물·불·바람은 '크게 생성된 것'이라 는 의미를 나타내는 용어다. 물질적인 것을 크게 분류한 것일 뿐이지 근본 물질의 단위를 나타 내려는 의도가 있는 용어는 아니다. 그리고 이것은 과거·현재·미래에 걸쳐서 누구나 파악할 수 있는 물질적인 분류다. 또한 이것은 우리 몸을 흙·물·불·바람으로 나누어서 관찰하는 수 행법과도 연결된 정합성을 구축한다. 그러므로 부처님이 다시 출현해서 현대 물리학을 접한 다고 해도 다시 물질을 네 가지 큰 생성체들로 나누리라고 예상된다. 또 하나 'āmisa'가 있다. 'āmisa'는 원래 '날고기'를 뜻하는 말이었는데 '세상의 물질'(loka-āmisa 상1-145, 상1-295, 맛 1-600) 전반을 의미하는 말로 전용되었다.(맛2-359 참고) 즉, '물질적인 풍요'라고 할 때의 물 질에 해당한다. 물질이라는 단어에 가장 적합한 용어라고 볼 수 있다. 이 단어는 '물질적인 즐 거움'(sa-āmisa sukha, 상4-482), '물질의 상속자'(āmisa dāyāda), '물질 보시'(āmisa dāna, 財 施) 등으로도 쓰인다.

170 catuttha-jhāna. 네 번째 명상. 여기에서 명상(jhāna, 禪)은 보통 음역인 '선(禪)'이라는 단 어로 많이 쓰이고 있다. '선'도 고정됨(定, samādhi)의 하나이기 때문에 '선정(禪定)'이라고 말해 지기도 한다. 의역으로는 '정려(靜慮 고요히 생각함), 혹은 '사유수'(思惟修, 사유하는 수행)라고 한 다. 그런데 참선(參禪)이라는 용어는 중국 선불교에서 참구(參究)하는 선인 간화선을 의미하므로 'jhāna'의 번역어로는 편협하다고 하겠다.

명상의 원어인 'jhāna'도 격의법이 적용된 단어다. 다시 말해 '고요히 사유한다.'는 일상적인 의 미인 '명상(冥想)'이라는 말을 차용한 용어다. 명상의 동사형인 '명상하다.'(jhāyati)는 마구니 빠삐만이 숲에서 조용히 앉아 있는 부처님에게 "걱정에 빠져 숲에서 명상하는가?"라고 비 아냥거리는 대목에서 나온다.(상1-447) 또한 태곳적 인류 시절부터 숲속에서 명상하는 '명상 가'(jhāyaka)라는 사람과 그 단어가 있었다고 한다.(디3-176) 그러므로 '선', 즉 명상은 불교만 의 전문적인 단어가 아니다. 후대 중국 선불교에서 '선(禪, jhāna)을 너무 고차원적인 의미만을 부여하며 전문화시킨 나머지 '명상'이라는 일상적인 의미의 번역어에 대해 수준 낮다는 거부감 을 가지는 경우가 있지만 이것은 격의법이라는 부처님의 언어 사용법이 갖는 장대한 원만성을

· · · · · · · · · ·
모르기 때문에 발생한 편견이다. 자세히는 제57장을 참고하라.

171 조물주(kattā) 혹은 창조자(nimmātā)로 착각하는 대신성자들(大梵天, Mahā-brahmā)을 가리킨다. 대신성자들이 자신을 창조신으로 착각하는 과정은『신성한 그물 경(梵網經)』에 설명되어 있다.(디1-119) 신성자(梵天, Brahmā)란 √bṛh(발생시키다.)에서 파생한 단어로 '발생시키는 자'라는 기본적인 의미가 있다. 하지만 후대에 신앙으로 섬겨지면서 '신성한 자'라는 뜻을 갖게 된다. 그리고 이 신성자를 섬기는 사제들이 생겨났는데 그들은 자신들이 신성자의 입 혹은 정수리에서 나왔다고 주장하며 스스로 '신성한 사람' 즉, '신성인'(婆羅門, brāhmaṇa)이라고 불렀다. 'Brahmā'와 관계된 용어들을 번역함에 있어서 한역의 음역을 피하고 본래의 기본적인 의미인 '신성'을 살려서 번역해야 하는 이유는 부처님이 격의법을 사용하며 자신을 '신성한 몸'(brahma kāya)이라고 자칭하거나(디3-161) 진정한 신성인은 신분계급으로 결정되는 것이 아니고 실제 탐진치가 사라진 사람이라고 해석하며(숫-667~) 동격자를 설명할 때에도 쓰기 때문이다.(법-741~) 그러므로 '신성'의 뜻을 살려서 번역해야 경전의 전체적인 일관성을 잃지 않는 번역이 된다. '신성한 실천'(梵行, brahma cariya)이나 '신성한 작대기'(梵罰, brahma daṇḍa, 여기서 '작대기'는 '작대기찜질'처럼 '처벌'을 상징한다. 노친네에게 불효자보다 이로운 지팡이로서의 작대기로도 쓰였고 상1-582, 살해 도구로서의 작대기로도 쓰인다. 디1-88) 혹은 '신성한 탈것'(brahma-yāna, 상5-184)에서도 일관된 의미로 사용되고 있다.
참고로『아비달마구사론』에서는 대신성자의 천상까지는 아부와 속임이 있고 그 이상의 천상에서는 종속적인 지배가 없다고 설명하고 있다.(구사1-179) 또한 대신성자가 자신을 드러내는 전조현상은 '빛'이라고 한다.(디1-554) 이렇게 다른 창조신 사상과의 공통점도 발견된다.

172 kāma, 慾. ① 욕망은 보통 성적인 욕망이 핵심을 이룬다. 그래서 '다섯 가지 덕행'(五戒)의 세 번째인 음계는 '욕망에 있어서 삿된 행위를 멀리한다.'(kāmesu micchācārā veramaṇī)로 공부조목을 표현했다. ② 그러나 'kāma'가 반드시 감각적 욕망이나 쾌락만을 의미하지는 않는다. 라훌라는 '공부하기를 욕망하는(좋아하는) 자들'(sikhā kāmānaṁ) 중에서도 대표로 거론된다.(앙1-121) ③ 'kāma'는 적절한 생계를 위해 재물을 얻으려는 노력을 일컫기도 한다.(맛1-429) ④ 또한 '초탈함'(nekkhamma)의 반대말로도 나타난다.(맛1-498) ⑤ '다섯 가지 욕망의 성분들'(pañca kāma-guṇa)이란 원하고 좋아하고 호감이 가고 사랑스럽고 매력될 만한 색·성·향·미·촉을 말한다.(맛1-428) 좀 더 정확히는 이 성분들에 대한 의향(saṅkappa)과 애착(rāga)이 욕망이라고 밝히고 있다.(앙4-256)
참고로 성분(guṇa, 德)이란 어떤 사물이나 사건을 기본적으로 구성하고 있는 요소 내지 속성을 말한다. 인도 철학 중에서 가장 오래된 철학으로 여겨지는 상키야(Sāṅkhya, 數論) 철학은 순수 정신(puruṣa)과 본질(本質, prakṛti)이라는 이원적인 실체를 상정했는데 이 중에 본질은 다시 세 가지 성분(guṇa, 德)으로 이루어져 있다고 주장했다. 즉 순질(純質, sattva), 동질(動質, rajas), 암질(暗質, tamas)이 그것이다.
'욕망으로 생성됨'(慾有, kāma-bhava)은 '세 가지로 생성됨들'(三有, tayo-bhavā)의 하나다. '

욕망으로'라고 번역한 이유는 욕망이 생성됨의 원인이자 과정이자 결과이기 때문이다. '욕망'
과 '생성됨'이라는 두 명사의 격변화 없는 병렬복합형은 두 명사 사이에 입체적·유기적·다면
적인 관계가 있음을 암시한다. 나머지 두 가지 생성됨도 마찬가지의 관계가 들어 있다.(주석
160번 참고)

173 五度, pañca gatiyo. 다섯 가지 가는 곳. 윤회하는 존재를 전체적으로 분류한 것이다. 즉
지옥, 잡된 기원, 귀신의 범위, 인간, 신들. 여기서 '신들'이란 6욕천의 신들뿐만 아니라, (앞
의 도표상으로는 나누어져 있지만) '신성한 세상'(brahma loka)의 신들까지 모두를 포함하는 말이
다. 근본경전의 5도 윤회는 아비담마 철학의 하나인 독자부(犢子部)에서부터 6도 윤회로 변형
되어 주장되었다.(구사2-373)
대승에서는 대부분 아수라를 포함한 6도 윤회를 주장하는데, 『능엄경』(제8권)에 와서는 신선
취(神仙趣)를 덧붙여 7도 윤회를 주장한다. 다분히 중국적 발상이어서 중국에서 찬술된 위경으
로 의심된다.

174 asura-kāya. 대승에서는 아수라(阿修羅)를 악도로 분류하여 6도 윤회를 주장하지만 근본
경전에서는 아수라가 따로 분류되지 않고 5도(五度) 윤회만이 나타난다. 아수라는 33천 신들과
의 전쟁 상대로 경전에 여러 번 등장한다. 이것으로 보아 아수라도 천상의 하나라고 추측할 수
있다. 악도 중생이 천상의 신들과 직접적으로 싸운다는 것은 이치에 맞지 않기 때문이다. 싸움
이란 비슷한 존재층에서 이루어지는 것이 상식이다. 그리고 잠시나마 아수라가 천상락을 받기
도 한다.(상4-421) 아수라가 비록 '신성한 실천으로 살기'에 적당하지 않은 아홉 가지의 하나로
다루어지지만 긴 수명을 가진 '신의 부류'(deva nikāya)도 적당하지 않기는 한가지다.(디3-454)
한편 아수라에는 많은 종류들이 있다는 것을 '유형'(kāya)이라는 수식어가 암시한다고 보인다.

175 petti-visaya. 지금까지는 배고픈 귀신이라는 뜻의 아귀(餓鬼)라는 번역어가 쓰여 왔다.
이에 따라 아귀는 목이 바늘구멍만 하고 몸은 집채만 하다는 묘사가 후대에 등장하지만 근본경
전에서는 찾아볼 수 없는 설명이다.(용어 풀이는 주석 138번 참조)

176 tiracchāna-yoni. 'tiracchāna'는 원래 '옆으로'라는 의미다. '잡됨'을 뜻한다. 그래서
'tiracchāna-kathā'는 '잡된 이야기', 즉 잡담을 의미한다.(디1-95) 또한 'tiracchāna-vijjā'는 '
잡되게 훤히 앎'이란 뜻으로 풍수지리나 점술, 주문 등등, 출가수행자가 익히지 말아야 할 재
주나 기술들에 밝은 것을 말한다.(디1-97) '네 가지 기원들'(四生, catasso yoniyo)이란 태생·
난생·습생·화생을 말한다.(디3-402) 여기서의 '잡된 기원'이란 네 가지 기원들에서 인간과 지
옥·귀신·천상의 화생을 제외한 기원들을 말한다. 축생이라고 편협하게 번역되어 온 용어다.
부처님은 "다른 어떤 부류(nikāya)도 이와 같이 다양한 것들을 거듭거듭 관찰할 수 없나니, 곧
'잡된 계통들'(tiracchāna-gatā)입니다."라고 표현하기도 했다.(상3-407) '잡된 계통들'에는 오
물 속에서 태어나서 오물 속에서 늙고 죽는 것들까지도 포함된다.(맛4-349) 'yoni'에 대해서는
주석 217번을 참고하라.

앞의 도표를 벗어나는 존재계란 없으며 그 이상의 생명체도 없다. 이 도표에 대한 이해 없이 삶의 온전한 이해는 어렵다. 공자는 죽음에 대한 질문에 "아직 삶도 모르는데 어찌 죽음을 알겠는가?"(『論語』「先進」)라며 솔직한 답변을 했다. 그러나 죽음을 모르는데 어찌 삶을 알겠는가? 토마스 칼라일이 인도와도 바꾸지 않겠다던 셰익스피어는『햄릿』(3막1장)에서 "(사후의 세계가) 있는 건지 없는 건지, 그게 의문이란 말야."[178]라고 고백했다. 삶의 지도에 대해서 아무것도 모르는 어느 유명한 글쟁이의 근원적인 번민이 잘 드러나 있는 독백이다.

요즘에는 출가자조차 윤회를 인정하지 않는 자들이 생기고 있다. 그들의 출가 목적은 의심스럽다. 틀림없이 '물질의 상속자들'일 수밖에 없다. 물론 시대는 법이 흐려진 말법이고 앞에서처럼 인류의 지성들도 알기 어려운 삶의 진실이긴 하다. 윤회에 대한 확신은 윤회가 사실인지 처절하게 고민한 자라야만 얻을 수 있다. 다만 고민하더라도 타당한 방법으로 고민해야 한다. 인생의 가치관을 결정하는 데는

· · · · · · · · · ·

177 地獄, niraya. 원어는 순우리말로 '낭떠러지' 정도에 해당하는 말이다.

178 "To be or not to be, that is the question!" 이 유명한 햄릿의 대사는 '계속 살아야 할지 죽어야 할지 그것이 문제로다.'라는 말이 아니다. 이어지는 대사들을 보면 독백의 성질상 '사후 세계'(afterlife)라는 주어를 생략한 문장이었음을 문맥으로 파악할 수 있다. 예컨대, "… 죽는다는 것은 잠드는 것! 잠이 들면 아마도 꿈을 꾸겠지. 아, 그게 곤란한 일이란 말이야. 이 허망한 육체의 굴레를 겨우 벗어났을 때, 죽음이라는 잠 속에서 어떤 꿈들이 찾아오겠지. 이 때문에 우리는 주저할 수밖에 없는 거고, 그것이 이 삶을 질질 끌고 가게 하는 재앙을 만드는 충분한 이유가 되는 거지…."와 같은 내용의 문장들이 이어지고 있다. 그런데 사느냐 죽느냐의 문제라면 셰익스피어는 'question'(의문)을 쓰지 않고 'problem'(문제)을 썼을 것이다. 또한 사후의 세계가 없다면 살 것인지 죽을 것인지는 햄릿에게 문제가 되지 않는다.

세 가지 요건을 동시에 구족하는지를 점검해 봐야 한다. 즉, 현실적으로 확인 가능한 가르침인가, 이치적으로 합당한 가르침인가, 최고의 수준이라고 할 만한 사람의 가르침인가이다. 불교 논리학에서는 이러한 측량의 기준을 각각 현량(現量, pratyakṣa-pramāṇa), 비량(比量, anumāna-pramāṇa), 성언량(聖言量, āptavacana-pramāṇa)이라고 말한다. 하나하나 따져보면 윤회의 가르침은 이 모두를 충족시키는 가르침임을 알 수 있다.

먼저 윤회는 현실적으로 직접 확인할 수 있는 것이다. 교주 혼자서 확인한 사실이 아니라 근현대에 이르기까지 제자들 중에서 많은 이들이 그러한 능력을 갖추고 있었다. 이러한 능력을 '전생을 잇따라 상기하는 앎'(宿命知)이라고 한다. 더구나 이런 능력을 달성하는 방법이 교법에 분명하게 밝혀져 있다.[179] 불교 외에도 전생을 보는 능력자들은 옛날부터 많이 있었다. 이 밖에도 자신의 전생을 기억하는 자들의 증언과 최면을 통해 자신의 전생을 읽어낸 자료들이 즐비하다. 조심스럽고도 면밀하게 이 증언들과 자료들을 현실적인 자료들과 비교·대조해 봄으로써 일치성이 확인된 신빙성 있는 증거물들이 쌓여가고 있다. 요즘 같은 정보화 시대에는 관심만 있다면 얼마든지 손쉽

----

179 보통 네 번째 명상의 상태에서 얻어진다. 마음이 고정되어 일정한 상태가 되었을 때 어떤 영역(신통류를 포함하여 '여섯 가지 뛰어난 앎들'(chaḷ-abhiññā)의 대상)을 상기하면 그것이 실현된다. 경에서는 마음이 일정한 상태가 되면 "뛰어난 앎으로 실현시킬 수 있는 법이 어떤 것이든지, 뛰어난 앎으로 그 경지를 실현하기 위해 그가 마음을 기울여서 '상기의 영역'(sati-āyatane)이 있을 때, 그때마다 실현해야 하는 것을 성취한다."라고 말하고 있다. (앙1-578)

게 접근할 수 있다. 이러한 귀납적인 증명의 누적에 의해 윤회는 거부할 수 없는 사실로 자리 잡게 될 것이다. 적어도 윤회인과에 대한 현실적인 증거들은, 증거도 확보되지 않았고 확인한 자도 없는데도 죽으면 물질로 없어진다고 주장하는 단멸론보다 훨씬 설득력을 가지고 있다고 말할 수 있게 해준다.

두 번째로 윤회인과는 이치적으로 합당한 가르침이다. 앞의 도표에 나타나는 윤회의 궤도에는 어떤 타자에 의한 일방적인 강요·심판·처벌의 양식이 들어 있지 않다. 다만 자업자득의 원리가 흐르는 선택의 문제만이 놓여 있을 뿐이다. 다시 말해 이 윤회의 궤도는 중생들의 작업력으로 형성된 흐름에 불과한 것이다. 이로써 인간의 자유의지가 정당한 지위와 권리를 확보할 수 있다.

인도 고대철학 중에 상당수는 영원불변의 진아(참나)를 상정하고서 그것이 윤회한다고 주장한다. 그러나 영원불변의 진아가 있다면 현실의 악업이 불변하는 진아에 스밀 리가 없어서 죽음 후에 육신을 빠져나온 진아에는 악업이 들어 있을 수 없다. 이렇게 되면 사후에 어떠한 차별도 성립할 수 없어서 인과 또한 성립하지 않게 된다. 불교의 자기-없음(無我)의 윤회인과만이 윤회 궤도의 흐름을 모순 없이 풀이해 줄 수 있다. 또한 자기가 지은 것을 자기가 받는다는 것에는 도덕적으로나 법률적으로나 하자를 발견할 수가 없다. 그리고 적어도 논리적으로는 윤회인과라야 현실적인 삶의 차별과 불평등을 합당하게 설명할 수 있다.

한편, 평생 엄격하게 시간 관리를 하면서 사색에 몰두했던 칸트는 도덕의 정당성을 확보하기 위해 신의 존재를 무조건적으로 요청해야 한다고 주장했다.(이것을 '정언명령'이라고 한다.) 하지만 이것은 그 시대의 패러다임을 벗어나지 못한 착각이었다. 공자에 의한 시대처럼 창조신 없이도 도덕적인 너무나 도덕적인 세상이 가능했었다는 것을 몰랐던 것이다. 오히려 윤회인과야말로 인본주의적인 도덕을 위한 정언명령이 될 수 있을 것이다.

셋째로 윤회는 성자 중의 성자인 부처님의 가르침이다. 그리고 제자인 동격자들의 가르침이기도 하다. 동격자들은 평생 탐진치를 보인 적이 없다. 거짓말은 더욱 발견되지 않는다. 근본불교에서 윤회를 빼 버리면 아무것도 성립할 수 없다. 부처님이 기본적인 사실을 직접 확인하지도 않고서 윤회를 기존의 관습이라고 해서 따랐다면 그의 거지와 같은 인생은 모순투성이가 되어 버린다.[180] 누구라도 자신의 인생은 소중한 법이다. 부처님이 역사적인 인물이라면 자신의 인생을 무책임하게 모순덩어리로 만들지는 않았을 것이다. 그런데 부처님의 역사적 실존성은 공자나 예수보다도 확실하다. 역사적인 증거물로는 1898년에 피프라흐와 고탑에서 브라흐미 문자의 명문이 확실한 사리함이 발견되었고(사리함에는 한 줌의 재만이 담겨 있었다.) 1958년에는 웨살리 무덤 유적지에서도 진신사리 단지가 발견되었다. 현실적으로는 모두 불교와 무관한 사람들에 의한 발견이었다. 이외에도

· · · · · · · · · ·

180 "비구들이여, 최후의 생계 수단은 그중에서도 걸식입니다. 세상에서 '그대는 손에 그릇을 들고 걸식하러 돌아다니는구나.'는 것은 욕입니다."(상3-289) 경은 이어서, 그럼에도 걸식하는 이유는 괴로움 덩어리의 끝을 보기 위해서라고 말하고 있다.

불멸 200년 후의 아쇼카왕의 비문에서도 부처님의 발자취에 대한 증언을 만날 수 있다. 또한 교법을 조금만 들여다본다면 여법한 입문식에 의한 대중의 면면부절함에 의해서도, 진리 명제와 그에 따른 교리의 정합성에 의해서도, 정해놓은 경지를 누구나 수행으로 직접 확인할 수 있다는 체험적인 검증 가능성에 의해서도 부처님의 역사적 실존성은 확실해진다. 최소한 역사적으로 확실히 실존한 사람의 말을 성언량으로 삼아야 된다.

성언량(聖言量)의 의미는 권위 있는 사람의 말을 판단의 기준으로 삼는다는 말이다. 서양 논리학에서는 이것을 '권위에의 호소'라고 해서 오류 논증의 하나로 본다. 고대인도 논리철학인 니야야(Nyāya, 正理) 학파에서는 성언량에 해당하는 논증의 방법으로 '증언(śabda)으로 측량함(pramāṇa)'을 제시한다. 불교 논리학의 집대성자인 법칭(法稱, Dharmakīrti, 634~673)은 그의 주저인 『쁘라마나-바릇띠까 (pramāṇa-vārttika, 量評釋)』에서 이 증언의 오류를 지적하면서도 부처님의 말씀은 믿음의 차원에서 판단 기준으로 삼아야 된다고 주장한다.[181] 대자대비한 삶을 살다 간 부처님의 말씀은 확실할 것으로 여겨지기 때문이다. 그러나 객관적인 설득력은 없어 보인다. 하지만 직접적인 지각과 논리적인 추론만으로는 주관적인 환영과 오류라는 위험한 한계를 완전히 극복하기는 힘들다. 그러므로 전문가의 도움을 받아야 하는 필요성이 대두된다. 다만 현량과 비량이 환영과 논리적 오류를 걷어

....

181 『다르마키르티와 불교 인식론』 권서용, 그린비, 2011, 344p. 참고.

내야 하듯이 성언량도 어설픈 전문가 내지 불완전한 성자의 주장들을 검열해야 하는 숙제가 있다.

부처님이 윤회를 관습상 맹목적으로 받아들였다면 깨달음을 얻기 직전에 '전생을 잇따라 상기하는 앎'을 성취했다고 정형구로 표현한 말들은 모두 거짓말이 되어 버린다. 이 정형구들은 근본경전에 여러 차례 반복되어 등장하며 모든 전승에서 일치한다. 심지어 창작물인 대승경전에서조차 받아들여져서 기술되어 있다. 근본경전에서 되풀이되는 정형구들은 부처님이 자신의 핵심 교법을 당대 제자들이 쉽게 암송하도록 배려한 것이자, 정확한 전승을 위한 방편이자, 후대인들이 친설임을 확신하도록 박아 넣어준 대못이었다. 이런 말들이 거짓이라면 '사실이 아니면 표명하지 않는다.'(디3-244)는 부처님의 말도 거짓이고 '말한 대로 행하고 행한 대로 말한다.'(디3-246)는 말도 무의미한 말이거나 거짓말이 된다. 또한 남은 윤회의 횟수를 기준으로 나눈 성자들의 분류도 완전히 사기극에 불과한 것이 된다. 더군다나 위없는 깨달음을 얻고 궁극적으로 주장한 윤회의 꺼짐도 납득할 수 없는 주장이 된다. 왜냐하면 윤회를 직접 확인하지도 않았고 죽으면 소멸할지도 모르는 상황인데, 중생들이 혐오할 만한 '꺼짐'을 주장하고 게다가 꺼짐을 위한 금욕적인 수행을 권장하면서 본인도 직접 탐진치가 다 사라진 연극 인생을 살아야 하기 때문이다. 나라를 버리고, 부모형제를 버리고, 처자식까지 버린 출가와(나중엔 처자식까지 거지 인생을 만들었다!) 혹독한 고행, 그리고 깨달은 후의 주장이 확인 안 된 꺼짐이라고 한다면 이 모두는 정신병자의 행보와 같게 된다. 그러므로 윤회를 부정하면서 부처님 제자라고 하는 자들은 정신병자를 추종하는 더 한심한 정신병자들이다. 단순한 정신병자에 그치지 않는다. 인류의 오랜 역사 속에서 나라를 좀먹고, 가정을 파괴하고, 젊은 이들에게 금욕의 고통을 안겨준 인류의 대마왕을 추종하는 정신병자가 되어 버리는 것이다.

부처님이 직접 확인한 사실을 말한 것이라고 믿고 맹귀우목의 비유를 근거해 본다면(상6-443, 맛4-350) 윤회의 전체 과정은 대부분 3악도로 이루어져 있다. 인간의 몸을 연속적으로 몇 번 받을 수도 있지만 전체적으로 인간의 몸을 받을 확률은 1억분의 1도 안될 것 같다. 그러므로 윤회의 실상이란 온통 고통의 똥물 바다이다. 이러한 윤회의 실상에 대한 고뇌와 확인과 확신이 섰을 때에 비로소 이후의 불교 논의에 정합성과 타당성과 당위성이 성립한다. 윤회조차 정립이 안 되어 있는데 윤회의 소멸과 꺼짐을 논하는 것은 어불성설이기 때문에 말법시대에 맞는 구체적인 논의가 요구된다고 하겠다.

다만 부처님이 제시한 윤회하는 삶의 전체 지도에는 '부처님의 세계'(佛界)나 '극락세계'와 같은 영역이 따로 없다는 것만큼은 확실하다. 만일 그러한 세계에 있다가 사바세계에 내려올 수도 있다면 윤회는 3계 윤회가 아니라 4계 혹은 5계 윤회로 제시했어야 했다. 그러나 극락세계처럼 형색이 있는 세계라면 '방해물의 경계'(色界)를 벗어날 수 없다. 또한 욕망이 잔존한다면 '욕망의 경계'(慾界)를 벗어날 수 없다.

욕망도 없고 방해물도 없는 순수한 '정신의 세계'[182]로 생성됐다면 '무방해물의 경계'(無色界)에 속하게 된다. 다시 말해 부처들의 세계, 즉 열반의 세계를 형색으로 묘사하는 한, 그것은 다만 방해물로 생성되었음을 의미한다. 또한 어떤 정신적인 경지로만 묘사한다면 그것은 무방해물로 생성되었음을 의미한다. 그러나 열반의 경계, 즉 꺼짐의 경계는 현실적으로, 체험적으로는 존재하지만 꺼짐으로 생성됨이란 존재하지 않는다. 꺼짐이란 생성됨의 소멸이기 때문이다. 쉽게 말해 촛불의 꺼짐이라는 현상은 엄연히 체험적으로 있지만 꺼진 그 불이 어디에 있다고 말하는 것은 타당하지 않다는 말이다. 그래서 부처님은 "모든 법들이 근절되었을 때 주장의 행로도 모두 근절됩니다."(숫-825)라며 꺼진 동격자에 대한 논의와 추정은 불가능하다고 말한다. 이러한 꺼짐을 존재론적인 대상인 것처럼 영원불멸하는 환상의 세계로 만들어 놓고 그런 세계를 묘사하며 도피처로 추구하다 보면 윤회의 실상에 대해서는 무감각해지고 무책임하게 된다. 다른 종교들은 영생이 목적이지만 불교에서는 우리가 이미 영생을 얻은 존재이

· · · · · · · · · ·

182 정확히 말하면 인지(saññā, 想)의 세계라고 해야 한다. (인지에 대해서는 제29 장에서 다루어진다.) 정신(mano, 意)은 넓은 영역을 포괄한다. 무방해물의 경계에 생성된 신들을 '인지로 이루어지는 무방해물의 신들'(devā arūpino saññāmayā)이라고 부른다. 반면에 방해물을 대상으로 수행했고 그 고정된 경지를 달성했으나 방해물의 경계를 넘어서지 못한 사람들은 방해물의 천상에 태어나는데, 이런 부류는 '정신으로 이루어진 방해물의 신들'(devā rūpino manomayā)이라고 부른다. (맛2-567) 이러한 신들은 다시 '허공을 땅이라고 인지하는 천신들'(devatā ākāse paṭhavi-saññiniyo)과 '땅을 땅이라고 인지하는 천신들'(devatā paṭhaviyā paṭhavi-saññiniyo)에 배대할 수도 있을 것이다. (디2-293)

고 오히려 그것이 가장 큰 문제라고 본다. 윤회할지 소멸할지의 선택
문제도 윤회의 실상에 대한 사실적인 이해가 구체적으로 깊어질수록
자연스레 선명해지는 법이다. 결국 영생을 추구하는 대승의 교리는
이러한 이해를 가로막는다는 것을 알아차려야 한다.

28
허무란 '착각'이다

> "비구들이여, 조금의 똥일지라도 그것은 악취를 풍깁니다. 그
> 와 같이 나는 설사 손가락을 튕기는 만큼일지라도 조금의 생성
> 됨(bhava, 有)도 찬탄하지 않습니다."(앙1-158)

경전 전체를 통틀어 위의 말보다 더 자비스러운 말은 없을 것이다. 위
와 같음에도 불구하고 45년 동안 왕성한 교화활동을 펼쳤기 때문이다.
굳이 부처님에게서 대승적인 이타주의를 찾아낸다면 위와 같은 입장
인데도 따라서-같이-생겨남의 난해함과 꺼짐에 대한 거부감이라는
염려에도 불구하고 전법을 결심한 대목일 것이다.(상1-487) 많은 이들
이 불교는 염세주의가 아니라고 안간힘을 쓴다. 그러나 불교는 처음부
터 끝까지 염세다. 물론 염세를 목적으로 삼거나 강요하는 것은 아니
기 때문에 염세주의라기보다 그냥 염세적이다. 그렇다면 왜 부처님과

제자 동격자들은 차라리 자살하지 않는 것일까? 동격자들은 측정할 수 없는 존재라고 하지만(앙1-600) 그래도 두 가지로 추측해 보겠다.

① 먼저 동격자들은 삶을 욕구하지도 않지만 절망·좌절·비탄도 없기 때문일 것이다.[183] 부처님에게 염세란 사실에 입각한 순수한 가치판단이며 부정적인 감정의 개입이 배제된 판단이다. 부처님이 자신의 죽음을 결정하는 대목에서는 '목숨의 형성작용(āyu-saṅkhāra)'을 내버렸다는 표현이 쓰였다.(디2-217) 이와 같이 설사 동격자들이 목숨을 던지더라도 자살이라는 용어는 적합하지 않다.[184] '나다.'라는 착각[185]

· · · · · · · · · ·

183 "나는 죽음을 반기지도 않지만 살아감을 반기지도 않는다."라는 표현은 사리뿟따를 포함하여 여러 장로 동격자들이 읊었다.(『Thera-gāthā』 게송 제606~607번, 제654~655번, 제685~686번, 제1002~1003번) 반면, 우빠세나는 동격자가 된 후 "나에게는 살아감도 축복이고 죽음도 축복이다."라고 생각했다.(우-392)

184 동격자의 자결에 대해 "친교 없이(사후에 다른 몸을 붙잡지 않고) 칼을 썼습니다."라는 부처님의 표현이 있다.(상4-195)

185 asmi-māna. 착각(māna)이라는 단어는 아비달마 철학에서부터 자만(慢)이라고 오역되고 있다. ① 'māna'는 어근 √man(생각하다.)에서 파생된 단어다. 즉, 생각의 일종임을 알 수 있다. ② 착각(māna) 역시 격의법이 적용된 용어다. 일상적인 문맥에서 나타난다. "유입들을 멸진하여 마지막 육신을 지닌 동격자라면서도 '나는 말한다.'거나 '나에게 말한다.'고 착각에 사로잡혀서 말합니다."(상1-180) "소나단다 신성인은 어리석고 현명하지 못하다. 착각으로 완고하지만 두려워서 출가수행자 고따마를 만나러 가지도 못하는구나."(디1-329) ③ 규제집에서는, 깨닫지 못했는데 깨달았다고 착각하거나 자신의 실제 과위보다 더 높은 과위라고 착각하는 경우들을 증상만(增上慢, adhi-māna)이라고 불러 왔는데 '높이는(adhi) 착각(māna)'이라고 직역해야 한다. 착각에는 고의성이 없기 때문에 이런 경우는 범행으로 인정되지 않는다.(율3-729) 만일 'adhi-māna'(增上慢)를 '더 높은 자만'이라고 본다면 더 무거운 처벌을 내렸어야 할 것이다. ④ 경에서 'māna'는 대부분 '자아의식'을 암시한다. 19세기에 심리학이 철학에서 분립하여 연구한 결과 자아의식이 발견되었다. 그 이전에는 동서양을 막론하고 자아의식에 대한 규정과 명칭은 거의 알려지지 않았다. 부처님은 이 자아의식을 착각이라는 단어로 표현했

과 애착이 사라진 동격자들에게 이 몸뚱이는 살아 있는 하나의 생명

. . . .

다. 다만 착각이라는 단어만으로는 자아의식을 표현하기에 역부족이기 때문에 거의 대부분 '나다.'(asmi)라는 말을 앞에 붙여서 표현했다. 다시 말해 부처님은 '나다.'라는 자아의식은 착각일 뿐이라고 말하고 있는 셈이다. ⑤ '나다.'라는 것은 '추정한 것'(maññita), '동요된 것'(iñjita), '혼란된 것'(phandita), '망상한 것'(papañcita), '착각에 빠진 것'(māna-gata)이라고 설명된다.(상4-421) ⑥ '나다'라는 착각 외에도 자아의식으로서의 착각을 표현하는 파생어들이 있다. '나 만들기와 내 것 만들기인 착각의 저류'(ahaṁkāra mamaṅkāra māna-anusaya, 상2-580)는 '추정'(maññitā), '혼동'(mathitā) 등의 용어와 상응해서 쓰인다.(맛3-87) 또는 "나다."라는 견해인 착각의 저류'(asmī-ditthi māna-anusaya, 맛1-323) 등의 용어도 있다. ⑦ '자만' 혹은 '우쭐거리다.'에 해당하는 단어는 'atimāna'와 'atimaññati'이다.(숫-472, 상1-608 참고) 이 자만과 비슷한 뜻을 가진 단어로 'mada'가 있는데 이것은 '자부심'이라는 말이다. 세 가지 자부심이 있다. 즉, 건강의 자부심, 젊음의 자부심, 살아감(jīvita)의 자부심.(디3-385, 앙3-173)

이상과 같이 'māna'는 '착각'이라는 단어임에 분명하다. 이 단어에 대한 오해로 말미암아 유식 철학에 이르기까지 심각한 사상적 변질을 초래하게 된다. 다만 유심히 읽어야 할 문장들도 있다. 부처님은 부모와 스승에게 예경을 드리지 않는 마낫땃다 신성인에게 "아버지, 어머니, 맏형과 네 번째로 스승에 대해서 착각(자만?)을 지어서는 안 되고…."(상1-585)라고 일러준다. 마낫땃다가 부처님에게 예경 드리지 않은 배경으로 "이 출가수행자 고따마는 아무것도 모르는구나."라는 착각이 경에 제시되지만 부모형제에 대한 착각의 내용은 경에 제시되어 있지 않다. 또한 아누룻다(阿那律)가 "나는 인간을 넘어선 청정한 하늘눈으로 천의 세상을 비춰봅니다."(앙1-627)라고 말했을 때 사리뿟따는 그 말이 착각이라고 지적한다. 이것은 '내'가 그렇다고 자아의식을 갖는 착각을 지적한 것이었다. 문맥상 착각 대신 자만이라고 번역하면 쉽게 이해되는 문장들인 것 같다. 그러나 진의를 바르게 전달하는 번역인지 의심스럽다. 특히 아비담마 철학에서처럼 'māna'를 자만이라고 이해하고서 이것을 다시 아홉 가지로 분류했는데, 이때 열등하다고 생각하는 종류도 자만이라고 해석한 것은 억지스럽다. 예컨대 경에 '저 비구는 번뇌의 유입을 멸진하여 지내는데 왜 나는 안 되는가?'라고 자책하면서 '착각에 의지해서 착각을 버린다.'고 말한다.(앙2-344) 이때의 착각은 '열등하다는 자만'이 아니라 '나다.'라는 착각이며 이 착각에 빠져 있는 자책이지만 결국 이로써 몸을 받게 만든 근원적인 착각인 '나다.'라는 착각을 제거하게 된다는 말이었다.

최소한도의 결론을 말하자면 '나다.'에는 자만으로 표출될 여지가 있기는 하지만 기본적인 내용도 아니고 중심적인 내용도 아니다. '나다.'를 통해 드러내려는 기본적이고도 중심적인 내용은 '착각'이다.

체일 뿐이며 없애려는 일종의 가해성도 이미 제거되어 있다.[186]

② 자살하는 모습은 불교와 중생들에게 부정적인 피해를 주기 때문이기도 하다. 이것은 자기-없음의 자비심이 발현되는 존재에게 허락될 수 없는 내용이다. 어차피 남은 삶이란 쏜 화살처럼 신속 무상하므로 번거로울지라도 조급한 마음을 낼 이유가 없다. 자기는 할 일을 마쳤으므로 인연 있는 중생이 있으면 도와줄 마음밖에는 없을 것이다. 자비심은 자기-없음으로써 완성된다. 결론적으로 동격자들이 자살하지 않는 이유는 도리와 순리에 수순하는 삶이 아니기 때문이다.

많은 이들이 불교의 염세관과 꺼짐의 교리들을 접하면 부처님이 비판한 두려움과 걱정에 휩싸일 것이다.

"비구들이여, 여기 어떤 자에게 '그가 세계요, 그가 자기다. 그는 먼 훗날, 나로서 항상하고[187] 견고하고 영원하여 변하지 않

··········

186 동격자에 해당되는 얘기는 아니지만 내가 나를 죽이면 '죽이는 나'와 '죽임을 당하는 나'가 공존하면서 과보를 주고받게 된다. 설사 내생에 사람 몸을 받는다 하더라도 정신분열이나 자기 학대에 시달릴 수 있다. 자살에 동원된 환경과 수단에 대한 공포증에 사로잡힐 수도 있다. 또한 자신의 자살로 인해 피해를 본 사람들과의 적대관계도 형성될 것이다. 결국 살인한 과보를 스스로 옹골지게 받게 된다. 깊이 생각해 볼 일이다.

187 nicca, 常. ni(아래로)와 √i(가다.)로 어원이 분석되지만 의미가 선명하지 않다. 'nicca'는 3법인의 문맥에서 주로 쓰인다. "방해물(rūpa)은 항상합니까, 무상합니까?" 여기에서 항상함(nicca)에 부정 접두어 'a-'를 붙여서 만든 단어가 무상(無常 a-nicca)이다. 그런데 '항상함'이라는 단어는 없는 말이다. '항상'은 부사어로만 쓰이기 때문이다. 결론적으로 말하자면 'nicca'는 '변함없이 계속됨'을 의미한다. 즉, 'nicca'에는 불변의 성질이 들어 있어야 한다. 불규칙적인 변화에는 'nicca'가 쓰이지 않는다. 그러나 '변함없이 계속됨'을 뜻하는, 단일한 단어의 우리말을 찾기는 힘들다. 그래서 일단 그런 의미로서의 '항상함'이라는 신조어를 쓰기로 하겠다. 만일

는 법으로 생성될 것이며, 영원토록 그대로 머물게 될 것이다.'

는 견해가 있습니다. 그는 '한결같은 이'(如來)나 한결같은 이의

제자가 모든 견처, 결단[188], 얽매임, 고수함, 저류[189]들을 뽑아

· · · · · · · · · ·

'nicca'가 끝없는 존재의 지속을 의미하는 '영원함'(이것에 해당하는 빨리어는 'sassata'이다.)을 의미한다면 방해물이 영원할지 아닐지는 시간의 끝까지 가보지 못했으므로 위와 같은 부처님의 질문에 '그거야 모르죠.'로 대답했어야 한다. 그러나 제자들은 한결같이 "무상합니다."로 대답한다. 방해물 등의 다섯 덩어리들에게서 변함없이 계속되는 것을 발견할 수 없기 때문이다. 그런데 '영원'에는 불변함이 반드시 들어 있는 것은 아니어서 오해의 여지가 있다. 다시 말해 변하더라도 소멸하지 않고 계속 존재하기만 해도 영원한 것이다. 그러므로 '영원'은 외연이 넓은 용어라서 'nicca'를 적시하기에는 헐렁하고 애매해지는 번역어다.

188 決斷, adhiṭṭhāna. 기존 한역은 '受持'이다. 이 단어는 '마음의 결단'(cetaso adhiṭṭhāna)이라고 여러 곳에서 쓰이고 있다.(상2-141, 상3-123) "그는 방해물에 접근하고(upeti) 포착하고 (upādiyati) 결단하면서(adhiṭṭhāti) 내 자신이라고 합니다."라는 표현에서도 동사로 나타난다.(상3-334) 또한 규제집에서 사타 제21번은 "최대 열흘까지만 여유 발우를 수지해야(dhāretabbo) 합니다. 이것을 넘기면 사타입니다."이다.(율3-1152) 이때 열흘이 되면 여유 발우를 남에게 주거나, 적법하게 안배하거나, 결단해야 한다. 여기에서 '결단'이라는 것은 여유 발우를 수지하는 발우로 할 것인지에 대한 선택 · 결정을 말한다. 한편, '네 가지 결단들'로 정리되기도 한다.(디 3-400, 맛4-496) 즉, ① 알아차림의 결단(paññā-″), ② 진실의 결단(sacca-″), ③ 버림의 결단(cāga-″), ④ 적정의 결단(upasama-″).

189 底流, anusaya. 빨리어는 '잇따라(anu) 드러눕다(√sī).'로 파자된다. 어근을 '누워 자다.'로 파악해서 수면(隨眠)으로 한역되었다. 번뇌 중에서도 오랫동안 쌓아서, 거대해지고 깊어지고 강해져서 저변에 흐르는 것을 말한다. 일곱 가지가 있다.(디3-437) ① 욕망에 대한 애착의 저류(kāmarāga-anusaya, '애착의 저류'(rāga-″)라고도 한다. 맛1-486, 상4-430), ② 거리낌의 저류(paṭigha-″), ③ 견해의 저류(diṭṭhi-″), ④ 의심의 저류(vicikicchā-″), ⑤ 착각의 저류(māna-″), ⑥ 생성됨에 대한 애착의 저류(bhavarāga-″), ⑦ 무명의 저류(avijjā-″).
만일 이 'anusaya'를 잠재태로 파악할 경우, 부파불교에서 쟁점의 하나가 되었듯이 현실태(현실적으로 작용하고 있는 양태)와 잠재태(혹은 가능태)라는 이분법의 모순에 빠져든다. 이것은 본체와 현상이라는 이분법적 모순에 해당한다. 설일체유부에서는 'anusaya'를 심소(心所, 현실적인 심리현상)로 다루어서 현실태로 파악했으나 이것은 근본경전에서 'anusaya'를 따로 분리해서 다룬 이유에 부합하지 않고, 대중부에서는 잠재태로 파악했으나 이것이 어떻게 현행하는지를 설명

내고, 모든 형성작용의 멈춤, 모든 소유의 내던짐, 갈구의 멸
진, 퇴색함, 소멸, 꺼짐 등을 위하여 법을 설하는 것을 듣습니
다. 그러면 그에게 '나는 단멸해버리겠구나. 나는 진짜로 파멸
해버리겠구나. 나는 진짜로 생성되지 않겠구나.'는 생각이 듭니
다. 그는 걱정하고 상심하고 슬퍼하고 가슴을 치며 울부짖고 미
혹에 빠집니다. 비구들이여, 이와 같이 안으로 존재하지 않는
것에 대해 염려합니다[190]." (맛1-551)

· · · · · · · · · ·

하지 못한다. 경량부를 대변하는 세친(바수반두)은 『구사론』(3-858)에서 효력(功能, śakti)를 가
진 것으로서의 종자(種子, bīja)설을 내세우며 이 모순을 해결하려고 했다. 이 종자설은 유식철
학의 창시자이기도 한 세친이 제8식의 종자설을 주장한 사상적 연원을 보여주는 대목이다. 하
지만 이것도 종자가 어떻게 만들어지는 것인지, 왜 일곱 가지 종류만 언급된 것인지를 타당하
게 설명하지 못한다. 남방상좌부를 대변하는 『청정도론』에서는 "원인의 상태로 잠재해 있기 때
문이다."(청론3-371)라고 잠재태로 설명하면서도 52가지 심소로 다루어서(아길-193) 일관성이
없다. 또한 견해나 무명은 52심소에서 빠져 있다. 만일 잠재태라면 첫 번째 명상에서 애착이
제거되고 애착의 저류도 저변에 흐르지 않는다는 경의 설명(맛2-330)이 해명되지 않는다. 이
러한 모든 모순과 애매함은 'anusaya'가 해저류(海底流)나 하저류(河底流)와 같은 성질의 것임을
모르기 때문에 발생한 것이다. 강(河)이 크고도 깊으며 강물이 세차게 흐르면 강바닥에는 저류
가 형성되는데 그것이 '하저류'다. 표면의 물결과 저류는 같은 성질의 것이고 끊임없이 교류한
다. 완전히 같은 것도 아니고 완전히 다른 것도 아니다. 저류는 물결을 떠나 있을 수 없는 것이
고 원래부터 있었던 것도 아니다. 물결이 잠잠해지면 저류 또한 약해진다. 위의 일곱 가지 저류
와 그것이 현행하는 일곱 가지 현상들의 관계도(나아가 나머지 심리 현상들과의 관계도) 그와 같다.

190 paritassati. '두루(pari) 두려워하다(tassati).'로 파자된다. 이것의 명사형은 paritassanā(念
慮)이다. "마음이 휩싸였기 때문에 그는 무서워하고 당혹해하고 갈망하게 됩니다. 이렇게 포
착하기 때문에 염려합니다."(상3-139) 이처럼 '염려'에는 두려움·걱정·불안·갈망 등의 성질
들이 들어가 있다.

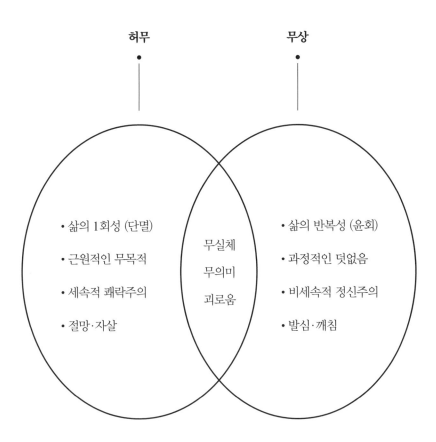

허무   무상

• 삶의 1회성 (단멸)   무실체   • 삶의 반복성 (윤회)

• 근원적인 무목적   무의미   • 과정적인 덧없음

• 세속적 쾌락주의   괴로움   • 비세속적 정신주의

• 절망·자살   • 발심·깨침

도표9. 허무와 무상

경에 인용된 사람은 꺼짐의 교리를 접하고서는 허무에 빠져든 경우다.[191] 전에 다루었던 야마까 비구의 착오와도 같은 맥락의 것이다. 그런데 많은 사람들이 이런 허무와 불교의 무상(無常, a-nicca)을 혼동한다.

허무든 무상이든 실체가 없고 무의미하기 때문에 인간에게는 결국 괴로움으로 다가온다. 허무를 극복하기 위해 평생을 바쳤던 니체는 허무를 '최고 가치의 박탈감' 혹은 '목적이 결여된 상태'로 정의했다. 그러나 허무의 간명한 본질은 인생이 한 번뿐이라는 존재론적인 착각에 기인한다. 니체도 똑같은 삶이 영겁에 걸쳐서 반복된다는 영겁회귀를 주장했고 오히려 그것을 적극적으로 긍정함으로써 허무를 극복하려고 했다. 그러나 이것은 어느 매독 걸린 천재의 비틀거리는 망상이었다. 차라리 영겁윤회[192]라고 하는 것이 신빙성 있는 주장이었을 것이다. 허무란 일차적으로 '생성됨의 단절'[193]이라는 착각에서 기인하지만 이보다 더 근원적인 기원은 '나'라는 것이 있다가 없어진다는 자아에 대한 착각에 있다. '나다.'라는 자아의식은 허구 관념으로, 착각의 일종에 불

· · · · · · · · · ·

191 근본경전에서는 사후에 아무것도 없고 현생도 아무런 가치가 없다는 허무주의를 'natthika vāda'(맛2-553)라고 하고 단멸론(uccheda vāda)이라고도 표현한다.(디1-153) 또한 단멸론은 '단멸한다는 견해'(uccheda diṭṭhi)라고 표현되기도 한다.(상3-302)

192 "비구들이여, 정점(agga)이 헤아려지지 않는 것이 윤회입니다. 무명에 덮이고 갈구에 결박되어 이어서 달리고 이어서 흐르는 중생들에게는 시작점이 알아차려지지 않습니다."(상2-441) '정점'은 시작점과 종점을 말한다. 여기에서 부처님 자신도 윤회의 시작점을 모르겠다고 말하는 문장이 아니라는 점에 유의해야 한다.

193 vi-bhava, 無有. 쉽게 말해 '죽으면 끝'이라는 말이다. 단멸론으로 이어진다. 이런 견해를 갈구하는 것을 '생성됨의 단절에 대한 갈구'(vibhava taṇhā, 無有愛)라고 한다.(이-321 참고) 이러한 견해와 갈구로 인해 자살로까지 이어지는 것이다.

과하다. 그러므로 허무란 착각에서 기인한 정서적인 견해일 뿐이다.

무상과 비슷한 말로 덧없음('잠시도 없음'의 뜻임)이라는 단어는 무상함에 대해서 감성적이고도 시간적으로 표현한 말이다. 무상이나 덧없음은 영겁윤회라는 거시적인 지평 위에서 이루어지는 견해이기도 하지만 지금 현재의 생멸을 확인하는 미시적인 견해를 중심으로 한다.(디2-344) '다섯 덩어리들'(五蘊)의 생멸에 대한 무상함이 지극해지면 무명을 없애어 동격자를 이룬다.(상3-417) 이렇게 무상함은 허무와는 판이하게 다른 결과를 가져온다. 인생의 좌절과 허탈을 무상함이라고 착각하는 자들이 많다.(좌절에 의한 출가에 대해서는 맛3-278을 참고하라.) 어설픈 무상에 젖으면 무기력증이나 방탕에 빠지기 쉽다.

29
상(想, sañña)이란 '인지'다

'나다.'라는 착각은 인간을 '다섯 덩어리들'(五蘊)로 나눈 것 중에 한 가지인 인지[194](想, sañña)라는 앎에서 기인한다.(주석 199번 참고) 먼저 이

----

194 認知. '인(認)'이란 '그와 같다고 여김'이라는 뜻이 있다. '인정(認定)'이란 '그와 같다고 여기면서 결정함'이라는 뜻이다. '인가(認可)'는 '그와 같다고 여겨서 허락함'이라는 뜻이다. '확인(確認)'도 '확실하게 그와 같다고 인정함'이라는 뜻이다. 이렇게 '인(認)'이라는 한자는 '동일성의 확인'이라는 의미가 들어 있다. 그러므로 '인지'란 '그와 같다고 여기어 앎'의 뜻이다. 이것은 어원

번역하기 난해한 인지에 대한 부처님의 정의를 살펴보자.

"비구들이여, 그러면 왜 인지라고 부릅니까? '인지한다.'
(sañjānāti)고 해서 인지라고 합니다. 그러면 무엇을 인지한다는
것입니까? 파란 것도 인지하고, 노란 것도 인지하고, 빨간 것도
인지하고, 흰 것도 인지합니다. 비구들이여, 이렇게 인지한다
고 해서 인지라고 합니다."(상3-276)

인지를 이해하기 위해서는 먼저 관념을 말해 둘 필요가 있다. 관념이
란 일반적으로 객관적인 대상을 나타내는 의식의 내용물이라고 정의
된다. 다소 이견이야 있겠지만 이 관념의 내용은 인상[195]과 개념으로

··········

적으로 다섯 덩어리들의 'saññā'와 일치한다. 참고로 '인식(認識)'이라는 용어는 '인지(認知)'와 '식
별(識別, viññāṇa)'이 결합된 단어다. '역사 인식'처럼 단순한 인지의 차원뿐만 아니라 구분과 판
별이라는 식별의 의미까지 들어 있는 외연이 넓은 용어다.

195 印象, nimitta. 보통 '相'이라고 한역되었다. 인상은 영어로 'impression'에 해당한다. 즉
감각 기관에 찍힌 모습이다.(버트란트 러셀의 '감각자료'(sense-data)와 상응하는 개념이라고 볼 수 있
다.) 그러므로 안·이·비·설·신·의, 여섯 영역 각각에 인상이 생긴다.(상4-284) 경에는 요리사
가 '공양자의 인상'(bhattu nimitta)을 살피는 내용이 나온다.(상5-459) 여기에서 공양자의 인
상이란 음식에 반응하는 공양자의 언행의 모습을 가리킨다. 우리의 앎이 대부분 눈을 통해 이
루어지듯이 인상도 시각적인 인상이 대부분을 차지한다. 물론 인상은 감각기관을 거쳐서 형성
된 것이기 때문에 대상 그대로의 전부를 반영하지는 못하며 어느 정도의 굴절과 왜곡은 불가
피하다고 하겠다. 심지어 탐진치가 인상을 만드는 원인이 되기도 한다.(맛2-313) 한편 이 인상
은 네 가지 명상과 네 가지 무방해물에 고정됨(삼매)을 개발시키는 매개체로서 공통적으로 다
루어지기도 한다.(앙5-461 참고) 또한 4념처 수행도 인상을 취득해서 공부하는 수행법으로 나
타난다.(상5-462)
참고로, 표상(表象)이라는 용어는 일반적으로 '대표적인 인상', 혹은 '표출한 인상'이라는 의미이

이루어졌다고 볼 수 있다. 그런데 개념이란 결국 명칭(名, nāma)으로 구성되는 것이다. 그래서 개별 개념은 '단일 명칭'(강, 산, 땅, 하늘 등등)과 같아진다. 그러므로 관념의 내용물이란 결국 인상과 명칭이라고도 할 수 있다. 우리가 대상을 떠올리거나 규정하는 것은 모두 이 두 가지에 의해 이루어진다.

위의 인용문에서 '파란 것', '노란 것', '빨간 것', '흰 것' 등은 객관적인 대상 자체가 아니고 그것에 대한 관념적인 규정이다. 이 규정은 객관적인 대상 자체와 완전히 일치한다고 보장할 수 없지만 범부들은 보통 의심 없이 대상 그대로를 규정했다고 생각한다. 인지에는 필연적인 오차 내지 착오가 존재한다는 것을 간과하고 있다는 말이다. 이렇게 '인지한다.'(sañjānāti = sam + jānāti)는 것은 객관적인 대상을 본인이 지니고 있는 관념적인 내용과 '같은 것'(sam)이라고 '안다'(jānāti)는 뜻이다. 결국 인지란 한마디로 '관념적으로 규정하는 앎'을 말한다. 따라서 인지의 구성 요소도 관념처럼 인상과 명칭임을 알 수 있다. 인지와 관념은 매우 비슷하지만 관념이라는 용어에는 인지처럼 대상을 규정하는 동사적인 앎의 작용이 결여되어 있다. 경에 나타나는 인지의 전후 관계를 살펴보면 좀 더 인지의 위치와 성질이 분명해질 것이다.

. . . .
기 때문에 본래적인 인상과는 약간의 차이가 있으므로 구별해서 사용할 필요가 있다.

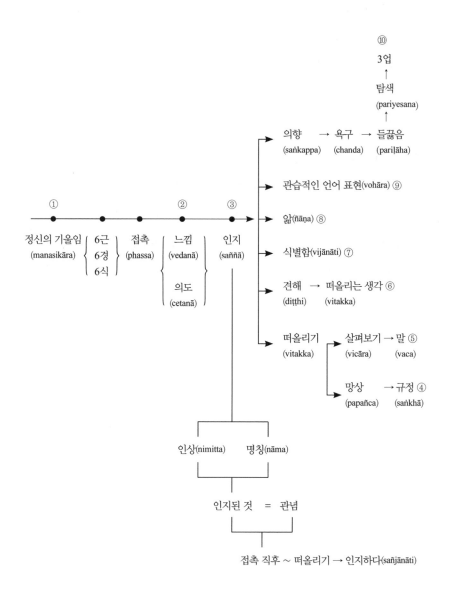

⑩
3업
↑
탐색
(pariyesana)

의향 → 욕구 → 들끓음
(saṅkappa) (chanda) (pariḷāha)

관습적인 언어 표현(vohāra) ⑨

앎(ñāṇa) ⑧

식별함(vijānāti) ⑦

견해 → 떠올리는 생각 ⑥
(diṭṭhi) (vitakka)

떠올리기 살펴보기 → 말 ⑤
(vitakka) (vicāra) (vaca)

망상 → 규정 ④
(papañca) (saṅkhā)

① ② ③

정신의 기울임 6근 접촉 느낌 인지
(manasikāra) 6경 (phassa) (vedanā) (saññā)
6식
의도
(cetanā)

인상(nimitta) 명칭(nāma)

인지된 것 = 관념

접촉 직후 ~ 떠올리기 → 인지하다(sañjānāti)

도표 10. 불교의 인식론

이 도표는 경에 근거해서 재구성된 것이다. 먼저 도표에 표시된 번호를 중심으로 경에 나타난 문구를 통해 설명하겠다.

① "모든 법들은 정신의 기울임과 같이-생성되며…"(앙6-222) "정신의 기울임이 같이-일어남으로부터 법들이 같이-일어나고, 정신의 기울임의 소멸로부터 법들이 사라집니다."(상5-523)

② 느낌, 인지, 의도 등은 모두 '여섯 가지 내부 영역'(六內入處)이나 '여섯 가지 외부 영역'(六外入處)에 의해 여섯 가지 기본 유형으로 나누어진다. 예컨대 '눈을 통한 접촉에서 생겨난 느낌'(나머지 다섯 가지도 같은 원리다. 상3-222), '방해물에 대한 인지'(나머지 다섯 가지도 같은 원리다. 상3-223), '방해물을 통한 의도'(나머지 다섯 가지도 같은 원리다. 상3-224). "비구들이여, 접촉하여 느끼고 접촉하여 의도하고 접촉하여 인지합니다."(상4-209)

③ 인상은 인지의 구성 요소다. '네 가지 노력들' [196] 중에서 '고정됨의 인상'(samādhi nimitta)을 유지하는 방법으로, (시체에 관련하여) 뼈다귀라고 인지함, 벌레 구더기라고 인지함, 검푸르죽죽한 것이라고 인지함, 끊어져버리는 것이라고 인지함, 부풀어 오르는 것이라고 인지함 등을 말하고 있다.(디3-394) 한편, 열 가지 '온통' [197] 수행은 열

· · · · · · · · · ·

196 cattāri padhānāni, 四勤. 즉, ① (여섯 가지 기능을) 단속하는 노력, ② (세 가지 의향을) 제거하는 노력, ③ (일곱 가지 깨닫는 통로들을) 개발하는 노력, ④ (다섯 가지 고정됨의 인상을) 유지하는 노력. 자세히는 디3-393 참고. 이 네 가지 노력들은 '네 가지 바른 노력들'(四正勤, 디3-387 참고)과 같은 성질의 것이지만 내용의 범위가 구체적이라는 점에서 다르다.

197 kasiṇa, 遍處. 열 가지가 있다. 지·수·화·풍·청·황·적·백·허공·식별(地·水·火·風·

가지 인상을 무량하게 펼치는 고정됨 수행을 말하는데, 이 열 가지 온통들을 '인지한다.'라고 표현하며 설명한다.(디3-461)

④ "도반들이여, 눈을 따라서 방해물에 대해 눈의 식별이 생겨납니다. 이 셋의 만남[198]이 접촉입니다. 접촉의 연유로부터 느낌이 생겨납니다. 느끼는 그것을 인지하고 인지하는 그것을 떠올리며 떠올리는 그것을 망상합니다. 망상하는 그 인연으로 과거와 현재와 미래에, 눈으로 식별한 방해물에 대해서 '망상적인 인지의 규정'[199]이 장부에

· · · · · · · · · ·

靑·黃·赤·白·空·識). '온통'이라고 번역한 이유는 경에 "위로 아래로 옆으로 둘이 아니며 한량없는"이라고 설명하고 있기 때문이다.(디3-461) 예컨대 물의 온통을 수행한다는 말은 작은 웅덩이 등에서 물의 인상(相, nimitta)을 취득한 후 개인 처소 등의 장소에서 좌선 등의 행법을 하면서 취득한 그 인상을 마음속으로 무량하게 펼치는 것인데, 마치 물속에 깊숙이 빠진 사람이 사방을 둘러봐도 온통 물밖에 안 보이는 상태와 같도록 고정시키는 것을 말한다.

198 saṅgati. '같이(saṁ) 감(√gam)'으로 파자된다. 화합(和合)이라고 한역되었으나 '만남' 혹은 '동행'의 뜻이 더 정확하다. '화합'이라고 한역된 또 다른 단어에는 '화합승가'에서의 '화합'에 해당하는 'samagga'가 있다. '같이(saṁ) 정점임(agga)'이라고 파자된다. '이상적인 조화로운 모임의 상태'라는 뜻에서 '화합'에 적합한 단어이다.

199 papañca-saññā-saṅkhā. 직역은 '망상-인지-규정'이다. 망상(妄想, papañca)은 '희론'(戲論)으로도 한역되어 왔었다. '앞으로(pa) 펴져나가다(√pañc).'로 파자할 수 있다. 실제적이지 않은 존재(예컨대 실체로서의 진아나 창조신 따위가 대표적이다. 이런 것들이 바로 '망상적인 인지의 규정'에 해당한다.)를 추정하고 가정하고 상정하고서 그것을 바탕으로 뻗어나가는 헛생각들을 말한다. 경에서는 '나다.'(asmi)란 '추정한 것', '동요한 것', '혼란된 것', '망상한 것', '착각에 빠진 것'이라고 설명한다. 나아가 이러한 것들은 병이고 종기이며 화살이라고 빗댄다.(상4-421) 망상은 영어로 'delusion'에 해당한다.
부처님이 망상을 병이라고 말한 것처럼 정신병리학적인 망상으로 봐도 된다. 망상은 초기 인지의 정보가 왜곡되면서 시작하고, 추정하고 상정하면서 발전하며 결국 맹목적인 믿음으로 빠져들게 한다. 피해망상, 과대망상, 죄업망상, 체계망상 등등이 그 실례들이다. 망상에 대해서 본격적으로 깊이 연구한 K. 야스퍼스는 망상이 왜 생기는지는 알 수 없지만 망상의 내용과 그 사람의 관계는 이해할 수 있다고 했다. 그는 원인을 알 수 없는 근원적인 망상인 진성망

게 현행하게 됩니다.”(이하 ‘여섯 기능’(六根) 모두가 같은 원리로 다루어진다.

맛1-490) 다만, 망상적인 인지의 규정[200]은 다시 떠올림의 원인이 되

기도 한다.(디2-464)

⑤ “먼저 떠올리고 살펴본 뒤에 말을 터트립니다.”(상4-584)

⑥ “경계를 따라서 인지가 생겨나고 견해가 생겨나고 떠올리기가

생겨납니다.”(상2-399)

⑦ 『큰 분석[201]경』에서는 “도반이여, 느끼는 그것을 인지하고, 인

. . . .

상(眞性妄想)과, 특정한 감정과 경험에 기인한 망상적인 관념이 원인인 망상양관념(妄想樣觀念)
으로 나누었다. 부처님은 “‘나다.’라고 생각하는 망상적인 규정의 뿌리를 모두 제거하십시
오.”(숫-776)라고 망상의 근원을 자아의식이라고 말하고 있다. 한편 “망상적인 규정은 인지를
인연하기 때문입니다.”(숫-763)라고 말함으로써 ‘나다.’라는 착각은 결국 인지를 통해 이루어
지는 것임을 드러냈다.

200 saṅkhā. “어떤 것이 저변에 흐르면 그것을 잇따라 헤아리게 되고, 잇따라 헤아리다 보면
규정하게 됩니다.”(상3-173)

201 ‘분석’(分析)에 해당하는 빨리어는 ‘vedalla’이다. 이 단어의 범어는 ‘vaidalya’이다. (‘方廣’으
로 한역된 범어인 ‘vaipulya’가 빨리어 ‘vepulla’로 전환되는 음편현상과 같다.) 용수의 저작으로 알려진
『광파론』(廣破論, Vaidalya-prakaraṇa)에도 쓰였다. (이 책은 고대인도 논리학파인 니야야 철학의 인
식론에 대한 논리를 조목조목 논파한 내용으로 이루어진 논서다.) ‘나누고(vi) 쪼개는(√dal) 것(ya)’이라
고 파자된다. 한 단어로 하자면 ‘분석’(分析)’ 혹은 ‘분쇄(粉碎)’에 해당한다. 이 단어는 후대에 법
수 제목을 ‘아홉 가지로 분류한 교주의 가르침’(九分敎, navaṅga-satthu-sāsana)으로 붙인 것
중에서 마지막 아홉 번째에 해당하는 것이기도 하다.(맛1-541 참고) 한역에서는 ‘방등’(方等)이
라고 번역했지만 의미가 불분명하고 범어 ‘vaipulya’ 또한 ‘방등’이라고 번역하기도 해서 헷갈
리게 된다.
분석과 비슷한 용어로 ‘분별’(vibhaṅga)이 있다. 분석이나 분별이나 어떤 대상이나 사건을 해석
하는 방법론인데, 분석은 하나의 대상을 좀 더 세밀하게 ‘해체한다.’는 의미가 강하고 분별은
전체를 여러 갈래로 선명하게 ‘분류한다.’는 의미가 강하다. 예컨대 규제집 중에서 ‘경-분별’(
經分別, sutta-vibhaṅga. 가닥 지어 분별함)은 범행들을 여러 가닥(sutta, 經)으로 분류(vibhaṅga,
分別)하여 밝힌 부분을 지칭하는 용어다. (도표 5. 참고) 분석의 반대말이 종합이라면 분별의 반대

지하는 그것을 식별합니다[202]."(맛2-296)라고 하면서 이 셋을 완전히 떼어내어 독립적으로 명시할 수는 없다고 말하고 있다.

⑧ "먼저 인지가 생겨나고 뒤에 앎이 생겨납니다. 그런데 인지의 생겨남으로부터 앎이 생겨나게 됩니다."(디1-471)

⑨ "비구들이여, 인지는 언표(언어 표현)라는 과보를 가져온다고 나는 말합니다. 인지하는 대로 그대로 언어로 표현합니다. 이렇게 인지를 지니게 됩니다."(앙4-260)

⑩ "비구들이여, 욕망의 경계를 따라서 욕망의 인지가 생겨나고, 욕망의 인지를 따라서 욕망의 의향[203]이 생겨나고, 욕망의 의향을 따

· · · · · · · · · ·

말은 혼합이라고 할 수 있다. 근본불교에서 분별은 법을 깨닫는 중요한 수단이었다. 왕기사 장로는 부처님을 "측면에 맞게 분류하시는"(bhāgaso pavibhajjaṁ) 분이라고 칭송했다.(상1-624) 또한 부처님 스스로도 자신을 "나는 '분별해서 주장하지'(vibhajja vādo) 한 면으로만 주장하지 않습니다."라고 말한다.(맛3-540)

현재 한국불교는 중국 선불교의 무분별에 대한 숭상으로 분별에 대한 폄하의 정서를 갖고 있는데, 대승에서 무-분별이라고 말할 때의 범어는 대부분 'nir-vikalpa'를 번역한 것이다. 분별이라고 한역된 'vikalpa'는 '나누어(vi) 계획하다(√klp).'라고 파자된다. 계탁(計度)이라고도 한역되었다. 이것의 빨리어는 'vikappa'이다. 동사형은 'vikappati'인데 우리말의 '헤아리다.' 혹은 '따져보다.' 정도의 말이다.

202 vijānāti. '나누어(vi) 알다(jānāti).'로 파자된다. '분별해서 안다.'는 말이다. 이 동사의 명사형이 'viññāṇa'(識)이고 이것은 '다섯 덩어리들'의 하나다. 한역의 '식(識)'은 원래 이 한 자만으로 '분별해서 안다.'는 의미를 다 표현한다. 그러나 의미의 선명함을 위해 '식별'로 번역하는 것이 좋다. (주석 323번참고)자세히는 다음 장에서 다루겠다.

203 saṅkappa. 이 단어는 '성스러운 8차선의 길'(八正道) 중에서 두 번째인 '바른 의향'(sammā saṅkappa, 正思惟)에 나온다. 그러나 기존의 '사유'라는 한역은 외연이 넓은 부정확한 번역어다. '같이(sam) 계획하다(√klp).'로 파자된다. 무언가 인지한 직후에 생기며(디3-522, 맛3-214) 본격적으로 욕구를 갖고 행위하기 전에 계획되는 어떤 정신 작용이라고 보인다. 바른 의향은 '초탈하려는 의향', '언짢지 않으려는 의향', '해치지 않으려는 의향'이라고 정의된다.(상5-190)

라서 욕망의 욕구[204]가 생겨나고, 욕망의 욕구를 따라서 욕망의 들끓음이 생겨나고, 욕망의 들끓음을 따라서 욕망의 탐색이 생겨나고, 욕망을 탐색하면서 듣지 않은 범부는 몸과 말과 정신의 세 가지로 삿되게 이행합니다."(상2-395)

앞에서 말했듯이 인지는 인간을 이루는 다섯 덩어리들의 하나다. 얼핏 보면 식별과 구분할 필요가 없을 것 같기도 하지만 부처님이 따로 분립시켜서 분류한 것에는 그만큼 인지의 중요성이 있기 때문이다. 그 중요성이란 한마디로 인지의 양면성에 있다고 할 수 있다. 즉, 한 면으로는 바른 앎을 장애하며 망상으로 이끄는 성질이고 다른 한 면은 깨달음을 이루게 하는 성질이다. 전자를 경에서는 '인지의 왜곡'(想

· · · · · · · · · ·

이 세 가지는 똑같이 떠올림(尋, vitakka)의 종류로도 다루어진다. (맛1-498) 또한 '의향-떠올림'(saṅkappa-vitakka, 앙5-409)이 같이 묶여서 취급되기도 하기 때문에 의향과 떠올림이란 비슷한 지위 내지 성질을 가진 것이라고 생각된다. 이 점은 '인지→의향→욕구→애태움'의 과정(상2-395)과 '망상적인 인지의 규정→떠올리기→욕구→사랑'의 과정(디2-464)에서도 확인할 수 있다. 또한 출세간적인 바른 의향에 '떠올림'과 '마음의 지향'(cetaso abhiniropanā)을 부분으로 들고 있기도 하다. (맛4-164)
의향의 구체적인 예로는 "'저 세상은 있다.'라고 의향을 가지면…."이라는 문장도 있고(맛2-555), 언짢은 마음을 가진 자가 "'이 중생들이 죽어버리기를…. 없어져버리기를….'이라고 사악한 의향을 품습니다."라는 문장도 있다. (맛4-124) 이것으로 보건대 의향(saṅkappa)이란 '문득 떠오르는 생각의 방향'을 말한다고 보인다.

204 chanda, 欲. 이 단어는 무엇인가 하고자 하는 의지적인 지향성을 의미한다. (상6-121 참고) 의사(意思)에 가깝다. 긍정적인 문맥보다 부정적인 문맥에 많이 쓰이는 용어다. 단타 제79번에서는 '위임하다.'의 의미인 '욕구를 주다.'(chandaṁ dadāti, 與欲)라는 표현이 나온다. 이것은 대중 의결작업에 참석하지 못할 때 그 대중의 결정에 따르겠다는 의사표시를 전달하는 뜻으로 쓰인 규제집의 전문적인 표현이다.

顚倒, saññā vipallāsa)이라고도 불렀다. 그중에서도 대표적인 것은 무상(無常), 고(苦), 무아(無我), 부정(不淨)을 상락아정(常樂我淨)으로 인지하는 것이다.(앙2-159) 인지란 관념적인 규정이기 때문에 대상 자체를 온전히 반영할 수 없어서 조금일지라도 오차·착오·착각·왜곡이라는 기본적인 속성들을 피할 수 없다. 이런 왜곡이 망상으로 심화되고 고정관념이나 맹목적인 믿음으로 발전해서 뿌리 깊은 정신병으로까지 자리 잡는다.

반면에 인지는 깨달음에 기여하는 수단으로도 이용할 수 있다. 예를 들어, '여섯 가지 꿰뚫어주는 인지들'이 있다.(디3-433) ① 무상하다고 인지함, ② 무상한 것은 괴롭다고 인지함, ③ 괴로운 것은 자기가 없다고 인지함, ④ 제거한다고 인지함, ⑤ 퇴색한다고 인지함, ⑥ 소멸한다고 인지함. 여기에 '깨끗하지 않다고 인지함', '죽음에 대해 인지함', '먹거리를 역겹다고 인지함', '어떤 세상도 즐길 것이 없다고 인지함' 등을 합하면 열 가지 인지가 되는데 이것을 '열 가지 생겨나게 해야 할 법들'이라고 한다.(디3-530) 이렇게 인지는 부정적인 측면과 긍정적인 측면이라는 양면성을 가지고 있다.

30
아비담마 철학의 과오 ❶ – 마음

인지와 식별을 완전히 분리할 수 없다는 점은 식별을 정의하는 문장과 인지를 정의했던 문장과의 유사성에서도 발견된다.

> "비구들이여, 그러면 왜 식별이라고 부릅니까?
>
> 식별한다고 해서 식별이라고 합니다. 그러면 무엇을 식별합니
>
> 까? 신 것도 식별하고, 쓴 것도 식별하고, 매운 것도 식별하고,
>
> 단 것도 식별하고, 떫은 것도 식별하고, 떫지 않은 것도 식별하
>
> 고, 짠 것도 식별하고, 싱거운 것도 식별합니다. 비구들이여,
>
> 이렇게 식별한다고 해서 식별이라고 합니다."(상3-278)

이 인용문에서 '식별하다.' 대신에 '인지하다.'를 쓴다면 맛에 대한 관념적인 규정이 된다. 그러나 여기에서 식별한다는 말은 '분별해서 안다.'는 앎의 측면을 나타내고 있다.[205] 다시 말해 대상을 알기는 아는데 비교·대조, 차별·분석하면서 아는 경우를 말할 때에는 '식별한다.'

....

205 느낌도 앎의 측면 중에 하나라고 할 수 있다. 느낌은 크게 즐거운 느낌(樂受), 괴로운 느낌(苦受), 괴롭지도 즐겁지도 않은 느낌(不苦不樂受)의 세 가지로 나눈다. 느낌(受, vedanā)은 기본적으로 '겪다.'(vedeti)는 의미를 갖는다. 즉, 대상을 겪으면서 느끼어 아는 것이다. 그래서 외도들의 62가지 견해들도 "단지 느낀 것에 지나지 않으며, 그 느낌에 의해 동요된 것일 뿐입니다."라고 말한다.(디1-166) 이렇게 느낌, 인지, 식별은 나중에 자세히 다룰 '알아차림'(慧, paññā)과 함께 '앎의 4차원'이라고 부를 수 있을 것이다.

라고 해야 정확한 표현이 된다. 보통 맛을 감별한다고 하듯이 식별하는 예로는 여러 맛의 차이를 드는 것이 가장 적합하다. 물론 느낌의 세 가지, 즉 즐거움, 괴로움, 괴롭지도 즐겁지도 않음을 식별의 예로 들기도 한다.(맛2-291) 한 가지 유념할 점은 부처님이 식별을 '식별하다.'의 명사형이라고 밝힌 것은 인지처럼 식별도 동사적인 작용의 의미를 갖는 단어임을 강조하는 것으로 알아야 한다는 것이다. 후대 대승의 유식철학처럼 식별이 형이상학적인 대상으로 전락해서는 안 되는 이유가 여기에 있다.

그런데 아비담마 철학에서는 이러한 식별을 마음[206]과 동일시하고

. . . .

206 citta, 心. 남방아비담마 철학에서는 마음을 '단지 알고 있는 그 자체'(아길-99), '대상을 식별하는 것'(아길-100)이라고 정의하고 있기 때문에 어원을 √cit(사색하다.)로 보고 있다. 그러나 북방아비달마 철학을 대표하는 『아비달마구사론』에서는 "집기(集起)하기 때문에 심(心)"(구사1-189)이라고 규정하고 있어서 어원을 √ci(쌓다.)로 보고 있다. 부처님의 입장은 후자인 듯하다. "그림도 마음으로 사색한 것입니다."(cittaṁ citteneva cintitaṁ)라고도 말하지만, "그림보다 마음이 더 다양합니다."(cittena cittaññeva cittataraṁ)라고 해서(상3-406) '마음'과 '그림'과 '다양한'에 해당하는 동음이의어, 즉 'citta'를 나열하면서 서로 비슷한 성질의 것임을 암시하고 있기 때문이다. '그림'과 '다양한'이라는 의미일 경우의 'citta'는 어원이 √ci(쌓다.)이다. 마음도 다양하게 그려지고 쌓이는 형성작용일 뿐이다. 어원학을 떠나서 이것이 부처님이 나타내는 마음의 뜻이다. 예를 들어 '세상'(loka)에 대해 부처님은 "'성스러운 규제'(ariya vinaya)에서는 '무너지는 법'(paloka dhamma)을 세상이라고 합니다."라고 정의한다.(상4-182) 세상(loka)은 √lok(보다.)에서 파생된 명사여서 √luj(부서지다.)에서 파생된 'paloka'와는 다른 어원을 가졌지만 부처님이 나타내려는 세상의 의미는 반드시 어원과 일치하는 것은 아니다. 또한 부처님이 말하는 세상이란 '인지가 개입된 세상'(loka-saññī), '착각이 개입된 세상'(loka-mānī)을 말한다.(상4-258) 불교경전을 바르게 해석하려면 부처님의 의도대로, 정의한 대로 용어를 파악해야 전체적인 정합성을 잃지 않는 법이다.
참고로, '성스러운 규제'에서 '성스러운'(ariya)이라는 단어는 깨달음의 안목과 관련이 있을 때에만 붙이는 수식어다.(주석 66번 참고)

있다. 남북방을 통틀어 아비담마 철학의 3대 과오를 들자면, 법의 자성화[207], 심·의·식(마음·정신·식별)의 동일시, 명색(名色, 명칭과 방해물)의 오해라고 할 수 있다. 먼저 심의식의 동일시[208]의 과오는 심·의·식을 비교·대조해 보면 드러나게 된다.

① 결론적으로 마음이란 인지와 느낌이 결합하고 증폭하는[209] 형성작용[210]이다. "인지와 느낌은 '마음에 관계된 것'[211]입니다. 이 법들

. . . .

207 自性, sva-bhāva. '자체-성질'이라는 뜻이다. 아비담마 철학에서 법을 법이게끔 하는 불변하는 최소 단위로서의 실체에 해당한다. 이것은 후에 용수의 『중론』에 의해 철저히 논파당한다.

208 "식별과 마음과 정신은 뜻에서는 하나다."(청론2-438) "심·의·식의 세 가지 명칭은 비록 그것이 드러내는 뜻은 다를지라도 그 본질은 동일하다."(구사1-189)

209 형성된 하나의 심리는 인지와 느낌을 새롭게 생성하거나 왜곡할 뿐만 아니라 또 다른 심리를 양산한다.

210 saṅkhāra, 行. '다섯 덩어리들'(五蘊)의 하나다. '같이(saṁ) 짓다(√kṛ).'로 파자된다. 형성작용은 '다섯 덩어리들'의 문맥에서는 "형성된 것을 형성시킨다고 해서 형성작용들이라고 합니다."라고 정의된다.(상3-276) 대표적으로, 12고리의 따라서-같이-생겨남의 문맥에서는 '몸의 형성작용'(身行, kāya saṅkhāra), '말의 형성작용'(口行, vacī saṅkhāra), '마음의 형성작용'(心行, citta saṅkhāra)으로 나누어 설명된다.(상2-101) 자세히는 제31장에서 따로 다루겠다.

211 cetasikā, 心所. 아비담마 철학에서는 마음 자체를 따로 상정하고 이것에 부수하여 일어나는 현실적인 여러 심리현상들을 이 단어로 규정하고 있다. 이러한 철학적인 배경 때문에 '마음부수'라는 번역어가 탄생한 것이다. 이것은 용어의 개념적 왜곡이다. 'cetasikā'는 마음에 부수한다는 의미로 한정되지 않는다. 정확히 줄이자면 '마음 관계'다. 관계(~ika, ~에 관계된 것)의 양상은 여러 가지로 설명할 수 있을 것이다. 적어도 인지와 느낌은 마음부수라기보다는 마음필수라고 해야 한다. 다만 아비담마 철학에 나오는 용어들은 비록 근본불교에 나오는 단어와 철자가 같더라도 그 의미하는 바는 다르므로 번역할 때는 그들의 개념에 맞추어 따로 '마음부수'라고 번역할 필요는 있다. 다만 아비담마 철학에서부터 근본불교의 용어에 대한 개념적인 왜곡이 시작되고 있다는 점을 명심하고 예의주시해야 한다.

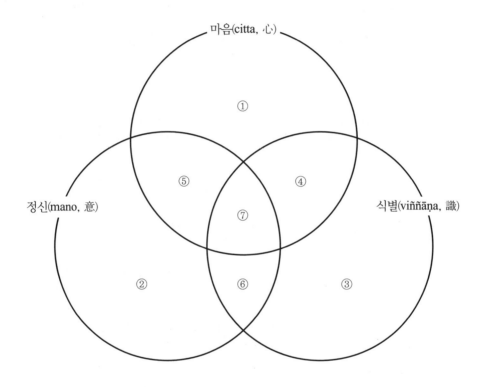

마음(citta, 心)

정신(mano, 意)

식별(viññāṇa, 識)

① ④ ⑤ ② ⑥ ③ ⑦

도표11. 마음 · 정신 · 식별의 구분

은 '마음으로 얽힙니다.'[212] 그러므로 인지와 느낌은 '마음의 형성작용'[213]입니다."(상4-584, 맛2-325) 아비담마 철학은 마음 자체라는 '궁극적인 실재'[214]를 따로 상정하기 때문에 '마음에 관계된 것'이라는 용

· · · · · · · · · ·

212 '마음으로 얽힙니다.'의 원어는 'citta-paṭibaddhā'인데 '마음-얽힘입니다.'가 직역이다.

213 citta-saṅkhāra, 心行. 직역은 '마음-형성작용'이다. 명사 병렬합성어의 입체적 관계성은 앞에서 언급했다. '마음-형성작용'은 세 가지 측면에서 모두 성립한다. 첫째는 마음이 곧 형성작용이라는 것이고, 둘째는 마음을 형성시키는 작용이라는 것이며, 셋째는 마음이 형성시키는 작용이라는 것이다. 첫째는 마음이란 형성작용의 하나이기 때문이다. 둘째는 인지와 느낌이 마음을 형성하는 핵심적인 구성 요소이기 때문이다. 셋째는 형성된 마음이 또 다른 인지와 느낌 내지 마음의 형성에 관여하기 때문이다. 본문에서는 기본적으로 두 번째의 의미에 집중되어 쓰이고 있다. 형성작용이란 기본적인 정의가 어떤 것을 그것이게끔 형성시키는 작용을 말하므로(제31장 참고) 타동사의 역할을 한다. '나라-사랑'처럼 '명사-타동사'로 된 합성어의 명사는 타동사의 목적어로 보는 것이 일반적이다. 이것은 '말의 형성작용'(口行, vacī-saṅkhāra. 말-형성작용)을 먼저 설명하면서 "먼저 떠올리고 살펴본 뒤에 말을 터트립니다. 그래서 떠올리기(尋, vitakka)와 살펴보기(伺, vicāra)가 말의 형성작용입니다."(상4-584)라고 말한 맥락과 상응한다. 한편, '몸의 형성작용'(身行, kāya-saṅkhāra. 몸-형성작용)은 들숨과 날숨으로 규정되는데 이것도 '마음의 형성작용'에 대한 인지와 느낌의 관계처럼 세 가지 측면이 모두 성립한다. 어느 한쪽으로만 해석하면 편협한 오류들이 발생하게 된다.

214 paramattha. 네 부류가 있다. 즉, 마음(1), 마음부수(52), 물질(18), 열반(1). 남방아비담마(남방상좌부)의 경우에는 괄호 속의 숫자만큼, 즉 72가지의 궁극적 실재가 있다.(북방아비담마를 대표하는 설일체유부에서는 5위 75법으로 분류와 가짓수가 다르다.) 궁극적인 실재라고 하는 이유는 72가지는 각각에 항존하는 최소 단위인 '자체-성질'(自性, sa-bhāva)을 지닌다고 추정했기 때문이다. 그들에게 있어서 이 세상과 인간이란 이런 72가지 실재들의 조합에 불과하다. 후대의 불교 주석서들에서 세계란 몇 가지 실체들이 쌓여서 이루어진 것이라고 주장하는 외도의 사상들을 적취설(積聚說)이라 했는데, 내용적으로는 사실상 아비담마 철학도 같은 계열의 철학임을 알 수 있다. 서양 철학 용어로 다원적 실체론에 해당한다.
마음과 마음부수는 서구 철학적인 분류로 보면 정신에 해당하고 방해물(rūpa, 色)은 물질(인식과 별개의 객관적인 실재이므로 아비담마 철학에서는 'rūpa'를 물질로 번역하는 것이 타당하다.)에 해당하며 열반은 초월적이므로(원래 '꺼짐'의 뜻인 열반이 그들에게는 하나의 궁극적인 실재이므로 '초월적'이라는 용어를 사용할 수 있겠다.) 정신·물질·열반이라는 3원(三元)인 다원적 실체론이라고 부를 수 있다.

어를 '마음부수'라고 해석하게 된다. 그들에게 있어서 마음부수는 마음 자체에 항상 수반하면서 일어나는 현상들이기 때문이다. 그러나 나 자체라고 할 만한 것도 없는데 어떻게 마음 자체라는 것이 있을 수 있겠는가?

② 정신(意, mano)은 어근 √man(생각하다.)에서 파생된 명사다. '여섯 가지 감각기능'(六根)의 하나이다. 그러므로 어근에 입각해서 '파악하고 생각하는 기능'이라고 보면 된다.[215] 다시 말해 정신은 법을 파악하는 감각 기능의 하나일 뿐이다. 정신은 '다른 감각기능들'(前五根)의 귀결처(paṭisaraṇa)여서 그들의 범위(visaya)와 활동반경(gocara)을 재

· · · · · · · · · ·

남방아비담마 철학에서 말하는 무상·고·무아란 이런 72가지 실재들의 현란한 조합 현상을 정리한 개념으로 쓰일 뿐이다. 그들은 이런 특징을 '공통적인 특징'(共相, sāmañña-lakkhaṇa)이라고 불렀는데, 일반적인 통칭일 뿐이라는 의미다. 다시 말해 아비담마 철학에 있어서 이 세상은 궁극적으로는 항상하고 '그 자체'(진아, 자체성질)가 정해져 있고 다만 피상적인 차원의 현상만이 두루 무상하고 무아라는 것이다. (아길-97 참고) 다시 말해 72가지 궁극적인 실재인 법들이 공통적인 특징인 무상과 무아의 겉모습을 가졌다 하더라도 그 법들을 그 법이게끔 만들어 주는 실체인 자체-성질(sa-bhāva)만큼은 변하지 않는다. 결국 뼛속까지는 무상하지 않은 철학이다. 만일 그들이 자체성질도 궁극적으로는 변하고 무상한 것이라고 변명한다면 처음부터 법의 정체성을 위한 실체 개념으로 가정하며 세울 필요성도 없어지고 만다. 아비담마 철학의 이런 본질과 현상이라는 실체사상이 갖는 이분법은 대승에서 인무아(人無我, 사람에게는 실체가 없다.)만을 알고 법무아(法無我, 법에도 실체가 없다.)는 모르는 사상이라고 비판을 받게 된다. 그리고 그 비판은 정당한 것이었다.

215 '정신의 떠올리기'(mano-vitakka)라는 용어처럼(상1-161) 정신(mano)은 생각과 관련된 용어와 어울린다. 또한 의향(saṅkappa)과 생각의 내용들은 '정신 활동'(mano-samācāra)의 내용으로 다루어지는데 반해서 '마음의 생겨남'(citta-uppāda)의 내용으로는 욕심이 결부된 마음, 언짢음이 결부된 마음, 해침이 결부된 마음 등, 감정과 심리들이 다루어진다. (맛 4-124~125)

경험한다[216].(상5-586) 정신의 기능은 식별과 마음이 사라진 상수멸의 경지에서도 다른 감각 기능들과 마찬가지로 온전히 순수한 상태로 살아남아 있다.(맛2-307) 그런데 "정신은 법의 선구자"라고 선언된다.(법-228) 이것은 도표 10에서 '정신작용(作意, manasikāra)'이 법들을 생겨나게 하는 내용과 상응한다. 마음도 이 정신작용의 산물일 뿐이다. 그러므로 마음에서 모든 법들이 생겨난다는 주장은 '기원에 맞지 않는 정신작용'[217]이다.

③ 여섯 가지 식별의 기본 유형 외의 식별이란 근본불교에서는 존재하지 않는다. 즉, 눈의 식별, 귀의 식별, 코의 식별, 혀의 식별, 몸의 식별, 정신의 식별이 식별의 전부다.(상2-99, 디3-421) 이 여섯 가지 식별은 결코 마음과 혼용되는 경우가 없다. 식별의 발생은 마음과는 전혀 다르다. '정신을 따라서 법에 대해 정신의 식별이 생겨나고' 정신[意根]과 법[法境]과 '정신의 식별'(意識), 이 셋의 만남을 '정신을 통한 접촉'(意觸, mano sam-phassa)이라고 한다.(상4-210) 마음은 이러한

. . . .

216 '재경험한다.'로 번역한 원어는 'paccanubhoti'인데 '각각(pacc) 잇따라(anu) 겪는다(bhoti).'로 파자된다. 감각 자료들이 정신으로 귀결되고, 다시 정신에서 처리되고 반영된다는 말이다.

217 a-yoniso-manasikāra, 非-如理-作意. 'yoni'는 기본적으로 '자궁'을 뜻한다.("신성인들은 자궁에서 태어났으면서도…." 디3-156) 그러나 "'무엇으로부터 생기고 무엇으로부터 발생하는가?'라고 그 기원(yoni)을 자세히 조사해야 합니다."(상3-183)에서처럼 '불러일으키는 원인'이라는 의미로도 쓰이는데 본문의 용어는 여기에 해당한다. '-so'는 '-에 맞는' 혹은 '-대로'의 뜻인 접미사다. '기원에 맞는 정신작용'은 12고리의 따라서-같이-생겨남에서 각각의 고리의 기원을 찾는 정신 활동을 나타내는 말로 등장한다. 다시 말해 '기원에 맞는 정신작용'이란 '발생시킨 근거지를 맞추도록 정신을 기울인다.'는 뜻이다.

접촉 이후에 생겨난다.[218] 이것이 기원에 맞는 정신작용이다.

④ 마음이든 식별이든 대상[219]과 대면하면서 생겨난다. 논리적으로는 식별이 마음에 앞서서 생겨난다. 왜냐하면 접촉으로부터 느낌과 인지가 생겨나고(상4-209) 마음은 그러한 인지와 느낌이 결합되면서 생겨나기 때문이다. 그런데 식별은 인지와 분리될 수 없기 때문에 마음이든 식별이든 항상 인지를 동반하게 된다. 결국 마음이 있는 곳에 식별이 있고 식별이 있는 곳에 마음이 있을 수밖에 없다. 그러나 이것은 어디까지나 마음이 식별을 항상 대동(帶同)한다는 의미이지 식별이 마음의 중심 개념이라는 말은 아니다. 마음의 중심 개념은 느낌과 인지다. 식별을 마음의 중심 개념으로 잡은 것은 아비담마 철학의 중대한 실수였다.

⑤ 마음이든 정신이든 모두 형성작용(saṅkhāra, 行)이다. '식별 덩어리'(識蘊)가 아니다. 마음의 형성작용에 대해서는 앞에서 이미 밝혔다. 몸의 형성작용과 말의 형성작용 다음에 마음의 형성작용이 거론되는 것이 보통이지만 정신의 형성작용이 나타나는 경우가 있다. "아난다

. . . .

218 마음뿐만 아니라 세상과 경험 모두가 이 접촉 이후에 벌어진다. 다시 말해 666바코드(6근·6경·6식)가 찍히는 순간이 세상이 생겨나는 순간이다.(숫-481 참고)

219 감각의 대상 혹은 인식의 대상이라는 의미에서 가장 많이 쓰이는 단어는 'ārammaṇa'이다. 그러나 경에서 여섯 가지 감각기능의 대상을 말할 때는 '여섯 가지 외부 영역들'(六外入處, cha bāhirāni āyatanāni)이라고만 말한다. 이것에 상응하는, 객관적인 대상들을 나타내는 줄임말인 '여섯 범위'(六境, cha-visayā)는 후대에 만들어진 용어다. 이에 반해 '여섯 가지 내부 영역들'(六內入處, cha ajjhattikāni āyatanāni)의 줄임말인 '여섯 영역'(六入, saḷ-āyatana)은 근본경전의 12고리의 따라서-같이-생겨남에서부터 쓰였다. 그리고 이것은 '여섯 가지 기능들'(六根)과도 상응하는 말이다.(상3-192 참고)

여, 스스로가 정신의 형성작용을 형성시킬 때에도, 그 연유로 내적인 즐거움과 괴로움이 생겨납니다."(상2-193) 여기에서는 즐거움과 괴로움이라는 느낌의 원인을 다루는 부분이기 때문에 이미 느낌을 구성요소로 갖는 마음을 원인으로 다루는 것은 부적절하다. 그래서 좀 더 근원적인 정신을 통해 기원을 밝힌 것으로 이해해야 한다.[220]

⑥ '정신[意]의 식별[識]'을 줄여서 '의식'(意識)이라고도 한다. 정신이 다른 다섯 가지 기능의 귀결처이기 때문에 '정신의 식별'도 다른 다섯 가지 식별들을 포괄한다고 볼 수 있다. 이것은 몸이 다른 네 가지 감각기능들을 포괄하고 있는 것과 같은 이치이고 촉경[221]이 다른 외부 영역들을 포괄하고 있는 것과 같은 이치이며 다시 이 촉경이 법경(法境)에 포섭되는 것과 같은 이치다. 다만 각각 특이한 고유 영역을 가지고 있어서 분별할 필요가 있는 것이다. 정신의 식별도 고유한 영역

. . . .

220 이외에도 '한결같은 이가 감추지 않는 세 가지'로 '몸의 활동', '말의 활동', '정신 활동'(mano samācāra)이 나타나고,(디3-375, 맛4-124도 참고) '세 가지 작업'(三業, tayo kamma)으로 '몸의 작업'(身業), '말의 작업'(口業), '정신 작업'(意業)이 쓰인다. (앙1-309, 이외에 앙1-608~612, 앙1-646~652에서도 정신이 쓰였다.) '세 가지 행적'(三行, tīṇi caritāni)도 '몸의 행적', '말의 행적', '정신의 행적'으로 나뉜다. (디3-370) 이상과 같이 다섯 덩어리들과 12고리에서의 형성작용을 분류할 때를 제외하고는 몸과 말과 연결된 세 가지 분류에는 마음이 아니라 대부분 정신이 쓰인다.

221 觸境, phoṭṭhabba. 여섯 가지 외부 영역 중에서의 촉(觸)은, '근(根)·경(境)·식(識) 세 가지의 만남이 촉(觸, phassa)이다.'의 '촉'과는 다르다. 한역만 보고서는 알 수 없다. 둘 다 '접촉하다.'(phusati)라는 동사에서 파생되었다. 'phassa'(접촉)는 이 동사의 명사형이고, 'phoṭṭhabba'(촉경)는 이 동사의 미래수동분사(~되어질 것)다. 그러므로 촉경은 '접촉되어질 것'을 뜻한다. 그리고 이것은 여섯 가지 범위 중에서 색·성·향·미를 포괄하는 개념이다. 반대로 색·성·향·미·법을 제외한 범위가 촉경의 순수 영역이 된다.

이 극명하게 드러나는 경우가 있다. 바로 '무한허공의 영역'(空無邊處)과 '무한식별의 영역'(識無邊處)과 '아무것도 없는 영역'(無所有處)이라는 세 가지 무방해물에 고정된 경계는 다섯 가지 감각기능을 벗어난 '청정한 정신의 식별'(parisuddha mano-viññāṇa)로 이끌어진다.(맛2-298)

⑦ 마음·정신·식별은 모두 '앎'(知, ñāṇa)과 관련되어 있다. 정신은 앎을 형성시키는 근원지이고 식별은 정신에서 파생되어 대상을 구체적으로 분별하고 차별하면서 아는 작용을 말한다. 마음은 앎의 직접적인 주체는 아니지만 마음의 구성 요소인 인지와 느낌이 앎의 한 측면들이기 때문에 앎의 성질을 가지고 있다고 하겠다.

아비담마 철학에서는 마음·정신·식별을 동일시하는 경전적인 증거로 다음의 문장을 제시한다.

> "비구들이여, 그러나 배우지 못한 범부는 마음이라고도 정신이라고도 식별이라고도 부르는 그곳에 충분히 정떨어질 수 없고 퇴색할 수 없으며 풀려날 수 없습니다."(상2-291)

아비담마 철학의 논사들은 위 인용문에서 '이라고-도'(iti-pi)라는 접속어를 필요충분의 동격 접속사로 파악하며 마음·정신·식별을 동의어라고 주장한다. 그러나 다음의 문장에서 그 오류가 드러난다.

> "비구들이여, 여기 어떤 출가수행자나 신성인은 사유하는 자이자 점검하는 자입니다. 그는 사유해서 맞춰보고 점검하며 추적

해서 스스로 이렇게 표현하길, '눈이라고도 하고 귀라고도 하고 코라고도 하고 혀라고도 하고 몸이라고도 부르는 이런 자기(我, attā)는 무상하고 계속되지 않고 영원하지 않으며 변하는 법이다. 그러나 마음이라고 혹은 정신이라고 혹은 식별이라고 부르는 이런 자기는 항상하고 계속되고 영원하며 변하지 않는 법이어서 영원 속에 그대로 머무를 것이다.'고 말합니다."(디1-124)

이렇게 '눈—이라고—도'(cakkhun-ti-pi)에서 동일한 표현이 등장한다. '마음—이라고—혹은'(cittan-ti-vā)이라는 비슷한 표현도 등장한다. 아비담마 논사들의 주장이 옳다면 눈·귀·코·혀·몸은 동의어야 할 것이다. '이라고도'(ti-pi)라는 표현은 비슷한 계열을 나열할 때 쓰는 단순 반복형 접속사일 뿐이다. 위의 문맥에서는 자기라고 착각하기 쉬운 외면적인 요소들과 내면적인 요소들을 대조해가며 예로 들어서 나열한 것이다. 마음은 기본적으로 인지와 느낌으로 이루어져 있고, 마음이 곧 형성작용이자 '지배적인 영향력'[222]까지 가졌다고 볼 수 있다. 게다가 항상 식별을 대동하게 되어 있다는 것도 살펴봤다. 물론 이렇게 마음은 사실상 방해물[色]을 제외한 내면의 대부분을 차지하고 있어서 정신이나 식별과 헷갈릴 수도 있고 자아라고 착각하기 쉬운 것이다. 이것은 후대에 마음이 만병통치약으로 자리 잡은 이유이기도

. . . .
222 "마음이라는 하나의 법에 모든 것들이 영향 받습니다."(상1-246) 그러나 똑같은 문장으로 마음 대신 '명칭'(名, nāma)과 '갈구'(愛, taṇhā)도 그러하다고 설명한다.

할 것이다. 그러나 마음과 정신과 식별은 엄연히 다르다.

남방상좌부에서는 심의식의 혼동이 마음으로 혼합되고 극대화되어 '마음의 진행 과정'(vīthi-citta)을 17단계로 분할한 이론을 주장하게 된다.(아길-357 참고) 누가 창시했는지 그 기원을 알 수 없는 이 이론은 인지 과정인지, 식별 과정인지, 마음 과정인지, 정신 과정인지, 도통 구분할 수 없는 모순들로 버무려져 있다. 예컨대 17단계 중의 제5단계에서는 식별이 성립하는데, 이렇게 되면 마음의 과정 안에 다시 마음과 동의어라고 주장하는 식별이 생기는 것이므로 자체적으로 동어반복의 오류를 범하게 된다. 또한 제1단계는 '지나간 바왕가'(atīta bhavaṅga, 과거로서의 잠재의식)를 세워 두었다. 그 이유는 "마음이 물질인 대상을 인식할 때, 일어나는 순간의 물질은 미약하고 빨라서 마음은 이를 인식할 수가 없다. 그러므로 하나의 마음순간이 지나가 버린다."(아길-356)라고 말한다. 그러나 무엇을 인식했는지조차 모르는 상황에서 하나의 바왕가(잠재의식에 해당하는 이 용어는 근본경전에는 나오지 않으며 아비담마 철학에서 창안된 용어다.)가 지나갔다는 주장은 모순이다. 이 세상에 인식 대상이 하나만 있다면 모르겠지만 말이다. 그래서인지 남방아비담마 철학에서는 마음이 한 번에 하나의 대상만을 인식할 수 있다고 주장한다. 마음이 매우 빠르게 이쪽저쪽 뛰어다니며 파악하고 있다고 상상했던 것이다. 지독하게도 디지털적인 고지식함을 보여주는 아비담마 철학의 사고방식이다. 상식적으로 우리는 외부 환경의 여러 대상들을 동시다발적으로 인식하며 살아가고 있다. 악보를 보며 열 손가락으로 피아노 건반들을 동시다발적으로 짚어가면서 노래하는 경우만 봐도 쉽게 알 수 있다.

한 가지만 더 지적하자면, 이 이론에 의하면 마음은 물질보다 16배 빠르다고 한다.[223] 그런데 현대 물리학에서 입자가 소멸하는 반감기는 10^{-23}초밖에 안된다고 한다. 북방의 설일체유부에 의하면 물질의 최소 단위의 시간을 찰나(刹那, kṣaṇa, 빨리어로는 khaṇa.)라고 하는데 요즘 시간으로는 1/75초(0.013초)에 해당한다.(구사2-552) 그리고 마음은 16배 더 빠르게 생멸하면서 그 한 찰나에 하나의 식별이 완료된다고 한다. 이것은 현대 인지과학에서 확보한 최소한의 사실들과 부합하지 않는다. 현대의 인지과학이나 뇌과학의 연구 결과를 보면 감각 정보는 모두 신경세포(뉴런)에 의해 전달되는데 그 전달 속도는 보통 1초에 100미터를 넘지 않는다. 뇌신경의 정보 처리 속도도 마찬가지다. 또한 사람이 사물을 인지하는 속도는 약 1/20초(0.05초)로 보고 있다. 따라서 인간의 인지 속도는 물질의 생멸 속도보다 오히려 느리다. 더욱이 최근에는 사람의 인지 속도보다 25배 빠른 5G 이동통신이라는 물질기술이 개발되기도 했다. 물론 아비담마 철학에서는 헷갈려 하고 있지만, 이것은 마음의 문제라기보다는 인지의 문제다. 그렇다면 이러한 모순들을 어떤 근거로 해결할 것인가? 아마도 아비담

....

223 아마도 이것은 경의 다음과 같은 구절에 고무된 주장일 것이다. "비구들이여, 이것과 다른 어떤 하나의 법도 이렇게 빨리 변화하는 것을 나는 보지 못했으니, 바로 마음입니다. 비구들이여, 마음이 얼마나 빨리 변화하는지는 비유로도 쉽지 않습니다."(앙1-87) 여기에서 '하나의 법'의 내용과 범위를 먼저 규정할 필요도 있겠지만, 일단 마음은 인지와 느낌이 결합하고 증폭하는 형성작용의 변화이므로 인지 속도와는 별개의 영역으로 다루어져야 한다는 점을 알아야 한다.

마 철학의 찰나적 인식론에서 파생되는 많은 모순들은 부처님이 '내가 표명한 것은 표명한 대로 수지하고 내가 표명하지 않은 것은 표명하지 않은 대로 수지하라.'(맛2-616)는 말을 무시한 결과일 것이다.

아비담마 철학에서 마음·정신·식별을 동일시하고 마음으로 통합한 혼동과 마음 자체라는 궁극적 실재의 상정은 후에 대승의 유식철학에서 제8식을 상정하는 것과 『화엄경』에서 마음이 궁극적인 관념적·일원적 실체로 등장하는 것으로까지 이어지게 된다. 모두 망상적인 규정에 불과한 것들이다.[224]

. . . .

224 『능가경』에서 "여래장은 청정한 모습이지만 객으로 온 티끌 같은 번뇌에 오염되어서 깨끗하지 못하게 된다."(以如來藏是淸淨相 客塵煩惱垢染不淨)라고 여래장이라는 실체를 상정한 것은 근본경전의 다음과 같은 구절을 오해한 것으로 보인다. "비구들이여, 이 마음은 찬란합니다. 그 마음은 들어온 오염원에 의해서 오염됩니다."(앙1-87) 그러나 이 경전 구절에서의 찬란한 마음을 굳이 여래장과 같은 실체적인 의미로 파악할 이유는 없다. 마음의 순수한 상태를 '찬란한' 혹은 '빛나는' 등의 형용사로 묘사한 것에 대해 영원불변하고 영원불멸하는 실체를 표현한 것이라고 보는 것은 비약적인 단정이다. 예컨대 부처님은 동격자인 수자따 존자에 대해서 "이 비구는 참으로 올곧게 생성된 마음으로 빛나는구나."라고 찬탄한다. (상2-634) 동격자들에게도 느낌과 인지가 있고, 따라서 마음도 있다. 그런데 동격자의 마음은 왜곡된 인지가 없고 불순한 감정이 없어서 깨끗이 빛나는 상태가 된다. 그러나 동격자의 마음이라 하더라도 "생성된 마음으로"라고 표현한 것처럼 그 마음을 본래부터 존재하는 실체로 해석해서는 안 된다. 이러함에도 불구하고 "이 마음은 찬란합니다."라는 구절을 해석함에 있어서, 『능가경』에서는 본래 청정한 여래장을 상정했듯이 남방상좌부 철학에서도 본래 청정한 바왕가(bhavaṅga, 有分. '생성됨의 통로라는 뜻임)라는 잠재의식 차원의 마음을 상정하면서 해명하고 있다. (앙1-87의 주석 44번 참고) 두 가지 모두 실체론적 사유방식에 빠진 추정일 뿐이다.

31
5온을 모르는데 5온의 공함을 알랴!

대승권에서 한문으로 주문처럼 암송하고 있는 『반야심경』에는 "5온이 모두 공한 것을 비춰보고 모든 괴로움에서 벗어났느니라."라는 구절이 맨 앞에 등장한다. 그러나 대승경전에 의지해서는 결코 5온에 대한 규정을 정확히 내릴 수 없다. 두루뭉술한 설명밖에는 만나볼 수 없기 때문이다. 이것은 근본 가르침에 대한 폄하와 무시의 결과다. 물론 『반야심경』의 공(空)사상을 이해 못할 정도는 아니지만 5온을 통한 구체적이고도 정확한 수행은 불가능하다. 예컨대 4념처 수행에서 5온의 생멸을 관찰하는 수행을 하려면 적어도 5온 각각이 무엇인지 알아야 그것의 생멸을 관찰할 수 있다. 그러나 대승에서는 이러한 수행이 사실상 어렵다. 『반야심경』에서도 '5온이 모두 공한 것을 비춰보고'라고 말하지만 5온 각각을 어떻게 비춰본다는 것인지에 대한 구체적인 실제 수행은 빠져 있다. 다만 사상적인 감상만이 논의되다가 엉뚱하게도 실제 수행법으로 제시된 것은 마무리 부분에 나오는 주문 수행이다.(즉, '아제 아제 바라 아제 바라 승아제 모지 사바하'를 말한다. 이것의 범어는 'gate gate pāra gate pāra saṃgate bodhi svāhā'인데, '가라 가라 건너가라 같이 건너가라. 깨달음아 이뤄져랏!' 정도로 번역할 수 있다.) 이렇게 사상적이고도 추상적이며 이질적이기까지 한 수행론은 대승경전 전체에 걸친 공통점이다.

5온, 즉 '다섯 덩어리들'(五蘊)을 모르고서 불교교리를 논한다는 것은 사상누각과 같다. 제일 먼저 살펴봐야 할 기본 개념이기 때문이다. 그런데 인간과 세상을 이루는 이 다섯 덩어리들 중에 방해물 (色, rūpa), 느낌(受, vedanā), 인지(想, saññā), 식별(識, viññāṇa)에 대해서는 앞에서 이미 자세히 살펴봤다. 그렇다면 이제 형성작용[225](行, saṅkhāra)만이 남았다. 그런데 마음이 형성작용이라는 것은 앞 장에서 다루었다. 형성작용이 무엇인지 정확해지면 마음이 형성작용이라는 내용도 좀 더 확실해질 것이다.

① 첫 번째로, 형성작용의 가장 보편적인 정의는 다음과 같다.

"비구들이여, 그러면 왜 형성작용들[226]이라고 부릅니까?
형성된 것을 형성시킨다고[227] 해서 형성작용들이라고 합니다.
그러면 어떻게 형성된 것을 형성시킵니까? 방해물을 방해물이
게끔[228] 형성된 것을 형성시킵니다. 느낌을 느낌이게끔 형성된
것을 형성시킵니다. 인지를 인지이게끔 형성된 것을 형성시킵

· · · · · · · · · ·

225 단어 풀이는 주석 210번 참고.

226 복수형을 취하는 것은 형성작용이 추상적인 작용이 아니라 구체적인 작용들임을 나타내기 위한 것이라고 보인다.

227 abhisaṅkharontīti. '형성하다.'(saṅkharati)에 '지배적으로 압도하는'의 의미인 접두사 'abhi'가 붙어서 '압도적으로 형성하다.'(abhisaṅkharati)가 만들어지는데, 결국 '형성시키다.'라는 의미다.

228 rūpattāya. 방해물(rūpa)에 추상명사형 어미 '-tta'가 붙어서 '방해물인 것' 혹은 '방해물의 상태'(rūpatta)를 나타내는 추상명사가 만들어지는데, 여기에 목적의 뜻을 나타내는 여격(āya)으로 격변화해서 '방해물의 상태인 것으로 되도록'(rūpattāya)이라는 말이 되었다. 각묵 스님의 '방해물이게끔'이라는 번역이 괜찮다.

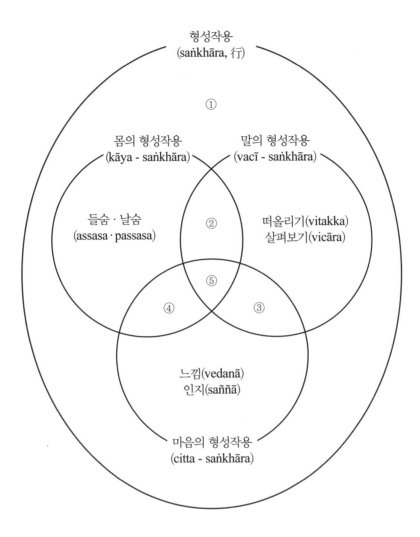

도표12. 형성작용

니다. 형성작용들을 형성작용들이게끔 형성된 것을 형성시킵니다. 식별을 식별이게끔 형성된 것을 형성시킵니다. 비구들이여, 이렇게 형성된 것을 형성시킨다고 해서 형성작용이라고 합니다."(상3-276)

'형성된 것'(有爲, saṅkhata)이란 비록 과거완료형이지만 불교에서 완료되어 정지된 존재란 없으므로 '형성되고 있는 것'까지를 포함한다고 봐도 된다. 그러한 것을 지금 계속 형성시키고 있는 작용까지가 형성작용이다. 다시 말해 형성작용이란 편의상 '형성된 것'과 '형성시키는 작용'으로 나눌 수 있는데, 이것은 두두물물 삼라만상을 모두 포괄하는 개념이다. 존재 전부를 성질의 측면에서는 무상한 것이라고 표현할 수도 있고, 경계의 측면으로는 '여섯 기능'(六根)과 '여섯 범위'(六境)라고 표현할 수도 있고, 인간 중심적으로는 '다섯 덩어리들'이라고 나타낼 수도 있듯이 작용의 측면으로는 형성작용이라고 표현할 수도 있는 것이다. 도표에서 ①의 고유한 영역에 들어갈 것으로 '정신의 형성작용'(mano saṅkhāra, 상2-193), '살아감의 형성작용'(jīvita saṅkhāra, 상5-464, 디2-202), '목숨의 형성작용'(āyu saṅkhāra, 맛2-305, 상6-105), '생성됨의 형성작용'(bhava saṅkhāra, 디2-217) 등을 더 들 수 있다. 다만 이들 네 가지 형성작용은 상수멸의 경지에서도 유지된다. 이것은 아래의 형성작용의 세 번째 분류인 몸의 형성작용, 말의 형성작용, 마음의 형성작용이 상수멸에서 소멸한다는 것과는 대조적이다. 특히 정신은 상수멸에서 깨끗하게 살아 있다는 점에서(맛2-307) 마음과는 뚜렷한 차이가 난다.

두 번째로, 형성작용의 분류는 의도를 통해서도 이루어진다. 다섯 덩어리들을 '형성시키는 작용'의 원동력은 '의도'가 핵심을 차지한다. 의도한 뒤에 몸과 말과 정신으로 작업이 이루어지기 때문이다.(상4-262) 그러므로 방해물을 통한 의도, 소리를 통한 의도, 냄새를 통한 의도, 맛을 통한 의도, 촉경을 통한 의도, 법을 통한 의도 등 여섯 가지 의도의 유형이 형성작용이라고 할 수 있다.(상3-224)

형성작용의 세 번째 분류는 12고리의 따라서-같이-생겨남에서의 형성작용을 설명할 때 나타난다. 즉, 몸의 형성작용, 말의 형성작용, 마음의 형성작용이 그것이다. 이러한 분류는 12고리가 생사의 흐름을 밝히기 위해 명시된 그 목적에 부합하기 위한 것이다. 이 세 가지 형성작용들은 서로 유기적인 관계를 가지면서 인간이라는 한 덩어리를 형성시킨다.

② 말을 하려면 몸의 흉부·성대·구강·입술 등을 움직여야 한다. 반대로 말한 대로 몸으로 행동이 이어지기도 한다.

③ 말은 인간의 심리를 전달하기도 하고 어떤 심리를 형성시키기도 한다. 한편 말은 명칭으로 이루어지는데 이 명칭의 성립 요소에 마음의 성립 요소인 인지와 느낌이 들어 있다.(제38장을 참고하라.) 결국 말에는 마음이 실린다는 얘기다.

④ 서양에서 육체와 정신으로 이분법을 구사하듯이 경전에서는 그런 경우에 항상 몸과 마음으로 이분법을 구사한다.(상3-102, 상5-298, 상5-312) 그렇지만 몸의 상태가 마음을 형성하는 데 영향을 미치고, 스트레스와 같이 마음의 안 좋은 상태가 몸의 건강에 악영향

을 미치기도 한다.

⑤ 이렇게 세 가지 형성작용들은 상호작용하면서 형성된다. 그리고 벤 다이어그램에서 보이듯이 몸이든 말이든 마음이든 모두 형성작용에 포함된다. 특히 마음은 느낌과 인지의 형성시키는 작용에 의해 형성된 것이다. 그러므로 마음도 형성작용일 뿐이다. 또한 이러한 형성작용들은 12고리에서 보이듯이 무명(無明, avijjā)을 바탕으로 이루어진다.

정리하자면, 그 무엇이든 형성시키는 작용을 형성작용이라 한다. 그러나 그 무엇을 형성시킨다고 해서 형성작용이 실체인 것은 아니다. 형성작용은 단지 작용일 뿐이며 하나의 본체 내지는 하나의 실체를 지니지 않는다.

32
아비담마 철학의 과오 ❷ - 법

불교에는 형성작용보다 더 포괄적인 개념이 있다. 그것은 바로 '법'(法, dhamma)이다. 불교를 한 단어로 압축시킬 수 있는 말이 무엇이냐고 물었을 때, 대승의 일원적인 관념론적 실체사상에 매몰된 대승 학도들이라면 아마도 '마음'이라고 대답하기 쉬울 것이다. 그러나 불법이라는 용어가 암시하듯이 그 정답은 '법'이라고 해야 근본 가르

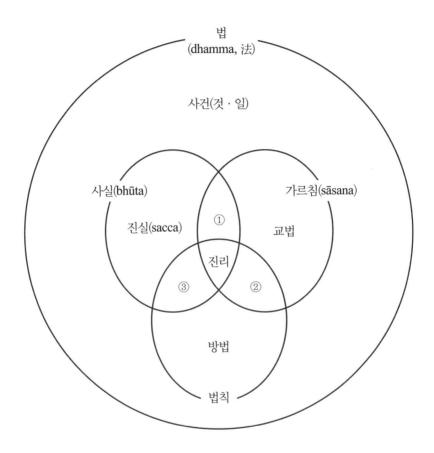

법
(dhamma, 法)

사건(것 · 일)

사실(bhūta)   가르침(sāsana)

진실(sacca)   ①   교법

진리

③   ②

방법

법칙

도표 13. 법의 다면적인 의미

침에 부합하는 대답이 된다. 다만 포괄적인 만큼 그 개념을 전체적으로 파악하는 일이 쉽지는 않다. 경에 나타난 법은 단순하지 않고 다면적인 의미를 가지고 있다.

법의 가장 포괄적인 의미는 사건·사실일 것이다. 즉 '~ 일', '~ 것'에 해당한다. 교리적으로 설명하자면, 정신으로 파악할 수 있는 대상은 모두 법이다. 예를 들자면 3법인[229] 중에 '모든 법들은 자기가 없다.'(諸法無我, sabbe dhammā anattā)에서의 법이 그런 포괄적인 의미로 쓰인 경우다. 그런데 법이라는 단어는 불교 이전부터 바라문교에서 사용되던 말이었다. 어원적으로는 √dhṛ(유지하다.)에서 파생한 명사로 존재에 관련된 단어다. 바라문교에서는 신성자(브라흐마)가 세계를 창조하면서 드러낸 자연의 질서 내지 진실한 법칙을 의미했다.[230] 그러므로 도표에서 ③에 들어갈 내용으로는 자연의 여러 법칙들이 해당된다. 또한 인간이 마땅히 지켜야 할 도덕이나 질서 등도 해당될 것이다. 경에서 꼬살라 빠세나디왕은 세상의 종말이 닥친다면 "'법의 실천(dhamma cariya)'과 바른 실천과 선행과 공덕행이 아닌 다른 무엇

· · · · · · · · · ·

229 三法印, tri-dharma-mudrā. 3법인(세 가지 법의 도장들)이라는 법수 제목은 설일체유부가 범어로 명명한 용어다. 남방상좌부는 'ti-lakkhaṇa'(三相, 세 가지 특징)이라고 명명했다. 나중에 좀 더 다루겠지만 일단 직역으로 번역만 해보겠다. '모든 형성작용들은 무상하다.'(諸行無常, sabbe saṅkhārā aniccā), '모든 형성작용들은 괴롭다.'(諸行苦痛, sabbe saṅkhārā dukkhā), '모든 법들은 자기가 없다.'(諸法無我, sabbe dhammā anattā)

230 "그(브라흐만)는 아직 전개되지 않았다. 그는 더욱 훌륭한 형태인 법을 낳았다. 그 법은 크샤트리야 계급의 힘이다. 그러므로 법보다 뛰어난 것은 없다. 그래서 약한 사람도 왕과 같은 강한 사람을 법으로 지배하는 것이다. 실로 법은 진실(satya, 빨리어로는 sacca)이다."(『브리하다라냐카 우파니샤드』 남수영 옮김, 여래, 2009, 87p.)

을 하겠습니까?"라고 말한다.(상1-393) 여기에서의 법도 문맥상 바르고 참된 도덕 법칙을 의미하고 있다. 이렇게 법은 진실(諦, sacca)이라는 의미를 가지고 있다. 그리고 이것은 바라문교에서도 마찬가지였다.(주석 230번 참고) 다만 바라문교에서의 진실이란 신성자라는 존재에 입각한 진실이며 그런 존재성을 함축하고 있는 진실이었다.[231] 그러나 불교에서는 창조신과 같은 실체적인 존재를 상정하지 않으므로 불교에서의 진실이라는 존재성은 생성됨(有, bhava)이라는 개념 안에서만 다루어진다.('있음'(atthi)과 '생성됨'(bhava)의 차이는 주석 152번을 보라.) 모든 진실은 '생성된 것'(bhūta), 즉 사실의 일부일 뿐이다. 격의법으로 차용된 단어인 '법'과 '진실'이라는 개념이 불교 안에서 이루어지는 개념상의 이동을 주의 깊게 살펴봐야 한다.

①에 들어갈 대표적인 내용으로는 '네 가지 성스러운 진실들'(四聖諦)을 들 수 있다. 법은 경에서 대부분 '가르침'이라는 뜻으로 쓰이는데 이 가르침을 포괄하는 교리가 바로 '네 가지 성스러운 진실들'이다. "부처님들께서 찾아내신 괴로움[苦]과 같이−일어남[集]과 소멸[滅]과 길[道]이라는 '법의 교시'[232]를 드러내셨다."(디1-312)에서처럼 네 가

. . . .

231 '진실'을 의미하는 'sacca'(범어로는 'satya')는 어근이 √as(있다.)에서 파생된 명사이기 때문에 기본적으로 존재성의 의미를 지니는 단어다.

232 dhamma desanā. 여기에서 '교시'(敎示, desanā)는 동사 'deseti'(나타내 보여주다.)의 명사형이다. 가르침이라고 많이 번역되고 있지만 '가르쳐 보임' 혹은 그 가르침의 내용이라는 뜻이 들어 있어서 '교시'로 번역했다. 비슷한 용어로 'sāsana'는 어원 √śās(가르치다.)에서 파생한 명사이므로 '가르침'이라는 말에 가장 잘 들어맞는다고 보인다.

지 진실은 곧 법으로 다루어진다.

②에 들어갈 대표적인 내용으로는 '깨달아지는 법들'[233]을 들 수 있다. 이 깨달아지는 법은 방법론적인 가르침이기 때문이다. 불교 수행의 방법론적인 가르침은 거의 '37항목의 깨달아지는 법들'로 귀속된다고 할 수 있다.

법에 대한 이 모든 분류의 공통분모 혹은 법의 핵심 개념은 진리라고 할 수 있다. "따라서-같이-생겨남을 알아보면 법을 알아보고 법을 알아보면 따라서-같이-생겨남을 알아봅니다."(맛1-683)에서 불교의 진리인 따라서-같이-생겨남과 법이 일치를 이루며 극명하게 표현되고 있다. 또한 "법을 알아보면 나를 알아보고 나를 알아보면 법을 알아봅니다."(상3-347) 혹은 "와셋타여, '한결같은 이'(如來)는 법의 몸이라고도, 신성한 몸이라고도, 법의 생성체라고도, 신성한 생성체라고도 지칭하기 때문입니다."(디3-161)에서도 법은 진리를 의미한다. 벤다이어그램상의 공통분모로서의 진리를 규정하자면 '모든 사건·사실에 관통하며 흐르는 진실한 법칙인 가르침'이라고 말할 수 있겠다.

이와 같은 법의 다면적인 의미는 문맥에 따라 어느 한 의미가 두드러지게 표명되더라도 다른 의미를 상실하는 것은 아니다. 그러므

· · · · · · · · · ·

233 bodhi-pakkhiyā dhammā. 경에서 이 '깨달아지는 법들'의 예로 직접 든 경우는 5근뿐이다.(상5-601) 그러나 4념처, 4정근, 4신족, 5근, 5력, 7각지, 8정도 등의 일곱 종류를 깨달기 위해 개발해야 할 것들로 한꺼번에 들기도 하기 때문에(상3-410) 후대에, 예로 든 종류들의 항목 수를 모두 합쳐서 37(sattatiṁsa)이라는 법수를 덧붙인 것이 '37항목의 깨달아지는 법들'('37助道品' 혹은 '37菩提分法'이다. 그런데 항목 수는 '37'이지만 겹치는 항목을 빼면 27가지에 불과하다. 종류별로 묶으면 일곱 종류다. 그러므로 7종류, 27가지, 37항목이다.

로 법을 문맥에 따라 번역을 달리하면 법의 원융한 맛을 깨트리게 된다. 완벽하지는 않지만 'dhamma'를 비교적 잘 표현하는 '법(法)'이라는 번역어를 일관되게 사용하되 도표에서와 같은 다면적인 의미를 충분히 상기해야 할 것이다.

그런데 아비담마 철학에서는 법을 이와 같이 다면적으로 파악하지 않고 법을 자성화, 즉 실체화시켜 버렸다. 이것은 아비담마 철학의 최대 과오다. 대표적으로 남방상좌부를 살펴보겠다.

상좌부에 의하면 법에는 법을 법이게끔 해주는 '자체성질'(自性, sabhāva. 물론 근본경전에는 이런 단어조차 나오지 않는다. 오히려 외도들이 자신들이 주장하는 실체를 성립시키기 위해 사용하는 용어였다.)이 각각 박혀 있다. 이것은 법을 최소 단위로 만들어 주는 변함없는 궁극의 실재다. 철학 용어로 실체[234]에 해당한다. 최소 단위인 법은 72가지가 되는데(주석 214번 참고), 이것의 현란한 조합이 사람과 세상을 이룬다. 이런 각각의 법들도 무상·고·무아라는 공통적인 특징을 가지고 있다고 주장하지만 궁극적인 의미에서는, 즉 자체성질의 차원에서는 항상하고 자기가 있는 것이다. 만일 자체성질이 변하는 것이고 자기라고 할 것이 없다면 자체성질이라는 말도 성립이 안 될 뿐만 아니라 자체성질을 상정하게 된 이유도 없어지게 된다. 이것이 아비담마 철학의 이율배

· · · · · · · · · ·

234 實體, substance. 한문으로는 '실다운[實] 본체[體]'라는 의미고, 영어로는 '밑에서(sub) 받쳐주는 것(stance)'이라는 뜻이다. 철학에서 모든 현상을 현상이게끔 해주는 배후의 영원불변하는 자체 독립적인 존재를 말할 때 쓰이는 용어다. 동서양을 막론하고 철학사상사에서 관념적이거나 물질적이거나, 단일하게 혹은 다수인 것으로 다양한 실체들이 제시되었다.

반적인 근본 모순이다.

상좌부에서는 자체성질을 가진 법만이 궁극적인 최소 단위의 실재이기 때문에 나머지 법들은 현상에 불과하게 된다. 이러한 법에 대한 1차 왜곡에 이어서 또다시 법에 대한 2차 왜곡이 진행된다. 즉, 법을 '대상으로서의 법'(dhamma ārammaṇa)과 '영역으로서의 법'(dhamma āyatana)으로 구분한다는 점이다.(아길-636) '대상으로서의 법'이란 다른 감각 기능들이 대상으로 삼을 수 없는 오직 정신[意根]만의 대상을 말한다. 여섯 종류가 있다.(아길-319) (1) 감성 물질[235](다섯 가지), (2) 미세한 물질[236](열여섯 가지), (3) 마음, (4) 마음부수(52가지, 아길-193 참고), (5) 열반, (6) 개념[237]. 그런데 '영역으로서의 법'(法處)은 다시 더 축소되어 (2) 미세한 물질, (4) 마음부수, (5) 열반, 이 세 가지에 한정된다고 해석한다.

. . . .

235 pāsada. 감각기관 속에 순수하게 감각 작용만을 가능하게 해주는 물질이 있다고 추정한 물질. 아마도 요즘의 신경세포에 해당한다고 배대할 수 있겠다. 눈의 감성 물질, 귀의 감성 물질, 코의 감성 물질, 혀의 감성 물질, 몸의 감성 물질.(아길-531)

236 sukhuma-rūpa. 아길-319에 의하면, 구경의 실재로서의 물질 여섯 가지(물, 여성 물질, 남성 물질, 심장토대, 생명 물질, 음식 물질. 아길-536)와 구경의 실재가 아닌 추상 물질 열 가지(한정 물질, 몸의 표시, 말의 표시, 물질의 가벼움, 물질의 부드러움, 물질의 적합함, 생성 물질, 상속 물질, 쇠퇴 물질, 무상 물질. 아길-542)를 말한다. 이러한 물질 각각에 대해서 많은 모순과 문제점이 있지만 번다해지기 때문에 접어 두기로 하겠다.

237 paññatti, 施設. 이 단어는 '알아차리다.'(pajānāti)의 사역형인 '알아차리게 하다.'(paññāpeti)의 명사형이다. 그러므로 '알아차리도록 해주는 것' 정도의 의미다. 즉, '제시' 혹은 '명시'의 뜻이다. 물론 '제시'는 개념을 통해서도 이루어지지만 언어적·철학적인 의미로 읽히는 '개념'이라는 단어에 반드시 국한되지 않는 단어다.

그러나 근본불교에서 나타난 '열두 가지 영역'(十二處)의 마지막인 '법의 영역'(法處)은 앞의 도표에서 나타난 포괄적인 의미의 법과 같은 내용이다. 법의 포괄적이고도 다면적인 의미를 파악하지 못하고 왜곡되어 편협해진 법의 영역으로는 일체(sabba)를 12가지(6근과 6경)로 규정한(상4-111) 부처님의 뜻을 제대로 설명할 수 없게 된다. 정신의 대상이 곧 법의 영역이고 이것은 앞의 색·성·향·미·촉이라는 영역도 포괄하고 있다. 물론 다른 감각 기능이 파악할 수 없고 정신이 개입해야 파악할 수 있는 특별한 대상도 말할 수 있다. 예컨대 물리 법칙이나 철학적인 가치, 개념 등등을 들 수 있을 것이다. 그러나 이것도 다른 감각 기능들의 도움이 전혀 개입되지 않는다고는 할 수 없다. 앞에서 다루었지만 경에서 순수 의식의 영역은 무방해물의 경계인 '무한허공의 영역', '무한식별의 영역', '아무것도 없는 영역'에 대한 고정됨에서만 가능하다고 했다.

　　법의 포괄적인 영역은 형성작용보다도 넓다. 그 이유는 법에는 형성작용에서 제외되는 하나의 개념, 즉 꺼짐이 포함되기 때문이다. 수학적으로 '법 − 형성작용 = 꺼짐'이라는 도식이 성립한다. 꺼짐이란 '모든 형성작용의 멈춤'이기 때문이다. 아마도 꺼지기 직전까지는 형성작용일 것이다. 그런데 아비담마 철학에서는 열반, 즉 꺼짐을 궁극적인 실재로 상정하면서도 개념(paññatti)은 궁극적인 실재가 아니며 법의 영역에도 들지 못한다고 한다. 그러나 규제집에서 "무상한 모든 형성작용들은 괴롭고 자기가 없으며 형성된 것들이다. 또한 꺼짐도 단지 제시(paññatti, 아비담마 철학에서는 '개념'으로 해석한다.)일 뿐이고 자기-없음이라고 결정된 것이다."(V5-86)라고 나타난다. 그래서 3법인의 세 번째를 '모든 형성작용들은 자기가 없다.'고 하지 않고 '꺼짐'까지 포괄하도록 '모든 법들은 자기가 없다.'고 한 것이다. 쉽게 말해 '꺼지면 어떠한 자기도 없다.'는 의미를 함축하고 있는 명제라는 말이다.

아비담마 철학의 자체성질이란 실체 개념이고 이것은 부처님이 부정한 자아 개념이다. 열반이 궁극적인 실재라면 자체성질이 있어야겠지만 열반도 자기-없음(無我)이다. 열반, 즉 꺼짐은 아비담마 철학의 자체성질이나 궁극적 실재로서의 법으로 다루어질 수 있는 개념이 아니다. 게다가 위의 규제집의 구절에서 상좌부 철학은 'paññatti'라는 단어의 개념도 잘못 파악하고 있다는 점이 드러났다. 꺼짐도 하나의 사건[法]이며 이 사건을 '꺼짐'이라고 개념적으로도 제시하고 현실적으로도 제시할 수 있다.

철학에서 '실체'의 정의는 '그것을 그것이게끔 해주는 것'이다. 아비담마 철학에서 법을 법이게끔 해주는 것은 자체성질이었다. 이것은 '망상적인 규정'이다. '추정된 것'이고 '착각에 빠진 것'이다. 불교에서 그것을 그것이게끔 해주는 것은 이미 살펴본 바 있는 '형성작용'일 뿐이다. 불교에서는 실체 대신 이 형성작용을 내세울 뿐이다. 흙·액체·화기·공기도 '네 가지 큰 생성체들'(네 가지로 크게 생성된 것들)이라고 표현했지 이것을 근본 물질이라고 표현하지 않았다. 이 네 가지가 각각 자체성질을 지닌 궁극적인 실재로서의 근본 물질이라고 본 사상은 인도 고대 유물론인 차르바카 학파의 주장이었다. 그들은 스스로 자신들을 '자체성질주의자'(svabhāva vāda)라고 불렀다.[238] 예컨대 남방 상좌부에서 액체(水, āpo)의 자체성질이라고 말하는 '점착성' 혹은 '응집성'도 액체의 본래적인 성질이 아니라 분자의 결합 상태, 온도, 관찰자의 감각기능 등의 조건에 의해 성립되고 있는 '임시 성질'일 뿐이다. 그리고 순수 정신에 의해서만 파악되는 성질이라고 볼 수도 없다.

남방상좌부 철학의 오류를 일일이 거론하는 것은 번다한 일이다. 더욱이 같은 아비담마 철학의 한 부류인 북방 설일체유부와 궁극적 실재에 대한 분류, 개수, 개념 등에서 상당한 차이가 나기 때문에 둘의 진위 논란도 험난하다. 이 점은 여러 경우의 수를 갖는 해석을 가져온다. 어느 한쪽이 왜곡·변형되었거나, 둘 다 왜곡·변형되었을 경우다. 어쨌든 결과적으로 확실한 것은 어느 한 아비담마 철학을 맹목적으로 부처님의 친설이라고 전적으로 받아들여선 안 된다는 점이다. 모든 문제점들을 속속들이 밝혀낸다면 후련하겠지만 아비담마 철학의 체계망상에 휘말려 시간 낭비할 필요는 없을 것이다. 다만 여기서는 아비담마 철학에 의해서 법이 어떻게 자체성질이라는 실체 개념으로 왜곡되었고 불교의 근본교리를 얼마만큼 뒤흔들어 놓았는지를 확인한 것으로 만족한다고 하겠다.

· · · · · · · · · ·

238 『학파로 보는 인도 사상』 김형준 옮김, 예문서원, 2009, 87p.

33

진리란 무엇인가

법의 핵심적인 의미는 진리였다. 그리고 불교의 진리는 따라서-같이-생겨남(緣起)이다.(따라서-같이-생겨남의 단어 풀이는 주석 6번 참고) 그런데 요즘에 '4성제'(四聖諦, cattāri ariya saccāni)를 '네 가지 성스러운 진리'라고 번역하면서 '진실'이라고 번역해야 할 'sacca'(諦)라는 단어를 '진리'라고 번역하고 있다.('sacca'의 단어 풀이는 주석 231번 참고) 그에 따라 네 가지 성스러운 진리의 첫 번째를 '괴로움이라는 성스러운 진리'라고 번역하게 되었다. 그러나 괴로움이 어떻게 진리일 수 있겠는가? 그렇다면 불교는 괴로움, 즉 진리를 없애려는 종교가 되어 버린다. 이것은 진실과 진리를 구분하지 못했기 때문에 생겨난 어불성설이다.(도표14)

정신의 대상이라는 포괄적인 의미에서의 법에는 거짓과 환영도 포함되지만 진실과 진리도 포함된다. 불교에서 'sacca'는 항상 '진실'이라는 뜻으로만 쓰인다.[239] 진실은 교리적으로 '네 가지 성스러운 진실들(四聖諦)'에서 대표적으로 쓰인다. 경에서는 이 네 가지 성스

....

239 "내가 알지도 못하고 알아볼 수도 없는 것에 대해 한 면만 취하여 '이것만이 진실이고 다른 것은 헛되다.'라고 한다면 그것은 나에게 적절하지 않다."(맛2-567)처럼 '진실'(sacca)은 '헛된'(mogha)의 반대말로 쓰였다. 또한 "진실인가, 거짓인가?"(상4-664)처럼 '거짓'(musa)의 반대말로도 쓰였다. "소나단다 존자께서 출가수행자 고따마를 보러 갈 것이라는 소문이 진실입니까?"(디1-321)에서처럼 진실은 '진짜 사실'을 의미한다.

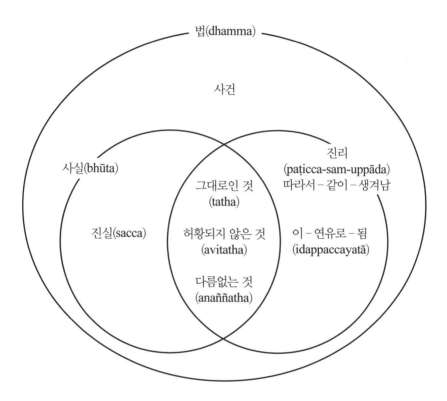

법(dhamma)

사건

사실(bhūta)

진리
(paṭicca-sam-uppāda)
따라서 – 같이 – 생겨남

그대로인 것
(tatha)

진실(sacca)

허황되지 않은 것
(avitatha)

이 – 연유로 – 됨
(idappaccayatā)

다름없는 것
(anaññatha)

도표 14. 진실과 진리의 차이

러운 진실들을 '그대로인 것', '허황되지 않은 것', '다름없는 것'이라고 설명한다.(상6-401, 409) 이 세 가지 특성은 불변성, 사실성, 객관적인 일치성을 설명하는 것이라고 해석할 수 있다. 그런데 이런 세 가지 특성은 따라서-같이-생겨남을 설명하는 대목에서도 나타난다.(상2-164) 다만 거기에서는 '이-연유로-됨'²⁴⁰이라는 용어가 덧붙여질 따름이다. 다시 말해 진실에 '이-연유로-됨'이라는 이치인 법칙성이 첨가되면 진리가 되는 것이다.

그런데 바라문교에서는 진리(dhamma)가 곧 진실(sacca)이었다.(주석 230번 참고) 일원론적인 실체 철학인 창조신 사상에서는 창조신이 곧 진리이기 때문에 그 현현으로서의 진실도 진리가 된다. 다시 말해 이 창조신 사상에서는 진리가 존재성에서 찾아진다. 그러나 불교에서의 진리는 법칙성에서 찾아진다. 그 법칙성이 바로 '이-연유로-됨'이다. 그런데 '네 가지 성스러운 진실들'의 첫 번째는 '괴로움이라는 성스러운 진실'이다. 괴로움을 진리라고 볼 수는 없다. 다만 성스럽다고 한 이유는 괴로움이 깨달음의 안목을 안겨 줄 수 있는 공통된 진

· · · · · · · · ·

240 idappaccayatā, 此緣性. '이것을(idaṁ) 연유로 하는(paccaya) 성질(tā)'이라고 파자된다. 여기에서 'paccaya'(緣由)는 'paṭicca'(따라서)와 마찬가지로 '~을 향하여(prati) 가다(√i).'로 파자된다. 『청정도론』(3-30)에서도 'paṭicca'(따라서)를 '향하여 가기'(paṭimukhaṁ-ito)로 해석했듯이 'paccaya'(연유)도 진행성을 갖는 용어다. 그러므로 'paccaya'(연유)를 이미 결정된 원인이라는 의미가 강한 '조건'으로 번역하는 것은 삼가야 한다. 또한 'paccaya'(연유)를 대신해서 쓰이는(상2-179) 'upanisa'(계기, 契機)도 '가까이(upa) 줄지어(ni) 향하다(√śri).'라고 파자되듯이 '말미암아 생겨남'의 진행 과정을 나타내고 있다. 한편 규제집의 여러 곳에서 "다른 것이 아니고 단지 이런 연유로 그랬다면 단타입니다."(율3-1436)와 같은 문장이 나온다. 역시 사건이 진행된 이유를 말하고 있다.

짜 사실이기 때문이다. 괴로움도 다만 '따라서-같이-생겨난 것'일 뿐이다.(상2-183)

데카르트적인 고전적 진리 조건은 '보편타당하고 명석판명한 영원불변의 법칙'이었다. 보편타당하다고 하는 것은 객관적인 논리로 적용되지 않는 곳이 없어야 한다는 말이고, 명석판명하다는 것은 현실적인 사실에 입각해서 뚜렷하게 확인할 수 있어야 한다는 말이며, 영원불변하다는 것은 존재하는 한 변함없이 적용되어야 한다는 말이다. 이러한 법칙이 '진실한 이치', 즉 '진리(眞理)'다.[241] 그런데 따라서-같이-생겨남이야말로 이 모든 조건을 충족시켜주는 진리일 것이다. 부분과 부분, 부분과 전체, 물질과 물질, 물질과 정신, 정신과 정신 혹은 미세물리학에서 천체물리학에 이르기까지 단 하나의 통일장이론이란 따라서-같이-생겨남, 그것일 뿐이다. 나머지 법칙들은 세계와 우주가 바뀌면 그에 따라서 모두 뒤바뀔 수 있는 것들이다. 물론 따라서-같이-생겨남의 원리로 바뀌고 따라서-같이-생겨남의 원리로 다시 짜질 것이다. 종교적인 도그마로 들리는 사람도 있겠지만 부정하기 힘들다면 진리일 수도 있지 않을까? 현재 인류는 '존재가 그 자체 없이 따라서 같이 생겨난다는 것'을 조금씩 이해해 가고 있다.

· · · · · · · · · ·

241 '진실한 이치', 즉 '진리'라는 단어에 해당하는 것으로 부처님이 직접 사용한 용어는 '성스러운 이치'(ariya ñāya)이다. 성스러운 이치란 따라서-같이-생겨남 혹은 12고리의 따라서-같이-생겨남으로 설명된다.(상2-247) 이치(ñāya)는 '아래로 이어져'(ni) '가는 것'(√i)이라고 파자할 수 있다. 이 단어는 고대 인도 논리 철학인 '정리 학파'의 정리(正理, 범어로는 Nyāya)에 해당한다.

34
진리를 몰라보는 이유

니체는 "진리란 단순한 것이다. 이 얼마나 복잡한 거짓말인가."라고 꼬집었다. 그런데 불교의 입장에서 보자면 진리란 단순하면서도 복잡하고 쉬우면서도 어려운 것이다. '따라서-같이-생겨남', 이 얼마나 간단한 복합어인가. 하지만 그 양상은 매우 복잡하다. 만유의 복잡성만큼. 또한 부처님의 단어 사용법은 격의법이어서 단어만 알아들을 수 있는 사람이라면 일단 기본적인 뜻을 쉽게 파악할 수 있다. 이러한 부처님의 언근지원(言近旨遠, 말은 쉽지만 뜻은 심원함)의 표현법, 이것이 바로 따라서-같이-생겨남이 진리임을 몰라보는 첫 번째 이유다. 진리란 뭔가 대단하고 어려운 명제로 표현될 것 같은데 너무 쉽고 뻔한 말처럼 들리니까. 그러나 좀 더 들여다보면 광대무변하고 기기묘묘한 따라서-같이-생겨남의 세계가 열린다. 물론 생성된 대로의 세계일 뿐이지만 따라서-같이-생겨남의 열쇠라야 모두 풀린다. 따라서-같이-생겨남의 수많은 갈래와 흐름 및 종류들을 단번에 모두 아는 '일체지'(一切智, sabbaññu) 혹은 '일체종지(一切種智)'는 부처님도 불가능하다고 한다.[242] 단번에는 아니지만 부처님처럼 차례차례라도 따라서-같이-생겨남의 세계 전부를 아는 것조차 매우 어려운 일

....

242 "대왕이여, 나는 이와 같이 '단번에(sakid-eva) 모든 것을 알고 모든 것을 보는 출가수행자(사문)나 신성인(브라만)은 없다. 그런 경우는 분명히 있을 수 없다.'라고 일러준 말을 뛰어나게 압니다."(맛3-387)

이다.

그런데 진리가 언제 우리에게 자유와 행복을 보장하겠노라고 약속한 적이 있었는가? 진리가 반드시 유용한 선(善)이라는 보장도 없는데 진리를 추구하는 자들은 역사상 적지 않았다. 따라서-같이-생겨남은 선이랄 수도 악이랄 수도 없는 것이다. 어느 쪽으로든 흐를수 있기 때문이다. 그렇지만 부처님은 수행의 당위성을 부여하기 위해서인지 부정적으로 해석한다. '세 가지 법의 도장들'(三法印, 제51장을 참고하라.)에서 알 수 있듯이 따라서-같이-생겨남의 모든 형성작용들은 기본적으로 인간에게는 무상하고 괴로운 것으로 다가온다. 인간에게 주어진 운명이 있다면 이러한 따라서-같이-생겨남의 부대낌만이 근원적이고도 절대적인 운명이다. 그러나 천만다행하게도 진리의 체득, 윤회의 종식, 괴로움의 끝, 허무의 극복, 자비심의 발현 등이 최종적인 단계에서 등가의 연결 고리를 이루며 완성되어 있다. 이러한 따라서-같이-생겨남의 완전한 체득이야말로 따라서-같이-생겨남이 진리임을 알아보는 궁극적인 경지이지만 수행이 만만하지 않다는 것, 이것이 진리를 몰라보는 두 번째 이유다.

따라서-같이-생겨남이 진리라고 했을 때, 진리란 학문적인 천재철학자에 의해서도 결코 발견되지 않는다. 왜냐하면 아날로그적인[243] 따라서-같이-생겨남은 디지털적인 식별의 한계를 살짝 벗어나 있기

· · · · · · · · · ·

243 본서에서 아날로그(analogue)란 연속적이면서 입체적이라는 의미로 사용하며, 반면에 디지털(digital)은 분절적이면서 단편적이라는 의미로 사용하겠다.

때문에 식별로 나누어 파악할수록 엇박자가 생기면서 더욱 멀어져버리기 때문이다.[244] 물론 진리를 공표한 후에는 식별로 어느 정도의 접근과 이해는 가능하겠지만 역시 완전히 체득하지는 못한다. 그러므로 진리의 최초 발견은 수행에 의한 직관적인 알아차림에 의해서만 이루어지는 것이다. 그러나 수많은 생을 줄기차게 진리 추구에 바치는 사람이란 희귀할 수밖에 없고 그의 출현도 매번 다를 수밖에 없을 것이다. 인간은 기계가 아니기 때문이다. 그러므로 따라서-같이-생겨남을 최초로 발견하는 부처님이 인간 세상에 출현하는 일정한 주기를 확정하는 것도 불가능하리라고 보인다.[245]

언제나 긴긴 노력에 짧은 행복뿐이다. 부처님에게도 기나긴 고행의 윤회 끝에 도달한 깨달음의 기쁜 삶이란 잠깐에 불과했다. 그것도 세속인이 보기에는 즐거운 삶의 양식이 아니었다. 그리고 삶의 최후는 완전히 꺼짐으로 마무리된다. 결과적으로 진리를 체득한 대가는 생성됨의 소멸이었다. 그 어떤 것보다 늙어 빠진 진리의 할망구는 자신의 알몸을 적나라하게 바라본 자들을 하나도 남김없이 모조리 없애버린다. 이것 이상의 천기누설이란 없을 것이다. 이러한 사정으로 인해 따라서-같이-생겨남이라는 진리를 다음 우주로 전달해주는 사

· · · · · · · · · · ·

244 중국 선불교에서 유명한 "이 문에 들어서려거든 헤아려서 알려고 말라."(入此門來 莫存知解)라는 구절은 이러한 의미에서 강조된 표현일 뿐이다.

245 지금 우리가 사는 겁은 미륵불까지 다섯 부처가 출현하기 때문에 경에서는 "지금의 '행운의 겁'(bhadda kappa)"이라고 지칭하고 있다.(디2-42) 확률적으로 한 명의 부처도 출현하지 않는 겁도 가능할 것이다.

람은 없게 되어서 중생 세계는 어쩔 수 없이 새로 깨닫는 이를 한정 없이 기다릴 수밖에 없는 처지에 놓이게 된다.

부처님과 동격자들의 이어지는 소멸은 불법이 쇠퇴할 수밖에 없는 이유이기도 하다. 우선 부처님 당시와 시대·문화·자연 환경이 달라지면서 그에 걸맞게 대처하는 법을 정확히 제시해 줄 권위 있는 사람이 없다는 것이 문제가 된다. 특히 물질문명의 발달로 인욕력은 약해지는데 비해 유혹은 강해지면서 계율은 흐트러지게 되어 있다. 규제들이 복잡해지거나 흐트러질수록 깨달음을 성취하는 자들은 적어진다는 것을 이미 살펴봤었다. 그렇게 흐트러진 상황 속에서는 기존의 난립상을 재정비하고 쇄신하려는 움직임이 일어나기 마련이다. 바로 아비담마 철학이나 대승사상도 처음의 취지는 그러했을 것이다. 그러나 취지가 고귀하더라도 진실됨이라는 기본이 지켜지지 않는다면 그 결과는 고귀하기 힘들다. 특히 대승의 사상은 거짓말로 시작해서 관념론적인 일원적 실체론으로 종지부를 찍었다.

불법을 관통하는 하나의 원리는 따라서– 같이–생겨남이다. 불법이란 따라서–같이–생겨남에서 피어난 뭉게구름에 불과하다. 그런데 대승의 관념론적인 일원적 실체론이 갖는 수직적인 일직선의 인과의 흐름은 근본불교의 입체·유기적이면서도 순환적인 따라서–같이–생겨남의 인과관계를 흐트러뜨리고 단절시켜 버린다. 대승에서 다루는 따라서–같이–생겨남이란 일원적 실체의 전변을 풀이하는 차원으로 활용될 뿐이다. 이것은 신성자 전변설의 아류에 불과하다. 확인되지 않는 하나의 실체를 궁극으로 상정해 놓고 그 실체와 연결시켜서 세계 현상 모두를 꿰맞추고 짜 맞추며 해명하는 선결 문제 미해결의 오류와 표적 수사의 오류를 선보인다. 그러한 오류에도 불구하고 결과적으로 대승권에서는 관념론적인 일원적 실체가 근원적인 존재로서의 진리로 자리매김하며 시선을 사로잡았고 따라서-같이-생겨남은 근원적인 진리 법칙으로 주목 받지 못하게 되었다. 이것이 바로 진리를 몰라보는 세 번째 이유다.

35
근본불교에서 부정한 실체 - 자기

아비담마 철학이 법을 실체화하면서 도입한 용어는 '자체성질'(自性, sabhāva)이었다. 그러나 부처님은 근본경전에서 이런 용어를 사용하지 않았고 일상적으로 쓰이는 말이자 기존의 바라문교에서 가장 많이 쓰였던 단어인 '자기'(attan, 범어로 ātman)라는 말로 실체를 표현했다. 그러므로 자기라는 단어도 격의법으로 구사된 단어다. 격의법이 적용되었다는 것은 그 단어가 불교만의 '심화되는 두께'를 지니는 '중층적인 쓰임새'를 갖는다는 것을 의미하기도 한다.

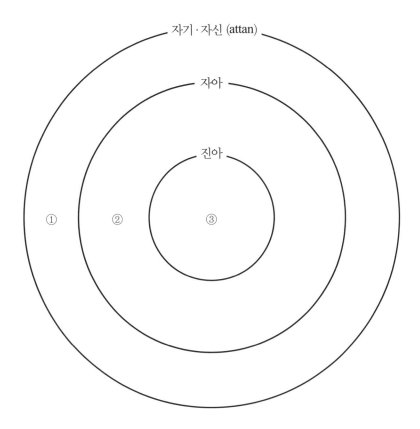

도표15. 자기(attan)의 중층적인 쓰임새

① 먼저 자기는 일상적이고 현실적인 '나'라는 개체를 뜻한다. "자기를 섬으로 삼고…."(디2-205)와 같은 문맥에서[246] 나타난 '자기'를 말한다. 이 자기라는 말은 '나다.'라는 착각에 기반한 규정이기 때문에 범부들이 자기라는 단어를 사용한다는 것은 암암리에 자기 정체성을 보장해 주는 자아 혹은 진아를 가정하면서 말하고 있는 것이 된다. 그러나 그런 착각을 제거한 동격자들이 자기라는 단어를 사용하는 까닭은 상대와의 소통을 위해 단지 현실적인 개체를 가리키는 지시대명사로서 사용하기 때문이다.(상1-181)

② 자기라는 단어에는 자아라는 의미가 포함될 수 있다. 즉, '단일하게 계속되는 자기 동일성으로서의 주체'를 무의식적으로 가정하면서 자기라는 말을 사용하게 된다. 그런데 자아에는 불변이라는 성질이 반드시 요구되지는 않는다. 간단하게 말해서 '단일한 주체'가 자아다. 대표적인 경우로 '존재유형에 대한 견해'(有身見, 주석 165번 참고)를 들 수 있다. 이 견해는 예류과에서 풀리는 결박이다. 존재유형이란 '다섯 가지 포착 덩어리들'(五取蘊)을 말하는데(상3-421), 그것을 자기와 관계 짓는 견해가 존재유형에 대한 견해다. 이 관계 설정은 네 가지로 이루어진다. 즉, 자기란 5취온이라고 거듭거듭 관찰하거나, 자

· · · · · · · · · ·

246 예컨대, 『법구경』 '자기 무리'(법-477~)와 『묶음 부류』 '꼬살라 묶음'(상1-331~)에 나타난 '자기'는 전부 여기에 해당한다. 현실적 개체인 당사자로서의 자기는 세 가지로 획득된다. 즉, 거친 자기의 획득, 정신으로 이루어지는 자기의 획득, 무방해물인 자기의 획득이다.(디1-491) 이것은 '욕망으로 생성됨'(慾有), '방해물로 생성됨'(色有), '무방해물로 생성됨'(無色有)에 각각 배대해서 규정한 것이다. 그리고 이런 것들은 단지 세상의 통칭이고 언어일 뿐이라고 말하고 있다.(디1-501)

기란 5취온을 가진 것이라고 거듭거듭 관찰하거나, 자기 속에 5취온이 있다고 거듭거듭 관찰하거나, 자기가 5취온 속에 있다고 거듭거듭 관찰하는 것이다.(맛3-721) '자기'를 'A'로 표시하고 '5취온'을 '5'라고 표시해서 이 4종류의 견해들을 수식으로 간단하게 표현하자면, 'A = 5', 'A + 5', 'A ⊃ 5', 'A ⊂ 5'라고 할 수 있다. 한 종류마다 다섯 가지의 견해가 있으므로 총 20가지의 견해가 성립한다. 여기에서 등장하는 자기는 불변성을 반드시 내포하지는 않는다. 다만 단일한 주체를 의미한다. 예컨대 'A = 5'의 경우 중에서 방해물[色]은 쉽게 말해 몸을 말하는데, 이것을 변하지 않는 것이라고 여기는 사람은 없을 것이다. 그럼에도 이러한 방해물을 자기로 삼는다는 말이고, 몸이 변하는 것일지라도 그것에 자기 정체성을 부과할 수 있다는 말이다. 나머지 네 덩어리에 대해서도 마찬가지다. 물론 이것들을 영원불변한 것으로 착각할 수 없다는 것은 아니다. 천착하다 보면 그러한 견해에 이르기도 하는데 그런 자기를 '진아'(참나)라고 따로 불러 보겠다.[247]

　③ 영원불변한 진아로의 천착은 결국 흘러들기 쉬운 일종의 정신적인 골이다. 고민하다 보면, 망상하다 보면 결국 진아를 발상하게 된다. 예컨대 위의 '존재유형에 대한 견해' 중에 제18번째에 해당하는

247　자아에서 진아로의 천착 과정을 표현해 주는 대목이 있다. "혹은 그에게 이런 견해가 생긴다. '나의 이러한 자기는 말하고 겪으며 여기저기서 훌륭하고 사악한 작업의 과보를 낱낱이 겪는다.'고. '그는 더군다나'(so kho pana, M1-8) '나의 이러한 자기는 항상하고 견고하고 영원하여 변하지 않는 법으로 영원토록 그대로 머물게 될 것이다.'라고."(맛1-179)

견해를 짓는다. "그가 자기요, 그가 세상이다. 그는 훗날 나로서 항상하고 견고하고 영원하며 변하지 않는 법으로 생성될 것이다."라고.(상3-301) 영원불변한 창조신(예컨대, 신성자인 브라흐마)이라고 인지된 '그'와 그의 피조물이자 그의 일부인 '나'가 상정된 견해다.

부처님은 이러한 영원불변한 존재에 대한 견해를 여러 가지로 논파한다. 첫째로, 견해가 이루어지기까지의 인과 과정을 따지면서 논파한다. 그러한 견해는 갈구에 기인한 형성작용일 뿐이며, 더욱이 그 갈구마저도 무상한 것이고 형성된 것이고 따라서-같이-생겨난 것이라고 말한다.(상3-302) 둘째로는, 직접 확인한 것인지, 확인할 방법이 있는 것인지를 물어서 논파한다. 예컨대 어떤 즐거움만 있는 세상이 있다고 말하면서 그것에 도달하도록 노력하자고 주장하는 사람이 있다고 하자. 그런데 그 즐거움만 있는 세상을 확인한 사람은 정작 한 명도 없다면 이런 주장을 함부로 받아들여도 괜찮을까? 부처님은 그런 세상은 일국지색(一國之色, 그 나라에서 제일 미인)이나 공중누각(空中樓閣, 알지도 못하고 알아볼 수도 없는 허공 속의 누각)과 같은 망상이라고 규정한다.(디1-486~) 우리는 직접 확인된 적도 없고 확인할 방법도 없는 것들에 대해서 침묵해야 한다. 셋째는, 논리적으로 불합리함을 들어서 논파한다. 부처님은 "비구들이여, 만일 이(쇠똥 알갱이)만큼이라도 항상하고 견고하고 영원하여 변하지 않는 법으로서 자기 상태의 획득이 있게 된다면 바르게 괴로움을 멸진하기 위한 신성한 실천의 삶은 제시될 수 없을 것입니다."(상3-394)라고 말한다. 영원불변한 알갱이가 있다면 어떤 악업이나 선업도 이 알갱이에 스밀 수 없다. 영원불변한 실체는 현상과 직접적인 교류가 없는 별개일 수밖에 없다. 스미거나 교류한다는 것은 어떻게든 변화하지 않고서는 불가능하기 때문이다. 그 이유와 양상은 모르겠지만, 자이나교의 주장처럼 잠시 현상의 티끌이 영원불변한 실체에 붙어 있을 수 있다고 하더라도 논리상으로 실체와는 상관없는 것이므로 자기 정화를 위한 어떠한 노력도 결과적으로는 필요 없게 된다. 이것은 실체철학이 공통적으로 빠지는 본질과 현상과의 이분법적인 모순을 드러낸 것이다.

불교는 다른 사상들을 비판할 뿐만 아니라 자체적으로도 직접 '자기-없음'(無我)을 핵심으로 표방한다. 일단은 '따라서-같이-생겨남'이라는 용어 자체가 단일한 존재론적인 주체를 부정하고 있을 뿐만 아니라 영원불변한 자체 독립적인 존재 또한 부정하고 있다. 불교의 진리는 '따라서-같이-생겨남'이고 이것은 만물의 보편적인 법칙이다. 이 진리를 알아본다면 모든 존재에 '자기-없음'도 저절로 알아볼 수밖에 없다. '자기-없음'이란 '따라서-같이-생겨남'으로부터 필연적으로 귀결되는 이치이자 본래부터 그러한 사실적인 상태이기 때문이다.

36
5온과 5취온의 차이점

존재유형에 대한 견해에서 존재유형이란 5취온이라고 정의되었다. 5

온에 '취'[248]가 부가되어서 5취온이라는 용어가 만들어진 것을 보면 '취'라는 단어가 5온과 5취온의 차이를 만드는 결정적인 핵심 개념이라는 말이 된다. 이 '취'는 12고리의 따라서-같이-생겨남의 아홉 번째 고리이기도 하다. 그러므로 5온에서 어떻게 5취온이 이루어지는지를 밝히면 12고리의 따라서-같이-생겨남에서의 '취' 또한 좀 더 명백해지리라 기대된다. 5온에서 5취온으로 바뀌는 근원적인 분기점이 명시된 구절이 있다.

> "도반들이여, 내부의 눈이 손상되지 않았더라도, 외부의 방해물들이 감각 장소에 들어오지 않고 그것으로 주목하지 않으면 그것에 상응하는 식별은 발현되지 않습니다. 내부의 눈이 손상되지 않았고 외부의 방해물들이 감각 장소에 들어오더라도, 그것으로 주목하지 않으면 그것에 상응하는 식별은 발현되지 않습니다. 내부

· · · · · · · · · ·

248 取, upādāna. '가까이'(upa) '자기 쪽으로'(ā) '주다'(√dā)로 파자된다. '붙잡음', 혹은 '움켜쥠' 정도의 뜻이다. 영어로는 'catch'에 해당한다. '붙잡음'은 육체적인 붙잡음과 인식론적인 붙잡음(파악)으로 나눌 수 있다. 이 둘을 모두 표현하는 단어로 '포착'을 들 수 있다. 육체적인 붙잡음의 예로는 "(심지를) 포착하지(붙잡지) 않아서가 아니고, 포착하고(붙잡고) 있는 불이 타오르는 것과 같습니다."(상5-163) "왓차여, 불꽃이 바람에 흩날려서 멀리 가고 있는 시기에는 바람이 (불꽃을) 포착하고(붙잡고) 있다고 나는 주장합니다."(상5-164) "(좋은 옷을 요구해서) 원하던 좋은 것을 '포착하면'(붙잡으면) 사타입니다."(율3-1093)를 들 수 있다. 이렇게 포착이라는 단어도 격의법이 적용된 말이다. 인식론적인 붙잡음도 격의법으로 설명된다. "시간과 시기를 '포착해서'(upādāya, 잡아서) 방문하겠습니다."(디1-509) 혹은 "다른 방면에 속하는 문제의 어떤 부분이나 유사한 점만을 '포착하여' 단두법이라고 비방하되…."(율3-972)에서 인식론적인 포착의 의미로 쓰였다. 이렇게 포착은 육체적인 포착과 인식론적인 포착, 둘 다에 적용되는 단어다. 다만 경에서는 대부분 인식론적인 의미에서의 포착으로 쓰인다. '네 가지 포착들'이 있는데 주석 253번을 참고하라.

의 눈이 손상되지 않았고 외부의 방해물들이 감각 장소에 들어오고 그것으로 주목한다면, 그것에 상응하는 식별이 발현됩니다. 도반들이여, 그렇게 생성된 방해물은 곧 방해물의 포착 덩어리에 모이게 됩니다. 그렇게 생성된 느낌은 곧 느낌의 포착 덩어리에 모이게 됩니다. 그렇게 생성된 인지는 곧 인지의 포착 덩어리에 모이게 됩니다. 그렇게 생성된 형성작용들은 곧 형성작용들의 포착 덩어리에 모이게 됩니다. 그렇게 생성된 식별은 곧 식별의 포착 덩어리에 모이게 됩니다. 그는 '이렇게 다섯 가지 포착 덩어리들의 모임, 적집, 회합이 이루어진다.'고 알아차립니다."

(맛1-682)

이상의 내용을 간단하게 말하자면 객관적인 '다섯 덩어리들'(五蘊)이 식별된 후에 곧이어 '다섯 가지 포착 덩어리들'(五取蘊)로 바뀐다는 얘기다. 결국 포착이란 '인식론적인 맥락에서의 붙잡음'이라는 말이다. 이러한 인식론적인 포착의 의미는 '방해물의 포착 덩어리'(色取蘊)를 규정하는 데에도 쓰였다. 즉, "'네 가지 큰 생성체들'(四大)과 네 가지 큰 생성체들을 포착하는 것으로서의 방해물"이다.(맛1-671) 이것은 포괄적인 의미에서의 방해물을 규정했던 것과는(상3-274, 또한 주석 169번을 참고하라.) 달리, 포착이라는 의미에서 차이가 있다. 게다가 네 가지 큰 생성체들인 흙·물·불·바람의 경계를 설명하면서도 공통적으로 '포착된 것'(upādiṇṇa)이라는 용어가 등장한다.(맛1-672~) 이렇게 근본불교에서의 방해물이란 현대 물리학적인 객관(?)으로서의 물질과는 다르다. 방해물에 인식론적인 성질이 포함되어 있음을 놓치면 "도반들이여, 어떤 것을 통해 세상에 대해서 '인지가 개입된 세상'(lokasaññī)과 '착각이 개입된 세상'(lokamānī)이 있게 되는데, 이것을 성스러운 규제에서는 세상이라고 합니다."(상4-258)의 의미도 바르게 이해하지 못하게 된다. "세상은 여섯(감각기능)의 포착"(숫-481)이라거나 "다섯 가지 욕망의 성분들"(앙5-479)이 세상이라는 규정도 같은 연장선에서 좀 더 이해될 수 있을 것이다.

경문에서 보이듯이 식별이 발현되기 위해서는 대상으로의 '주목'(samannāhāra)이 필요했다. 주목에는 지향성이 들어 있는데 이것은 곧바로 '욕구'(chanda)라는 지향성으로 바뀌게 될 것으로 여겨진다. 물론 식별 후에는 접촉과 느낌이 연이어 발생하고 그에 따라 갈구도 생성된다. 그러나 이런 과정은 논리적인 순서일 뿐이고 사실상으로는 거의 동시적으로 순식간에 발생되기 때문에 주목의 지향성이 욕구의 지향성으로 바뀌는 것도 순식간에 이루어진다고 봐야 한다. 심지어 식별과 포착조차도 구분이 매우 힘들 정도로 순식간에 이루어지는 것이라고 보인다. 이러한 흐름 속에서 다섯 가지 포착 덩어리들은 '욕구'를 뿌리로 한다고 한 말을 이해해야 할 것이다.(상3-306)

인식론적인 포착의 발생 차원에서는 욕구만을 다루어도 되지만 포착의 진행 과정 차원에서는 '애착' [249]도 함유되어 있다. 애착은 저

. . . .

249 rāga, 愛. 탐·진·치 중에 탐욕에 해당하는 'lobha' 대신 그 자리에 쓰이기도 한다. 그러나 탐욕처럼 겉으로 거칠게 드러나는 성질이라고 할 수 없다. 'rāga'는 일단 '일곱 가지 저

류의 하나이기 때문에 다른 여러 과정에도 작용하는 요소다. 그러나 그런 교리적인 차원을 떠나서 무언가를 붙잡는다는(포착한다는) 것은 그것에 대한 욕구도 발동해야겠지만 거기에는 그것에 대한 애착도 깃든다는 것을 상식적으로 알 수 있다. 그래서 포착은 다섯 덩어리들에 대한 '욕구'와 '애착'이라고 규정되기도 한다.(상3-307)

다른 한편으로는, '애착'과 '기뻐함'²⁵⁰은 상호 조건이 되면서 대등한 지위를 나타내고 있다. "기뻐함이 멸진하기 때문에 애착이 멸진하고 애착이 멸진하기 때문에 기뻐함이 멸진합니다."(상3-202) 그러므로 다음과 같은 포착의 규정도 성립하게 된다. "방해물을 반기고 환영하고 선호하며 머물 때 '기뻐함'이 생겨납니다. 방해물을 기뻐하는 것이 바로 포착입니다."(상3-135) 이렇게 애착과 기뻐함은 갈구와 포착에서 동시에 다루어지는 성립 요소들이기도 하다.

그런데 포착의 성립 요소들이자 생사로 흐르게 하는 '욕구', '애착', '기뻐함' 등은 동격자에게 제거되어 있다. 그러므로 생사로 흐르게 하

....

류들'(주석 189번 참고) 중에 하나이기 때문에 내면 깊숙한 곳에까지 자리하는 미세한 성질의 것이다. 애착이 생기는 원인은 '정'(情, sneha) 때문이라고 한다.(상1-668) 이때 '정'에 해당하는 'sneha'는 원래 끈적끈적한 기름을 뜻하는 말이다. 애착과 기뻐함은 식별이라는 씨앗에 공급되는 물로 비유되기도 한다.(상3-209)

250 nandi, 喜. "미가잘라여, 눈으로 식별되는 방해물이 있는데 원하고 좋아하고 흡족하고 사랑스럽고 욕망하게 되고 매료될 만한 것들입니다. 비구가 그것을 반기고 환영하고 선호하며 머뭅니다. 그것을 반기고 환영하고 선호하며 머무는 그에게 기뻐함이 생겨납니다. 기뻐함이 있을 때 애착을 가지게 되고, 애착을 가질 때 묶이게 됩니다."(상4-148) 명백하게 규정하기 어렵지만 '기뻐함'(nandi)이란 기쁨과 즐김이 결합된 말인 듯하다. 한문으로 희락(喜樂) 정도에 해당할 것 같다.

는 의미에서의 포착도 동격자에게는 제거되어 있다.(앙4-209)

> "왓차여, 나는 정말로 '포착이 있는(sa-upādānassa)' 출현을[251] 제
> 시하지 '포착이 없는'(an-upādānassa) 경우는 그렇지 않습니다.
> 왓차여, 예를 들면 포착이 있는 불은 타오르지만 포착이 없는
> 경우는 그렇지 않는 것과 같습니다."(상5-163)

이와 같은 내용은 동격자에게 '유여열반(有餘涅槃)'이라는 말은 사용할
수 없다는 것을 알려준다. 왜냐하면 유여열반은 정확히 번역하자면 '포
착된 잔재가 있는 꺼짐'(sa-upādisesa nibbāna)이기 때문이다. 이것이 유
여열반이라는 용어가 4부 니까야에서는 나타나지 않는 이유일 것이
다.(주석 25번 참고) 적어도 동격자에게 '다섯 가지 포착 덩어리들'은 존재
하지 않는다. 이것은 '다섯 가지 포착 덩어리들'의 '포착'을 "'유입을 가
지고'[252] 포착하게 되는 것"(sāsavaṁ upādānīyaṁ, 상3-195)이라고 설명

. . . .

251 出現, upapattiṁ. '위에(upa) 도달하기(patti)'로 파자된다. 다른 차원으로 바뀌면서 나타
남을 의미한다. 본문에서 '태어남'(jāti)이라고 말하지 않고 좀 더 포괄적으로 '출현'이라는 말을
쓴 이유는 불환자인 '사이에서 완전히 꺼지는 이'처럼 태어남의 결박은 없지만 포착이 남아 있어
서 생성됨의 결박은 남아 있는 경우도 있기 때문일 것이다. 앙2-322, 도표 25번도 참고하라.

252 sāsava. '갖는'(sa) '유입'(āsava)으로 파자된다. '유입을 지님'의 뜻이다. '유입'(流入,
āsava)은 '자기 쪽으로(ā)' '흐르다(√sṛ).'로 파자된다. 지금까지는 '누'(漏, 새다.)로 한역되었다.
'누출'의 뜻으로 해석한 것이지만(이것은 아비담마 철학의 전통적인 해석에 근거한 한역이다.) 어원에
도 맞지 않고 여러 문맥으로 봐도 맞지 않는다. 또한 '번뇌'라고도 번역하지만 번거롭고 괴로
운 생각들이라는 의미가 강한 번뇌라는 단어로는 원래의 의미를 나타내지 못하고 여러 오해
를 양산한다. 'āsava'는 내부에서 끊임없이 외부로 흘러나가는 것이 아니라 외부에서 끊임없

하는 것과 부합한다. 반대로 욕구와 애착을 가지고 있는 범부들에게는 '다섯 덩어리들'이 항상 '다섯 가지 포착 덩어리들'로 바뀔 수밖에 없다.

　포착에 대한 이러한 개념 규정이 전제되었을 때라야 12고리의 따라서-같이-생겨남에 나타난 포착[253]의 위상도 바르게 정립할 수 있게 된다. 포착의 원인이 되는 앞 고리는 '갈구'다. 갈구가 집착이 심화된 의미인 갈애가 아니라는 것은 이미 밝혔는데(주석 152번 참고) 포착의 의미가 선명해지면서 그것이 더욱 확실해졌다. 포착하지도 않고

· · · · · · · · · ·

이 흘러들어오는 그 무엇이다. 자이나교에서는 영원불멸하는 진아에 달라붙는 불순물을 의미하는 단어였다. 부처님은 세 가지 유입들을 말한다. '욕망의 유입'(kāma āsava, 慾漏), '생성됨의 유입'(bhava āsava, 有漏), '무명의 유입'(avijjā āsava, 無明漏). 유입은 이 세 가지를 중심으로 이해되어야 한다.

또한 '유입들의 멸진'(āsavānaṁ khaya)이라는 용어가 자주 나오는데,(상2-173) 멸진이라는 단어는 '누출의 멸진'보다는 '유입의 멸진'이라는 표현에 걸맞는 말이다. 누출만 막는다면 내부의 문제도 해결되지 않을 뿐만 아니라 외부의 유입 문제도 해결되지 않는다는 것이 예상되기 때문이다. 즉, 미봉책으로 해석될 수 있다. 경에 '모든 유입의 단속 과정'(sabba āsava saṁvara pariyāya, 맛1-172)이 설명된다. 여기에서 '단속'(saṁvara, 防)의 기본적인 의미는 (외부의 침입을) '방어하다.' '막다.'이다. 그러한 맥락에서 '단속으로써 제거해야 할 유입'에 대한 설명으로는 여섯 가지 감각기능의 단속을 말한다.(맛1-183) 이것은 '네 가지 노력' 중 첫 번째와 일치한다.(디3-393) 수행자가 제일 먼저 해야 할 노력은 외부에서 감각기능으로 흘러들어 오는 것들을 단속하는 일이다. 본문에서의 유입도 이러한 차원에서 발생한 것을 말하고 있다.

253 여러 측면의 포착이 있겠지만 12고리상에서의 포착이란 생사로 흐르게 하는 포착이라는 의미다. 경에 근거하자면 '네 가지 포착들'이 있다.(상2-95) ① 욕망의 포착(慾取, kāma upādāna), ② 견해의 포착(見取, diṭṭhi upādāna), ③ 덕행의 맹세의 포착(戒禁取, sīlabbata upādāna), ④ 자기라는 주장의 포착(我語取, attavāda upādāna). 이 합성어들도 입체·유기적인 관계를 갖는다. 예컨대, '욕망의 포착'은 욕망이 곧 포착이며, 욕망에 대한 포착이기도 하며, 욕망으로써 포착함이기도 하다.

서 갈애한다는 것은 일반적인 순서일 수 없기 때문이다.[254] 또한 '갈구'의 구함과 찾음이라는 성질은 '욕구'와 유사성을 보이는데, 이것은 포착 덩어리들의 뿌리가 욕구라는 점에서, 발생론적으로도 유사한 위치를 확인시켜주고 있다. 정리하자면 갈구에는 욕구의 성격이 강하게 들어 있고 포착의 단계를 지날수록 애착의 성격이 강하게 드러나게 된다. 이 정리는 경의 많은 곳에서 다음과 같은 일정한 순서들의 반복으로 증명된다.

(욕구·애착·기뻐함·갈구 →) 접근 → 포착 → 결단 → 고수 → 저류

이러한 순서를 대할 때 유의할 점은 미세하게 복합적이고도 유기적인 심리들을 너무 단편적이고도 단선적인 발생 구조로 파악하는 것에는 무리가 있다는 것이다. 다만 경에 나타나는 이런 순서들은 이해의 선명도를 위해 논리적으로 합당하게 일반적인 순서로 나열했다고 봐야 할 것이다.[255] 그러한 순서대로 나열된 경문들을 더 살펴보겠다.

· · · · · · · · · ·

254 하지만 '포착 → 갈구'인 경우도 있다. (앙2-485) 이것은 '나다.'라는 포착이 이루어지면서 연쇄적으로 36가지의 갈구가 이행되는 경우를 말한다.

255 예컨대 기뻐함(nandi)과 반김(abhinandinī)은 전후 관계가 엄격하지 않다. 갈구를 설명할 때에는 "기뻐함과 애착이 결부되어서 여기저기 '반기는 것'(abhinandinī)이다."(상6-385)라고 말하지만, 포착을 설명할 때에는 "방해물을 반기고(abhinandati) 환영하고 선호하며 머물 때 기뻐함이 생겨납니다."(상3-135)라고 말하고 있기 때문이다. '반기다.'라는 단어는 경이 끝날 때 "부처님의 말씀을 흐뭇하게 반겼다."라는 정형구로 자주 나타난다. '흐뭇하게 반겼다.'(attamano abhinandati)는 대승경전에서 더욱 상투적으로 반복되는데, 보통 '皆大歡喜 信

"그는 방해물에 접근하고 포착하고 결단(주석 188번 참고)하며 '내 자신이다.'고 합니다."(상3-334)

"거사님, 방해물의 경계에 대한 욕구, 애착, 기뻐함, 갈구, 접근과 포착, 그리고 마음의 결단, 고수, 저류들을 한결같은 분은 제거하셨고…"(상3-123, 상3-426도 참고)

"깟짜야나여, 세상은 대부분 접근하여 포착함과 고수함[256]으로 얽매여 있습니다. 그러나 그는 이런 접근하여 포착함과 마음의 결단과 고수하여 저류가 되는 것에 대해서 '내 자신이 아니다.'며 접근하지 않고 포착하지 않고 결단하지 않습니다."(상2-141, 맛4-94도 참고)

'접근하여 포착함'(upaya-upādāna)이라는 말은 포착의 위치를 좀 더 선명하게 표현해 준다. 포착을 집착[257]과 혼동할 수도 있다. 그러나 애착이 지속적으로 강화된 상태가 집착이라고 봤을 때 이 집착은 '마음의 결단' 이후에, '고수함'의 전후에 위치시켜야 할 것이다.

'다섯 덩어리들'과 '다섯 가지 포착 덩어리들'의 차이에서 드러나는

· · · · · · · · · ·

受奉行'으로 표현되었고 아함경에서는 '歡喜奉行'으로 한역되었다.

256 abhinivesa. '압도적으로'(abhi) '정주함'(nivesa)이라고 파자할 수 있다. "야마까 존자는 완고한 고집으로 고수하며 이렇게 주장했다."(상3-326)에서처럼 이전 주장을 되풀이하는 대목에서 나타난다. 또한 "모든 법들은 결코 고수할 만하지 않다."라고 배운 비구는 "모든 인상들을 다르게 알아봅니다."(상4-175)와 "이것이 진실이라고 고수하는 유형의 매듭"(상5-279)이라고 한 것과 "지방어를 고수해서도 안 되고 공용어를 무시해서도 안 될 것입니다."(맛4-463)에서도 고집(parāmāsa)과 유사어로 쓰이고 있다.

257 집착(執着)에 상응하는 빨리어는 'ālaya'이다. '자기 쪽으로(ā) 달라붙다(√li).'로 파자된다. 후대에는 대승의 유식철학에서의 제8식, 즉 아뢰야(阿賴耶, 'ālaya'의 음역임)식으로 변용된다.(주석 322번 참고)

불교의 인식론은 내부의 여섯 영역에 상응하는 외부의 여섯 영역을 인정하듯이 '다섯 가지 포착 덩어리들'에 상응하는 '다섯 덩어리들'을 인정한다는 것이다. 현재 우리가 파악한 것 모두는 사실상 '다섯 가지 포착 덩어리들'에 해당한다. 이 '다섯 가지 포착 덩어리들'을 일으키는 객관적인 대상이 '다섯 덩어리들'이다. 불교의 근본 가르침은 대승의 유식 학파처럼 외부 대상의 객관적인 실재성을 부정하는 실수를 범하지 않았다.

37
12연기를 절단 낸 3세양중인과

불교에서 말하는 진리는 '따라서-같이-생겨남'이라고 이미 살펴봤다. 이 진리를 부처님은 다시 4구게(四句偈, 네 구절의 게송)로 풀어서 설명한다.

"이것이 있음에 이것은[258] 있게 되고

. . . .

258 idaṁ. 상식적으로는 '이것은' 대신에 '저것은'이라는 말이 와야 할 것이다. 그러나 4구게의 모순 화법은 빨리어에 이것(idaṁ)과 상반되는 저것(taṁ)이라는 단어가 없었거나, 이 둘을 잘 구분하지 않는 언어 전통에 기인했던 것도 아니었다. 예컨대, "'여기서'(ito) 듣고서 이들을 망가뜨리려고 '저기서'(amutra) 얘기하지 않습니다. 저기서 듣고서 저들을 망가뜨리려고 여기서 얘기하지 않습니다."(디1-89)와 같이 '여기' '저기' 혹은 '이들' '저들'을 구분하고 있다. 이 정도의 구분을 못하는 언어는 없을 것이다. 그럼에도 '이것'이라는 용어를 반복적으로 사용한 모순 화

imasmiṁ sati idaṁ hoti,

이것의 생겨남으로부터 이것은 생겨난다.

imassuppādā idaṁ uppajjati.

이것이 없음에 이것은 없게 되고

imasmiṁ asati idaṁ na hoti,

이것의 소멸로부터 이것은 소멸한다."

imassa nirodhā idaṁ nirujjhati.

··········

법에는 따라서-같이-생겨남, 그중에서도 '같이'라는 접두어의 의미를 표현하기 위한 부처님의 심오한 의도가 들어 있다. 따라서-같이-생겨남의 원리로 봤을 때 이 세상 모든 것들은 엄밀하게는 이것과 저것으로 따로 양분될 수 없는 연결체다. 예컨대 '태어남의 연유로 늙고 죽음이'에서 태어남과 동시에 늙고 죽음도 시작되고 있다는 것을 알아차릴 수 있을 것이다.("태어남이 같이-일어나면 늙고 죽음도 같이-일어나고…." 상2-197) 이렇게 불법은 비시간적이다.(주석 162번 참고) 한편 '연유'(paccaya), '따라서'(paṭicca), '계기'(upanisa)와 같이 호환 가능한 유사어들이 진행적인 조건성을 의미한다는 점도(주석 240번 참고) 이것과 저것으로 완전히 따로 독립될 수 없음을 반증한다. 다만 상식적으로 강한 성질을 잡아서 말하기 때문에 태어남을 '죽어간다.'라고는 말하지 않을 뿐이다. 물론 "태어남이 있음에 늙고 죽음은 있게 되고…."처럼(상2-114) 구체적인 예시에서는 이것과 저것이 명칭상으로 확연히 구분되어 표기된다. 디지털적인 명칭의 한계이기도 하다. 그러나 아날로그적인 흐름을 놓치면 안 된다.

그런데 이러한 심오한 모순 화법을 이해하지 못하고 한역에서는 '此有故彼有'처럼 '이것'(此)과 '저것'(彼)으로 구분해서 오역해 버렸다. 반면에 이것은 모순 화법을 그대로 전지한 니까야 전승의 정확도를 보여주는 반증이기도 하다. 다른 한편으로 이 모순 화법은 『중론』(제1 「관인연품」 10번 게송)에서 "자체성질이 없는 상태들은 있다고 할 만한 것이 없으므로 '이것이 있음에 이것은 있게 된다.'라는 말은 성립하지 않는다."(bhāvānāṁ niḥsvabhāvānāṁ na sattā vidyate yataḥ, satīdam asmin bhavatīty etan naivopapadyate. 諸法無自性 故無有有相 設有是事故 是事有不然)라고 하거나, 제10 「관연가연품」 11번 게송에서 "이미 성립한 것이 (다른 것에) 의존한다는 것도 의존의 성질상 타당하지 않다."(athāpy apekṣte siddhaḥ tv apekṣāsya na yujate. 若成已有待 成已何用待)라는 반대 입장 같은 비판도 같은 내용일 수 있게끔 해준다.

이 게송은 따라서–같이–생겨남에 대한 개괄적인 설명이다.[259] 이어서 12고리[260]의 따라서–같이–생겨남이 설명되는데, 이 설명 직전에 '그중에서도'(yadidaṁ, 주석 129번 참고)라는 접속사가 이어주고 있다.(상 2–168, 236, 248) 그러므로 12고리는 개괄적인 설명인 4구게를 대표하는 예시임을 알 수 있다. 다음과 같다.

· · · · · · · · · ·

259 대승에서 이 4구게에 대한 새로운 해석으로, 『화엄경』에 나타난 연기(따라서–같이–생겨남)를 개괄적으로 정리한 법장의 '열 가지 현묘한 측면'(十玄門)을 들 수 있다. 이것은 『화엄경』과 관련하여 유일하게 참고할 만한 이론일 것이다. 이 열 가지는 ① 동시에 상응하며 갖추고 있는 측면(同時具足相應門), ② 광대함과 협소함이 걸림 없는 측면(廣狹自在無礙門), ③ 하나와 모두가 서로 포용하는 측면(一多相容不同門), ④ 모든 법이 서로 스며 있는 측면(諸法相卽自在門), ⑤ 숨고 나타남이 동시인 측면(秘密隱顯俱成門), ⑥ 작은 것에 전체가 들어 있는 측면(微細相容安立門), ⑦ 인드라망처럼 무량하게 서로 비추는 측면(因陀羅網境界門), ⑧ 사물 그대로 법을 나타내는 측면(託事顯法生解門), ⑨ 시간들이 다르면서도 하나로 이루어지는 측면(十世隔法異成門), ⑩ 주체와 객체가 어우러져 이루는 측면(主伴圓明具德門). 이 열 가지는 ①번이 총론이고 나머지는 각론에 불과하다. ①번은 세계가 '맞물림'(相應)의 세계임을 표현한 것이다. 이 맞물림의 구체적인 양상은 '서로 스밈'(相卽, 서로의 본모습이 구분되지 않는 맞물림. ④번에 해당함)과 '서로 섞임'(相入, 서로의 본모습이 구분되는 맞물림. ③번에 해당함)이다. 이런 열 가지 현묘한 측면은 본문의 4구게에 대한 새로운 해석으로 평가할 만하다. 바꿔 말하자면 화엄종이 이 열 가지 해석을 법계연기(法界緣起)라고 부르듯이 4구게도 역시 법계연기라고 부를 수 있다. 다시 말해 둘 다 따라서–같이–생겨남에 대한 개괄적인 설명일 뿐이다. 그러나 부처님이 진리인 따라서–같이–생겨남에 대해 개괄적인 설명만 하고 이것을 생사의 흐름을 규명하는 것에 집중시킨 것에는 깊은 안목이 깃들어 있다. 우주법계의 따라서–같이–생겨남을 낱낱이 규명하려는 시도는 독화살을 다 규명하고 뽑으려는 어리석은 자와 같다. 우주법계의 따라서–같이–생겨남들은 심사빠 숲의 전체 나뭇잎들과도 같기 때문이다.(상6–414)

260 '12고리'라는 법수는 부처님이 규정한 것이 아니고 후대에 규정된 것이다. '고리'라는 단위명사는 따라서–같이–생겨남의 성질이 쇠사슬 고리처럼 얽혀 있는 측면을 잘 대변하고 있어서 전재성 박사의 지칭을 따랐다.

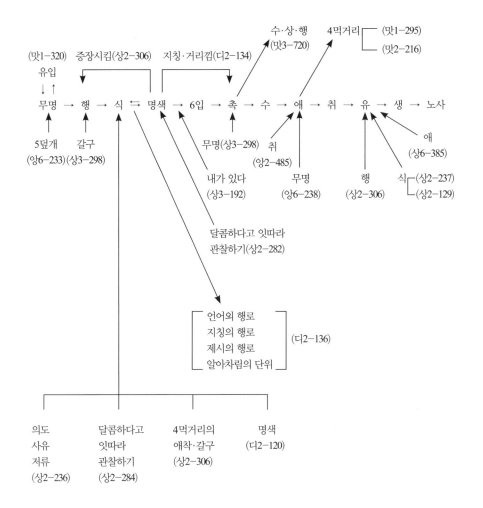

도표 16. 12고리의 따라서–같이–생겨남

앞의 12고리를 본서에서 이미 밝힌 우리말로 정리해 보겠다.

깜깜모름²⁶¹ → 형성작용들 → 식별 → 명칭과 방해물 → 여섯 영역 →

접촉 → 느낌 → 갈구 → 포착 → 생성됨 → 태어남 → 늙고 죽음

이 12고리는 다섯 가지 포착 덩어리들이 어떻게 생사로 따라서-같
이-생성되는지, 그 내면적인 흐름을 빈틈없는 인과로 연결시킨 지점
들이다. 이 빈틈없는 인과를 음미해보면 12고리는 문맥상의 필요로
특정한 부분만을 따로 떼어서 예시될 수는 있겠지만 처음부터 완결

· · · · · · · · · ·

261 avijjā, 無明. 깜깜모름. 12고리의 첫 고리인 'a-vijjā'는 부정 접두어 'a'와 '훤히 앎'(vijjā, 明)으로 결합된 단어다. 직역하자면 '훤히 알지 못함'이다. '깜깜부지'(-不知)라는 단어를 순우리말로 바꾸어서 '깜깜모름'이라는 번역어를 만들어 봤다. '무명'이라는 한역은 추상적으로 이해되기 쉬워서 어떤 존재론적인 대상으로서의 실체적인 원인으로 오해할 수 있다. 그러나 '깜깜모름'은 경에 의거해서 세 가지를 중심으로 이해되어야 한다. 즉, 그냥 '모름'이 아니라 다음의 세 가지를 모르는 것을 깜깜모름이라고 한다. ① '세 가지 훤히 앎'(三明, ti-vijjā. 중생들의 사멸과 출현을 앎·전생을 잇따라 상기하는 앎·유입들이 멸진하는 앎)을 모름(맛1-220에서 세 가지마다 깜깜모름이 제거된다고 표현됨), ② '네 가지 성스러운 진실들'(四聖諦)을 모름(상2-101), ③ '다섯 덩어리들'(五蘊)의 생멸을 알아차리지 못함(상3-442~)
참고로 깜깜모름은 어리석음(moha, 痴)에 포함된다. 왜냐하면 "깜깜모름이란 큰 어리석음이다."(숫-704)라고 말하기 때문이다. 열 가지 안 좋은 작업의 행로들의 마지막에는 어리석음 대신에 '바른 견해가 없음'이 제시된다. 그런데 네 가지 성스러운 진실들을 모르는 것은 '바른 견해가 없음'의 하나다. 여기에서도 깜깜모름이 어리석음에 포함된다는 것을 추정할 수 있다. 그런데 바른 견해가 없다는 것은 윤회에 휩쓸리게 하는 작용을 한다. 그러므로 어리석음이란 윤회로 이끄는 악업에 직접적으로 관계되는 무지라고 볼 수 있다.(단타 제73번을 보면 그 공부조목이 급선무에 포함되었는지 몰랐다는 변명에 대해 어리석음이라고 다룬다. 율1-1657) 한편, 모르는 온갖 것들이 반드시 윤회로 이끄는 것은 아니기 때문에 어리석음은 모름(無知, aññāṇa)에 포함된다고 할 수 있다. 그러므로 깜깜모름은 어리석음에 포함되고 어리석음은 모름에 포함된다.

된 교리임을 알 수 있다. 또한 생사의 흐름을 완벽하게 밝힌 이 12고리는 완벽한 통달자만이 제시할 수 있는 교리이기 때문에 통달자의 역사적 실존성을 증명하는 교리적 증표 제1호라고 할 수 있다. 누군가가 이 12고리를 지어냈다면 그가 바로 부처님일 수밖에 없다는 말이다. 부처님이 진리, 즉 따라서-같이-생겨남을 발견하고 그 원리에 따라 '기원에 맞는 정신작용'(주석 217번 참고)으로 생사의 기원을 하나씩 찾아내어 완성한 것이 바로 12고리다. 이 12고리의 따라서-같이-생겨남은 과거 일곱 부처님들의 공통된 가르침이었다.(상2-104~122) 진리는 부처님이 발견하고 발표하기 전에는 지구상에서 선언된 적이 없기 때문에 '따라서-같이-생겨남'이라는 진리와 이 진리에 관계된 '이-연유로-됨', '기원에 맞는 정신작용'이라는 용어들도 불교 이전의 문헌에서는 찾아볼 수 없다.(아길-204) 그리고 이 진리가 적용된 '12고리의 따라서-같이-생겨남'과 '네 가지 성스러운 진실들' 등의 교리도 불교에서만 발견된다.

경전에 입각해서 정리된 앞의 도표를 통해 한눈에 파악되는 사실은 각각의 고리들이 단선궤도처럼 흐르지 않는다는 점이다. 세 가지 측면으로 정리해 볼 수 있다.[262]

. . . .

262 아비담마 철학에서는 12고리의 이어짐을 네 가지 정도로 설명한다.(구사2-430) ① 찰나(刹那)연기 : 한 찰나에 12고리가 동시에 갖춰져 있다는 주장이다. ② 원속(遠續)연기 : 12고리는 시간을 건너뛰어 먼 나중으로 이어진다는 주장이다. 이것은 작업을 세 가지로 나눈 것 중에 세 번째와 상응하는 주장이어서 작업으로 다룰 범주의 것을 12고리에 적용한 단편적인 해석이다. 세 가지 작업들이란(앙4-262) 현실법에서 겪게 될 작업(現法受業, diṭṭha-dhamma vedanīya kamma), 출현하며 겪게 될 작업(順生受業, upapajja vedanīya kamma), 먼 나중에 겪게 될 작업

① 점진·점증적이다. 12고리는 생사를 향해 점차적으로 진행한다. 그런데 뒤 고리의 내용은 앞 고리의 내용을 계속 머금으면서 다음 고리를 덮친다. 마치 눈덩이처럼. '깜깜모르는 상태'(無明)에서 의도적인 형성작용[行]으로(상2-267 참고) 이것저것 식별[識]한다.

② 입체·유기적이다. 점증적인 측면이 이미 입체적이지만 더 나아가 각 고리는 서로서로 영향을 미치면서 이루어진다. 마치 새의 날개와 바람처럼. 깜깜모름은 유입의 조건이고 유입은 깜깜모름의 조건이다.(맛1-320~322) 식별은 명칭과 방해물의 조건이고 명칭과 방해물은 식별의 조건이다.(디2-120, 디2-135) 말의 형성작용과 마음의 형성작용에는 이미 식별이 깃들어 있다. 이렇게 12고리는 역주행과 건너뜀과 상호 조건이 이루어지고 있다.

③ 동시·다발적이다. 4구게에서 '이것'과 '저것'으로 완전히 갈라질 수 없음을 살펴봤었다. 결국 동시적인 발생을 말하고 있다. 이것은 '불법의 5대 특장점'의 두 번째인 '비시간적인 것'의 해명으로도 제시할 수 있겠다.(주석162번 참고) 게다가 두 고리끼리만 그러는 것이 아니라 여러 고리가 한꺼번에 참례한다. 마치 번개가 치면서 빛과 열과 전기가 발생하듯이. '나다.'라는 착각 속에서 생사를 생성시키는 접촉

<hr />

(順後受業, apara-apariya vedanīya kamma). 이 세 가지 작업은 후대에 과보의 측면에서 현보(現報), 순보(順報), 순후보(順後報)로 표현되기도 했다. ③ 연박(連縛)연기 : 12고리가 빈틈없이 이어지며 발생한다는 주장이다. ④ 분위(分位)연기 : 3세에 걸쳐 다섯 덩어리들이 빈틈없이 이어지는데, 해당 순간에 다섯 덩어리들의 성질 중에서 두드러지게 나타나는 성질을 잡아서 고리로 세웠다는 주장이다. 북방아비담마 철학을 대표하는 설일체유부의 대표적인 학설이다. 이상의 네 가지 주장은 각각 12고리에 대한 하나의 측면만을 대변하는 단편적인 해석이라고 볼 수 있다.

이 이루어졌다는 것은 깜깜모름을 바탕으로 여섯 영역과 여섯 범위와 여섯 가지 식별이 동시에 형성작용을 일으켰다는 것을 말한다.

이 세 가지 측면은 따로따로가 아니라 복합적으로 이루어지기 때문에 그 양상은 매우 복잡하고 난해하다. 이런 점이 이미 예류자였던 아난다가 따라서─같이─생겨남에 대해 자신했을 때 부처님이 섣부른 판단이라고 경계시킨 이유일 것이다.(디2-115)

도표를 통해 직접적으로 드러나는 12고리의 특징은 전생이나 내생으로 딱 잘라지지 않는다는 것이다. 그러나 아비담마 철학은 이 12고리를 3세로 나누어 가위질한다. 그리고 두 쌍의 인과로 재분류하며 4등분으로 만든다. 이 이론을 3세양중인과라고 한다. 즉, '깜깜모름 → 형성작용들'은 과거의 원인이다. '식별 → 명칭과 방해물 → 여섯 영역 → 접촉 → 느낌'은 현재의 결과다. '갈구 → 포착 → 생성됨'은 현재의 원인이다. '태어남 → 늙고 죽음'은 미래의 결과다. 물론 이러한 해석이 불가능하지는 않다. 다만 가능한 수많은 해석 가운데 하나일 뿐이다. 그러므로 3세양중인과는 틀린 이론이 아니라 편협한 이론이다. 다시 말해 12고리의 표준 이론일 수는 없다. 불법이란 현실에서 확인할 수 있는 것이다. 작업(業, kamma)이 과거의 작업으로서의 업(業)만을 의미하는 것이 아니라 오히려 근본경전에서는 현재의 작업으로 주되게 다루어진다. 그와 같이 12고리도 지금 현재 생사의 흐름과 원인을 파악하고 있는 교법이다. 나아가 지금 현재 그 흐름을 끊어낼 수도 있으며 그것을 현재 확인할 수도 있다는 교법이다. 만일 형성작용과 식별 사이에 죽음의 선이 확정적으로 그어진다면 생사를 해결하기 위해서는 타임머신을 타고 과거로 거슬러 올라가서 깜깜모름과 형성작용들을 무찔러야 된다. 또한 생성됨과 태어남 사이에 죽음의 선이 확정적으로 그어진다면 생사가 소멸했는지는 죽어봐야만 알게 될 것이다. 이것은 경의 설명과 위배된다.(상2-215)

'생성됨 → 태어남'의 고리 사이에 반드시 죽음이라는 사건이 개입되어야만 하는 것은 아니다. 우리의 내면에 욕망의 경계 혹은 방해물의 경계, 혹은 무방해물의 경계가 생성될수록 그에 상응하는 경계로의 태어남이 이미 이루어지고 있는 셈이다.[263] 그렇기 때문에 경에서 태어남을 정의할 때 엄마 뱃속에 '들어섬'(okkanti)이나 '출생'(sañjāti)만을 말하지 않고 '덩어리들의 현현'(khandhānaṁ pātubhāvo) 혹은 '영역들을 획득함'(āyatanānaṁ paṭilābho)이라고 말한 것이다.(상2-93) 물론 마지막 고리인 죽음이 역행하면서 결정적인 계기로 중간에 개입될 수도 있을 것이다. 그러나 이러한 측면을 전적인 표준으로 확정해서는 안 된다.

· · · · · · · · · ·

263 태어남(生, jāti)의 정의를 보면 '출생'(sañjāti)이나 (엄마 뱃속에) '들어섬'(okkanti)이라고도 말하지만, '전개됨'(nibbatti), '전변됨'(abhinibbatti) 혹은 '덩어리들의 현현'(khandhānaṁ pātubhāvo), '영역들의 획득'(āyatanaṁ paṭilābho)이라고도 규정했다.(상2-93) 이 규정은 태어남이 아기의 태어남에만 국한되지 않는다는 것을 알려준다.
'덩어리들의 현현'이란 다섯 가지 포착 덩어리들(khandhā)이 두드러지게(pātu) '생성되는 상태'(bhāva)를 말한다. 다만 무방해물의 영역으로 현현되는 경우에는 방해물의 포착 덩어리는 제외되기 때문에 '덩어리들'이라고만 말했다고 보인다. '영역들의 획득'이란 여섯 가지 내부 영역들과 여섯 가지 외부 영역들 혹은 네 가지 무방해물의 영역들 내지는 상기의 영역들 등등이 갖추어짐을 의미한다고 볼 수 있을 것이다. 이러한 태어남은 살아있는 현재에도 일어날 수 있는 경우들을 내포하고 있다.(주석162번, 258번 참고)

남방상좌부에서도 12고리를 설명하는 표준으로 3세양중인과를 고수하기 때문에 현생의 시작이라고 해석한 식별을 재생연결식(再生連結識, paṭisandhi viññāṇa)이라는 용어로 각색하게[264] 된다. 그러나 경에 의거하자면 12고리상의 식별은 여섯 가지 식별일 뿐이다.(상1-99) 남방상좌부의 재생연결식이나 잠재의식[265]이라고 추정한 개념은 후대 유식철학에서 제8식인 아뢰야식으로 이어진다. 그러나 이러한 식별들은 근본경전에서는 나타나지 않을 뿐만 아니라 근본교리와도 어긋난다.

물론 근본경전에서도 식별이 내생으로 이어지는 중요한 요소로 다루어진다. "아난다여, 식별이 엄마 뱃속에 들지 않았는데도 명칭과 방해물이 엄마 뱃속에서 발전하겠습니까?[266]"(디2-135) 혹은 "여섯 가지(흙·액체·화기·공기·허공·식별)를 붙잡아서 태아가 들어서게 됩니다."(앙1-441)와 "몸이 무너져 죽음으로 건너가는 경우에 그것과 같이 전개되는 것으로서의 식별이 흔들림 없음에 이를 것은 분명합니다."(맛3-680)와 같은 문장이 나온다. 그러나 이때의 식별은 '단독적인 윤회

· · · · · · · · · ·

264　경에서 'paṭisandhi'는 '욕망과 연결된'(kāma-paṭisandhi. M3-230, 맛4-463)에서처럼 단순히 '연결'의 의미로만 쓰인다. 대승뿐만 아니라 아비담마 철학에서부터 이미 근본경전에 나오는 단어를 차용하며 개념의 전이 내지 왜곡 현상이 이루어지고 있음을 예의주시해야 할 필요가 있다.(본서 제7장 참고)

265　bhavaṅga. '생성됨(bhava)의 통로(aṅga)'라고 직역할 수 있다. 개체를 지속시키는 마음이라고 상정된 개념이다.(아길-293) 근본경전에는 나오지 않는 단어다.

266　바로 이어서 "아난다여, 식별이 동자나 동녀와 같은 어린아이일 때 잘못되어 버렸는데도 명색(명칭과 방해물)이 성장하고 증장하고 성숙하겠습니까?"(디2-136)라는 문장에서 식별이 반드시 엄마 뱃속에서만 명색과 관계 맺는 것이 아님을 알 수 있다.

의 주체'[267]가 아니다.

> "비구들이여, 어떤 사람이 말하기를 '나는 방해물과도 다르고 느낌과도 다르고 인지와도 다르고 형성작용들과도 다른 식별이 오거나 가거나 사후에 출현하거나 자라거나 증장하거나 충만하게 되는 것을 제시하겠다.'고 한다면 그런 경우는 분명히 있을 수 없습니다."(상3-207)

방해물, 느낌, 인지, 형성작용들은 식별의 네 가지 머무는 곳이자(디 3-397) 식별의 집이다.(상3-122) 그러므로 윤회는 다섯 덩어리들이 모두 재생연결 되는 것이지 식별만 단독으로 재생연결 하는 윤회의 주체가 되지 못한다. 물론 무방해물로 생성될 때에는 방해물은 재생연결 되지 않는다. 그러므로 재생연결식은 3세양중인과설처럼 전적으로 틀린 주장이 아니라 편협한 주장이다.

달라이 라마는 도올 선생과의 대담에서 다음 생으로 넘어가는 매개체(中陰身, 주석 395번 참고)에 대한 질문에 '미세한 물질'이라고 대답했다. 미국에서 활동하더니 물질주의에 물든 것일까? 부처님은 내생으로 이동하는 존재를 작업(業, kamma)이라고만 했지 정신적인 것이니 물질적인 것이니 나눈 적이 없다. 굳이 분별한다면 작업이란 의지

· · · · · · · · · ·

267 경에서 다섯 덩어리들 중에 단독으로 윤회의 주체로 삼는 것은 '작업'이거나(맛4-408) 넓은 의미에서의 '형성작용'(맛4-221, '형성작용의 출현'(saṅkhāra-upapatti))이라고 말한다. 물론 이것을 '나'로 삼으면 '존재유형에 대한 견해'라는 결박에 묶인다.

적 행위에 의해 축적되어 가는 정신·물리적 총체다. 작업이란 형성작용의 일종이고 형성작용은 정신과 물질, 둘 다에 걸친 작용이다. 내생으로 이동하는 매개체가 단순히 미세한 물질이라면 이동하다가 큰바람이 불면 흩어져 버리거나 엉뚱한 곳에 박힐 수도 있을 것이다. 더구나 요즘처럼 오염된 대기를 통과하다 보면 미세하게나마 시커멓게 탁한 물질로 변할 수도 있을 것이고 어떤 고주파에 의해 내용물이 변형될 수도 있을 것이다. 잘못된 추정은 모순된 결론을 낳는 법이다.

경에서 사띠 비구가 "내가 세존께서 교시한 법을 직접 아는데 바로 '이 식별이 이어서 달리고 이어서 흐르는 것이지[268] 다른 것이 아니다.'는 것입니다."(맛2-205)라고 재생연결식을 주장한다. 부처님이 사띠 비구에게 식별이 무엇인지 묻자 사띠 비구는 "그것은 말하고 겪으며 여기저기서 훌륭하거나 사악한 작업의 과보를 낱낱이 겪는 것입니다."(맛2-209)라고 대답한다. 이 문장으로 보면 진아까지의 천착이 이루어졌다고는 볼 수 없고 자아의 수준으로 식별을 이해하고 있음을 알 수 있다.(제35장의 ②를 참고하라.) 이에 대해 부처님은 혹독하게 꾸짖은 다음에 "비구들이여, 식별은 어떤 것이든 연유를 따라서 생겨나며 단지 그것으로써 규정됩니다."(맛2-211)라고 명시한다. 이렇게 식별을 재생연결 하는 단독적인 윤회의 주체로 삼거나 자아로 삼는 일은 부처님이 혹독하게 꾸짖는 주장임을 명심해야 한다. 결국 12고

. . . .

268 '이어서-달리고 이어서-흐르는 것'(san-dhāvati saṁ-sarati) '이어서-흐르다.'는 흔히 '윤회하다.'로 번역되는 단어다. '이어서'에 해당하는 접두어 'saṁ'은 보통 '같이'라는 뜻인데 여기서는 연결 · 결합을 의미하므로 '이어서'라고 풀어서 번역했다.

리상의 식별이 생사를 이어주는 단독 주체로서의 매개자로 해석되어
서는 안 되며, 식별 앞에 죽음의 선을 확정적으로 그어서도 안 된다.
그러므로 12고리에 대해서 3세양중인과를 표준적인 해석으로 단정해
서는 안 될 것이다. 그것은 12고리의 풍부한 측면과 이해를 마비시키
고 12고리를 두 번 나고 죽는 밋밋한 삶의 파노라마에 불과한 것으로
만든다.

　　12고리의 양상을 굳이 한마디로 정리하자면 '3세중첩인과(三世重疊
因果)라고 말할 수 있을 것이다.[269] 12고리들은 3세도 중첩되고 인과도
중첩되기 때문이다. 이러한 12고리는 생노병사의 비밀, 그 해답이다.

38
아비담마 철학의 과오 ❸ – 명색

아비담마 철학의 세 번째 과오는 명색(名色, nāma-rūpa)을 정신과 물
질로 해석한다는 점이다. 12고리상에서의 명칭과 방해물에 대한 부
처님의 정의는 다음과 같다.

· · · · · · · · · ·

269　3세중첩인과를 명시적으로 보여주는 경으로 『연유의 경』(상2-162, 이 경의 좀 더 합당한 제
목은 「진리의 경」이다. 본서의 부록을 참고할 것.)을 들 수 있다. 12고리를 '태어남 → 늙고 죽음', '생
성됨 → 태어남' 등등, 11쌍의 등식으로 겹쳐 가며 설명하고 있다. 이 등식은 3세에 걸쳐 확정
된 노선이라고 선언된다.

"비구들이여, 그러면 어떤 것이 명칭과 방해물입니까?

느낌, 인지, 의도, 접촉, 정신작용을 명칭이라고 합니다. 그리

고 네 가지 큰 생성체들과 네 가지 큰 생성체들을 포착하는 것으

로서의 방해물을 방해물이라고 합니다."(상2-98)

명색의 '명'(名, nāma)은 근본경전에서 '명칭'이라는 의미 외에는 결코 쓰이지 않는다. 『구사론』(2-462)에서 명칭은 방해물을 제외한 '네 덩어리들(느낌·인지·형성작용·식별)'을 대표하는 말이며, 그 이유는 이 네 덩어리들이 갖는 '전변시키는 성질'과 공통점이 있기 때문이라고 설명한다.(명칭은 대상을 기호로 전변시킨다.) 이 해석이 옳든 그르든 『구사론』에서도 '명'(名, nāma)은 일차적으로 이름이라는 뜻인 명칭이라는 단어로 쓰고 있다. 명칭이 정신을 의미한다면 직접적으로 'mano'(정신)를 써야 할 것이다. 그런데 아비담마 철학의 주장대로 방해물을 물질로 보면, 인간에게 물질이란 몸을 의미하므로 'kāya'(身)를 썼어야 명확했을 것이다. 그러나 근본경전에서 몸과 대응하는 정신적인 내면 전체를 나타내는 말은 항상 '마음'(citta)으로 표현하고 있다. 다시 말해 인간에게 있어서 물질과 정신이라는 이분법적인 표현이 필요한 경우에는 항상 '몸과 마음'(身心, kāya-citta)이라고 표현한다.(상3-102, 상5-298, 상5-312….) 그러므로 아비담마 철학의 주장대로라면 12고리의 명칭과 방해물이라는 고리는 '몸과 마음'이라고 표기했어야 경의 기존 기술과의 정합성을 만족시키는 명명이었을 것이다. 또한 남방 상좌부의 주장대로 명칭이 느낌·인지·형성작용을 의미한다면 식별

에서 이 세 가지가 생겨난다는 말이 된다. 그러나 이것은 기원에 맞지 않는 정신작용이다. 경에서 이 세 가지는 접촉에서 생겨난다고 규정하고 있다.(맛3-720) 이것이 기원에 맞는 정신작용이다. 게다가 형성작용은 앞에서 말한 대로 정신과 물질 모두에 걸쳐서 작용하는 개념이다. 그러므로 형성작용을 정신적인 것으로만 묶는 것은 형성작용에 대한 몰이해를 드러낸 것이기도 하다.

이렇게 아비담마 철학에서 명칭에 대해 모순된 해석을 내릴 수밖에 없었던 주된 이유는 위의 경문에서 명칭을 느낌, 인지, 의도, 접촉, 정신작용이라고 설명한 이유를 몰랐기 때문이다. 한마디로 이 요소들은 명칭의 성립 요소들이다. '도표 10. 불교의 인식론'을 보면 정신작용에서 시작해서 언어·말·규정 등으로 끝맺는 것을 확인할 수 있을 것이다. 언어·말·규정이란 결국 명칭을 포함하고 있는 개념들이다. 그러므로 도표 10에서는 정신작용, 접촉, 의도, 느낌, 인지 등이 명칭을 이루는 핵심 과정이자 핵심 요소들이라는 것을 한눈에 뚜렷이 드러내며 확인시켜 주고 있는 것이다. 명칭에 대한 부처님의 이러한 분석은 언어학에도 많은 영감을 불어넣을 수 있을 것으로 보인다.

식별에서 명칭이 생겨난다는 것은 식별이 '분별해서 안다.'는 뜻을 가졌고, 명칭도 분별이 주된 기능이라는 공통점에서도 쉽게 추측할 수 있는 내용이다. 결정적으로 경에서 "아난다여, 어떤 짜임새들(ākāra)이나 특색들(liṅgā)이나 인상들(nimittā)이나 집약들(uddesa)에 의해서 '명칭의 유형'(nāma kāya)이라는 제시가 생깁니다. 만약 그러한 짜임새들이나 특색들이나 인상들이나 집약들이 없는데도 '방해물의 유형'(rūpa kāya)에 대한 지칭을 통한 접촉이 알아차려질 수 있겠습니까?"(디2-132)라고 하거나, 식별과 명칭·방해물의 상호조건에 의해 '지칭의 행로', '언어의 행로', '제시의 행로', '알아차림의 단위'[270]가 생긴다고 했다.(디2-136) 이런 것들은 모두 명칭과 관련된 내용이다. 정신 관련 내용이라고 하기에는 너무 협소한 것들이다. 물론 넓게는 명칭도 정신작용의 결과물이지만 명칭을 정신이라고 규정하는 것은 외연적인 오류다.

한편 명칭은 식별의 결과물이면서 도표 10에서 보이듯이 인지의 주된 내용물이기도 하다. 그래서 "언표하게 되는 인지를 지닌 중생들은…."(상1-168)이라는 표현도 가능한 것이다. 이렇게 식별과 인지의 교집합으로서의 명칭은 식별과 인지가 완전히 독립적으로 나뉠 수 없다는 점을 다시 확인시켜 준다.

방해물[色]을 물질로 단정할 수 없다는 것은 이미 살펴봤다. 그리고 포착이 이루어지는 근원적인 역할은 식별(識, viññāṇa)에 있었다.

....

270 paññā-avacara. 흔히 반야(般若) 혹은 지혜(慧)라고 한역되는 'paññā'는 경에서 '알아차리다.'(pajānāti)의 명사형이라고 밝혔다.(맛2-291) '앞서(pra) 알다(jānāti).'라고 파자된다. 구체적으로 식별하기 전에 아는 것을 말한다고 해석할 수도 있겠다. 이 '알아차리다.'라는 동사는 4념처 수행법에서 관찰하는 성질로 나타난다. "길게 들이쉴 때는 길게 들이쉰다고 알아차리고….''(디2-498) 등등. 이렇게 수행의 문맥에서 구체적으로 현실적인 쓰임새를 갖는 단어를 '지혜'라는 추상명사로 번역하는 것은 부처님의 언어 사용법과는 상당히 거리가 먼 처사다. '알아차리다.'는 알긴 아는데 '꿰뚫듯이 직접적으로 아는 것'을 말한다. 이것의 명사형은 그 어감을 그대로 살려서 그냥 '알아차림'이라고 하는 것이 옳다. 다시 말해, 기존 불교에서의 '지혜'란 '알아차림'을 말하는 것이었다.
한편 단위(avacara)라고 말한 것은, 예컨대 위의 4념처 수행법 중에 호흡 관찰에서 '길게 들이쉼', '짧게 들이쉼' 등등의 명칭을 부여하며 그 단위를 알아차리고 있다는 것을 통해서도 알 수 있다.

그러므로 동격자가 아닌 이상 식별 이후의 것은 당연히 포착 덩어리라는 뜻이다. 12고리는 생사로 흐르는 내면의 인과 과정을 밝히는 것이 목적이므로 각 고리의 분별·해석도 그 목적에 부합하도록 규정된다는 점을 유념해야 한다. 이 때문에 12고리상의 명칭과 방해물에서 방해물의 정의는 포착 덩어리들에서의 방해물의 정의(맛1-671)와 같았던 것이다. 물론 이 정의는 넓게는 다섯 덩어리들로서의 방해물을 규정한 포괄적인 의미(주석 169번의 ①참고)에 포섭된다.

12고리상의 식별이 재생연결식으로 해석되면 그 다음 고리인 명색은 자연스레 수정란[271]이 되어 버린다. 이것은 명색의 정확한 번역인 '명칭과 방해물'이라는 용어와도 어울리지 않는 주장이고 12고리의 복합적인 진행 양상과도 어긋나며 경문(주석 266번 참고)과도 맞아떨어지지 않는다. 불가능한 해석이라기보다 매우 편협한 해석이다.

'명칭과 방해물'(nāma-rūpa)이라는 용어는 불교 이전에 바라문교에서 이미 등장한다. 『브리하다라냐카 우파니샤드』에서 명칭과 방해물은 창조신인 신성자가 세계로 전변하면서 나타나는 양상이었다. 하이데거도 '언어는 존재의 집'이라고 말했듯이 명칭은 존재를 드러내는 핵심적인 역할을 한다. "내가 그의 이름을 불러주기 전에는 그는 다만 하나의 몸짓에 지나지 않았다."는 말이다. 경에서도 "명칭이라는 하나의 법에 모든 것들이 영향 받습니다."(상1-245)라고 말한다.

. . . .

271 근본경전에 나오는 용어로 표현하자면 '엄마 뱃속에 든 인물'(mātukucchigato nara)의 첫 번째 단계인 '깔랄라'(kalala)라고 해야 한다. (상1-662)

결국 불교에서는 구체적인 명칭과 방해물의 세상을 드러내는 기원을 창조신이 아니라 식별이라고 보고 있는 것이다.

39
창조신의 기원 – 유무극단

명칭이 식별에서 나왔다는 사실은 명칭이 식별의 성질과 한계를 물려받았다는 것을 암시한다. 식별은 어원적으로 '나누어서 알다.'는 의미를 가진다. 인간은 나누지 않으면 선명한 이해가 어려워진다. 그래서 인간이 만들어 낸 것들은 거의 디지털적인 것들이다. 그중에서도 명칭은 식별의 결정체. 인간의 앎이란 대부분 식별로 이루어지는 것이며 명칭으로 표현되고 결정된다. 그런데 자연과 그 세상이란 입체적으로 끊임없이 흐른다. 이런 아날로그적인 세상을 디지털적인 식별과 그 명칭으로 파악하고 표현해야 한다는 것, 이것이 근원적인 한계이자 모순 상황이다.

　인간들이 정신과 물질, 선과 악, 빛과 어둠 등의 이분법적인 사고방식에 쉽게 빠져드는 이유도 식별의 나누어서 아는 성질에 기인한다. 이러한 식별의 이분법적인 작업 중에서 가장 근원적이고 가장 핵심적인 작업은 존재를 '있다.'와 '없다.'로 언어 규정을 통해서 구별하여 파악한 일이다. 인간의 사고는 이 '있다.'와 '없다.'의 이분법적인 언어 규정의 큰 틀에 갇혀 있다. 존재의 실상은 이러한 틀에 갇히지 않고 물처럼 바람처럼 유유히 흐르는데 인간은 식별의 이분법적인 언어의 틀 속에서 사유를 진행시키고 있다는 것, 이것이 논리적인 판단 오류의 기원이다. 이에 대해 부처님이 지적한 '있다.'와 '없다.'의 이분법적인 언어 규정을 '유무극단(有無極端)'이라고 부른다.

> "깟짜야나여, 세상은 대부분 '있음 자체'[272]와 '없음 자체', 이 두 가지를 의지하고 있습니다.
>
> 깟짜야나여, 바른 알아차림으로 세상이 '같이−일어나는 것'[273]

. . . .

272 atthitā. '있음'(atthi)에 추상명사형 어미 '−tā'(−상태, −성질)를 붙여 만든 단어다. '있는 상태' 혹은 '있음의 성질'이라고 직역할 수 있다. 이것은 고정적으로, 실체적으로 이해한 '있음'을 말한다. 이러한 존재는 현실적으로 실재하지 않지만 관념적으로 규정하며 인지한 '존재 그 자체'를 말하고 있다. 이것은 망상적인 인지의 규정이다. '없음 자체'(natthi−tā)도 같은 원리로 해석하면 된다. '있음 자체'나 '없음 자체'는 절대유(絕對有)와 절대무(絕對無)라고 표현할 수도 있다.

273 samudaya. '일어남'(udaya)에 '같이'(sam)를 의미하는 접두어를 붙여 만든 단어다. '같이'라는 접두어를 붙인 이유는 세상이 단독으로 발생하는 것이 아니라 여러 연유가 모여서 발생한다는 것을 암시하는 미세한 의미의 차별화를 위한 것이다. '세상이 같이−일어남'을 정의한 경이 있는데(상2−252) 거기에서는 6근·6경·6식 → 접촉 → … → 늙고 죽음 → 여러 괴로움으로 정의하고 있다.

을 '생성된 대로'[274]알아본다면[275] 세상에 '없음 자체'란 없게 됩니다.

깟짜야나여, 바른 알아차림으로 세상이 소멸하는 것을 생성된 대로 알아본다면 세상에 '있음 자체'란 없게 됩니다."(상2-139)

끊임없이 생겨나는 세상을 보면 없다고는 할 수 없을 것이고 끊임없이 사라지는 세상을 보면 있다고도 할 수 없을 것이다. 어떤 존재든 한순간도 멈추지 않고 변동하므로 그러한 것이 '있다.'고 지적하려는 순간 벌써 다른 존재 상태로 변해 버린다. 그러므로 엄밀한 의미에서 '있다.'고 할 만한 것이 없는 것이다. 그렇다고 세상이 없는 것이라고도 할 수 없다. 절대적으로 깡그리 없어지는 것이 아니고 끊임없이 다른 상태로 변하면서 생성되기 때문이다. 그렇기 때문에 헤라클

....

274 yathā-bhūtaṁ, 如實. '생성된'(bhūtaṁ)은 생성됨(bhava, 有)의 동사인 'bhavati'의 과거 수동분사형이다. 이 단어는 존재에 대한 불교의 생성·진행·과정의 사상적 특징을 대변하는 용어이다. 고정적인 존재라는 뉘앙스가 강하게 들어 있는 '있음'(atthi)과는 구별되어 쓰인다.(이것에 대해서는 주석 152번 참고) 생성된 대로 알아보는 것이 곧 바른 알아차림이다.("세존이시여, '이것은 생성된 것'이라고 생성된 대로 바른 알아차림으로 알아봅니다." 상2-207) 반면에 '있는 그대로'라는 표현은 보통 실체철학에서 대상을 고정된 객관적인 실재로 파악할 때 흔히 쓰는 표현이므로 불교에서는 삼가야 할 표현이다. '있는그대로'란 불교에서는 존재할 수 없는 것이다.

275 passato. '見'으로 한역되는 빨리어는 'dassati'와 'passati'가 있다. 전자는 '안목'의 의미까지 포함하는 일반적인 넓은 의미의 '보다.'이고(주석 159번 참고) 후자는 알아차림(paññā)의 의미가 들어 있는 봄, 즉 '알아보다.'라는 뜻이다. 예컨대 "따라서-같이-생겨남을 알아보면 법을 알아보고 법을 알아보면 따라서-같이-생겨남을 알아봅니다."(맛1-683)에서 통찰적인 봄을 표현하고 있다. 명사형인 'passanā'는 수행의 문맥에서 관찰[觀]이라고 번역되는 말로 많이 쓰인다. 물론 이 경우에도 '관찰'이란 '알아보다.'라는 의미다.

레이토스는 "같은 강물에 발을 두 번 담글 수 없다."고 했다. 이것에 대해 어떤 이는 같은 강물엔 한 번도 발을 담글 수 없다고 비판했다. 그러나 엄밀하게는 한 번 담글 같은 강물도 없지만 같은 발도 없다고 해야 한다. 더 엄밀하게 말하자면 그 '한 번'조차도 실제적으로는 확정지을 수 없는 규정일 뿐이다.

예컨대 '밀물 자체' 혹은 '썰물 자체'라는 것이 있을까? 1㎖의 오차도 없는 밀물 자체가 있을 수 있을까? 있다 하더라도 그 범위를 어디까지 한정 지을 것인가? 또한 잠시라도 밀물 자체의 순간을 고정시켜서 파악할 수 있을까? 모두 불가능하다. 밀물 자체란 실재하지 않는 관념적인 존재일 뿐이다. 착함 자체와 악함 자체, 밝음 자체와 어두움 자체 등등도 관념적인 존재일 뿐이다. 계속 밝아지는 것을 보라. 밤이라고 할 수 없다. 계속 어두워지는 것을 보라. 낮이라고 할 수 없다. '밤 자체', '낮 자체'란 실재하지 않는다. 있음 자체와 없음 자체도 그와 같다. 지구를 벗어나면 밤낮이란 무의미해지듯이 인간의 이분법적인 사고방식을 벗어나면 유무란 무의미해진다.

이러함에도 불구하고 사람들은 그래도 '어떻게든 있는 것이다.' 혹은 '전체적으로는 있는 것이다.'는 생각을 떨쳐내지 못할 것이다. '어떻게든 있음'이라는 말이 '따라서―같이―생겨나는 것으로 있음'이라면 불교에서도 인정될 수 있다. 그러나 그것이 '정해져 있는 상태'를 의미한다면 인정될 수 없을 것이다. 비트겐슈타인이 "세계를 한계 지어진 전체로서 느끼는 것, 이 느낌이야말로 신비롭다."라고 한 말이나, 라이프니츠의 "왜 아무것도 없지 않고 무언가가 있는가?"라는 질문에는 '전체적으로 있음' 혹은 '고정되어 있는 상태'라는 추상적인 관념이 깔려 있다. 하이데거는 이 질문을 철학의 근본 질문이라고 평했다. 해결되지 않은 철학의 근본 문제라는 것은 그것이 근본적인 오류일 수도 있다는 말일 것이다. 신비란 대개 무지와 낯설음이 자아낸 느낌에 불과하다. '전체적으로 있음'에 대해서 부처님은 다음과 같이 말한다.

> "깟짜야나여, '모든 것은 있다.'는 이것이 하나의 극단이고, '모든 것은 없다.'는 이것이 두 번째 극단입니다. 깟짜야나여, 한 결같은 이는 이러한 양쪽의 극단에 다가가지 않고 중간에 의해서 법을 교시합니다."(상2-142)

경은 이어서 12고리로 교시한다. 경문의 '모든 것은'(sabbaṁ)은 '일체는' 혹은 '전체적으로는'이라고 번역할 수도 있는 말이다. 그런데 '전체'라는 단어는 실제로 확인될 수 없는 범위를 지칭하는 막연한 추상적인 관념이다.(나중에 공간의 무한소급의 오류에서 좀 더 다루겠다.) 그러므로 '전체적인 있음'이란 관념상의 존재일 뿐이며 '있음 자체'에 대한 부차적인 설명에 지나지 않는다. 이런 극단적인 유무를 상정한 채 세상의 있음과 없음의 관계를 천착하다 보면 헤겔처럼 "순수한 존재란 '없음', 그 이상도 그 이하도 아니다."라고 하거나, 하이데거처럼 "'없음'은 존재자의 본질 자체에 속한다."와 같은 결론에 이르게 된다. 이런 모순적인 역설은 '있음 자체' 혹은 '없음 자체'라는 한 꺼풀에 씌었기 때문에 귀결된 명제들이다.

한편 북방아비달마 철학을 대표하는 설일체유부(說一切有部, Sabbatthavāda)의 부파명은 '모든 것은(sabba) 있다는(attha) 주장(vāda)'이라는 뜻이다. 경전의 문장에서 부정한 구문을 그대로 자신들의 주장 명제로 삼는다는 것은 명백히 부처님과 법에 대항하는 처사다. 설사 '모든 것'을 현상적 차원과 궁극적인 차원으로 양분한 뒤, 궁극적인 실재로서의 법의 모든 것이 있다는 말이라고 해명한다고 해도 역시 실체철학의 이분법적인 오류를 답습하고 있는 변명일 뿐이다. 이런 주장이 부파불교의 대세였다는 것은 어처구니없는 일이 아닐 수 없다. 표현 양식만 다를 뿐이지 뜻하는 바는 부처님이 주장하는 '중간'을 말하는 주장이라고 변명할 수도 없다. 왜냐하면 영원불변하는 자체성질을 지니는 법을 주장하는 아비담마 철학에서 그 법들의 조합으로서의 세계는 궁극적인 입장에서 상주하는 존재일 수밖에 없기 때문이다. 그리고 이것은 남방상좌부가 '모든 것은 있다.'고 직접적으로 언급하지는 않을지라도 동일하게 비판 받아야 할 사항이다. 둘 다 자체성질을 상정하는 다원적 실체론이어서 기본적인 입장은 동일하기 때문이다.(제32장 참고)

유무극단이라는 이 간단한 지적은 간단해서 간과하기 쉽지만 인류의 어떤 종교·사상·철학에서도 찾아내지 못했고 벗어나지도 못한 온갖 오류들의 발생 메커니즘을 명료하게 적시해준 모범 답안이다. 그런데 유무극단에서 빚어진 대표적인 사상이 창조신 사상이다. 지금까지 살펴본 유무극단에 입각해서 창조신의 위치를 간단히 도식화하면 다음과 같다.

'없음 자체' (아무것도 없음) → **'있음 자체'** (무언가가 있음)

↑

창조자

창조신의 기원을 사후세계에 대한 무지와 그로 인한 공포심, 현실세계의 부조리에 대한 보상 심리, 인간적인 나약함으로 인한 의존 심리, 정신적으로 고귀해지려는 욕구 등등으로 생각해 볼 수도 있겠지만 모두 본질적인 핵심이라고 할 수는 없다. 다만 위의 간단한 도식이 인류의 역사에서 끊임없이 피어난 창조신 사상의 본질적인 원형이자 기원도이다. 도식의 중간 화살표가 창조신을 만들어 내는 생산 라인이다. 아무것도 없었다가 무언가가 있으려면 중간에 누군가가 만들어야 된다는 기본 논리가 깔려 있다. 그러나 기본 전제인 '있음 자체'와 '없음 자체'가 이미 허구 관념이다. '아무것도 없는 상태가 있었다.'는 기본 전제는 간략하게 '없다.'가 '있다.'는 말이고, 일단 이것은 '−A = A'와 같은 모순 명제다. 이 세계는 '아무것도 없는 것'(絕對無)으로 '뽕~'하고 사라질 필연적인 이유도 없지만 '아예 없었던 것'에서 '뽕~'하고 생겨날 필연적인 이유도 없다. 특히 창조신이 인간의 형상을 가진 존재라면 형상을 가지는 순간, 시공의 제약은 불가피하게 된다. 시공이 이미 존재했다면 '아무것도 없음'에서 '무언가 있음'으로의 창조 도식은 거짓이 된다. 억지로라도 절대무, 즉 '절대로 아무것도 없음' 속에 창조신이 있었다고 치자. 그때 그는 무엇을 하고 있었을까? 순수 정신의 상태였다고 하더라도 시간의 흐름이 없었다면 화석처럼 굳어져 있는 정신 상태이어야 한다. 정신의 작용이 삐끗만 했다가는 벌써 시간의 흐름이 생기기 때문이다. 억지라도 정신의 작용조차 정지된 상태였다고 치자. 그렇다면 창조하려는 최초의 한 생각은 어떻게 일어날 수 있었을까? 그리고 그런 생각을 일으킨 이유는 무얼까? 도달 가능성이 희박한 영원한 천국과 도달 가능성이 농후한 영원한 지옥을 만들어 달라고 누가 부탁이라도 했단 말인가? 막말로 창조하려는 최초의 한 생각이란 애완동물 학대자와 같은 사이코의 섬뜩한 광기의 번쩍임이지 않을까? 또한 그 어떤 대답이라도 대답한 그 인간의 추정이요 망상일 뿐이다. 억지로라도 아무것도 없음이 있다면 그 절대무에서는 어떤 것도 생겨날 수 없을 뿐만 아니라 어떤 것도 허용할 수도 없다. 또한 낮과 밤, 밀물과 썰물 사이에 그 어떤 인터체인지 종사자도 필요 없듯이 있음과 없음 사이에 둘을 이어주는 그 어떤 매개자나 생산자도 필요 없는 것이다.('대신성자'(大梵天)가 자신이 창조신이라고 착각하게 되는 이유에 대해서는 디1–119를 참고하라.)

　다만 중생세계에서 섬기는 창조신이란 그 시대의 패권을 장악하고 있는 물질문명이 선택한 창조신에 불과했었다. 한때 수백 년 동안 유럽까지 호령했던 페르시아문명이 채택한 창조신은 아후라마즈다였다. 주변 각국들은 아후라마즈다님께 헌공을 바쳤다. 신의 아들 자라투스트라는 구원의 빛이었다. 그런데 이 신앙의 쇠퇴는 아후라마즈다에 대한 비판적인 검토를 통해서 이루어졌던 것이 아니라 페르시아문명의 쇠퇴와 맞물린 현상일 뿐이었다. 중생들이 섬겼던 것은 사실상 그 시대의 지배적인 물질문명이었던 것이다. 아후라마즈다가 페르시아문명과 함께 소멸했듯이, 제우스가 그리스문명의 쇠퇴와 함께 신화로 전락했듯이, 야훼는 기독교문명과 함께, 알라는 이슬람문명과 함께, 브라흐마는 힌두문명과 함께 몰락과 쇠멸의 운명을 걷게될 것이다. 그러나 독선과 배타의 구조로 말미암아 인류 역사에 수많은 전쟁과 살상을 야기해 온 창조신들은 인간에게 유무극단이라는 이분법적인 사고방식이 존재하는 한 안타깝게도 계속 창조되어질 운명을 갖고 있기도 하다.

40
무한소급의 오류 ❶ – 관념론적 실체

'자기'(attan)를 천착하다 보면 자기 정체성을 보증하는 단일한 존재론적 대상으로서의 주체인 자아를 상정하게 되고 더 나아가 영원불변하고 영원불멸하는 실체로서의 진아까지 상정하는 망상적인 천착이 이루어진다는 것을 이미 살펴봤었다. 그와 같이 '있다.'를 천착하다 보면 '있음 자체'라는 개념에 빠지게 되고 결국 영원불변하고 영원불멸하는 존재론적인 실체를 상정하게 된다. 다시 말해 '있음 자체'는 존재자들을 현현시키고 가능하게끔 하는 존재로서의 '실체'(實體,

substance)라는 개념을 수반하게 되어 있다. 그 실체를 정신적인 것으로 상정하면 관념론적 실체론이라고 하고 물질적인 것으로 상정하면 유물론적 실체론이라고 한다. 실체론은 앞에서 거론한 것처럼 본질과 현상이라는 이분법적인 모순을 안고 있다.(제34장 ③번 참고) 실체론이 안고 있는 또 다른 문제점은 무한소급의 오류다. 이 오류는 애초에 잘못된 가정을 상정했기 때문에 발생하는 결과적인 오류다. 관념론적 실체론을 대표하는 창조신 사상의 주장 명제를 살펴보면 그 주장이 무한소급의 오류임이 다시 또 드러난다.

기본 명제 : 존재하는 것은 만든 자가 있기 때문에 존재하는 것이다.
필요 명제 : 창조신은 스스로 존재하는 자이며 영원불멸한다.

위의 기본 명제와 필요 명제는 서로 모순된 주장 명제다. 왜냐하면 필요 명제처럼 창조신도 존재하는 것인 한 기본 명제의 논리대로 창조신도 다시 만든 자가 있어야 하기 때문이다. 그러나 창조신을 만든 자도 존재하는 것인 한 기본 명제의 논리대로 창조신을 만든 자를 만든 자가 또다시 있어야 된다. 이렇게 무한소급에 빠져버린다. 창조신 사상의 무한소급의 오류는 칸트가 이미 지적한 적이 있다. 다만 그는 그 시대의 패러다임에 갇힌 채 도덕의 근원적인 정당성을 확보하기 위해서 모순적인 신의 존재를 무조건적으로 요청해야 한다며 철학자로서의 철저함을 저버리기는 했지만 말이다. 그러나 만일 필요 명제의 추정이 가능하다면, 예를 들어 자연(自然, 스스로 그러함)도 스스로 존재하는 것이라고 주장할 수 없는 이유도 없을 것이다. 직접 확인할 수 없는 존재를 그것 스스로 영원불멸한 것이라고 추정하는 것보다 차라리 직접 확인할 수 있는 존재를 그것 스스로 영원불멸할 것이라고 추정하는 편이 훨씬 믿음과 희망을 걸게 한다.

서양 철학사에서 창조신 사상과 같은 관념론적인 일원적 실체론에 사상적 기반을 마련해 준 철학자는 플라톤이었다. 그는 구름 위의 하늘에 이 세상 존재자들의 완벽한 모델이자 원형인 '이데아'[276]가 하나씩 존재하며 이 세상은 그 이데아의 반영이자 모조품이며 닮아감의 세계일 뿐이라고 주장했다. 이러한 플라톤의 하늘에 계신 이데아는 서양 철학사상사에 있어서 관념론적 실체론의 주형이자 탯줄이었다.

실체철학들은 앞에서 살펴본 것처럼 근본적으로 '있음 자체'나 '없음 자체'에 빠져 있다. 위의 기본 명제에서도 "존재하는 것은~"에는 이미 '있음 자체'라는 관념이 깔려 있는 것이다. 관념론적인 일원적 실체론은 이런 유무극단이라는 근본적인 전제를 토대로 영원불변하며 영원불멸하는 하나의 관념적인 실체를 상정한 이론이다. 그 관념적인 실체란 추정한 것이고 혼란된 것이고 동요한 것이며 망상한 것일 뿐이다.(주석 185번 참고) 이것은 인류의 고질적인 정신병이다. 있는

. . . .

276 idea. 원래 그리스어 'idein'(보다.)의 명사형인데 '나타내 보이는 것'을 의미한다. 근대에는 '관념'이나 '발상'(아이디어)의 뜻으로 변용되어 쓰인다. '관념의 논리적 체계'를 의미하는 '이데올로기'(ideology = '관념'(idea) + '논리'(logie))도 이 단어에서 파생한 용어다. 불교적 관점에서 보자면 관념과 이데올로기는 인지의 영역에서 다루어져야 할 내용이다. ('도표 10. 불교의 인식론' 참고)

것을 없다고 하거나 없는 것을 있다고 한다면 이것은 일종의 정신병일 것이다. 그러므로 정신적인 향상과 고귀함을 추구하는 자가 망상적인 실체사상에 빠지면 고매한 정신병자가 되고 만다. 이 고매한 정신병자들의 존경스러운 인품과 특별한 능력들은 중생들의 판단을 흐리게 하는 중요한 요인이기도 하다.

망상적인 실체들에는 유무극단이 전제되어 있고 유무극단은 식별의 나누어서 아는 성질에서 기인한 착각이었다. 12고리에서 보이듯이 식별로 인해 명칭이 생겨나는데, 망상적인 인지로 인해 실체라고 명칭을 부여하며 규정하는 일도 이때 일어난다. 그 명칭이 이데아이든 창조신이든, 대승의 불성이나 일심이나 아뢰야식이든 모두 무한소급의 오류에 빠지게 되어 있다. 그리고 그 '명칭을 통해 지칭함으로써 생겨나는 접촉[觸]'(디2-134)에서 즐거운 느낌[受]을 받고 갈구[愛]하며 포착[取]하면 그에 해당하는 생성됨[有]의 경계가 나타나게 되어 있다.[277] 반복적으로 작업을 지을수록 더욱더 내면적인 작업력이 강화되어 맹목적인 믿음이 형성되고 외부의 조직적인 구속력까지 보태지면 나중에는 옴짝달싹할 수 없는 지경에 이른다. 그러한 사람들이 많아질수록 결국 한 시대의 패러다임이나 사회적 이데올로기로 굳어지고, 상이한 패러다임들이나 이데올로기들이 충돌하면 테러와 전쟁까

· · · · · · · · · ·

277 예컨대, 유무극단에 의한 망상적인 인지의 규정으로 창조주라는 포착이 이루어지면 또다시 창조주가 자신의 생사여탈권을 가진 존재라는 망상으로 발전하게 되고 이에 따라 창조주에 대한 아부와 사랑이 생성되는 경우를 들 수 있다. 창조신을 믿는 자들에게서 공통적으로 발견되는 일종의 스톡홀름 증후군이라고 볼 수 있다.

지도 야기되는 것이다.[278]

41
무한소급의 오류 ❷ – 유물론적 실체

실체를 물질적인 것이라고 규정하면 유물론적 실체론이라고 한다. 유물론적 실체론도 역시 무한소급의 오류에 빠지게 된다.

주장 명제 : 존재하는 것은 물질적인 최소의 입자들로 구성된 것이다.

필요 명제 : 이 최소의 입자는 본래 스스로 존재하며 영원불멸한다.

최소의 입자란 더 이상 쪼개어질 수 없는 원자[279]라고 할 수 있다. 원자의 종류가 여러 가지라고 주장하면 다원적인 유물론적 실체론이 되고 한 종류만 있다고 주장하면 일원적인 유물론적 실체론이 된다.

· · · · · · · · · ·

278 '망상적인 인지의 규정'(주석 199번 참고)으로 인한 전쟁과 분쟁에 대해서는 『꿀 덩이 경』(맛 1-479)에서 그 과정이 자세히 다루어지고 있다.

279 原子, atom. 원자는 그리스어 'a-tomos'에서 기인한 말로 '비(非, a-) 분할(分割, tomos)'의 뜻이다. 서양의 원자설은 그리스 철학자 데모크리토스가 '만물은 원자로 이루어졌다.'라고 주장한 것에서 비롯되었다. 본문에서의 원자는 어원적인 의미에서 원칙적인 개념으로만 사용한 용어이며 현대의 92가지 화학 원소에 국한된 개념은 아니다.

지금까지의 철학사상에서는 어느 경우든 그 원자란 추정된 것이고 상정된 망상적인 규정이었다. 그러나 최소의 입자가 있더라도 그것이 물질인 한은 공간을 점유하는 연장성을 가질 수밖에 없을 것이다. 연장성을 가진 물질이라면 상하와 동서남북이 있어서 '거대 강입자 가속기'(LHC)와 같은 예리하고도 강한 첨단의 칼로 자르면 잘라질 수밖에 없을 것이다. 다시 잘라진 반쪽도 똑같이 연장성을 갖는 물질인 한은 또다시 상하와 동서남북이 있을 것이고 첨단의 칼로 자르면 잘라질 수밖에 없을 것이다. 이렇게 아무리 작아지더라도 계속 잘라질 수밖에 없는 무한소급의 오류에 빠지게 된다.

원자의 무한소급의 오류는 바수반두(世親)의 『유식 20송』(제10~13송)에서 이미 지적된 바 있다. 그리고 이 지적은 원자에 해당하는 설일체유부의 극미(極微, paramāṇu)의 오류를 지적한 것이다. 설일체유부의 중현 논사는 『현종론』(大正29-799)에서 이 오류를 극복하기 위하여 극미를 물질로서의 실제적인 극미와 관념으로서의 가설적인 극미로 구분하며 양다리 논법으로 해명하고 있지만 억지로 추정한 모순 논리에 불과하다.

현대 물리학은 이 원자의 무한소급의 오류를 실험으로 증명해 보였다. 그 결과 표준 모형이 최근에 완성되었는데 이 표준 모형에 등장하는 소립자인 쿼크나 힉스 등은 구슬과 같은 공간적인 연장성을 갖고 있지 않다. 더 이상 쪼갤 수 없는 입자라기보다는 더 이상 쪼갤 수 없는 양태를 가진 것이다. 다만 질량과 에너지의 흔적만을 발견할 수 있을 뿐이다. 표준 모형이 아직은 완성 모델이라고 할 수는 없지만 밝혀진 최소한의 사실만을 토대로 결론을 내리자면 물질에서 공간적인 테두리를 지닌 최소의 궁극적인 불변·불멸의 입자는 발견되지 않는다는 것이다. 표준 모형을 설명하는 해설서에 등장하는 구슬 모양의 소립자들은 식별을 지닌 인간들의 이해를 위한 시각적인 표시일 뿐이다. 게다가 이 소립자들은 자체적으로 존립하는 덩어리인 것도 아니다. 이것들은 상호 대칭적인 역학 관계로만 존재한다. 이두 가지 결론적인 내용은 기존의 실체 개념과는 맞아떨어지지 않는 사실들을 드러내고 있다.

종교가 인민의 아편이듯이 철학사상도 인민의 아편일 수 있음을 보여준 마르크스주의는 단연 유물론의 최고봉이라고 할 수 있다. 그러나 마르크스에게서조차 물질은 확정적으로 정확하게 개념 정의가 이루어지지 않았고 다만 전체적인 쓰임새로 봐서는 인간들의 '생활토대' 정도의 의미로 쓰였었다. 이런 물질 개념도 현대 물리학의 발달로 그 근거지인 최소 단위의 물질 개념이 흔들리면서 공격 받게 된다. 이것을 극복하기 위해 레닌은 물질을 '의식으로부터 독립된 객관적인 실재'라고 정의 내리게 되었다. 그러나 이 개념 정의도 막연한 것이어서 칸트의 물자체(物自體, Das Ding an sich. 정확히 번역하자면 '그것 자체'라고 해야 할 것이다.)라는 개념의 성질과 별반 다를 것이 없는 규정 같아 보인다. 불교의 입장에서 보면 '방해물 덩어리'와 '방해물의 포착덩어리'라는 차원의 구분이 이루어지지 않은 개념 정의라고 할 수 있다. 또한 '독립된 객관적인 실재'라는 개념은 '있음 자체'라는 극단적인 관념이 기본적으로 깔린 규정이다. 위의 주장 명제에서 '존재하는 것은~'이라는 전제가 바로 그에 해당한다. 물질이 유물론의 기본 개념인데도 이렇게 애매모호한 개념 정의가 이루어졌고 그 위에 인류의 거대한 역사가 이루어졌었다는 것은 놀라운 일이다. 정교한 체계 망상 위에 끔찍한 피의 역사가 아로새겨졌었던 것이다.

관념적인 공간을 배제하고 물질이 점유하고 있는 장소로서의 실질적인 물리학적 공간(이 경우의 공간은 상식적인 의미에서의 '허공'과 동의어다.)만을 다룬다면, 즉 공간을 희박한 질량을 가진 물질이라고 본다면 원자의 무한소급의 오류는 공간 자체, 즉 뉴턴의 '절대공간'을 허용할 수 없게 만든다. 공간을 점유하는 물질의 최소 단위가 성립하지 않는다면 공간의 최소 단위도 성립하지 않을 것이기 때문이다. 그러므로 엄밀하게 말해서 공간적인 시작점은 불가능하다. 수학에서 점이나 선분이 공간을 차지하지 않는 개념인 것은 이 때문이다. 선분은 시작점 없는 곳에서 시작하고 끝나는 점이 없는 곳에서 끝난다. 수학에서 '0'이라는 '숫자 아닌 숫자'가 없이는 정확한 계산이 불가능해진다. 세상의 모든 보이는 수치들은 보일 수 없고 나타낼 수 없는 곳에서 시작하는 아이러니한 상황 속에 있는 셈이다.

포용적이고 전체적인 의미에서의 공간 개념 또한 무한소급의 오류에 빠지게 되는데 이것은 앞에서 살펴본 '전체적으로 있음'과 대등한 존재론적인 위상을 갖는 개념이기 때문이다. 일찍이 제논은 "공간이 실체라면 이 실체를 담고 있는 공간이 또 필요하게 되고, 그렇게 한이 없게 된다."라고 공간 자체라는 관념의 무한소급의 오류를 지적했었다. 그리고 이 지적은 설일체유부가 허공(ākāśa)을 무위[280]의 하나로 분류하면서 그 허공을 절대공간으로 설명한 오류에도 그대로 적용시킬 수 있다[281].(구사1–8 참고) 이러한 절대공간의 오류는 아인슈타인의 일반상대성이론에 의해 과학적으로도 논파되었다. 중력에 의해 시공간이 휘는 현상이 실험적으로도 증명되었던 것이다. 이제는 뉴턴의 시대처럼 전 우주에 걸쳐서 시간이 똑딱똑딱 동시에 동일하게 흐른다는 생각이 오류였음을 알게 되었다. 또한 그렇게 똑같은 시간이 흐르는 공간 자체라는 관념도 오류 관념이라는 것도 밝혀졌다.

『로히땃사 경』(상1–314)에서 부처님은 걸어서 도달되는 세상의 끝이란 없다고 말하고 있다. 천체 물리학적인 우주의 끝이란 없다는 얘기다. 현대의 그 어떤 망원경으로도 아직 우주의 끝은 발견되지 않았다. 그 어떤 존재든 실제로 발견된 적도 없고 논리적으로도 타당하지 않다면 그런 것은 잠정적으로나마 없는 것으로 결론 내려야 할 것이다. 이에 따라 시간에 대해서 말하자면, 공간의 끝이 있더라도 최초

. . . .

280 無爲, a-saṅkhata. 부정사 'a'(無 혹은 非)와 '형성하다.'(saṅkharoti)의 과거분사형인 'saṅkhata'가 결합된 단어다. '형성된 것이 없는 것'으로 직역할 수 있다. 경에서는 'asaṅkhata'를 탐진치의 멸진으로 정의한다.(상5–100) 이것은 더 이상 형성되지 않는다는 것을 의미하고 있다. 그러므로 '형성되지 않는 것'이라고 번역할 수 있다. 그리고 탐진치의 멸진은 '꺼짐'의 정의이기도 하기 때문에(상4–510) 결국 '형성되지 않는 것'이란 꺼짐과 동의어로도 볼 수 있다. 이에 비해 허공을 형성되지 않는 것이라고 설명하는 근본경전은 찾아볼 수 없다.

281 남방상좌부에서는 허공을 무위라는 궁극적인 실재로 다루지도 않지만 구체적인 물질로 다루지도 않는다. 남방상좌부에 의하면 허공은 제한물질(pariccheda-rūpa)의 하나이며 이것은 추상적인 물질로 취급된다.(주석 236번 참고) 즉, 허공을 구체적인 물질의 경계에 의해 추정된 관념에 불과한 것으로 본 것이다.(아길–542)

의 시간을 상정해야 할 필연적인 이유가 없지만 공간의 끝이 없다면 최초의 시간과 최후의 시간은 필연적으로 상정이 불가능하다. 불교에서 시공간이란 처음도 끝도 없으며 한도 끝도 없고 밑도 끝도 없는 것이다. 다시 말해 불교에서 우주란 무시무종, 무량무변의 세계다.

42
『대승기신론』의 실체 – 중생심

플라톤의 관념적 실체인 이데아는 그의 제자인 아리스토텔레스에 이르러서 좀 더 현실적인 개념으로 바뀌게 된다. 즉 구름 위에 위치했던 이데아가 지상의 사물 각각에 내재하게 되는데 이것을 아리스토텔레스는 형상(形相, eidos)이라고 불렀다. 이데아론은 연역적 방법론이라면 형상론은 귀납적 방법론이라고 볼 수 있다. 어찌 보면 근대에 이르는 서양 철학사는 이 두 방법론을 오르내리는 이중 변주곡에 지나지 않았다고 볼 수도 있을 것이다. 방법론상으로만 보자면 대승의 관념론적인 일원적 실체론은 플라톤의 이데아론에 배대되고 아비담마 철학의 다원적 실체론은 아리스토텔레스의 형상론에 배대시킬 만하다. 또한 근본불교의 입장으로 보자면 대승사상은 하나의 관념적 실체에서 세계가 전개되는 전변설(轉變說)로 평가할 수 있고, 아비담마 철학은 여러(72가지 혹은 75가지) 실체[自性]들이 결합하고 쌓이면서 세계가 이루어진다는 적취설(積聚說)로 평가할 수 있겠다.

대승사상에서 관념론적인 일원적 실체론을 극명하게 보여주는 논서로『대승기신론』을 꼽을 수 있다. 북방아비달마 철학을 집대성한 논서로는『구사론』을, 남방아비담마 철학을 집대성한 논서로『청정도론』을 꼽을 수 있는데, 대승에서 이러한 위치를 갖는 논서가 바로『대승기신론』이다. 줄여서『기신론』이라고 불러왔다. 예전의 강원에서는 이 논서의 난해함 때문에 '귀신론'이라고 별칭하기도 했다. 이 난해한 논서를 탁월하게 풀이한 업적으로 신라의 원효가 아시아의 도인으로 떠오를 수 있었을 정도다. 그런데 사실 그 난해함이란 사상적인 깊이에 연유한다기보다는 논서에 등장하는 용어의 개념 변천과 순우리말 번역으로의 험난함에 기인한다고 해야 할 것이다. 매우 짧은 길이의 이 논서의 사상적인 내용은 전형적으로 관념론적인 일원적 실체론의 구조로 짜진 단순한 주장으로 되어 있을 뿐이다. 우리말로 쉽게 번역만 이루어진다면 칸트의『순수이성비판』이나 비트겐슈타인의『철학적 탐구』와 같은 책보다 훨씬 이해하기 쉬운 논서다. 물론 난해함과 심오함은 별개의 문제다.

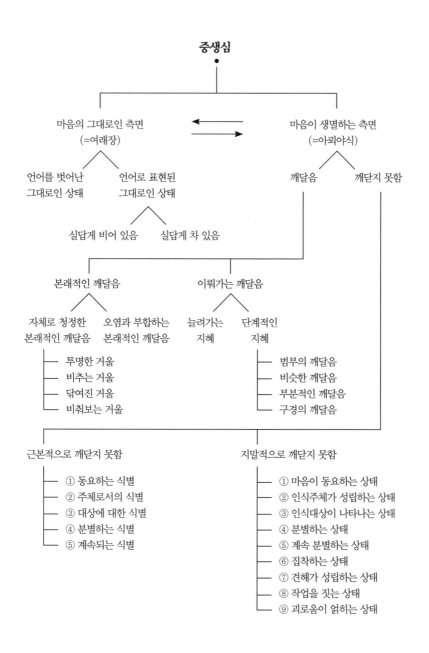

중생심
•

마음의 그대로인 측면 ⟵⟶ 마음이 생멸하는 측면
(=여래장)   (=아뢰야식)

언어를 벗어난   언어로 표현된   깨달음   깨닫지 못함
그대로인 상태   그대로인 상태

실답게 비어 있음   실답게 차 있음

본래적인 깨달음   이뤄가는 깨달음

자체로 청정한   오염과 부합하는   늘려가는   단계적인
본래적인 깨달음   본래적인 깨달음   지혜   지혜

── 투명한 거울   ── 범부의 깨달음
── 비추는 거울   ── 비슷한 깨달음
── 닦여진 거울   ── 부분적인 깨달음
── 비춰보는 거울   ── 구경의 깨달음

근본적으로 깨닫지 못함   지말적으로 깨닫지 못함

── ① 동요하는 식별   ── ① 마음이 동요하는 상태
── ② 주체로서의 식별   ── ② 인식주체가 성립하는 상태
── ③ 대상에 대한 식별   ── ③ 인식대상이 나타나는 상태
── ④ 분별하는 식별   ── ④ 분별하는 상태
── ⑤ 계속되는 식별   ── ⑤ 계속 분별하는 상태
                                 ── ⑥ 집착하는 상태
                                 ── ⑦ 견해가 성립하는 상태
                                 ── ⑧ 작업을 짓는 상태
                                 ── ⑨ 괴로움이 얽히는 상태

도표 17. 『기신론』의 중생심의 구조

도표에서 보이듯이 『기신론』의 교리 체계는 하나의 관념론적 실체를 꼭짓점으로 한 피라미드식 구조를 가지고 있다. 여기에서 중생심은 자아에 해당하고 '그대로인 상태'(眞如)는 진아에 해당한다.('도표 15. 자기의 중층적인 쓰임새' 참고) 그래서 『기신론』에서는 "이 마음 그대로의 모습이 대승의 실체를 보인 것이기 때문이다."(是心眞如相 即示摩訶衍體故)라 한 것이다. 그런데 이러한 실체 개념을 세우는 한, 실체철학이 공통적으로 갖는 본질(眞 혹은 體)과 현상(妄 혹은 生滅)이라는 이분법적 모순의 문제에 봉착하게 된다. 『기신론』은 이러한 모순을 각 단계의 개념마다 본질과 현상을 동시에 품게 함으로써 극복하려고 했다. 이 점은 대승사상 전체에 걸쳐 마음이 본체와 현상이라는 이중구조를 갖는다는 것을 보여주는 얼개이기도 하다.[282] 그리고 이것은 대승에서 독창적으로 처음 시작한 것이 아니라 이미 아비담마 철학에서 창안된 이론이었다. 즉, 마음과 마음부수[心所]라는 이중구조가 그것이다. 다만 대승에서는 이 이중구조를 가진 마음이 일체의 법을 통괄하는 일원적인 관념으로 격상된다는 점에서 차이를 보인다.

　그런데 『기신론』에서는 마음의 본체와 현상이 구체적으로 어떻게 결합하고 상호작용하는지에 대한 논리적인 설명이 제시되어 있지 않다. 다만 마음의 본체인 '그대로인 상태'와 '생멸하는 현상'은 서로 분

282　예컨대 『선가귀감』에서 청허 휴정은 "마음에는 두 가지가 있다. 하나는 근본적인 마음이고 둘은 깜깜모름 속에서 현상을 취하는 마음이다."(心有二種 一本源心 二無明取相心)라고 말하면서 선불교의 마음에 대한 통론을 제시하고 있다.

리될 수 없는 한 덩어리라고 한다. 이것은 아비담마 철학에서 마음과 마음부수가 동시에 일어나고 각각 일어나지 않는다는 설명과 상통한다. 생멸 현상을 통해 마음 그대로인 상태를 알 수 있고 마음 그대로인 상태로 인해 생멸현상이 가능해진다. 이것은 기독교에서 성경은 하느님 말씀이기 때문에 진리이고 하느님의 존재는 성경에 쓰여 있기 때문이라고 주장하는 것과 같은 순환논증의 오류에 해당한다. 또한 궁극적으로는 '언어를 벗어난 그대로인 상태'(離言眞如)라고 말하기 때문에 말로는 표현이 불가능하고 오직 직관적인 체험으로만 알 수 있는 것이라고 말한다. 이것도 기독교에서 말하는 하느님 자체는 인간이 볼 수 없으며 하느님의 뜻도 피조물들은 알 수 없다는 선결문제 미해결의 오류에 해당하는 무책임한 답변과 같은 주장이다. 그렇다면 그 실체와 관련하여 아무런 주장도 하지 말아야 옳을 것이다. 이렇게 관념론적인 일원적 실체론에서의 궁극은 추정되고 가정된 '망상적인 규정'이기 때문에 여러 공통점들도 발생하게 된다.

『기신론』은 아비담마 철학에서 마음의 이중구조만을 물려받은 것이 아니었다. 아비담마의 3대 과오 중의 하나인 마음·정신·식별을 동의어로 파악한 잘못도 고스란히 이어받았다. 그 명백한 예로 마음의 '근본적으로 깨닫지 못함'(根本不覺)의 상태를 식별[識]로 표현한다. 즉, ① 동요하는 식별[業識], ② 주체로서의 식별[轉識], ③ 대상에 대한 식별[現識], ④ 분별하는 식별[智識], ⑤ 분별이 계속되는 식별[相續識] 등이다. 이것은 또한 '마음이 오염되는 여섯 단계'[283]와 정확한 대응을 이루기도 한다. 이렇게 마음과 식별은 동격으로 취급되고 있다. 그러나 근본경전에서의 마음은 '느낌과 인지가 결합하고 증폭하는 형성작용'이며 식별이란 여섯 가지 감각 기능이 각각의 대상을 접하면서 형성된, 대상을 분별해서 아는 작용일 뿐이었다.

앞에서 언급했듯이 대승의 영원불변하는 실체는 '마음 그대로인 상태'였다. 그리고 마음의 이중구조에서 참된 본체인 부분을 '그대로인 상태'(眞如, tathatā)라는 용어로 표현했었다. 이 용어는 근본경전에서도 등장하지만 대승에 이르러 개념의 변질과 왜곡이 이루어졌다. 근본경전에서 이 단어의 쓰임새는 단순히 '사실적인 상황이나 성질'[284]에 국한된 것이었으나 대승경전에 와서는 그 쓰임새가 '존재론

· · · · · · · · · ·

283 六染. ① 동요하는 불분명한 오염(根本業不相應染) → ② 인식이 생기는 불분명한 오염(能見心不相應染) → ③ 대상이 나타나는 불분명한 오염(現色不相應染) → ④ 분별하는 분명한 오염(分別智相應染) → ⑤ 분별이 계속되는 분명한 오염(不斷相應染) → ⑥ 집착하는 분명한 오염(執相應染). 여기에 나타나는 '상응'(相應)과 '불상응'(不相應)이라는 용어도 이미 아비담마 철학(그중에서도 설일체유부)에서 고안된 단어를 계승한 것이다. (주석 41번 참고) 불분명하다는 것은 식별과 동의어로서의 마음이 결부되지 않았다는 의미이며, 결국 '식별로 뚜렷하게 파악되지 않는' 상태를 말하는 것이다.

284 예를 들자면, "쭌다여, 한결같은 이가 무상정등각을 확연히 깨달은 밤으로부터 포착된 잔재가 없는 꺼짐의 경계로 완전히 꺼지는 밤 그 사이에 설하고 말하고 가르친 그 모든 것은 '그대로일'(tathā) 뿐이지 달라진 것이 아닙니다."(디3-246) 또한 진리인 따라서-같이-생겨남을 '그대로인 성질'(tathatā)이라 말하기도 하고(상2-164), 네 가지 성스러운 진실들을 '그대로인 것들'(tathāni)이라고 말하기도 한다. (상6-401) '그대로인 것'에는 '객관적 사실'과 '변하지 않음'이라는 두 의미가 담겨 있다고 보인다. 다시 말해 '변하지 않는 객관적인 사태'라는 뜻이다. 추상적인 실체와는 아무런 관련이 없는 단어였다.

적인 본체'의 위상을 갖는 것으로 바뀌게 되었다. "그대로인 것 자체" (眞如體)는 형상이 없지만 "떼어낼 수도 없는"(無有可遣) 본체에 해당한다. 결코 허황된 것을 가짜로 세운 것은 아니라는 말이다.

이렇게 『기신론』에서 존재론적인 실체의 위상을 갖게 된 마음은 응당 세간법(생멸하는 현상 세계)과 출세간법(깨달음과 꺼짐)을 모두 포괄하게 된다. 근본불교에서 이러한 위상을 갖는 용어는 '법'이었다. 이제 『기신론』에 와서는 마음이 "일체의 법을 포괄한다."(總攝一切法) 결국 대승에서는 마음과 정신과 식별의 동일시의 과오뿐만 아니라 마음과 법과의 동일시의 과오까지 벌어지게 된 것이다. 이러한 마음의 이중구조와 문맥에 따른 이중적인 쓰임새를 이해하지 못하면 대승경전 전체에 걸쳐 지속적인 헷갈림을 가져온다.

그러나 『기신론』에서처럼 마음이라는 하나의 관념적 실체로 모든 법을 무리하게 회통시키다보면 인과에 있어서 근본불교의 입장과 어긋나는 지점이 발생하게 된다. 근본경전에서는 "정신(mano)이 법의 선구자"(법-228)라고 표명하고 있다. 또한 "모든 법들은 정신작용(manasikāra)과 같이-생성되며…."(앙6-222)라고 말한다. 이렇게 근본불교에서는 모든 법들이 인간에게 발현되는 기원으로 정신을 지목한다. 물론 근본불교에서 정신이란 존재론적인 실체가 아니라 대상을 파악하고 생각하는 감각 기능일 뿐이며 정신작용도 형성작용[行]의 하나일 뿐이다.

『기신론』에서 마음이 일원적인 실체로 상정됨에 따라 느낌과 인지도 마음에서 파생하는 것으로만 해석된다. 이것은 아비담마 철학의 해석이기도 했다. 그러나 근본불교에서는 느낌과 인지는 마음의 필수요소라고 본다. 그리고 느낌과 인지는 접촉이 그 기원이었다.(상 4-246) 그런데 느낌과 인지는 상수멸에서는 소멸하므로 마음 또한 소멸하게 된다. 그러므로 마음은『기신론』에서처럼 본래부터 갖춰져 있는 실체가 아니라는 말이다. 물론 근본경전에서도 마음은 모든 것에 지배적인 영향력을 가진 것으로 제시되고 있다.(상1-246) 그러나 이어서 '명칭'과 '갈구' 또한 그와 똑같이 지배적인 영향력을 가진 것으로 기술된다. 이것은 단일한 존재론적인 실체와는 아무런 상관이 없는 내용임을 나타내고 있다.

아울러『기신론』의 단일한 실체를 향한 피라미드식 구조에서 대승의 독재적인 권력에 대한 의지를 읽을 수도 있을 것이다. 페르시아 문명인 박트리아제국의 비스타스파왕이 아후라마즈다가 유일한 선신인 배화교(조로아스터교 혹은 자라투스트라교)로 개종한 이유는 다신교와 다민족으로 분열된 사회를 하나의 신으로 통합시키기 위한 것이었다.(물론 통폐합에 성공했더라도 유일신교의 독선과 배타의 성격으로 말미암아 또 다른 내분이 기다리고 있었지만 말이다.) 또한 다신교였던 로마제국의 콘스탄티누스 1세가 기독교를 공인한 것도 하나의 신 아래 하나의 국가, 하나의 황제라는 이데올로기를 구축하기 위한 것이었다. 이러한 관념 체계를 발판으로 군주정체에 대한 합리화 이론인 왕권신수설로까지 이어지게 되었다. 이렇듯 관념론적인 일원적 실체를 꼭짓점으로 한 피라미드식 구조론은 군주정치나 독재정치를 강화시켜주는 이론으로 쓰일 만한 이유가 있었다. 하나의 꼭짓점을 가진 피라미드식 구조가 세계의 근원적인 구조와 일치한다면 자연스럽게 현실세계에 오버랩 되면서 한 명을 꼭짓점으로 한 정치 구조도 근원적인 정당성을 획득할 것이기 때문이다. 이로써 상부에서 하부로의 일방적인 명령이 가능한 절대 권력이 탄생하게 된다.

『기신론』 또한 피라미드식 구조의 전형을 보여주고 있다. 『기신론』은 대승의 종합 논서이기 때문에 대승은 모두 관념론적인 일원적 실체를 꼭짓점으로 한 피라미드식 구조를 가졌다고 보면 된다. 이러한 사상적 작업으로 구축된 피라미드 구조물이 머릿속에 이데아처럼 각인될수록 메시아사상, 영웅주의, 독재정권은 자연스럽게 피어나게 된다. 대승권의 대중 운영이 1인 중심의 운영체제로 견고하게 자리 잡혀 있는 것에는 위의 사상적 구조 작업이 암암리에 개입되어 있을 것이다. 이제 대중들은 세뇌되고 타성에 젖어서 그러한 대중 운영을 당연한 듯이 받아들이고 있다. 본래 당연히 자기 것인데도 굽실거리며 콩고물을 얻어먹고 있는 실정이다. 조금의 비판도 허락되지 않는 독재 정권에 길들여진 무지하고도 무기력한 민초들처럼.

전술했듯이 대중은 직접적 민주주의, 공화적 법치주의, 지역적 자치주의로 운영되어야 한다는 것이 부처님의 뜻이었다. 세속에서조차 이제는 국민들의 수준이 높아지면서 독재 체제가 용납되지 않고 있다. 하물며 고귀한 목적과 청정한 수행이라는 드높은 이상을 구현하려는 출가 대중이겠는가? 대중 운영에 필요한 중요 사항들은 대중 작업에 의해 결정되어야 한다. 만일 대중에 중심 기구가 필요하다면 그것은 봉사 기관이나 편의 시설과 같은 성격의 것이어야만 한다. 또한 대중을 자기에게 귀의시키려는 자는 귀의승, 즉 대중에 귀의하는 자가 아니며 이것은 아주 기본적인 부처님 말씀에 거역하는 처사이므로 귀의불과 귀의법도 갖추지 못한 자라고밖에 할 수 없다. 더구나 이렇게 3귀의도 안되어 있는 출가자가 신도에게 3귀의를 요구하는 것은 있어서는 안 될 자기모순적인 행태다.

43
대승의 실체 ❶ – 일심

『기신론』의 중생심은 대승경전에서 일심(一心, 한마음)으로도 쓰인다. 이 일심은 중생심처럼 마음 전체를 의미하기도 하지만 불변의 실체로서의 '그대로인 상태'(眞如)를 의미하기도 한다. 이 일심으로 만법을 귀속시키려한 경전이 『화엄경』이다. 이 경의 갖춘 이름은 『대방광불화엄경(大方廣佛華嚴經)』이다. 경의 제목을 풀이하자면, 무대 규모, 분량, 등장인물 수, 난이도, 모든 면에서 최대[大]인 걸작을 만들어 보겠다는 어느 소설가의 야심찬 작품이며, 사상적인 구성이나 이야기 전개에 있어서 그 얼개인 과표를 보면 놀랄 정도로 미세한 부분까지 아귀가 딱딱 들어맞도록 지독하게 망상 피운 방정함[方]함을 갖추었고, 불교가 다루는 모든 주제와 세계를 싹쓸이 하듯이 광활하게[廣] 다루면서도, 신성자를 압도하는 권능을 지닌 신으로 확실하게 자리 잡은 부처[佛]와 바라문교풍의 오만 잡신들로 화려하게[華] 장엄한[嚴] 위경[經]을 말한다.

『화엄경』은 아비담마 철학에서부터 시작된, 마음을 중심으로 불법을 회통하려는 지독한 천착의 정점을 찍은 경전이다. 『화엄경』의 교주로서 법신불로 등장하는 비로자나불도 이 일심의 의인화일 뿐이며 비로자나불이 연화대에 앉아 온 시방 법계에 광명을 나투는 곳인 연화장세계도 이 일심의 형상화된 세계일 뿐이다. 20겁으로 이루어진 연화장세계의 열세 번째 겹에 우리가 사는 사바세계가 놓여 있다. 이것에 대해 과학적으로, 논리적으로 따지는 일은 헛수고다. 순전히 문학적 상상력에 의한 상징과 비유의 수식법으로 치장된 바탕화면일 뿐이기 때문이다. 물론 상징과 비유의 지시물이 궁극적으로 유익한 의미를 가져올 것인지는 별개의 문제다. 그러나 적어도 대승경전들의 기원을 그러한 부처로부터 계시된 것이라고 여기는 미신까지 성립시킨 부작용은 결과적으로 분명한 사실이다. 덧붙여, 법신불의 숭배는 상대적으로 화현불로 취급되는 석가모니불에 대한 도외시라는 결과적인 부작용도 낳았다. 그리고 이것은 석가모니불의 직설인 근본불교에 대한 도외시로 자연스럽게 연결되었다고 볼 수 있다. 허위의 상징이 사실화되고 일상화되어 고정관념이나 강박관념으로 자리 잡히면 미신과 정신병의 영역으로 다루어져야 한다.

비로자나불이 두두물물에 내재하고 현현한다는 설명들은 비로자나불이 존재론적인 실체로서 '마음의 그대로인 상태'와 같은 위상을 갖기 때문이다. 예컨대 『화엄경』에서 "마음과 부처와 중생, 이 세 가지는 차별이 없다."[285]는 주장은 이 세 가지가 모두 무궁무진한 '마음 그대로인 상태'를 실체로 공유하고 있기 때문에 성립된 견해다.[286] 그러나 이것은 인간에게도 심장이 있고 개에게도 심장이 있으므로 인간과 개는 똑같다와 같은, '공통점으로 동일시하는 오류'이다. 같은 종류의 오류이지만 심장은 확인이라도 된다. 반면에 마음과 부처와 중생은 본체론적인 측면에서는 똑같다고 주장하지만 그 본체는 확인될 수 없는 것이기 때문에 선결문제 미해결의 오류를 이미 품고 있다. 그리고 그러한 본체론적인 측면에서 말하자면 세 가지만 똑같은 것이 아니라 낱낱의 무정물에 이르기까지 모두 차별이 없다. 결국 구체적으로는 특별히 다룰 것도 없어서 무의미해지는 주장이다.

확인 불가능한 망상적인 규정인 비로자나불이나 마음 그대로인 상태는 사실상 창조주와 같은 존재론적인 위상을 가졌다고 볼 수 있다. 그 근원적인 이유는 "삼계에 있는 것들은 일심일 뿐이다."(三界所有 唯是一心. 大正10-194상)라는 명제가 대전제인 것에 있다. 『기신론』에서 살펴봤듯이 일심은 3계(욕망의 경계, 방해물의 경계, 무방해물의 경계)뿐만 아니라 출세간법인 '꺼짐의 경계'(涅槃界)도 포괄하는 개념이다. 일심을 벗어나는 경계 내지 세계란 없다. 그러므로 우리가 경험하

. . . .

285 "마음처럼 부처도 그대로인 것이다. 부처처럼 중생도 그러하다. 마음과 부처와 중생, 이 세 가지는 차별이 없다."(如心佛亦爾 如佛衆生然 心佛及衆生 是三無差別. 大正9-465하)

286 "부처와 마음은 그 본체의 성질이 모두 무진하다고 알아야 한다."(應知佛與心 體性皆無盡. 大正10-102상)

는 현상세계는 당연히 이 일심의 발현이자 전변일 수밖에 없게 된다. 이에 따라『화엄경』에서 가장 유명한 다음과 같은 게송이 성립한다.

"사람들이 3세의 부처님을 확실히 알고 싶다면 법계의 본성을 관찰해야 한다. 일체는 마음이 만들어내는 것이라고."[287]

모든 세상이 마음으로부터 발생한 것이고 마음이 만들어낸 것이라는 설명은 바라문교의 신성자 창조설 내지 전변설과 부합하는 주장이다. 근본경전에서도 마음은 그림에 비유되었다. 그런데『화엄경』에서는 마음이 그림이 아닌 화가로 비유되었다. 이 약간의 차이는 전변설이라는 사상적 밑바탕이 깔린 차이의 결과다. 전에 살펴봤듯이 이러한 일원적인 실체론은 모두 무한소급의 오류에 빠져 있다. 전강 선사가 박한영 스님에게 "일체는 마음이 지었는데 마음은 무엇이 지었습니까?"라고 묻자 박한영 스님은 아무 말도 하지 못했다고 한다. 이 질문은 불법 대의를 묻는 선문답이라기보다 일원적인 실체론의 무한소급의 오류를 지적한 것이다. 그 질문에 대한 대승에서의 대답은 '마음은 일체에 본래부터 갖춰진 무진한 성질의 것이며 헤아릴 수 없는 것'일 것이

· · · · · · · · · ·

287 若人欲了知 三世一切佛 應觀法界性 一切唯心造.(大正10-102상) 동일한 취지의 다른 문장들도 있다. "단지 마음이 지은 것이어서 3계란 허망한 것이다."(三界虛妄 但是心作. 大正9-558하) "마음은 능숙한 화가가 세상의 모든 것을 그릴 수 있는 것과 같다. 다섯 덩어리들도 모두 마음으로부터 생기는 것이어서 만들어내지 않는 법이란 없다."(心如工畵師 能畵諸世間 五蘊悉從生 無法而不造. 大正10-102상)

다. 이것은 물론 순환논증의 오류이자 선결문제 미해결의 오류다. 부처님은 이 오류들을 다만 '망상적인 인지의 규정'이라는 말로 대변한다.

한편, 비로자나불이 이교도의 창조신과 같은 지위를 부여받았기 때문에 그를 숭배하는 대승의 스님들은 당연히 이교도의 사제들과 같이 하늘의 신(一)과 지상의 인간(_)을 이어주는(工) 사람(巫)인 무당 혹은 제사장이 될 수밖에 없었다. 그리하여 신에게 부탁하는 천도재 없이는 생계조차 힘들게 되었다. 이것은 창조신 사상 계열에 속한 대승 성직자의 운명적이고도 결과적인 모습일 것이다.

기원에 맞지 않는 정신작용으로 무책임하게 하나의 실체를 상정하고 세계 현상을 회통시켜 설명하려는 무리한 시도는 인과의 자연스러운 흐름을 끊어 놓는다. 불교에서 말하는 따라서—같이—생겨남이란 추정에 의해 저변에 자리매김한 유일한 실체를 중심축으로 파생되는 흐름을 해명하는 교리가 아니라 유일한 실체 없이도 서로서로 맞물려 흐른다는 유기적인 인과법칙을 나타내는 진리관일 따름이다.

44
대승의 실체 ❷ – 여래장

대승불교에서 나타나는 여러 가지 유일한 관념론적 실체들은 앞 장에서 살펴본 일심의 다른 이름일 뿐이다. 그렇기 때문에 『입능가경』에서는 "적멸을 일심이라고 부르고 일심을 여래장이라고 부른다."(寂滅者 名爲一心 一心者 名爲如來藏. 大正16-519상)라고 말한 것이다. 그리고 이러한 대승의 실체론들은 실체론이 가진 공통적인 모순과 오류들도 공유하게 된다. 즉, 이분법적인 모순과 그에 따른 선결문제 미해결의 오류, 순환논증의 오류, 무한소급의 오류 등이다.

'여래-장(如來-藏)'의 원어는 'tathāgata-garbha'인데 직역하자면 '한결같은 이의 모태(母胎)'다. 다시 말해 부처를 길러내는 근원지를 나타내는 용어다. 이 용어는 다음 장에서 살펴볼 부처가 될 가능성이라는 뜻인 불성(佛性)과도 같은 개념의 용어다. 여래장이라는 용어와 사상은 몇 장 안 되는 분량인 『대방등여래장경』의 "부처는 '중생이 한결같은 이의 모태다.'라고 보고서…."[288]라는 구절에서 비롯되었다. 이 구절은 후대에 '마음 그대로인 상태'(心眞如)가 중생심에 영원불변한 실체로 내재되어 있기 때문에 중생들은 결국 부처를 이룰 수밖에 없고 본질적으로는 이미 이루어져 있다는 내용으로 해석되었다. 이러한 해석에 대해 마쓰모토 시로가 그의 『여래장사상과 본각사상』에서 "나는 여래장사상이란 기본적으로 힌두교의 아트만론의 불교판에 지나지 않는다고 생각한다. 곧 힌두교의 아트만론이 특히 대승불교 성립 이래 불교 내부에 침입하여 불교적 표현으로 위장하여 성립한 것이 여래장사상이라고 본다."라고 비판한 말은 주목할 만하다. 그는

··········

288 "佛見衆生如來藏已"(大正16-457중) 범어본에서 '衆生如來藏'에 해당하는 문장은 'sarva sattvāḥ tathāgata garbhāḥ'(모든 중생들이 한결같은 이의 모태다.)이다.

여래장사상을 기체론(dhātu-vāda)이라고 규정하고서, 여래장을 '본체'라는 의미로서 'L'(locus, 기체)로 표시하고 중생들을 '현상'이라는 의미로서 'S'(super-locus, 초기체)로 표시하여 기체론을 다음처럼 정리했다.(이태승 교수의 번역을 참고하여 옮기겠다.)

① L은 S의 기체다.
② 따라서 L은 S를 생기게 하는 원인이다.
③ L은 단일하지만 S는 다수다.
④ L은 실재이지만 S는 비실재다.
⑤ L은 S의 본질이다.
⑥ S는 비실재지만 L을 본질로 하여 생긴 것이기 때문에 어느 정도 실재성을 가지며 적어도 실재성의 근거를 갖는다.

이상의 정리는 일원적인 실체론에서 공통적으로 나타나는 본체와 현상이라는 이분법적인 특징들을 간추린 것이라고 봐도 된다. 그러나 이러한 특징만으로 여래장사상이 브라만교의 아트만사상과 일치하는 것이어서 여래장사상은 불교가 아니라고 단정하기에는 이르다. 아트만사상이란 실체(진아)사상이라는 말인데 여래장사상을 펴는 『대승입능가경』에서는 "일체법은 자체성질[自性]이 없다."라고 실체에 해당하는 자체성질을 부정하고 있기 때문이다. 이어서 경에서는 일체법에 실체가 없는 이유를 "한순간도 고정되어 있지 않기 때문이고 본 직후에는 변하여 달라지기 때문에 자체성질이 없다고 말한다."[289]라고 밝힌다. 이처럼 여기에서는 불변의 속성을 개념으로 한 실체를 자체성질이라고 말하면서 부정하고 있다. 그런데 『기신론』에 의하면 일체법은 여래장에 의지하고 있고 여래장은 불변하는 실체다. 결국 『대승입능가경』은 자체성질에 해당하는 여래장을 세우면서도 다른 곳에서는 자체성질을 부정하는 자기모순적인 주장을 펼치고 있는 셈이다. 이러한 자기모순은, 아비달마의 다원적인 실체인 자체성질을 부정하면서도 결국 일원적인 관념론적 실체론에 빠져 버린 대승사상의 실수와 그 모순을 여실히 반증해 주는 한 단면이다.

대승사상이 모두 그러하듯 여래장사상도 처음부터 완결되어 출발한 것은 아니었고 단계적으로 다수의 작자들에 의해 수정·보완·완성되었다. 그러므로 논리적으로 정합성이 결여된 부분들을 찾아낼 수도 있겠지만 대체적인 흐름과 개괄적인 결론은 정리될 수 있다. 앞의 『기신론』에서 여래장 혹은 중생심의 이중적인 개념 구조를 살펴봤다. 여래장의 이중성은 『승만경』(갖춘 경명은 『勝鬘獅子吼一乘大方便放光經』, 『śrimaladevi siṃhanada sutra』)에 와서야 뚜렷한 개념 정의가 이루어진다. 즉, '공여래장(空如來藏)'과 '불공여래장(不空如來藏)'이 그것이다. 공여래장은 『기신론』의 '실답게 비었음'(如實空)에 해당하고 불공여래장은 '실답게 차 있음'(如實不空)에 해당한다. '실답게'라는 것은 허황되지 않아서 그 존재성이 있다는 것이고, '비었음'이라는 것은 오염과 번뇌는 존재하지 않는다는 말이다. 반면에 '차 있음'이라는 것은 영원

· · · · · · · · · ·

289 "以剎那不住故 見後變異故 是名無自性"(大正16-599상)

불변한 본체가 온갖 법들로 충만해 있다는 말이다. 그러나 이 둘의 이율배반적인 공존에 대한 구체적인 논리적 설명은 결여되어 있다.

여래장의 이중성을 잘 보여주는 경전으로는 『능엄경』(갖춘 경명은 『大佛頂如來密因修證了義諸菩薩萬行首楞嚴經』이다.)을 들 수 있다. 난삽하기 그지없는 이 경에서는 생멸하는 현상이 모두 '여래장의 오묘한 그대로인 상태'라고 설명한다.[290] 다른 한 면으로, 여래장의 "진짜 성품은 오묘하게 깨어 있는 밝은 본체"(其性眞爲妙覺明體)라고도 말한다. 이 밝은 본체는 자성청정심[291] 혹은 심성본정(心性本淨)이라는 용어로 설명

. . . .

290 "생멸과 가고 옴이 본래 항상 머물러 오묘하게 밝고 흔들림 없이 두루 원만한 여래장의 오묘한 그대로인 상태임을 알지 못하면 성품이 진실하고 변함없는 그 속에서 가고 옴과 미혹하고 깨닫는 것과 생사를 찾더라도 마침내 얻을 수 없을 것이다. 아난이여! 왜 '다섯 덩어리들'(五陰)이 본래 여래장의 오묘한 그대로인 상태이겠는가?"(殊不能知生滅去來 本如來藏常住妙明不動周圓 妙眞如性 性眞常中 求於去來迷悟生死 了無所得. 阿難云何五陰 本如來藏妙眞如性. 『능엄경』 제2권)

291 自性淸淨心, prakṛti prabhāsvaraṃ cittam. 범어를 직역하자면 '본질이 찬란한 마음'이라는 뜻이다. 자성(自性) 혹은 성본(性本)이라고 번역된 'prakṛti'('앞서(pra) 지어진(√kṛ) 것'이라고 파자되며 '본질'이라는 뜻임)는 상키야(數論) 철학에서 순수정신(puruṣa)과 함께 이원적 실체 중의 하나를 대변하는 단어였다. 이 경우에는 객관적인 대상에 있어서의 실체를 의미했었다. 그러나 대승에서는 이 본질(prakṛti)이라는 용어를 오히려 주관적인 관념으로서의 실체인 순수정신(puruṣa)과 같은 의미로 사용하고 있다. 어쨌든 실체적인 의미를 가지기 때문에 '自性'이라고 한역한 것 같다. 근본불교에도 "이 마음은 찬란합니다."(pabhassaram idaṃ cittam. A1-10, 앙 1-87. '찬란'이란 '깨끗이 빛남'을 뜻한다.)라는 표현이 있다. 여기에 '본질'이라는 단어가 붙으면서 실체적인 용어로 변용되어 버렸다.

'自性'이라고 한역된 원어에는 두 가지가 있는데, 하나는 아비담마 철학의 실체 개념에 해당하는 'sabhāva'(자체성질)이고 다른 하나는 위의 범어인 'prakṛti'(본질)이다. 전자는 대승이 부정하는 자성이고 후자는 선불교에 이르기까지 대승에서 긍정적으로 쓰이는 자성이다. 한역만 보면 헷갈릴 수 있다.

되기도 한다. 후대에는 여래장이라는 본체에서 세상의 생멸하는 현상이 전개된다는 이론을 '여래장연기 사상'이라고 불렀다. 그러나 이 사상은 창조신인 브라흐마라는 본체에서 세상이 전개된 것이라는 브라만교의 전변설과 동일한 사상적 계열을 이룬다. 따라서 여래장연기란 근본불교의 따라서-같이-생겨남(緣起)의 교리를 이질적인 전변설 교리 설명에 악용한 사례로 볼 수 있겠다.

선불교의 화두[292] 중에 '만법은 하나로 돌아가는데 하나는 어디로

· · · · · · · · · ·

292 話頭. '화두'라는 단어는 두 가지 쓰임이 있다. 첫째는 일반적인 의미로 '말머리', 즉 이야기의 첫머리라는 뜻이다. 이 경우 '頭'는 선두(先頭), 서두(序頭), 어두(語頭)처럼 첫머리라는 뜻의 접미사이다. 둘째는 선불교의 전문어로서 (선지식의) '문제의 말씀'이라는 뜻으로 쓰였다. 직역하면 '말씀'이고 의역하면 '문제'라고 할 수 있다. 이 경우 '頭'는 승두(繩頭, 계율 혹은 법도를 상징함), 정두(淨頭, 깨끗이 치우는 해우소 소임이나 그 사람을 상징함), 구두(口頭, 직접 대면해서 입으로 주고받는 말을 상징함)처럼 상징적인 명사로 만드는 어조사로 쓰인 것이고 '머리'라는 뜻은 없다.
화두 수행법이 정식화되기 약 300년 전에도 화두라는 단어가 쓰였는데 그냥 '말씀'이라는 뜻이었다. 즉 삼성 스님이 원숭이들도 '옛 거울'(古鏡)을 지니고 있다고 말하는 설봉 스님에게 "천오백 대중의 선지식의 말씀인지 또한 모르겠습니다."(一千五百人 善知識 話頭也 不識)라고 질책한 대목에서 나온다.
후대 선불교에서의 화두는 선지식의 이야기 중에 불법의 핵심을 밝히는 '말씀'을 일컫는 것이고, '화두를 든다.'는 것은 그 말씀의 낙처(落處, 귀결하는 뜻)가 무엇인지 의심을 품는 것을 말하게 된다. 그러므로 화두 수행법이란 '말씀 수행법'이라고 번역할 수 있다. 물론 후대에는 불법의 핵심을 직접 전달하는 선지식의 행동 양식까지 화두라는 말로 표현하게 된다. 그런데 요즘에는 흔히 이 화두라는 단어를 '말머리'라고 잘못 번역하고, 더 나아가 이치와 사량이 끊어진 말 이전의 소식이라고 해석하게 되었다. 그러나 이것은 잘못된 해석이라기보다는 잘못된 번역어에 대해서 억지로 합리화시키는 해석이다. 말 이전 소식의 뜻이라면 화두가 아니라 화전(話前)이라고 표현했을 것이다. 그리고 '화두를 든다.' 혹은 '화두를 잡는다.'라고 수행 방법을 표현하는데, 아직 알지 못하는 말 이전 소식을 들거나 잡을 수는 없는 노릇이다. 만일 말 이전 소식을 잡고 있는 것을 화두 수행법이라고 한다면 1,700개가 넘는 구체적인 화두는 필요 없게 된다. 화두 수행법은 다만 그 선지식의 말씀하신 뜻이 무엇인지 그 말씀을 되뇌이며 의심을 품으라는 수행법이다. 화두 수행법의 보급자였던 대혜 스님의 스승이었던 원오 극근 선사가 "언구를 의

돌아가는가?'(萬法歸一 一歸何處)라는 것이 있다. 여래장사상에 입각하자면 그 하나란 여래장을 의미하고 여래장이 돌아가는 곳은 만법일 수밖에 없다. 물론 선불교에서 이러한 교학적 대답은 족히 30방에 불과하겠지만 말이다. 선불교에서 원하는 대답이란 이런 순환논증의 오류를 꿰뚫는 직관적인 한마디다.

45
대승의 실체 ❸ – 불성

여래장은 '본래부터 부처'라는 의미가 좀 더 중심적인 용어였다면, '부처가 될 가능성'이라는 의미로 좀 더 중심을 이동시킨 용어는 불성[293]

. . . .

심하지 않는 것이 큰 병통이다."(不疑言句 是爲大病)라고 한 말에서의 언구(선지식이 말한 구절)가 바로 화두(말씀)라는 말과 동의어다. 물론 의심은 '말씀하신 뜻'에서의 '뜻'(낙처)에 지향점을 가진다. 그러나 이런 결과론을 방법론에 해당하는 낱말 풀이에 무차별적으로 적용해서는 안 된다. 모든 수행법은 말 이전의 소식, 즉 깨달음을 지향한다. 그렇다고 해서 모든 수행법을 화두 수행법이라고 말할 수는 없다. 결과적인 지향점을 구체적인 수행 방법의 이름에 적용해서 풀이하다 보면 수행법들에 대한 차별화된 선명한 이해를 방해할 수 있다.

덧붙여 '사량이 끊어진 말 이전 소식'을 관하는 것은 묵조선의 행법이었다.(제75장을 참고하라.) 묵조선의 그러한 행법을 비판하며 나왔던 간화선의 화두를 묵조선 수행법으로 풀이하는 요즘의 실태를 대혜 종고가 보면 뭐라고 말할까?

293 佛性, Buddha-dhātu. 원어를 직역하면 '부처의 경계'라는 뜻이다.

이다. 이 용어는『여래장경』에서부터 나타나지만 대승의『대반열반
경』에서 "일체중생은 모두 불성이 있다."(一切衆生 悉有佛性)를 표방하
며 구체적으로 완성된다. 그 내용을 간략히 요약하자면 불성은 모든
중생의 몸속에 내재된 영원불변·영원불멸의 본체이며 이것은 무상정
등각[294]이자 자기[295]다.

　　대승의『대반열반경』의 모체인『대반니원경』(6권본)에는 모든 중생
에게 불성은 있지만 일천제[296]만은 제외한다고 주장한다. 이 주장은
『반야경』,『유마경』,『화엄경』 등에서 성문이나 일천제는 성불이 불가
능하다는 성불 제한론을 고수한 것이다. 그러나 이렇게 되면 그들이

· · · · · · · · · ·

294 無上正等覺, anuttara-sammā-sambodhi. 음역으로 '아뇩다라삼먁삼보리(阿耨多羅三藐
三菩提)'다. 근본불교와는 달리 대승에서는 존재론적인 실체로도 다루어지고 있다. 깨달음마저
실체화되는 대승사상을 명백히 한 경전이『원각경』이다. 원각(圓覺, 원만한 깨달음)이란 불성과
동의어로 다루어진 본문의 무상정등각과 동의어로 볼 수 있다.『원각경』에서 원각이 존재론적
실체인 것을 명백히 하는 유명한 구절로는 "끝없는 허공도 깨달음에서 발현한 것이다."(無邊虛
空覺所顯發, 보안보살장)와 "일체중생의 온갖 환화가 모두 여래의 오묘한 원각의 마음에서 발생한
것이다."(一切衆生 種種幻化 皆生如來 圓覺妙心, 보현보살장)를 들 수 있다. 만법이 원각에서 발현했
다면 원각은 어디에서 발현된 것일까?

295 ātman. 빨리어로는 attan. 대승의『대반열반경』에서 열반(꺼짐)의 성분(guṇa, 德)을 상락아
정(常樂我靜)으로 묘사할 때, '아(我, ātman)'가 들어 있는 이유는 열반이 불성이며 불성은 본질
적인 자기(我, ātman)이기 때문이다.

296 一闡提, icchāntika. 일천제는 음역이고 범어를 파자한다면 '희망(icchā) 최후의(antika)'
정도로 풀이된다. '절망적인 자'를 뜻하는 것으로 보인다. 개과천선의 희망이 안 보이는 중죄
를 범한 자를 말한다. 범죄의 내용은 경마다 다르지만 대부분 5역죄(아버지를 죽임, 어머니를 죽
임, 동격자를 죽임, 대중을 깨뜨림, 부처님 몸에 피를 냄.), 4단두(淫·盜·殺·妄), 대승 비방 등등이 거
론되며, 그것을 참회하지 않는 자가 일천제. 결론적으로 '극악무도한 자'를 말하고 있다. 근
본경전에는 나오지 않는 단어다.

330　　대승은 끝났다

내세우는 궁극적 실체(불성 등등)의 보편·원만성을 잃게 되는 난처함이 발생한다. 그리하여 결국 『대반열반경』의 「덕왕보살품」에서는 일천제에도 불성이 있다고 뚜렷이 제시된다. 제법이 무상하므로 일천제도 결국 성불의 가능성이 있음을 인정한다는 것이다. 다만 불성을 믿지 않고 선심을 일으키지 않는 일천제는 현재로는 불성이 없다고 말하기도 한다. 명료하지는 않지만 어쨌든 일천제의 성불은 인정되고 있다.

대승의 『대반열반경』의 불성론과 성불 사상은 『법화경』에서 '일체중생성불론'(一切衆生成佛論, 모든 중생들은 성불하게 되어 있다.)으로 확실하게 완성된다.

> "법을 들은 자라면 성불하지 않는 사람은 하나도 없다."
>
> (若有聞法者 無一不成佛. 大正9-9중)

『법화경』에 불성이라는 단어는 등장하지 않지만 성불 제한론으로 일그러진 불성이 일체중생성불론으로써 그 보편·원만성을 확보했다고 볼 수 있다. 이 일체중생성불론은 『법화경』에서 '하나로의 탈 것'(eka-yāna, 一乘) 혹은 '부처로의 탈것'(buddha-yāna, 佛乘) 혹은 '하나인 부처로의 탈것'(ekaṁ buddha-yāna, 一佛乘)이라고 표현된다. 다시 말해 '성문이라는 탈것'(śrāvaka-yāna, 聲聞乘), '홀로 부처라는 탈것'(pratyekabuddha-yāna, 獨覺乘), '보살이라는 탈것'(bodhisattva-yāna, 菩薩乘), 이 '세 가지 탈것'(trīṇī-yāna, 三乘)이 결국 '하나인 부처로의 탈것'이었다고 한다.

『법화경』의 일체중생성불론은 기독교 현대신학의 거장이었던 K. 바르트도 가담할 수밖에 없었던 '만인구원론'(Universalism) 계열의 사상이다. 또한 이것은 영겁의 윤회 끝에 중생들은 모두 신성자의 신성에 도달·흡수된다는 브라만교사상과도 같은 계열이다. 그런데 누가 부탁이라도 했단 말인가? 또한 이렇게 피조물들을 농락하는 이 교활한 조물주가 제2의, 제3의 프로그램인들 준비해 놓지 않았으리라고 장담할 수 있겠는가? 물론 이 세상이 너무나 정교하고도 신비롭게 보이도록 처음부터 저급한 CPU가 내장된 피조물들은 그 계획하심을 결코 알아낼 수 없겠지만 말이다. 하지만 만인구원론의 강제적인 후한 인심은 일단 대충 살아도 될 것 같다는 숨통을 트이게 만들어주기 때문에 대중적인 인기를 끌기 쉽다. 그럼으로 해서 어차피 성불하게 되어 있다는 일체중생성불론의 운명론에 경도된 불자들 중에는 금생에는 인연과 복이나 짓고 내생의 깨달음을 기약하는 태만에 빠져 있는 폐단이 흔히 발견된다. 특히 출가자 중에서도 세속화와 향락에 빠진 포교 생활을 중생제도라는 이념화된 구호로 포장하며 합리화시키는 방어기제로도 널리 활용되고 있다. 대승의 사상들은 금생에 꺼짐을 달성하려는 절박감을 무기력하게 만드는 경향이 있음을 간파해야 할 필요성이 있다.

한편, 그러한 후한 인심은 자기 종교에만 갇혀 있는 낙관론에 불과하다. 지난날 부처님을 몇 년 믿었고 예수님도 몇 년 믿었던 사람은 훗날 부처가 될까? 아니면 예수가 될까? 아전인수식의 합리화에 빠진 답변밖에 기대할 수 없을 것이다. 잘못된 사상은 잘못된 인생을 낳는다. 실체론과 결부된 운명론들은 중생세계를 일망타진할 수 있는 장엄하고도 위압적인 힘의 중독성을 지닌다. 그렇기 때문에 정신적인 지배 성향이 강한 자들이 곧잘 빠져들어서 주장하기 쉽고 복종적인 나약한 정신들 또한 휩쓸리기 일쑤인 사상적인 골이다. 더군다나 윤회의 배경 속에서 그 어떤 실체라도 세웠다 하면 브라만교라는 거대한 블랙홀에 빨려 들어가지 않기란 불가능에 가깝다. 그러므로 창조신사상도 인더스 문명의 부흥과 함께 지금까지 인간들을 향상시키도록 파견되었던 수준 낮은 창조신들은 스러지고 신들의 신인 브라흐마 신성자의 역사하심이 전면적으로 드러나는 것으로 개편되기 쉬울 것이다. 그러나 창조신인 신성자가 망상의 산물이라면 대승의 성불 이데올로기도 주인공을 꿈꾸는 대승 문학의 공상 놀이일 뿐이다. 대중이 여법하게 수행하다 보면 누군가는 자연스레 부처를 이룰 것인데 꼭 내가 부처가 되어야겠다는 서원이란 자기애착과 명리욕에 기인한 만용에 불과하다. 중생제도 또한 여법한 대중이 이뤄내는 것이다.

대승경전에서는 관념론적인 일원적 실체를 조금씩 측면만 달리해서 여러 명칭으로 규정했었다. 지금까지 살펴본 것만 하더라도 일심·여래장·열반·원각·무상정등각·법신·불성 등이 있었다. 이것들은 모두 동격의 위상을 가지므로 존재론적 이중성도 공통된다. 즉, 이러한 실체들은 만법이 의지하고 있는 기원으로서의 초월적인 본체와 만법에 내재하고 있는 양상이라는 이중적인 성질을 갖고 있다. 당연히 불성 또한 그러하다. 그런데 초월적이면서도 내재적인 실체론이란 20세기 최고의 신학자 중에 한 명인 P. 틸리히가 주장하는 범재신론[297]을 연상시킨다. 그러나 이 이론은 이미 8세기경에 브라만교의 샹까라에 의해 '불이론적(不二論的) 베단따'(Advaita Vedānta) 철학으로 정립되었었다.[298] 그렇다면 전에는 잘못된 신관과 그 믿음을 가졌었는데 이러한 신학이 정립되고 나서야 본래의 신의 모습을 되찾은 것일까? 아마도 조물주 전문 '주물주'(鑄物主, 주물을 만들어서 찍어내는 자)인 신학자들의 정신 발달사를 관람하고 있는 것이라고 봐야 타당하지 않을까? 어쨌든 기본적으로 같은 주장을 하고 있는 이러한 이론들은 모두 일원적인 실체가 갖는 본체와 현상이라는 이분법적인 모순을 극복하기 위한 것이었다. 그 결과 브라만교에서는 '그대가 바로 그것이다.'(Tat tvam asi) 혹은 '내가 신성자다.'(Aham Brahma asmi)라는 문장으로 궁극적 깨달음을 표현한다. 이것을 범아일여(梵我一如, 하느님과 나는 한결같다.)사상이라고 한다. '중생이 곧 부처다.' 혹은 '내가 바로 부처다.'라고 한결같이 주장하는 대승사상과 놀랍게도 일치한다. 여기에서의 부처란 내재하면서도 초월적인 법신, 일심, 여래장 등등과 동

· · · · · · · · · ·

297 汎在神論, Panentheism. '두루(pan) 내재하는(en) 신성론(theism)'이라고 파자된다. 신은 만물에 내재하는 동시에 그 모두를 초월하는 존재라는 주장을 말한다. 이에 반해 초월적인 부분을 부정하고 신과 만물을 동일한 존재로 취급하는 주장을 범신론(汎神論, Pantheism)이라고 한다.

298 우빠니샤드에 주장의 근거가 되는 문장들이 산재한다. "우주에 있는 무엇이든 모든 사물들의 내면에는 주재자가 계신다."(『Īśa upaniṣad』) "불멸하는 것이 실재다. 마치 타는 불로부터 무수한 불꽃이 위로 날아오르듯이, 불멸자의 심연으로부터 모든 것이 일어나며 그들은 다시 불멸자의 심연으로 내려간다."(『Muṇḍaka upaniṣad』) "미묘한 본질이며 만물이 그 안에 존재하는 그것이 바로 진리이며 아뜨만이다. 그리고 스베따께뚜여, 그대가 바로 그것이다."(『Chāndogya upaniṣad』)

의어다. 한때 우리나라 스님들이 이러한 사상의 계보에 속하는 마하르쉬류의 서적에 쉽게 젖어든 이유 중의 하나는 대승의 불성론은 단어만 바꾼 신성자의 신성론이기 때문이었다.

대승경전에서도 본인들이 주장하는 실체와 브라만교의 아트만(진아)이 비슷하다는 것을 눈치 채고 있었다. 그래서 『대승입능가경』에서는 이렇게 말한다.

> "대혜여, 내가 설하는 여래장은 외도가 말하는 진아[我]와는 다르다. 대혜여, 여래 정등각자가 성공(性空)·실제(實際)·열반(涅槃)·불생(不生)·무상(無相)·무원(無願) 등의 여러 가지 언구의 뜻으로 여래장을 설하는 것은 어리석은 범부들이 무아에 대한 두려움에서 벗어나도록 하기 위해서다. 분별(分別)할 수 없고 영상(影像)이 없는 곳이 여래장의 자리라고 설하나니, 미래 현재의 모든 보살 마하살들은 이것을 진아라고 집착해서는 안 된다."(大正16-599중)

관념론적인 일원적 실체들을 내세우는 대승경전들에서는 그 실체에 대해서 공통된 설명이 발견된다. 그 관념론적인 일원적 실체들은 ① 만물을 발현시키는 영원불멸의 기원이자 만물 그대로라는 점, ② 그 본체는 형상이 없을 뿐만 아니라 헤아릴 수도 없는 것이라는 점, ③ 그래서 믿음이 우선적으로 중요하다는 점이 그것이다.

①의 내재적 초월로서의 신성자와 대승의 실체와의 동일성에 대해서는 이미 앞에서 설명했다. 이에 덧붙여, 위의 『대승입능가경』에

서 보이듯이 대승은 무아, 즉 무실체의 특징을 ②의 무형상과 무분별로 파악하고 있다. 그러나 신성자의 신성은 무형상과 무분별로서의 실체라는 측면에 있어서도 대승의 실체들과 일치한다. "신성자는 언어로 표현할 수 없는 자이며 마음도 그에게 도달할 수 없어 당혹하여 달아난다."(『Taittrīya upaniṣad』) "저 존재는 스스로 빛나며 무형체다. 그는 모든 것의 안과 밖에 머문다."(『Muṇḍaka upaniṣad』) "비록 형태를 드러내지만 그는 무형상이다. 무상한 것의 한가운데서 그는 영원히 머문다. 있지 않은 곳이 없으며 지극히 높은 것이 아뜨만(진아)이다." (『Kaṭha upaniṣad』)

③의 믿음에 대한 강조(강요?)는 현실적으로 확인할 수도 없는 데다 이분법적인 모순을 안고 있는 존재에 대해 당연히 귀결되는 처세일 것이다. 『화엄경』에서 "믿음은 도의 근원이요 공덕의 어머니다." 라고 하거나, 『부증불감경』에서 "사리불이여, 일체의 성문·연각(홀로 부처)이 가지고 있는 지혜로는 이 의미(여래장 혹은 법신)를 오직 우러러 믿어야 할 뿐이지 실답게 알고 보며 관찰할 수는 없다."(大正16-467상) 라고 하거나, 『법화경』과 『화엄경』에서 수행의 과정이 '믿음[信] → 이해[解] → 수행[行] → 깨달음[證]'으로 정리되어 있는 것처럼 대승의 믿음에 대한 강조는 줄기차다.

물론 믿음[299]은 근본경전에서도 중요시되었다. 믿음은 '다섯 가

....

299 근본경전에서 믿음에 상당하는 여러 용어들이 있는데, 일반적으로 '信'으로 한역되는 믿음의 원어는 'saddhā'이다. 이 믿음은 맹목적인 믿음이라기보다 현실적으로 증거 삼을 만한 경

지 힘'(五力. 즉, 믿음[信]·정진(精進)·억념[念]·고정됨[定]·알아차림[慧])의 하나이기도 하며, 가장 낮은 예류자로서 '믿음 속에 풀려난 이'(saddhā-vimutta, 맛2-720)가 다루어지기도 한다. 그러나 단순한 믿음만으로는 깨달음의 과위에 이르지 못하며 그 깨달음은 반드시 '알아차림'(慧)을 통해서만 결정적으로 달성된다. (상6-311~ 참고) 유입의 멸진도 알아차림이라야 실현된다.(디3-401) 그러므로 알아차림이 도의 근원이라고 해야 더 알맞다. 그리고 예류자 이상의 성자에게는 단순한 믿음이 아닌 '사무치는 확신'(주석 130 참고)이 확립된다. 더욱이 동격자에게는 확실함(sampasāda, 디3-185)만이 있을 뿐, 믿음이란 없다.(assaddho, 법-402) 또한 '다섯 가지 힘들'에서 한 가지 힘을 빼고 '네 가지 힘들'만을 제시할 때에는 믿음이 빠진다.(디3-400) 이렇게 근본경전에서는 믿음이 중요한 요소로 다루어지기도 하지만 핵심적이지도 궁극적이지도 않은 비중을 차지할 뿐이다. 덧붙여서 본서가 의지하는 경인 『깔라마 경』에 의하여 불교 수행의 과정을 정리해 보자면, '믿음[信] → 이해[解] → 수행[行] → 깨달음[證]'이라기보다는 '이해[解] → 믿음[信] → 수행[行] → 깨달음[證]'이라고 보는 것이 옳을 것이다. 불합리해서 이해가 되지 않는 주장을 맹목적으로 받아들여서 한평생 수행할 수는 없는 노릇이다. 교부 터툴리아누스처럼 불합리하기 때문에 믿는 것이라고 주장한다면 세상의 불합리한 주장을 펼치는 모든 사이비종교와 삿된 사상들도 믿어야 할 것이다. 적어도 불법 안에서

··········

험의 축적으로 형성된 신뢰와 의지함이다.

'이해[解] → 믿음[信] → 수행[行] → 깨달음[證]'의 과정은 '성스러운 8차선의 길'의 첫 번째가 '바른 견해'(正見)라는 것을 통해서도 입증된다.

　　요즘에 많은 이들이 대승의 실체들과 이교도들의 교리와의 공통점을 보고는 어쩔 수 없이 불교든 외도든 모두 하나의 진리를 다르게 표현한 것이라고 무책임한 결론을 내린다. 이러한 자들은 원칙 없는 사상적 개방성을 지적인 역량이라고 착각하는 것 같다. 그렇다면 부처님의 외도 비판은 지적 역량이 부족하여 회통할 줄 모르는 관견이었을까? 그리고 그러한 자들은 무분별한 회통을 종교 화합이라고 생각하는 것 같기도 하다. 그러나 종교 화합이란 타종교에 대한 '존중'과 '배려'에 있는 것이지 무분별한 교리적 회통에 있는 것이 아니다. 자이나 신도였던 시하 장군이 부처님께 귀의하자 이전처럼 계속 자이나 출가자들에게도 공양을 베풀도록 한 부처님의 당부가 좋은 본보기다. 또한 다수가 반드시 정의인 것은 아니듯이 공통점이 반드시 진실인 것도 아니다. 다만 대승의 실체들은 부처님이 평생 단호하게 부정한 브라만교의 신성론과 같은 계열의 사상으로 분류할 수밖에 없는 기본 개념과 전개 구조상의 공통점들을 가졌다. 그러므로 대승의 실체들은 근본불교와는 양립할 수 없는 뚜렷한 상충점과 모순점을 가진 이설일 뿐이다.

46
대승의 실체 ❹ – 공성

대승의 관념론적인 일원적 실체들은 범재신론처럼 내재적 초월의 논리를 펼치지만 초월과 내재 사이의 관계가 직렬연결이든 병렬연결이든 그 교류의 양상을 설명할 때 실체철학의 이분법적인 오류라는 해묵은 문제들이 재점화될 수밖에 없다. 그처럼 초월적인 부분에 그 어떤 존재성을 부여하는 순간 오류의 쟁점들이 다시 살아나기 때문에 그 초월적인 부분에 구체적인 존재성을 아예 지워버린 빈껍데기 같은 '텅 빈 실체'를 상정하는 수법이 탄생하게 되는데, 바로 대승의 공성(空性)이 그것이다.

  우선 근본경전에서도 '공'에 해당하는 '비었음'(空, suñña) 혹은 '비움'(空, suññata)이라는 단어는 나온다. 이 '비움'에 대해 집중적으로 설한 두 개의 경이 『중간 부류』에 나온다.[300] (맛4-231, 맛4-245) 거기에서 '비었음'이란 '실다운 내용물이 없음'을 의미하고 있고, '비움'이란 '비었음'에 대해서 실제로 실현시키는 수행의 결과적인 측면으로 다루어지는 용어다. '실다운 내용물이 없음'이란 '구체적인 사물이 없음'을

· · · · · · · · · ·

300 공(空)이라고 한역된 원어는 크게 두 가지다. 하나는 '허공'을 뜻하는 'ākāsa'이다. 대표적으로 '무한-허공의 영역'(空無邊處, ākāsa-ānañca āyatana)이라는 용어에 쓰였다. 다른 하나는 '비었음'을 뜻하는 'suñña'이다. 그런데 'suñña'의 형용사격인 'suññata'(빈, 비운. '비움'으로 번역하겠다.) 또한 '空'으로 한역하고 있어서 변별력이 떨어진다.

말하기도 하고,(맛4-233~ 참고) '실체 없음'[301]을 말하기도 한다.

대승에서는 위의 '비었음'(空, suñña)을 추상명사화해서 공─성(空-性, 범어로 śūnya-tā, '비었음의-상태'라고 직역할 수 있다.)이라는 용어를 새롭게 만들었다. 한 가지 주의할 점은 빨리어 원전에 나오는 'suññatā'는 'suñña'의 추상명사가 아니다. 다만 'suññata'의 도구격(~로써) 혹은 탈격(~로부터, ~로 인한)일 뿐이다. 그래서 'suññatā ceto vimutti'(空心解脫)는 '비움으로 마음이 풀려남'이라고 번역해야 한다.[302] 그런데 공성(śūnyatā)이라는 표현을 본격적으로 사용한 논서는 용수(龍樹, Nāgārjuna, 150?~250?)의 『중론(中論)』이었다. 대승사상을 대표하는 공사상은 전적으로 이 논서에서 전개되었다. 그런데 『중론』에서 대승·보살·바라밀이라는 단어는 등장하지 않는다. 더구나 대승경전은 한 번도 인용되지 않았다. 오히려 근본경전인 『까짜나곳따 경』(상2-138,

· · · · · · · · · ·

301 근본경전에서는 '실체 없음'(無實體)을 '자기-없음'(無我, an-atta)으로 표현한다. 『말룽꺄 큰 경』(맛2-626)에서 "부서지는 것으로, 빈 것으로, 자기가 없는 것으로 거듭거듭-관찰합니다."(palokato suññato anattato samanu-passati)라고 설명하고 있는 것으로 볼 때 '비었음'과 '자기-없음'은 대등하게 상응하는 개념으로 다루어진 것이라고 보인다. 인용된 정형구는 경전 도처에서 반복적으로 나타난다. (상3-437, 앙2-306…)

302 동일한 격변화의 경우로 '커짐으로 마음이 풀려남'(mahaggatā ceto vimutti, 맛4-313)이나, '무량함으로 마음이 풀려남'(appamāṇā ceto vimutti, 無量心解脫), '아무것도 없음으로 마음이 풀려남'(ākiñcaññā ceto vimutti, 無所有心解脫), '인상 없음으로 마음이 풀려남'(animittā ceto vimutti, 無相心解脫), '부동함으로 마음이 풀려남'(akuppā ceto vimutti, 不動心解脫) 등을 들 수 있다. (맛2-309)

『중론』제15품 제7송)만이 언급되고 있으며, 결국『중론』은 이 경의 주석서에 불과하다고 평가할 만한 내용으로 이루어져 있다. 그러므로『중론』자체는 대승이라고 단정할 근거가 없다. 다만 대승에서 신봉했을 뿐이다.

하나의 철학 저술을 이해하려면 그 이전의 철학사상과 그 시대까지의 역사적 흐름 속에서 그 저술을 평가해 보는 통시적 해석이 반드시 이루어져야 한다. 그렇지 않고 해당 저술 한 권만을 훈고학적으로 파악하다 보면 편협해지거나 왜곡되기 십상이다.『중론』또한 사상사적인 연계와 비판을 통해서 창작되었다.『중론』이 비판한 이전 철학은 부파불교인 아비달마 철학이었다.『중론』은 총 27품으로 구성되어 있는데 이것은 대부분 아비담마 철학의 자체성질[自性]을 가정했을 때 그 모순성으로 인해 성립하지 않는 것들을 논리적으로 설명한 것이다.

그러나『중론』이 근본불교 입장에서 보더라도 완벽한 논서일 것이라는 맹목적인 전제는 삼가야 할 것이다. 예컨대 서두에서의 8불(八不 : 不生·不滅·不常·不斷·不一·不異·不來·不去)은 '자체성질을 가정했을 때 불가능한 경우들'이거나 '공성에 대한 표현'이라는 두 가지 해석이 가능한 문제 있는 표현이다. 전자의 입장에서 보자면, 8불 중에서도 대표적으로 불생(不生, anutpannam)은 (만법에 자체성질[自性]이 있다면) '생겨남이 있을 수 없다.' 혹은 '생겨남이 불가능하다.'라고 해석해야 한다. 나머지도 모두 자체성질이 존재한다면 성립할 수 없는 경우들을 나열한 것이고, 따라서 27품의 내용들도 모두 자체성질을 가정한다면 논리적으로 성립이 불가능한 것들임을 설명하고 있다고 보인다.[303] 그런데 이렇게 해석하지 않고 후자의 입장으로, 공성에서 이러한 여덟 가지가 성립하지 않는다고 해석한다면 자체성질과는 또 다른 공성이라는 실체가 형성되어 버린다. 불행하게도 대승의 공사상은 실제로 그렇게 흘러가 버리고 만다.

대승의 공사상에서 공성이라는 텅 빈 실체가 생겨난 근원적인 원인은 『중론』에서 '비었음'에 해당하는 'śūnya'(빨리어로는 suñña)라는 단어를 추상명사화한 'śūnya-tā'(空性, 비어 있는 상태)를 사용한 것에 있었다. 그러나 이 추상명사는 근본경전에서는 사용되지 않았다. 그런데 '비었음'이 추상명사화되면서 후대에는 구체적인 사물의 부재라는 의미는 퇴색해지고 무실체라는 의미만 담겨지게 된다. 하지만 그 무실체라는 것도 '비어 있는 상태'(空性)라는 추상적인 존재성으로 인해 대상화된 상태로 바뀌게 된다. 다시 말해 구체적인 대상으로서의 존재성은 없지만 어쨌든 '비어 있는 상태'라는 추상적인 존재성은 가지게된 것이다.[304] 그리고 이 '비어 있는 상태'는 후에 만물에 내재하면서

··········

303 이 점을 명백히 밝힌 대목으로 『중론』 제24품 제16~17송, 제38송 등을 들 수 있다. 이러한 해석에 대한 주장은, 『나가르주나』 깔루파하나, 박인성 역, 장경각, 2000, 156p. ~ 157p.를 참고하라.

304 『중론』 자체는 공성이 추상적으로 존재론적인 대상화가 되는 것을 비판함으로써 실체론에 빠지지는 않았다. (제13품 제7송과 제24품 제13송 참고. '비었음'과 '비어 있는 상태'의 차이에 대한 탁월한 지적으로 앞의 책 『나가르주나』 416p., 429p.를 참고하라.) 그런데 『중론』의 제24품 제18송에 나오는 유명한 게송을 보면, "우리는 따라서-같이-생겨남(緣起)인 그것을 '비어 있는 상태'(空性)라고 말한다. 그것(비어 있는 상태)은 제시(假名, prajñaptiḥ, 빨리어로 paññatti. 언어적 개념으로 제시함)하려고 포착한 것이며 단지 '중간행보'(中道)일 뿐이다."라고 기술하고 있다. 이 게송은 후대에 '공(空)·가(假)·중(中)', 삼관(三觀)으로 정리되어 강조되었다. 이 게송의 문제점을 간단히 지

도 초월적인 실체로 둔갑하게 된다.

후대에 『중론』의 '비어 있는 상태'를 밝히는 방법에 따라 크게 두 개의 중관학파가 형성된다. 하나는 불호(佛護, Buddhapālita, 470~540경)를 이은 월칭(月稱, Candrakīrti, 600~650)의 방법론을 말하는 귀류논증파(歸謬論證派, Prāsaṅgika)이고, 다른 하나는 청변(淸辯, Bhāvaviveka, 500~570경)의 방법론을 말하는 자립논증파(自立論證派, Svātantrika)이다. 전자는 '비어 있는 상태'란 언어로 증명할 수 없는 초월적인 존재여서 수행으로 체득될 뿐이며 상대의 주장을 논파함으로써만 귀류적으로 증명된다는 주장이다. 이 주장은 후에 추상적 초월성의 색채가

. . . .

적하자면 '비어 있는 상태'를 따라서-같이-생겨남과 중간행보와 동일시함으로써 '비어 있는 상태'가 긍정적이고도 적극적인 존재성을 가진 것으로 오해될 수 있는 여지를 남겼다는 것이다. 또한 언어적 제시일 뿐이라는 설명도 '비어 있는 상태'가 언어를 떠난 초월적인 존재라는 오해의 여지도 남겼다. 나아가 제25품의 제19송에서는 '윤회'와 '꺼짐'을 동일시하고 있는데 이것은 공성이라는 공통점으로 동일시하는 오류이다. 어쨌거나 그렇게 보자면 따라서-같이-생겨남과 윤회와 꺼짐은 공성과 동일한 것이라는 결론에 이르게 된다. 이렇게 과도하게 연결된 동일시와 그 결론은 『중론』의 공성을 실체로 오해하게 만드는 충분한 원인이 되어 주었다. 이러한 연기·윤회·꺼짐·공성의 동일시는 아비담마 철학의 심·의·식의 동일시와 더불어 불교의 심각한 왜곡으로 영향을 미치게 된다.

덧붙여, 위의 게송에서는 '중간행보'와 '중간'의 구별이 이루어지지 않은 아쉬움도 있다. '중간행보'란 근본경전에서는 극단에 빠지지 않는 실천·수행에 초점이 맞추어진 용어이고 그냥 '중간'이라고만 말할 때에는 극단(특히 유무극단)에 빠지지 않는 견해에 초점이 맞추어진 용어였다.(이것에 대한 탁월한 지적은 상2-143의 주석 109번을 참고하라.) '중간행보'의 포괄적인 정의는 '37항목의 깨달아지는 법들'이고,(앙1-656) 일반적인 정의는 '성스러운 8차선의 길'이며,(율1-105, 상6-385) 핵심적인 정의는 '4념처'이다.(앙1-655) 이에 반해 '중간'은 '성스러운 8차선의 길'에서 첫 번째인 '바른 견해'에 포섭된다고 볼 수 있다. 결과적으로는 '중간행보'는 '중간'을 포함하는 용어다. 그러므로 위의 게송에서는 그냥 '중간'이라고 표현하는 것이 더 적확했을 것이다.

짙은 티베트 밀교에서 적극 수용하기도 했다.[305] 이에 반해 후자는 '비어 있는 상태'는 초월적이지만 현실적으로 충분히 발현되어 있으므로 언어적 논리에 의해 자체적으로 증명 가능하다는 입장이다. 하지만 '비어 있는 상태'에 도달했다면 언어와 논리는 폐기될 대상에 불과했다. 월칭과 청변의 공통점은 '비어 있는 상태'가 궁극적이고 근원적이며 초월적인 실체라고 본 것이다. 월칭은 '비어 있는 상태'를 '자체 성질'(自性, 범어로 svabhāva, 아비담마 철학의 실체에 해당하는 'sabhāva'와 같은 말이다.)이라고 직접적으로 규정하기까지 했다.[306] 그들은 다만 분별과 형상 등의 구체적인 존재성만 없으면 궁극적인 실체의 자격을 갖춘 것으로 생각했던 것 같다.

『중론』에 입각해서 살펴본다면 실체를 주장하는 상대의 모순만을 지적하는 월칭의 방법론은 옳았지만 '비어 있는 상태'를 너무 현격하게 추상적이고도 초월적인 존재로 만들었고, 이는 결국 뚜렷하게 관념적 실체화를 이루었다. 반면에 청변의 언어적 논리의 적극적인 활용은 권장할 만한 것이었다. 『중론』(제24품 제10송)에서도 "언표에 의지하지 않으면 궁극적인 의미는 교시될 수 없다."라고 말하고 있다. 여기서 언표란 '세상에서 합의된 진실'(世俗諦, 俗諦, loka-saṁvṛti satya)에 해당하고 궁극적인 의미란 '궁극적인 의미에서의 진실'(勝義諦, 眞諦,

----

305 여기에 대해서는 『깨달음에 이르는 길 – 람림』 쫑까파, 청전 역, 지영사, 2013, 832p.~ 참고.

306 그의 대표작인 『明句(Prasannapadā)』 1−12. (『중관사상』 梶山雄一 외, 윤종갑 역, 경서원, 2005, 169p. 참고)

paramārthataḥ satya)에 해당한다. 이것을 이제설(二諦說)이라고 한다.(제 24장 제8송) 이 둘의 상관성은 부처님의 언어 사용법이 격의법이라는 점에서 상응하는 측면이 있다. 하지만 청변이 논리를 전개할 때마다 '궁극적인 의미에서는'이라고 단서를 붙인 점은 선결문제 미해결의 오류와 이분법적인 오류라는 문제를 안고 있어서 그의 논리적 철저함에 결함으로 지적될 수 있다.

대승의 공사상은 다양하고도 복잡하게 전개되었지만 개괄적인 결론은 진공묘유(眞空妙有, 진짜로 비어 있는 상태이면서도 오묘하게 존재를 이루고 있음)로 집약되었다고 볼 수 있다. 진공묘유는 '비어 있는 상태'라는 개념이 내재적 초월로서의 실체론으로 귀결된 표현이기도 하다. 이러한 비어 있는 상태에 대해서 월칭은 초월적인 측면을 강조했고 청변은 내재적인 측면을 강조했을 따름이다. 어쨌든 둘 다 '비어 있는 상태'를 '그대로인 상태'(眞如, tathatā)라고 표현했다.[307] 내재적 초월로서의 진공묘유가 잘 표현된 대승경전이 『반야심경』이다. 그 유명한 구절인 "색즉시공 공즉시색"(色卽是空 空卽是色, yad rūpaṁ sā śūnyatā yā śūnyatā tad rūpaṁ. 여기 방해물, 이는 비어 있는 상태이고 여기 비어 있는 상태, 그것은 방해물이다.)은 비어 있는 상태의 내재적인 측면, 즉 묘유의 입장에서 표현된 것이다. 반면에 "모든 법들의 공상(空相, śūnyatā lakṣaṇā,

. . . .

307 월칭과 청변의 공성(空性), 공성의 뜻[空義], 공성의 효용[空用]의 차이점을 간결하게 비교한 도표로는 김성철 역, 『중론』(경서원, 2012) 405p.의 주석을 참고하라.

비어 있는 상태의 특징)은 생겨나지 않고…."(是諸法空相 不生….) 혹은 "그러므로 공중(śūnyatāyāṁ, 비어 있는 상태에서는)에는 색(色)도 없고…." (是故 空中無色….) 이하의 구절은 비어 있는 상태의 초월적인 측면, 즉 진공의 입장에서 표현된 것이다.[308]

이렇게 내재적 초월로서의 '비어 있는 상태'(空性)는 대승에서 관념적 실체로 변용된 '그대로인 상태'(眞如)와 동격의 위상을 가지게 되었다. 이것은 앞에서 살펴본 것처럼 대승의 관념론적인 일원적 실체로서 동의어였던 일심, 원각, 여래장, 불성 등과도 동격의 개념인 것을 말한다. 그렇다면 결과적으로 대승의 관념론적인 일원적 실체론은 공성으로 대회통을 이루었다고 평가할 수 있다. 대승의 공사상은 아비담마 철학의 다원적 실체였던 '자체성질'을 비판하면서 출발했지만[309] '비어 있는 상태'라는 추상명사가 존재론적인 대상화를 이루면서 결국 또 다른 실체화를 가져왔다. '공역부공'(空亦復空, 비어 있는 상태도 역

· · · · · · · · · ·

308 다만 진공이 단순하게 무실체, 즉 자기-없음(無我)만을 말하는 것이고 묘유가 무실체의 현상세계를 의미한다면 진공묘유는 '자기 없이 따라서-같이-생겨남'과 잘 상응하는 표현이 될 수도 있을 것이다.

309 『반야심경』의 첫 구절에 나오는 "오온개공"(五蘊皆空, pañca skandhās tāṁśca 'svabhāva' śūnyān paśyatisma)의 범어 원문을 번역해 보면 "다섯 덩어리들, 그것들은 '자체성질'이 비었다고 알아본 것이다."로 되어 있다. 여기에서 '자체성질'은 분명히 아비담마 철학의 '자체성질'을 말한다. 현장이 이 '자체성질'이라는 단어를 생략한 이유는 군더더기라고 생각했거나 '자성청정심'(自性淸淨心)처럼 대승에서 긍정적으로 쓰이는 '자체성질'(自性, prakṛti, '본질'이라는 뜻임. 단어 풀이는 주석 291번을 참고하라.)과의 혼란을 피하기 위해서이지 않을까 싶다. 물론 원문에 충실한 직역 위주의 그의 번역 양식을 고려한다면 이해되지 않지만 말이다.

시 비어 있는 것이다.), '공공역공'(空空亦空, 비어 있는 상태의 비어 있음도 또한 비어 있는 것이다.)과 같은 표현들은 비어 있는 상태가 실체화되면서 생겨나는 무한소급의 오류를 잘 대변해 준다.

이 모든 문제점들은 단순한 존재 부정으로만 쓰였던 '비었음'(suñña, 空)을 존재 모두를 해명하는 본질적인 보편개념으로 추상화한 부작용이었다. 후에 중관학파와 대승의 양대 산맥을 이룬 유식학파에서는 비어 있는 상태를 존재론적으로 대상화된 실체로서 집착하는 자들에게 '악취공자(惡取空者)'라는 악명을 선사하게 된다.

47
본래 없는 그 자리가 진아?

내재적 초월로서의 실체인 '비어 있는 상태'(空性)가 대승의 모든 일원적 실체들을 회통하는 개념이라는 것을 황벽 희운 선사는 『완릉록(宛陵錄)』에서 잘 정리하고 있다.

> "몸이 공이므로 법이 공이라고 하고, 마음이 공이므로 성품이
> 공이라고 한다. 몸과 마음이 모두 공이므로 법성이 공하다고 하
> 며, 나아가 천 갈래로 다른 갖가지 말들이 모두 다 그대의 본래
> 마음을 여의지 않는다. 지금 보리와 열반, 진여와 불성, 이승과

보살 등을 말하는 것은 모두 나뭇잎을 가리켜 황금이라고 손에

쥐어 보이는 것과 같다.[310]"(大正48-379)

또한 "중생과 부처가 원래 한 본체이고, 생사와 열반 그리고 유위(有

爲)와 무위(無爲)가 원래 동일한 본체다 … 항하사만큼 많은 온 세계가

원래 하나의 공이기 때문이다."[311]라고 말하면서 보편적인 실체로서의

공을 확인시켜주고 있다. 이러한 실체론적인 표현 양식이 황벽 희운

선사의 깨달음을 전적으로 부정하는 근거가 될 수는 없다.(이에 대해서

는 제73장 ③을 참고하라.) 황벽 희운 선사는 다른 조사들과 마찬가지로

본래무일물(本來無一物, 본래 한 물건도 없다.) 사상을 기본적으로 주장하

고 있고[312] 이것은 불교 본연의 가르침인 자기-없음, 즉 무실체 사상

을 표명한 것이다. 다만 문제가 되는 것은 '비어 있는 상태'가 만물의

본체로서 진여, 불성, 여래장 등과 동격의 용어이고 이것은 인간에

게 있어서는 진아에 해당한다는 것이다. 그런데 '비어 있는 상태'란

구체적인 존재성이 결여된 근원적인 존재 상태로서의 '본래 없는 자

리'로 표현되기도 한다. 결국 '본래 없는 그 자리가 진아'라는 명제가

성립한다. 만일 본래 없는 자리가 무실체를 말하는 것이라고 한다면

· · · · · · · · · · ·

310 『흔적 없이 나는 새』 수불, 김영사, 2014, 504p.의 번역 인용.

311 앞의 책 501p.의 번역 인용.

312 앞의 책 332~341p. 참고.

본래 없는 그 자리란 본래무일물을 말하고 본래무일물이란 '자기-없음'을 말하므로 '본래 없는 그 자리가 진아'라는 말은 '자기-없음이 진짜 자기다.'는 말이다. 그러나 이것은 '-A = A'와 같은 모순율이다. '그런 것은 개뿔도 없다.'고 말해 주었더니 '개뿔도 없음'이 어느 차원에는 있을 것이라고 찾아 헤매는 꼴이다. 부처님이 '비었음'을 말한 것은 단순히 그 어떤 존재성을 박탈하려는 용법이었을 뿐이었지 또 다른 더 높거나 깊은 차원의 존재성을 드러내려는 것이 아니었다. 다시 말해 근본불교에서 '비었음' 혹은 '자기 없음'이라는 말은 다만 모든 법들에는 실체가 없다는 사실적인 상태를 나타낸 표현에 불과하다. 이러한 사실적인 상태를 본래적인 실체 자리로 추정하고 상정하며 망상해서는 안 된다. 예컨대, 호주머니 속에 돈이 있는 줄로 착각했다가 손을 넣어 확인해 보니 '돈이 없음'을 직접 알았다고 하자. 이때 '돈이 없음'이란 호주머니가 비었음을 말하는 것이고 단순히 본래 돈이 없었는데 돈이 있다고 착각했을 뿐이라는 말이지 '돈이 없음'이라는 존재론적인 대상이 본래부터 자리하고 있었다는 말은 아니다.

그런데 선불교에 이르기까지 대승에서는 본래무일물을 존재론적으로 대상화한 공성, 진여, 불성, 여래장 등의 용어들에 대해 나뭇잎과 같은 방편[313]이라며 그 용어들의 모순성을 합리화시킨다. 『대승입

· · · · · · · · · ·

313 方便. '방편'으로 한역된 빨리어는 두 가지가 있다. 하나는 '수단'을 의미하는 'upāya'인데, '가까이(upa) 다가가는 것(√i)'이라고 파자된다. 다른 하나는 '과정'을 의미하는 'pariyāya'인데, '두루(pari) 거쳐 가는 것(√i)'이라고 파자된다. 전자는 '삼승 선교 방편'(三乘善巧方便, trīṇī-yāna upāya kauśalya)이라는 대승의 표현에서도 나타나듯이 수단이라는 의미인 방편에

능가경』에서는 여래장이란 중생들의 자기−없음에 대한 두려움을 없애 주는 방편이며 외도의 진아(참나)와는 다르다고 강변했었다. 우선 부처님은 이런 방편에 대해서 어떻게 생각했는지 살펴보자.

> "이와 같이 기원에 맞지 않게 정신을 기울이기 때문에 여섯 가지 견해 가운데 하나의 견해가 생겨납니다 … '나는 자기로부터 자기−없음을 인지한다.'는 견해가 그에게 진실로 확고하게 생겨납니다. '나는 자기−없음으로부터 자기를 인지한다.'는 견해가 그에게 진실로 확고하게 생겨납니다 … 비구들이여, 이를 일러 견해에 빠짐, 견해의 밀림, 견해의 험로, 견해의 뒤틀림, 견해의 혼동, 견해의 결박이라 합니다."(맛1-179)

· · · · · · · · · ·

해당하는 단어다. 반면에 후자는 여러 문맥에서 '방편'이 아닌 '과정'의 뜻으로 쓰인다. 예컨대, "모든 법들이 뿌리 내리는 과정을 설하리니….".(맛1-135), "모든 유입들을 단속하는 과정을 설하리니….".(맛1-172), "떠올리는(vitakka) 과정의 행로에 대해….".(맛1-513), "이런 과정이 있고 이 과정에 따라서 이 법들은 뜻도 다르고 표현 양식도 다릅니다."(맛2-311), "다음의 과정으로 알게 될 것입니다."(맛3-565), "세존께서는 여러 과정으로 식별은 따라서−같이−생겨난 것이라고 설하셨습니다."(맛2-206), "108가지 과정인 법의 과정"(상4-472), "이와 같이 법은 나로부터 과정에 따라 교시된 것입니다."(상4-461), "법의 거울이자 법의 과정"(상6-278), "방해물·느낌·인지·형성작용을 과정으로 가질 때….".(디3-397), "구속 가운데서도 기회를 얻는 것이라고 세존께서는 과정으로 말씀하셨습니다."(앙5-506), "비뚤어지는 과정"(앙6-484), "세상의 과정을 관찰해 보십시오."(숫-322) 등등에서 'pariyāya'는 '과정'이라는 뜻임에 분명하다. 수단과 과정은 '어떤 결과에 이르는 데 중간에서 운용된 것' 정도의 공통점은 있지만 둘이 같은 개념은 아니다. 수단은 매체와 방법의 의미인 반면 과정은 경로와 단계의 의미가 들어 있다.

결국 부처님은 실체로 오해할 수 있는 모순된 방편을 인정하지 않았다. 이것은 전법선언에서부터 정형구로 한결같이 강조한 "뜻을 갖추고 표현 양식을 갖추어'(sa-attham sa-vyañjanam) 법을 교시하십시오."라는 말과 정합성을 이룬다. 방법론에 관계된 비교적 사소한 문제인 경우에는 표현 양식이 다소 틀렸더라도 말하려고 하는 바인 뜻만 맞다면 다툼과 시비는 삼가야 할 필요도 있을 것이다.(맛3-639) 그러나 표현 양식의 문제가 사상적인 차원을 가르는 경우에는 결코 사소한 문제로 덮을 수는 없다. 심지어 부처님은 불교의 핵심 사상인 자기-없음[無我]을 위배하는, 자기[我]라는 단일한 주체를 상정할 여지가 있는 질문조차 허락하지 않았다.(상2-228) 예컨대 "세존이시여, 그러면 누가 느낍니까?"라는 질문에 부처님은 "그것은 바람직한 질문이 아닙니다 … '무엇을 연유로 느낍니까?'라고 물어야 바람직한 질문입니다."라고 대답했다.(상2-131)

예전에 대승권에서는 대승경전이 부처님의 친설로 맹신되었기 때문에 대승경전에 나타나는 모순과 허위의 내용들은 방편이라는 말로 미화되어야 했었다. 그래서 결과적으로 방편이라는 말에는 거짓과 모순이라는 개념을 포용하게 되었다고 보인다.[314] 나아가 방편이

....

314 예컨대 『법화경』에서 '삼승 선교 방편'이라는 표현이 나타나는데, 삼승(세 가지 탈것)이란 성문 · 연각 · 보살을 의미한다. 이 세 가지는 통틀어 '하나로의 탈것'(一乘)이었고 그 하나란 대승의 부처를 의미했다. 그런데 보살은 마지막 과정이므로 부처를 이루기 직전까지는 부정되지 않는 존재이지만 성문과 연각은 이미 부정되어야 할 존재들이었다. 다시 말해 성문을 위한 가르침들은 열등한 가르침이라고 부정한 후에 대승 보살로의 전향이 이루어져야 하는 것이다. 그러므로 성문들에게 준 가르침들은 결국 실답지 않은, 일종의 거짓말이었다고 평가할 수밖에 없

라는 용어는 모순되는 논리와 언어에 대해 해명의 한계를 느낄 때마다 논리와 언어는 방편에 불과한 것이라며 무책임한 도피성 무마용으로 쓰이곤 했다. 그러나 부처님은 뜻과 표현 양식을 최대한 일치시키기를 바랐다. 표현 양식은 결코 사소한 것으로 무시될 주제가 아니다. 예를 들어 어떤 사람이 말할 때마다 'X는 만물과 인간의 근원이자 만물과 인간에 두루 스며있다. X는 우리의 주인이며 우리는 X의 일부이다. X는 생명이고 영원불멸하며 영원불변한 빛이다.'고 말한다고 하자. 그리고 그가 말하는 X는 하느님이었다고 해보자. 그렇다면 그는 창조신론자라고 보는 것이 맞지 않을까? 그런데 만일 그가 '내가 말하는 하느님은 본래 없는 존재이자 비로자나불과 같은 뜻이어서 나는 불자다.'고 말한다면 인정될 수 있을까? 대승의 관념적 실체들이 외도의 진아와는 다를지도 모르지만 또 하나의 진아인 것은 확실하다.

실체론의 사상적 구조와 개념을 사용하면서 실체론이 아니라고 주장하는 것은 모순과 오류와 오해를 계속해서 양산하는 처사일 뿐이다. 아비담마 철학과 대승사상이 그러했다. 실체론의 구조와 개념을 구사하는 그들에게 부처님의 자기-없음 사상은 걸을 때마다 욱신거리는 발바닥의 티눈과 같은 존재였다. 아무리 자기들이 구사한 표현 양

다. 예컨대 동격자들에게 부여한 무학(無學, 공부가 필요 없는 자)이라는 호칭도 거짓말이 되고, 꺼지기 직전에 성문들에게 부처의 가르침에는 스승의 주먹 같은 것은 없다고 한 말도 거짓말이 된다. 대승에서는 이런 거짓말들이 모두 방편이었다고 합리화시키는 핑계로써 부처님에게 면죄부를 주면서 그의 온전함을 보전하려 했다. 근본불교와는 이질적인 교리로 불교 안에서 불교의 재산을 이용해 먹으며 살아가는 대승의 이율배반적인 행보의 모순이 드러나는 대목이다.

식들이 자기-없음을 뜻하는 것이었다고 항변해도 그들의 주장은 실체론으로 분류할 수밖에 없다. 목적이 수단을 정당화시키지 못한다는 말을 음미할 필요가 있을 것이다. 이에 대해 부처님의 입장은 이렇다.

"비구들이여, 두 가지 법이 정법을 어지럽히고 사라지게 합니다. 무엇이 둘이겠습니까? 어구의 표현 양식들이 잘못 구성된 것과 뜻이 잘못 전달된 것입니다. 비구들이여, 어구의 표현 양식들이 잘못 구성될 때 뜻도 잘못 전달됩니다. 비구들이여, 이러한 두 가지 법이 정법을 어지럽히고 사라지게 합니다."

(앙1-206)

48
『금강경』의 문제점 - 구마라집의 번역

『금강경』의 핵심 사상은 흔히 공사상이라고 하지만 정작 『금강경』에는 비었음(空, śūnya)이라는 단어는 나타나지 않는다. 다만 제16분의 "무공과자"(無空過者, 헛되이 보내지 않았다.)에서 '헛되이'라는 뜻으로 쓰인 '공'이라는 단어가 한 번 나오지만 그마저 범어 원문에는 해당하는 단어가 아예 없다. 하지만 『금강경』이 전체적으로 무실체사상인 공사상을 주창하는 것은 자명하다. 그런 공사상을 경의 전체에 걸쳐 반복적으로 표현한 것이 '즉비'(卽非, 곧 ~이 아니다.) 구문이다. 『금강경』은 '즉비' 다음에 여러 용어들을 결합시키면서 그 용어의 무실체성을 드러내려고 한다. 그러므로 이 즉비 논리를 잘 이해하는 것이 『금강경』을 잘 이해하는 지름길이다. 이 즉비 구문을 범어 원문과 비교해서 도식화하면 다음과 같다.

	한 역	범 어
원문	如來說 X 卽非-X, 是名 X	X iti a-X sa Tathāgatena bhāṣitā, tenocyante X iti
번역	여래께서 X란 곧 X가 아니라고 설하시나니, 이것을 X라고 이름 부른다.	X라고 하는 그것은 X라고 할 만한 것이 없다고 여래에 의해 설해졌나니, 그래서 X라고 부른다.

위의 도표에서 한역을 직역한 번역만을 읽어 보면 무슨 내용인지 쉽게 이해가 되지 않는다. 이것은 역설적인 표현 양식에도 원인이 있지만 번역의 문제도 있다. 두 가지로 정리해 보겠다.

첫 번째는, 'a-X'에 대한 한역(卽非-X)에 문제가 있다. 범어의 부정 접두어로는 'a-'(모음 앞에서는 an)와 'nir-'가 있다. 이 부정 접두어들은 특이하게도 존재 부정(-가 없다. 無)과 사실 부정(-가 아니다. 非)을 동시에 표현한다.(na와 같은 다른 부정사도 마찬가지다.) 엄밀하게(?) 말하자면 존재 부정과 사실 부정의 구분이 없는 것이다. 다르게 말하자면 존재론과 인식론이 통합되어 있다.(이러한 범어의 언어적 특수성이 사상적으로 불교에 미치는 영향을 예의 주시할 필요가 있다.) 그러므로 'a-X'는 'X라고 할 것이 없어서 X가 아니다.'는 뜻이다. 그러나 대부분의 언어는 존재 부정과 사실 부정이 분리되어 있어서 'a-X'에 대해서 'X가 없다.' 혹은 'X가 아니다.'처럼 둘 중에 하나로 번역할 수밖에 없다. 일반적으로 'a-X'는 사실 부정(X가 아니다.)으로 보면 무난하지만 문맥에 따라 존재 부정으로 봐야 할 경우도 있다. 예를 들어 '무아(無我)'로 번역되는 범어는 'an-ātman'(빨리어로는 an-attan)이다. 그런데 만일 'an-ātman'을 '비아'(非我, 내가 아니다.)로 번역할 경우에는 심각한 문제가 발생한다. 주지하다시피 '무아'(자기-없음)란 무실체를 천명하는 불교의 핵심 용어다. 그런데 '비아'라는 용어는 '~은 내가 아니다.', '~도 내가 아니다.'는 사실 부정을 나타내므로 다른 사실, 즉 진아(참나)가 따로 있다는 암시를 주게 된다.[315] 이러한 번역과 논리로 불교는 말로 표현할 수 없는 영원불변한 진아를 상정하고 있는 사상이라고 주장하는 학자들도 생겨났다. 이렇게 부정 접두어 하나를 잘못 이해함으로써 사상 자체까지도 바뀔 수 있다는 것에 주목해야 한다.

결론적으로 'a-X'는 'X라고 할 만한 것이 없다.'고 존재 부정 쪽으

---

315 함허 득통 선사가 『금강경오가해 설의』에서 "여기에 한 물건이 있으니…."(有一物於此)라고 시작한 이유도 이러한 암시로 인한 해석이었다. 또한 '無我'에 대한 영역이 '非我'로 이해되기 쉬운 'non-self'였다가 'selfless'로 바뀐 것도 이러한 문제점을 반영하고 있다.

로 보는 것이 더 타당하다. 다시 말해 'X의 실체'가 존재한다는 것을 부정한 것이다. 그러므로 'an-ātman'이 '無我'로 한역되어야 했듯이 'a-X'도 '非-X'가 아니라 '無-X'로 한역되어야 한다. 덧붙여 이러한 맥락에서『중론』의 '8불(八不)'도 '8무(八無)'로 한역하는 것이 더 선명한 번역이다.(우리가 현재 한역으로 보고 있는『중론』도 구마라집의 번역이다.) 예를 들어 '8불' 중에서 '불생(不生)'이란 생겨남을 가능하게 해주는 자체 성질이란 없다, 혹은 자체성질이 있다면 생겨남은 있을 수 없다는 뜻이므로 '무생'(無生, 생겨난다고 할 만한 것이 없다.)으로 한역하는 것이 더 정확하다. 이상과 같이 불교에서 부정 접두어를 통해 이어지는 단어의 실체성을 부정하는 경우에는 그 부정 접두어는 '無'로 한역하는 것이 오해를 덜어 주는 번역이 된다.

두 번째로는, '是名 X'에 대한 불분명한 번역이다. 우리나라에서는 전통적으로 이 부분을 한역에 의존하여 '그 이름이 X다.'고 번역해 왔었다. 번역으로만 보면 'X의 진실한 모습은 따로 있고 편의상 임시로 붙여진 이름이 X다.'고 이해될 소지가 있다. 이러면 우리가 대면하고 있는 현실상의 대상들을 전면적으로 부정하고 진정한 존재를 따로 찾는 형국으로 내닫게 된다. 모든 실체주의 사상이 갖는 공통된 행보일 것이다. 그러나 '是名 X'는 그런 오류에서 벗어나 있다. 먼저 살펴볼 것으로 'X 卽非-X 是名 X' 구문의 논리적 구조가 잘 드러난 문장들이 있다. 제8분에 "이 복덕이란 곧 복덕이라고 할 만한 것이 없나니, 그래서 여래께서 복덕이 많다고 설하신 것이다."(是福德 卽非福德性 是故 如來說福德多)와 제14분에 "이 실상이란 곧 실상이라고 할 만한 것이 없나니, 그래서 여래께서는 실상이라고 이름 붙여 설하신 것이다."(是實相者 卽是非相 是故 如來說名實相) 그리고 제17분에 "일체법이라 말한 것은 곧 일체법이라고 할 만한 것이 없나니, 그래서 일체법이라고 부른다."(所言一切法者 卽非一切法 是故 名一切法)가 그것이다. 그런데 이 문장들은 '是名' 부분에 '是故'가 들어 있다. '是名'은 위의 도표에서처럼 범어로 'tenocyante'(tena + ucyante)이다. 직역하면 '그것으로써(tena) 말해진다(ucyante).'는 의미다. 한편, '是故'에 해당하는 범어는 'tasmāt'인데 '그것으로부터'라는 뜻이다. '그것으로써'(tena)나 '그것으로부터'(tasmāt)나 모두 원인이 되는 앞 구절과 결과로 된 뒤 구절 사이를 이어주는 접속사 역할을 하는 것은 같다. 그러므로 '是名'은 '是故名'으로 보는 것이 타당하다.

정리하자면, '是名 X'는 '是故名 X'라는 뜻이므로 앞 구절 때문에 X라고 부른다는 내용이다. 앞 구절의 내용은 'X에는 실체가 없다.'는 뜻임을 이미 밝혔었다. 그러므로 'X 卽非-X 是名 X' 구문을 전체적으로 연결해서 해석하자면 'X라고 말하지만 X에는 따로 실체가 없기 때문에 X라고 부르는 것이다.'가 된다. 이 구문은 쉽게 말해서 부처님이 사용하는 용어들(X)은 기본적으로 실체가 배제된 용어라는 뜻이다. 실체가 없는 용어들이라고 볼 줄 알아야 그 용어들을 제대로 본 것이라는 말이다. 이렇게 쉬운 내용을 역설적인 문장으로 뒤틀어놓은 데다 한문 번역까지 불분명하게 이루어져서 수많은 난해한 해석들이 범람했었다.

구마라집의 『금강경』 번역에 있어서의 문제점을 하나 더 든다면

서로 다른 범어 세 가지 단어를 모두 '相'이라고 번역한 점이다. 직역 위주의 현장 스님의 번역과 대조해 보면 아래와 같다.

범 어	구마라집 번역	용 례	현장 번역
saṁjñā	相 / 想	我相[316], 人相, 衆生相, 壽者相, 法相 / 有想, 無想	想
nimitta-saṁjñā	相	不(無)住相布施	相想
lakṣaṇa	相	具足諸相, 三十二相	相

'saṁjñā'는 '다섯 덩어리들'(五蘊) 중의 하나로 보통 '想'으로 한역되며 빨리어로는 'saññā'이다. 우리말로 '인지'라고 이미 다루었었다.(제29장 참고) 근본경전에서 인지는 깨달음을 이루는 일에 해롭기도 하지

. . . .

316 ātma-saṁjñā. 직역하자면 '자기라고 인지함'이다. 『금강경』의 취지대로 의역해서 '나라는 고정관념'이라고 보면 쉬울 것이다. 나를 나이게끔 해주는 영원불멸한 본질적인 자기가 있다고 인지하고 있음을 말한다. 근본경전에서는 나오지 않는 합성어다. 근본경전에서는 '나다.'라는 착각(asmi-māna)이라고 표현한다.(주석 185번 참고) 이 표현이 더 정확한 표현이며 굳이 위의 『금강경』과 같은 합성어는 불필요해 보인다. 나머지 '사람이라고 인지함'(人相, pudgala-saṁjñā), '중생이라고 인지함'(衆生相, sattva-saṁjñā), '생명이라고 인지함'(壽者相, jīva-saṁjñā)도 자기의 본질을 무엇이라고 규정하는지에 대한 한 측면들이므로 모두 '자기라고 인지함'에 포섭되는 것들이다. 특히 '사람 자체'(pudgala)라는 용어는 부파불교의 독자부에서 실체화된 개념이기 때문에 『금강경』은 부파불교 이후에 나온 저작이며 부파불교를 포함한 실체론을 비판한 저작이라고 보인다.

만 이롭기도 한 양면성을 가졌었다.(제29장의 '여섯 가지 꿰뚫어 주는 인지' 참고) 그러나 『금강경』에서는 인지의 해로운 측면만을 다룬다. 더군다나 인지 중에서도 고정관념이라는 측면만을 부각시킨다. 구마라집은 고정관념으로서의 인지가 모양처럼 딱딱하게 굳어진 생각이라는 의미에서 '相'으로 번역했다고 보인다. 그러나 이러한 돋을새김식의 특이한 번역은 설명을 듣지 않고서는 바로 이해되지 않으며 많은 오해를 불러일으킬 여지가 있다. 그의 권위에 짓눌려 탁월한 번역이라고 맹목적으로 찬탄하는 자세는 지양되어야 할 인습이다. 한편, 구마라집은 제3분에서 '인지가 있는 존재'(有想, saṁjñino)와 '인지가 없는 존재'(無想, a-saṁjñino)를 말할 때에는 어쩔 수 없이 '인지'의 본래적인 의미로서 '想'이라고 번역하며 일관성이 결여된 혼란을 보이기도 한다.

'nimitta-saṁjñā'라는 합성어는 '不(혹은 無)住相布施'라는 구문에서만 쓰였다. 역시 근본경전에서는 나타나지 않는 합성어다. 'nimitta'는 '相'으로 한역되는 대표적인 단어인데 '인상(印象)'이라는 말이다. 감각 기관에 찍힌 모습 혹은 이미지를 말한다.(주석 195번 참고) 그리고 이것은 인지를 성립시키는 요소이기도 하다. 구마라집은 이미 인지를 '相'으로 번역해버렸기 때문에 인상과 인지의 합성어를 뭉쳐서 '相'으로 번역할 수밖에 없었다. 'nimitta-saṁjñā'를 직역하자면 '인상과 인지' 혹은 '인상에 대해 인지함'이라고 할 수 있는데 드러나는 모습과 그것에 집착하는 생각을 말하는 것이라고 보인다. 그러므로 '무주상보시'는 원어에 입각하자면 '인상과 인지에 빠지지 않고 보시함'으로 직역할 수 있다. 밖으로는 생색내지 않는 보시이자 안으로는 보시했다는 생각마저 없는 보시를 말하려고 한 듯하다. 이렇게 안팎으로 흔적을 남기지 않는 보시를 뜻하므로 '흔적 없는 보시'라고 의역해도 좋을 것이다. 하지만 이것은 꿈보다 해몽이 좋은 번역일 뿐, 원래의 합성어들은 각각의 단어들의 본래적인 의미와 쓰임새로 봤을 때 어색한 결합이라고 보인다. 차라리 구마라집의 뭉뚱그린 한역이 더 쉬워진 감이 있다. 물론 용어들의 차별성이 흐려진 번역이라는 점은 여전히 문제로 남는다.

'lakṣaṇa'는 부처님의 특별한 모습을 나타내는 '32相'(디3-263에서 '서른두 가지 대장부의 특징들'이라고 나온다.)에서의 '相'에 해당한다. 그러나 모양이라는 단어로 한정되지 않기 때문에 '특징'이라고 번역하는 것이 좋다. 예컨대 32상 중에서 손발의 부드러움, 최상의 미각, 신성한 목소리 등은 모양이라기보다 특징이라는 용어에 묶여져야 할 성질들일 것이다.

대승경전들은 근본경전에 나오는 구절들에 대한 확대해석이라는 의견들이 있다. 『금강경』도 근본경전에 나오는 단어와 비슷한 몇 개의 구절들을 이용해서 공사상, 즉 무실체사상을 집중적으로 다루고 있다. 이 점에 있어서는 근본불교를 벗어났다고 볼 수는 없다. 그러나 무실체사상을 표현하는 내용들은 근본경전에 즐비하게 깔려 있어서 굳이 문제 많은 『금강경』을 의지할 필요가 있는지 의심스럽다. 『금강경』은 보살승이라는 용어에서 대승의 단초를 보이고는 있지만 대승이라는 단어조차 나오지 않는 것을 보면[317] 아직 대승사상이 정착되

. . . .

317 제15분에서 구마라집이 '大乘'이라고 번역한 원어는 '최승승'(最勝乘, śreṣṭha-yāna, 수승한 탈것)을 의역한 것이다. 그리고 제2분, 제17분의 '阿耨多羅三藐三菩提心'은 원문의 '보살승'(菩

지 않은 시절의 작품이거나 경의 작자가 대승에 대한 의식을 갖고 있지 않은 사람일 수도 있겠다.

어떻게 보면 『금강경』은 『중론』의 단편소설로 보이기도 한다. 그런데 『금강경』의 어구들은 지금까지 살펴본 대로 확대해석이라기보다 오히려 변용의 쓰임새를 갖는다. 확대든 변용이든 모두 지나치면 의미의 변곡점까지 넘어서게 되어서 근본적인 의미를 상실하고 왜곡시키게 되어 있다. 이런 상황에서 구마라집의 부적절한 번역까지 덧붙여졌기 때문에 『금강경』은 실체론으로의 오해와 문장의 난해함을 발생시켰다. 구마라집의 혀가 타지 않았는지는 모르지만 그의 번역은 많은 문제점들을 가지고 있다.

49
대승의 실체 ❺ – 아뢰야식

부파불교 중에서 아비달마 철학의 자체성질[自性]이라는 실체론을 비판한 대승사상은 중관사상만 있는 것이 아니었다. 유식사상의 확립자인 세친(世親, Vasubandhu, 320~400)의 『유식 30송』의 제23송에서는

....

薩乘, bodhisattva-yāna, 보살이라는 탈것)을 바꿔서 번역한 것이다. 전체적인 의미를 거스르지는 않지만 여러 오해를 양산시키는 번역이다.

"모든 법들에 자체성질이 없음을 교시하네."라고 명시했다. 또한 후대의 유식사상의 수행론 중에 4심사관(四尋思觀)은 명칭·뜻·자체성질·차별, 이 네 가지의 임시적 존재성을 관찰하는 수행법이다. 이렇게 유식 또한 자체성질에 대한 비판에 강조점을 두고 있다. 대승 초기의 두 가지 큰 갈래인 중관과 유식의 공통점이 아비달마 철학의 자체성질에 대한 비판인 점에서 대승의 사상적 발흥지를 확인할 수 있다. 적어도 그들의 출발점이었던 비판 시각만큼은 정당한 것이었다.

유식이라는 명칭은 세친의 『유식 20론』에서 유래되었다. 그런데 이때 '유식'(唯識, vijñapti-matratā siddhi)의 '식'은 6식, 제7식, 제8식의 '식'(識, viññāna, 범어로 vijñāna, 식별)과는 다른 단어다. '唯'에 해당하는 '-matratā'는 '-일 뿐' 혹은 '-만큼'이라는 'matra'(唯)에 추상명사형 어미인 'tā'(性)를 붙인 것이다. 'siddhi'(成)는 '이루어짐'의 뜻이다. 그리고 '識'에 해당하는 'vijñapti'[318]는 '표시(表示)'라는 뜻이다. 그러므로 '唯識性'이라고도 한역되는 'vijñapti-mātratā'는 '표시만큼의 성질' 혹은 '표시일 뿐이라는 성질'로 직역할 수 있다. 그런데 유식사상의 문맥에서

· · · · · · · · · ·

318 表示. 'vijñapti'는 식별(vijñāna)의 사역형이다. 즉, '식별시켜 주는 것'이라는 뜻이다. 한마디로 '표시'에 해당한다. 빨리어로는 'viññatti'이다. 아비달마 논서에 등장할 때는 '表'라고 한역되었다. 근본경전에서는 동사형으로 나온다. "그 시기에 데와닷따는 이득과 명예를 잃은 채, 회중과 더불어 양가에 '표시한 뒤'(viññapetvā) 식사했다."(율2-871, 율3-1499) 여기에서 '표시한 뒤'의 의미는 어떤 식으로든 기별했고 요구했다는 말이다. 이러한 표시는 부당한 행위였다. 다른 문장으로, 항상 약을 보시하겠다는 신도의 요청을 허락한다는 것은 "병이 생기면 그때 '내가 표시하겠다.'(viññapessāmi)는 말이다."에서 쓰였다.(율3-1563) 여기에서도 역시 기별과 요구의 의미가 담겨 있다. 이러한 경우의 표시는 정당한 행위였다.

표시란 '마음에서 표시하는 것'을 의미하므로 요샛말로 '관념'을 말한다고 봐도 될 것이다. 그렇다면 『유식 20론』은 '관념일 뿐이라는 성질이 이루어짐에 대한 스무 가지 논의'라고 풀이된다. 그리고 『유식 30송』(관념일 뿐이라는 성질에 대한 서른 개의 게송)의 제17송에서는 "모든 것은 관념일 뿐인 것이다."(sarvaṁ vijñapti-mātrakam)라고 단정한다. 이렇게 유식의 확립자가 이 이론을 관념론이라고 선언하고 있다. 이것은 설일체유부(모든 것은 있다고 주장하는 부파)가 법의 자성화를 통해 외부 대상을 실체화시킨 것에 대한 극단적인 대응이기도 했다.

18세기에 서양 철학이 유럽 대륙의 합리론과 영국의 경험론으로 나뉘었던 것과 비슷하게 인도 고대 철학들도 '유형상지식론'(有-形象知識-論, sa-ākāra jñāna-vāda, 짜임새-로써 안다는-주장)과 '무형상지식론'(無-形象 知識-論, an-ākāra jñāna-vāda, 짜임새-없이 안다는-주장)으로 나뉘었다. '형상'(形象, ākāra)은 좀 더 정확히 말하자면 '짜임새'[319]인데, 여기서는 우리 앎의 원형이자 내용물인 관념의 짜임새를 말한다.(칸트의 범주(kategorie)와 비견할 만하다.) 이 짜임새가 우리에게 갖추어져 있어서 우리의 앎은 그것을 통해 성립한다는 주장이 유형상지식론이다. 이에

. . . .

319 ākāra. '相' 혹은 '行相'으로도 번역되었다. 어원은 '밖으로(ā) 지은(√kṛ) 것'으로 생각된다. '짜임새'(行相)는 '네 가지 성스러운 진실들'에 대한 '3회전 열두 짜임새'(三轉 十二行相, ti-parivaṭṭa dvādas-ākāra, 상6-389)에도 쓰였고 '명칭의 유형'이 생기는 원인으로도 나온다.(디2-132) 또한 후대에는 논문의 과표(단락의 도표)나 얼개를 말할 때에도 쓰였다. 그런데 우리의 앎은 형상뿐만 아니라 소리·맛·개념 등등 다양한 요소로 이루어지기 때문에 본문에서 앎의 원형으로 기능하는 'ākāra'를 '형상'이나 '형태'라는 단어로 번역하는 것은 부족한 면이 있다.

반해 그런 짜임새 없이 실재하는 대상을 직접 지각하며 앎이 이루어진다는 주장이 무형상지식론이다. 유식철학에서는 외부 대상의 실재성을 부정하고 우리가 인식하고 있는 것은 오직 관념의 짜임새를 통한 것이라고 주장하므로 유형상지식론에 속한다. 이에 반해 설일체유부의 철학에서는 외부 대상의 법들에는 자체성질이 각각 박혀 있어서 실재성을 가진 것이라고 주장하므로 무형상지식론에 속한다.

동서고금을 통하여 인간들이 곧잘 빠져드는 정신적인 골, 사상적 유형들은 엇비슷하다. 서양 철학의 관념론이 주관적 관념론[320]과 객관적 관념론으로 나뉘었듯이 유식철학도 '유상유식론'(有-相 唯識 論, sa-ākāra vijñāna vāda, 실다운 짜임새의 식별이라는 주장)과 '무상유식론'(無-相 唯識 論, nir-ākāra vijñāna vāda, 허망한 짜임새의 식별이라는 주장)으로 나뉘었다. 이 두 갈래는 세친의『유식 30송』에 대한 해석의 차이에서 비

· · · · · · · · · ·

320 主觀的 觀念論, Subjective idealism. 세상 모두는 개인의 주관적 관념의 소산이라고 보는 이론이다. 대표적으로 "존재란 지각하는 것이다."(Esse est percipi)라고 말한 G. 버클리를 들 수 있다. 그가 세상 모든 것이 관념일 뿐이라고 주장하자 어떤 철학자는 발로 돌을 걷어차며 어떻게 이것이 관념이냐고 따졌다고 한다. 그러나 버클리에게는 그 돌도, 걷어차는 행동도, 발의 아픔도 모두 관념에 불과한 것이었다. 하나의 사상·철학을 이해하려면 우선 자신의 고정관념을 내려놓고 그 하나에 빠져들었다가 빠져나와야 한다. 유식철학의 '유식무경'(唯識無境, 모두 관념일 뿐이고 외부 대상이란 없다.)도 그렇게 이해해야 한다.

'객관적 관념론'(客觀的 觀念論, Objective idealism)은 감각된 세계를 밑받침하는 객관적이고도 보편적인 실체로서의 관념 하나를 상정하고 그것만이 궁극적인 실재라고 보는 이론이다. 플라톤이나 헤겔을 들 수 있고 창조신사상이 모두 이 계열에 속한다. 그런데 위의 버클리는 사람들이 외부 대상에 대해 공통적으로 인식하는 이유를 설명할 수 없었고 그 시대의 패러다임을 벗어날 수 없는 신분이었기 때문에 공통된 관념은 신에 의해 보장되는 것이라고 주장하게 된다. 결국 엄격한 의미에서 버클리도 객관적 관념론자라고 봐야 할 것이다.

롯되었다. 전자는 동격자가 된 후에도 관념의 짜임새는 계속 잔존하면서 기능과 작용이 실답게 이어진다는 측면을 강조한 것이다. 반면에 후자는 뱀이었다고 여겼던 것이 날이 밝아 보니 새끼줄이라는 것을 알았을 때 뱀의 관념이 무너지듯이, 관념의 짜임새란 바뀌거나 사라지는 허망한 것이라는 측면을 강조한 것이다. 전자는 진나, 호법(護法, Dharmapāla, 530~561), 계현, 법칭으로 이어졌고 계현에게 배운 현장이 중국에 들어와 법상종을 이루게 된다. 후자는 안혜(安慧, sthiramati, 510~570)가 완성시켰고 진제가 중국에 들여와 섭론종을 이루게 된다. 우리나라에 수입된 유식철학은 전자의 호법이 저술했던 『성유식론』을 현장이 한역하며 정립한 유상유식론으로 대세를 이루었었다. 우리가 어느 계통에 줄 서 있었는지 자각할 필요가 있다.

학계에서는 보통 무상유식론의 안혜가 세친의 적통인 것으로 평가를 하지만 단정하기에는 자료가 빈약하다. 어쨌든 그는 '식별하는 주체적인 부분'(見分)과 '식별되는 대상적인 부분'(相分)은 모두 허망한 것이고 이 둘을 초월한 법성[321]만이 유일한 궁극적인 실재라는 '1분설

----

321 法性, dharmatā. 안혜는 『유식 30송』의 제28송에 있는 '식별일 뿐인 성질'(唯識, vijñāna-mātratve)이라는 용어를 '마음 자체인 법성'(svacitta dharmatāyāṁ)이라고 풀이했다. (『유식삼십송석』 안혜 저, 박인성 역, 민족사, 2000, 167p. 참고) 여기에서의 '법성'은 대승의 관념론적인 일원적 실체들이었던 진여, 일심, 여래장, 불성, 공성, 원각 등과 동격어다. 또한 '식별일 뿐'을 '계속되는 것'(dhruva)이라고도 설명할 때(제30송) '계속되는 것'을 '항상함'(nityatva)과 '멸진하지 않는 성질'(akṣayatā)로 풀이했다. (앞의 책 174p.)
참고로, '계속되는 것'(dhruva)의 빨리어는 'dhuva'인데 우루웰라 깟사빠가 부처님께 "제가 당신에게 계속해서(dhuva) 공양을 드리겠습니다."라고 말하는 대목에서 나온다. (율1-132)

(一分說)'을 주장하며 객관적 관념론을 확고히 했다. 비견하자면 중관 철학의 월칭과 상통하는 주장이다. 반면에 유상유식론의 확립자인 호법은 관념의 짜임새를 좀 더 실다운 것으로 만들었기 때문에 제8식, 즉 아뢰야식도 좀 더 실재성 있는 식별의 본체로 만들었다. 그리고 이것의 성질을 '식별하는 주체적인 부분'(見分), '식별되는 대상적인 부분'(相分), '자체적으로 증명하는 부분'(自證分), '자체적인 증명을 증명하는 부분'(證自證分)으로 나눈 '4분설'(四分說)을 주장했다. 그러나 이것은 실체론이 빠지는 무한소급의 오류의 행보를 드러내고 있다. 또한 '자체적으로 증명하는 부분'과 '자체적인 증명을 증명하는 부분'은 서로서로 증명한다고 갈무리했는데 역시 실체론의 순환논증의 오류를 재현하는 것일 뿐이다. 유상유식론의 호법도 진여를 자성으로 하는 원성실성을 인정하지만 이것은 아뢰야식과 불가분리의 관계를 가진다. 여기에 호법은 아뢰야식의 실재성과 지속성을 부각시켰고 자체적으로 증명하는 자기동일성까지 갖추어서 실체로서의 위치를 강화시켰다. 이것은 주관적 관념론의 보다 완전한 체제를 의미한다. 굳이 중관철학과 비견하자면 월칭보다는 청변의 발상에 가깝다고 할 수 있겠다.

유식학파들의 우열과 진위의 복잡다단한 논의는 소모적이다. 본서에서는 다만 유식철학이 태동하면서 벌어진 용어의 개념의 변용을 살펴보는 것으로 충분하다고 본다. F. 베이컨은 '나와 토론하려면 너의 개념을 가져오라.'고 했다. 사용하는 용어가 같을지라도 개념이 다르다면 번다한 논의가 모두 헛수고일 뿐일 것이다. 유식철학 또한 다른 대승의 경전과 사상들처럼 동음이의어 수법을 구사한다.

근본불교(빨리어)		유식철학(범어)	
내용	**용어**	**용어**	**내용**

• 나누어 아는 작용
• 여섯 가지 식별뿐
• 여섯 감각기능과
  대상 사이에서 발생
	식별, 識,
	viññāṇa
		식별, 識,
		vijñāna
			• 나누어 아는 작용
			• 6식 + 7식 + 8식
			• 6식과 제7식은
			  제8식의 전변으로 발생함

• 여섯 번째 감각
  기능일 뿐임
• 법을 파악하며
  생각하는 기능
• 상수멸에서
  순수하게 남아 있음
	정신, 意,
	mano
		정신이라고―
		부르는―
		식별,
		mano―
		nāma―
		vijñāna,
		末邪識,
		= 제7식
			• 정신의 본성이
			  '생각함'인 것은
			  근본불교와 일치함
			• 제8식을 자기라고
			  생각하는 것
			• 상수멸에서 없어짐
			• 제7식 = 제6근
			  + 자아의식 + 식별

• 자아의식 • 동격자의 과위에서 없어짐	'나다.'라는 착각, asmi―māna		
자기를 드높게(ati) 여기는 착각(māna)	자만, atimāna	자만, 慢, māna	자아의식을 대변하는 착각(māna)을 자만으로 오해함

의도적인 행위	작업, 業,
	kamma
		아뢰야식,
		阿賴耶識,
		ālaya―
		vijñāna,
		= 제8식
			• 마음의 본체(心王)
			• 윤회의 주체
			• 작업의 종자화 →
			  이숙(異熟)과
			  함장(含藏)
			• 상수멸에서도 잔존
			• 제8식 = 작업
			  + 마음 + 식별

• 느낌과 인지로 인한 형성작용 • 상수멸에서 없어짐	마음, 心 citta		
집착	ālaya³²²		

도표 18. 유식철학의 변화된 개념들

· · · · · · · · · · ·

322 'ā(자기 쪽으로) √lī(달라붙다.)'로 파자된다. 근본경전에서는 (욕망에 대한) '집착'의 의미로
만 사용된다. "집착을 좋아하고 집착을 즐기고…."(디2-83) 그러나 유식철학에 와서는 모든 법
들을 현현시키는 종자(種子, bīja, 씨앗)들이 '달라붙어' 있는 곳이라고 해서 제8식의 이름(아뢰야
식)으로 쓰이게 된다.

도표에서 한눈에 파악되듯이 유식철학은 근본불교의 용어들과 개념들을 교묘하게 짜깁기하며 체계를 세웠다. 이것은 유식철학의 창시자가 아비달마 철학의 자체성질을 비판하며 유식을 세웠기 때문이다. 욕하면서 배운다는 말이 있듯이, 자체성질을 비판한 것은 정당한 것이었지만 그러면서 아비달마 철학의 나머지 병폐들을 충분히 습득하기도 했던 것이다. 특히 유식철학의 확립자인 세친은 『아비달마구사론』의 저자로서 당대 최고의 아비달마 철학의 전문가이기도 했다. 그가 아비달마 철학의 구조와 개념을 충분히 활용한 만큼이나 아비달마 철학의 과오들도 고스란히 물려받게 된다.

앞에서(제30장) 살펴봤듯이 아비달마 철학의 3대 과오는 ① 법의 자성화, ② 심·의·식의 동일시, ③ 명색의 오해였다. ① 유식철학은 일관되게 아비달마 철학이 주장하는 법의 자체성질을 부정했지만 법의 자체성질을 기준한 법의 분류체계는 이어받았다. 설일체유부의 75법을 100법으로 더 세분했을 뿐이다. 게다가 아비달마 철학의 궁극적 실재였던 마음(心王)과 마음부수(心所)의 구조적 관계는 유식철학에서 아뢰야식(心王)과 다른 식별과의 전변적 관계를 예고하는 것이었다.

② 유식철학의 심·의·식(마음·정신·식별)의 동일시는 도표에서도 쉽게 확인된다. 유식철학의 제8식인 아뢰야식은 심왕으로 불리는데 이것은 아비달마 철학에서 마음의 본체로서의 마음과 같은 구조적 위상을 가진 것이다. 다만 자체성질은 부정된다. 제7식인 마나식은 근본불교의 제6근인 정신에 해당한다. 다만 여기에 아뢰야식의 식별하

는 주체적인 부분을 자기로 여기는 자아의식이 결부될 뿐이다. 그리고 그 모두를 식별이라는 이름으로 통칭했다. 이것은 근본불교의 '나다.'라는 착각에서의 '착각'(māna)을 '자만'이라고 잘못 이해한 결과로, 자아의식에 해당하는 다른 표현을 만들어 내면서 생긴 어설픈 합성어였다. 이 모든 어설프고도 뒤틀린 개념의 조합들은 심·의·식의 동일시에 기반하고 있다.

이런 혼동 속에서 식별로 불법과 존재 모두를 무리하게 회통하려다 보니 아뢰야식이라는 용어 자체에 문제가 발생한다. 식(識別)이란 기본적으로 나누어 아는 분별의 성질을 가진다. 그런데 아뢰야식도 식별인 이상 대상이 있어야 하고 분별작용이 있어야 한다. 그 대상은 '종자(種子)', '다섯 가지 감각기관과 그 기능'(有根身), '세상'(器世間)이라고 하는데 이것에 대한 아뢰야식의 구체적인 분별작용의 양상은 알길이 없다고 한다. 알 수 없는 내용을 구분하며 나타낸다는 것은 어불성설이다. 어쩌면 이러한 모순은 당연히 예상되는 귀결이었다. 세상을 전변시키는 본체로서 논리적으로 추정된 존재를 구체적으로 밝히는 일은 어렵기 때문이다. 이것은, 피조물들은 창조신을 직접 볼 수도 없고 그의 뜻을 알 수도 없는 것과 동질의 것이다. 또한 아뢰야식에 저장된 종자들이 어떻게 세상으로 전변하며 현현하는지 그 원동력을 알기도 어렵다. 이것은 창조신이 왜 그리고 어떤 힘으로 세상을 창조했는지 알기 어려운 것과 같다. 유식철학은 이것에 대해 종자에는 자체적으로 직접 자기 결과를 일으키는 '특별한 능력'(sāmarthya viśeṣa, 功能差別)을 갖추고 있다고 추정한다. 이것을 누가 무슨 눈으로 밝혀냈는지에 대한 근거는 없다. 결론적으로 제8과 '식'[323]이라는 단어를 붙일 근거와 이유는 희박해 보인다.

이렇게 풀리지 않는 모순된 상황 속에서도 후대에는 더 나아가 깨달음의 자리이자 식별과 존재의 본체인 진여에 해당하는 자리까지 식별이라는 개념으로 회통 치는 작업이 벌어진다. 바로 청정무구식의 뜻을 가진 아마라식(唵摩羅識, amala vijñāna, 때 없는 식별), 즉 제9식까지 상정한 것이다.(미륵이 짓고 진제가 한역한『결정장론(決定藏論)』에 등장한다.) 이것도 실체론의 무한소급의 오류를 연상케 한다.

③ 유식철학에서의 명색(名色, nāma-rūpa, 명칭과 방해물)에 대한 기본적인 이해는 아비달마 철학과 같다. 물론 방해물은 아뢰야식의 발현에 불과하다. 12고리의 이해도 아비담마 철학의 3세양중인과를 물려받았다. 그 결과 재생연결식으로 해석된 제3고리의 식별이 유식철학에서는 아뢰야식으로 해석된다. 제4고리의 명칭과 방해물은 역시 수정란(kalala)이라고 해석되고 이때의 명칭에서의 식별(구사2-461에서 명칭을 수·상·행·식으로 분석하고 있다.)은 제7식이라고 본다. 오해는 또 다른 오해를 낳는다는 것을 잘 보여 주는 골치 아픈 설명들이다.

· · · · · · · · · ·

323 識, viññāṇa. 부처님은 이 명사가 '식별하다.'(vijānāti)라는 동사의 명사형임을 분명히 밝혔다.(상3-278) 이것은 '식별'이라는 명사에는 '식별하다.'라는 동사적 작용이 구체적으로 들어 있음을 강조한 것이다.(제30장 참고) '식'이라는 한 음절의 축약적인 한역은 자칫 구체적인 작용의 의미를 지우고 추상명사적인 쓰임새를 갖게 할 수 있다. 그러므로 '식'은 항상 '식별'이라고 번역해야 근본불교에서의 용법을 선명하게 부각시킬 뿐만 아니라 후대의 실체적인 존재로서의 추상적 쓰임새를 간파하는 데에도 도움을 줄 것이다.

'식별 → 명칭과 방해물'이라는 고리에서의 식별은 아비담마 철학에서 이미 윤회를 이어주는 주체로서의 재생연결식을 의미했었다. 이것이 유식에 와서는 아뢰야식으로 탈바꿈했을 뿐이다. 다시 말해 아뢰야식은 유식철학에서 윤회의 주체다. 그러나 식별을 윤회의 주체로 삼는 견해는 부처님의 호된 꾸지람거리였다.(맛2-209, 본서 제37장 참고) 유식철학의 근거가 되는『해심밀경』에서는 "아다나식(ādāna vijñāna, 執持識, 아뢰야식의 다른 이름임)은 매우 깊고 미세하며 일체 종자는 거센 흐름과 같다."[324]라고 말한다. 그래서『유식 30송』의 제4송에서도 아뢰야식을 "격류처럼 전개한다."고 했다. 유식 논사들은 이런 점을 들어 아뢰야식은 브라만교의 영원불변한 진아(아트만)와는 다르며 실체가 아니라고 주장한다. 그들은 변화한다면 실체가 아니라고 생각한 것이다. 그러나 이것은 부처님이 실체를 나타내기 위해 사용한 '자기'라는 개념의 중층적 쓰임새를 파악하지 못한 결과다.('도표 15. 자기의 중층적인 쓰임새' 참고) 불법에서 '자기'가 실체인 자아로 쓰일 때에는 영원불변한 진아도 포함하고 있지만 단일한 존재에 자기 동일성을 부여한다면 변하는 것일지라도 그 단일한 존재는 자아로 간주된다. 아뢰야식의 경우에는 변하는 것이고 자체성질이 없는 존재라고 말하지만 윤회의 주체이자 자기동일성을 보장하는 단일한 본체이므로 자아에 해당한다. 후대의 제9식인 아마라식에는 불변의 성질

· · · · · · · · · ·

324 "阿陀那識甚深細 一切種子如暴流"(大正16-692하)

까지 더해지므로 진아에 해당한다고 볼 수 있다. 아뢰야식을 자아로 삼는 견해는 '존재유형에 대한 견해'(有身見, 주석 165번 참고) 중에서 마지막 20번째에 해당한다.(맛3-721 참고) 아뢰야식은 식별의 하나라고 말하기 때문이다.

유식철학의 수많은 문제점에도 불구하고 이 철학이 제기하는 두 가지 질문은 생각할 만한 것이다. 첫째는 우리가 인식하고 있는 세상은 객관 자체는 아니라는 점이다.(제29장 참고) 우리가 경험하는 세상이란 감각기관을 거친 인식작용의 결과물인 것이다. 이것은 모든 주관적 관념론의 기본적인 문제의식일 것이다. 그렇다고 '일체는 관념일 뿐이다.'고 주장하는 것은 정당할까? 일단 '일체는 6근과 6경'이라는 부처님 말씀에 위배된다.(상4-111) 6근은 6경을 한꺼번에 모두 파악할 수 없다. 예컨대 눈은 대상인 방해물이 너무 커도, 너무 작아도, 너무 빨라도, 너무 느려도 파악하지 못한다. 눈이 파악하지 못하는 방해물의 측면들이 있다는 말이다. 그러나 그래 봤자 그 어떤 방해물이다. 나머지 대상들도 그 어떤 소리, 그 어떤 냄새 등등일 것이다. 부처님은 칸트처럼 객관적인 외부 대상을 '그것 자체'(物自體)라고 뭉뚱그려 말하면서 그것을 우리는 전혀 알 수 없는 것이라고 제쳐 놓지 않았다. 우리는 객관적인 세상을 모두 파악할 수 없지만 그래 봤자 6경일 뿐이다. 이렇게 6근과 6경이 나타내는 경계 외의 존재란 없다. 만약 찾아낸다면 부처님의 교리는 전면 수정되어야 할 것이다. 결론적으로 불교는 관실중간(觀實中間), 즉 관념론과 실재론의 중간에 위치한다.

부처님은 객관적인 세상을 모두 밝히려고 하지도 않았고 그것을 부정하지도 않았으며 소멸시키려고 하지도 않았다. 객관과 주관의 구분은 '다섯 덩어리들'(五蘊)과 '다섯 가지 포착 덩어리들'(五取蘊)을 구분한 점에서도 드러난다. 불법에서 말하는 세상이란 '인지가 개입된 세상'이며 '착각이 개입된 세상'이다. 부처님의 이러한 개념적인 제한을 '성스러운 규제'(ariya vinaya, 聖律)라고 했다. 불법은 그렇게 왜곡된 세상을 바로잡거나 소멸시키려는 것이다. 그런데 이러한 관념적인 세상은 근본불교에 입각하자면 인지(想, saññā)의 영역에서 주되게 다루어져야 할 내용이다.(본서 제29장에서 자세히 다루었으므로 여기에서 구체적인 설명은 생략한다.) 그러므로 유식철학은 심·의·식의 동일시뿐만 아니라 거기에 인지와도 혼동하는 과오를 범했음을 알 수 있다.

두 번째의 질문은 업의 저장 문제다. 부처님이 규정한 윤회의 주인은 작업(業, kamma, 의도적인 행위)이었다. 작업은 형성작용에 속하는 것이다. 그렇다면 작업도 자아 개념에 해당되거나 존재유형에 대한 견해에 속하는 것일까? 형성작용은 불법에서 실체를 대체하고 있는 개념이었다. 그러나 특정의 단일한 대상도 아니고 계속 변하는 작용일 뿐이어서 실체로서의 조건을 충족시키지 못한다. 작업도 형성작용의 하나로, 계속 변하는 작용이며 단일한 존재론적 대상이 아니므로 자아에 해당시킬 수 없다. 다만 자신이 작업한 결과물이 자기를 이루고 있는 부분이라고 견해를 세운다면 존재유형에 대한 견해 중 제14번째인 자아가 형성작용을 포함한다는 견해에 해당할 것이다.

그런데 작업의 결과물을 업이라고 봤을 때 이 업은 어디에 저장되어 있다가 미래에 과보로 피어나는 것일까? 유식철학에서는 업의 종자를 함장한다고 해서 함장식(含藏識)이라고 불리는 아뢰야식에 저장된다고 말한다. 그런데 저장이라는 단어 자체가 이미 대상화된 존재를 요구하는 개념이다. 그렇기 때문에 유식철학에서는 업이 종자화된 것이다. 근본경전에서는 업의 저장 문제를 다룬 적이 없다. 그러므로 저장이라는 접근 자체를 조심스럽게 살펴봐야 한다. 다만 후대에 밀린다왕이 업의 장소를 물었을 때 나가세나 존자가 업은 인격적인 개체에 수반하지만 '여기에 있다.' 혹은 '저기에 있다.'고 지적할 수 없는 것이라고 대답한 경우가 있다.[325] 작업이든 업이든 단일한 대상으로 볼 수 없고 특정 대상에 저장되는 것도 아니라는 것이다. 적어도 작업은 식별이나 정신에 한정되는 개념은 분명 아니다.

이상과 같이 유식철학은 기본 용어의 개념이 근본불교와 어긋나기 때문에 첫 단추부터 잘못 꿴 철학이었다. 거기에다 실체론의 사상적 구조로 이론을 전개시켰기 때문에 그 구조적 모순과 한계 또한 노출시켰다. 실체론자들은 세계의 존재를 설명할 때 그 기반이 되어주는 실체를 상정하지 않으면 변화를 설명할 논리를 잃고 불안해한다. 그래서 아비달마 철학에서는 자체성질을 상정했고 유식철학에서는 아뢰야식을 상정했다. 그러나 이러한 근거 없는 상정들은 모두 망상적인 인지의 규정들일 뿐이다. 부처님은 이렇게 허황되게 창안한 교

. . . .
325 『밀린다팡하』 서경수 역, 동국역경원, 2007, 119p.

리가 불법이라고 퍼트린 후유증을 이렇게 말하고 있다.

"비구들이여, 어떤 비구들은 한결같은 이가 제시하지 않은 것을 한결같은 이가 제시했다고 밝힙니다. 그 비구들은 많은 삶들을 손해와 불행으로 이행시키는 자이기 때문에 많은 신과 인간들의 많은 삶들에 불익이 되고 손해가 되고 괴로움이 됩니다. 비구들이여, 그 비구들은 많은 악덕을 쌓고 정법을 은폐시킵니다."(앙1-104)

50
최악의 대승경전 −『아미타경』

대승경전 중에서 가장 이교도화한 작품을 꼽으라면『불설아미타경(佛說阿彌陀經)』이라고 하겠다. '불설'(佛說, 부처님이 설한)이라는 도둑놈 제 발 저리는 군더더기부터 궁흉한 냄새가 난다.『아미타경』은『무량수경』,『관무량수경』과 함께 정토 3부경으로 통한다. 이 정토신앙, 즉 극락세계에 태어나려는 신앙은 불법의 주체적 사상을 의존적인 사상으로, 현세 중심적인 수행을 내세 중심적인 수행으로 바꿔 버렸다.『아미타경』을 중심으로 정토신앙의 몇 가지 문제점만 살펴보기로 하겠다.

『아미타경』에서는 극락세계가 서쪽으로 10만억 국토를 지나간 곳에 있다고 했다. 이 극락세계는 한 번 태어나기만 하면 성불할 때까지 그 기간이 보장되는 곳이어서 윤회하는 천상과는 차별이 있다. 그런데 뺑뺑 도는 지구의 어느 쪽이 서방일까? 일단 허블망원경으로도 당분간 못 찾을 만큼 멀찌감치 떨어뜨려 놓은 것은 제법 영리했다. 방향과 거리는 비유일 뿐이라고 해석할 수도 있다. 하지만 비유라면 어디까지가 비유일까? 소멸하지 않는 부처의 활동 또한 비유가 아닐까? 허구 소설로 시작한 종교들은 과학과 인문학이 발달하면서 드러난 구체적인 오류와 모순의 부분들을 상징과 비유로 해석하는 일에 바쁠 수밖에 없다. 비유와 상징인지는 모르겠지만 '영원한 생명'(無量壽) 혹은 '한량없는 빛'(無量光)이라고 풀이되는 극락세계 교주 아미타불의 이름은 영락없이 이교도들이 그들의 창조신을 묘사하는 것과 똑같다.

방향이나 거리 같은 것들은 사소한 문제들이라고 무시해 줄 수 있다. 그렇다면 내용적인 면은 고차원적인 것일까? "즐거운 일만 있으므로 극락이라 한다."라는 말은 즐거운 일만 있으면 더 이상 즐거운 일이 아니라는 것을 모르는 소리다.(디1–485) 그 어떤 사상가나 문필가도 천국이나 유토피아에 대한 묘사에 성공하지 못했다. 왜냐하면 괴로움을 완전히 제거해 버리면 무의미함이 닥치고 적절히 섞자니 현실과 별 차이가 없어져 버리는 딜레마 때문이다. 영화에서도 행복한 최후는 쉬워도 행복한 그 후는 어렵다. 그런데『아미타경』에서는 겁도 없이 그 후의 세계를 묘사해버렸고 결국 상상력의 한계만 드러냈다. 성경의 『요한계시록』에 묘사된 천국도 별반 다를 것이 없다. 게다가 『아미타경』에서는 많은 부처의 이름들을 거론한다. 극락세계만 못하더라도 다른 부처님 세계도 소개해주면 좋은 일이 아닐까? 명색이 부처인데 엇비슷한 서원과 그 결과로서의 국토를 가지지 않았을까? 다양할수록 취향대로 선택하고 당첨 확률도 높아질 것 아닌가? 대승문학 집필진의 창작력과 인력난이 엿보이는 대목이리라.

그러면 정토신앙의 수행 차원은 어떤 수준일까? 정토신앙은 전통적으로 '쉬운 수행법'(易行門)으로 불렸다. 그 이유는 『무량수경』에서 아미타불의 전생이었던 법장 비구가 세운 48대원 중에 제18번째 때문이었다.

> "만일 제가 부처를 이루었는데 시방세계의 중생들이 지극한 마음으로 확신하며 기꺼이 저의 국토에 태어나길 원했거나 열 번에 이르기까지 생각했는데도 태어나지 못한다면 정각을 취하지 않겠습니다. 다만 5역죄(주석 296번 참고)와 정법을 비방한 자는 제외하겠습니다."[326]

예외 사항이 있다는 것이 아쉽지만 서원만 세우면 극락세계에 태어날 수 있다고 했다. 넉넉히 잡아서 열 번을 염원했다면 더욱 확실하

----

326 "設我得佛 十方世界衆生 至心信樂 欲生我國 乃至十念 若不生者 不取正覺 唯除五逆誹謗
正法"

다. 그런데 이렇게 극락왕생이 쉬운 일이라면 석가모니불의 가르침도 출가수행도 그 가치와 당위성이 무참히 퇴색되어버릴 것이다. 성불할 수 있는 일정한 기간을 보장 받는다면 그 기간이 아무리 길더라도 영겁의 시간 앞에서는 찰나에 불과할 것이다. 더군다나 그 기간 동안 괴로움이 전혀 없다니 애써 길이를 단축시킬 필요도 별로 없다. 여유만만이다. 그러한 사실이 확실하다면 그에 비해 어려운 수행이 들어 있을 뿐만 아니라 복잡하고도 방대한 석가모니불의 교법은 애물단지일 뿐이다. 또한 엄격한 규제가 부과되는 출가수행이라는 극단적인 삶의 유형도 안쓰러운 객기로 비쳐질 것이다.

믿음을 갖고 발원하기만 한다면 극락에 왕생한다는 교리는 죽기 전에 하나님을 믿는다고만 해도 천국에 태어난다는 기독교 교리와 동질의 것이다. 이러한 교리는 정토 3부경이 만들어지기도 전에 이미 신봉되고 있었던 힌두교의 성전 『바가바드 기타』에도 나온다.

"마지막 순간에 오직 나(크리슈나)를 기억하면서 육신을 떠나는 자는 내게로 들어오나니, 이는 의심할 나위가 없느니라.
오, 카운테냐여, 사람이 평소에 무엇을 끊임없이 생각했든지 숨지는 순간에도 그것을 기억할 것이며 바로 그것에로 그는 가느니라."[327]

. . . .

327 『바가바드 기타』 간디 해설, 이현주 옮김, 당대, 2001, 341p.

이러한 공통된 내용의 교리는 동서고금을 통해 인간들이 빠지는 '사상의 골'을 다시 확인시켜 준다. 함석헌은 수감 시절에 『아미타경』을 읽어 보고 기독교와 똑같은 사상이라고 판단하고는 불경 읽기를 접었다고 한다. 성급한 판단이었지만 충분히 그럴 만한 이유는 있었던 것이다. 어쨌든 손해 볼 것이 없을 것 같은 이 교리들은 무지하고 나약한 인간들의 사행성 심리를 자극하며 크게 각광 받아 왔다. 물론 얼핏 보면 정토신앙으로 손해 볼 것은 없는 것 같고 오히려 윤회의 공포를 무마시켜 주는 측면도 있는 것 같다. 그러나 이러한 근거 없는 낙관론과 그 위로는 실제로 금생에 깨달음을 향한 수행을 태만으로 이끄는 원인이 되기도 한다. 또한 만일 극락세계가 허구라면 있지도 않은 존재를 있다고 평생 믿는 정신병자의 삶을 살다 가게 된다. 우리는 확인할 수도 없는 불합리한 존재에 대해 일단 방어해야 한다.

어떤 죄악을 저질러도 단지 믿고 원했다는 이유만으로 고귀한 삶을 산 사람과 똑같은 세계에 태어나 행복을 누린다는 불합리를 극복하기 위해 『관무량수경』에서는 극락세계를 '아홉 계층'(九品)으로 나눈다. 마치 단테의 『신곡』에서 천국이 열 개의 계층으로 전개되는 것과도 같다. 물론 두 책 모두 자세한 삶의 내용 묘사는 나오지 않는다. 합리적으로 구체적인 인과성을 따져가며 삶을 묘사하다 보면 결국 지상의 현실과 같아져버리는 결과를 낳을 것이라는 불길한 예상 때문이었으리라.

한편, 너무 쉬워 보이는 것도 가치가 떨어질뿐더러 신빙성을 의심하게 만든다. 그래서 어떤 이는 허황될 정도로 쉬운 내용에 대해 '지극한 마음으로 확신'한다는 것은 어려운 것이며, 『아미타경』에서처럼 '한결같은 마음으로 하루' 이상 아미타불 명호를 부르는 것도 어려운 일이라고 반박한다. 더구나 이런 가르침을 만나는 것 자체가 어려운 일이라고도 말한다. 그러나 그 외의 여러 이유들로 정토 수행이 자꾸 어렵다는 식으로 말한다면 그렇게 어려운 수행법을 굳이 제시할 필요도 없어질 것이다. 또한 법장 비구의 서원도 별 가치가 없게 된다.

이러한 딜레마를 피하기 위해 정토 수행을 쉽지도 어렵지도 않은 수행법이라고 주장한다고 해도 문제다. 그렇게 어정쩡하고도 애매하게 거치적거리는 가르침을 석가모니불의 교법과 마찰과 혼선만을 빚을 뿐인데도 굳이 제시할 이유가 없어 보이기 때문이다. 결국 쉬워도 문제, 어려워도 문제, 쉽지도 어렵지도 않아도 문제인 트릴레마(tri-lemma)에 걸리게 된다.

제4편에서 좀 더 자세히 드러나겠지만, 수행 효과의 측면으로만 보자면 나무아미타불 칭명염불은 어느 정도 마음의 고정됨을 가져온다. 그러나 '첫 번째 명상'(初禪)조차 힘들다. 첫 번째 명상부터는 말이 사라지기 때문이다.(상4-450) 폭우와 가뭄 속에서도 나무가 조금씩은 자란다. 대승의 미미한 수행 효과에 고무되어 자신의 위치도 모른 채 스러져 간 수행자들이 그 얼마이겠는가?

51
3법인도 모르는 틱낫한

불교 교리만큼은 기본 교리가 곧 구경의 완성 교리다. 지금까지 살펴본 불교사상의 변천사도 기본 개념에 대한 오해와 변질의 역사였다는 것으로 종합된다. 그런데 3법인은 기본 교리 중에서도 가장 기본 교리라고 할 수 있다. 바꿔 말해서 가장 완성 교리이기도 하다는 말이다. 그래서일까? 3법인에 대한 정확한 번역과 설명은 의외로 만나기 어렵다. 우선 빨리어 원문을 직역해 보겠다.

> 모든 형성작용들은 무상하다. (sabbe saṅkhārā aniccā, 諸行無常)
>
> 모든 형성작용들은 괴롭다. (sabbe saṅkhārā dukkhā, 諸行苦痛)
>
> 모든 법들은 자기가 없다. (sabbe dhammā anattā, 諸法無我)

부처님이 이 세 가지 명제에 대해서 3법인(三法印, tri dharma mudrā, 세 가지 법의 도장들) 혹은 3특상(三相, ti lakkhaṇa, 세 가지 특징)이라고 법수 제목을 붙인 적은 없다. 전자는 설일체유부에서, 후자는 남방상좌부에서 후대에 만든 것이다. 경에서는 이 세 가지 명제에 대해서 각각 "한결같은 이들이 생겨나거나 생겨나지 않거나 간에 확정된 경계입니다. 법의 확정성이고 법의 노선성입니다."라고 설명하고 있다.(상 1-634) 이것은 따라서-같이-생겨남을 설명할 때에도 정형구로 쓰인 문장이다. 다만 여기에서는 '이-연유로-됨'이라는 법칙성이 빠졌을

뿐이다. 진리인 따라서-같이-생겨남을 설명할 때의 법이라는 단어
는 법칙의 뜻이 지배적인 측면을 이루었다면 여기에서의 법은 사건·
사실이라는 의미가 지배적인 측면을 이루고 있다. 다시 말해 세 가지
명제는 확정된 사실이자 노선처럼 결정된 사실이라고 말하는 문장이
다. 그러므로 도장 찍은 듯이 확실한 사실이라고 비유적으로 명명한
'세 가지 법의 도장들'(三法印)이라는 법수 제목이 세 가지 명제를 잘
대변한다는 것을 알 수 있다.

　'3법인'을 간략하게 평가하자면 제1법인은 현실적인 양상을, 제
2법인은 결과적인 가치를, 제3법인은 본질적인 이치를 정리한 것이
다. 다시 말하지만 3법인의 세 가지 명제들은 하나의 예외도 없는 보
편적인 법칙으로서의 진리, 즉 따라서-같이-생겨남을 다룬다기보다
는 일반적이고도 총체적인 사실을 다룬다. '모든 형성작용들은 무상
하다.'는 명제의 경우에도 무상한지 아닌지 형성작용들 모두를 일일
이 그리고 끝까지 확인할 방법은 없다. 그러므로 보편적인 절대의 진
리 명제로 결론 내릴 수는 없다. 하지만 무상하지 않은 형성작용들을
찾아낼 수도 없을 것이다. 제1법인은 따라서-같이-생겨남이 보편타
당한 진리 명제라는 전제 하에서만 그 보편성을 인정할 수 있을 뿐이
다. 그러므로 제1법인은 일단 전반적으로 옳은 사실 명제라고는 할
수 있을 것이다. 그리고 이러한 사실은 수행자로 하여금 발심을 일으
키게 하고 수행상의 관찰 주제로도 역할을 한다. 다시 말해, 논리의
문제라기보다는 사실과 가치와 수행상의 총체적인 측면을 다루는 문
제인 것이다.

제1법인의 문제의식은 제2법인인 '모든 형성작용들은 괴롭다.'(諸行苦痛)에서 더욱 극명하게 표출된다. 지금까지 이 제2법인은 '일체가 모두 괴로움이다.'로 알려졌었는데 이것은 한역의 '一切皆苦'라는 오역에 기초했기 때문이었다. 이로 인해 일체가 괴로움임을 증명하기 위한 억지 주장들이 횡행했었다. 반대로 틱낫한 스님의 경우에는 불합리한 '일체개고'를 아예 빼내고 '열반적정'(涅槃寂靜, 꺼짐은 고요하다.)을 집어넣어야 한다고 주장한다.

> "고통을 무상과 무아와 같은 반열에 두는 것은 잘못이다. 무상
> 과 무아는 보편적인 사실이다. 그것들은 만물이 가지고 있는 특
> 징이다. 그러나 고통은 그렇지 않다. … 나는 학자와 수행자들
> 이 만물은 고통이라는 것을 입증하려고 무진 애를 쓰기보다는
> 만물은 무상, 무아 그리고 열반을 그 특징으로 하고 있다는 가
> 르침을 받아들이기 시작할 것을 바라고 있다." [328]

틱낫한 스님은 제2법인을 오역한 한역에 기초하여 '일체가 모두 고통이다.'고 이해하고 있다. 부처님은 책상 자체가 고통이라고 말하는 바보가 아니다. 부처님은 "느껴진 것은 무엇이든지 괴로움에 속한다."(상2-217)라는 자신의 말을 "형성작용들의 무상함에 관련해서 한 말

328 『틱낫한 스님의 아! 붓다』 진현종 역, 반디미디어, 2004, 38~39p.

이었습니다."라고 해명했다.(상4-449) 그러므로 '모든 형성작용들은 괴롭다.'는 명제는 '모든 형성작용들은 무상하다.'는 전제 하에 이해되어야 한다. 느낌에는 즐거운 느낌도 있다. 그러나 그것마저도 무상하여 결국은 괴로움으로 이해된다.(상2-217, 앙3-101) 이러한 결과적인 괴로움은 '세 가지 고통스러움'(三苦性, tisso dukkhatā, 디3-374, 상4-523)을 통해서 보다 선명하게 정리된다.

첫째로 '괴로움의 고통스러움'(苦苦性, dukkha dukkhatā)은 통증과 같은 일차적이고 직접적인 괴로움을 말한다. 혹은 그러한 압도적인 괴로움을 전체적으로 나타낸 것이라고 볼 수도 있겠다.('다섯 가지 포착 덩어리들이 괴로움이다.'(五取蘊苦)에 해당한다. 상6-385) 괴로움은 많고도 길지만 즐거움은 적고도 짧다.(맛1-443) 그러므로 괴로움은 압도적이다. 윤회의 대부분은 3악도로 이루어진다는 점도 압도적인 괴로움을 결정적으로 보여 준다.

둘째로 '형성작용의 고통스러움'(行苦性, saṅkhāra dukkhatā)은 존재의 본질적인 속성인 형성작용으로 발생하는 괴로움이다. 대부분 괴로움은 저절로 닥쳐오지만 즐거움은 애써 성취해야 한다. 그러므로 괴로움은 기본적인 것임을 알 수 있다. 생명체로 한번 형성되면 맹목적으로 무조건 계속 태어나게 되고 세상은 끊임없이 다른 것으로 형성되면서 닥치므로 생명체도 부단히 대처 수단을 형성시키면서 살아가야 한다. 이런 맹목적인 생존의 발버둥은 기본적으로 괴로운 상황임을 대변해 주고 있다.

셋째로 '변질의 고통스러움'(壞苦性, vipariṇāma dukkhatā)은 변하고

바뀌며 사라지는 괴로움이다. 괴로움은 즐거움으로 잘 변하지 않지만 즐거움은 금세 질리고 괴로움으로 쉽게 바뀐다. 나아가 고통의 극단도 파멸이지만 쾌락의 극단도 고통과 파멸이다. 공든 탑도 결국은 무너지는 법이고 매번의 삶은 결국 죽음으로 끝장난다. 이렇게 괴로움은 결과적이다.

위의 '세 가지 고통스러움'은 유기적인 관계를 가진다. 괴로움의 유기적인 생멸을 다 안다면 불법을 모두 안다는 말이 된다. 부처님은 '네 가지 성스러운 진실들'에 불법이 모두 담겨 있다고 했으며(상 6-415, 맛1-670) 그중에서도 '괴로움이라는 성스러운 진실'을 알면 나머지 성스러운 진실들도 알게 된다고 했기 때문이다.(상6-413) 이렇게 '모든 형성작용들은 괴롭다.'라는 제2법인은 '괴로움이라는 성스러운 진실'로 이어지는 중요한 연결 고리이자 발심 수행으로 이어지는 직접적인 당위성의 원천이다. 메마른 논리만으로 접근해서는 안 되는 문제다. 괴로움을 뺀 불교란 강물 없는 강과 같다. 부처님이 교법을 풀어나가는 핵심적인 열쇠 개념을 괴로움으로 잡았다는 것에서 통달자의 여유롭게 회통 치는 안목을 확인할 수 있다. 진리를 전면에 내세우면서 논리적으로 해명하려 했다면 자칫 소모적인 논쟁만을 야기할 수 있었다. 그렇기 때문에 모든 자질의 사람들이 공감할 수 있는 괴로움의 문제를 제기하고 그것을 해결하도록 고무하면서 결국 진리를 확인하고 윤회를 종식시키도록 전체 도판을 짜놓은 것이다.

제3법인인 '모든 법들은 자기가 없다.'에서 제1법인과 제2법인의 '형성작용들' 대신에 '법들'이 들어간 이유는 '꺼짐'이라는 법이 추가되기 때문이다. 다시 말해 '꺼짐'도 '자기-없음'이다. 그러므로 틱낫한 스님처럼 열반적정으로 제2법인을 대체해야 한다고 주장하는 것은 곤란하다. 꺼짐이란 '자기-없음'의 실현으로 이루어지는 경계라고 해석하는 경우에도 응당 제3법인에 포함되는 내용이다.

틱낫한 스님의 오판은 꺼짐에 대한 대승적 이해에 기원한다. 그는 "세 번째 법인인 열반은 존재의 근거, 즉 존재하는 모든 것의 본질을 가리킨다."[329]라고 말하고 있다. 그러나 꺼짐은 생성됨의 소멸일 뿐이다. 그런데 열반을 대승처럼 존재의 본질, 즉 진여·법성·여래장 등등의 존재론적 실체로 파악한다 하더라도 이것들은 다시 공성으로 회통되고 공성은 다시 자기-없음으로 연결된다. 이렇게 꺼짐은 대승적으로 파악한다 하더라도 제3법인에 귀속된다. 그러므로 열반적정을 제4법인으로 책정하는 것은 군더더기에 불과하다. 열반적정이 아함경에 법인으로 몇 번 거론되었지만 빨리어 경전에서는 다루어지지 않았다. 일단 아함경보다 빨리어 경전의 전승의 정확도가 높다고 인정된다. 그리고 일부분의 전승이 전체 교법과의 정합성에서 어긋난다면 그 전승은 재고되어야 한다. 괴로움이 빠진 3법인은 삶과 수행이 결여된 창백한 형이상학에 불과하다.

부처님은 법수의 순서를 대충 정하지 않았다. '네 가지 성스러운 진실들'의 순서도 인과적인 논리로는 '집(集)·고(苦)·도(道)·멸(滅)'이어야 할 것 같지만 수행을 기준한 '고·집·멸·도'라는 순서가 올바른 것

· · · · · · · · · ·

329 앞의 책, 175p.

이다.(상6-397) 또한 '성스러운 8차선의 길'에서도 정념(正念)이 핵심적인 수행 내용이라고 해서 앞 순서에 배치해서는 안 되는 것이다.[330] '3법인'의 '무상·고·무아'의 순서도 엄정한 것이다. 다섯 덩어리들은 무상하며 괴로운 것이므로 자기로 삼을 만하지 않다는 설명은 수없이 반복된다. 세 개의 법인은 두 가지 인과로 중첩되어 있다. 이것을 '3법양중인과(三法兩重因果)'라고 불러도 될 것이다. 다음처럼 나타낼 수 있다.

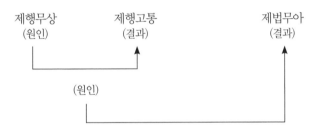

무상하며 괴로운 것이므로 자기일 수 없다는 설명은 보편적으로 완벽한 논리라기보다는(그러한 언어 배열이 가능하기는 할까?) 전체적으로 충분한 논리라고 볼 수 있다. 무상·고·무아는 자기−없음으로 결론

· · · · · · · · · ·

330 앞의 책, 90p. 틱낫한 스님은 정념을 세 번째로 제시하며 강조하고 있다.

내리기 위한 논리적 순서로 배열되어 있다. 그리고 이러한 순서는 자기-없음을 직접 알게 하는, 깨달음으로 인도하는, 수행상의 충분한 관찰법이 되어 준다. 그러나 제2법인을 열반적정으로 대체한 3법인은 어떻게 배열하더라도 정당한 논리적인 순서가 성립하기 힘들다. 게다가 꺼짐은 그 자체가 관찰의 대상으로 부적합하다. 물론 제3법인인 '모든 법들은 자기가 없다.'의 경우에도, 논리적으로만 보자면 없는 것을 증명한다는 것 자체가 무의미하다. 하지만 모든 범부들이 없는 자기(자아, 실체)를 상정하고 있고 이로부터 모든 문제가 발생하기 때문에 지적해 줄 필요가 생긴 것이다.

풍요롭고 밝은 문명에서 괴로움이란 너무 칙칙해서 잘 안 팔리는 철 지난 겨울옷으로 보일 수도 있다. 젊고 건강할수록, 물질이 풍요로울수록 괴로움에 대해 소홀해지거나 무시하려는 경향이 있는 것은 사실이다. 그러나 발달된 물질문명 세계일지라도 괴로움은 양상만 다를 뿐이지 여전히 인간의 삶과 정신에 여러 장애와 해악으로 전개되고 있음을 자각시켜 줄 필요가 있다. 만약 삶이 한 번뿐이라면 괴로움을 적당히 조절하거나 덮어두거나 혹은 생각하기 나름이라고 긍정적인 사고방식을 이용하는 방법도 설득적이다. 그러나 끝없는 윤회와 괴로움의 악순환은 그런 사고방식만으로 해결되지 않는다. 그렇기 때문에 불교는 괴로움에 대한 근원적인 처방전을 제시하는 것이다. 불교란 괴로움을 회피하거나 적당히 무마하는 종교가 아니라 괴로움에 정면 승부하는 종교다.

제4편

수행

부처님의 전생 수행으로 퇴행하다

52
당신의 발심 출가는 옹졸한 짓입니다!

'세 가지 법의 도장들'을 다루면서 괴로움이 발심의 중요한 계기를 자연스럽게 제공한다는 것을 살펴봤다. 그런데 요즘처럼 말법시대에는 발심(發心)조차도 설명해 주어야 하는 상황에 처한 것 같다. 특히 발심 출가는 세 가지로 요약될 수 있다. 즉, 무상(無常) 발심, 포구(怖懼) 발심, 진리(眞理) 발심이 있다. 이 세 가지는 '세 가지 법의 도장들'과도 맞물려 있다. 또한 세 가지 법의 도장들이 서로 유기적인 관계이듯 세 가지 발심도 서로 유기적인 관계를 갖는다.

그렇다면 부처님은 어떤 이유로 출가의 마음을 냈을까? 부처님의 발심 내용을 잘 전달하는 대목이 있다.

> "내 자신이 죽는 법인데 왜 그와 같은 죽는 법을 탐색한단 말인가? … 내 자신이 죽는 법인데 그와 같은 죽는 법에서 위험을 분명히 알고서 죽음이 없는 위없는 안녕[331]인 꺼짐을 탐색해야 하

· · · · · · · · · ·

331 安寧, yoga-khema. √yuj(묶다.)를 어원으로 하는 'yoga'는 기본적으로 '멍에'에 혹은 '속박'을 의미하지만 멍에를 씌우듯 '단련함'을 의미하기도 한다. 이것은 수행(修行)이라는 말에 가까운 단어다. 그래서 근본경전에서 '단련을 지어야 한다.'(yoga karaṇīyo, 상6-372~)라고 직역할 수 있는 표현은 '수행해야 한다.' 혹은 '수련해야 한다.'라고 의역하는 것이 알맞다. (앙5-468 참고) 외도들의 스트레칭 같은 몸동작을 요즘에 '요가'라고 음역으로 부르고 있는 단어가 'yoga'이며 이것도 원래 심신의 단련을 의미하는 말이다. 불교의 유식학파에서도 수행을 중요시한 자기들을 'yoga-ācāra'라고 자칭했는데 '유가-행'(瑜伽-行)이라고 범화쌍운(梵和雙運, 범어의 음역과

리라."(맛1-617)

부처님은 위의 문장에서 죽음 대신에 태어남·늙음·병듦·슬퍼함·오염됨 등을 대입시키면서 고찰했다. 결론적으로 부처님의 발심은 무상 발심으로 여겨진다. 결국은 늙고 죽는데도 맹목적으로 늙고 죽음으로 향하는 무의미한 삶에 대한 회의는 그 유명한 사문유관(四門遊觀) 이야기를 통해서도 읽을 수 있다. 결론적으로 부처님은 철저히 자기 인생의 본질적 문제인 생사에 대한 궁극적인 해결을 모색했던 것이다. 그리고 본질적인 문제에 대한 궁극적인 해결은 자연스레 진리(깨달음)에 대한 발심으로 이어지게 되어 있다. 물론 부처님은 윤회하는 삶의 괴로움에 대해 고뇌한 끝에 이루어지는 포구 발심에

· · · · · · · · · ·

한문의 의역을 섞음)의 번역을 했다. 직역하자면 '단련 행위'이며 결국 '수행'을 뜻한다.

  그런데 요즘에 흔히 쓰이는 '수행'이라는 원어는 'bhāvanā'를 번역한 것이다. 이 단어는 'bhavati'('생성되다.' '되다.'의 √bhū를 어원으로 함)의 사역형 'bhāveti'(생성시키다.)의 명사형이다. 그러므로 '생성시킴'이라는 기본적인 뜻이 담겨 있다. 이 단어는 '네 가지 노력'의 세 번째에 해당하는데(주석 196번 참고) 아직 생겨나지 않은 좋은 법(일곱 가지 깨닫는 통로들)을 생겨나도록 하는 것을 말한다. 그러므로 '개발(開發)'이라고 번역하는 것이 적합한 단어다. 참고로 '계발(啓發)'이라는 단어도 생각해 볼 수 있는데, 이 단어는 이미 내재된 가능성을 개발한다는 의미의 협소성 때문에 새롭게 형성시키는 의미까지 포함하고 있는 '개발'이라는 단어가 더 적합하다.

'khema'는 '평안' 혹은 '평온'을 의미한다. 그런데 'yoga-khema'에서의 'yoga'는 '속박'이라는 뜻이라기보다는 '단련'의 의미로 보는 것이 좋을 듯하다. 그렇게 본다면 'yoga-khema'는 '단련된 평안'이라는 뜻일 것이다. 이것은 안일한 평안이나 강압적인 평안이 아니라 자체적으로 단련되어 질서 잡힌 조화로운 평안을 말하는 것이다. 요샛말로는 '안녕질서'의 줄임말인 '안녕(安寧)'이라는 단어와 상응한다고 보인다. 이러한 번역어는 'yoga-khema'라는 용어가 『리그베다』에서부터 '행복'이라는 뜻으로 쓰였을 뿐만 아니라 왕도정치의 이념으로도 표방된 단어였다는 점으로 미루어 봤을 때 더욱 타당성을 가질 것이다. (상4-238의 주석 155번 참고)

대해서도 말한다.

> "그대들이 제한된 공간에서 무제한의 공간으로 출가한 것은 왕
> 의 명령 때문도 아니고, 도둑에 쫓겨서도 아니고, 빚 때문도 아
> 니고, 두려워서도 아니고, 생계 때문도 아닙니다. 아누룻다
> 들이여, 그대들은 '나는 태어남·늙음·죽음·슬픔·비탄·괴로
> 움·근심·절망에 빠졌다. 괴로움에 빠져서 괴로움에 짓밟혔
> 다. 적어도 나는 이렇게 불리는 전체 괴로움 덩어리들의 끝마침
> 을 알아차려야겠다.'는 신념으로, 가정에서 가정 없는 곳으로
> 출가한 것이 아닙니까?"(맛2-688)

포구 발심도 결국 진리에 대한 깨달음으로 귀결되면서 해결되는 성
질의 것이다. 그런데 대승에서는 자비(慈悲) 발심을 말하는 경우가 있
다. 중생들을 고통에서 구원해주겠다는 발심을 말한다. 그래서 대승
경전과 논서에서는 부처님이 출가할 때의 발심을 '일체중생을 고통에
서 건지기 위하여…'라고 묘사한다. 그러나 근본경전에서는 찾아볼
수 없는 내용이다. 또한 필자가 확인할 수 있는 범위의 스님들 중에
그런 자비 발심으로 출가했다는 스님은 보지도 듣지도 못했다. 이러
한 사실은 당연하고도 다행한 일이다. 자기도 중생이고 자기의 문제
도 해결하지 못하고 있는 암담한 자가 남을 구해주겠다고 생각한 것
은 얼핏 기특한 것 같지만 주제넘어 보여서 꼴사납기까지 하다. 또한
자기 문제의 해결이 아닌 외부 문제의 해결을 위해 목적의식적으로

매진하는 수행이란 그 순수성과 결과물마저 의심하게 만든다. 마치 세상의 악당들을 물리치겠노라며 집을 나온 돈키호테가 풍차에 달려드는 장면을 떠올리게 한다. 또한 나라와 백성을 지킨다는 대의명분을 강요받은 계백 장군이 처자식을 죽이고 출정하는 장면도 겹쳐진다. 자기 문제도 깜깜하면서 중생들을 제도하겠노라고 부모형제, 처자권속을 버리고 출가하는 자는 돈키호테와 계백 장군이 이중 빙의된 가해성 과대망상증 환자와 같다.

자비 발심 출가의 모순성은 대승이 이타(利他)를 너무 의식하고 강조하려다가 자비 발심이 깨달음 이후에 이루어진 일임을 간과하고서 발심 출가에 자비심을 적용시킨 오류에 기인한 것이다. 부처님의 은혜는 부처님의 깨달음 자체에 있다기보다는 깨달음 이후에 중생에 대한 자비심으로 전법을 실행한 것에 있다. 이것은 본서 제28장에서 이미 다루었었다. 그러면 후대 대승권의 발심 출가자들은 자비 발심 출가의 모순성을 자각하지 못했던 것일까? 원효는 『발심수행장』에서 "자기 죄도 벗지 못했다면 남의 죄도 면해줄 수 없다."(自罪未脫 他罪不贖)라고 했다. 이것은 대승 속의 소승이라고 불리기도 하는 선불교의 선사들도 종종 깨달음을 위한 수행에 매진할 것을 권하며 사용하는 말이기도 했다. 그러나 대부분 부처님의 자비 발심 출가에 대해 이의를 제기하지 않았던 것은 대승경전이 부처님의 친설이라고 맹목적으로 받아들일 수밖에 없는 시대였고 이타주의의 대의명분에 굳이 시비를 걸 이유도 딱히 없어 보였기 때문이었을 것이다. 그런데 후대 출가자들의 입장은 이렇게 이해할 수 있는 측면이 있지만, 대승경전을 처음으로 창작한 작자들의 경우에는 이들이 발심 출가에 대해 무감각한 존재들이 아닌가 하는 수사 심리를 자극하는 측면이 있다.

대승에서 결과적인 해석을 덧붙여 생긴 부처님의 자비 발심 출가가 갖는 모순성은 싯다르타를 오래 전에 이미 성불한 화현이라고 주장하며 무마되는 듯하다. 그러나 이것은 메시아사상의 변형일 뿐이다. 만일 대승의 주장대로 이미 완전히 깨달은 존재였지만 고행하는 모습을 보여준 것은 중생들을 수행시키기 위한 방편(쇼? 거짓말?)이었다면 부처님은 칸느영화제 남우 주연상감이다. 본래 목적을 깜박 잊은 척하며 이 난해하고도 거북한 진리를 세상에 알릴 것인지 말 것인지 극적인 반전효과를 노리며 망설이는 연기까지 펼쳤으니 말이다. 그러나 부처님은 자신의 생노병사를 중심으로 인생의 본질적인 문제를 사무치도록 고뇌하다가 이를 해결하기 위해 출가를 결정했다. 이것은 시대를 뛰어넘어 발심 출가자들끼리 느끼는 무혈유전(無血遺傳)의 연대감을 확인할 수 있는 대목이다.

반면에 부처님의 출가를 작은 나라였던 카필라국의 불안한 미래 때문이라고 보는 도피 출가자들의 견해가 있다. 작은 쾌락이라도 있었으면 출가하지 않았을 그들은, 청나라 3대 황제인 순치제의 출가의 경우에는 총애한 후궁의 죽음으로 인한 실의 때문이었을 것이라고 순박한 로맨스 드라마를 상상하거나, 너무 강대해진 나라에 대한 부담감 때문이었을 것이라고 억측할 것이다. 아직까지 말법 중생일지라도 바르게 발심해서 출가한 이들이 많다. 하물며 부처님의 경우이겠는가? 부처님의 발심의 강도는 출가 이후의 처절한 고행이 반증한다. 물론 세속은 번거로운 일이 많고 신성한 실천을 수행하기에 적합하지 않다는 판단도 출가의 요인으로 작용했다.(맛2-162, 맛3-565) 하지만 부처님의 발심 출가의 내용이 자기의 생사에 대한 문제의식이었다는 것은 깨닫고 난 후에 제일 먼저 생사가 이루어지는 흐름과 소멸을 진리인 따라서-같이-생겨남의 안목으로 관찰하고 확인했던 것에서도 드러난다.(우-247) 대승의 주장처럼 깨닫자마자 당장 천상으로 쫓아 올라가서 『화엄경』을 쏟아냈던 것이 아니었다.

부처님을 포함하여 대승권에서 바른 발심으로 출가한 수행자들은 대승경전의 작자들에게 철저히 기만당하고 모독당하고 있음을 자각할 필요가 있다. 왜냐하면 부처님처럼 삶의 무상과 괴로움에 사무쳐서 진리를 깨달아 자신의 근본적인 문제를 해결하려고 출가한 이들을 '열등한 탈것'(小乘)이라고 폄하할 뿐만 아니라 교화할 대상으로 삼기 때문이다. 당연히 귀의의 대상도 아니어서 새롭게 만들어진 부처들과 보살들과 거사들이 더 뛰어난 경지로 여겨지며 귀의의 대상이 된다.(제6장과 제21장을 보라.)

더군다나 불교의 교법과 수행 체계를 꺼짐이 아닌 윤회 시스템으로 바꾼 대승의 작자들이 바르게 발심한 출가자들의 길목을 가로막고 중간에서 삶의 궤도를 유턴시킨다. 왜 이기적으로 옹졸하게 윤회를 종식시키려 하느냐면서. 사실 유마 거사와 같은 비속비승의 걸림 없는 삶이 더 훌륭하지만 이왕 출가한 김에 나름대로 프로그램이 있노라고. 소개하는 프로그램은 '윤회하는 슈퍼맨'(보살승)이었다. 부모형제 버리고 온 일이 무안해진다. 어차피 세세생생 윤회할 것 같으면 다들 각자 집안 권속부터 챙겨 놓고 여력이 되는 대로 남을 돕는 것이 도리에 맞고 순리에도 맞는 처사일 것이기 때문이다. 발심 출가자는 찜찜하지만 워낙 대세인지라 마음을 고쳐먹고 여러 종류의 극기 훈련들을 열심히 수행하게 된다. 그런데 조금 지나자 대승의 다른 작자가 나타나서 더욱 발달한 기종이 나왔다며 '윤회하는 아이언맨'(불승)을 권한다. 이번엔 진짜 진짜로 마지막이라면서. 그리고 이것이 진정한 발보리심[332]이라고 말한다. 이제 지장보살도 더 이상 고집 피우지 말고 부처를 이룬 후에 더 발달된 능력으로 지옥 중생들을 더 많이 건져야 할 것이다. 그뿐만 아니라 당연히 중생들에게도 '윤회하는 아이언맨'의 길을 가르쳐야 한다. 이것이 대승이 꿈꾸는 중생적인 정도 없고 인간적인 싫증도 없이 영원히 사는 위대한 사이보그들의 세상이다.

. . . .

332 發菩提心. '발보리심'은 '깨달으려는(菩提, bodhi, 覺) 마음을 발하다.'로 풀이된다. 줄여서 '발심'이라고 한다. 그런데 대승에서의 발심은 근본불교에서 발심 출가의 발심과는 개념이 다르다. 대승의 '깨달으려는 마음'에서의 깨달음은 새롭게 책정된 불과(佛果)로서의 깨달음을 의미한다. 그러므로 대승의 발심이란 대승적 부처의 깨달음을 구하는 마음을 발하는 것이지 근본불교의 발심 출가의 발심을 말하는 것도 아니고, 4향4과의 깨달음을 발원하는 것도 아니고 꺼짐을 추구하는 발심도 아니다. 동음이의어다.

53
오로지 자기만을 위해 삽시다

말법의 혼탁함과 복잡함 속에서 '대소본말 선후완급'(大小本末 先後緩急. 어떤 것이 더 큰지, 어떤 것이 더 본질적인지, 어떤 것이 더 먼저인지, 어떤 것이 더 급한지)의 균형 감각은 더욱 요구된다고 보인다. 더 큰 대의명분 같아도 나중 일이거나 천천히 해야 할 일이 있을 수 있다. 중생제도라는 대의명분이 바로 그런 경우일 것이다. 부처님은 자기 이익과 남의 이익에 관련하여 훌륭함의 우선순위를 다음과 같이 매겼다.(앙2-242)

1. 자기도 이익 되고 남도 이익 되도록 이행하는 사람
2. 자기는 이익 되지만 남에게 이익 되지는 않게 이행하는 사람
3. 자기에게 이익 되지는 않지만 남은 이익 되게 이행하는 사람
4. 자기도 이익 되지 않고 남도 이익 되지 않게 이행하는 사람

눈여겨 볼 순위는 2위와 3위다. 대승의 냄새를 풍긴다고 평가 받는 『가짓수 부류』에서 나오는 내용임에도 자기의 이익이 남의 이익보다 우선시되고 더 훌륭한 것으로 평가되고 있다. 불법 차원에서 자기의 이익이란 궁극적으로 깨달음을 의미한다. 부처님은 깨닫지 못한 자의 중생제도에 대해 다음처럼 확실하게 말한다.

"쭌다여, 자기도 늪에 빠진 사람이 늪에 빠진 남을 건져 올리는

경우는 분명히 있을 수 없습니다. 쭌다여, 그러나 참으로 자기
는 늪에 빠지지 않은 사람이 늪에 빠진 남을 건져 올리는 경우는
분명히 있을 수 있습니다.

쭌다여, 자기도 길들여지지 않았고 제어되지 않았으며 완전히
꺼지지 않은 사람이 남을 길들이고 제어하며 완전히 꺼지게 하
는 경우는 분명히 있을 수 없습니다. 쭌다여, 그러나 참으로 자
기는 길들여졌고 제어되었으며 '완전히 꺼진'(pari-nibbuto) 사람
이 남을 길들이고 제어하며 완전히 꺼지게 하는 경우는 분명히
있을 수 있습니다."(맛1-286)

탐진치가 완전히 꺼지고 '나다.'라는 착각이 완전히 뿌리 뽑힌 동격자
가 아닌 이상 완전히 순수한 자비심은 실현되지 않는다. 심지어 엄마
의 자식 사랑조차 완전히 순수한 것은 아니다. 선행이란 최소한 자기
만족을 담보한다. 종교적 영역에서 선행은 남보다 수승한 정신적 향
상을 위한 것이거나 천상 티켓을 위한 것일 수도 있으며 명리의 획득
및 포교의 수단으로 쓰일 수도 있다. 세속적인 영역에서는 권력과 인
기를 위한 것이거나 세금 감면을 위한 것일 수도 있다. 열등하고 박
복한 중생들은 그들의 좋은 먹잇감일 수도 있다는 말이다. 물론 교활
한 선행일지라도 교활한 악행에 비하면 찬사를 받아 마땅하다. 그러
나 자신의 선행을 선전하고 과시하는 자들은 더욱더 은근히 얄밉다.
이는 알량한 선행으로 쌓은 복덕을 당장에 까먹으며 만끽하는 것일
뿐만 아니라 인격까지 깎아 먹는 행태이기 때문이다.

경주 최부잣집의 6훈[333]은 유명하다. 그들은 선행과 보시의 공덕으로 파란의 역사 속에서도 300년 이상의 부귀를 누렸다. 소작료를 바치는 서민 계층의 불안과 불만의 증대는 지주의 수입과 입지까지 줄이고 흔들리게 한다. 경주 최부잣집은 실리에 있어서 인과의 부메랑 효과에 일찌감치 눈뜬 집안이었다. 그들의 선행이 귀하기보다 그들의 안목이 귀하다. '귀족의 의무'(noblesse oblige)는 사실상 귀족의 자기방어다. 예컨대 기업 복지나 자선 행위도 이윤 극대화를 위한 CEO들의 경영 마인드 중에 하나다.

삐딱하게 해석하지 않더라도 일방적인 선행의 부정적인 결과는 역시 배제할 수 없다. 지은 악업을 피하기 어렵다면 쌓은 복덕도 피하기 어렵다. 공짜가 없다는 말은 손해도 없다는 말이다. 일방적인 헌신과 희생은 다음 생에 높은 지위와 부귀를 가져올 수 있고 그때 그가 윤회인과에 대해 무지한 상태일 경우, 그가 무의식적으로 상대에게 군림할 수도 있을 것이다. 헌신자와 봉사자가 내심 두려워진다. 중생제도와 중생 군림은 백지 한 장 차이다. 대승의 중생제도라는 맹목적인 이타주의는 설사 저의가 순수하다 하더라도 그러한 부작용을 배제할 수 없을 것이다. 현생만을 놓고 보더라도 맹목적인 중생제도의 이념은, 믿었다면 바로 구원 받은 것이니 바로 전도에 나설 것을

---

333 六訓. ① 과거를 보되 진사 이상은 하지 마라. ② 재산은 만석 이상 지니지 마라. ③ 과객은 후하게 대접하라. ④ 흉년에는 땅을 사지 마라. ⑤ 며느리들은 시집 온 3년간 무명옷을 입어라. ⑥ 사방 백 리 안에 굶어 죽는 사람이 없게 하라.

종용하는 기독교의 맹목적인 교세 팽창주의와 동질의 문화를 형성시키고 있다.

모든 선행은 결국 자기를 위한 행위다. 이쯤에서 모두 나를 위한 일이라고 솔직하게 말하는 것이 좋지 않을까? 그리하면 착한 일 했다는 생각조차 없게 될 것이다. 범부들도 '흔적 없는 보시'(無住相布施)가 가능해진다. 얄미운 생색, 괘씸한 동정, 간교한 위선 따위 없이 줄거 줄 줄 알고 받을 줄도 안다. 이것이 윤회인과와 자업자득에 눈 밝은 자들의 호혜평등한 삶의 방정식이다. 봉사란 선행의 유치한 구호다. 도와주는 자와 도움을 받는 자의 구분이 있는 한 인류에게 이상적인 행복은 달성되지 않는다. 전체적인 긴 안목으로 오로지 자신의 지고한 목적과 이익을 위해 철저해질수록 다른 존재에게도 유익할 수밖에 없는 행위를 꿋꿋하게 펼쳐 나가는 건강함이 필요할 뿐이다.

54
불교 수행의 전체 개괄

진정한 의미에서 자기의 이익을 위한 바른 발심 출가는 출가 이후에 이루어지는 전체적인 수행의 흐름과 자연스럽게, 정확하게 맞물리며 짜진다. 불교 수행의 전체 흐름에 대해 경전에서 종종 나타나는 최소한의 핵심 개념으로 집약한 정형구들을 공식화하면 다음과 같다.

정떨어짐[334] ──────▶ 퇴색함[335] ──────▶ 풀려남 ──────▶ 꺼짐

세속적인 쾌락과 가치들에 대해 정떨어짐이 강할수록 이후의 흐름과 단계들은 신속하게 이루어진다. 이 정떨어짐은 발심과 관련된 '세 가지 법의 도장들'에 대한 사무치는 성찰을 통해 형성되는 것이다. 위의 전체 흐름의 공식에서 수행의 목적과 완결은 꺼짐이라는 것이 다시 확인된다. 이 세상이든 저 세상이든 그 모두에 정떨어진 자에게 꺼짐의 소식은 복음이 될 것이다. 이렇게 기본 교리들은 유기적인 타당성을 가지며 긴밀하게 연결되어 있다. 불법은 발심에서 궁극적인 결과에 이르기까지 완벽한 정합성을 구축하고 있기 때문에 어느 하나라도 어긋나면 불교 전체가 뒤틀리게 되어 있다. 이것이 대승의 비불설과 비불교를 자체적으로 증명 가능하게끔 해주는 인프라이기도 하다. 그러한 의미에서 좀 더 구체적이고 전문적으로 수행의 기본적인 전체 짜임새를 살펴볼 필요가 있다.

· · · · · · · · · ·

334 nibbidā, 厭離. 'nis(부정접두어) + √vid(분명히 알다.)'로 파자된다. 실상을 분명히 알고 보니까 역겨워져서 물리친다는 뜻이다. 그래서 정떨어짐의 계기는 '생성된 대로 알고 봄'(yathā-bhūta ñāṇa dassana, 如實知見, 상2-176, 디3-517)이라고도 하고 '바르게 봄'(sammā dassana, 상3-479)이라고도 말한다. "나는 그 법에 만족하지 않고 그 법에 정떨어져서 떠났습니다."(맛1-622)라는 문장에서 정떨어짐의 성질과 정황을 느낄 수 있다. 자세한 용례는 상3-143의 주석 87번을 참고하라.

335 virāga, 離慾. 'vi(분리접두어) + rāga(물듦, 애착)'로 파자된다. 직역하면 '물 빠짐', '탈색' 정도의 뜻이다. '존재성의 희박화'를 의미하는 단어이기 때문에 '퇴색함'으로 번역했다.

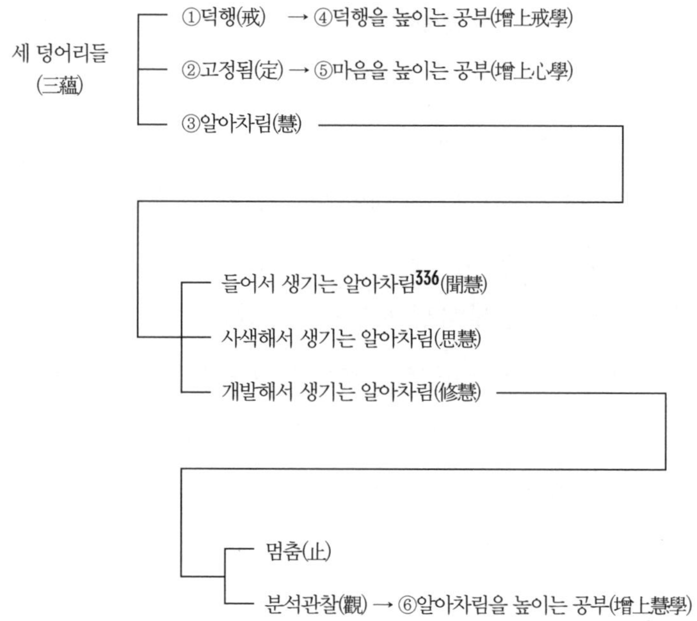
세 덩어리들
(三蘊)
①덕행(戒) → ④덕행을 높이는 공부(增上戒學)
②고정됨(定) → ⑤마음을 높이는 공부(增上心學)
③알아차림(慧)
들어서 생기는 알아차림[336](聞慧)
사색해서 생기는 알아차림(思慧)
개발해서 생기는 알아차림(修慧)
멈춤(止)
분석관찰(觀) → ⑥알아차림을 높이는 공부(增上慧學)

도표 19. 불교 수행의 총체

··········

336 suta-mayā paññā. 알아차림에는 범부의 알아차림도 있으므로(디3-381) '들어서-생기는 알아차림'에는 세속적이든 출세속적이든 지식·정보로 인한 알아차림을 포함한다고 보인다. 최상의 수준으로는, 말끝에 깨닫는 언하대오(言下大悟)까지를 말한다고 볼 수 있겠다. 같은 맥락에서 '사색해서-생기는 알아차림'(cintā-mayā paññā)도 세속에서 나름의 사색으로 얻는 '생활의 지혜'라고 불리는 수준의 알아차림에서부터 무상함이나 자기-없음을 깊게 성찰함으로써 깨달음에 이르는(앙4-350, 상3-414) 것까지 담고 있다고 해석할 수 있겠다.

한국불교에서는 '세 덩어리들'(三蘊, tayo khandhā)과 '세 가지 공부들'(三學, tisso sikkhā)을 혼동하고 있다. '세 덩어리들'은 교법 전체를 성질의 측면에서 크게 분류한 것으로 도표의 ①②③을 말하고, '세 가지 공부들'은 실제 수행상의 방법론을 핵심적인 측면에서 정리한 것으로 도표의 ④⑤⑥을 말한다.

④ '덕행을 높이는 공부'(adhi-sīla sikkhā)에서 '높이는'에 해당하는 접두어는 'adhi'인데 한역으로는 '增上'이라고 잘 번역되었다. 경에서 150개가 넘는 공부조목을 힘들어 하는 비구에게 부처님은 '덕행을 높이는 공부'를 비롯한 '세 가지 공부들'을 권한다.(앙1-535) 그러므로 문맥상 'adhi'는 '높여 가는'의 뜻이다. '높이는 착각'(增上慢, adhi-māna)도 자신의 경지를 좀 더 높게 추정하는 착각을 의미하는 용어였다. 또한 경에서는 '다섯 가지 덕행들'과 같은 덕행에서부터 비구의 규제 조목에 이르기까지 공부조목을 완성시키는 공부를 '덕행을 높이는 공부'라고 정의하고 있다.(앙1-545)

⑤ '마음을 높이는 공부'(adhi-citta sikkhā)란 '네 가지 명상들'이라고 정의된다.(앙1-545) 하지만 마음의 오염원들을 단계적으로 제거시키는 것에서부터 시작하여 유입의 멸진에 이르기까지 포괄적으로 설명되기도 한다.(앙1-577) 어쨌든 근본불교에서의 마음공부란 핵심적으로 말하자면 명상 수행 혹은 고정됨 수행을 말한다.

⑥ '알아차림을 높이는 공부'(adhi-paññā sikkhā)란 '네 가지 성스러운 진실들'을 알아차리는 것이라고 정의된다.(앙1-545) 그런데 '개발해서 생기는 알아차림'(bhāvanā-mayā paññā)의 구체적인 방법은 분석

관찰[337]이라고 할 수 있다. 이것은 '알아차림을 높이는 법의 분석관찰' (adhi-paññā dhamma vipassanā, 앙2-237)이라는 용어에서 뚜렷이 표현되고 있다. 그러므로 네 가지 성스러운 진실들을 알아차리는 구체적인 방법은 분석관찰임을 알 수 있다.

이에 반해 '멈춤'[338]은 알아차림을 직접적으로 개발하는 수행은 아

....

337 vipassanā, 觀. 'vi(분리) + √paś(알아보다.)'로 파자된다. 접두어 'vi'는 기본적으로 '분리'를 의미하고 나아가 '분리된 명료함'을 나타낸다. 'passanā'는 '알아보다.' 혹은 '관찰하다.'라는 의미인 'passati'의 명사형이다. 보통 '觀'(관찰)으로 한역된다. 그런데 여기에 접두어 'vi'를 붙여 만든 'vi-passanā' 또한 '觀'으로 한역하고 있어서 변별력이 떨어진다. 접두어의 의미를 살려서 한역한다면 '分觀'이라고 해야 할 것이다.(대조적으로, 'anu-passanā'는 '잇따르는-관찰'이라는 단어인데 '隨觀'으로 한역되었다.) 순우리말로 하자면 '나누어서 알아보기'이며 한역으로 '분석관찰'(分釋觀察)이라고 줄여서 부를 수 있겠다. 여기에서 '분석'이란 분할(分割)과 해석(解釋)의 의미가 들어 있다. '분할'이란 4념처에서처럼 요소들이나 부분들 혹은 갈래들로 나누는 작업을 말하고, '해석'이란 그 각각을 '세 가지 법의 도장들'로(무상한 것이라고, 괴로운 것이라고, 결국 자기가 없는 것이라고) 풀어서 새겨보는 작업을 말한다. 그러므로 구체적인 수행 방법론의 문맥에서는 이러한 '분석'의 의미를 살려서 번역해야 전체적인 문맥이 선명하게 살아나게 된다. 이와 같은 정의가 경에 명시된 것은 아니지만 '분석관찰'이라는 용어가 적용되는 곳에서 이와 같은 개념 정의와 어긋나는 문맥을 발견할 수는 없을 것이다. 예컨대 "비구들이여, 사리뿟다는 보름 동안 '순차적인 법의 분석관찰'(anupada dhamma vipassanā)을 분명하게 알아봤습니다."(맛4-79)라고 말하는 대목에서는 고정됨의 각 단계마다 그 성분들을 명쾌하게 분석해서 보여준다. 또한 '분석관찰의 길'은 열 가지 고리의 따라서-같이-생겨남의 순차적인 소멸을 관찰하는 것이기도 했다.(디2-81)

338 samatha, 止. 정지(停止)의 뜻에서 '止'라고 한역되었다. 한역에 영향 받아서 '그침'이라고 번역할 수도 있지만 '멈춤'이라고 번역하는 것이 더 좋다. '그침'은 '멈춤'과 거의 동의어이지만 '멈춤'이 '그침'을 포괄하는 개념이다. '그침'과 '멈춤'은 '그만둠' 혹은 '멎음'이라는 뜻을 공통으로 갖는다. 그런데 '멈춤'은 '가다 섬' 혹은 '움직이지 않음'이라는 뜻을 보다 선명하게 표현해 준다. 예컨대 자동차가 가다가 서는 경우, '자동차가 그쳤다.'라고 하기보다 '자동차가 멈추었다.'라는 표현이 더 적합하다. 그와 같이 욕망을 따라가다가 혹은 산란한 생각을 이어가다가 그만 정신 차리고 마음을 다잡는 경우는 모두 '멈춤'이라고 표현하는 것이 좋다. 수행 전체에 있어서 멈춤의 위치와 역할은 제56장 ②를 참고하라.

니다. 멈춤 수행은 고정됨 수행을 포함하는 것이어서(도표 21과 그 설명을 참고하라.) 마음을 개발하는 것이다.(앙1-212) 부처님은 고정됨의 최고봉인 '인지가 있지도 없지도 않은 영역'을 달성했지만 깨달음을 얻지는 못했었다. 깨달음은 알아차림으로 달성되는 것이기 때문이다.

하지만 고정됨은 '생성된 대로 알고 봄'을 가져오고(디3-517) '유입들의 멸진'도 가져온다고 설명된다(디3-390). 또한 지관겸수(止觀兼修, samatha vipassanaṁ yuga naddhaṁ bhāveti. 멈춤과 분석관찰을 쌍으로 결합해서 개발함. 앙2-370)의 방법으로 묶어서 제시되기도 하므로 가능성의 차원에서 '멈춤'을 '개발해서 생기는 알아차림'에 넣었다. 이로써 수행 방법론의 두 중심축이자(상5-101) '훤히 알게 해주는 두 가지 법들'인(앙1-212) 지관[339] 수행법을 위의 도표에 모두 표시할 수 있게 되었다.

· · · · · · · · · ·

339 止觀. 대승권에서 지관에 대해서 가장 깊게 밝힌 사람은 천태 지의(天台智顗)다. 당시의 대승경전과 대승의 논소를 이용해서 지관에 대해 근본불교에 매우 근접한 정리를 이루었다는 것은 놀랍다. 아마도 그의 수행 견처가 밑받침 된 결과일 것이다. 그러나 여전히 개념의 근본이 명쾌하지 못하고 대승사상의 영향과 제약이라는 한계에 갇혀 있다. 그의 『마하지관』에 의하면 '止'란 ① 망념의 휴식(息), ② 지혜에 의한 번뇌의 정지(停), ③ 법성에서의 멈춤(對不止止)을 말하고, '觀'이란 ① 번뇌를 꿰뚫음(貫穿), ② 진여에 부합하는 통달(觀達), ③ 법성에서의 관찰(對不觀觀)을 말한다. 그러나 이러한 규정은 상대적인 차원이라 하고, ③번의 측면을 좀 더 추상적으로 끌어올려서 절대적인 측면으로 규정하기도 한다. "어리석은 산란으로 말미암아 지관이라고 부르는 것이 아니고, 상대적일 수 없는 오직 하나의 법계라는 측면에서 절대지관(絕待止觀)이라고 부른다."(『대지관좌선법』1-269, 김무득 역, 운주사, 1994.) 이러한 차원의 관찰을 원돈지관(圓頓止觀)이라고 부르기도 한다.

천태의 지관은 방법론상의 구체성을 곧잘 벗어나서 추상적인 실체성과의 계합으로 개념 정의가 이루어진다. 특히 천태는 '觀'의 원어가 'vipassanā'임을 뚜렷이 밝히지는 못했지만 보통 지관의 원어는 'samatha'와 'vipassanā'를 옮긴 것으로 본다. 그렇다면 천태의 '觀'은 '분석관찰'에서의 '분석'이라는 의미를 놓치고 있다고 볼 수 있다. 후학들도 마찬가지였다. 실제 수행법을

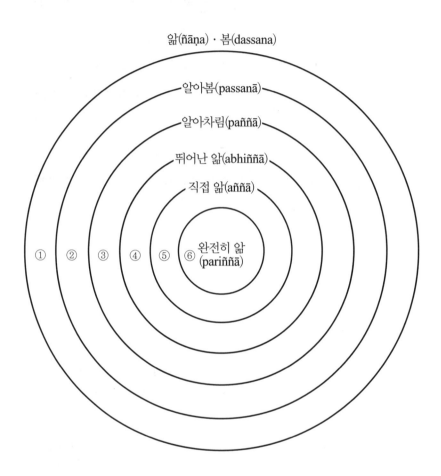

알음(ñāṇa) · 봄(dassana)

알아봄(passanā)

알아차림(paññā)

뛰어난 앎(abhiññā)

직접 앎(aññā)

완전히 앎
(pariññā)

① ② ③ ④ ⑤ ⑥

도표20. 알아차림 계열의 용어들

그런데 알아차림을 설명할 때마다 나타나는 용어들인 앎, 관찰, 뛰어난 앎 등등의 상호 관계를 명확하게 명시해야 불교 수행의 전체적인 관계도 좀 더 명확해질 것이다.

① 무엇이든 아는 것이 앎(ñāṇa, 知. 주석 158번 참고)이다. 앎은 일상적으로 넓은 의미의 범위를 갖는다. 앎의 4차원으로 느낌·인지·식별·알아차림을 말할 수 있다. 무엇이든 보는 것이 봄(dassana, 見. 주석 159번 참고)이다. 봄도 일상적으로 넓은 의미의 범위를 갖는다. 그런 앎과 봄은 최고 수준의 깨달음의 경지까지도 포괄하는 개념이다. 대표적으로 '풀려남의 앎과 봄'(解脫知見)이라는 용어가 있다.

② '알아봄'(passanā, 觀)은 '관찰'과 동의어다. 관찰이라는 단어는 '분석관찰'(vi-passanā, 分觀)과 '잇따라 관찰하기'(anu-passanā, 隨觀)로 많이 쓰인다. '잇따라 관찰하기'란 연속적으로 반복하는 관찰을 말한다. 대부분 4념처 각각의 주제들을 지속적으로 관찰하는 방법으로 쓰였다. 그러므로 '잇따라 관찰하기'란 분석관찰의 구체적인 실천 방법이다.

③ 알아차림(paññā, 慧)이란 꿰뚫듯이 직접적으로 아는 앎을 말하며(주석 270번 참고) 깨달음으로 이끄는 앎이다. 그러므로 알아차림 계열의 앎들이 모두 깨달음과 관계되는 앎인 것이다. 예컨대 4념처는 모두 알아차림 수행법이다. 그러므로 4념처 수행은 깨달음과 직접적

· · · · · · · · · ·

설명하는 대목을 보더라도 천태는 '止' 수행에 무실체임을 관찰하는 내용을 집어넣었고, '觀' 수행법도 '공(空)', 즉 무실체를 관찰하는 내용만으로 이루어져 있다.(『천태소지관』, 윤현로 역, 운주사, 2011, 133p.~ 참고.) 이렇게 천태의 지관은 혼동되어 있고 편협해져 있다고 말할 수 있다.

인 관계가 있는 수행법임을 알 수 있다.

알아차림과 유사어로 쓰이는 용어들로 '꿰뚫음'(nibbedha), '통찰'(paṭiveddha), '간파'(abhisamaya) 등을 들 수 있는데 모두 꿰뚫듯이 직접 아는 성질을 잘 대변해 준다.

④ 뛰어난 앎(abhiññā, 勝知. 주석 21번 참고)에는 여섯 가지가 있는데 모두 따지며 분별하는 앎이라기보다는 꿰뚫듯이 직접 아는 것들이다. 그래서 경에서도 이 여섯 가지들 모두를 '알아차림의 구족'이라고 말한다.(디1-443~) 그중에서도 '세 가지 훤히 앎들'(주석 261번 참고)은 부처님의 깨달음의 직전 과정에 나타나는 앎이었고, 특히 '유입들이 멸진하는 앎'은 깨달음을 완성시켜 주는 알아차림이었다.

⑤ 직접-앎(aññā, 究竟智. 주석 31번 참고)은 동격자의 깨달음을 달성시키는 알아차림으로만 한결같이 쓰였다.[340]

. . . .

340 꼰단냐(교진여)의 경우에는 논란의 여지가 있다. 『초전법륜 경』에 의하면 부처님이 5비구들에게 중간행보인 성스러운 8차선의 길과 네 가지 성스러운 진실들을 표명했을 때 꼰단냐는 예류자의 '법의 눈'을 얻는다.(상6-390) 그리고 신들의 찬탄이 이어지고 부처님이 다시 "꼰단냐 벗이 참으로 직접 알았도다!"(aññāsi vata bho Koṇḍañño!)라고 감흥어를 두 번이나 토한다.(상6-391) 이로부터 꼰단냐는 '직접 안 꼰단냐'(aññāsi Koṇḍañña, 阿若憍陳如)라고 불렸다. 그런데 '직접-앎'은 동격자의 깨달음에만 사용하는 용어였기 때문에 부처님의 일관된 언어 사용법을 고려했을 때 부처님의 감흥어는 꼰단냐가 동격자에 도달했을 때 한 말이어야 한다고 주장할 수 있다. 하지만 두 번째 설법인(주석서에 의하면 초전법륜으로부터 5일 후임. 상3-236의 주석 190번 참고) 『무아의 특징 경』에 의하면 다섯 덩어리들의 자기-없음에 대한 표명을 듣고서야 5비구들이 모두 동격자에 도달하는 것으로 되어 있다.(상3-239) 물론 부처님의 첫 설법이기 때문에 철저한 용어의 일관성을 적용하는 것은 무리인 점도 있다. 그러나 그것도 부처님의 언어 사용법을 몰라서 하는 말이다. 꼰단냐에 대한 감흥어에 쓰인 "직접 알았도다!"라는 표현은 격의법으로 이해되어야 한다. 즉, 감흥어의 'aññāsi'는 직접 보고 듣고 체험해서 알았다는 일차적이고도 일상적인 의미의 2인칭 과거형 동사로 쓰인 것이다.(일상적인 용례는 주석 31번을 참고하라.) 하

⑥ 완전히-앎(pariññā, 遍知)도 동격자의 앎을 말할 때에만 쓰인다. 직접-앎은 동격자가 깨달음을 달성하는 순간의 앎을 표현하는 말이라면 완전히-앎은 동격자의 앎의 완성도를 나타내는 말이다.

이러한 알아차림 계열의 용어들은 불교 수행을 설명할 때 유기적인 관계를 가지면서 깨달음을 향하여 전체적인 정합성을 형성하고 있다. 이에 반해 대승에서는 이 용어들이 잘 다루어지지도 않으며 다루어지더라도 위의 정합성이 결여되어 있다. 그도 그럴 것이 대승의 수행법은 근본불교의 수행법과 이질적인 부분이 많기 때문에 실질적으로 연결되어 쓰이기에는 어려움이 있다. 단지 대승에서는 망상된 초월적인 실체에 관련하여 '헤아려지지 않는'(不思議), '사량할 수 없는'(不可思量), '분별없는 지혜'(無分別智)와 같은 신비적인 표현들이 범람할 뿐이다.

55
사띠(sati, 念)는 '상기'다

불교 전체를 한 단어로 집약할 수 있는 용어는 '법'이었다. 한편으로 불교 수행법 전체에 걸쳐서 지배적으로 관통하는 핵심 단어 하나를

· · · · · · · · · ·

지만 명사화된 'aññā'(직접-앎)는 전문적인 맥락에서 동격자의 깨달음을 표현할 때에만 쓰인다.

들라고 하면 단연 'sati'라고 해야 할 것이다. 왜냐하면 이 'sati'가 '멈춤'과 '분석관찰'을 가능하게 해주는 근본 원리이자 추진력이기 때문이다.[341] 그러나 이렇게 중요한 기본 단어임에도 아직까지 이 단어의 정확한 개념과 적절한 번역어는 제시되지 못하고 있는 것 같다. 우선 근본경전에 근거해서 개념을 정의해야 할 것이다. 경에서 'sati'를 정의하는 두 가지 경우가 있다.

> "비구들이여, 그러면 어떤 것이 'sati'의 기능입니까?
> 비구들이여, 여기 성스러운 제자는 'sati'하는 자가 됩니다. 그는 최상으로 'sati'의 총명함을 갖추어서 오래전에 행하고 오래전에 말한 것이라도 '기억하고 잇따라 기억했기 때문'(saratā anu-saratā)입니다.
> 비구들이여, 이것을 'sati'의 기능이라고 합니다."(상5-544)

위의 경문에서 설명되었듯이 'sati'는 어원까지 동일한 '기억하다.'(sarati)라는 말과 기본적으로 같은 의미를 가지고 있다. 그래서 "잊어버리지 않기 때문에 그에게 'sati'가 현전하게 됩니다."(맛4-194)라고

· · · · · · · · · ·

341 "사밋디여, 그러면 그것(고정됨)은 무엇의 지배를 받습니까? 존자시여, 상기의 지배를 받습니다."(앙5-410) 한편, 분석관찰을 대표하는 수행법은 4념처 수행이라고 할 수 있다. 그런데 이 4념처 수행 각각은 "열심히 자각하며 상기하는 자가 되어 거처합니다."(viharati ātāpī sampajāno satimā, 디2-496)라는 정형구로 수식되어 있다. 4념처의 분석관찰도 역시 수행 주제에 대한 상기를 통해 이루어짐을 알 수 있다.

설명된다. 그런데 'sati'에는 '떠올림'이라는 성질이 추가된다는 것을 다음의 경문에서 확인할 수 있다.

"비구가 이렇게 그 시기에 멀어진 채로 거처하면서 그 법을 잇 따라-기억하고 '잇따라-떠올립니다'[342]. 그 시기에 비구에게는 'sati'라는 깨닫는 통로'[343]가 시작됩니다."(상5-300)

기억하고 떠올리는 것을 한 단어로 표현하면 '상기(想起)'라고 할 것이 다.[344] 다시 말해 상기란 '의도적으로 기억을 떠올리는 정신 활동'이라

. . . .

342 anu-vitakketi. '떠올리다.'(vi-takketi)는 '분리되어 나와서(vi) 사유하다(takketi).'로 파 자된다. 툭 튀어나오는 사유를 일컫는 말이다. 이것의 명사형은 '떠올림'(vitakka)이다. 사악하 고 안 좋은 떠올림을 어떻게 가라앉힐 것인지에 대해 설명한 경이 『떠올림을 가라앉히는 경』(맛 1-507)이다. 이러한 '떠올리다.'라는 단어에 '자꾸자꾸 계속해서'라는 의미의 접두어인 'anu-' 가 붙어서 '잇따라-떠올리다.'라는 용어가 쓰였다.

343 sati sambojjhaṅga. '일곱 가지 깨닫는 통로들'(七覺支, satta bojjhaṅgā. 즉, 念-상기, 擇法-법의 구별, 精進-정진, 喜-희열, 輕安-차분해짐, 定-고정됨, 捨-담담함) 중에 첫 번째임. '일곱 가지 깨닫는 통로들'인 경우에 '깨닫는 통로들'이 'bojjhaṅgā'로 나타나는 반면에 각각의 깨닫는 통 로를 말할 때에는 'sam-bojjhaṅga'로 나타난다. 그러므로 'bojjhaṅgā'의 접두어 '~ sam-'은 ' 동격의 결합'(~라는)을 표시하는 용도로 삽입된 것이라고 보인다. '통로'인 이유는 "비구여, '깨 달음으로 이끈다.'고 해서 깨닫는 통로라고 합니다."(상5-309)에서 명확히 드러난다. 또한 일 곱 가지 깨닫는 통로는 '꿰뚫어주는 길'(nibbedha-bhāgiya magga)이라고도 불린다.(상5-334)

344 요즘의 'sati'에 대한 여러 가지 번역어 중에 '마음챙김'이나 '알아차림'은 상기의 떠올림이 라는 측면에 치우친 번역어이고, '새김'은 상기의 기억이라는 측면에 치우친 번역어라고 할 수 있다. 이러한 편협한 번역어들은 다양한 다른 문맥들에서는 의미가 형통하지 못하는 결과를 가져오게 되어 있다.

고 정의할 수 있겠다. 영어의 'recollection'에 해당한다. 무슨 생각을 하려면 그와 관련된 언어나 인상을 떠올려야 시작할 수 있고 이어갈 수 있다. 이렇게 정신 활동은 상기함 없이 이루어지지 않는다. 그래서 "정신은 상기로 귀결됩니다."(상5-587)라고 한 것이다.

다만 유념할 점은 수행 문맥에서 나타나는 상기는 대부분 목적어가 생략되어 있다는 것이다. 그 목적어는 넓게는 부처님의 말씀이거나 계율 내용일 수도 있다. 그러나 대부분 자기의 구체적인 수행 주제가 생략되어 있다고 보면 된다. 그런데 그 수행 주제는 다양하고 개인마다 달라서 일일이 열거할 수 없기 때문에 생략할 수밖에 없는 것이다. 또한 그 수행 주제를 연속적으로 반복하라는 의미에서 '잇따라'(anu-)라는 접두어를 덧붙이는 경우도 있다. 대표적으로 '여섯 가지 잇따라-상기하는 장소들'[345]을 들 수 있다. 결론적으로 수행 문맥에서의 상기는 자신의 수행 주제를 놓치지 않고 사라지지 않도록 마음에 띄워서 현전시키는 기능을 말한다.

이렇게 수행 문맥에 쓰인 상기에 한해서 "상기는 모두 유익한 것"(상5-380)이라고 말할 수 있다. 수행 주제만을 상기한다면 마음에 오염들이 유입될 리가 없다. 그래서 "상기라는 보호가 마음에 갖추어집니다."(디3-463)라고 말한다.(이것이 여인을 봤을 때 상기를 현전시켜야 하는 이유다. 디2-268) 또한 상기는 갈구라는 독화살을 찾아내어 뽑아내는

· · · · · · · · · ·

345 cha anu-sati ṭhānāni, 六隨念. 즉, 부처님·법·대중·덕행·버림(cāga)·천신에 대해서 자꾸자꾸 계속해서 떠올리며 되새기는 수행법이다.(디3-431)

집게(esanī)로 비유되기도 하고(맛3-676) 외부의 적들을 막아내는 수문 장으로 비유되기도 한다.(앙4-500) 그러나 모든 상기가 유익한 것은 아니다. 일상적인 문맥에서는 상기하지 말아야 하는 내용과 경우들이 나타나기 때문이다.(맛1-510, 앙3-359 참고)

상기도 격의법으로 쓰인 단어다. 그러므로 일상적인 문맥에서의 쓰임새를 살펴보면 그 기본적인 의미가 더욱 선명해질 것이다. 그런데 일상적인 문맥이 가장 잘 드러나는 곳은 규제집이다. 규제집은 일상적인 생활상의 문제들을 다루기 때문이다. 또한 비구가 된 후 최초 5년은 오로지 규제를 배우고 익히는 일에 중점을 두어 공부하라는 것이 부처님의 뜻이었다. 그렇기 때문에 정상적인 대중에 출가한 스님이라면 규제집에 나오는 단어와 그 쓰임새로 기본 개념이 형성된다는 것을 알아야 한다. 상기라는 단어도 규제집에서 중요하게 쓰였다. 대표적인 예가 '상기시키는 규제'(sati-vinaya, 憶念-毘尼. 주석 68번 참고)다. 이것은 피고인에게 과거를 상기하도록 따져 물어서 범행의 사실 여부를 확인하는 대중 작업을 말한다. 일본의 남전대장경에서는 상기의 동의어인 '억념(憶念)'으로 잘 번역했지만 우리나라에서는 잘 쓰이지 않는 단어다.

상기의 일상적인 쓰임새는 여러 경문에서도 나타난다. "그것을(농경제에서 첫 번째 명상을 달성한 일) 상기하자 이러한 식별이 잇따라 오게 되었습니다. 이것이 깨달음을 위한 길이다!"(맛2-180) 혹은 "그는 나무 아래로 가거나 노지로 가서 '이것은 소들이다.'고 상기만 하면 됩니다."(맛1-503)라는 문구에서 나타난다. 한편, 우리가 간혹 '가난했던 지난 날을 상기해 봐라.'고 말할 때의 상기에는 각성(覺醒)과 명심(銘心)이라는 의미가 담겨 있다. 이와 비슷하게 경에서도 공부를 다짐하는 문장들을 상기하는 경우에 대해 '상기의 주도함'이라고 명명하고 있다.(앙2-552)

덧붙여, 숙명통(宿命通)이라고 어설프게 한역된 원어는 '전생을 잇따라—상기하는 앎'(pubbenivāsa anu-sati ñāṇa, 디1-254)이다. 그래서 "전생은 상기함으로 실현해야"(디3-401) 하는 것으로 말한다. 여기에서 상기에는 기억과 떠올림이라는 두 가지 속성이 내포되어 있다는 사실을 다시 한 번 확인할 수 있다.

이렇게 모든 경우들에 있어서 'sati'는 '상기'라는 단어임에 틀림없다. 불교 수행을 관통하는 기본 원리로 제시된 '상기'를 명확하게 이해하는 것은 불교 수행 전체를 명확하게 이해하는 것과 직결된다. 그렇기 때문에 정확한 번역어 하나가 번다한 해설서 여러 권보다 위대하다고 말할 수 있는 것이다.

56
상기와 멈춤과 분석관찰의 관계

상기는 불교 수행의 두 기둥인 멈춤과 분석관찰의 시작이자 지배적인 원리였다. 그러므로 상기와 멈춤 및 분석관찰의 상호 작용과 영역들의 맞물림을 정확하게 파악하는 일은 불교 수행법의 전체 밑그림과 기본 원리를 파악하는 일이 될 것이다. 다음의 벤 다이어그램을 통해서 설명하겠다.

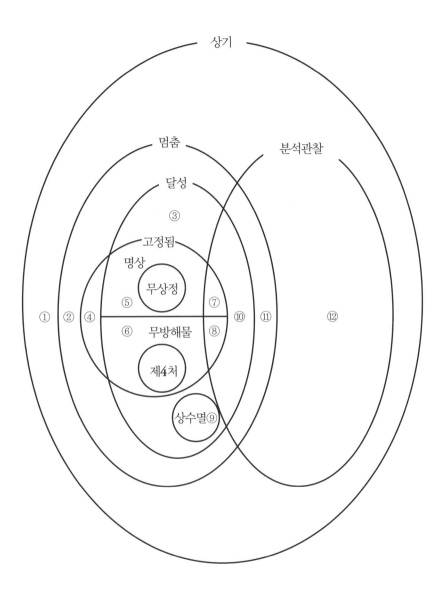

상기

멈춤　　　　분석관찰

달성

③

고정됨

명상

무상정

⑤　　　　　⑦

①　②　④　　　　　⑩　⑪　　⑫

⑥　무방해물　⑧

제4처

상수멸⑨

도표 21. 상기의 짜임새

① 상기는 기본적으로 기억을 떠올리는 정신 활동이다. 사악하고 안 좋은 일을 상기하는 것도 상기의 하나다. 한편 명심할 일을 상기할 수도 있다. 그러나 불교 내에서 사용될 때에는 대부분 부처님 말씀을 상기하는 문맥에서 쓰인다. 부처님 말씀으로는 규제에 대한 것일 수도 있고 교리에 대한 것일 수도 있다. 나아가 보다 전문적인 수행의 문맥에서는 수행 주제를 상기하는 내용으로 다루어진다. 그런데 수행 주제와 방법에 따라 멈춤과 분석관찰로 영역이 나뉘게 된다.

② 대중의 여러 문제들을 멈추는 것, 즉 '일곱 가지로 문제를 멈춤'도 넓은 의미에서 멈춤 수행이라고 할 수 있을 것이다.(주석 68번 참고) 또한 '다섯 가지 덮개들'³⁴⁶, 즉 욕망의 욕구(kāma-chanda), 언짢

. . . .

346 pañca nīvaraṇāni, 五蓋. '덮개'는 '이끌어서(nī) 덮는(√vṛ) 것'으로 파자된다. '障(장애)으로도 한역되지만 직역인 '蓋(덮개)'가 알맞다. 수행 중에 수행자의 마음을 먹구름처럼 뒤덮는 것을 나타내기 때문이다. 실제로 수행 도중에 겪어 본 수행자라면 '덮개'라는 비유어는 실감나는 표현임을 알게 된다. "'깜깜모름에 덮이고'(avijjā nīvaraṇānaṁ) 갈구에 결박되어…."(상2-442)에서도 쓰였다.

유사어로 'āvaraṇa'가 있는데(상5-346) '자기에게(ā) 덮치는(√vṛ) 것'으로 파자된다. '장애'라고 번역하면 알맞을 것 같다. 덧붙여 장애[障]로 한역된 또 다른 단어로 'antarāya'가 있다. 이것은 'antara'(틈새·사이)에서 파생한 단어로 '결함'이라는 뜻이다. 기본적인 자격이 갖추어지지 않아서 문제가 됨을 의미한다. 거짓말이나 음행을 '결함에 관계되는 법들'(antarāyikā dhammā, 障道法. 율2, 율3-1628)이라고 말하기도 한다. 입문 시에 '열 가지 결함에 관계되는 법들'(十遮)에도 쓰였다.(율1-268, 주석 118번 참고)

한편, 대승의 『능엄경』에서는 이 '다섯 가지 덮개들'을 압도할 만한 장애 현상을 '변마장'(辨魔章, 마장을 분별하는 장)에서 광대하게 기술했다. 다섯 덩어리들이 차례대로 하나씩 멸진할 때마다 열 가지씩 장애 현상이 일어난다고 하여 50가지가 묘사되어 있다. 그러나 이것은 '다섯 덩어리들'(五陰, 五蘊)이 유기적으로 연결되어 있어서 하나씩 멸진시킬 수 없다는 기본적인 이해가 결여되어 있다. 물론 근본불교에도 무방해물의 영역인 고정됨도 있고 느낌과 인지가 소멸한 상수멸이라는 특별한 경지도 있다. 하지만 이러한 경지를 실제 달성한 수행자들에게서 『능엄경』에

음³⁴⁷, 권태와 혼침³⁴⁸, 들뜸과 잘못됨³⁴⁹, 의심³⁵⁰을 멈추는 것도 멈춤

· · · · · · · · · ·

나타나는 마장을 경험했다는 기술은 찾아볼 수 없다. 아마도 '변마장'은 당시 외도들을 포함한 출가자들 사이에 떠도는 풍문들을 수집하고 각색한 내용들이라고 보인다. 또한 다섯 덩어리들 각각에 대한 정확한 이해도 결여되어 있기 때문에 각각의 마장 현상과 해당 덩어리와의 상응하는 연관성 또한 결여되어 있다. 그저 신비한 자극적인 상상력만이 난무할 뿐이다. 실제로 발심하여 욕망을 잘라버리고 신념을 굳힌 수행자에게서 나타나는 장애는 대부분 혼침과 들뜸이다. 『선요』의 '개당보설'에서 고봉 원묘는 "항상 혼침과 산란이라는 두 마구니가 한 덩어리로 엉겨 붙어서 온 힘을 다해도 물리치지 못했다."라고 고백했다.

347 vyāpāda(=byāpāda), 惡意, 瞋恚. '어긋나서(vi) 자기에게(ā) 걸어오다(√pad).'로 파자된다. 불쾌하고 싫은 것을 말한다. 아비담마 철학에서는 거리낌(paṭigha)과 동의어로 취급한다. 경에서는 화(dosa, 瞋)에 속하는 것으로 설명되기도 했다.(앙1-470) 동사형은 'byāpajjati'(언짢아하다.)인데 "여기 어떤 자는 눈으로 방해물을 보고 사랑스러운 방해물에는 몰두하고 사랑스럽지 않은 방해물에는 언짢아합니다."(상4-296)에서 쓰였다. 이 단어를 분노나 악의로 번역하면 너무 거칠게 진행된 상태를 중심적으로 나타내는 지나친 말이 된다.

348 thīna-middha, 昏沈-睡眠. 여기에서 'thīna'는 보통 해태(懈怠)로 번역되고 있다. 하지만 해태는 게으름의 한자어일 뿐이다. 덮개들은 내면의 심리 상태를 묘사하는 내용이어서 행동 양식을 주되게 표현하는 게으름은 적당하지 않다. 또한 게으름에 맞아떨어지는 빨리어는 'kusīta'(디3-440 참고)이다. 청론2-477에 의하면, 'thīna'는 분발해서 정진하지 못하게 하는 처지는 상태인데 '권태'를 말한다고 보인다. 'middha'는 나른해서 '작업할 수 없는 상태'(akammaññatā)이고 둔중함(līnatā)과 졸음과 수면으로 이어지는 것인데 '혼침'을 말한다고 보인다. 경에서는 '권태와 혼침'을 돕는 것들로, 재미없음(arati) · 태만(tandi), 하품(vijambhikā) · 식곤증(bhatta sammada) · 마음의 둔탁함(cetaso līnatta) 등을 들고 있다.(상5-292)

349 uddhacca-kukkucca, 悼擧-惡作. 'kukkucca'(惡作)는 '나쁘게(ku) 지은(kata) 것(ya)'으로 파자된다. 보통 '후회'라고 이해되고 있지만 어원에 충실하게 직역해서 '잘못됨'이라고 번역해야 한다. 잘못됨이란 과거에 자기에게 벌어진 잘못된 일을 말한다. 이 잘못된 일이 떠오르면서 갖가지 심리를 유발하는데 후회는 그중에 하나일 뿐이다. 잘못된 일에 대한 회상은 회한 · 우울 · 분노 · 자책 · 불안 · 고뇌 등등을 야기한다. 이 모두를 포괄하는 개념으로서 '잘못됨'을 사용한 것이다. 잘못됨으로 야기되는 심리 모두는 결국 들뜸의 계열에 속하게 된다.
단순히 '잘못됨'이라는 의미로도 쓰인다. 규제집에서는 재계의식을 행하지 말아야 할 상황에서 재계의식을 행하겠다는 결정을 '잘못된 전제'(kukkucca pakata, 율1-348)라고 말한다. 또한 단타 제77조에서는 6군 비구들이 17군 비구들에게 입문이 성립되지 않았다며 "고의로 잘못됨

수행이라고 볼 수 있다. 이 멈춤은 수행 주제에 고정됨으로 자연스레 연결되는 개념이다. 일단 멈추어야 고정시킬 수 있기 때문이다. 그러므로 멈춤 수행은 고정됨 수행을 포괄한다고 볼 수 있다.

③ '달성'(samāpajjati, 等至)의 동사형은 'samāpajjati'인데 '이루어지다.' 혹은 '성사되다.'를 의미한다. '같은(sam) 상태가 자기에게@ 걸어가다(√ pad).'로 파자된다. 승잔 제2조에서 "욕정으로 변심하여 여성과 서로 몸을 맞닿는 것이 '이루어지거나'…."로 쓰였고, 승잔 제5조에서 "중매가 '성사되면'…."으로 쓰였다. 또한 사타 제19조에서는 "금전거래가 '성사되면'…."으로 쓰이기도 했다. 이런 일상적인 쓰임새를 보면 '달성'이란 일정한 상태나 경지에 '도달'해서 확실하게 '성취'된 것을 말한다. 그러므로 달성을 고정됨처럼 구체적이고도 독립적인 수행 방법으로 여기는 것은 잘못이다.

달성된 차원으로서의 고정됨에는 여덟 가지만이 있다. 즉, '네 가지 명상들'(四禪, cattāri jhānāni. 58장에서 구체적으로 다루겠다.)과 '네 가지 무방해물들'(四無色, cattāro arūpā)이다.

④ 세속에서 '시선 고정'이나 '독서삼매' 등의 표현들이 쓰이는데

· · · · · · · · · ·

을 안겨주었다."(율3-1667) 17군 비구들은 울며 걱정하게 된다. 또한 잘못되지 않은 것을 잘못됐다고 하고 잘못된 것을 잘못되지 않았다고 하는 사람은 번뇌의 유입이 늘어난다고 말하기도 한다.(앙1-265)
참고로 '惡作'이라고 한역된 다른 원어로 'dukkaṭa'가 있다. 이것은 '잘못(du) 지은(kaṭa)'으로 파자되며 '과실'(과오 · 실수)이라는 말이다.(주석 85번 참고)

350 vīcikicchā, 疑. 불법이 확실한 진리인지, 자신의 수행이 확실히 깨닫는 방법인지 의심하는 것을 말한다.

모두 달성 차원의 고정됨이라고 할 수는 없다. 다만 집중의 일종으로 볼 수는 있겠다.

불법의 전문적인 수행에서도 달성되기 이전의 고정됨 수행이 있다. 보통은 "내놓는 대상을 만든 후에"[351] 그 수행 주제를 열심히 떠올리고 살펴보기를 반복하는 단계를 말한다. 아비담마 철학에서는 '근접삼매'(upacāra samādhi)라고 불렀다.

⑤ '네 가지 명상들'(四禪)은 후대에 고정됨[定]이라는 의미를 덧붙여서 '4선정'(四禪定, 네 가지 명상들이라는 고정됨)이라고도 불렀다. 즉, '첫 번째 명상'(初禪), '두 번째 명상'(第二禪), '세 번째 명상'(第三禪), '네 번째 명상'(第四禪)을 말한다. 분석관찰을 통하지 않고 순수하게 네 가지 명상들로 고정됨은 대개 '열 가지 온통 수행'과 '네 가지 무량한 마음들'[352]을 통해서 달성된다.

제4선인 '네 번째 명상' 중에는 무상정[353]이 있는데 이것을 벤 다이

· · · · · · · · · · ·

351 vossagg-ārammaṇaṁ karitvā(상5-544). '내놓는 대상'이란 흙 원반이나 물웅덩이 등 여러 가지일 수 있다. 보통 열 가지 온통 수행에서 인상을 취득하기 위한 대상을 자신의 앞에 내놓는 것을 말한다. 'vossagga'(내놓음)는 격의법이 적용된 용어다. "내놓기를(주는 것을) 좋아하고…."(상6-269)에서처럼 기본적으로 '꺼내어 던짐'을 뜻한다. 본문은 이런 기본적인 의미로 쓰인 것이다. 다만 '내놓음으로 회향하는'(vossagga pariṇāmi, 捨遣廻向)에서처럼 꺼짐으로 향하는 의미로 사용되기도 한다.(상5-179)

352 四無量心. 즉, 자애(慈, mettā), 연민(悲, karuṇā), 기뻐해줌(喜, muditā), 담담함(捨, upekkhā).

353 無想定, asañña samādhi. 인지하지 않는 고정됨. 이 무상정은 근본경전에서 직접 다루어지지는 않지만 아비담마 철학에서는 표명되어졌다. 이것은 '도표 8'에서 네 번째 명상에 해당하는 천상이 여러 등급이 있고 그 정점에 무상유정천(無想有情天, asañña satta)이 있는 것으로 보아

어그램에서 따로 표시한 이유는 이 영역에서는 분석관찰이 이루어지지 않기 때문이다. 인지하지 않는다는 것은 식별하지도 않는다는 말이고 알아차림도 없는 것이어서 깨달음도 이루어지지 않는다.

⑥ '네 가지 무방해물들'(四無色)은 후대에 고정됨이라는 의미를 덧붙여서 '4무색정'(四無色定, 네 가지 무방해물들이라는 고정됨)이라고도 불렀다. 즉, '무한허공의 영역'(空無邊處), '무한식별의 영역'(識無邊處), '아무것도 없는 영역'(無所有處), '인지가 있지도 없지도 않은 영역'(非想非非想處)을 말한다.

네 가지 무방해물들의 영역에서는 인지가 제약되어 있어서 식별도 제약되고 알아차림도 제약된다. 특히 제4처(第四處, 네 번째 무방해물)에서는 인지가 거의 이루어지지 않으므로[354] 알아차림도 이루어지지 않는다. 벤 다이어그램에서 제4처인 '인지가 있지도 없지도 않은 영역'을 따로 표시한 이유도 이 영역에서는 분석관찰이 이루어지지 않기 때문이다. 그러므로 깨달음도 이루어지지 않는다. 그러나 빠져나온 후에는 가능하다.(앙5-472)

⑦ 달성된 고정됨에는 네 가지 명상들과 네 가지 무방해물들이 있는데, 제4선 중에 '인지하지 않는 고정됨'과 제4처인 '인지가 있지도

그 타당성이 확보된다고 하겠다. 근본경전에서는 이 천신들에 대해서 "인지하지 못하고 낱낱이 느끼지 못하는 중생들"이라고 묘사한다.(디3-453) 다음 장의 네 번째 명상에서 좀 더 다루겠다.

354 무방해물의 고정됨인 '아무것도 없는 영역'은 인지할 대상이 따로 없기 때문에 '자신의 인지를 지닌 이'(saka saññī)라고 표현되었고, '인지가 있지도 없지도 않은 영역'은 구체적인 인지가 이루어지지도 않지만 인지가 완전히 없어진 상태도 아닌 마지막 인지의 상태이므로 '인지의 정점'(saññagga)이라고 표현되었다.(디1-468)

없지도 않은 영역'을 제외하면 달성된 그 상태에서 분석관찰이 가능하며 깨달음으로까지 이어질 수 있다.(앙5-466~) 분석관찰로 네 가지 명상들을 이루는 대표적인 수행법이 4념처 수행이다. 특히 네 번째 명상을 달성하면 깨달음은 확실시된다.

물론 4념처의 분석관찰을 통해 네 가지 명상을 달성하지 않고, 열 가지 온통 수행이나 네 가지 무량한 마음을 통해 네 가지 명상들을 달성한 상태에서 분석관찰을 하든지[355], 단지 바로 자기-없음이라고 단순관찰[356]을 하든지 깨달음은 가능하다.

⑧ 무한허공의 영역, 무한식별의 영역, 아무것도 없는 영역을 달성한 상태에서 분석관찰을 하면 깨달음을 이룰 수 있다. 물론 이 세 가지 영역을 달성한 상태에서 단순관찰만 하더라도 깨달음은 이루어진다.

⑨ 상수멸은 '소멸의 달성"(nirodha samāpatti, 상2-393)이라고도 표현한다. 또한 상수멸까지를 "점진적으로 뛰어난 인지가 소멸함을 자

· · · · · · · · · ·

355 네 번째 명상을 달성한 상태에서 얇과 봄으로 마음을 향하고 기울게 한 후에 알아차리는 내용으로, "나의 이 몸은 방해물로 되어 있고, 네 가지 큰 생성체들과 관계된 것이며, 부모로부터 같이 생성되었고, 밥과 죽으로 집적되었으며, 무상하여 단멸하고 해체되고 파괴되고 분해되는 법이다. 그런데 나의 이 식별은 여기에 의지하고 여기에 묶여 있다."라고 설명되었다.(디1-247) 이러한 알아차림의 내용은 관찰 양식으로 보자면 분석관찰의 내용이기도 하다. 경에서는 더 나아가 네 번째 명상을 달성한 상태에서 4념처의 하나인 '네 가지 성스러운 진실들'을 알아차림으로써 '유입들이 멸진하는 앎'을 얻는다고 설명한다.(디1-260)

356 분석하지 않는 관찰을 말한다. 관찰(passanā)을 양식으로 나눈다고 했을 때, 분석관찰 (vipassanā)에 대응해서 단순관찰이라고 필자가 상정해서 불렀을 따름이다. 관찰, 즉 '알아보기'란 '탐색'과 '통찰'의 의미를 담고 있다. '탐색'이란 알아내려고 찾아본다는 말이고, '통찰'이란 따라서-같이-생겨나는 사건들에서 자기-없음을 간파한다는 말이다. 단순관찰이란 분석 없이 관찰 본연의 탐색과 통찰만이 작용한 것을 말하려는 용어라고 보면 된다.

각하는 달성"이라고도 표현한다.(디1-469) 한 가지 유념할 점은 상수멸은 고정됨이 아니라는 사실이다. 왜냐하면 고정됨이란 '마음의 한 정점 상태'라고 정의되었는데(맛2-322) 상수멸은 말 그대로 인지와 느낌이 소멸되기 때문에 마음 또한 소멸하기 때문이다. 다시 말해 상수멸은 마음의 상태가 아니다. 그러므로 상수멸을 멸진정(滅盡定, 멸진으로 고정됨?)이라고 부르는 것은 잘못이다. 더불어 네 가지 명상들과 네 가지 무방해물들 및 상수멸을 합쳐서 '9차제정(九次第定)'으로 부르는 것도 잘못된 것이다. 부처님은 9차제정이라는 법수 제목을 붙인 적이 없다. 다만 이 아홉 가지를 합쳐서 부를 경우에는 '아홉 가지 점진적인 거처들'(nava anupubba vihārā, 九次第住. 디3-456), 혹은 '아홉 가지 점진적인 소멸들'(nava anupubba nirodhā, 九次第滅. 디3-457)이라고 법수 제목을 붙였다. 하지만 상수멸은 멈춤의 하나로 볼 수 있다. 상수멸은 궁극적인 '현실법의 꺼짐'(앙5-516)이고 꺼짐은 '모든 형성작용의 멈춤'(상1-487)으로 표현되기도 하기 때문이다.

벤 다이어그램에서 상수멸이 분석관찰과 붙어 있는 이유는 상수멸의 달성을 위해서는 멈춤과 분석관찰이 모두 필요하기 때문이다.(상4-588) 그러므로 상수멸의 달성 과정을 기술한 내용을 보면 분석관찰의 양식과 내용도 확인할 수 있을 것이다.[357]

. . . .

357 "'내가 의도하는 것은 나쁘다. 내가 의도하지 않는 것이 더 좋다. 만일 내가 의도하고 계속 형성시키면 이런 나의 인지는 소멸하고 다른 거친 인지가 생겨날 것이다. 그러니 참으로 나는 의도하지 않고 계속해서 형성시키지 않으리라.' … 그는 소멸을 접한다."(디1-468)
"그는 그(제4처) 인상을 반복하고, 닦고, 많이 짓고, 바르게 확립한다. 그에게 이런 생각이 든

⑩ "인지의 달성이 있는 한 직접-앎으로 꿰뚫을 수 있습니다."(앙 5-472) 깨달음의 과위를 성취하는 것도 달성의 하나로 볼 수 있다. 예류자에 대해서 '법의 흐름을 달성한 이'(dhammasotaṁ samāpanno)라고 표현하기 때문이다. 다만 달성이라는 말은 고정됨의 여덟 단계(네 가지 명상들과 네 가지 무방해물들)와 상수멸에 대해서 주로 쓰인다.

⑪ 성스러운 8차선의 길을 개발할 때, "그에게 멈춤[止]과 분석관찰[分觀]이라는 두 가지 법들이 쌍으로 결합해서 전개됩니다."(맛 4-597)라고 한다. 그러므로 성스러운 8차선의 길은 지관겸수(止觀兼修)의 수행법임을 알 수 있다. 여기에서 단순관찰이 아닌 분석관찰인 이유는 제7차선인 '바른 상기'(正念)가 바로 분석관찰의 대표적인 수행법인 4념처를 말하기 때문이다.(제58장 참고)

⑫ 고정됨 없이 분석관찰만으로도 깨달음을 달성할 수 있다. '순수 분석관찰'이라고 부를 수 있겠다. 부처님을 처음 만나자마자 그 자리에서 말끝에 동격자에 도달한 바히야는 "빠르게 뛰어난 앎을 얻은 이들이 있는데 그중에서도 나무껍질 옷의 바히야입니다."(앙1-124)라고 평가되었다. 바히야를 동격자에 도달하게 한 법문이 『감흥어』(우-272)에 나오는데, '여섯 가지 식별들'[358]에 자기-없음을 설하고 있다.

. . . .

다. '나는 일체 인지가 있지도 없지도 않은 영역을 완전히 뛰어넘어 상수멸에 들어서 거처하리라.'고. 그러면 그는 아무 어려움 없이 일체 인지가 있지도 없지도 않은 영역을 완전히 뛰어넘어 상수멸에 들어서 거처한다."(앙5-464)

358 눈의 식별, 귀의 식별, 코의 식별, 혀의 식별, 몸의 식별, 정신의 식별. 원문에서는 알아듣기 쉽도록 "보였을 때에는 보인 만큼만 생성될 것이고, 들렸을 때에는 들린 만큼만 생성될 것

이 경우 바히야는 고정됨을 달성한 상태라고 볼 수 없으므로 순수 분석관찰로 동격자의 깨달음에 이르렀다고 평가할 수 있겠다.

이외에도 『수시마 경』(상2-348~)에서 '다섯 덩어리들'을 '세 가지 법의 도장들'로 관찰하는 것과 '12고리의 따라서-같이-생겨남'을 관찰하는 내용이 순수 분석관찰에 해당한다고 볼 수 있다. 또한 '틈새-없이(주석 27번 참고) 유입들이 멸진하는' 법을 알려달라고 부탁했을 때 부처님은 '다섯 덩어리들'의 경계에 대한 애착을 제거하는 법을 말해준다.(상3-218) 똑같은 질문에 대해 다른 곳에서는 '다섯 덩어리들'의 따라서-같이-생겨남과 자기-없음을 관찰하도록 알려준다.(상3-296~) 그런데 이 세 가지 경우들은 '네 가지 무방해물들'의 달성이 없이도 깨달음에 이르는 내용임에는 분명하다. 하지만 '네 가지 명상들'의 달성 또한 전혀 이루어지지 않은 채로 깨달음에 이를 수 있다는 내용이라고 단정할 수는 없다. 다만 고정됨을 의식하지 않고 분석관찰만을 중점적으로 다루고 있다는 것만큼은 확실하다.

이상으로 순수 분석관찰의 내용은 '다섯 덩어리들' 내지 '열여덟 가지 경계들'(十八界)에 있어서 (세 가지 법의 도장들을 통해) 자기-없음을 관찰하는 것과 '12고리의 따라서-같이-생겨남'을 관찰하는 것이라고 결론 내릴 수 있다.

· · · · · · · · · ·

이며, 감각되었을 때에는 감각된 만큼만 생성될 것이고 식별되었을 때에는 식별된 만큼만 생성될 것입니다."라고 표현했다.

57
네 가지 명상들의 바른 이해

근본불교에서 달성된 차원의 고정됨은 네 가지 명상들과 네 가지 무방해물들, 여덟 가지였다. 그중에 부처님이 개척한 고정됨은 방해물의 경계인 네 가지 명상들과 무방해물의 경계인 무한허공의 영역, 무한식별의 영역, 두 가지였다. 나머지 두 가지 무방해물의 경계인 아무것도 없는 영역과 인지가 있지도 없지도 않은 영역은 외도 스승에게 배운 것이었다. 그런데 외도들에게 그러한 가장 높은 고정됨의 경계를 익혔음에도 깨달음을 이루지 못했던 이유는 관찰, 특히 분석관찰이 결여된 고정됨만으로는 깨달을 수 없기 때문이었다. 이것은 위빳시(vipassī, 분석관찰하는) 부처님이 고정됨은 말하지 않고 열 가지 고리의 분석관찰을 깨달음을 위한 길이라고 말한 것에서도 방증된다.(디2-81)

그런데 석가모니 부처님은 위빳시 부처님과는 조금 달리, 어렸을 적에 달성한 첫 번째 명상을 상기하며 "이것이 깨달음을 위한 길이다!"(맛2-180)라고 말한다. 명상의 뜻은 '고요한 사유'(靜慮)를 의미한다.(주석 170번 참고) 사유 작용이 강하게 살아 있다는 것은 식별 작용과 알아차림의 작용도 그만큼 강하게 살아 있다는 의미다.(맛2-293) 그런데 분석관찰(나누어 알아보기)이라는 말에는 이미 식별과 알아차림이 함축되어 있다. 바꿔 말해 식별과 알아차림 없이 분석관찰이란 불가능한 것이다. 특히 명상과 알아차림은 불가분의 관계를 가진다. 그래서 "명상 없이는 알아차림이 안 되고 알아차림 없이는 명상이 안 되나니."(법-726)라고 말한 것이다. 이렇게 명상에는 알아차림이 결정적으로 작용하기 때문에 명상과 깨달음도 상응하는 관계를 가질 수밖에 없다. 그러므로 깨달음에 이르는 핵심적인 역할을 하는 명상의 단계들을 정확하게 이해하는 것은 불교 수행의 핵심을 정확하게 이해하는 것과 다름없다. 또한 명상의 네 가지 단계들의 내용들은 나중에 화두 선정과의 비교를 위해서도 자세히 밝힐 필요가 있다. 각 단계들에 대해 부처님이 정형구로 표현한 내용을 토대로 하나씩 살펴보겠다.

> "욕망으로부터 아예 떨어지고 안 좋은 법들로부터 떨어져서, 떠올리기[359]와 살펴보기[360]를 지니며, 떨어짐에서 생긴 희열과 즐거움이 있는 첫 번째 명상에 들어서 거처한다."

많은 이들이 첫 번째 명상에서의 떠올리기와 살펴보기를 미세하게 남아 있는 망상들이라고 해석하고 있다. 이것은 수행 감각이 결여된 해석이다. 떠올리기와 살펴보기도 격의법으로 쓰인 용어다. 여기에서의 떠올리기와 살펴보기는 수행법의 문맥에서 쓰인 것이므로 당사자의 구체적인 수행 주제가 목적어로 생략되어 있다고 봐야 한다. 예

· · · · · · · · · ·

359 vitakka. 구마라집은 '覺'(알아챔, 떠오름)으로, 현장은 '尋'(찾음)으로 한역했다. 어원 풀이는 주석 342번을 참고하라.

360 vicāra. '떨어져 나와(vi) 다니며 조사하다(cāra).'로 파자해 볼 수 있다. 구마라집은 '觀'(관찰)으로, 현장은 '伺'(엿봄)로 한역했다.

컨대 '열 가지 온통들'이나 '네 가지 무량한 마음'이나 '4념처' 등등의 가운데 하나가 생략되어 있는 것이다.

아비담마 철학에서 떠올리기는 종을 때렸을 때 처음 울리는 '뎅' 소리와 같다고 비유했고, 살펴보기는 종소리의 여운인 '~에에엥' 소리와 같다고 비유했다. 또한 살펴보기를 머릿결을 곱게 쓰다듬는 것과 같다고 비유하기도 한다. 적절한 비유라고 보인다. 자기의 수행 주제를 처음 상기할 때를 떠올리기라고 하고 떠올린 그 수행 주제를 지속적으로 붙잡고 있는 상태가 살펴보기에 해당한다. 이렇게 '잇따라-떠올리고'(anu-vitakka) '잇따라-살펴보다'(anu-vicāra) 보면 그만큼 마음의 습관(nati)이 형성되어 저절로 계속 이어지게 된다.(맛1-500)

이러한 첫 번째 명상을 달성했는가의 여부는 다섯 가지 덮개들이 전혀 일어나지 않는 상태여야 하고 마음만 먹으면 수행 주제에 대해 떠올리고 살펴보기를 원하는 만큼 지속시킬 수 있느냐를 통해서 점검할 수 있다. 또한 첫 번째 명상에는 다섯 가지 통로들, 즉 떠올리기, 살펴보기, 희열, 즐거움, 마음의 한 정점 상태 등, 모두가 갖추어져 있다.(맛2-302. 후대에 이 다섯 가지들을 '다섯 가지 명상의 통로들'(五禪支)이라고 명명했다.) 그러나 이러한 첫 번째 명상은 인위적이고 작위적으로 애쓰는 단계다. 이 작위적인 단련은 목욕 가루에 물을 '알맞게 부어 가며'(떠올리기에 해당함) '계속 치대는 것으로'(살펴보기에 해당함) 비유되었다.(맛4-210) 비록 작위적이지만 수없는 반복적인 상기를 통해서 달성시켜야 할 중요한 첫 번째 관문이다. 이 단계가 확실히 달성되어야 다음 단계들도 확실한 달성이 이루어질 수 있기 때문이다.(앙5-461 참고)

"떠올리기와 살펴보기가 잦아들어서 내면적으로 확실하며 마음
이 일정한 상태가 된다. 떠올리기와 살펴보기 없이 고정됨에서
생긴 희열과 즐거움이 있는 두 번째 명상에 들어서 거처한다."

정형구에 '고정됨'이라는 단어가 나타나듯이 본격적으로 고정됨에 확
실히 접어든 단계다. '일정한 상태'는 빨리어로 'ekodi bhāvaṁ'이다.
'일정한'에 해당하는 'ekodi'는 '하나로(eka) 올라간(√ud)'이라고 파자된
다. 일정한 상태가 되었다는 것은 확실하게 고정되었다는 것을 의미
한다. 다시 말해 자신의 수행 주제가 마음에 안정적으로 고착되었다
는 말이며 힘들이지 않아도 저절로 수행 주제가 잡히어 없어지지 않
는다는 말이다. 이것은 호수 밑바닥에서 (저절로) 솟아나는 물로 비유
된 것에서도 드러난다.

　참고로 도표 8을 보면 이 단계의 특징으로 '광명'이라는 현상이 두
드러지게 나타난다는 것을 알 수 있다. 깨달음으로 착각할 수 있다.

"희열이 퇴색해져서 한결 담담하게 거처하는데, 상기하며 자각
하면서 몸으로 즐거움[361]을 '낱낱이 느낀다'[362]. 이렇게 '한결 담

· · · · · · · · · ·

361 sukha, 樂. 경에서 "즐거운 느낌만을 즐겁다고 말씀하신 것은 아닙니다. 오히려 한결같
은 분은 즐거움이면 그것은 언제 어디서 얻어지건 간에 즐거움이라고 제시하십니다."(상4-466)
라고 한 것처럼 '즐거움'이라는 단어는 교법 전체에 걸쳐 다양한 수준의 즐거움을 즐거움이라
는 한 단어로 일관되게 사용하고 있다. '꺼짐도 즐거움'이라고 말하기도 한다.(앙5-456) 그러
므로 이 즐거움이라는 단어를 행복이라는 추상적인 용어로 번역하는 것은 삼가야 할 것이다.

담하게 상기하면서 즐겁게 거처한다.'고 성자들이 설명하는 세
번째 명상에 들어서 거처한다."

'한결 담담하게'에 해당하는 'upekhaka'는 '담담함'(upekhā[363])에 하열
함을 의미하는 접미사 'ka'가 결합된 단어다. '담담함'은 첫 번째 명상
에서부터 들어 있는 성질이지만(맛4-80) 다른 거친 성질들(떠올리기, 살
펴보기, 희열, 즐거움) 때문에 희미하게 가려져 있다가 네 번째 명상에
이르러 극명하게 부각된다. 그러나 여기 세 번째 명상에서는 이전 명
상의 단계보다는 선명하게 부각되지만 네 번째 명상에 비해서는 희
미하고 하열하기 때문에 '한결 담담하게'라고 묘사한 것이다.

　'성자들'이 거론되었다는 것은 이 단계부터는 깨달음에 보다 직접
적인 작용을 미친다는 것을 암시하고 있다. 8해탈에서 세 번째 해탈
을 "깨끗함만이 확고해진다."(디3-450)라고 표현했는데 보통 세 번째
명상과 네 번째 명상을 묶어서 표현한 것으로 해석된다.(도표 8을 참고
했을 때 '깨끗함'은 세 번째 명상에서의 두드러진 특징이다.) 이 두 단계들은 수
행 주제가 매우 깨끗하게 선명히 잡히는 단계이기 때문에 깨달음과

. . . .

362 paṭisaṁ-vedeti. 'paṭisaṁ-'은 '각각(paṭi) 모두(saṁ)'로 파자되는 접두어로 '낱낱이'라는
의미다. 'vedeti'는 '느끼다.'라는 말이다. 이 세 번째 명상을 차가운 물속에 완전히 잠긴 연꽃
으로 비유한 것과 "희열이 사라진 즐거움이 온몸 구석구석 스며들지 않는 데가 없습니다."(디
1-244, 맛4-210)라고 설명하는 것에서 '낱낱이'의 의미를 잘 드러내고 있다.

363 '捨'로 한역되었지만 의미가 확연히 드러나지 않는다. 이 단어는 기본적으로 칭찬도 않
고 비난도 하지 않는, 중립적으로 무심한 태도나 마음가짐을 나타낸다.(앙2-253) 무덤덤하듯
이 담백한 상태를 말한다.

도 긴밀한 관계가 있는 것이다.

> "즐거움도 버리고 괴로움도 버리며, 그 전에 이미 기쁨과 근심
> 도 사라졌으므로 괴로움도 없고 즐거움도 없이, 담담하게 상기
> 하는 청정한 네 번째 명상에 들어서 거처한다."

이 단계에서는 담담함이 지극해진다. 또한 깨끗함도 지극해져서 '청
정'(pari-suddhi, 완전히-순수함)이라고 표현된다. 이것은 온몸을 하얀
천으로 덮어쓰고 앉아 있는 것에 비유한 것을 통해서도 알 수 있다.
이 네 번째 명상은 아비담마 철학에서도 '뛰어난 앎의 발판'(abhiññā
pādaka)이라고 표현하듯이 깨달음에 이르는 결정적인 단계이기도 하
다. 망원경이나 현미경이 피사체를 포착하려면 조리개의 가장 적절
한 조임의 정도가 있어야 하듯이 이 단계는 깨달음의 알아차림을 위
한 가장 적절한 고정됨의 강도를 가지고 있다. 그 강도는 '동요가 없
는'(aniñjita) 정도이다.(맛2-669) 이 달성을 빠져나온 후에 분석관찰이
라는 작업을 해야 하는 것이 아니라 보통 그 달성된 상태에서 분석관
찰을 하고 깨달음을 성취한다.[364] 물론 빠져나온 후에 순수하게 분석

....

364 네 번째 명상을 달성한 상태에 대해서 경에서는 다음과 같은 정형구로 묘사한다. "그가
이렇게 마음이 고정되고, 청정하고, 지극히 맑고, 흠이 없고, 오염원이 사라지고, 부드러워
지고, 작업할 만하고, 확정되고, 흔들림이 없는 상태에서 마음을 앎과 봄으로 지향하고 기울
입니다."(디1-246) 여기에서 '작업할 만하고'(작업할 만한 상태에서, kammaniye)라고 한 것은 여
섯 가지 뛰어난 앎들을 이루는 작업 모두를 말하는 것이지만 관찰, 특히 분석관찰 작업을 하기
에 용이한 상태라는 말이다. 또한 처소격(~e, ~에)으로 쓰인 것은 '그러한 상태 속에서' 혹은 '

관찰을 하더라도 깨달음은 성취될 수 있다.

이 네 번째 명상에서는 호흡이 소멸한다고 한다. 그런데 이 호흡은 네 번째 명상에 도달하자마자 갑자기 소멸되는 것이 아니라 '차분해지고'(passaddhi) '잦아들다가'(vūpasama) 정점에 이르면서 완전히 '소멸'되는 것으로 봐야 한다.[365] 마지막 정점은 무상정(無想定, asañña samādhi. 주석 353번 참고)일 것이다. 이 '인지하지 않는 고정됨'은 호흡의 소멸과 깨달음이 불가능한 상태라는 점에서 상수멸과 공통점이 있다. 그러나 상수멸에서는 인지가 소멸하여 인지하지 못하는 상태임에 반해 '인지하지 않는 고정됨'은 인지가 소멸한 것이 아니라 인지하는 것이 싫어져서 작위적으로 인지하지 않는 상태이다. 아마도 후대 선불교에서 무기공(無記空)이라고 부르는 선정일 것이다.

명상에 대해서 하나 더 생각해볼 점은 명상의 경계들은 모두가 방해물의 경계라는 것이다. 방해물의 경계이므로 일상생활상의 방해물

....

그때에' 작업이 이루어짐을 나타낸 것이다. 경에서는 분석관찰의 내용은 다를지라도 네 번째 명상 속에서 그 작업이 이루어짐을 항상 위의 정형구에서의 처소격을 통해서 나타낸다. 네 가지 무방해물의 고정됨은 상위 단계로 오를수록 인지가 제약됨에 따라 식별과 알아차림도 제약된다. 그러므로 깨달음의 가능성도 제약된다. 반면에 네 번째 명상이 깨달음을 이루기에 가장 적절한 고정됨의 강도를 가졌기 때문에 위의 정형구가 항상 네 번째 명상에서 쓰였던 것이다.

365 『한적하게 경』에 이 세 단계의 과정이 나뉘어 설명되어 있다.(상4-450) 또한 똑같은 원리를 첫 번째 명상에서 말이 점점 소멸하는 과정과 두 번째 명상에서 떠올리기와 살펴보기가 점점 소멸하는 과정에도 적용하여 설명할 수 있을 것이다. 더욱이 첫 번째 명상과 두 번째 이상의 명상 사이에 '떠올리기 없이 살펴보기만 있는 명상'을 하나 더 설정해서 '세 종류의 고정됨'이라고 설명하는 것을 보면(디3-383, 맛4-338) 고정됨의 한 단계에서도 점진적인 강도의 차등이 있다는 것을 확인할 수 있다.

도 현전하며 허용될 수 있음을 의미하는 것이다. 그러므로 명상하면서 일상생활도 가능하다는 말이다. 그렇다면 이것은 후대 중국 선불교에서 말하는 행주좌와에 수행하는 활발발한 가풍과도 연계되는 내용이다. 물론 거친 행동들도 무방하다는 말은 아니며 일반 사람들과 똑같다는 말도 아니다. 상위의 단계에 오를수록 일상생활은 사실상 힘들어진다. 특히 '인지하지 않는 고정됨'은 아무것도 인지하지 않는 무호흡의 상태이므로 일상생활이 아예 불가능하다. 또한 무방해물의 경계들에서도 방해물의 경계를 허용하지 않으므로 당연히 일상생활이 모두 불가능하다.

58
외통길인 4념처

근본불교에서 네 가지 명상들을 달성하는 가장 중요하고도 핵심적인 방법은 4념처(四念處) 수행법이었다. 이 4념처의 '처'(處, 장소)는 'paṭṭhāna'를 한역한 것인데 정확한 번역은 아니다. 'paṭṭhāna'는 '앞에'라는 뜻인 접두사 'pa'와 장소를 의미하는 'ṭhāna'의 복수형[366]이 결합

....

366 'paṭṭhāna'를 '확립'이라고 성질을 나타내는 말로 번역하는 것은 잘못이다. 그렇다면 직역으로는 복수형임을 감안하여 '확립들'이라고 해야 할 것이다. 그러나 공통된 단일한 성질을 표현하는 말에 복수형은 별로 어울리지 않는다. '네 가지 상기의 출처들'에서 '네 가지'는 '상기'를 수식하는 것이 아니라 '출처들'을 수식한다. 그러므로 '상기의 네 가지 출처들'이라고 표현하면

된 용어로 '출발점' 내지 '근거지'를 나타내는 '출처(出處)들'을 의미한다. 우리말로 '길러져 나온 곳'이라는 뜻이다. 그러므로 4념처는 '네 가지 상기의 출처들'이라고 번역해야 한다. 출처인 이유는 4념처를 소의 '활동반경'(맛2-122)과 메추라기의 '조상 대대로의 범위인 활동반경'(상5-456)이라는 장소로 비유한 것에서도 드러난다. 한역자도 뭉뚝한 번역이지만 역시 장소[處]로 보았다. 또한 출처들을 잘 밝혀야 하는 이유는 4념처가 성스러운 8차선의 제7차선인 '바른 상기'이자, 정혜쌍수의 수행법이자, 외통길367이라는 중요성에서 찾아볼 수 있다.

'성스러운 8차선의 길'이 지관겸수(止觀兼修)인 핵심적인 이유는 제7차선인 '네 가지 상기의 출처들'이 정혜쌍수(定慧雙修, 고정됨과 알아차림을 쌍으로 닦음)이기 때문이었다. '네 가지 상기의 출처들'이 알아차림 수행법인 것은 다음 도표에서 드러나듯이 관찰 대상을 관찰하는 방법이 '알아차린다.'는 말로 설명되고 있다는 점에서 알 수 있다. '자각'과 '관

. . . .

더 선명하지만 빨리어 원어에도 '네 가지'를 앞세워 표현한 이유는 법수를 선명하게 표현하기 위한 것이라고 보인다. 이것은 다른 법수 제목에서도 나타나는 현상이다.(예컨대, '다섯 가지 욕망의 성분들'(五妙慾), '다섯 가지 포착 덩어리들'(五取蘊)….) 이러한 맥락에서 본다면 '출처들'이라고 복수형으로 직역해 주었을 때 '네 가지'의 수식 대상도 좀 더 선명해질 것이다.

367 ekāyana magga, 一道. 『중간 부류』의 『큰 사자후의 경』(맛1-411)에서 목마른 자가 호수로 향한 '외통길'로 간다면 결국 호수에 도착할 수밖에 없다는 비유를 들고 있다. 그러므로 '외통길'이란 장기에서 빠져나갈 길이 없는 단수를 외통수라고 부르듯이, 다른 곳으로 빠지지 않고 목적지에 기어이 도달하게끔 결정된 단선궤도라고 할 수 있다. 경에서는 '네 가지 상기의 출처들'을 외통길이라고 직접적으로 표명하고 있다.(디2-492)

비슷한 말로 '외길'이라는 번역어도 생각해 볼 수 있는데 외길에는 '외길 인생'처럼 '편협한', '완고한', '유일한' 등의 의미까지 포함하고 있어서 오해의 여지가 있다.

조' 및 '반조'도 알아차리는 한 방법일 것이다. 그런데 네 가지 상기의 출처들 중에서 '느낌'의 생멸을 관찰하는 것과 '다섯 가지 포착 덩어리들'의 생멸을 관찰하는 것을 고정됨의 개발로 다루기도 한다.(디3-388) 또한 몸 관련에 대한 상기의 이익으로는 '네 가지 명상들'을 쉽게 달성하는 것이라고 말한다.(맛4-218) 이렇게 '네 가지 상기의 출처들'은 고정됨 수행의 대상이기도 하다. 그러므로 결국 '네 가지 상기의 출처들' 수행은 정혜쌍수의 수행법인 것이다. 지관겸수가 정혜쌍수보다 포괄적인 표현이지만 일단 같은 내용을 표현하고 있다고 보면 된다.

'네 가지 상기의 출처들' 수행법이 분석관찰이라고 한 이유는 수행법을 설명하는 대목에서 분할과 해석으로 관찰하는 내용이 그대로 드러나기 때문이다. 우선 '네 가지 상기의 출처들'의 수행법을 도표로 간단히 정리해 보기만 해도 그러한 사실을 선명하게 확인할 수 있을 것이다.

도표에서 나타나듯이 '네 가지 상기의 출처들' 수행법은 대상을 갈

----

368 sampajānāti. '같이(sam) 알아차리다(pajānāti).'로 파자된다. 어떤 현상이 일어남과 동시에 스스로 그런 줄 또렷하게 알아차리는 것을 말한다. 거짓말의 경우에는 정확히 말해서 '자각하고 있는 거짓말'이 규제의 대상이 된다. 본문의 경우에는 자신의 행위(ācāra)를 그때그때 행한 대로 알아차리는 것을 말한다. 행위는 자세(iriya, 동작. 예컨대 行·住·坐·臥 등을 말하며 전통적으로 '네 가지 위의' 四威儀라고 불렸다.)를 포함하는 말로, 자세나 동작들이 모여서 이루어지며 목적의식적인 일정한 반경을 갖는다. 예컨대 가고, 서고, 앉고, 눕고, 식사하고, 배변하고, 말하고, 침묵하고 등등. 이렇게 행위하는 동안에 관찰하는 방법을 경전에서는 더욱 정확하게 "자각하는 작용을 지니게 된다."(sampajāna-kārī hoti)라고 표현하고 있다. 그러나 '자각한다.'라는 관찰 방법은 특정 수행법에만 한정되어 쓰이는 것은 아니다. '알아차리다.'를 좀 더 분명하게 강조한 표현이라고 볼 수 있을 것이다. (맛4-251에서 'pajānāti'와 'sampajānāti'가 혼용되어 쓰이고 있다.) 그래서 네 가지 상기의 출처들을 설명할 때에도 그 모두에 대해 "열심히 자각하며 상기하는 자가 되어 거처한다."(viharati ātāpī sampajāno satimā)라고 정형구로 표현하기도 한다.(디2-496) 또한 자각

네 가지 상기의 출처들	관찰 대상	관찰 방법
몸-관련 (kāya-gata, 身)	호흡	알아차린다. (pajānāti)
	자세 (행주좌와)	
	행위	자각한다.[368]
	32부분[369]	관조한다.[370]
	네 가지 큰 생성체들 (지수화풍)	
	아홉 가지 시체의 모습들	반조한다.[371]
느낌 (vedanā, 受)	즐거운 느낌(樂) 괴로운 느낌(苦) 즐겁지도 괴롭지도 않은 느낌(捨)	알아차린다.
	물질적인 고·락·사	
	비물질적인 고·락·사	
마음 (citta, 心)	16가지 마음의 상태[372]	알아차린다.
법 (dhamma, 法)	다섯 가지 덮개들의 유무·발생·제거·방지	알아차린다.
	다섯 덩어리들의 당처와 그 생멸	
	여섯 기능과 여섯 범위의 당처, 그 둘에 잇따르는 결박	
	일곱 가지 깨닫는 통로들의 유무·발생·성취	
	네 가지 성스러운 진실들	생성된 대로 알아차린다.

도표 22. '네 가지 상기의 출처들'의 관찰 대상과 방법

· · · · · · · · · ·

에 대해 "비구들이여, 그러면 비구는 어떻게 자각합니까? 비구들이여, 여기 비구에게 느낌들이 '분명하게 알아지면서'(veditā) 생겨나고 분명하게 알아지면서 머물고 분명하게 알아지면서 없어집니다. 떠올림이 … 인지들이 … 분명하게 알아지면서 없어집니다. 비구들이여, 비구는 이와 같이 자각합니다."(상5-516)라고 말하는 것에서 개념이 확연하게 드러난다.

래짓고 단락 지으며 나누는 작업을 기본적으로 병행한다. 그리고 그것들의 생멸변화를 놓치지 않고 지속적으로 알아차릴 것을 요구한다. 게다가 "그런데 또한 그에게는 아는 만큼에 한해서, 각각 상기하는 만큼에 한해서 '몸(혹은 느낌, 마음, 법)이 있다.'고 상기가 각각 현전하게 됩니다."(디2-500)라고 말하며 결국 이 모든 것이 자기-없음이라는 알아차림으로 이끌고 있다는 것을 암암리에 보여준다. 이런 일련의 작업들이 분석관찰을 잘 나타내 주고 있는 대표적인 내용들이라고 할 수 있겠다.

'네 가지 상기의 출처들'이 외통길인 이유는 이 출처들을 분석관찰하면서 '네 가지 명상들'을 쉽게 달성하기 때문이다. 특히 '네 가지 명상들' 중에 네 번째 명상은 '뛰어난 앎의 발판'이라고 불리는 것에서

··········

369 머리털·몸털·손발톱·이·살갗·살·힘줄·뼈(aṭṭhi)·골수·콩팥 / 염통·간·근막·지라·허파·대장·소장·위장·똥·쓸개즙 / 가래·고름·피·땀·굳기름·눈물·기름기·침·콧물·관절액 / 오줌.(디3-505) 이상 31가지에 '피부와 살과 피로 싸인 장부의 뼈다귀(aṭṭhi, 해골?)'(디3-195)를 포함시키면 32가지가 된다. 아비담마 철학에서는 '뇌'(matthaluṅga)를 포함시켜서 32가지를 만들지만 경전적인 근거는 약하다.

370 paccavekkhati. '각각(paṭi) 떨어뜨려(ava) 바라보다(ikkhati).'로 파자된다. 제3자인 것처럼 한 발짝 떨어져서 객관적으로 바라보는 것을 말한다.

371 upasaṃharati. '가까이(upa) 같이(saṃ) 가져오다(√hṛ).'로 파자된다. "그는 이런 법들로부터 마음을 돌린 뒤 불사의 경지로 마음을 반조한다."(앙5-467)에 쓰였다. 여기에서는 시체들의 모습을 보며 '나도 이렇게 될 것이다.'라고 성찰한다는 내용으로 쓰였다.

372 ① 애착을 지닌 마음과 애착을 여읜 마음, ② 화를 지닌 마음과 화를 여읜 마음, ③ 어리석음을 지닌 마음과 어리석음을 여읜 마음, ④ 뭉쳐진 마음과 흐트러진 마음, ⑤ 커진 마음과 커지지 않은 마음, ⑥ 위가 있는 마음과 위없는 마음, ⑦ 고정된 마음과 고정되지 않은 마음, ⑧ 풀려난 마음과 풀려나지 않은 마음 (디2-512)

알 수 있듯이 신통 등의 뛰어난 앎들과 깨달음에 결정적인 역할을 하는데, 그 상태에서 분석관찰이라는 알아차림이 결합되면 깨닫지 않을 수 없게 된다. 다시 말해 '네 가지 상기의 출처들' 중에 하나라도, 특히 몸 관련, 그중에서도 호흡만이라도 계속해서 놓치지 않는다면 기어이 깨달을 수밖에 없다는 말이다. 이렇게 네 가지 상기의 출처들이 외통길의 성질을 가진 점은 네 가지 상기의 출처들이 많은 수행법 중에서도 가장 중요한 수행법으로 다루어지는 이유라고 할 수 있다.

59
승속의 공통된 수행법

'네 가지 상기의 출처들'이 외통길이라는 것은 결과적으로 '네 가지 상기의 출처들'을 제7차선으로 하는 '성스러운 8차선의 길'도 외통길이라는 것을 말해준다. 이것은 '성스러운 8차선의 길'이 어떻게 흐르는지를 핵심적으로 말해주는 결정적인 대목이다. 도표를 통해 그 구체적인 흐름을 점검할 수 있을 것이다.

8 차 선	내 용	공 부
1. 바른 견해 (正見)	① 유무중간(有無中間)에 대해 알아차림 ② '열 가지 좋은 작업의 행로들'에 대해 알아 차리는 것과 '네 가지 먹거리들'373 '네 가지 성스러운 진실들', '12고리의 따라서 −같이− 생겨남', '세 가지 유입들'에 대해 알아차리고 성스러운 8차선의 길로 수행함	알아차림을 높이는 공부
2. 바른 의향 (正思惟)	초탈하려는 의향, 언짢지 않으려는 의향, 해치지 않으려는 의향	
3. 바른 말 (正語)	거짓말, 뒷담화, 거친 말, 쓸데없는 말 등이 없는 말	덕행을 높이는 공부
4. 바른 업무 (正業)	산목숨을 해침, 주지 않은 것을 가져감, 신성하지 않은 실천(혹은 욕망에 있어서의 삿된 행위) 등을 멀리함	
5. 바른 생계 (正命)	삿된 생계를 버리고 바른 생계로 살아감을 정당하게 함	
6. 바른 힘씀 (正精進)	네 가지 바른 노력들374	세 가지 공부들 모두
7. 바른 상기 (正念)	네 가지 상기의 출처들	알아차림과 마음을 쌍으로 높이는 공부
8. 바른 고정됨 (正定)	네 가지 명상들	

도표 23. '성스러운 8차선의 길'과 공부 내용

· · · · · · · · · ·

373 cattāro āhārā, 四食. ① 거칠거나 섬세하게 덩이진 먹거리, ② 접촉, ③ 정신을 통한 의도, ④ 식별 (디3-397)

374 cattāro samma padhānā, 四正勤. ① 생겨나지 않은 사악하고 안 좋은 법들은 생겨나지 않도록 욕구를 일으켜서 힘쓰고 정진을 시작하고 마음을 다잡으며 노력한다.(단속) ② 생겨난 사악하고 안 좋은 법들은 제거하기 위해 욕구를 일으켜서 힘쓰고 정진을 시작하고 마음을 다잡으며 노력한다.(제거) ③ 생겨나지 않은 좋은 법들은 생겨나도록 욕구를 일으켜서 힘쓰고 정진을 시작하고 마음을 다잡으며 노력한다.(개발) ④ 생겨난 좋은 법들은 확정하고, 혼란되지 않고, 더욱 생성되고, 증장하고, 개발하고, 완성하기 위해 욕구를 일으켜서 힘쓰고 정진을 시작하고 마음을 다잡으며 노력한다.(완성) 디3-387. 주석 196번의 '네 가지 노력들'과도 비교할 것.

대승권의 해설서에서는 이 8차선 각각을 해석할 때 근본경전에 의지하지 않고 주관적인 개똥철학을 어지럽게 늘어놓는 경우들을 흔히 접할 수 있다. 그러나 8차선 각각은 앞의 도표에서처럼 일차적으로 근본경전에 입각한 내용으로 정립되고 이해되어야 한다.

'바른 견해'(正見, sammā diṭṭhi)의 ①은 부처님의 규정이고(상2-139) ②는 사리뿟다의 규정이다.(맛1-289~) 그런데 ①의 알아차림의 내용으로 12고리의 '순행과 역행'[375]을 들고 있고, 다른 곳에서(상5-189) 부처님은 네 가지 성스러운 진실들을 바른 견해로 규정하기도 하므로 결국 모두 ②에 포섭된다고 할 수 있다. 다만 핵심을 말하자면 바른 견해는 진리인 따라서-같이-생겨남, 그중에서도 12고리의 따라서-같이-생겨남이 공통분모로 관통하고 있다는 것을 간파할 필요가 있다. 이러한 바른 견해는 수행의 시작점이자 점점 완성되는 종점이기도 하다.

· · · · · · · · · ·

375 '순행'(順行, anu-loma. 직역하자면 '順-毛'이며 '생성되는 양상'을 뜻한다. '順觀'이라고 한역되었다.)은 후대에 유전문(流轉門. 흘러가는 측면)이라고도 불렸다. 예컨대, "깜깜모름을 연유로 형성작용들이, 형성작용들을 연유로 식별이 … 같이 생성된다 … 이와 같이 전체 괴로움 덩어리들이 같이 일어나게 된다."(상2-144)에 해당한다.

'역행'(逆行, paṭi-loma. '逆-毛'로 직역할 수 있고 '소멸되는 양상'을 의미한다. '逆觀'이라고 한역되었다.)은 후대에 환멸문(還滅門. 소멸되는 측면)이라고도 불렸다. 예컨대 "깜깜모름이 소멸하기 때문에 형성작용들이 소멸하고, 형성작용들이 소멸하기 때문에 식별이 … 소멸한다 … 이와 같이 전체 괴로움 덩어리들이 소멸한다."(상2-144)에 해당한다.

순행과 역행이라는 용어와 내용은 『우다나』의 『깨달음의 경』(우-252)과 『큰 무리』의 『큰 부문』(율1-81)에 나타난다.

'바른 업무'[376]에서는 음행에 대해 두 가지 규정이 나온다. 하나는 '신성하지 않은 실천들'(abrahma cariyā, 상5-191)이고 다른 하나는 '욕망에서의 삿된 행위들'(kāmesu micchācārā, 디2-538)이다. 전자는 음행 모두를 금하는 내용으로 출가자에게 해당하고, 후자는 삿된 음행만을 금하는 내용으로 재가자에게 해당한다. 이 점이 바로 '성스러운 8차선의 길'이 승속 모두에게 적용시킬 수 있는 수행법으로 정리된 가르침임을 단적으로 보여주는 것이라 하겠다.

성스러운 8차선의 길은 담마딘나 비구니에 의해 전통적으로 '세 덩어리들'로 분류되어 왔었다. 예컨대 1, 2차선은 알아차림 덩어리로, 3, 4, 5차선은 덕행 덩어리로, 6, 7, 8차선은 고정됨 덩어리에 해당한다는 것이다.(맛2-321) 그러나 성스러운 8차선의 길이 중간 행보이고 점진적으로 높여가는 수행 공부법임을 감안해 봤을 때 '세 가지 공부들'로 구분해 보는 것도 가능할 것이다. 본래 각 차선들은 덩어리로 선명하게 나누기 힘든 성질의 것이다. 특히 6, 7, 8차선은 이전 차선들이 뭉쳐지고 통폐합되며 완성되는 흐름을 가진다. 차량들이 1차

· · · · · · · · · ·

376 sammā kammanta, 正業. '업무'는 '작업'(業)을 의미하는 'kamma'와 '끝'을 의미하는 'anta'가 결합한 합성어다. 직역하면 '작업의 끝'인데 '끝내야 할 작업'을 뜻한다. 여기서의 업무란 살생, 도둑질, 음행 등을 더 이상 하지 않고 끝내는 작업을 말한다.
'kammanta'는 평민(vessā, 바이샤) 계급을 설명할 때에도 나온다. 평민이라는 말의 기원을 "음행하는 법을 받아들이고 범속한 업무에 종사한다."로 설명한다.(디3-177) '범속한 업무'(vissuta kammanta)란 일반적으로 육체적인 노동이 필요한 여러 가지 자잘한 작업거리나 직업을 말하는 것으로 보인다. '범속한'(vissuta)이란 어원적으로 '떨어진(vi) 배움(suta, 들은 것이 있는)'이라고 파자된다. 들은 것이 많이 없고 배우지 못해서 평범하고도 속되다는 의미다.

선에서부터 마지막 차선으로 넘나들거나 흘러드는 상황과 비슷하다. '성스러운 8차선의 길'은 '12고리의 따라서-같이-생겨남'의 세 가지 특징과도 똑같이 점진·점증적이고 입체·유기적이며 동시·다발적이다. 예컨대 바른 견해와 '바른 힘씀'[377]과 바른 상기는 나머지 차선에 모두 작용하므로(맛4-162~ 참고) 세 가지 공부들 모두에 적용되는 개념들이다. 다만 도표에서는 핵심을 잡아서 나타냈을 뿐이다.

덧붙여, 앞의 7차선 모두를 '필수품'으로 갖춘 고정됨이 '바른 고정됨'(正定, sammā samādhi)이다.(상5-215) 그러므로 제8차선은 제7차선인 '네 가지 상기의 출처들'을 통해서만 달성되어야 한다. 전술했듯이 제7차선을 '네 가지 상기의 출처들'이라고 한정시킨 이유는 '네 가지 상기의 출처들'이 정혜쌍수의 수행법이어서 깨달음에 이르는 외통길의 역할을 하기 때문이다. 그러므로 부처님은 '성스러운 8차선의 길'을 지관겸수라고 설명한 것이다.(맛4-597) 이렇게 '성스러운 8차선의 길'은 깨달음에 이르는 원만한 외통길로 짜인 만대의 바른[378] 길이다.

....

377 sammā vāyāma, 正精進. 정진(精進)이라고 한역된 원어에는 두 가지가 있다. 하나는 성스러운 8차선의 길에서 여섯 번째로 나온다. 이때의 원어인 'vāyāma'는 "그 뗏목에 의지하여 손과 발로 '힘써서' 안전하게 저 언덕으로 건너가리라."(맛1-545)라는 문맥에도 쓰였다. 한편 흔히 정진이라고 한역되는 대표적인 원어는 'viriya'인데, '다섯 가지 기능들'(五根), '다섯 가지 힘들'(五力), '일곱 가지 깨닫는 통로들'(七覺支)의 하나로 쓰였고 '네 가지 신통한 발들'(四神足)의 한 경우로도 널리 쓰였다. 한편, '바른 힘씀'과 '네 가지 바른 노력'과는 동의어이기 때문에 '힘씀'과 '노력'도 동의어로 봐도 될 것이다.

378 sammā, 正. 성스러운 8차선의 각 차선에서 '바른'이라고 붙인 수식어는 다른 말로 '적절한'이라는 의미인데, 확실하고도 효율적이며 안전하다는 말이다. 이것은 다시 '중간 행보'와도 상응하는 개념이다. '바른'이라는 수식어가 붙으면 내용이 한정된다. 그러므로 '고정됨'과 '바른

60
부처님의 전생 수행법

근본불교에서 성스러운 8차선의 길이 승속을 아우르는 수행법이었음에 비해 대승불교에서 제시된 승속의 공통 수행법은 대개 6바라밀과 '네 가지 무량한 마음'[379]으로 집약할 수 있다. '제3편 사상'에서 살펴봤듯이 현재 한국 초기불교는 사상적으로 2,000년 전의 아비담마 철학으로 역행하며 그 왜곡된 철학을 맹목적으로 추종하며 답습하고 있음을 알 수 있었다. 그런데 그보다 더 심각한 사태는 한국불교가 표방하는 대승의 수행법들은 모두 부처님의 전생 시절의 보살 수행법이 주류를 이루고 있다는 것이다. 6바라밀과 네 가지 무량함들은 모두 부처님의 전생 수행법들이었다.

6바라밀은 『자잘한 부류』에 속하는 『불종성경』(佛種姓經, Buddha vaṁsa. 부처의 계보)에서 10바라밀을 간추린 것인데(주석 47번 참고), 이것은 부처님의 전생 시절에서의 보살(菩薩, bodhisatta. 깨달음에 관련된 중생, 주석 126번 참고) 수행법을 밝힌 것이다. '바라밀(婆羅密)'로 음역되고 '피안'(彼岸, 저 언덕)으로 의역된 'pāramitā'(빨리어로 pāramī)는 부처의 경

....

고정됨'은 내용의 범위가 다르다는 것을 알아야 한다. 나머지 차선도 그와 같다.

379 四無量心. 즉, 慈·悲·喜·捨. 근본경전에서는 마음[心]을 붙이지 않고 '네 가지 무량함들'(四無量, catasso appamaññāyo. 디3-390)이라고 표현한다. 또한 대개는 '네 가지 신성한 거처들'(四梵住, cattaro brahma vihārā)이라고 표현된다.

지를 의미하므로 건너가야 할 궁극적인 '도착지'를 의미한다.[380] 그러나 대승에서는 수행 행법으로 쓰이므로 '도착하기'로 번역할 수 있을 것이다. 이 6바라밀(여섯 가지로 도착하기)은 10바라밀 중의 다섯 가지(施·戒·忍·進·慧)에 '명상으로 도착하기'(禪定婆羅密, jhāna pāramitā)를 추가하여 만든 것이다. 그런데 고정됨[定]에 대한 언급없이 명상[禪]만을 다루는 것은 어설프다. 명상은 고정됨에 포함되고 고정됨은 대승의 문맥에서 더욱 중요하기 때문이다. 대승은 구체적인 수행의 개념에 대해 명쾌한 구분이 결여되어 있음을 확인할 수 있는 대목이다. 이에 따라 구체적인 수행 행법과 그 과정에서 나타나는 현상에 대한 전문적인 상세한 기술도 결여되어 있을 수밖에 없었다.

수행법에 대한 구체적인 전문성의 결여는 『원각경』에서도 뚜렷하게 확인할 수 있다. 『원각경』에서의 사마타(samatha, 멈춤), 사마발제(samāpatti, 달성), 선나(jhāna, 명상)에 대한 정의는 다음과 같다.

"선남자여, 모든 보살들이 청정한 원각을 깨달아 청정하게 알아차린 마음으로 고요함을 취하여 수행으로 삼는다면 모든 망념들이 맑아져서 식별이 번거롭게 요동침을 알아차리게 되며, 고요한 지혜가 발생하여 몸과 마음의 번뇌가 이로 인해 영원히 소멸하리니, 곧바로 내면에 '적정의 경안'(寂靜輕安)을 발할 수 있다. 적정

· · · · · · · · · ·

380 근본경전에서 '도착지'라는 의미를 확인할 수 있는 구절로 "현실법의 뛰어난 앎으로 종착지와 '도착지'에 도달하여…."(diṭṭha dhamma abhiññā vosāna 'pārami' pattā... 맛3-563)를 들 수 있다.

하기 때문에 시방세계 모든 여래의 마음이 그 중에 현현하는 것이 마치 거울 속의 모습과 같나니, 이 방편을 사마타(奢摩他)라 한다.

선남자여, 모든 보살들이 청정한 원각을 깨달아 청정하게 알아차린 마음으로 마음의 본성 및 육근과 육경이 모두 환(幻)의 변화에 기인한 것임을 지각하면 곧 모든 환이 일어나더라도 환인 것을 제거한다. 모든 환을 변화시켜 환과 같은 중생을 계발시키면 환을 일으킨 연유로 곧바로 내면에 '대비의 경안'(大悲輕安)을 발할 수 있다. 일체 보살들은 이렇게 수행을 일으켜 점차 증진하는 것이다. 그들이 환이라고 관찰하는 것은 똑같은 환이 아니기 때문이며 똑같지 않은 환을 관찰하는 것도 모두 환이므로 환이라는 모습을 영원히 떠난다. 이러한 모든 보살들의 원만하고도 오묘한 수행은 흙에서 싹이 자라는 것과 같으니, 이 방편을 사마발제(三摩鉢提)라고 한다.

선남자여, 모든 보살들이 청정한 원각을 깨달아 청정하게 알아차린 마음으로 환의 변화와 모든 고요한 모습을 취하지 않는다면 몸과 마음 모두가 장애되더라도 지각이 없는 밝음은 모든 장애를 의지하지 않음을 명료하게 알게 되어 장애되는 경계든 아니든 영원히 초월할 수 있다. 수용하는 세계 및 몸과 마음이 서로 거친 경계에 있더라도 그릇 속의 울림이 밖으로 퍼져 나오듯 번뇌와 열반이 서로 장애하지 않아 곧바로 내면에 '적멸의 경안'(寂滅輕安)을 발할 수 있다. 묘각이 수순하는 적멸의 경계는 나와 남이라든지 몸과 마음이라는 것이 미칠 수 없어서 중생의 수명이란 모두 헛생각이 되나니, 이 방편을 선나(禪那)라고 한다.”

(『대방광원각수다라요의경(大方廣圓覺修多羅了義經)』「위덕자재보살장(威德
自在菩薩章)」)

매우 추상적이고 형이상학적인 모호한 규정들이다. 일단 사마발제(달
성)가 수행의 독립된 구체적인 수행법이 아님을 모르고 있다. 또한 선
나(명상)가 사마타(멈춤)의 한 가지인 것도 모르고 있다. 더욱이 이 세
가지는 점점 수준이 높아가고 깊어지는 것으로 자리 배정할 수 없는
개념들이다. 물론 너그럽게 봐준다면 부분적으로 들어맞는 해석이
없는 것은 아니다. 그러나 그것은 어디서 잡스럽게 주워들은 말들을
현학적으로 얼버무린 대가일 뿐이다. 대표적으로 『원각경』의 한 부분
만을 다루었지만 구체적인 수행 행법에 대해서 추상적이고도 이상적
으로 얼버무리며 짜 맞춘 현학적인 표현들은 대승경전 전체에 걸쳐
서 흔히 나타난다. 그리고 이것은 대승의 작자들이 구체적이고도 전
문적인 수행이 부족한 자들임을 반증해 준다.

　한편, 부처님은 ‘네 가지 무량함들’이라는 보살 시절의 수행법이
천상(정확히는 ‘신성한 세상’, brahma loka)으로 이끄는 가르침이기는 했지
만 궁극의 깨달음 혹은 꺼짐에 이르게 하는 가르침은 아니었다고 선
언했다.(디2-419, 맞3-305) 그러므로 그런 가르침을 깨달음과 꺼짐에
이르는 주된 수행법으로 내세우는 것은 부처님의 뜻과는 어긋나는
것이다. 어렵게 이룬 부처의 경지에서 최종적으로 제시한 목적과 그
목적에 도달하는 방법을 무시하는 처사이기 때문이다. 부처의 경지

에서 깨달음에 이르는 수행법에 대해 최종적으로 제시한 방법은 '37 항목의 깨달아지는 법들'(주석 233번 참고)이라고 포괄적으로 정리되었다. 그리고 '네 가지 상기의 출처들'은 37항목의 첫머리에 거론될 정도로 깨달음에 이르는 대표적이고도 핵심적이며 직접적인 가장 중요한 방법이었다. 물론 일반적인 정답은 '성스러운 8차선의 길'이라고 할 것이다.(주석 304번 참고) 그러므로 부처님의 전생 수행법을 불교의 핵심 수행법으로 여기는 대승의 주장에는 궁극적인 도착지를 성불로 잡았지만 궁극에 도착한 부처의 최종적인 가르침을 결국 외면해야만 하는 대승적 아이러니가 깔려 있다. 이런 아이러니는 부처님이 출가 수행의 궁극적인 목표라고 천명한 '꺼짐'과 그 실현을 위한 직접적이고도 핵심적인 방법들까지 도외시하게 하는 작용을 가지게 된다.

또 하나 착각하지 말아야 할 점은 부처님이 제시하고 다룬 수행법이라고 해서 반드시 직접적인 핵심 수행법인 것은 아닐 뿐더러 불교만의 수행법이라고 단정할 수도 없다는 것이다. 예컨대 '아무것도 없는 영역'이나 '인지가 있지도 없지도 않은 영역'은 외도들이 달성한 순수 고정됨의 수행법이었고 부처님도 보살 시절에 외도의 제자가 되어 달성한 수행법이었다. 그리고 그것을 부처를 이룬 후에 차용했다. 매우 유용한 수행 과정이지만 그 자체로 직접적인 핵심이 될 수는 없는 수행법이다. 또한 단순히 두 영역을 다루고 주장한다고 해서 불교만의 수행법이라고 단정할 수도 없는 것이다. 그와 같이 부처님이 전생의 보살 시절에 닦은 수행법이라고 해서 불교만의 순수한 핵심 수행법으로 다루어질 당위성은 없다.

부처님의 전생 수행법을 주된 수행법으로 내세우는 것에는 수행의 목적을 꺼짐이 아닌 성불로 잡은 근본적인 오판과 그에 따라 꺼짐(과위로는 동격자)에 이르는 직접적인 방법(특히 네 가지 상기의 출처들)이 아닌 부처에 이르는데 사용되었던 간접적인 방법(특히 여섯 가지로 도착하기나 네 가지 무량함들)이 권장되는 이중의 과오가 뒤엉켜 있다. 게다가 이 간접적인 방법들을 성불의 필연적인 방법으로 여기는 것도 '성급한 일반화의 오류'에 해당한다. 부처님이 전생에 수행한 방법이라면 그것이 부처를 이루는 방법일 것이라는 착각이 든다. 그러나 이것은 목적을 향해 방법론적으로 일정 부분 기여했다고 해서 그것을 직접적인 방법이거나 필연적인 방법이라고 단정할 수 없다는 구분이 결여된 판단이다. 예컨대 어떤 큰스님이 절벽 위에서 좌선하다가 깨달음을 이루었다는 말을 듣고 한 젊은 스님이 따라서 절벽 위에서 좌선하다가 졸음으로 떨어져 죽었다는 얘기가 있다. '절벽 위에서의 좌선'이 간접적인 특별한 수단에 불과한 것인 줄은 모르고 깨달음에 이르는 직접적이고도 핵심적이며 필연적인 방법이라고 맹목적으로 성급하게 일반화시킨 오류가 빚은 참상이었던 것이다.

이렇게 부처님의 전생 수행법을 불교의 핵심적인 수행법으로 삼는 것에는 여러 문제점들이 도사리고 있지만 그 수행법이 반드시 삿된 것은 아니며 오히려 많은 공덕을 가져오는 측면도 있다. 잠깐 자애의 마음을 발하는 것은 많은 물질 보시보다 수승한 공덕이 있다고 한다.(앙5-423) 또한 고정됨의 수행 측면으로도 자애의 무량함 수행은 깨끗함의 해탈까지(세 번째 명상이나 네 번째 명상까지) 달성이 가능하고 연민의 무량함은 무한허공의 영역까지, 기뻐해줌의 무량함은 무한식별의 영역까지, 담담함의 무량함은 아무것도 없는 영역까지 달성이 가능하다.(상5-383~) 이러한 공덕들은 부처를 이루는 간접적인 자량이 되어 줄 수 있을 것이다. 그렇지만 이것마저도 세세생생 반드시 성불을 향해 기여한다고 단정할 수는 없다. 그러한 단정은 일체중생성불론과 같은 운명론의 전제 하에서나 가능성을 타진할 수 있을 것이다. 그러나 그 공덕의 과보에 해당하는 천상락과 같은 복덕을 향유하면서 공덕이 모두 소진되어 다시 인간과 3악도에서 무량한 악업과 고통스런 과보를 받는 방향으로 흘러갈 수도 있는 것이다. 성불이 아니라 인간의 몸조차도 장담할 수 없는 법이다. 그렇기 때문에 금생에 깨달음에 이르는 직접적이고도 핵심적인 수행법으로 확실한 달성을 이루어야 하는 절박한 당위성이 성립하는 것이다. 그러므로 부처님의 전생 수행법으로의 중심 이동은 이런 절박한 당위성을 외면하는 불교 수행법의 퇴행을 의미한다고 볼 수 있겠다.

그런데 지금의 대승의 수행 문화에서는 부처님의 전생 수행법이 갖는 위의 본연의 공덕마저도 기대하기 힘들게 되었다. 대승에서의 수행법은 전반적으로 구체적인 전문성이 결여되어 있어서 그 핵심 개념들도 추상화되어 있기 때문이다. 그 결과 여섯 가지로 도착하기나 네 가지 무량함들도 구체적이고도 전문적인 수행 과정이 결여된 채, 언젠가는 성불할 테니 포교나 열심히 하자는 교세 팽창주의의 구호에 지나지 않게 되었다.

61
부처님이 깨달음을 얻은 수행법

금생에 혼자 힘으로 궁극의 깨달음을 얻었다는 것은 수많은 생을 줄기차게 진리 추구에 바쳤다는 것을 의미한다. 그렇게 수행으로 인한 복덕을 낭비하거나 소진시키지 않고 깨달음을 위해서만 세세생생 멈추지 않을 사람이란 희귀할 수밖에 없다. 석가모니 부처님이 바로 그런 희귀한 사람 중에 한 명이었지만 금생에 와서야 부처를 이루었던 이유는 보살 시절의 수행법은 깨달음에 이르는 직접적인 적확한 방법이 아니었기 때문이었다. 그러나 보살 시절의 수행들은 성불의 간접적인 원인이 되어주었고 금생에 혼자 힘으로 깨달을 수 있는 능력을 안겨주었다. 그렇다면 석가모니 부처님을 금생에 깨달음에 이르게 해준 직접적인 방법은 무엇이었을까?

많은 이들이 부처님이 6년 고행 시절에 행한 여러 가지 수행 실험들 중에 호흡을 실험한 부분을 보고(맛3-569) 부처님을 깨달음에 이르게 한 수행법을 호흡법이라고 추정하고 있다. 그러나 경에서 기술된 호흡 실험은 인위적이고 작위적인 호흡 조절을 말하고 있고 결국 안정을 찾지 못하고 실패한 실험이었다고 평가하고 있다. 부처를 이루고 후에 제시한 호흡법은 외도들이 흔히 주장하는 인위적이고 작위적인 호흡의 조절과 그 효과를 이용하는 수행법이 아니었다. 그저 자연스러운 호흡의 과정을 분석관찰할 뿐인 수행법이었다. 게다가 네 가지 상기의 출처들 중에 몸 관련의 하나인 호흡법은 부정관의 부작용이 발생한 후에야 제시된 수행법이었다.(율3-595) 호흡법은 자신이 깨달은 방법이었지만 숨겨 두었다가 나중에 발표했던 것이 아니라 시절인연에 맞게 차례대로 신설한 방법 중에 하나였을 뿐이었다.

부처님은 어렸을 적에 경험한 첫 번째 명상을 상기하며 깨달음에 이르는 방법임을 확신했다.(맛2-180) 그리고 네 번째 명상까지 달성하고서 거기에서 유입들의 생멸 혹은 괴로움의 생멸을 관찰하다가 궁극의 깨달음을 얻었다는 것은 여러 경들에서 일치한다.(맛1-222, 맛2-185, 맛3-577) 그런데 문제는 어떤 방법으로 네 번째 명상에 도달했는지에 대한 기술이 위의 여러 경들에서는 직접적으로 밝혀져 있지 않다는 점이다. 다만 『중간 부류』의 제128번 『오염원 경』에서는 "아누룻다들이여, 나도 같은—깨달음을 이루기 바로(sudaṁ) 전, 확연히 깨닫지 못한 보살이었을 때 똑같이 빛을 인지하고 광경과 방해물들을 인지했습니다."(맛4-330)라고 말하고 있다. 그리고 이어서 빛을 인지하는 도중에 나타나는 여러 오염원들을 제거하며 결국 네 번째 명상에 도달했을 때 궁극의 깨달음을 성취한 것으로 표명되었다.(맛4-340) 이렇게 경에 유일하게 기술된 자료만을 의지한다면 부처님을 네 번째 명상에 이르게 한 수행법은 광명상(光明想, āloka saññā. 광명의 인지)이라고 할 수 있는 '빛의 인지'(obhāsa saññā)였다고 봐야 한다. 광명의 인지는 순수 고정됨 수행법에 속하고 하늘눈을 얻는 주된 방법이라고 알려져 있다. 이것은 부처님이 궁극의 깨달음을 얻기 직전인 밤의 중반에 하늘눈이 생겼다는 사실에서도 그 연관성을 암시하고 있다. 그런데 광명의 인지는 순수 고정됨 수행법이어서 그 자체로는 깨달음을 달성시켜줄 수 없다. 앞에서 살펴봤듯이 알아차림이 들어 있는 관찰 작업이 결합되어야만 깨달음이 가능해진다. 경에 의거하자면 부처님은 빛의 인지로 네 번째 명상에 도달해서 유입들의 생멸과 괴로움의 생멸을 분석관찰함으로써 궁극의 앎과 봄을 달성했다고 보인다. 종합적으로 말하면 보살 싯다르타는 금생에야 빛의 인지라는 순수 고정됨으로 네 번째 명상을 달성했고 그 상태에서 유입들과 괴로움의 생멸에 대해 분석관찰이라는 알아차림을 결합함으로써 위없고–바르며–같은–깨달음을 얻어서 동격과를 달성하며 석가모니 부처님을 이루었다.

참고로, 광명의 인지는 여러 경에서 궁극적인 풀려남의 앎과 봄을 얻는 과정상의 좌선 시에 닦는 수행법으로 제시되었다. 그 과정을 요약하자면, '덕행의 구족 → 일상생활 시 행위 관찰 → 좌선 시 광명의 인지 → 네 번째 명상 → 세 가지 훤히 앎들의 성취 → 풀려남의 앎과 봄'으로 나타난다.(디1–236, 맛2–429, 맛4–297, 앙2–481) 많은 수행법이 있는데도 이렇게 광명의 인지는 수행 과정에서 특별히 강조되었다. 아마도 부처님 자신의 경험이 반영된 결과일 것이다.

이상 살펴본 바와 같이 보살 싯다르타를 성불하게 한 직접적인 수행법은 여섯 가지 도착하기나 네 가지 무량함들 수행법이 아니었다. 오히려 석가모니 부처님의 전생이었던 보살은 궁극의 깨달음을 이루게 하는 관찰법을 몰랐기 때문에 네 가지 무량함들 등의 수행법만을 오랜 기간 동안 속절없이 닦았다고 보아야 한다. 비록 그 수행들이 혼자 힘으로 성불할 수 있는 자량이 되어주었을지는 모르지만 직접적인 방법은 아니었다. 그러므로 대승교도들이 자신들의 궁극의 목적인 부처님이 직접 본인과 동격인(제66장을 참고하라.) 경지에 빠르게 도달하는 최종적인 방법을 제시했는데도 그 방법을 외면한 채 모순되게도 부처님이 전생 시절에 수행한, 그 보장할 수 없는 비효율적인 방법들을 계속 주된 수행법으로 고수하는 것은 참으로 어리석은 선택이라고 평가 받아 마땅할 것이다.

62
깨달음을 점검하는 잣대

부처님이 수많은 생을 수행하다가 도달한 깨달음은 진리에 대한 깨달음이자 윤회를 종식시키는 깨달음이었다. 그러므로 '깨달음 만능주의'[381]는 편협한 잘못이지만 깨달음 지상주의는 적어도 출가자에게 만큼은 당연한 태도다. 이러한 최종 목표로서의 깨달음에 대한 점검은 제일 중요한 마지막 과제에 해당할 수밖에 없다. 그런데도 깨달음에 대한 내용과 잣대에 대한 적확한 명시를 만나 보기는 어려운 실정이다. 이것은 대승의 수행에 대한 목적과 깨달음에 대한 재설정, 그

··········

[381] 깨닫기만 하면 신통과 같은 모든 것을 해내는 능력이 생기고 모든 것을 알 수 있다는 주장. 깨닫기만 하면 불법의 교법을 낱낱이 모두 정확하게 파악할 수 있어서 깨달은 이의 설법에는 오류가 없다는 생각도 이에 해당한다.

리고 근본불교에 대한 무시에서 비롯된 것이다. 그러나 근본경전에는 이에 대한 해답이 제시되어 있다. 다만 정확한 개념 정의와 자세한 내용 풀이가 이루어지지 않았을 뿐이다. 먼저 깨달음에 대한 여러 가지 내용들을 밝히기 전에 우선적으로 밝혀 두어야 할 깨달음에 관련된 잣대가 있다. 바로 '열 가지 결박들'[382]인 '다섯 가지 낮은 결박들'(五下分結)과 '다섯 가지 높은 결박들'(五上分結)이다. (도표 24)

필자가 열 가지 결박들이라는 잣대에 대해 '금강'(金剛, 다이아몬드)이라고 수식한 이유는 금강석이 다른 광석들을 다 깨뜨리면서도 자신은 깨지지 않는 것처럼 이 금강 잣대도 삿된 깨달음들을 다 깨뜨리면서도 자신은 결코 깨지지 않고 깨달음을 측정하는 만대의 확실한 표준이 되어 주기 때문이다. 깨달음을 점검하는 잣대는 여러 가지가 있을 수 있지만 이 금강 잣대는 표준인[383]이 제시한 표준 중의 표준이

··········

382 '열 가지 결박들'(十結, dasa saṁyojanāni)이라는 법수 제목은 '다섯 가지 낮은 결박들'(五下分結, pañca orambhāgiyāni saṁyojanāni)과 '다섯 가지 높은 결박들'(五上分結, pañca uddhambhāgiyāni saṁyojanāni)을 합쳐서 부른 용어다. (앙6-89) 'saṁyojana'(結, 결박)는 '같이(saṁ) 묶다(√yuj).'로 파자된다. 온몸을 꽁꽁 묶는 포승줄처럼 중생을 근본적으로 얽매면서 중생으로 살도록 가둬 놓고 깨달음을 장애하는 것들을 나타낸다. '結'(결박)이라고 잘 한역되었다. '낮은(oram) 측면들(bhāgiyāni)'이란 하위의 얕고도 약한 부분들을 말하고, '높은(uddham) 측면들(bhāgiyāni)'이란 상위의 깊고도 강한 부분들을 말한다.

383 sugata, 善逝. 여래 10호 중의 하나다. (제68장 참고) 'su(잘, 좋은) gata(들어간)'으로 파자된다. 여기에서 'gata'는 'gati'(가다.)의 과거분사로 '간'이라는 뜻이지만 접미사로 쓰일 때에는 어떤 성분이나 성질이 '들어간' 혹은 '관련된 계통'이라는 뜻을 나타낸다. 그러므로 sugata는 '좋게 된 것'이라고 직역할 수 있고 결국 '표준인 (것)' 혹은 사람(부처님)을 말할 때에는 '표준인(標準人)'을 의미한다. 한역은 파자를 직역하여 '善逝'라고 번역했고 그 결과 우리나라에서도 직역하여 (피안으로) '잘 가신 분'이라고 번역하지만 오역이다.

구분	결 박	내 용	과 위
다섯 가지 낮은 결박 五下 分結	존재유형에 대한 견해 (有身見, sakkāya-diṭṭhi)	존재의 기본 유형인 다섯 가지 포착 덩어리들을 자아로 관련시키는 견해	예류자
	덕행의 맹세에 대한 고집 (戒禁取見, sīlabbata parāmāsa)	금기와 의례·의식 등에 대한 형식적이고도 맹목적인 집착	
	의심(疑, vicikicchā)	불법이 진리임을 의심함	
	욕망의 욕구 (慾愛, kāmacchanda)	감각적 쾌락에 이끌림	일래자 불환자
	언짢음(瞋恚, vyāpāda)	반감, 적대감, 화 등이 일어남	
다섯 가지 높은 결박 五上 分結	방해물에 대한 애착 (色愛, rūpa-rāga)	형색과 거리낌이 있는 물질적 대상 경계에 이끌림	동격자
	무방해물에 대한 애착 (無色愛, arūpa-rāga)	형색과 거리낌이 없는 정신적인 경계에 이끌림	
	착각(慢, māna)	'나다.'라는 착각이 핵심임	
	들뜸(掉擧, uddhacca)	동요가 일어남	
	깜깜모름(無明, avijjā)	• '하늘눈', '전생', '유입의 멸진' 등을 훤히 알지 못함 • '네 가지 성스러운 진실들'을 간파하지 못함 • '다섯 덩어리들'의 생멸과 그 달콤함, 벗어남을 생성된 대로 알아차리지 못함	

도표 24. 깨달음의 금강 잣대

. . . .

'sugata'가 표준이라는 의미로 사용된 명백한 용례는 단타 제92번에 나타난다. "표준인의 표준인 옷의 한도"(sugatassa sugata cīvarappamāṇaṃ)라는 표현이 규제 조목에 쓰였다. 그런데 지금까지는 'sugata'의 정확한 뜻과 쓰임새를 몰랐고 그래서 이 단어가 중복되어 나타나는 이유도 알 수 없었기 때문에 하나는 생략되어 한역되었었다. 지금까지의 모든 번역들도 그러하다. 그러나 이 단어도 격의법으로 쓰인 단어여서 앞의 'sugatassa'는 부처님이 자칭하는 용도로 쓰인 것이고 뒤의 'sugata'는 본래의 의미인 '표준'이라는 의미로만 쓰인 것이다. 본래 의미로만 쓰인 다른 용례로는 "'표준으로 명시한'(sugata-pavedito) 법을 교시하십니다."(디3-453) "비구들이여, 표준인과 '표준 규제'(sugata vinaya)가 세상에 머무는 것은…."(앙2-346)에서도 확인할 수 있다.

라고 할 수 있다.

앞의 도표는 결박들에서 풀려난 만큼 과위에 오르는 흐름을 표준적으로 정리해서 보여준다. 자신이 깨달음을 얻었다고 생각되는 사람은 자기의 내면에서 도표의 어떤 결박들이 남아 있는지 상당한 시간 동안 면밀하게 살펴보면서 점검해야 한다. 깨달음을 얻은 모든 자들은 반드시 도표 24번의 그물에 걸리게 되어 있기 때문에 스스로 자신의 과위를 확인해 볼 수 있을 것이다. 모두 부처님 손바닥이라고 하는 이유를 여기에서도 알 수 있다. 이 금강 잣대를 모르는 도인들은 자신이 궁극에 도달한 것으로 착각에 빠진 채 손오공처럼 기고만장하면서 일생을 소진할 가능성이 있다.

깨달음이란 불교수행의 결과이므로 그 깨달음을 측정할 잣대란 불법의 총체적인 이해를 바탕으로 한 결론적인 기준이라고 할 수 있다. 본서의 지금까지의 논의도 이 잣대를 드러내기 위한 애벌 작업이라고 말해도 된다. 그러므로 이 잣대를 해명하지 않고서는 지금까지의 논의도 말끔한 마침표가 찍히지 않는다. 그런데 본서에서는 지금까지 위 도표에 나타나는 용어들에 대해서 본문이나 주석을 통해 틈틈이 다루고 밝혔다.[384] 단지 그 용어들이 깨달음의 잣대라는 것을 몰랐을 뿐이다. 그러므로 여기에서 그 용어들에 대한 재설명은 생략하겠다. 다만 미진한 부분은 이어지는 다음 장들에서 앞의 도표를 의지

----

384 '존재유형에 대한 견해'는 주석 165번과 제35장 ②를, '의심'은 주석 22번과 주석 350번을, '언짢음'은 주석 347번을, '착각'은 주석 185번을, '깜깜모름'은 주석 261번을 참고하라.

하며 각각의 성자들을 설명할 때 좀 더 보충될 것이다.

깨달음의 금강 잣대인 '열 가지 결박들'에 대한 바른 이해는 불법의 전체적인 교리와 수행에 대한 좀 더 선명한 안목의 짜임새를 안겨줄 것이다. 그리고 깨달음에 대한 막연하고도 두루뭉술한 풍조에도 명확하게 차등 지어 밝히는 차별화를 요구하게 될 것이다.

63
예류자, 시한부 인생에 접어들다

예류자[385]는 성자들을 논하는데 중요한 첫 단추의 역할을 한다. 예류자의 과위가 잘 파악되지 않으면 나머지 성자들의 이해도 불완전해지고 애매해지면서 오해되기 십상이다. 반면에 예류자가 잘 이해되면 나머지 성자들의 이해도 쉽고 정확해진다. 그렇기 때문에 부처님은 『묶음 부류』에서 '예류 묶음'(상6-251~)으로 따로 묶여질 정도로 특별히 자세하게 다루었다고 여겨진다.

· · · · · · · · · ·

385 預流者, sotāpanna. '흐름(sota < √sru)에 든 이(āpanna < āpajjati)'로 파자된다. 꺼지는 흐름에 접어들었다는 말이다. 4향4과가 모두 꺼짐의 흐름에 든 자들이기 때문에 넓게 말하자면 4향4과 모두를 예류자(흐름에 든 이)라고 해도 된다.(앙6-246)

4향4과	특징	생사의 측면으로 분류	수행의 내용으로 분류
예류도	금생에 반드시 예류과에 도달하는 것이 확정되어 있음	·	①믿음으로 따르는 이 ②법에 따르는 이
예류과	• 꺼짐의 흐름에 듦 • 같은-깨달음이 예정됨 • 사무치는 확신에 도달함 • 악처에 떨어지지 않음 • 개종이 불가능함 • 3가지 낮은 결박들 소멸	(천상 혹은 인간으로) 최대 일곱 번인 이 (인간으로 2~3번) 양가에서 양가인 이 (인간으로) 하나의 씨앗을 가진 이	
일래도	·	·	
일래과	• 애착과 화가 엷어짐386 • 욕망의 경계에 한 번은 오고 그때 꺼짐이 확정됨	(욕망의 경계로) 한 번 오는 이	③믿음 속에 풀려난 이
불환도		·	④ 견해에 도달한 이
불환과	• 욕망의 경계로 오지 않음 • 음욕이 사라짐 • 성냄이 없음 • 5가지 낮은 결박들 소멸	오르면서 색구경천으로 가는 이 (어렵게) 형성작용으로 완전히 꺼지는 이 (쉽게) 형성작용 없이 완전히 꺼지는 이 (정거천에) 닿자마자 완전히 꺼지는 이 (죽음 직후와 정거천의) 사이에서 완전히 꺼지는 이	⑤몸으로 증험한 이
동격도	·	·	·
동격과	• 같은-깨달음 성취 • 어떤 존재유형으로도 생성되지 않음 • 방일387이 불가능함 • 5가지 높은 결박들 소멸 • 탐진치가 완전히 꺼짐 • 부처님, 제자 동격자, 홀로 부처님, 모두 동격과임	(살아 있는 동안이든, 죽는 순간이든) '포착된 잔재가 없는 꺼짐' 혹은 '완전히 꺼짐'이라고 표현됨.	⑥알아차림으로 풀려난 이 ⑦양면으로 풀려난 이

도표 25. 꺼지는 삶의 지도

도표 25번은 앞의 도표 24번의 보완이자 '도표 8. 윤회하는 삶의 지도'와 대칭되는 도표다. 이 도표는 성자들이 꺼지는 과정을 집약적으로 보여준다. 이중에서도 예류자는 꺼질 운명에 처음으로 등극한 성자다. 예류자 중에서 가장 자질이 부족한 자가 '최대 일곱 번인 이'(七有者, sattakkhattu parama)이므로 아무리 길어도 일곱 번 이내로 태어나다가 꺼지게 되고 보통은 '양가(良家)에서 양가인 이'(家家者, kolaṁ-kola)처럼 '좋은 집안'에 연속으로 두세 번 태어나면서 꺼지게 된다. 그러므로 진정한 의미에서 시한부 인생에 접어들었다고 말할 수 있는 사람인 것이다. 한편으로는 천근만근의 짐을 내려놓았다고 말할 수도 있다. 왜냐하면 예류자는 '휩싸이는 괴로움'이 없어서(앙4-306) 중생들의 괴로움이 큰 산과 같다면 예류자의 괴로움은 작은 돌멩이와 같기 때문이다.(상2-371) 또한 고통스러운 영겁의 윤회에 비하면 일곱 번의 생이란 지구의 한 티끌만도 못한 것이다.

예류자는 범부 중생에 비해 괴로움이 현저하게 경감되지만 탐진치가 강하게 남아 있기 때문에 그 분류도 거칠고 폭이 넓을 수밖에

· · · · · · · · · ·

386 엷어진다는 것은 가끔씩 일어나며 일어나더라도 약하게 일어난다는 말이다. 파리 날개처럼 약하고도 얇게 일어난다고 한다.(상6-278의 주석 177번 참고)

387 放逸, pamāda. 방일은 단순히 일반적인 게으름을 말하는 용어가 아니다. 경에 입각해서 정의하자면, 여섯 범위인 색·성·향·미·촉·법에 빠져 지내면서 자신의 수행 주제를 놓치고 있는 상태를 말한다.(상4-226, 상6-343) 그러므로 쓸데없는 잡일로 부지런히 활동하는 것도 방일한 삶일 수 있다. 물론 수행 주제도 없이 게으르고 태만하게 거처하는 것도 당연히 방일한 것이다. 결국 방일은 허송세월로 이끌고 윤회로 이끈다.

없다. 이것은 같은 예류자라도 각양각색으로 편차가 크다는 말이기도 하다. 특히 '하나의 씨앗을 지닌 이'(一種者, eka-bījī)는 결과적으로 '한 번 오는 이'와 겹칠 정도로 뛰어난 기량을 가졌다. 다만 일래과의 깨달음을 이루지는 못했고 또한 반드시 한 번은 천신이 아닌 인간으로 태어나야만 괴로움을 마칠 수 있다는 한계를 가졌다.(앙1-544)

예류자에게 탐진치가 강하게 남아 있다고 해서 예류자와 범부의 탐진치가 같은 것은 아니다. 탐진치가 남아는 있지만 악처로 인도하는 탐진치는 제거되어 있기 때문이다.(앙4-299) 그러므로 예류자는 악처에 떨어지지 않는다. 예류자는 이 사실을 스스로 분명하게 알게 된다.(상6-276) 이것은 진리의 안목과 연관된 내용이기도 하다. 따라서-같이-생겨남의 인과에 밝아졌기 때문에 악처로 떨어지는 악업을 짓지 않게 되는 것이다.

예류과는 이치적인 깨달음이기 때문에 점검하기가 쉽지 않다. 그리고 많은 수행자들이 자신이 예류자의 깨달음을 얻었다고 착각하기 쉬운 교리적인 내용을 가지고 있다. 그러나 과위에 오를 때에는 그때의 장소와 시간을 잊을 수 없는 깨달음의 결정적인 순간이 있다.(앙1-315) 그러므로 자신이 언제, 어디에서 깨달았는지 애매하다면 예류자에 오른 것이 아니다. 혹은 내가 이 정도면 예류자인 것이 아닐까라고 생각한다면 그러한 사람도 예류자가 아니라고 보면 된다. 예류과는 오르막을 오르듯이 서서히 혹은 은근슬쩍 오르는 과위가 아니다. 사실 모든 과위가 결정적이고도 순간적인 계기를 갖는다.

그렇다면 그러한 결정적인 순간에 무엇을 깨달았을까? 경에서는 예류자의 깨달음에 대해서 "'어떤 것이든 같이-일어나는 법은 모두 소멸하는 법이다.'는 티가 없고 때가 없는 법의 눈이 생겼다."(상 4-167)라고 정형구로 표현되었다. '법의 눈'에서의 법이란 진리를 두드러지게 표현하고 있고 진리란 '따라서-같이-생겨남'이다. 따라서-같이-생겨남은 진리에 해당하는 '성스러운 이치'(ariya ñāya. 주석 241번 참고)라고 표현되었고 예류자가 알아차리는 내용이라고 명시되었다.(앙6-330) 그리고 '자기-없음'은 따라서-같이-생겨남에서 필연적으로 귀결되는 이치적인 사실이다. 그러므로 깨달음이란 '자기 없이 따라서-같이-생겨남'(無我緣起)을 깨달았다는 말이다. 당연히 다섯 가지 포착 덩어리들을 자기라고 여기는 '존재유형에 대한 견해'를 더이상 짓지 않게 된다. 그래서 출가자든 재가자든 예류자는 '견해를 구족한 이'(diṭṭhi sampanna. 앙5-423)라고 불린다. 다만 예류자는 이치적으로 깨달은 것이어서 동격자처럼 실제적으로 완전히 체득한 것과는 다르다. 물론 이치적인 깨달음이라고 해서 따라서-같이-생겨남에 대해 자세히 이해한 수준을 말하는 것은 아니다. 깨닫는 찰나적인 순간이 있어야 하고 그와 동시에 세 가지 결박들이 한꺼번에 모두 소멸할 만큼의 이치적인 깨달음이어야 한다. 이처럼 깨달음이란 일반적인 일도 아니지만 확인할 수 없는 신비한 일도 아니다. 또한 단순히 교법에 대한 지식과 이해로 얻어지는 경지도 아니다. 깨달음의 신비화도 문제지만 깨달음의 지식화는 더욱 문제다.

예류자를 통해서 알 수 있는 사실은 진리를 직접 확인해야만 꺼질 수 있다는 점이다. 성자와 범부의 갈림길은 진리를 깨달았는가의 여부에 있다. 진리를 직접 확인한 예류자에게 불법이 확실한 진리일 것인지에 대한 '의심'은 있을 수 없다. 그런데 존재의 본질까지 관통하는 진리여야만 인생의 본질적인 문제도 근원적으로 해결될 것이다. 예류자는 진리를 알아봤고 그 진리가 그런 해결을 가져다준다는 사실도 알아차린다. 그에 따라 예류자는 자신의 본질적인 인생 문제를 근원적으로 모두 해결해주는 진리를 가르쳐준 부처님과 그 진리를 전달해준 대중 스님들에게 사무치는 확신과 감사함을 품을 수밖에 없게 된다. 결과적으로 예류자에게는 대중 시봉을 열심히 하는 특징이 나타나게 된다.[388] 이런 특징이 당연한 이유는 예류자에게는 '네 가지 예류자의 통로들'(주석 131번 참고)이 확립되었다는 점에서도 알 수 있다. 그러므로 예류자의 개종은 불가능하다.(앙4-302) 예류자는 진리에 눈 뜬 자이고 그 진리는 바뀔 수도 없고 외면할 수도 없는 것이다. 이로써 진정한 의미에서 3귀의는 예류과에서 완성된다는 것도 알 수 있다.

예류자는 따라서-같이-생겨남이라는 진리를 이치적으로 깨달았기 때문에 인과에 밝아질 수밖에 없다. 그래서 경에서는 "바른 견해를 구족한 이에게는 원인과, 원인과 같이-생겨난 법들이 잘 보이기 때문입니다."(앙4-303. 306)라고 말하는 것이다. 그러므로 바르게 인

· · · · · · · · · ·

388 예류자에게 갖추어지는 일곱 가지 통로들이 있는데 요약하면, ① 깨달음으로 지향된 정신, ② 멈춤과 꺼짐으로의 견해, ③ 외도의 견해의 한계를 간파함, ④ 자신의 허물을 드러냄, ⑤ 대중을 열심히 시봉함, ⑥ 부처님의 법과 규제에 지대한 관심을 가짐, ⑦ 뜻과 법의 지혜를 얻고 법에 밀착된 환희를 얻음 등을 말한다. 이것도 예류자인지를 점검하는 잣대가 될 수 있다.(맛2-373)

과를 파악하지 못한 '덕행의 맹세'[389]에 대한 고집[390]은 있을 수 없다.

한편, 예류자를 달성하면 인색함의 때가 없어지기 때문에(상6-269) 재가자의 경우에는 스님들에게 아낌없는 보시가 이루어진다. 규제집에서는 '유학이라는 합의'[391]를 내려서 탁발을 금지시키는 대중 작업으로 다루어질 정도였다.(율3-1728) 인과의 눈이 확연히 밝아진 예류자에게는 대중 스님들에게 보시할 기회가 큰 행운이고 큰 이익이라고 확신하기 때문에 보시로 가난해지더라도 손해라는 생각이 들 리가 없다.

· · · · · · · · · ·

389 戒禁, sīla-vata. 자신이 덕행(戒, sīla)이라고 여기는 것에 대해 그대로 실천하겠다는 맹세(禁, vata)를 말한다. 예를 들면, 『중간 부류』의 제57경인 『개를 맹세한 자 경』에서 '개를 맹세한 자'의 원어를 보면 'kukkura-vatika'인데, '戒禁'의 '戒'(sīla, 덕행)에 해당하는 부분에 '개'(犬, kukkura)가 쓰였다. 이것은 개의 행위를 덕행으로 여긴다는 의미다. 다시 말해 '개를 맹세한 자'란 개의 행위를 덕행으로 여기고 개처럼 행하겠다고 맹세하는 자를 말한다. 소처럼 행하겠다고 맹세한 자는 '소를 맹세한 자'(go-vatika)라고 한다.(맛2-519) 개가 죽은 뒤 천상에 태어나는 것을 하늘눈으로 본 자가 그 전의 전생 복이 원인인 줄은 모르고 금생의 개의 행위가 원인이라고 잘못 판단하여 생긴 맹세라고 한다. 이처럼 인과에 밝지 못해서 편협하거나 잘못된 판단으로 생긴 견해에 입각하여 형식적이고도 맹목적인 행위 원칙을 고수하는 것을 '덕행의 맹세에 대한 고집'이라고 한다. 다만 유학을 '덕행의 맹세로 출현한 이'(sīla-vata upapanno, 이-395)라고 말한 것을 보면 불법에서 가르친 덕행에 대한 맹세는 유익한 것임을 알 수 있다.

390 固執, parāmāsa. 견해와 관련된 완고한 집착을 뜻한다. "자기 견해를 고집하고 굳게 거머쥐고서 놓아버리지 못하는…."(맛1-281) "완고하게 고집하며 '이것만이 진실이고 다른 것은 쓸모없다.'고 고수한다."(맛4-470) "미래에 대한 견해가 없으면 완고한 고집도 없습니다."(상3-190) "야마까 존자는 완고한 고집으로 고수하며 이렇게 주장하였다."(상3-326) 등등으로 쓰였다. 우리말에서도 '고집을 부린다.'라는 말은 어떤 견해와 주장이 들어 있을 때 사용되는 표현이다.

391 sekha-sammuti, 有學認定. 예류자 부부가 비구들에게 아낌없이 보시하다가 가난해져서 세속의 비난이 일어났기 때문에 '알림과 두 번의 작업'(주석 61번, 63번 참고)으로 예류자의 양가라고 합의하고서 더 이상 그 집에 탁발하지 못하게 하는 대중 작업이다.

덧붙여 말해둘 것은, 경에서 '예류도[392]에 대해서는 분류하여 약간의 설명을 제시하였지만 나머지 도(道, 向, magga), 즉 일래도·불환도·동격도 등에 대해서는 구체적인 내용을 다루지 않았기 때문에 여기에서도 섣불리 다루지 않겠다.

64
불환자, 진흙 속의 연꽃

예류자는 경에서 자세히 다루어지는 데 반해 일래자[393]는 거의 다루

....

392 預流道, sotāpatti magga. '흐름에 드는 길에 오른 이'라고 풀이할 수 있다. 두 가지가 있다. 첫째는 '법에 따르는 이'(dhamma-anusārī, 隨法行者)인데, 자신이 충분히 알아차린 만큼의 법에 따르는 자이다. 둘째는 '믿음으로 따르는 이'(saddhā-anusārī, 隨信行者)인데, 부처님에 대한 믿음이 매우 강한 특징이 있다. 자세히는 맛2-721을 참고하라.

393 一來者, sakadāgāmin. '한 번(sakid) 오는(āgāma) 이(in)'라고 파자된다. 『인시설론 주석서』(PgA. 197, 앙2-320의 주석 307번 재인용)에서는 일래자를 다섯으로 나누어 제시했다. ① 인간 세상에서 일래과를 증득하여 인간 세상에 다시 태어나 완전한 열반에 드는 자, ② 인간 세상에서 일래과를 증득하여 천상 세계에 다시 태어나 거기서 완전한 열반에 드는 자, ③ 천상 세계에서 과를 증득하여 천상 세계에 다시 태어나 거기서 완전한 열반에 드는 자, ④ 천상 세계에서 과를 증득하여 인간 세상에 다시 태어나 완전한 열반에 드는 자, ⑤ 인간 세상에서 과를 증득하여 천상 세계에 다시 태어나 수명을 다 채우고 다시 인간 세상에 태어나 완전한 열반에 드는 자. 그러나 이러한 분류는 부처님이 제시한 적이 없으며 이치에 맞지 않는 부분도 있다. 한 번 온다고 하거나 돌아오지 않는다고 하는 호칭은 '욕망의 경계'(欲界)를 기준으로 한 표현이라고 보인다. 그런데 욕망의 천상에 태어나는 것도 한 번으로 친다면 ⑤번은 두 번 태어나는 경우로 볼 수도 있어서 '한 번 오는 이'라는 명칭과 어긋나게 된다. ⑤번이 가능해지려면 ⑤번에서의 천상은

어지지 않는다. 재가자 중에서 일래자 이야기가 조금씩 등장할 뿐이다. 그러므로 여기에서도 간략하게만 다루겠다. 아마도 출가자들 중에서는 일래자가 드물었던 것 같다. 부처님 시대는 규제가 잘 지켜지고 있었기 때문에 출가자들이 대부분 청정한 상태였고 그로 인해 깨달았을 경우 높은 과위로 쉽고 빠르게 올랐을 것으로 추정된다.(앙 2-354) 금강 잣대에서도 욕망과 화의 제거 정도가 불환자[394]까지의 주된 척도라는 것을 확인할 수 있다.

불환자에 이르러서는 애착이 거의 다 없어진다. '거의'라고 한 이유는 불환자가 제거하지 못한 다섯 가지 높은 결박들에서 방해물에 대한 애착과 무방해물에 대한 애착이 나타나기 때문이다. 그러나 일래자에 이르러서는 욕망이 매우 엷어지고 불환자에 이르러서 욕망에 대한 애착은 소멸한다. 적어도 성욕만큼은 완전히 소멸한다. 다섯 가지 낮은 결박들 중에 '욕망의 욕구'(주석 172번, 주석 204번 참고)에서 욕망이란 성적인 욕망을 핵심으로 한다. 그러므로 욕망의 욕구를 완전히 제거한 불환자에게 성욕을 매개로 한 인간이나 욕망의 천신으로의 재탄생은 이루어지지 않는 것이다. 또한 불환자를 이루면 재가자일지라도 배우자를 정리하게 되는 이유이기도 하다.

· · · · · · · · · ·

정거천을 제외한 '신성한 세상'(brahma loka)의 천상이라고 한정지어야 할 것이다.

394 不還者, anāgāmin. '않는(an) 오지(āgāma) 이(in)'라고 파자된다.

또한 불환자에 이르면 '언짢음'도 완전히 없어진다. 언짢음은 화(dosa)의 근원을 이루는 성질의 것이다. 언짢음이 완전히 제거되었다는 것은 화를 내는 일도 없어졌다는 것을 의미한다. 가끔 역정과 분노를 드러낸 것에 대해 방편(方便, 방정한 편의)이라고 미화하는 경우를 볼 수 있는데, 이것은 합리화에 불과한 사편(邪便, 삿된 편의)일 뿐이다. 윽박지른 조복은 바른 조복일 수 없다. 바르지 못할 뿐만 아니라 자신에게 없는 것을 일부러 있는 것처럼 꾸미는 것은 불편하고도 가식적인 일이다. 적어도 불환자에 도달하지 못한 자들의 행태라고 평가할 수 있다.

불환자는 매우 미세해진 성자이기 때문에 그 분류도 미세해진다. 그러므로 불환자끼리의 격차는 예류자들만큼 크지 않다. 불환자 중에서 가장 수승한 부류인 '사이에서 완전히 꺼지는 이'는 태어남의 결박은 제거하였지만 생성됨의 결박은 제거하지 못한 자로 평가된다.(앙2-322) 왜냐하면 정거천에 태어나지는 않지만 죽음 직후와 정거천 사이에 있는 존재로는 생성되기 때문이다. 다시 세 가지로 더 세분할 수 있다. 첫째로, 죽음 직후에 완전히 꺼지는 이가 있는데, 달구어진 쇳조각 파편이 튀겨 나가자마자 식는 경우로 비유되었다. 둘째로, 죽어서 정거천으로 이동 중에 완전히 꺼지는 이가 있는데, 파편이 튀어 오르면서 식는 경우로 비유되었다. 셋째로, 정거천에 닿기 직전에 완전히 꺼지는 이가 있는데, 튀어 오른 파편이 바닥에 닿지 못하고 식는 경우로 비유되었다.(앙4-445)

남방아비담마 철학은 중음신[395]을 인정하지 않기 때문에 '사이에서 완전히 꺼지는 이'를 "정거천 가운데 어느 한 곳에 태어나서 수명의 절반 정도 살 때에 열반에 드는 자이다."(앙2-322의 주석 312번 참고. 앙1-542의 주석 559번도 참고하라.)라고 억지 해석을 내린다. 그로 인해 다른 불환자의 해석까지 그르치는 실수를 범하게 된다. 그러나 위의 불환자의 상태에 대한 비유를 보면 그 오류가 선명하게 드러난다.

'형성작용으로 완전히 꺼지는 이'에서 형성작용이란 5관(몸에 대한 부정관, 음식에 대한 혐오관, 세상에 대한 염리관, 형성된 것들에 대한 무상관, 삶에 대한 사관)의 형성작용을 말하고 '형성작용 없이'란 네 가지 명상들을 달성한 자가 5관 없이도 완전히 꺼지는 경우를 말한다.(앙2-365) 이렇게 네 가지 명상들은 궁극의 깨달음을 쉽고 빠르게 도달시켜주는 중요한 수단이라는 것이 다시금 드러난다.

지금까지 살펴본 내용을 바탕으로 종합적으로 평가하자면, 불환자는 재가자로 머물면서 도달할 수 있는 최고의 과위다. 금강 잣대에서 보이듯이 불환자는 '욕망의 욕구'를 제거했기 때문에 재가자로 머물면서도 세속적인 욕망에 물들지 않을 수 있는 유일한 사람이다. '진

· · · · · · · · · ·

395 中陰身. 인간이 '다섯 가지 가는 곳'(五趣)으로 윤회할 때 죽은 후 다음으로 가는 곳까지 중간에서 이동하는 존재를 말한다. 근본경전에서 이 중음신에 해당하는 존재로는 '간답바'(Gandhabba, 乾達婆)를 들 수 있다. '비구들이여, 어머니와 아버지가 교합하고 어머니가 월경이 있고 간답바가 현전하게 되어, 이와 같은 세 가지가 회합할 때 수태가 이루어집니다.'(맛2-230)에서 쓰였다. 간답바에 대해서는 상3-603의 주석 480번을 참고하라.

흙 속의 연꽃'이라는 비유에 가장 적합한 인물이라고 할 수 있을 것이다. 대승의 이상형이라고 할 수 있지만 다시는 인간 세상으로 돌아올 수 없는, 대승과의 모순적인 운명을 갖고 있다. 다시 말해 세속적인 욕망을 뛰어넘은 깨달음의 경지로 세세생생 보살도를 행하는 인물은 역사상 존재하지 않았고 존재할 수도 없다. 대승의 허구성과 모순성이 교차되어 잘 드러나는 대목일 것이다.

65
동격자, 생사를 해결하다

불환자는 아직 포착함[取]이 남아 있고 결박들이 남아 있어서 그에 따라 죽은 후에 어떤 상태로든 생성됨[有]이 있을 수밖에 없다. 그러나 동격자에 이르러서는 죽은 후에 어떤 상태로든 생성됨은 있을 수 없다. 이를 증명하는 동격자들의 공통되는 오도송이 "태어남은 끝났다. 신성한 실천을 마쳤다. 할 일을 해냈다. 다시는 이러한 상태로 되지 않는다."(상1–497)라는 '풀려남의 앎과 봄'(주석 160번 참고)이다. 이런 정형구와는 조금씩 표현을 달리하겠지만 모든 동격자들은 자신이 더 이상 윤회하지 않는다는 사실을 스스로 알아차리고 그 내용을 오도송으로 읊는 경우가 있다.[396] 이렇게 동격자들은 생사가 해결되었음을 스스로 안다.(맛3-241) 그러므로 동격자들에게 인가란 필요 없다. 나아가 동격자에게는 깨달음 이후의 수행인 보임이 따로 없다.(앙4-207) 동격자들은 마음이 휩쓸리지 않고 저절로 생멸의 관찰 수행이 이루어지기 때문이다.(앙4-209)

동격자가 생사를 해결했다는 것은 실제로 더 이상 윤회하지 않는다는 의미이지 생사가 공하여 본래 없는 것이라는 식의 이치적인 해결이 아니다. 실제로 윤회하지 않으려면 실제로 탐진치가 완전히 소멸해야 한다. 그리고 이것은 '자기 없이 따라서-같이-생겨남'을 완전하게 체득해야 가능하다. 그래야만 금강 잣대에서 보이는 착각, 그중에서도 '나다.'라는 착각을 실제로 완전하게 뿌리 뽑아서 개체적인 윤회가 소멸하는 꺼짐을 달성하는 것이다. 예류자는 존재유형들과 자기를 관련시키는 견해를 없앴다면 동격자는 자기라는 자아의식 자체를 완전히 없앤다.

금강 잣대를 보면 동격자에게서 소멸하는 것에는 '방해물에 대한 애착'과 '무방해물에 대한 애착'이 있다. 이것은, 동격자는 방해물의 경계든 무방해물의 경계든 끄달리지도 않고 추구하지도 않는다는 말이다. 당연히 방해물의 경계든 무방해물의 경계든 그 어느 경계에도

....

396 부처님의 동격과의 오도송은 이렇다. "여러 생의 윤회를 이어 달리며 집 짓는 자를 찾았지만 발견하지 못했으니, 거듭되는 태어남은 괴로움이었다. 집 짓는 자여, 그대는 드러났으니 다시는 집을 짓지 못하리라. 그대의 갈비뼈는 모두 부서졌고 집의 대들보도 형성되지 않노라. 마음은 형성하기를 벗어났고 갈구의 멸진도 성취되었도다."(법-472)

태어나지 않는다. 이것으로 보건대 깨달았다는 자가 자기 혹은 어떤 동격자에 대해 사후에 그 어떤 방해물의 형상이 있는 세계에 태어난다고 말하거나 방해물의 형색이 없는 정신적인 그 어떤 세계에 태어난다고 주장한다면 그러한 자는 적어도 동격자는 아니라고 할 수 있다. 다시 말해 궁극의 깨달음을 얻은 자들이 태어나는 세계를 묘사하거나 부처님들이 사는 세계를 묘사하는 자는 아직 동격자의 꺼짐을 모르는 자이며 착각으로 망상하는 자이다.

동격자들에 대한 오해를 없애기 위해 이들을 좀 더 선명하게 분류해야 할 필요성이 있다. 동격자들은 깨달음을 이룬 과정상의 방법으로 봤을 때 '양면으로 풀려난 이'(ubhato-bhāga vimutta, 兩面解脫者), '알아차림으로 풀려난 이'(paññā vimutta, 慧解脫者), '몸으로 증험한 이'[397]로 분류할 수도 있다.

· · · · · · · · · ·

397 kāya-sakkhī, 身證者. 'kāya'는 몸소 체험함을 의미한다. 'sakkhī'는 '함께하는(sa) 눈 (akkhi)'이라고 파자되는데 '증거' 혹은 '증인'의 뜻을 갖는다. 결국 'kāya-sakkhī'는 고정됨의 달성에 대해 증거 삼을 만한 직접적인 체험이 있는 자를 말한다. '증거 삼을 만한 체험'을 '증험 (證驗)'이라고 하므로 '몸으로 증험한 이'라고 번역했다.
도표 25. '꺼지는 삶의 지도'에서 ③ ④ ⑤에 해당하는 '믿음 속에 풀려난 이'(saddhā vimutta, 信解者. 믿음의 기능이 강하다는 것일 뿐이고 유입들을 멸진시켜 풀려나게 한 것은 알아차림에 의해서다. 맛 2-720), '견해에 도달한 이'(diṭṭhippatta, 見到者), '몸으로 증험한 이'는 보통 일래자나 불환자를 지시하며 이 세 부류 사람들의 우열을 가리기란 곤란하다.(앙1-335)

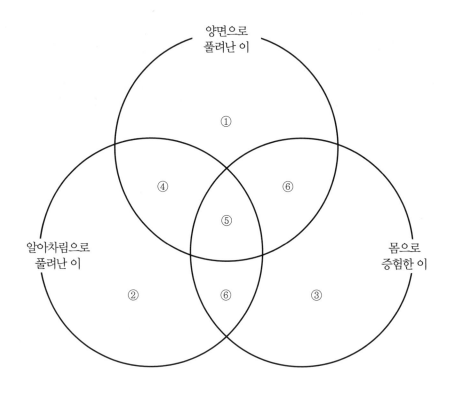

양면으로
풀려난 이

①

④   ⑥

⑤

알아차림으로
풀려난 이

몸으로
증험한 이

②   ⑥   ③

도표 26. 동격자들의 분류

① '양면으로 풀려난 이'는 다른 부류와 차별지어 규정할 때는 무방해물의 고정됨을 달성한 동격자를 말한다.(맛2-717) 양면이란 고정됨과 알아차림(정확히는 '직접 앎'), 두 가지 측면을 말한다. 그러나 '양면으로 풀려난 이'를 넓게 말할 때에는 ④번과 ⑤번을 포함하게 되는데, ④번의 내용인 네 가지 명상들 각각과 네 가지 무방해물의 영역 각각을 달성한 동격자 여덟 부류와 ⑤번의 내용인 상수멸을 달성한 동격자 한 부류를 모두 포괄하게 된다.(앙5-512)

② '알아차림으로 풀려난 이'는 다른 부류와 차별지어 고유한 영역으로 규정할 때는 무방해물의 고정됨을 달성하지는 못했고, 네 가지 명상들은 달성했을 수도 있지만 보통은 고정됨의 달성 없이 순전히 관찰만으로 알아차려서 동격자를 이룬 자를 말한다.(맛2-718) 그러나 넓게 말할 때에는 양면으로 풀려난 이의 넓은 범위를 똑같이 포괄한다.(앙5-511) 깨달음 차원의 풀려남은 어쨌거나 결국 알아차림으로 이루어지기 때문이다. 참고로, 정법 시대에도 동격자들 대부분은 양면으로 풀려난 이가 아니라 알아차림으로 풀려난 이였다.(상1-619)

③ '몸으로 증험한 이'는 고유 영역으로 규정하자면 무방해물의 고정됨을 달성한 유학(有學)을 말한다.(맛2-718) 그러나 포괄적으로 말하자면 ⑥번의 내용인 네 가지 명상들 각각과 네 가지 무방해물들 각각을 달성한 여덟 부류와 ⑤번의 내용을 포괄한다.(앙5-509) 그러므로 상수멸을 달성한 동격자는 '양면으로 풀려난 이'이자 '알아차림으로 풀려난 이'이자 '몸으로 증험한 이'이다.

이러한 동격자들의 부류도 모두 '네 가지 통로들'(앙2-367) 중에 한 통로를 통해서 도달한 것으로 재정리할 수 있다. 첫째는 멈춤을 앞 통로로 분석관찰을 개발한 경우(통로)이고, 둘째는 분석관찰을 앞 통로로 멈춤을 개발한 경우이고, 셋째는 멈춤과 분석관찰을 쌍으로 결합해서 개발한 경우이고, 넷째는 법을 들뜸 속에서 생각했다가 마음이 고정되는 경우[398]다. 동격자라고 해서 이 모든 경우들에 대해서 구체적인 완벽한 이해를 가지고 있는 것은 아니다. 동격자라도 자기가 성취한 경지와 수행법에 한정되어 밝기 쉽다.(맛2-102~) 아난다처럼 예류자라도 더 높은 과위의 성자보다 법을 더 잘 설명할 수 있다는 것을 보면(앙1-527) 동격자라도 완벽하게 법문하는 것은 아니라는 것을 알 수 있다.[399] 하물며 예류자이겠는가? 또한 동격자라도 실수가

··········

398 경에 자세한 설명은 결여되어 있지만 분석관찰을 통하지 않은 경우라고 보인다. 분석관찰을 통로로 삼았다면 앞의 세 가지 경우 중에 하나일 것이다. 또한 고정됨은 멈춤에 속하기 때문이다. 아마도 꿰뚫어주는 인지는 갖고 있었지만 마음의 고정됨을 얻지 못하다가 고정됨이 개발되면서 단순관찰로 깨닫는 경우라고 해석할 수 있을 것이다. 혹은 '말끝에 크게 깨달음'(言下大悟)인 경우일 수도 있다. 아비담마 철학의 해석은 앙2-371의 주석 353번을 참고하라.

399 쭐라빤타까는 동격자가 되었어도 여전히 암기력이 부족하여 특별히 뛰어난 앎을 빌리지 않는다면 대부분 하나의 게송만으로 법문할 뿐이었다.(율3-1462. 테라-898도 참고) 게다가 판단력도 떨어져서 해가 저물도록 비구니에게 교계를 했기 때문에 부처님에게 꾸지람을 듣게 되고 규제 조목이 제정되는 일까지 발생시킨다. 동격자의 법문이라도 부처님의 인정을 받은 법문이어야 결집에서 채택되었다. 사리뿟따만이 따로 승인 없이도 부처님과 대등한 법문으로 인정되었다.(앙1-111, 앙2-380과 상2-220도 참고하라.) 법문을 완벽하게 하는 능력은 '네 가지 낱낱이-이해함들'(四無碍解, paṭisam-bhidā)과 관련이 깊다.(앙2-331) '낱낱이-이해함'은 '각각(paṭi) 모두(saṁ) 이해하다(√vid).'로 파자된다. '막힘없는 이해'(無碍解)라고 의역되었다. ① 의미를 낱낱이-이해함(義無碍解, attha paṭisam-bhidā), ② 법을 낱낱이-이해함(法無碍解, dhamma paṭisam-bhidā), ③ 언어를 낱낱이-이해함(詞無碍解, nirutti paṭisam-bhidā), ④ 표현을 낱낱이-이해함(辯無碍解, paṭibhāna paṭisam-bhidā), 이 네 가지를 말한다. 네 가지에 대한 설명은 주석 423번을 참고할 것.

있다. 사리뿟따조차 판단 실수가 있었다.(맛3-518) 그러므로 동격자에 이른다 하더라도 깨달음 만능주의는 잘못된 견해임을 알 수 있다.

다른 한편으로 동격자는 일 마친 도인이므로 아무 짓이든 마음대로 해도 되는 것이 아닐까 하는 생각이 들 수도 있을 것이다. 하지만 동격자에게 후퇴는 없다. 그런 생각은 어른이 되면 매일 소꿉놀이도 하고 과자도 실컷 먹을 수 있을 것이라는 어린이의 기대와도 같은 것이다. 경에서는 동격자들은 욕망을 향유하는 일이 불가능하다고 단정하기까지 한다.(주석 1번 참고) 남의 욕망의 문제를 단정할 수 있다는 것은 단정하는 자와 단정되는 자가 얼마나 확실해진 존재인지를 짐작하게 해준다.

물론 동격자들은 걸릴 탐진치가 완전히 꺼졌기 때문에 '걸림 없는 자'라고 말할 수 있다. 그러나 어떤 수행자들은 종종 비난받을 만한 탐진치에 걸려 놓고도 마음에 거리낌이 없는 것을 '걸림 없다.'고 말하는 경우가 있는데 그러한 걸림 없는 자를 병리심리학에서는 사이코패스(psychopath)라고 부른다. 상당수의 강력 범죄자들, 예컨대 연쇄 살인범들 중에는 부끄러움이나 죄스러움이 전혀 없는 자들도 있다고 한다. 동격자들은 탐진치가 실제로 이미 제거되었기 때문에 흐트러질 이유나 그럴 필요가 없는 진실로 원융무애한 삶을 살다 간다.

이렇게 위대한 동격자들을 대승의 무리들이 '열등한 탈것'(小乘)이라며 비웃었다. 재가자적인 대승의 작자들은 동격자들을 잘 파악할 수 있을 만큼 교법과 수행을 이해하지 못했고 동격자를 목표로 삼을 만한 발심도 없었다. 동격자를 폄하하고 비웃는 것은 바른 발심과 출가를 폄하하고 비웃는 것이고 불교 수행의 궁극적인 목표를 폄하하고 비웃는 것이다. 대승을 맹목적으로 받아들이고 추종하면 부처님의 바른 제자들의 인생이 오히려 농락당한다는 것을 명심해야 한다.

66
이때 세상에는 여섯 명의 동격자가 있게 되었다

수행의 목적은 성불에 있다기보다는 꺼짐에 있다. 무상하고 괴로운 삶의 되풀이에 대한 정떨어짐이 바른 발심의 기원이다. 성불은 꺼짐으로 가는 자들 중에 누군가 이루기도 하는 희귀한 사건일 뿐이다. 오히려 성불한 자를 부정적으로 평가하자면 가섭불 회상에서 불환자 내지 동격자를 이루지 못했던 석가모니불처럼 기회가 주어졌을 때 생사를 끝내지 못한 태만하고도 어설픈 자라고도 말할 수 있다.(맛 3-261) 부처님이나 제자 동격자들의 죽음은 '포착된 잔재가 없는 꺼짐' 혹은 '완전히 꺼짐'으로 표현되며 결과적으로는 똑같다. 부처님은 '현실법의 꺼짐'을 목적으로 말했지 성불을 목적으로 정진하라는 말을 한 적이 없었다. 이런 궁극적인 목적인 꺼짐과 불교 수행의 궁극적인 결과를 나타낼 때 사용되는 '소멸' 내지 '풀려남'과의 교차점들을 보면 보다 선명한 정합성을 확인할 수 있다.

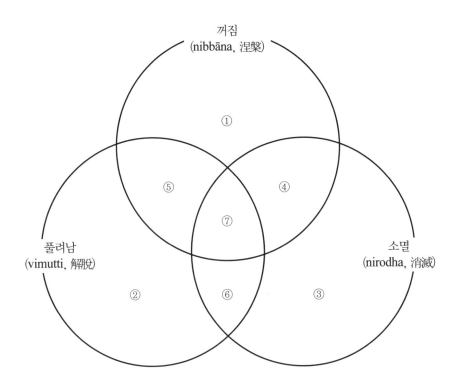

꺼짐
(nibbāna, 涅槃)

①

⑤   ④

⑦

풀려남   소멸
(vimutti, 解脫)   (nirodha, 消滅)

②   ⑥   ③

도표27. 꺼짐과 풀려남과 소멸의 관계

① 동격자는 현실법에서 완전히 꺼짐을 실현한 성자다. 그들의 죽음은 '포착된 잔재가 없는 꺼짐'이라 한다. '완전히 꺼짐'도 그러한 동격자의 죽음을 뜻하기도 하지만 동격자의 삶은 갈구와 포착 등의 탐진치가 완전히 꺼졌으므로 그 경우에도 '완전히 꺼짐'으로 부른다.(상2-268)

② '풀려남'은 보통 마음이 결박이나 오염으로부터 풀려나는 내용으로 나타난다. 유사어는 '해탈'(vimokha)이다. '인상 없음으로 마음이 풀려남', '원이 없음으로 마음이 풀려남', '무량함으로 마음이 풀려남', '비움으로 마음이 풀려남', '동요 없음으로 마음이 풀려남' 등등의 용어에서 나타난다. 마음의 고정됨이 높아갈수록 마음은 그만큼 더 풀려나게 된다. 그래서 '마음을 높이는 공부'는 네 가지 명상들이라고 설명된다.(앙1-545) 또한 네 가지 명상들을 세 가지로 재정리하고 거기에 네 가지 무방해물들과 상수멸을 합쳐서 '8해탈'이라고 제시되기도 한다.(디3-450)

③ '소멸'은 '생겨남'(uppāda)의 반대말이며 유사어는 '멸진'(khaya)이다. 보통 탐진치 소멸이나 유입들의 멸진을 나타낸다.

④ '존재유형의 소멸'이 '완전히 꺼짐'이라고 풀이되었다.(상4-310) 경에서 꺼짐과 소멸의 상관관계를 표현한 구절들을 더 들자면, "도반이여, 애착의 멸진, 화의 멸진, 어리석음의 멸진, 이것을 꺼짐이라고 말합니다."(상4-510) "라다여, 갈구의 멸진이 꺼짐이기 때문입니다."(상3-481) "생성됨의 소멸이 꺼짐이다."(상2-335) 등이 있다.

⑤ 동격자들의 상태를 표현한 '동요 없음으로 마음이 풀려남', '양

면으로 풀려난 이', '알아차림으로 풀려난 이' 등의 용어들은 동격자들의 살아 있는 상태를 표현한 '완전히 꺼짐'과 같은 수준의 상태다.

⑥ 풀려남과 소멸이 겹치는 측면을 예로 든다면, 첫 번째 명상의 달성이란 다섯 가지 덮개들에서 풀려남이자 다섯 가지 덮개들의 소멸을 뜻한다. 또 수다원의 달성이란 세 가지 결박들에서 풀려남이자 세 가지 결박들의 소멸을 뜻한다.

⑦ 궁극적인 차원에서 소멸과 꺼짐과 풀려남이 잘 어울리며 표현된 구절로는 "식별이 소멸하면서 갈구가 멸진하여 풀려난 이는 불빛이 꺼지듯 마음이 해탈하게 된다네."(앙1-547)를 들 수 있다. 네 가지 명상들과 네 가지 무방해물과 상수멸은 '현실법의 꺼짐'이자(앙5-516) '아홉 가지 점진적인 소멸들'이자(디3-457) '8해탈'이다. 또한 동격자의 상태는 '완전히 꺼짐'이자 '동요가 없음으로 마음이 풀려남'이자 '탐진치의 멸진'이다.

이상과 같이 꺼짐은 풀려남과 소멸의 정점이자 종점임을 알 수 있다. 그래서 경에서는 "라다여, 풀려남은 꺼짐을 위한 것입니다."(상3-479)라고 말했다. 그러나 궁극적인 차원에서 꺼짐·풀려남·소멸은 완전 동의어다. 이렇게 불법은 궁극에 이르기까지 완벽하게 맞아떨어지는 정합성을 구축하고 있기 때문에 대승적인 이설이 끼어들 여지가 없고 그 밖에 더 상정하며 부여할 미흡함이 없다. 그래서 부처님은 꺼지기 직전에 자신은 평생 '틈새 없고 외부 없이' 가르침을 설했다고 말한 것이다.

동격자들이 도달하는 꺼짐에는 더 이상의 위란 있을 수 없다. 그러므로 동격자를 뛰어넘는 그 어떤 수준의 깨달음도 있을 수 없다. 그래서 "위없다고 불리는"(namasse anuttare, 상1-586) 동격자라고 일컬어진다. 위가 없으므로 제자 동격자들과 부처님은 동격일 수밖에 없다. 동격자라는 호칭은 그래서 선택되었다고 보인다.

부처님과 제자 동격자들의 깨달음이 동격이라는 것은 궁극적인 깨달음을 규정하는 용어에서도 확인된다. 부처님의 깨달음을 '위없고 바르며 같은-깨달음'이라고 부른다.(상1-331) 한역은 '阿耨多羅三藐三菩提'라고 음역하거나 '無上正等覺'이라고 의역했다. 원어인 'anuttara sammā sam-bodhi'는 '위없고(anuttara, 無上) 바르며(sammā, 正) 같은(sam, 等)-깨달음(bodhi, 覺)'으로 파자된다. 그런데 '위없고 바르며'는 '같은-깨달음'(等覺)에 대한 수식어일 뿐이다. 그리고 '같은-깨달음'은 동격자들의 깨달음을 말할 때에만 사용되는 용어다. 그래서 여러 곳에서 "예류자가 되어서 떨어지지 않는 법이고 '같은-깨달음'의 구경으로 접어든다."(상6-254)라고 정형구로 표현되었다.

근본경전에는 부처님과 제자 동격자들을 동일시하는 표현들이 다수 등장한다. 제자 동격자들도 '표준인들'(善逝)이라고 설명하기도 하고(상4-512) 마음이 풀려난 비구인 제자 동격자들을 '한결같은 이'(如來)로 설명하기도 한다.(맛1-561) 또한 한결같은 이의 거처에 대해서 '동격자들'의 거처로 대답한다.(상6-234) 이것은 결국 한결같은 이의 거처와 동격자들의 거처가 같다는 말이고 부처님과 동격자들이 동격임을 말해 준다. 이렇게 제자 동격자들은 부처님의 별칭을 공유할 정도로 부처님과 동격이다.

부처님은 자신을 '한결같은 이'(如來)라고 칭했고 나아가 열 가지 명호를 덧붙였다.(후대에 이것을 '如來十號'라고 불렀다. 본서 69장 참고) 이 열 가지에서 첫 번째가 바로 동격자다. 이렇게 부처님은 자신이 동격자의 한 명임을 가장 우선적으로 밝혔다. 부처님이 동격자 중에 한 명임은 근본불교 시대에는 당연한 사실이었다고 보인다. 왜냐하면 전승의 확실도가 가장 높은 규제집에서 부처님이 5비구들을 제도하여 동격자가 되었을 때 "이때 세상에는 여섯 명의 동격자들이 있게 되었다."(율1-114)라고 평했기 때문이다. 이 구절이야말로 일체중생이 성불할 수 있다는 가능성을 활짝 열어준 감동적인 최초의 선포였다. 이 유명한 구절에 대해서 대승에서는 부처님은 동격자이자 더 높은 깨달음(佛果?)을 성취했기 때문에 가능한 표현이라고 해석하는 것 같다. 그러나 이것은 외연과 내포를 구분하지 못한 오류다. 부처님이 동격자들과는 현격히 다른 깨달음의 과위에 도달한 상태라면 자기는 이미 대학생이면서 '여기에 여섯 명의 고등학생이 있다.'고 거짓말하는 것과 같다. '여기에 여섯 명의 학생이 있다.'고 하면 거짓은 아니 듯이 차라리 '여기에 여섯 명의 깨달은 자가 있다.'고 말했으면 거짓이 아니게 되었을 것이다.

　　부처님과 제자 동격자들의 결과적인 경지가 이렇게 같음에도 불구하고 제자 동격자는 안 되고 부처만이 목적이라는 것은 내용적으로 봤을 때 부처만이 갖는 능력을 목적으로 삼는다는 말이 된다. 이것은 발심 출가의 정신을 이해하지 못하는 재가자적인 발상과 소유욕으로 보인다. 대승권에서는 출가자들이 바른 발심을 망각한 채 오히려 재가자들의 이념과 욕망에 훈육되어 버렸다. 모두 위경이 가진 거짓말의 힘이었다.

아비담마 철학에서 부처님만의 능력으로 다루어졌던 것들로는, '열 가지 한결같은 이의 힘들'[400]과 '네 가지 당당함들'[401]과 '세 가지 상기의 출처들'[402]과 '큰 연민'(大悲) 등이 있는데 합쳐서 '열여덟 가지 특

· · · · · · · · · ·

400 dasa Tathāgata balāni, 如來十力. 한결같은 이는, ① 경우인 것은 경우라고, 경우가 아닌 것은 경우가 아니라고 생성된 대로 알아차린다.(處非處智力. 그러한 경우가 있는지 없는지, 맞는 경우인지 아닌지, 가능한 경우인지 아닌지 안다는, 판별 능력을 포괄적으로 집약한 항목이다. 맛4-145~ 참고) ② 과거·미래·현재에 작업한 그대로 받는 과보를 경우에 맞게, 원인에 맞게 생성된 대로 알아차린다.(業異熟智力) ③ 모든 목적지로 가는 행보를 생성된 대로 알아차린다.(遍趣行智力) ④ 여러 경계와 다양한 경계의 세상을 생성된 대로 알아차린다.(種種界智力) ⑤ 중생들의 다양한 성향을 생성된 대로 알아차린다.(種種勝解力) ⑥ 다른 중생들과 다른 사람들의 기능의 상승과 하강의 상태를 생성된 대로 알아차린다.(根上下智力) ⑦ 명상과 해탈과 고정됨의 달성 그리고 오염됨과 맑아짐과 빠져나옴을 생성된 대로 알아차린다.(靜慮解脫等持等至智力) ⑧ 여러 가지 양태의 전생을 잇따라 기억한다.(宿住隨念智力) ⑨ 인간을 뛰어넘는 하늘눈으로 중생들이 사멸하여 출현하면서 천하거나 귀하고, 아름답거나 추하며, 좋은 곳이거나 나쁜 곳에 가는 것을 알아보며, 중생들이 작업한 대로 따라가는 것을 알아차린다.(死生智力) ⑩ 유입들을 멸진하여 '유입이 없는 마음의 풀려남'과 '알아차림으로 풀려남'을 현실법에서 스스로 뛰어난 앎으로 실현하고서 들어가 거처한다.(漏盡智力) 맛1-390~

401 catāri vesārajjāni, 四無所畏. 요약하자면, ① 확연한 깨달음에 대해서(正等覺無畏), ② 유입들의 완전한 멸진에 대해서(漏永盡無畏), ③ 결함에 관계되는 법들에 대해서(說障法無畏), ④ 괴로움의 멸진으로 이끄는 법에 대해서(說出道無畏), 완전하여 허물 잡힐 것이 없기 때문에 자신 있게 두려움 없이 당당한 것을 말한다. (맛1-398) '당당함'의 원어인 'vesārajja'는 '벗어난(vi) 미숙한(sārada) 것(ya)'이라고 파자된다. 완전하게 성장하여 떳떳하게 기세 있는 모습을 표현하는 말이다.

402 tayo sati paṭṭhānā, 三念住. 요약하자면, 동등한 스승이 될 자격 조건으로, 제자들이 ① 가르침을 잘 배우지 않거나, ② 잘 배우지 않기도 하고 잘 배우기도 하거나, ③ 모두 잘 배우더라도, 동요하지 않고서 상기하고 자각하며 거처하는 것을 말한다. (맛4-444)

별한 법들'(aṣṭādaśa āveṇika dharma, 十八不共法)이라고 법수 제목을 붙였다.(구사4-1223) 이것들을 부처님만이 갖춘, 다른 제자들과는 차이나도록 뛰어난 별도의 능력들이라고 보았던 것이다. 그러나 부처님은 이러한 것들이 자신만의 특별한 능력이라고 말한 적이 없다. 아누룻다(阿那律)도 한결같은 이의 열 가지 힘들을 갖춘 것으로 기술된 곳이 있다.(상6-176~) 그리고 네 가지 당당함들도 제자 동격자들 또한 당당할 수 있는 내용들이라고 보인다. 또한 세 가지 상기의 출처들도 동격의 스승이 될 수 있는 덕목으로 다루어지는 것들일 뿐이다. 이렇게 능력에 있어서도 부처님만의 능력이라고 확연히 선을 그을 수 없을 정도로 제자 동격자들의 능력도 무시할 수 없다고 보인다. 물론 능력마다 정도의 차이는 있었을 것이다. 한편, 대승의『대품반야경』(제5권「광승품(廣乘品)」)에서는 부처님을 현격히 다른 존재로 만들기 위해 또 다른 '열여덟 가지 특별한 법들'을 새롭게 만들어내면서 아비담마 철학과 대결했는데, 근거도 없이 추상적이고도 포괄적으로 설명하는 내용밖에 없으므로 번거롭게 다루지 않겠다.

그렇다면 부처님과 제자 동격자들과의 차이점을 명확히 정할 수는 없는 것일까? 다행히도 부처님이 자신과 제자 동격자들과의 차이점을 직접 밝힌 곳이 있다.

"비구들이여, 한결같은 이, 동격자, 바르며 같은-깨달음을 이룬 이는 아직 생겨나지 않은 길을 생겨나게 한 이고, 아직 내지 않은 길을 낸 이고, 아직 알려지지 않은 길을 알려주는 이고, 길

을 아는 이고, 길을 분간하는 이고, 길에 능통한 이입니다. 그
리고 지금의 제자들은 그 길을 잇따라 가면서 나중에 갖추게 됩
니다.

비구들이여, 이것이 한결같은 이이자 동격자이자 같은-깨달음
을 이룬 이와 알아차림으로 풀려난 이의 차이점이고 특별한 점
이고 다른 점입니다."(상3-234)

이렇게 부처님과 제자 동격자들은 길에 대한 '개통'과 '능통'의 차이만
있을 뿐 결과는 같다고 말하고 있다. 이것만이 부처님이 직접 밝힌
제자 동격자들과의 차이점이다. 우선적으로 이러한 표준인의 말을
표준으로 삼아야 할 것이다.

그런데 『긴 부류』의 『확실해지는 경』에서 사리뿟다는 "세존이시
여, 누가 만일 제게 '도반 사리뿟다여, 그러면 같은-깨달음에 대해서
세존과 일치하는[403] 출가수행자나 신성인이 지금 있습니까?'라고 묻
는다면 저는 '없습니다.'고 대답할 것입니다."(디3-211)라고 말한다.
그리고 부처님은 이것을 인정했다. 여기에서 유념해야 할 점은 '같
은-깨달음에 대해서'(sambodhiyaṁ)라고 처소격을 쓴 것은 깨달음 자
체의 경지가 아니라 깨달음에 대한 도달 과정과 달성 이후의 내용을
말하려고 한 것으로 해석해야 한다는 것이다. 깨달음 자체의 경지를

· · · · · · · · · · ·

403 '일치하는'에 해당하는 원어는 'sama-sama'인데 '같고도(sama) 같은(sama)'이라고 파자
된다. 완전히 똑같다는 말이다.

말하려고 했다면 '같은–깨달음이 일치하는'이라고 주격으로 표현했을 것이다. 물론 이렇게 표현했다 하더라도 완벽한 일치성에 대한 표현으로 보기에는 여전히 문제의 여지가 남아 있다. 부처님과 제자 동격자들의 깨달음은 같은 차원인 동격의 깨달음이지만 '도달 과정'과 달성한 이후에 그 깨달음에 대한 '표현의 완성도'에 있어서는 동일하게 일치하지 않는다. 이것은 앞에서 밝혔듯이 '개통'과 '능통'의 차이라는 말과 상통한다.

동격자들의 '같은–깨달음'(sam-bodhi, 等-覺) 이상의 깨달음이란 없다. 그런 위없는 같은–깨달음을 이룬 역대 부처님들과 홀로 부처님들은 모두 동격자들이다. 그러므로 역대 부처님과 제자 동격자들과 홀로 부처님들은 동격이다. 모두 같은–깨달음을 이룬 것이다. 단지 능력의 차이만이 있을 뿐이다.이렇게 현생에 교주와 동격에 도달할 수 있다는 점은 불교만의 위대한 장점 중의 하나다.

근본불교의 교리와 수행법, 그리고 그로 인한 깨달음에 있어서 발전이나 발달이란 있을 수 없다. 결과적으로 불교의 깨달음의 역사는 발전이 아니라 퇴보의 길을 걸어왔다는 것을 통해서도 반증된다. 교조적으로 들리겠지만 어쩔 수 없는 사실이다. 오히려 이것은 근본불교가 궁극임을 나타내주는 징표이기도 할 것이다. 다만 자세한 해설, 다양한 응용, 정밀한 적용의 문제만이 우리에게 남겨져 있을 뿐이다.

67

불교 수행은 점수점오

불교에 있어서 깨달음의 단계란 4향4과 이외의 것은 없으며 동격자의 같은—깨달음 이상의 깨달음이란 없다는 것이 확실하다면 깨달음에 이르는 불교 수행의 전체적인 흐름은 다음과 같다.

① 점수(4향) → ② 점오(4과) → ③ 원수(동격자의 삶)

① '점수'란 점차수습(漸次修習)을 줄인 말이며 4향(四向, 즉 예류의 길, 일래의 길, 불환의 길, 동격의 길)을 압축한 표현이기도 하다. '점차'라고 한 이유는 각각의 수행 단계가 같은 수준의 수행은 아니기 때문이다. '수습'이라고 한 이유는 더 높은 과위를 향해 의지적으로 닦아 나가야 하기 때문이다. 금생에 특별한 수행이 없어 보이는데 한 마디 말끝에 깨달음을 얻는 경우가 있더라도 그것은 전생 수행의 과보일 것이다. 그렇지 않고 깨달음이 우연히 얻어질 수도 있다면 인과가 성립하지 않게 된다. 결론적으로 전생까지 고찰해 본다면 깨달음까지의 과정은 점수일 수밖에 없다.

② '점오'란 점차돈오(漸次頓悟)를 줄인 말이며 4과(cattāri sāmañña phalāni, 四沙門果. '네 가지 출가수행의 결과들' 즉, 예류과, 일래과, 불환과, 동격과)를 압축한 표현이기도 하다. '점차'라고 한 이유는 아래 과위를 건너뛴 동격자는 없기 때문이다. 심지어 부처님 자신도 4과를 모두 실

현했다고[404] 스스로 말했다.(앙1-111) 또한 부처님은 "나는 직접-앎이 '맨 처음부터'(ādikena eva) 얻어지는 것이라고 주장하지 않습니다. 그러나 직접-앎은 점진적인 공부, 점진적인 적용, 점진적인 행보에 의해 얻어집니다."(맛2-723)라고도 말했다. 가끔씩 경전에서 부처님의 법문 한 번에 동격자에 도달하는 경우들이 나온다. 이것은 매우 축약해서 기술된 내용이기 때문에 오해할 여지가 있는데, 모두 짧게나마 아래 과위를 거친 후에 도달한 것으로 보아야 한다. 깨달음의 금강 잣대에서 알 수 있듯이 탐욕과 화 등을 남겨둔 채 동격자로 껑충 뛰어오를 수는 없기 때문이다. 깨닫는 한 번의 순간에 높은 과위까지 급속하게 도달하는 경우는 아마도 작업이 지극히 깨끗해졌거나 전생

· · · · · · · · · ·

404 부처님이 처음에 달성한 깨달음은 예류과였다는 증거가 경에 보인다. 『우다나』의 첫머리인 『깨달음의 무리』에서 "이와 같이 저에게 들렸습니다. 한때 세존께서는 우루웰라에 거처하십니다. 네란자라 강 언덕의 보리수 아래에서 '첫 번째로-확연히-깨달으십니다'(paṭhama-abhisam-buddho)."(우-247. 율1-81에서도 같은 내용이 나타난다.) 이어서 부처님은 7일 동안 고정됨에 들었다가 빠져나와서 밤의 초반에 12고리의 순행을, 밤의 중반에 12고리의 역행을, 밤의 후반에 12고리의 순행과 역행을 분석관찰한다. 그리고 각각 일종의 오도송을 읊는데, 밤의 초반에 해당하는 게송을 보면, "참으로 열심히 명상하여 법이 나타나면 신성인에게 모든 의문(kaṅkhā. 주석 22번 참고)이 사라지나니, 원인을 갖는 법을 알아차리기에."라고 되어 있다. 밤의 중반에도 "참으로 열심히 명상하여 법이 나타나면 신성인에게 모든 의문이 사라지나니, 멸진하는 연유를 파악하기에."라고 말한다. 밤의 후반에는 "참으로 열심히 명상하여 법이 나타나면 신성인은 마구니 군대를 무찌르고 머무나니, 태양이 공중에서 빛나듯이."라고 읊었다. 첫 번째 깨달음에 이어서 읊은 게송들은 '의심'을 여의었다는 것을 주된 결과로 나타내고 있다. 의심은 예류과에서 소멸되는 결박이다. 동격과를 달성하고 읊은 부처님의 오도송이라면 주석 396번에서 다룬 것처럼 '다시는 태어나지 않는다는 것'을 밝혔어야 했다. 덧붙여, 위빳시 부처님이 열 가지 고리의 순행과 역행을 관찰하고 그것을 '같은-깨달음을 위한 분석관찰의 길'이라고 말한 것을 보면(디2-81) 12고리의 순행과 역행은 동격과를 위한 계기로 작용했을 것이라는 가능성을 높여준다.

에 이미 예류자 혹은 일래자에 도달했던 사람들일 것이다. '돈오'라고
한 이유는 각각의 과위는 깨닫는 계기와 함께 순간적으로 단박에 이
루어지기 때문이다. 전반적으로 말하자면 깨닫는 과정은 정해진 소
요시간이 없어서 '비시간적인 것'이라고 말할 수 있다.(주석162번 참고)
대승의 주장처럼 부처를 이루는 데 반드시 3아승지겁이라는 막연한
긴 시간이 요구되는 것은 아니다.

③ '원수'란 원만수습(圓滿修習)을 줄인 말이며 동격자의 삶을 압축
한 표현이기도 하다. '원만'이라고 한 이유는 탐진치가 모두 소멸했으
며 향할 더 이상의 깨달음의 경지란 없기 때문이다. 그래서 부처님은
동격자를 '공부가 필요 없는 이'(a-sekha, 無-學)라고 칭했다. '수습'이
라고 한 이유는 순리적이고도 의지적으로 고정됨의 개발과 수연·교
화가 이루어지기도 하기 때문이다.

한때 돈점 논쟁의 뜨거운 이슈였던 돈오돈수(頓悟頓修, 단박에 깨
달으면서 단박에 닦아 마친다.)는 말이야 드높은 듯, 통쾌한 듯하지만 불
교 수행의 전체 과정을 모두 파악하지 못한 채 호기 부린 관견이다.
웅장하고 화려하며 자극적인 것들은 대개 삿됨의 징표라는 것을 다
시 상기해 볼 필요가 있다. 혹시라도 어쩌다 아래 과위를 훌쩍 뛰어
넘어서 단박에 동격자에 도달한 자가 있다 하더라도 수행과 깨달음
에 대한 일반론으로 제시할 수 없는 특별한 경우일 것이다. 이 돈
오돈수의 가능한 경우는 동격자 과위의 깨달음인 직접-앎만을 표
현한 것일 수도 있고, 예류자의 깨달음에 대한 이치상의 과대평가
일 수도 있다. 이러한 편협하게 왜곡된 수행론이 우리나라를 비롯하

여 북방 선불교에서 지배적인 영향력을 발휘했었다. 그리고 편협함
이 지배적인 강압성을 띠면서 독선과 배타로 흐르면 결과적으로 삿
됨과 비슷해지는 부작용을 가져온다는 것도 경험할 수 있었다.[405] 또
한 반대 주장이었던 돈오점수(頓悟漸修, 단박에 깨달았어도 점차 닦을 것
이 있다.)의 가능한 경우는 예류자의 깨달음 이후에 더 달성할 것이
남아 있음을 감지하고 있었던 고매한 자들의 신중론일 것이다.

경전에서 점수를 증명하자면, '세 가지 공부들'에 있어서 덕행·고
정됨·알아차림이 어떻게 점진적으로 높여지는지 그 과정을 『집약 경
1,2,3』에서 잘 요약·정리하고 있다.(앙1-537~544) 여기에서 부처님은
결론적으로 "비구들이여, 한정적으로 지으면 한정적인 것을 얻고 완
전하게 지으면 완전한 것을 얻습니다."라고 말한다. 이렇게 기본 교
리에서부터 불교 수행은 점진적으로 완성해 가는 것임을 분명히 밝
히고 있다.

결론적으로, 불교 수행의 전체적인 실제 과정을 선명하게 밝히자
면 '점수 → 점오 → 원수'라고 해야 한다. 불교 수행에 4향4과를 벗어
난 수행 과정과 과위란 없으므로 더 증명할 것도 없이 4향4과 그대로
가 '점수점오'를 표방하고 있다.

· · · · · · · · · ·

405 달마의 저서로 알고 있었던 『관심론(觀心論)』이 사실은 대통 신수의 저작임이 최근에 밝혀졌
다.(『중국 선종의 성립사 연구』 정성본, 민족사, 1991, p398) 돈수론을 선양했던 종사들이 달마의 권
위에 짓눌려 점수론의 대표자격인 신수의 『관심론』을 적극적으로 긍정하고 인용했다는 점은 기
존 돈점 논쟁의 부실성을 잘 대변해 주는 한 대목이다. 또한 도명을 통한 정신적 패권주의는 더
큰 혼란과 불신을 낳을 뿐이라는 사실도 다시 확인할 수 있을 것이다.

68
『화엄경』에서의 깨달음

근본불교의 깨달음은 현실법에서 다수에 의해 확인할 수 있는 것임에 반해 대승불교에서의 깨달음은 추상적이고 초월적이어서 확인한사람도, 확인할 방법도 없다. 게다가 대승경전들은 작자가 다른 만큼깨달음의 단계들도 갖가지 종류들이 제시된다. 아마도 모두 사변적으로 창출한 것이어서 그 내용들이 애매하거나 추상적이거나 합당한순서가 아닌 경우들이 발견된다. 예를 들어 깨달음에 대한 대승의 애매하고도 피상적이며 사변적인 이해는 『금강경』(제9분)의 4과에 대한서술에서도 만날 수 있다.

> "수보리 장로님, 어떻게 생각하십니까. '흐름에 든 이'(預流者)가
> '나는 흐름에 든 이의 경지를 얻었다.'고 생각하겠습니까?"
> 수보리 장로가 대답했습니다. "아닙니다, 세존이시여. 왜냐하
> 면 흐름에 든 이라고 불리지만 어디에도 흘러들지 않아서, 방해
> 물과 소리와 냄새와 맛과 촉경과 법에 흘러들지 않기 때문에 흐
> 름에 든 이라고 합니다."

이렇게 예류자만 보더라도 잘못된 규정이 행해지고 있다. 예류자는'나다.'라는 착각을 여의지 못했기 때문에 자신이 예류자를 달성했다고 생각한다. 심지어 자만심을 가질 수도 있다. 또한 예류자는 여섯

범위들에 흘러들지 않을 만큼 탐진치가 제거되어 있지도 못하다. 그리고 동격자라도 경험되는 개체를 전달하기 위해 본인에 대해서 '나' 혹은 '자기'라는 말로 표현할 수 있다. 『금강경』은 나머지 과위에 있어서도 공성으로 무분별하게 회통 치며 어긋난 해석을 한다.

반대로 『화엄경』에서는 깨달음에 대해 너무 복잡하고도 현란하게 나누어 놓았다. 근본불교의 4과와 왕청되어 보이도록 52가지 지위를 제시하며 허장성세를 부렸다. 마치 12연기와 대결하듯 법계연기라며 위세를 부렸듯이. 그 52위는 다음과 같다.

10신 → 10주 → 10행 → 10회향 → 10지 → 등각 → 묘각(불과)
(十信)　(十住)　(十行)　(十回向)　(十地)　(等覺)　(妙覺)

이 중에서도 '10지'는 『화엄경』의 「십지품」에서 야심차게 선보인 대승의 깨달음의 지위다. 신경 좀 썼다. 그 10지는 다음과 같다.

① 환희지(歡喜地), ② 이구지(離垢地), ③ 발광지(發光地), ④ 염혜지(焰慧地),

⑤ 난승지(難勝地), ⑥ 현전지(現前地), ⑦ 원행지(遠行地), ⑧ 부동지(不動地),

⑨ 선혜지(善慧地), ⑩ 법운지(法雲地).

하지만 이와 같은 지위들은 역시 실제 경지가 아니라 사변적으로 구상한 허위의 경지들이기 때문에 허점과 오류들이 나타나고야 만다. 예컨대, 초지에서는 10대원(十大願)을, 제2지에서는 '열 가지 좋은 작업의 행로들'(十善道)을, 제3지에서는 '세 가지 법의 도장들'(三法印)을, 제4지에서는 '37항목의 깨달아지는 법들'(三十七菩提分法)을, 제5지에서는 '네 가지 성스러운 진실들'(四聖諦)을, 제6지에서는 '12고리의 따라서-같이-생겨남'(十二緣起)을, 제7지에서는 '열 가지로 도착하기'(十婆羅密)를, 제8지에서는 무생법인(無生法忍)을, 제9지에서는 '네 가지 낱낱이-이해함들'(四無碍智)을, 제10지에서는 '큰 법의 비'(大法雨)를 중심적으로 닦는다. 그런데 본서의 지금까지의 설명을 소화한 이라면 '세 가지 법의 도장들'과 '37항목의 깨달아지는 법들'과 '네 가지 성스러운 진실들'과 '12고리의 따라서-같이-생겨남'은 서로서로 유기적으로 맞물려 있을 뿐만 아니라 궁극의 깨달음까지 같이 이어져 완성되어 간다는 것을 알 수 있었을 것이다. 이러한 기본교리와 수행법들은 일정하게 구획된 수행 단계 내지 깨달음의 차원으로 따로 구분되어 배치할 수 없는 성질의 것들이다. 게다가 '네 가지 낱낱이-이해함들'로 인한 설법 능력이 어떻게 별도의 높은 깨달음의 징표가 될 수 있겠는가? 이렇게 『화엄경』의 작자는 근본불교의 기본 교리와 수행 내용에 대해서 피상적인 이해만을 가진 자라는 것이 확연해진다. 10지의 수행 내용에 근본불교의 수행법과 교리들을 접목시킨 것은 근본불교와의 회통이라고 과대평가를 내리는 경우를 볼 수 있는데 그러나 그것은 불교로 위장하기 위한 억지스러운 편집이라고 보는 것이 더 타당할 것이다. 더욱이 제7지인 원행지에서는 '열 가지로 도착하기'가 완성되면서 대승의 수행법상의 특색을 뚜렷이 드러낸다. 즉, 부처님의 전생 수행법으로의 퇴행을 높은 수준인 것 마냥 제시한다.

역시 어설프고도 억지스러운 편집임을 잘 보여준다고 하겠다.

『화엄경』은 「십지품」에 이어서 「십정품」이나 「이세간품」에서 '등각', 즉 '같은-깨달음'을 불과(佛果, Buddha phala. 부처라는 결과)인 묘각의 전 단계로 상정하여 제시한다. 그러나 자세한 설명은 제시되지 않는다. 다만 부처님과 거의 같은 깨달음이지만 불과를 향한 이전 단계라는 점은 분명하다. 이렇게 대승에서의 같은-깨달음이란 근본불교의 같은-깨달음과는 동음이의어여서 다른 차원의 깨달음을 나타낸다. 하지만 대승에서는 등각에 대한 개념을 선명하게 잡아내지 못했고 그 애매함으로 인해 등각에 대한 위치 설정이 대승경전들마다 조금씩 다르게 나타나게 된다. 단지 이 등각이 근본불교의 동격자의 깨달음과는 다르며 더 높은 깨달음이라고 여기는 것은 공통된다. 이렇게 대승에서의 같은-깨달음은 근본불교와는 다르게 변질되어 사용되고 있다. 같은-깨달음이 대승에서 변질되어 애매하게 사용되는 이유는 근본불교에서의 궁극적인 깨달음은 부처님과 동격자들의 같은-깨달음임에 반해 대승불교에서는 동격자보다 더 높은 깨달음인 불과를 따로 상정했기 때문이다. 그로 인해 등각이란 보살 수행을 마치고 불과에 진입하기 전에 뭔가 중간 단계를 설정하고 싶은 배당 심리가 작용한 결과로 쓰인 것이다. 결과적으로 근본불교의 4향4과에 불과를 향한 깨달음이 있는 보살지와 등각까지를 합하면 전체적으로 5향5과가 정립되는 셈이다. 이렇게 불교의 기본 교리가 변경되는 결과를 가져왔다는 점을 간과해서는 안 된다.

『화엄경』의 보살 10지의 수행 내용에는 근본불교의 수행들이 짜깁기되어 있기 때문에 10지의 몇 지는 근본불교의 무슨 과위라고 하는 식의 추정도 생겨났다. 10지는 후대에 상상력으로 만들어낸 허구의 과위이기 때문에 근본불교의 과위와 10지의 비교 대조는 본질적으로 성립할 수 없어서 의견이 분분할 수밖에 없게끔 되어 있다. 어처구니없게도 이런 뜬구름 같은 과위에 역대의 깨달은 스님들을 주먹구구식으로 마구 배당시키기까지 한다.[406] 물론 확실한 근거도 없고 설득력도 없는 주관적인 추정에 불과해서 평가하는 사람마다 다 다르다. 그런데 생사가 걸린 깨달음의 문제가 그렇게 오르락내리락 춤을 춰서야 될 일인가? 또한 깨달음의 단계를 이중으로 설정해서 혼란을 줄 필요가 있겠는가?

부처님이 깨달았다는 거짓말을 4단두의 하나로 대못처럼 박아 넣은 이유는 깨달음의 기준이 분열되거나 흐려지면 불교 또한 분열되고 흐려지기 때문이었다. 그런 거짓말은 자기도 죽고 남도 죽이는 처사인 것이다. 깨달음은 불교 수행의 열매이기 때문에 결코 소홀히 다룰 수도 없고 훼손을 방치할 수도 없는 중대한 사안이다. 대승은 수행의 목적뿐만 아니라 깨달음의 단계까지도 허구적으로 재설정함으

· · · · · · · · · ·

406 예컨대 천성산 화엄벌에서 야단법석을 치러냈으며 설총의 친부이자 한국불교의 상징인 원효를 무생법인(無生法忍. 생겨남이 없는 법을 확인함)을 체득한 보살 8지에 배당하는 경우가 보통이다. 그리고 보살 8지(부동지)는 동격과라는 평가가 많다. 그렇다면 동격자가 음행으로 아들을 낳을 수 있다는 모순이 생겨난다. 아니면 제8지는 무생법인을 증득한 부동지라서 음욕이 일어난 것과 생남(生男)에 대한 어떤 비난에도 '일어난 적도 없고 낳은 적도 없는 법으로 감내하며' 부동한 마음을 유지했던 것일까? 대승의 교리와 해명들은 이런 말장난 수준에 불과한 것들이 즐비하다.

로써 불교의 근본을 뒤흔들어 놓았다. 불교문학 소설에서 도용한 부처라는 이름의 권위에 속아서 불교의 숭고한 수행의 목적과 거룩한 깨달음까지 농락당한 우리들의 안타까운 옛날이야기다.

69
염불 수행의 왜곡

『화엄경』에서 모든 부처의 본체인 비로자나[407] 부처님은 연화장세계에 살면서 대광명을 발하여 온 법계를 두루 비춘다. 비로자나 부처님은 만물의 근원이며 만물에 내재해 있으면서도 초월적이다. 이처럼 부처님이 창조신의 위치를 점하면서 자연스레 창조신 사상인 브라만교의 수행법이 유입되었다. 그중에 하나가 염불(念佛)이다. 요즘 대승에서의 염불이란 섬기는 신의 이름을 반복적으로 풍송하는 힌두교의 '잡빠'(jappa) 수행과 동일한 것이다. 말만 근본불교와 같은 용어를 사용할 뿐이지 수행 내용은 이교도화되어 있다. 역시 대승의 동음이의어 전략이다.

· · · · · · · · · ·

407 毘盧舍那, verocana. 범어로는 vairocana. '大日如來'라고 한역되기도 했다. 근본불교에서 비로자나는 아수라의 왕이었다. 대승은 이 명칭을 가차해서 법신불의 명칭으로 재탄생시켰다. (상1-716의 주석 948번 참고)

'염불'이란 본래 '부처님을 잇따라─상기하기'(Buddha anu-sati, 佛隨念)를 한역한 말이다. 이것은 '여섯 가지 잇따라─상기하는 장소들'의 하나이기도 하다.(주석 345번 참고) 부처님은 자신의 별칭을 열 가지로 직접 정리해서 제시했다. 후대에 이것을 '여래 10호(如來十號)'라고 불렀다. 이 열 가지 별칭을 끊임없이 자꾸자꾸 계속해서 잇따라 상기하는 것은 고정됨 수행의 한 가지다. 이 여래 10호는 존경심과 환희심을 일으키는 중요 작용을 가지므로 실제 수행에 이바지하도록 존칭으로 풀어서 번역해 보겠다.

> '한결같은 분(如來)은 동격인 분이시며(應供), 바르며 같은─깨달음을 이룬 분이시며(正徧智), 훤히 앎과 실행을 구족한 분이시며(明行足), 표준인 분이시며(善逝), 세상을 통달한 분이시며(世間解), 위없는 분이시며(無上師), 장부를 길들이고 제어하는 분이시며(調御丈夫), 신과 인간의 교주인 분이시며(天人師), 깨달은 분이시며(佛), 존귀한 분(世尊)이로다.'

염불은 '네 가지 상기의 출처들'을 수행하는 도중에 고정됨을 보강하기 위해 '전향을 통한 개발'(paṇidhāya bhāvanā. 상5-472)의 하나로 활용되기도 했다. 다시 말해 이 염불로 전향하여 보통 첫 번째 명상을 달성한 후에 다시 네 가지 상기의 출처들 수행을 이어간다는 것이다. 그런데 대승에서의 염불은 이러한 근본불교에서의 쓰임새와는 다르게 변용된 방법과 목적을 지니게 된다. 우선 부처님의 실질적인 특징을 묘사한 열 가지 별칭을 반복적으로 상기하며 음미하면서 환희심을 일으키는 것이 아니라 신격화된 석가모니불(釋迦牟尼佛, śakya-muni Buddha, 석가족의 고요한 성자인 부처님)이라는 일반적인 호칭 하나만을 반복적으로 풍송한다. 물론 하나의 대상에만 집중하는 방법이므로 고정됨을 가져올 수는 있다. 그러나 말이 사라지는 첫 번째 명상을 넘어서지는 못하리라고 보인다. 특히 신라의 김무상 스님에 의해 개발된 '소리 내는 염불'(引聲念佛)은 더욱더 한계를 가질 수밖에 없다.

대승에서의 염불은 방법론상의 한계와 더불어 그 목적 또한 이교도화되어 있다. 이것은 어쩌면 앞서 말한 대로 부처의 이교도화와 맞물린 자연스러운 결과일지도 모른다. 신을 부르며 간절히 소원을 비는 행위가 대승의 염불 수행에 자연스레 접목되었던 것이다. 이런 신앙을 흔히 '기복신앙'이라고 부른다. 물론 모든 종교에 있어서 복, 다른 말로 행복을 기원하는 것은 당연한 본질이다. 그러나 믿기만 하고 빌기만 해서 구원과 소원 혹은 행복이 이루어진다는 주장은 부처님의 가르침이 아니다.

아무리 간절히 빌어도 이루어지지 않는 경우는 얼마든지 있지만 종교들마다 기도 성취의 영험담들은 넘쳐난다. '플라시보 효과'(Placebo effect, 위약효과. 가짜 약을 진짜 약이라고 속아서 복용했는데 치료 효과가 나타나는 현상)가 있듯이 '망상 효과'라는 것도 있다. 비록 실재가 아닌 망상적인 대상을 의탁했어도 신기한 성취가 벌어지는 현상이 있다는 말이다. 이런 효과를 경험한 중생들은 기도를 들어주는 초월적 존재가 실재한다고 확신하는 오류를 범하게 된다. 그러나 종교에 상관없이 간절히 원하면 이루어진다는 '피그말리온 효과'일 뿐이라고 말할 수도 있겠지만 근본불교의 입장에서 평하자면 전생에 쌓은 복덕과 덕행이 있는 자의 염원에 의한 인연의 성취일 것이다. 경에서 소원의 성취란 보시와 더불어 덕행의 청정함으로 이루어진다고 말하고 있기 때문이다.(디3-446) 쉽게 말해 특별한 장애만 없다면 저축한 돈을 자기가 원하는 곳에 쓰는 것과 같을 뿐이라는 말이다. 대출이라는 것도 있기는 하지만 쌓아 놓은 복덕과 덕행도 없는데 빌기만 해서 소원이 성취된다면 인과가 적용되지 않는다는 말이 된다. 이것은 사행성 문화의 한 가지일 뿐이다.

사행성 심리가 가미된 간절한 기도는 기도가 향하고 있는 궁극적인 실체에 대한 망상을 더욱 강화시켜주는 역할도 한다. 이것은 신을 섬기는 종교에서 공통적으로 나타나는 현상이다. 대승 또한 신격화된 불보살들과 각색된 브라만교의 신들을 섬기는 종교로 전락했기 때문에 이러한 현상이 발견된다. 대승불교에 유입된 브라만교의 신은 대표적으로 비슈누 혹은 시바이며 불교에 수입되어 관세음[408]보살

· · · · · · · · · ·

408 觀世音, avalokiteśvara. 보통은 '아래로(ava) 본(lokita) 지배자(īśvara)'라고 파자된다. '굽어보시는 주님'이라는 말이다. '관세음'은 '관자재(觀自在)'라고 한역되기도 했는데 좀 더 정확한 번역이라고 보인다. 그런데 '관세음' 혹은 '관자재'라는 호칭은 브라만교의 '시바' 신의 이름이었다.(『팔리대장경 우리말 옮김』 경전읽기모임, 1990, p77의 주석 1번 참고. 상1-703의 주석 930번 참고) 관세음보살의 별명인 '천 개의 눈을 가진 자'(sahassakkha)는 삭카(sakka = Indra = 帝釋 = 33천의 왕)의 별명이기도 했다.(상1-697의 주석 920번과 상1-727의 주석 967번 참고) 또한 『리그베다』에서는 뿌루샤(puruṣa, 原人)를 '천 개의 머리와 천 개의 눈과 천 개의 손발'을 가졌다고 묘사했다.(상1-720의 주석 955번 참고) 이렇게 관세음보살은 별명에 이르기까지 외도의 신과 일치한다. 결국 관세음보살이란 천신의 하나가 불교에 유입되어 신앙의 대상으로 바뀐 존재라는 것

등으로 불렸다. 전재성 박사는 이 관세음보살의 사상적인 위치에 대해서 다음처럼 평한다.

> "관자재(관세음)는 다른 종교에서의 절대자, 즉 힌두교에서의
> 브라흐마신이나 비슈누신 또는 시바신, 기독교에서의 하느님
> 아버지 또는 여호와 하나님, 회교에서의 알라신과 같은 위치를
> 갖는다." [409]

어쩌다 이름만이 일치했을 것이라고 두둔하려 든다면 큰 오산이다. 쇼핑 중독을 일으키는 브라만교의 갖가지 소원별·취향별 주문 수행법과 결탁했을 뿐만 아니라 아미타불 신앙과도 야합했다. 음침한 사망의 골짜기를 지날지라도 한 번만 자기를 믿고 불러준다면 극락세계로 자기가 인도할 테니 사후에도 걱정 말라며 외도 사상의 알짜배기 내용들을 벤치마킹했다. 여기에서 그치지 않는다. 『천광안 관자재

· · · · · · · · · ·

을 충분히 추정할 수 있다.

409 『천수다라니와 붓다의 가르침』 전재성, 한국빠알리성전협회, 2003, 48p. 이 책에서는 『천수경』의 핵심인 '신묘장구대다라니'에 나오는 관세음보살이 브라만교의 시바신 내지 비슈누신임을 소개하고 있다. 예컨대, '세상의 주님'(lokeśvara. 122p.)인 관세음보살을 향해 "성취자인 요가의 주님을 위하여 찬양하라."(싯다유예새바라야 사바하, siddha yogeśvarāya svāhā. 147p.) 혹은 "목에 푸른 빛을 띤 임을 위하여 찬양하라."(니라간타야 사바하, nīlakaṇṭāya svāhā. 155p.) 혹은 "호랑이 가죽 위에서 명상하는 임을 위하여 찬양하라."(마가라잘마 이바사나야 사바하, vyāghacarma nivasanāya svāhā. 177p.) 등등은 모두 브라만교에서 시바신을 묘사하며 찬양하는 정형구들이었다. 북방의 대승에서 주문을 번역하지 말라고 한 전통은 결과적으로 훌륭한 은폐술이었음을 알 수 있을 것이다.

보살 비밀법경』에 의하면 관세음보살은 이미 과거에 성불한 존재이자 모든 부처님들을 길러내는 법신불이기도 하다.[410] 다시 말해 비로자나불과 같은 지위를 가지고 있다. 다만 중생들을 불쌍히 여겨서 화현하는 구세주다. 이것은 이교도의 메시아사상이며 브라흐마 화현설과도 일치하는 내용이다. 더욱이 『관음경』에서처럼 상대방이 다 관세음보살의 화현일 수 있다면 상대방에게는 나 자신도 관세음보살일 수도 있다는 말이며 이것은 브라흐마의 화현설을 보편화시킨 범재신론의 절정을 보여준다.

이렇게 관세음보살이 불교 사상사에 유입되었거나 허구적으로 창출된 존재라는 점이 확실해지면서 관음 신앙은 '망상 효과'를 증명해주는 명백한 본보기가 되어 준다고 할 수 있다. 이 관세음보살을 간절히 염하다 보니 관세음보살을 친견했다는 사례들이 속출했고 그에게 빌었던 간절한 기도 또한 이루어졌다는 영험담도 즐비하게 등장했다.(그런데 사홍서원은 어디에다 버려두었기에 그렇게 간절히 빌어야만, 그것도 어쩌다가 특정인에게만 응답해주는 걸까? 현재 한국에서는 그 특정인이 되기 위한 사람들로 인해 전국 방방곡곡에 시바신의 이름이 울려 퍼지고 있다.) 더불어 관세음보살에 대한 숭배, 사랑, 의존심 등이 강력하게 결합되는 현상을 목격할 수 있다. 이 모두가 창조신 사상에서도 발견되는 동질의 신앙 현상들이다.

....

410 앞의 책, 23p.

한편으로 세속적인 욕망을 이루기 위한 염불과 기도란 소유욕과 갈구를 증대시키는 행법이기도 하다. 또한 현재에 충실하기보다는 미래로 치닫는 생각들을 강화시킨다. 이것은 부처님이 강조하는 삶의 양식과 사고방식이 아니다. 인과응보에 확신이 선 불자라면 세속적인 행복을 위해 선업과 복덕을 쌓는 일에 분수대로 노력할 뿐이고 그에 해당하는 좋은 과보는 인연에 맡기는 자세를 가질 것이다.

대승의 염불 수행이 효과가 없다고 하지 않겠다. 다만 불교의 수행이 아니고 이교도적인 것이며 많은 부작용과 삿된 견해를 양산한다는 것을 밝힐 뿐이다.

70
간화선의 정통성

대승권에서의 중요 수행법으로서 염불과 함께 빼놓을 수 없는 것 중에 하나가 화두 수행법 즉, 간화선이다. 화두 수행법은 북방 대승의 선불교에서 최후로 정립된 방법이다. 그런데 이 수행법의 정통성에 대해서는 지속적으로 문제가 제기되어 왔었다. 일단 선불교, 다른 말로 선종(禪宗)이 탄생하는 과정상의 흐름을 도표로 살펴보겠다.

시대	수행법	내용
부처님 당시 (BCE 6C)	네 가지 상기의 출처들	몸 관련, 느낌, 마음, 법 중에서 하나를(혹은 복합해서) 잇따라 관찰하기
달마 이후 (6C~)	관심법	벽을 마주보고 앉아서 마음 본체만을 관찰하기
혜능 이후(7C~)	일행삼매[411]	행주좌와에 직심[412]을 유지하기
~ 조산(9C) **~** **굉지**(11C) **이후**	묵조선	묵묵히 앉아서 비사량[413]하기
~ 남악(8C) **~** **대혜**(11C) **이후**	간화선	화두에 대한 의심 하나만을 계속 상기하기

도표 28. 선종의 계보

· · · · · · · · · ·

411 一行三昧, ekavyūha samādhi. 원어는 '하나로(eka) 행진하는(vyūha) 고정됨(samādhi)'이라고 파자된다. '하나로'의 의미는 '한결같이'를 뜻한다. '행진하는'의 'vyūha'는 '갈래지어(vi) 운반하다(√vah).'로 파자된다. 이 삼매의 시초는 『문수설반야경』의 "법계는 한 모양이니 그 법계에 붙들려 있는 것을 일행삼매라고 한다."(法界一相 繫緣法界 是名一行三昧)에 쓰였다. 현장은 일상장엄삼매(一相莊嚴三昧)라고 번역했다.(『중국선종의 성립사 연구』 정성본, 민족사, 1991, 225p. 참고) 이 일행삼매는 4조 도신에 의해 강조되었다. 그리고 후대에 6조 혜능에게서 다시 강조되는데, 혜능의 일행삼매란 어원에 입각하자면 '직심(일심)을 한결같이 유지해 나가는 고정됨'이라고 할 수 있겠다.

412 直心. 일심(一心)을 말하며 불성, 자성청정심, 여래장 등과 동의어이다.

413 非思量. '사량이 아닌 것'이라고 직역할 수 있다. 구체적인 사량은 없지만 일심의 차원에서 비추어 보는 작용은 있다는 뜻이다. 비사량에 대해서는 『묵조선 연구』 김호귀, 민족사, 2001, 310p.~을 참고하라.

북방 선종의 근원적인 맹점은 종조인 달마 대사의 과위를 확인할 수 없다는 점에 있다. 이 맹점은 달마가 부처님으로부터 깨달음의 법을 이어받은 제28대 조사라고 주장하는 족보 편집증에서 드러난다. 한 명으로 지정된 부처님의 전법 제자는 없었다는(맛3-705) 사실에서 이 족보의 날조성은 증명된다. 그러나 이렇게 확실한 근거는 없지만 달마대사의 인생 전반에 얄궂은 탐진치를 보인 적이 없다는 점과 이후 제자들이 보여준 깨달음의 안목과 역사라는 결과적인 측면에서 예류과 이상의 성자였다고 인정해 주고 논의를 이어가겠다.

달마에서부터 간화선이 확립되기 전까지의 수행 내용은 일심 관찰 수행법이었다. 이것은 대통 신수가 『관심론』에서 "마음을 관찰하는 하나의 법이 모든 수행을 총섭한다."(觀心一法 總攝諸行)라는 구절로 잘 종합·정리해주고 있다. 여기서의 마음은 일심을 의미한다. 그리고 일심은 여래장과 동의어다. 이 수행법은 달마가 의지할 경전으로 여래장사상을 펼치는 『능가경』을 선택한 것에서 필연적으로 귀결된 결과다. 이 결과는 이후 선종에 공통점으로 자리 잡으며 지배적인 영향력을 미치게 된다.

근본불교에서의 마음 관찰 수행법은 마음의 16가지 구체적인 상태들을 놓치지 않고 알아차리는 것이었음에 반해 선종의 마음 관찰 수행법이란 실체화된 마음을 관찰하는 추상적인 수행법이었다. 4조 도신의 염불 혹은 일물관(一物觀. 하나의 사물만을 집중해서 관찰하기), 5조 홍인의 일상관(日想觀. 저무는 해의 모습을 떠올리기) 혹은 일자간(一字看. '一'이라는 글자를 떠올리며 살피기) 등의 구체적인 방법들의 보완이 이루어지기도 하지만 이것들도 일심에 도달하기 위한 임시 방법들일 뿐이었다. 선종의 마음 관찰 수행법이 갖는 추상성은 후대에 묵조선에서 잘 계승되어진다.(이 점에 대해서는 제75장에서 다루겠다.)

6조 혜능에게 이르러서는 선종사에 있어서 눈여겨볼 만한 몇 가지 성과가 이루어진다. 첫째로는 '본래 한 물건도 없다.'(本來無一物)라는 『금강경』의 무실체사상이 선명하게 표명되었고 이것은 이후 선종에서 공통적인 주장으로 확연하게 자리 잡는다. 물론 달마 이후로 전제된 여래장사상과는 지속적으로 모순된 긴장 관계를 유지하지만 말이다. 둘째로는 좌선 일변도의 행법에서 탈피하게 된다. 혜능은 앉아 있는 제자들을 일으켜 세웠고 그의 전법 제자인 남악 회양이 마조 도일의 좌선에 대한 집착을 깨뜨려 준 일화도 유명하다. 이것을 이어받은 마조 도일은 실로 선종의 모든 교화 방편들을 집대성해서 화려한 완성을 보여준다. 마조 도일이야말로 중국 선종의 진정한 집대성자라고 말할 수 있을 것이다. 셋째로는 간화선의 원류가 시작된다는 점이다. 남악 회양은 혜능의 "어떤 물건이 이렇게 왔는가?"라는 질문에 막혀서 8년 동안 참구한 끝에 깨달음을 얻는다. 이것이 간화선 수행법의 원류가 발견되는 지점이다. 이후로는 백장 회해가 마조 도일이 자신의 코를 비틀고서 "이래도 날아갔다고 하겠느냐?"라는 말이 무슨 뜻인지 몰라 참구한 끝에 깨달음을 얻는 경우가 있었다. 그리고 백장의 제자 황벽 희운에 의해 간화선은 정식으로 시작된다. 그는 조주 선사의 '없다.'(無字 화두를 말함)라는 공안을 종일 참구하라고 대중에게 지시했다. "이후로 후대에 공안을 제시하여 화두를 살피는 일이 시작되었다."라고 운서 주굉은 평했다.[414] 그러므로 간화선의 시조는 황벽 희운 선사라고 보면 된다. 이렇게 선지식의 말씀, 즉 화두를 의심하다가 깨닫는 흐름이 잡혀 갔다.

중국 선종사에서 화두를 통해서 깨달음을 얻는 경우들은 이어졌지만 그 깨달음을 얻게 하는 핵심 원리가 '의심'에 있다는 것을 콕 집어낸 사람은 대혜 종고의 스승인 원오 극근이었다. 그는 "언구를 의심하지 않는 것이 큰 병통이다."라고 지적했다. 이로부터 언구, 즉 화두를 오직 의심하기만 하면 깨달을 수 있다는 확실한 지평이 열렸던 것이다. 그러므로 간화선의 진정한 확립자는 원오 극근이라고 하겠다. 그리고 원오 극근의 제자인 대혜 종고는 간화선을 대중 수행 프로그램으로 구체적으로 정리하고 널리 유행시킨 간화선의 보급자였다.

그런데 '의심'의 어떤 성질과 작용이 깨달음을 이루게 하는 것일까? 간화선의 의심은 근본불교의 다섯 가지 덮개들에서의 의심과는 다르다. 의심한다는 사실은 매 한가지이지만 의심의 대상과 내용과 방법이 달라서 결과도 다르다. 덮개에서의 의심은 불신에 기초한 의심(영어로는 suspicion)이지만 화두의 의심은 신심에 기초한 의심(영어로는 curiosity)이다. 나아가 덮개로서의 의심은 불안, 초조, 언짢음, 절망, 망상, 병으로 귀결되는데 반해 화두 의심은 불법의 대의를 대상으로 지향하고 선지식의 말씀을 내용으로 삼으며 앞의 부정적인 감정이

· · · · · · · · · ·

414 『선관책진 – 선의 관문을 뚫다』 운서주굉, 연관 역, 호미, 2011, 25p.

배제된 채 순수한 열정으로 끊임없이 깨달음에 귀결되도록 만든다.

의심에는 '알아봄', '노려봄', '찾아봄'이라는 작용들이 들어 있다. 이것은 근본불교에서의 '관찰'(觀, passanā, 알아봄)과 내용상 상응하는 성질임을 알 수 있다. 전강 스님도 "알 수 없는 놈(의심)이 없어지지 않고 매하지 않는 그것이 관(觀)입니다."(전강 스님 법어 CD712-1, 13:25. 용화사)라고 말했다. 이러한 의심이 갖는 관찰의 성질이 깨달음을 이루는 알아차림으로 이어지게 만든다. 그런데 화두 의심이란 하나의 언구만을 의심하는 것이므로 네 가지 상기의 출처들처럼 분석관찰이 아니라 단순관찰이라고 할 수 있다. 그러나 둘 다 직관(直觀. 알아차림, 간파, 꿰뚫음, 통찰과 같은 개념이다.)에 의해 깨닫는 것은 같다.

의심 끝에 깨달음에 이르는 간화선의 깨달음은 근본불교의 깨달음과 일치하는지의 정통성에 대해서 네 가지로 살펴보겠다.

① 깨달음의 인가와 그 족보는 정법의 안목으로 보자면 바람직하지 않은 인습이지만 간화선의 정통성을 보여주는 나름대로의 증빙 자료일 수 있다. 인가를 통한 깨달음의 족보에 정당성과 신빙성의 문제가 있다 하더라도 그런 깨달은 종장들의 역사적인 실존과 그들의 교류는 부정할 수 없고 계파가 다를지라도 서로서로 경지를 확인하고 인정한 사실도 부정할 수 없다.

간화선이 성립되는 과정을 보면 기존의 깨달음과 무관하게 이루어진 것이 아니고 기존에 깨달음을 촉발시켰던 대목이나 깨달음의 안목으로 던진 말씀들을 대상으로 의심을 품게 함으로써 결국 그 깨달음의 안목에 도달하여 의심이 풀리도록 만들어졌다. 그러므로 간화선의 깨달음은 이전의 깨달음과 동질의 것이라고 할 수 있다. 또한 간화선으로 확연히 넘어가는 '~ 오조 법연 → 원오 극근 → 대혜 종고'의 흐름도 분명한 역사적인 사실이어서 깨달음의 경지는 실제로 면면히 이어졌다고 인정할 수 있을 것이다.

② 화두 수행으로 깨달음을 얻을 때의 찰나적인 체험에 대한 묘사가 근본불교의 수행법으로 깨달았을 때의 묘사와 동질의 것이라는 점에서 간화선의 깨달음에 정통성을 부여할 수 있다. 다음은 미얀마의 대표적인 고승인 마하시의 깨달음의 순간에 대한 묘사다.

- 대상과 상기가 모두 '탁'하며 끊어져 멈추어 버렸다.
- 매우 무거운 짐을 내려놓듯이 대상과 상기가 완전히 끊어져 버렸다.
- 대상과 상기가 사라지는 모습이 마치 등불이 '획' 꺼져 버리듯이 매우 빠르다.
- 물속에 '쑥' 가라앉듯이 대상이나 상기가 모두 가라앉아 버렸다.[415]

이러한 묘사는 간화선 종장들이 자신의 깨달음의 순간을 묘사하는 것과 거의 일치한다. 예컨대, 대혜 종고는 『서장』에서 "홀연히 '탁'

··········
415 『마하시 사야도의 위빳사나 수행방법론』(2-106) 일창 역, 이솔, 2013.

깨뜨러지고 '툭' 끊어져서 문득 깨닫게 됩니다."(忽然啐地破 爆地斷便了) 라고 했고, 고봉 원묘는 『선요』에서 "당시에 몸이 거뜬하고 안락하기가 120근의 한 짐을 내려놓은 것과 같음을 곧바로 자각할 수 있었다."(當時 便覺四大輕安 如放下百二十斤一條擔子相似)라고 했고, 몽산 덕이는 『몽산법어』에서 "홀연히 댓돌 맞듯 댓돌 맞듯 마음 길이 한 번 끊어지면 문득 큰 깨달음이 있으리니"(忽然築着磕着 心路一斷 便有大悟)라고 했다. 이와 같은 동일한 깨달음의 체험은 간화선뿐만 아니라 다른 계파에서도 발견된다. 그러므로 깨달음 자체는 동일한 성질의 것이라는 추정이 가능해진다.

③ 오도송들이 예류과에 해당하는 내용이라고 여겨진다. 이것에 대해서는 제72장의 ④에서 밝히고 있다.

④ 앞에서 말했듯이 간화선의 의심 수행은 단순관찰의 성질을 가진다. 관찰의 성질이 있다면 알아차림 수행법이라고 할 수 있다.(도표 20 참고) 또한 수행 과정에서 나타나는 선정 현상은 근본불교의 네 가지 명상들과 일치한다. 이것에 대해서는 다음 장에서 자세히 밝히겠다. 그렇다면 결국 간화선은 우여곡절 끝에 정혜쌍수로 정초된 수행법이라고 말할 수 있을 것이다.

현재 간화선을 주된 수행법으로 표방하는 한국불교는 화두 수행법에 대한 온갖 의혹과 회의에 대해서 근본불교에 입각한 근거 있는 명확한 해명을 내놓지 못하는 상태에 있다. 위의 네 가지 내용들은 간화선이 근본불교의 수행법의 원리 및 깨달음의 순간과 결과를 계승하고 있는 수행법임을 보여준다고 하겠다.

71
네 번째 명상과 화두일여

선어록들에서 최고의 단편 하나만을 들라고 한다면 단연코『몽산법
어』중에 '몽산화상 시총상인'을 꼽겠다.(부록2. '총 스님에게'에 해당한다.)
화두 공부의 시작과 과정과 끝마침 및 보임까지를 단 875자로 체계적
이고도 간결 명확하게 편지글을 통해 높은 완성도로 보여주기 때문
이다. 특히 거의 유일하게도 화두 선정의 과정을 단계 지어서 그 체
험 현상을 일목요연하게 정리해 주고 있다. 그런데 이러한 화두 수행
법에서 나타나는 고정됨에 대한 묘사들은 네 가지 명상들의 구체적
인 내용들과 일치하는 공통점들이 발견된다. 다만 표현하는 단어들
만이 유사어들로 대체되어 있을 뿐이다. 다음 도표의 비교 대조를 통
해 드러나는 공통점들은 간화선의 전통성을 밝히는 초석이 되어 줄
수 있을 것이다.(도표 29)

　선종에서의 '선'이란 '무분별의 수행' 혹은 '깨달음의 경지'를 의미
한다. 근본불교의 '명상'으로서의 '선'과는 다르게 개념이 변형되어 쓰
인다. 그러나 간화선에서의 선정은 근본불교의 네 가지 명상들과 일
치를 이룬다. 황소 뒷걸음치다 쥐 잡는 꼴이지만 어쨌거나 간화선에
서 '선'(禪, jhāna. 명상) 자를 붙인 것은 근본불교 입장으로 보더라도 결
과적으로 정확하게 붙인 셈이다.

　간화선의 선정과 네 가지 명상들이 일치하는 내용은 우선 명상을
시작하는 마음의 상태에서부터 나타난다. 네 가지 상기의 출처들을

단계	화두 선정	네 가지 명상들	단계
접근	진하게 잡히다가 희미하게 잡히다가(濃一上, 淡一上)	떠올리기와 살펴보기를 거듭함	접근
화두챙김 擧覺	"다만 행주좌와에서 끊어짐이 없게 하고 희노애락하는 곳에서 분별을 내지 마십시오. (화두 의심을) 들고 또 들며, 살피고 또 살피다가…." (『서장』답종직각 中)	• 다섯 가지 덮개들의 소멸, 다섯 가지 명상의 통로들이 구족됨 "욕망으로부터 아예 떨어지고 안 좋은 법들로부터 떨어져서, 떠올리기와 살펴보기를 지니며, 떨어짐에서 생긴 희열과 즐거움이 있는 첫 번째 명상에 들어서 거처한다."	첫 번째 명상 初禪
	단제416 없이 의심만 길게 잡음	떠올리기 없이 살펴보기만 지속	
득력처 得力處	• 힘들이지 않아도 저절로 화두 의심이 잡힘 "엄숙하고도 맑은 기운이 감돌아서 움직이든 가만히 있든 그 상태가 마치 가을 하늘과 같은 시절이 온다. 이것이 첫 번째 고비다."(이하 『몽산법어』中)	"떠올리기와 살펴보기가 잦아들어서 내면적으로 확실하며 마음이 일정한 상태가 된다. 떠올리기와 살펴보기가 없으며 고정됨에서 생긴 희열과 즐거움이 있는 두 번째 명상에 들어서 거처한다."	두 번째 명상 第二禪
화두순일 話頭純一	"가을 들녘에 고인 물처럼 맑으며 옛 사당 안의 향로처럼 적적하면서도 또렷또렷해서 마음 작용이 멈추는 시절이 온다. 또한 이 몸뚱이가 인간 세상에 있는지조차 모르고 다만 화두만이 면면히 끊어지지 않게 된다. 이 속에 이르르면 번뇌는 쉬고 광명이 밝아진다. 이것이 두 번째 고비니, 만일 여기서 알았다는 생각을 내면 순일했던 오묘함이 끊어지면서 크게 해롭다."	"희열이 퇴색해져서 한결 담담하게 거처하는데, 상기하며 자각하면서 몸으로 즐거움을 낱낱이 느낀다. 이렇게 '한결 담담하게 상기하면서 즐겁게 거처한다.'라고 성자들이 설명하는 세 번째 명상에 들어서 거처한다."	세 번째 명상 第三禪
화두일여 話頭一如	"화두가 움직이든 가만히 있든 한결같고, 자나 깨나 또렷또렷해서 눈앞에 분명히 드러나게 된다. 마치 여울 물결에서도 뚜렷이 일렁이는 달빛처럼 건드려도 흩어지지 않고 휘저어도 사라지지 않는 시절이 온다. 이때에 고요한 중심은 요동치지 않으며 바깥 일이 흔들어대도 꿈쩍도 않는다. 이것이 세 번째 고비니, 의심 덩어리가 깨지고 바른 안목이 열리는 때가 가까워진 것이다."	"즐거움도 제거했고 괴로움도 제거했으며, 그 전에 이미 기쁨과 근심도 사라졌으므로 괴로움도 없고 즐거움도 없이, 담담하게 상기하는 청정한 네 번째 명상에 들어서 거처한다."	네 번째 명상 第四禪

도표 29. 간화선의 선정과 근본불교의 명상

시작할 때 '전면적으로[417] 상기를 현전시키고서'라는 정형구가 등장하는데(디2-498) 이 표현은 화두를 전방 2~3미터 바닥에 두라는 말과 상응하는 말이다. 화두 수행자들은 자신의 화두 의심이 단전이나 면전이나 전방 바닥에 확고히 머무는 듯한 현전을 경험한다. 이것은 전면적으로 상기를 현전시킨다는 것과 같은 현상이다.

화두 선정과 네 가지 명상들의 상응 관계는 도표처럼 정확히 구분되어 일치된다고 단정할 수는 없다. 예컨대, 도표의 화두순일과 두 번째 명상은 상당 부분 겹치는 측면이 있다. 이것은 화두 선정에 대한 기술에 있어서 그 내용상의 구분과 표현의 정확도가 떨어지기 때문에 생기는 일이다. 다만 몇 가지 큰 특징들은 일치하며 전체적인 흐름도 일치한다고 할 수는 있다.

화두 선정의 첫 단계인 '거각(擧覺)'은 화두의 단제를 의심하며 떠올리고 붙드는 것을 말한다. 도표의 "들고 또 들며 살피고 또 살피다가"(擧來擧去 看來看去)라는 표현에 잘 나타나 있다. 그리고 이것은 첫 번째 명상의 떠올리기와 살펴보기에 해당한다. 화두 수행법에서는 다른 말로 '화두를 챙긴다.' 혹은 '화두를 잡는다.' 등으로 다양하게 표

. . . .

416 短提. '짧게 들기'라는 뜻이다. 화두의 대화 전체를 상기하는 경우에는 '전제'(全提, 전체 들기)라고 부르고 그중에 선지식의 핵심적인 말씀만을 상기하는 것을 단제라고 한다. 예컨대 '뜰 앞에 잣나무'(庭前柏樹子)나 '없다.'(無) 혹은 '이 뭣고'(是甚麼)와 같은 것들을 말한다.

417 pari-mukhaṁ, 全面的으로. '완전한(pari) 얼굴로(mukhaṁ)'라고 파자된다. '전체적으로 철저하게'라는 의미다. 수행 주제의 상기는 보통 면전의 어느 한 곳에 현전하는 것이 보통이지만 반드시 국한되지는 않으며 그 인상도 사람마다 다르다. '전면적으로'란 상기가 어떻게 현전하든 본격적으로, 오로지, 온전히, 수행 주제를 떠올리며 몰두한다는 의미다.

현하기도 한다. 애써서 이 과정을 반복하면 의심만이 길게 잡히는 단계에 접어드는데 명상의 단계에서 떠올리기 없이 살펴보기만 이어지는 단계와 동질의 단계라고 할 수 있다.

화두 수행에서 '힘을 얻는 때'(得力處)란 '힘이 들지 않는 때'(省力處)를 말한다. 즉, 화두를 힘써 들지 않아도 저절로 화두 의심이 잡히어 없어지지 않는 경지를 말한다. 물론 앞 단계를 부지런히 수행했을 때 접어드는 단계다. 그리고 이것은 두 번째 명상에 해당한다. 왜냐하면 두 번째 명상에서 "마음이 일정한 상태가 된다."는 내용이 바로 그러한 경지를 묘사하는 말이기 때문이다. 공부가 안정적인 궤도에 올랐다고 볼 수 있다.

'화두순일'(화두 의심이 한줄기 물처럼 끊어지지 않고 면면히 이어짐)과 '화두일여'(화두 의심이 한 덩이 돌처럼 꿈쩍 않고 한결같음)는 선어록에서 보통 선명한 구분 없이 사용된다. 다만 여기서는 정도의 차이를 인정하면서 구분해 보았다. 화두일여는 화두순일이 좀 더 강화되어 흔들림 없는 경지에 도달한 경우다. 근본불교의 네 번째 명상도 '흔들림 없음'이 그 특징으로 표현되었다. 결국 같은 경지를 말하는 것이다. 선어록에서는 네 번째 명상에 해당하는 화두일여를 '의심 덩어리가 우뚝하게 드러난다.'(疑團獨露), '딱 한 조각을 이룬다.'(打成一片), '늙은 쥐가 소뿔에 들어박힌 것과 같다.'(老鼠入牛角) 등등으로 묘사하기도 한다.

한 가지 유념할 점은, 선어록의 여기저기에 등장하는 '움직여도 한결같음'(動靜一如), '꿈속에도 한결같음'(夢中一如), '숙면에도 한결같음'(熟眠一如), '자나 깨나 한결같음'(寤寐一如) 등은 화두일여에 대한 여러 가지 상황별 표현일 뿐이지 각기 다른 단계의 경지를 나타낸 말이 아니라는 것이다. '자나 깨나 한결같음'만 보더라도 앞의 세 가지를 뭉뚱그린 표현이라는 것을 쉽게 알 수 있다. 도표에서 보이듯이 몽산 스님도 '움직여도 한결같음'과 '자나 깨나 한결같음'을 같은 단계로 묶어서 제시하고 있다. 그리고 화두일여 단계에 접어들면 7일 안에 깨닫는다는 것이 정설이다.[418] 만일 위의 네 가지 한결같음이 각기 다른 경지이고 반드시 거쳐야 할 단계라면 7일도 되지 않는 짧은 기간에 네 가지 한결같음을 반드시 다 거쳐야만 하는 억지스러운 번거로움이 발생하게 된다.

만일 화두일여에는 위의 네 단계가 있다고 주장하거나 '움직여도 한결같음' 혹은 '꿈속에도 한결같음'에는 도달했지만 깨달음에는 실패했다고 말하는 자가 있다면 이들은 착각하는 자이거나 거짓말하는 자일 것이다. 만약 '움직여도 한결같음'에 도달했다면 생사해결이 목전에 있는데 몸이 부서져버릴지언정 7일조차 잠에 빠져들지 않도록 못했단 말인가? 오히려 화두일여의 경지에 이르면 폐침망찬(廢寢忘餐, 자고 먹는 것을 잊음) 안 할 수 없는 것이다.

· · · · · · · · · ·

418 고봉 원묘는 『선요』에서 "구경에는 결코 두 갈래 생각이란 없으니, 진실로 이와 같이 공부하는데도 3일 혹은 5일 혹은 7일 만에 꿰뚫지 못한다면 내가 오늘 큰 거짓말을 한 것이니 혀를 뽑아 밭을 가는 지옥에 떨어질 것이다."라고 했고, 고려의 나옹 혜근도 화두순일에 도달했다면 "며칠 내로 이룬다."(不日成之)고 말했다.(『몽산법어』 용화선원, 2007, 103p.) 참고로, 부처님도 네 가지 상기의 출처들을 수행하면 7일 만에도 동격자나 불환자가 될 수 있다고 말했다.(맛1-361)

또한 '자나 깨나 한결같음'의 경지에 도달해야만 깨달을 수 있다는 주장도 깨달음에 이르는 다양한 경로에 무지한 자의 주장이다. 깨달음에 이르는 방법은 다양하며 깨달음도 여러 등급이 있다. 수행 과정에서 나타나는 특정한 현상만을 깨달음의 척도로서 독선적으로 제시하며 점검하는 것은 다양한 과위와 수행법에 어두운 자들의 전제주의적인 정략일 수 있다. 다시 말하지만 편협한 주장이 지배적인 강압성을 띠면서 완고하게 독선과 배타로 흐르면 결과적으로 그 해악이 삿된 주장과 엇비슷하게 된다.

화두일여나 네 번째 명상은 같은 경지의 고정됨이기 때문에 수행법은 달라도 기본 원리가 같고 과정상에서 공통된 현상들도 발견된다는 것을 알 수 있다. 간화선은 의심이라는 단순관찰의 알아차림으로 네 번째 명상에 도달하여 깨달음을 달성하는 수행법이다. 간단히 말해서 정혜쌍수의 수행법인 것이다. 그러므로 현재 한국불교의 간화선은 북방 대승불교권에서 네 가지 상기의 출처들이 가진 정혜쌍수 수행법을 계승하고 있는 유일하고도 가느다란 한줄기 빛이라고 할 수 있다.

72
선불교는 예류자의 불교

불교에서의 깨달음은 반드시 '네 가지 출가수행의 결과들'(四沙門果. 혹은 4향4과)에 포섭되며 그것을 넘어서는 깨달음의 결과란 없다. 그런데 북방의 선불교에서는 대승의 영향 아래 있었기 때문에 근본불교에 입각해서 깨달음의 단계가 정리되지 못했다. 그에 따라 자신의 깨달음이 네 가지 결과들 중에 어디에 해당하는지 점검할 줄도 몰랐다. 이 때문에 깨달음에 대한 근거 없는 무성한 논란만이 횡행했었던 것이다.

　이미 입적한 고인들의 과위를 밝혀내기란 힘들지만 여러 가지 사건들과 증거들로 어느 정도 밝혀지는 부분은 있다. 마치 유적 발굴 작업을 할 때 최소한의 흙덩이들을 털어내며 원형을 드러내듯이, 교법에서 허락되는 것들만을 털어내면서 추적 작업을 해 나가면 어느 정도 윤곽이 잡힐 것이다.

　선불교에서도 예류자 이상의 선사가 있었다고 보인다. 깨닫는 횟수와 과위는 필요충분조건은 아니다. 다만 어느 정도 예측 가능한 범위는 있다. 예를 들어, 백장 회해, 고봉 원묘, 우리나라의 보조 지눌 등등의 여러 선사들은 한 차례 이상의 깨달음의 순간이 있었다고 문헌으로 확인이 된다. 첫 번째 깨달음이라고 했던 것이 예류과조차 아닐 수도 있지만 이것은 보통 예류자 이상을 의미한다고 볼 수 있다. 조주 종심은 40년간 잡된 마음을 쓰지 않았다고 말했다. 40년 동안 큰 병고도 있었을 것이고 67세 때에는 회창폐불(會昌廢佛, 845~847)의 법난도 있었는데 그러한 경지를 계속 유지한다는 것은 예류자로서는 힘든 일일 것이다.[419]

그러나 북방의 선불교는 그러한 높은 경지에 이르렀을 때 인가가 이루어진 것이 아니고 대개 처음 깨달았을 때 인가가 이루어졌다. 그리고 그때의 과위는 예류과였다고 보인다. 최소한의 이유로 네 가지를 들 수 있다.

① 인가 후에 보임(保任, 보호하며 지킴)이 필요하다는 점이다. 동격자에게는 인가도 필요 없지만(동격자는 자신에게서 탐진치가 완전히 꺼졌음

. . . .

419 6조 혜능도 예류자를 넘어선 듯하다. 그의 임종게를 보면 "떨어진 잎사귀는 뿌리로 돌아가니, 돌아올 때에는 입조차 없으리라."(落葉歸根, 來時無口) 보통 임종게는 자신의 경지를 직설적으로 표현하는 것으로 평가된다. 혜능은 자신이 입 달린 개체적인 생명체로는 다시 태어나지 않을 존재임을 자각하고 있었다고 보인다. 그렇다면 이는 불환자를 의미한다. 또한 오조 법연은 임종 시에 "너희들은 힘쓸지니라. 나는 다시 돌아오지 않는다."(汝等勉力, 吾不復來矣)라고 투박하게 직설했다. 물론 이 임종게들에 대해서 다른 다양한 해석이 내려질 수는 있다.
3조 승찬 대사의 『신심명』의 첫머리에 "도에 이르기란 어렵지 않아서 간택만을 꺼릴 뿐이니, 사랑과 미움만 없다면 통연히 명백하니라."(至道無難唯嫌揀擇, 但莫憎愛洞然明白)라는 유명한 구절이 나온다. 이것은 명백히 '욕망의 욕구'와 '언짢음'의 소멸을 다루고 있다. 철저히 이것들을 없앤 경지라면 불환자의 경지를 의미한다. 이것이 승찬 대사의 친설이든 아니든 후대 유력한 선지식들이 인정하고 인용한 구절이다. 덧붙여, 마조 도일의 주장인 '평상심이 도다.'(平常心是道)라는 말도 시비와 애증을 떠난 평등한 마음이 평상심이기 때문에 그 마음을 계속 유지할 수 있다는 것은 예류자로서는 불가능하다.
우리나라의 보조 지눌도 예류자를 넘어선 듯하다. 그는 『진심직설』에서 "다시 마음을 시험하되, 미워하거나 사랑하는 경계를 만났을 때 특별히 미워하거나 사랑하는 마음을 일으켜서 미워하거나 사랑하는 경계를 취하려고 해도 마음이 일어나지 않는다면, 그 마음은 노지의 흰 소가 곡식을 해치지 않는 것처럼 걸림 없게 된 것이다."라고 공부 점검법을 제시했다. 철저히 그러하다면 적어도 불환자로 평가할 만하다.

을 맑은 호수 속의 물고기를 보듯이 스스로 분명히 안다. 디1–261) 특정한 마무리용 수행 절차도 필요 없다. 근본경전 전체에 걸쳐서 동격자가 그 어느 누구에게 인가 받아야 한다는 내용은 볼 수 없으며 그 어떤 마무리 수행도 다루어지지 않는다. 그래서 '공부가 필요 없는 이'(無學)라고 불렀다. 이것으로 보아 보임이 필요한 깨달음은 적어도 아직 동격자에 이르지 못한 것임을 알 수 있다.

인가와 보임이란 이제 막 눈 뜬 어린아이에게 부모를 보여주고 아무것이나 집어 먹지 못하도록 조심조심 애지중지 관리하면서 더 굳건하게 키우듯이, 이제 막 진리의 안목이 열린 예류자에게 그 안목을 보전하고 더욱 확고한 경지에 들도록 시설해 주는 긴요한 방편과 같은 것이었다. 많지 않은 보임에 대한 고인들의 말씀을 정리하자면 보임 살림의 핵심 개념은 '수연(隨緣)'과 '청정(淸淨)'이었다.[420] 깨달음의 금강 잣대를 보면 예류자가 상위 단계의 과위에 오르기 위해서 필요한 핵심 덕목이 청정함이라는 것을 충분히 유추할 수 있을 것이다.

근본경전에서도 예류자에게만큼은 보임을 말하고 있다. 그 방법으로는 '여섯 가지 잇따라 상기하는 장소들'(앙4–60, 여섯 장소들은 주석

. . . .

420 대표적인 용례를 들자면, 말끝에 깨달은 용담 숭신이 보임을 묻자 천황 도오(748~807)는 "성품에 맡겨 거닐되 인연 따라 드넓게 지내라. 다만 범부의 정이 다하는 것일 뿐이지 성인의 이해가 따로 없네."(任性逍遙 隨緣放曠 但盡凡情 別無聖解)라고 말해준다. 대혜 종고는『서장』(「답 이참정」)에서 "앞으로는 옛날 그대로만 하면 됩니다."(但且仍舊)라고 말한다. 고담 화상은 "밝은 스승이 허락하거든 다시 숲속으로 들어가서 띳집과 동굴에서 고락을 인연에 따르되 하염없이 탕탕하여 성품이 흰 연꽃 같게 할지니"(『몽산법어』 용화선원, 2007, 139p.)라고 말했다. 모두 수연과 청정을 말하고 있다.

345번을 참고하라.) 혹은 '여섯 가지 훤히 알게 해주는 법들'⁴²¹(상6-258)을 제시하는 경우도 있다. 물론 네 가지 상기의 출처들 중에 하나를 잡고 있었다면 그것을 계속 잡고 이어가는 것이 더 효율적일 것이다. 이와 같이 근본불교에서는 예류자가 되었다고 해서 조용히, 깨끗하게, 가만히 그럭저럭 세월만 보내면 된다고 하는 것이 아니라 구체적으로 뚜렷이 한 가지 수행법을 계속 잡고 밀어붙일 것을 요구하고 있다.

② 안목만을 다룬다는 점이다. 선불교의 인가 과정에서 욕망과 화의 근원적인 소멸을 다루지 않는다는 점은 분명하다. 선문답 자체가 안목을 확인하는 작업일 뿐이다. 그러나 불교는 실제로 탐진치를 소멸시켜야 실제로 자기-없음을 철저하게 체득해서 실제로 생사 문제가 해결된다는 것이 궁극적인 가르침이다. 그것은 깨달음의 정점에 이르도록 한결같이 일치되는 사실임이 깨달음의 금강 잣대에서 명약관화하게 드러나 있다. 이 금강 잣대를 보면 예류자의 과위에서 사라지는 결박은 존재유형에 대한 견해, 덕행의 맹세에 대한 고집, 의심, 이 세 가지다. 이것들은 모두 안목과 관련된 문제들이다. 그래서 경에서는 이 세 가지 결박들을 "봄으로 제거해야 할 유입들"(맛1-182)이라고 표현한다. 예류자를 묘사하는 '티가 없고 때가 없는 법의 눈'(法眼淨)도 역시 안목을 다루는 말이다. 선불교의 견성(見性, 성품을 알아본다.)도 역시 안목을 나타내는 말이다.

• • • • • • • • • •

421 cha vijjābhāgiyā dhammā, 六明分想. 본서 제29장의 '여섯 가지 꿰뚫어주는 인지들'(디 3-433)과 같다.

③ 탐욕과 화는 즉각적이고도 공식적으로 확인하기가 곤란하다는 점이다. 이것은 ②와 연관된 문제로서 인가하기 위해 안목만을 다루게 된 이유일 수 있다. 탐진의 소멸 정도에 따라 구분되는 일래자나 불환자를 인가의 기준으로 삼기에는 측정상의 애매하고도 난해한 점이 있다. 물론 선불교에도 탐진의 소멸을 다루는 경우가 있다. 승찬 대사의『신심명(信心銘)』에서는 "사랑과 미움만 없으면 통연히 명백하니라."고 했고, 대혜 종고의『서장』(「답이참정(答李參政)」中)에서도 "이치로는 단박에 깨달아서 그 깨달음으로 모두 해소되지만 사실들은 단박에 제거되지 않고 차례대로 사라진다."(理則頓悟 乘悟併銷 事非頓除 因次第盡. 이것은『능엄경』에 나오는 구절인데 이렇게 대승 경전이라도 근본불교에서 잘 채집한 부분도 있다. 이런 부분을 잘 인용하는 안목이 귀하다고 하겠다.)고 말하고 있다. 이러한 대목은 예류자의 안목을 넘어서는 경지를 보여준다고 여겨진다. 그렇지만 인가의 기준으로 말하는 대목은 아니다.

④ 오도송이 예류자의 오도송이라는 점이다. 이 점은 오도송에 대한 해석의 난해함 때문에 논란의 여지가 있기는 하다. 하지만 깨달음의 금강 잣대를 대보면 수사망을 좁힐 수 있을 것이다.

동격자가 오도송을 읊는다면 다시는 태어나지 않는다는 자각을 공통적으로 말하게 되어 있다. '생사가 본래 없다.'든가 '생사에 상관하지 않는다.'는 식의 공의 이치를 말하는 것이 아니라 실제로 생사가 끝났고 어떤 상태로든 생성되지 않는 존재가 되었음을 스스로 분명히 아는 '풀려남의 앎과 봄'을 드러낸다. 부처님의 동격과의 오도송에서도 더 이상 윤회하는 삶은 없다고 선언하고 있다. 하지만 선불교의 오도송에서는 필자의 과문함 때문인지는 모르겠지만 아직 확연하게 동격자의 오도송이라고 할 만한 오도송을 발견할 수는 없었다.

　동격자의 오도송이 생성됨의 소멸을 노래한다면 예류자의 오도송은 '자기 없이 따라서-같이-생겨남'에 대한 여러 이치적인 측면이나 세 가지 결박들에서 풀려난 상황을 묘사하는 경우일 수밖에 없다. 이것은 예류과를 달성한 부처님의 오도송에서도 확인된다.(주석 404번 참고) 선불교의 오도송에서도 특히 '의심'이 없어졌다는 표현을 종종 접할 수 있다.[422] 또한 '생사가 본래 없다.'거나, '삼천대천세계가 나와 한 몸'이라거나, '두두물물이 진리'라는 식의 오도송들의 표현은 '자기 없이 따라서-같이-생겨남'에 대한 이치적인 다양한 해석이라고 볼 수 있다. 결국 이 모든 오도송들의 표현들은 공통적으로 예류과의 안목을 나타내고 있다.

　인가만 받으면 궁극에 도달한 것이고 모든 문제가 해결된 것처럼 여기는 북방 선불교의 전통에서 예류자로서의 인가는 받아들이기 거북한 주장일 것이다. 그러나 거부한다면 어느 과위에서의 인가인지

. . . .

422 위산 영우의 제자 영운 지근은 "삼십 년 동안 검을 찾아다닌 나그네여, 잎이 지고 가지 나기를 몇 번이었던가. 복사꽃 한 번 본 뒤로는 이제껏 다시는 의심하지 않는다네."(三十年來尋劍客 幾回落葉又抽枝 自從一見桃花後 直至如今更不疑)라 했고, 덕산 선감도 깨달은 직후에 용담 숭신이 무엇을 보았느냐고 묻자 "이제부터는 천하의 장로 화상들의 말씀을 의심하지 않겠습니다."(大正51-317중)라고 대답했다. 근세에 우리나라의 은둔 도인이었던 해산 스님도 깨닫고 난 직후에 "일체만상에 의심이 없더라."라고 직설했다.(『달팽이 뿔로 우는 아이를 달래더라』 해산을 기리는 모임, 2013, 58p.)

교법에 근거하여 합당하게 밝혀야 될 것이다. 반면에 예류자로서의 인가를 받아들인다면 깨달은 이들의 행보에 대해서 교법과 맞아떨어지는 해석이 내려질 수 있을 것이다.

73
간화선의 한계

간화선은 정혜쌍수이므로 네 가지 상기의 출처들처럼 하나의 대상만을 잡고 밀어붙이면 기어이 깨달을 수밖에 없는 수행법이다. 이런 점을 네 가지 상기의 출처들 수행법에서는 '외통길'이라고 했고 간화선에서는 '경절문'(經截門. 곧장 질러가는 방법)이라고 표현했다. 약간의 표현의 차이만이 있을 뿐 같은 이치를 표방하고 있다. 이것은 실제적인 체험의 공통성에서 도출되어 나온 일치된 결론인 것이다.

그런데 간화선의 의심이 갖는 강한 중독성과 몰입력과 긴장감에 매료된 수행자가 네 가지 상기의 출처들 수행법을 보게 되면 뭔가 번거로운데다 싱겁고도 가벼워서 힘이 없는 수행법으로 느껴지게 된다. 반면에 간화선은 지적 호기심과 승부욕이 강한 기질의 사람에게는 매우 효과적인 강력한 수행법으로 다가온다.

간화선은 간명직절 등의 여러 장점들도 있겠지만 단점도 만만치 않게 도사리고 있다. 세 가지 정도를 짚어 볼 수 있다.

① 먼저 의심이 기질상 맞지 않는 사람도 있다는 것을 인정해야 한다. 아무리 의심하려고 해도 의심 자체가 일어나지 않거나 의심을 계속 품는 일이 너무 힘겨운 사람도 있는 것이다. 한편, 대혜 종고처럼 총명으로 화두가 다 해석되어 버려서 몇몇 종사들은 오판으로 인가까지 해주었을 정도였다. 이런 부류의 사람들도 의심이 잘 들지 않을 수 있다. 결론적으로 모든 사람에게 의심할 것을 요구하는 것은 무리이고 부당하다.

② 예류과를 달성한 후의 구체적인 수행법이 마련되어 있지 않다. 의심은 예류과에서 소멸한다. 그렇기 때문에 화두를 타파하여 예류과를 달성했을 경우 모든 화두들도 다 타파되기 때문에 더 이상 의심을 지을 수 없게 된다. 다만 중국의 선사들은 '처음의 깨달음'(初見性)으로 인가를 받은 이후에도 더 높아지는 단계가 있음을 체험적으로 알고 있었기 때문에 보임을 가르쳤다. 그러나 보임의 구체적인 수행법을 제시하지는 못했고 수연이나 청정만을 귀띔해 주었을 뿐이었다. 그렇지만 그런 방법으로 동격자에 도달하기란 어렵거나 더딜 것으로 보인다. 간화선이 최상승선이라는 강변은 호랑이 없는 굴에 여우가 대장 노릇하며 내뱉은 허장성세의 호언장담이었다. 더 뛰어난 수행법과 더 높은 깨달음과 더 수승한 도인이 횡행하는 시대가 말법이겠는가?

③ 대승의 실체사상이 스미어 있다. 간화선뿐만 아니라 중국 선종 모두에 걸쳐서 대승의 여래장사상이 기본으로 깔려 있는 것은 달마

가 『능가경』을 선택하면서부터 시작된 일이다. 여래장은 곧 일심이자 불성이었고 공성으로 회통되었다. 이 실체화된 공성은 선종의 공통적인 주장인 본래무일물사상과 다시 연결된다. 결국 실체로써 무실체를 주장하는 모순적인 상황이 벌어지게 되었던 것이다. 선불교의 역설과 반어 화법, 격외도리, 모순적인 주장, 등등은 모두 대승경전을 불교로 맹목적으로 받아들여야 하는 상황에서, 무실체의 깨달음을 억지로 대승의 실체와 회통시키는 작업의 과정에서 벌어지는 현상인 경우가 많다. 예컨대, 임제 선사가 참사람[眞人]만을 곧이곧대로 줄곧 주장했다면 그는 다만 실체론자에 불과했을 것이다. 그러나 그는 "위치 없는 참사람이라니, 무슨 마른 똥막대기 같은 소린가."(無位眞人 是什麽乾屎橛)라고 자신의 핵심적인 사상을 부정하는 모순적인 주장을 할 줄 알았다.

완벽한 설법은 동격자라도 어렵다. '네 가지 낱낱이 이해함들'[423]을 갖춰야 법문에 오류가 없어진다. 물론 네 가지 낱낱이 이해함들을 갖추었더라도 사리뿟다만이 거의 부처님과 같은 허물없는 법문을 언제나 하는 것으로 인정되었다. 그러므로 법에 오류 없이 완벽하게 설

· · · · · · · · · ·

423 四無碍解, cattaso paṭisambhidā. ① 뜻을 낱낱이 이해함(義無碍解, attha paṭisambhidā. 결과적으로 무슨 뜻인지를 낱낱이 이해한다는 말이다.) ② 법을 낱낱이 이해함(法無碍解, dhamma paṭisambhidā. 원인이 되는 법을 낱낱이 이해한다는 말이다.) ③ 언어를 낱낱이 이해함(詞無碍解, nirutti paṭisambhidā. 사용된 언어를 낱낱이 이해한다는 말이다.) ④ 표현을 낱낱이 이해함(辯無碍解, paṭibhāna paṭisambhidā. 무엇을 대상으로 하고 어떤 역할을 하는 표현인지를 낱낱이 이해한다는 말이다.) 원어 풀이는 주석 399번을 참고할 것.

법한다는 것은 예류자로서는 거의 불가능하다. 하물며 부처님 말씀이라고는 대승경전밖에 제공되지 않던 시절이라면 어떻겠는가? 그러므로 선불교 선사들의 실체론적인 표현만을 보고서 그들의 깨달음까지 부정하는 일은 삼가야 할 것이다.

간화선을 중심으로 한 선불교는 계율과 보임을 보충하고 깊게 침투한 대승의 실체사상을 뽑아냈을 때 보다 온전한 불교 수행법으로 거듭날 수 있을 것이다.

74
예류자 불교의 한계

선불교는 예류자를 중심으로 한 불교였다. 그런데 말법시대에 예류자란 상대적인 희소성의 가치를 가지고 있다. 불완전하나마 그 안목의 도움을 받아야 할 것이다. 선사들의 깨달음의 안목은 대승의 여러 주장들을 반박하거나 정법의 안목으로 승화시켜 주었다. 대승의 이타주의적인 중생제도에 대해서는 '자기 죄도 못 면했는데 무슨 남의 죄를 벗겨주랴.'며 꾸짖었고, 서방정토에 대해서는 유심정토(唯心淨土)로 시선을 반조시켜 주었으며, 비로자나 법신불 사상에 대해서는 '사물들이 곧 진실'(卽事而眞)이라고 희석·환원시켜 주었다. 깨달음이 가져다 준 안목의 힘이라고 할 수도 있지만 대승이 만든 안 맞는 옷을 억지로 입히니까 조금씩 수선해서 착용하는 불편함을 보여준다고 말할 수도 있겠다.

그러나 예류자에게 남아 있는 탐진치는 여러 부작용을 미칠 수도 있다. 예류자는 교화를 펼치기에는 불확실하고도 위험한 측면이 있기 때문이다. 깨달음의 점검도 난이도와 정확도가 떨어질 뿐더러 계율이 흐트러질 수 있어서 그에 따라 안목도 흐려질 수 있다. 이에 대해 몽산 스님은 보임을 제대로 하지 않을 경우 "금세 평범한 부류에 떨어져 버린다. 간혹 말할 때엔 깨달은 듯하나 경계에 부딪히면 다시 미혹해진다. 하는 말은 취한 사람 같으며 하는 짓은 속인과 같아서 기틀을 숨기고 드러낼 줄 모르며, 바른 말인지 삿된 말인지 분간할 줄 모르고 인과를 무시해 버리니 그 피해가 너무나 크도다!"라고 경책하고 있다.

예류자 불교의 오해 중에 하나는 자타가 도인이라고 인정하는 사람들의 부도덕한 행적을 보고서 깨달음과 도덕적인 삶은 일치하지 않는다고 보는 견해다. 그러나 금강 잣대를 보면 깨달음의 수준과 도덕적인 삶은 완전히 일치하는 수순을 밟고 있는 것을 확인할 수 있다. 만일 도인이라고 자처하는 자가 언행이 일치하지 않거나 탐욕과 화에 휩싸여 처신하거나 돈과 권력을 추구하는 행보를 보인다면 그는 금강 잣대를 모르는 낮은 과위의 도인이거나 착각 도인임에 틀림없다.

만일 자신이 깨달았다고 생각되는데도 자기의 내면에서 탐진치가 발견된다면 아직 생사가 실질적으로 완전히 해결된 것이 아님을 알고 대중에 나서서 가르치는 일을 삼가야 한다. '유학을 쇠퇴하게 하는 일곱 가지 법들'[424]이 있다. 그중 일곱 번째가 대중에 '짐꾼'(bhāravāhi. '소임자'에 해당하는 신분을 '주인'이나 '지휘자' 혹은 '관리자'라고 표현하지 않고 '짐꾼'이라고 표현한 것에 유념할 필요가 있다.)인 장로들이 있는데도 자기가 멍에를 지는 일이다. 이것은 불환자라도 쇠퇴하게 만든다. 하물며 예류자이겠는가. 유학들은 계속 정진을 이어가는 보임을 해야 한다. 그러나 우리나라 근현대의 깨달았다는 큰스님들은 대부분 일곱 가지 쇠퇴하는 법들을 이행하는 삶을 보여주었고 청정한 보임에도 실패했다고 여겨진다. 대중에 나서서 어른 노릇, 주인 노릇에 바빴고 청정하게 계율을 지키지도 못했다. 만약 그들이 예류자였다면 금생에 계율은 소홀했지만 무거운 일곱 번의 생은 소홀할 수 없을 것이다.

예를 들어 동진 출가라도 발심만 잘하면 깨달을 수 있음을 보여준 경허는 강백 진진응이 그의 막행막식을 꾸짖자, "이제는 항상 성공(性空)을 보고 있으니까 그런 것이 괘념도 되지 않소. 대승은 작은 일에 구애되지 않는다고나 할까요. 그러나 식욕과 색욕은 인간의 본능이니 어찌하겠소."[425]라고 대답했다. 이런 스승 경허가 죽자 만공은 "좋기로는 부처님보다 좋고 나쁘기로는 호랑이보다 나쁘나니, 경허 선

· · · · · · · · · ·

424 ① 작업하기를 좋아함, ② 이야기하기를 좋아함, ③ 잠자기를 좋아함, ④ 모임 갖기를 좋아함, ⑤ 감각기능의 문을 보호하지 않음, ⑥ 음식의 적당량을 알지 못함, ⑦ 본문 참고. (앙 4-373)

425 『비판』 9호, 1938, 72p. (김태흡, 『인간 경허』)

사가 그런 분이시다. 이제 천화했으니 어디로 가셨겠는가. 술에 취해 꽃 핀 얼굴로 누우셨구나."(善惡過虎佛, 是鏡虛禪師. 遷化向甚處, 酒醉花面臥)라고 평했다. 말년에 최상궁과 흰 옷 입고 살았던 만공 본인에게도 적용되는 비판을 했던 것이다.

이처럼 깨달았다고 하는 사람들이 손익의 분기점에서 살다가는 이유는 그 깨달음이 완전한 궁극이 아니었기 때문이고 거기에 대중까지 세속화되어 있어서 그 완전하지 못한 깨달음의 결함이 쉽게 피어날 수 있는 여건이 제공되었기 때문이었다. 그렇게 계율이 없는 대중에서는 설사 도인이 나오더라도 과위가 낮고 언행이 천박한 도인이 나오는 법이다.

그러므로 예류자는 조심해야 할 성자다. 예류자 본인도 조심해야 하고 제자나 신도들도 조심해야 한다. 예류자를 맹신하며 따르다보면 그 예류자의 한계와 단점까지도 시나브로 자신의 살림살이가 되어버린다. 나아가 교단 전체에 그 한계와 단점이 패러다임처럼 영향력을 짙게 드리우는 일이 발생하게 되는 것이다.

75
묵조선의 폐단

간화선을 주된 수행법으로 삼는 우리나라에서는 묵조선에 대한 편협하고도 부족한 이해가 이어져 왔었다. 그러나 간화선과 묵조선은 동시대에 공존하면서 많은 공통점을 가지고 교류했었다. 예컨대 간화선에서 다루는 공안[426]은 묵조선에서도 다루어졌었다. 다만 묵조선에서는 즉시에 깨달음을 촉발시켜 주는 용도로 쓰이거나 깨달음의 안목을 점검하는 용도로 사용되었을 뿐이었다. 공안에 대해 의심 덩어리를 형성시키는 수행법으로 전개시키지는 않았던 것이다. 공안은 간화선에 이르러 선지식의 말씀이 곧 의심해야 할 공안이라는 의미를 강조하면서 그 말씀, 즉 화두라는 말로 공안이라는 말을 대체하게 된다. 다시 말해 화두는 공안과 근본적으로 같은 말이지만 간화선에서 공안을 정식 수행법으로 개발하면서 특화시킨 용어다.

화두 수행의 공식 문제들인 1,700공안들 중에는 묵조선 계열의 종장들이 제시하거나 평가한 공안이 간화선 계열의 종장들보다도 더 많다. 묵조선의 수행법이 근본적으로 잘못된 것이라면 그렇게 많은 깨달은 이와 그 높은 수준의 평가들이 배출되지 못했을 것이다. 간화선의 보급자였던 대혜 종고도 묵조선의 보급자였던 굉지 정각을 당대의 최고의 종장 중에 한 사람으로 여겼다. 이러한 점들은 묵조선

· · · · · · · · · ·

426 公案. '公府案牘'의 준말로 공문서처럼 객관적으로 확실한 기준이 되는 것을 말한다. 선종에서 쓰일 때에는 깨달음에 확실하게 이르게 해줄 공인된 경구나 선지식의 말씀 혹은 행위 등을 말한다. 예컨대, '어떤 물건이 이렇게 왔는가?' 혹은 '개에게도 불성이 있습니까?' 하니 조주가 '없다.'라고 말한 것 등등이 있다. 선종에서는 황벽 희운에 의해 처음으로 사용되었다.(『간화정로』 월암, 현대북스, 2006, 225p.)

수행이 본질적으로 잘못된 수행이 아니라는 것을 보여준다.

묵조선의 확립자라고 볼 수 있는 조산 본적은 『조산어록』에서 "바른 지위인 공(空)의 경계는 한 물건도 없음이니, 이것이 '묵(黙)'의 경계요, 곁가지 지위인 색(色)의 경계는 온갖 형상이 있음이니, 이것이 '조(照)의 경계다."라고 진공묘유로써 묵조를 설명하고 있다. 이러한 무실체와 현실 긍정의 융합은 사상적인 면에 있어서도 간화선과 다를 바가 없다는 것을 확인시켜준다.

그런데 묵조선의 수행 행법은 일본의 도원 선사가 잘 정리한 것처럼 '단지 그대로 딱 앉아 있기'(只管打坐)라고 볼 수 있다. 초조 달마의 '꼼짝 않고 벽을 마주앉아 관찰하기'(凝住壁觀)와, 4조 도신의 '앉아서 선정으로 마음을 살펴보기'(坐禪看心)와, 5조 홍인의 '앉아서 선정으로 마음을 지키기'(坐禪守心) 등의 가풍을 봤을 때 달마 이후 6조 혜능 전까지의 수행 가풍을 충실히 계승한 종파는 묵조선이라고 할 수 있다. 다만 묵조선에서는 좌선의 행법이 유일하고 절대적인 행법인 것으로 극단적인 편협화가 이루어지면서 문제가 더욱 심각해졌다. 심지어 좌선하는 모습 자체가 깨달음을 구현하고 있는 것이라고까지 평가하는 지경에 이른다.

묵조선의 좌선에 대한 극단적인 편중은 대중에게 암암리에 좌선에 대한 강박관념과 반강제적인 압박을 심어주었다. 그리고 그 반강제적이고도 일률적인 좌선 행법은 관찰 대상의 추상성과 결합하여 하나의 커다란 폐단을 낳게 된다. 그 폐단은 바로 '혼침'이었다. 대혜 종고는 이런 묵조선의 혼침에 대해 '검은 산속의 귀신 굴 살림살이'라고 비판했다.

기이한 점은 간화선을 표방하고 있는 한국불교의 선원에서 위와 같은 묵조선의 혼침이라는 병폐가 만연되어 있다는 것이다. 그런데 잘 살펴보면 한국불교의 선방 수행 풍토와 당송시대에 유행했던 묵조선의 수행 가풍은 유사한 점들이 발견된다. 그 유사점들이 같은 병폐를 양산했을 것으로 여겨진다. 두 가지로 말할 수 있다.

첫째는 관찰 대상의 불분명함이다. 묵조선의 좌선 수행의 내용은 비사량이었다. 이것은 대승의 실체사상인 여래장사상이 반영된 수행법이었다. 언어 이전이며 사량분별이 끊어진 불성 자리인, 본래적인 일심의 상태를 반조하고 계합하는 명료한 정신 상태를 비사량이라고 했다. 그러나 이러한 관찰 대상은 매우 추상적이고 불분명한 성질을 가진다. 형이상학적인 사고가 발달한 사람이 아니라면 관찰이 쉽지 않다. 묵조선의 혼침은 바로 이 추상적으로 불분명한 관찰 대상이 근본 원인이다.

그런데 현재 한국 선원의 간화선도 비슷한 상황에 놓여 있다. 간화선의 관찰 대상은 선지식의 '문제의 말씀'(話頭)이라는 구체적인 선명함을 가지고 있다. 그러나 한국의 선원에서의 간화선 수행은 어떤 법문도 점검도 격발도 없이 각자 알아서 형식적으로 화두를 들고 있다. 이것은 결과적으로 묵조선의 불분명한 관찰과 같은 상태로 이끌고 있고 혼침으로 이어지고 있다.

둘째는 강제적인 좌선 시간표 수행이다. 묵조선의 좌선에 대한 극단적인 집착은 반강제적인 좌선 수행의 풍토를 형성시켰고 그 결과는 혼침이라는 폐단이었다. 이것은 현재 한국 선원의 가풍과 동일하다. 지금 선원에서 부과하는 수행 프로그램이란 좌선 시간표, 오직 이 하나밖에 없다. 보통 하루에 10시간에서 14시간이 부과된다. 묵조선에서 좌선은 반강제적이었지만 한국 선원에서의 좌선은 완전히 강제적이다.

부처님 시대에서부터 중국 북송시대의 선원에 이르기까지 수행자들에게 강제적으로 부과되는 좌선 시간표란 없었다.(주석 142번 참고) 알아서 공부 잘하는 학생에게 강제적인 공부 시간을 정해주는 선생님은 없을 것이다. 그러던 것이 남송 이후 대중 생활이 풍요로워지면서 운력은 줄고 정진은 흐트러져서 이를 바로 잡을 대책으로 강제적인 대중 정진 시간이 몇 시간씩 정해지기 시작했다. 바꿔 말하자면 대중 좌선 시간표란 타락의 과보를 나타내 주는 수치라고도 볼 수 있다. 좌복에 과보의 형틀이 덧씌워진 셈이다.

현재 간화선을 중심으로 표방하는 대한불교조계종의 선원은 아이러니컬하게도 당송시대의 묵조선의 가풍을 답습하고 있다.

76
달마의 한계

상술했듯이 달마 대사의 과위는 확인할 방법이 없다. 분명한 것은 교화력이 부족한 사람이었다는 것이다. 양무제의 근기를 헤아릴 줄도 모르고 나눈 문답은 제1구[427]였는지는 모르나 헛다리를 짚은 것이 확실하다. 그럴 바에는 차라리 만나질 말았어야 했다. 이에 대해 학명 선사의 기개 발발한 달마도 찬을 보자.

객노릇을 할 줄 몰라   不解作客
주인장만 괴롭히고   勞煩主人
부끄러운 빛도 없이   面無慚色
화만 잔뜩 내는구나   少喜多嗔

인연을 기다린다며 불만 가득한 표정으로 면벽 9년. 지독한 외골수다. 신통방통한 양반이 9년 후에 건너올 것이지 웬 생고생이었을까? 혹시 외국어 능력이 너무 모자랐는지도 모른다. 규제집에도 밝지 못했던 것 같다. '네 가지 상기의 출처들'을 골고루 지도하며 후학을 양성하지 못하고 그중에 마음이라는 출처 하나만 간신히 전수했다. 그것마저 근본경전에 입각한 구체적인 방법론이 결여된 것이었다. 중국의 기존 승단과도 원만한 관계를 형성하지 못했던 외골수였다. 정말 마음에 안 드는 부분은 예수의 후신인지는 몰라도 과시욕에 불과한 부활 쇼를 벌인 점이다.[428] 짚신 한 짝만을 보란 듯이 지팡이 끝에

....

427 第一句. 선문답에서 단순한 논리적 이해를 넘어서는 불법의 본질과 핵심을 밝히는 한마디 말을 일컫는다.

428 근본경전에서도 '부활(Sañjīva, '생명과 재결합한 자'라는 뜻이다.) 존자'가 나온다. 상수멸에 든 이 존자를 죽은 줄 알고 불태웠지만 이 존자는 상수멸에서 빠져나오면서 다시 살아났다.(

끼워서 가지고 간 사실이 그 증거다. 달마가 서쪽에서 온 까닭보다 서쪽으로 간 까닭이 더 의심스럽다.

달마가 의지할 경전으로 여래장을 주장하는 『능가경』(정확히는 『능가아발타라보경(楞伽阿跋陀羅寶經)』4권본)을 선택함으로써[429] 대승의 실체 사상에 전염된 대승선이 시작된다. 동시대에 네 가지 상기의 출처들을 수행했던 승조(僧稠)와 양대 산맥을 이루었다가[430] 달마대사가 선종을 장악하게 된 불행한 역사는 이후 선종의 편협한 한계를 만들어낸다. 사실 중국 선불교는 방계 제자들의 끈질긴 교화력이 적통을 밀어내고 패권을 장악하는 역사였다.

묵조선의 좌선 일변도의 편협한 수행법도 면벽 9년이라는 달마의 가풍에서 영향 받은 것이다. 다양한 행법을 가르치지 못했다. 결국 반강제적인 좌선의 가풍을 형성시켰다고 볼 수 있겠다.

전법 족보의 폐단도 달마의 교화력 부족으로부터 연유한다. 달마는 혜가 한 명만을 인가해줌으로써 자연스레 한 명의 후계자로 이어

. . . .

맛2-396)

429 이렇게 경전을 선택한 것만 보더라도 달마의 선종이 종지로 표방한 '불립문자 교외별전 직지인심 견성성불(不立文字 敎外別傳 直指人心 見性成佛)'에서 '불립문자'란 '문자를 세우지 않는다.'라고 번역해서는 안 되고 '문자에 서지 않는다.'라고 번역해야 한다는 주장이 타당한 것임을 알 수 있다. (『100문 100답 선불교 강좌편』일지, 대원정사, 1997, 93p.) 달마의 대표작인 『이입사행론(理入四行論)』에서 '이입'을 "교리에 의지해서 종지를 깨닫는 것"(籍敎悟宗)이라고 설명한 것을 보면 더욱 확연하다.

430 『중국선종의 성립사 연구』정성본, 민족사, 1991, 60p. 참고.

지는 족보 편집증이 생겨나게 된다. 그러나 한 명으로 지정된 부처님의 전법 제자는 없었다.(맛3-705)

조사선[431]의 탄생도 달마의 편협한 교화력의 결말이다. 제자를 점검할 때 골수를 얻었다는 식으로 추상적인 비유로 답할 것이 아니라 무슨 과위를 얻었다고 선명하게 밝혀줬어야 할 대목이었다. 이후로 선종의 깨달음은 객관적인 잣대를 가지지 못했고 점검과 인가도 불확실성이 감돌았다. 이러한 상황에서 여래선과 조사선이라는 규정과 명칭은 어떤 의미로 사용했든지 간에 합당한 것이 되기 어렵다. 부처님(여래)이 한때 웃따까 라마뿟따의 제자였지만 그를 뛰어넘은 경지를 실현했기 때문에 웃따까 라마뿟따교가 아닌 불교가 탄생했듯이 조사선이 여래선보다 더 뛰어난 경지라면 불교가 아니라 조사교라고 해야 마땅할 것이다.

폐불의 시대에, 거짓이 판치는 말법의 시대에, 정법의 이정표로서 인가와 전법의 족보는 나름의 정당성을 부여할 수도 있다. 그러나 스승이 제사상 뒤엎을까봐 고양이를 기둥에 묶어 두고 제사를 지냈는데, 스승이 죽고 난 뒤 그 이유를 모르는 제자가 고양이를 일부러 사

. . . .

431 앙산이 향엄의 깨달음을 점검할 때 한 말이 기원이 되었다. 앙산이 향엄에게 견처를 묻자, "작년의 가난은 가난이 아니었고 금년의 가난이 비로소 가난일세. 작년에는 송곳 꽂을 땅이 없더니만 금년에는 그 송곳조차 없다오."(去年貧未是貧 今年貧是始貧 去年貧無卓錐之地 今年貧錐也無)라고 답한다. 이에 앙산은 여래선(如來禪)에 불과하다고 했다. 향엄이 다시 게송을 짓기를, "나에게 하나의 기틀이 있으니 눈을 깜작여서 그것을 보이노라. 만일 사람들이 알아보지 못한다면 따로 사미를 불러주리라."(我有一機 瞬目示伊 若人不會 別喚沙彌)라고 하니 앙산이 그제야 조사선을 얻었다고 인정했다.

서 기둥에 묶어 두고 제사를 지냈다는 말이 있듯이 전법의 족보도 그러했다. 인가의 족보 편집증과 조사선이 결합하자 부처님도 인가 받아야 된다면서 진귀 조사에게 조사선을 전수 받았다는 진귀조사설이 탄생하기까지 했다. 이 모든 어리석은 과정들은 깨달음의 객관적인 점검과 과위의 정확한 적시를 하지 않은 달마에게서 파생하고 파생한 것이라고 볼 수 있다.

선불교의 결과물과 그 한계를 달마라는 시조 한 사람에게만 짐 지우는 것은 편협한 처사일지도 모른다. 또한 달마에게는 개인의 한계와 더불어 그 시대의 한계도 동시에 주어져 있었다. 그렇지만 그 모든 점을 감안한다 하더라도 어쨌든 오늘날의 선불교의 한계는 달마라는 씨앗의 한계에서 연유한 것임에는 분명하다.

77
밀교, 그 비밀스러움과 사악함

지금까지 살펴본 불법의 수행법과 그 구체적인 과정들, 그리고 그 결과물인 깨달음의 내용과 경지들은 모두 투명하고도 공개적으로 드러낸 것들이었다. 부처님은 가려진 곳에서 온갖 사악한 것들이 피어난다고 말했고 자신의 가르침에는 스승의 주먹처럼 숨겨둔 비밀이란 없다고도 말했다. 불교에는 현교(顯敎, 공개적으로 모두 드러내는 가르침)만이 있을 뿐이라는 말이다. 그런데 밀교란 '비밀불교(秘密佛敎)'의 준말이다. 이것은 아비담마 철학의 대표격인 설일체유부(說一切有部)가 '일체는 있다고 설하는 부파'라는 의미인 것처럼 부처님의 가르침과 정면으로 대치되는 내용을 자신들의 단체명으로 내세우는 경우다. 부처님은 "삿된 견해는 비밀리에 행한다. 드러내지 않는다."(앙1-628)라고 말했다.

'비밀한 가르침'이라는 밀교의 '비밀'이란 주문의 뜻이 비밀하다고 할 수도 있지만[432] 그 중요한 핵심은 성적인 내용과 관련된 것이다. 달라이 라마는 "밀교는 반드시 비밀리에 전수되고 수행되어져야 한다. 그렇지 않으면 사람들에게 불이익을 줄 뿐만 아니라 삿된 지견과 오해를 불러일으켜 오히려 해가 되기 때문이다."[433]라고 말한다. 그리고 성적 욕망을 운용하는 네 가지 방법을 말한다.[434] ① 서로 바라보는 것, ② 서로 마주보고 웃는 것, ③ 서로 손을 잡는 것, ④ 서로 합하는 것.

· · · · · · · · · ·

432 주문(呪文) 즉, 진언(眞言, mantra)을 해석하면 안 된다는 신비주의적인 주장은 진언의 발흥지인 인도인들은 잘못된 진언수행을 할 수밖에 없었다는 주장이 되어 버린다. 인도인들은 '옴 마니 반메 훔'이 모국어이기 때문에 '옴 연꽃 속의 마니주여 훔'이라고 저절로 해석되어 들리기 때문이다. 다만 근본불교에서도 『긴 부류』의 『아따나띠야 경』(디3-335)처럼 보호문(paritta)의 성격으로 진언의 단초를 발견할 수 있다. 그러나 그 보호문의 내용과 의미는 드러나 있으며 드러난 그 의미를 반복적으로 풍송하며 그 효과를 경험하는 것에 주안점을 두고 있다.

433 『달라이라마의 밀교란 무엇인가』 석설오, 도서출판 효림, 2002, 15p.

434 앞의 책 108p.

물론 밀교의 모든 부파에서 직접적인 성교를 수행하는 것은 아니다. 직접적인 성교는 종래의 표현대로 좌도밀교(左道密敎)에 국한된 것이다. 그런데 "좌도밀교는 '힌두 딴뜨리즘의 샤끄띠파의 성력(性力) 사상이나 그 실천체계'라고 불러야 정확한 말이 된다."[435] 이것은 다시 말해 밀교의 외도화를 의미한다. 더 나아가 티베트 밀교의 성적 수행은 '부모존'(yabyum)이라는 남녀교합상을 숭배하는 것에까지 이른다. 이 부모존은 불법에 달라붙어 기생하는 밀교의 욕망을 잘 형상화하고 있다. 이것이 우리나라에서는 비로자나불의 수인(手印, mudrā)인 지권인(智拳印)으로 이어졌다. 비로자나불이 왼손의 집게손가락(남성의 성기를 나타내며 방편을 상징한다.)을 오른손(여성의 성기를 나타내며 지혜를 상징한다.)으로 감싸 쥔 모양을 취하고 있는 것은 바로 그 남녀교합상을 점잖게(?) 상징적으로 표현하려는 것이다. 간접적인 방법으로 성력을 이용하는 부파까지 고려하면 밀교의 상당한 영역에 걸쳐 성적인 수행법이 스미어 있었다고 볼 수 있을 것이다.

밀교에서 성행위를 긍정하는 사상적인 맥락은 대승적인 공성에 기초해 있다. 대표적으로 성행위를 수행법으로 긍정하는 밀교의 경전인 『이취경(理趣經)』에서는 긍정의 이유를 "일체의 법은 본질적으로 청정하기 때문이다."(一切法自性淸淨故)라고 표현하고 있다. 여기서 '청정'이란 더럽혀질 내용물이 없는 공성을 의미한다. 물론 공성이란 전

· · · · · · · · · ·

435 『불교평론』 제24호, 정성준, 「밀교와 성에 대한 이해」 중에서.

에 살펴봤듯이 대승의 실체들을 회통시켜서 추상적으로 대상화된 '텅 빈 껍데기 같은 본체'를 말한다. 그러므로 밀교 또한 '공통점으로 동일시하는 오류' 내지 '성급한 일반화의 오류'에 빠져 있다. 그래서 '성행위도 본질적으로 청정하므로 곧 보리이며 열반이다.'고 주장할 수 있게 된 것이다.

물론 일체의 법들은 실체가 없기 때문에 환영과 같다고 표현할 수도 있고 그 환영 외에 따로 실체가 없기 때문에 그 환영이 전부이고 사실이고 진실이라고 표현할 수도 있다. 그리고 그 진실이란 모두 따라서-같이-생겨나는 법일 뿐이다. 그런데 진실이라고 해서 당위성을 가지는 것은 아니다. 괴로움이 진실이지만 추구되어야 할 진실은 아닌 것처럼 말이다. 그와 같이 성행위도 실체가 없는 진실이지만 당위성을 가진 것은 아니다. 오히려 역행시켜야 할 진실이다. 순행시킨다면 12고리의 따라서-같이-생겨남의 순행에서 나타나듯이 전체 괴로움 덩어리가 같이-일어날 것이기 때문이다. 결국 밀교는 '공통점으로 동일시하는 오류'뿐만 아니라 '진실과 당위를 구분하지 못하는 오류'까지 뒤엉켜 있다.

근본불교의 입장에서 좀 더 살펴보자면, 성적 기운을 이용하는 수행법은 불환자부터는 효력을 상실하게 된다. 불환자는 성적 욕망이 제거되어 있어서 그 어떤 성적 자극이나 그에 따른 기운을 북돋아 운용할 수 없는 상태에 있기 때문이다. 그러므로 성적인 힘을 역이용하는 수행법은 궁극에 이르도록 하는 수행법이라고 보장할 수 없다.

부처님은 "비구들이여, 정말로 그가 욕망을 제쳐놓고, 욕망에 대한 인지를 제쳐놓고, 욕망에 대한 떠올림을 제쳐놓고서 욕망을 수용한다는 그런 경우는 분명히 있을 수 없습니다."(맛1-541)라고 밝히고 있다. 그러므로 성교가 이루어지는 순간 그 비구는 '비구의 상태'(戒體)를 상실하게 된다. 그리고 그러한 단두를 범한 자가 깨달음의 과위 혹은 증과를 얻는 것은 불가능한 것으로 보는 것이 정론이었다.[436]

부처님은 음행은 말할 것도 없고 여자와 농담하거나 음행하는 장면을 보며 만족을 삼더라도 괴로움에서 풀려나지 못한다고 말한다.(앙4-421) 혹시 성적인 카타르시스나 몰입 혹은 조절 등이 깨달음의 방법이 될 수 있다면 티베트 밀교의 시조격인 파드마삼바바가 여자들을 거느린 거사였기에 가능했듯이 아내 있는 세속의 거사들에게나 비밀리에 전수해 주는 것이 옳지 않을까?

이상과 같이 밀교는 대승문학의 최후 작품답게 근본불교와는 가장 동떨어진 교리와 수행을 창출하며 기괴한 돌연변이 문화를 이루었다. 특히 티베트불교는 대승교의 역사적 종착역의 풍경을 잘 보여준다. 예를 들면 공개되지 않는 성적 수행법의 일부 핵심적인 과정, 사후의 초월적 세계에 대한 상정과 추구, 일인 중심의 독재 체제, 정

. . . .

436 4단두(4바라이)를 범한 비구에게는 세 가지가 확정된다. ① 금생에 다시 비구가 될 수 없다.("이 법을 범한 자는 다시는 비구가 되지 못한다." 大正22-571하) ② 금생에 더 이상의 깨달음은 없다.("네 가지 출가수행의 과위들로부터 버려지는 것을 단두라고 한다." 大正24-842중, "증과(增果. 더 높은 과위. 예류과였다면 일래과 이상의 과위)의 분이 없다. 이것을 단두라고 한다." 大正22-237하) ③ 범부였다면 죽은 뒤 악도에 떨어진다.("어리석은 자여, 이러한 이유로 그대는 몸이 파괴되고 죽은 뒤에 괴로운 곳, 나쁜 곳, 타락한 곳, 지옥에 태어날 것입니다." 율3-123, "악취에 태어나게 하는, 도둑의 마음으로 고의로 범한 것은 다스릴 수 없다." 大正24-533중)

교유착, 수행법과 깨달음의 신비화, 신통에 대한 강조와 추종, 계시와 메시아사상, 맹목적인 믿음에 대한 강조, 보살계 중심의 계율들, 온갖 주술적인 의식들, 승속 경계의 애매함 등등, 완전히 비불교적인 내용으로 가득히 범벅되어 있다.

수행과 포교의 수단에 성적인 내용이 들어 있다면 일단 사이비라고 봐야 한다. 일시적인 효과를 거둘 수는 있어도 욕망이 갖는 인과의 부메랑에 뒤통수를 맞는 날이 오고야 만다.(실제로 12 ~ 13세기의 티베트 승가에서는 어이없게도 성병이 창궐했었다!) 우리는 대중매체를 통해 사이비 종교들에서 이러한 과보가 도래한다는 사실을 종종 목격할 수 있다. 이에 비해 근본불교의 여러 수행법들, 특히 '네 가지 상기의 출처들' 수행법은 간결하고 공명하다. 입증된 방법이며 빠르면 며칠 안에 부처님과 동격에 도달한다. 이렇게 허물없고, 신속하고, 보편적이며 효율적이고도 안전하다고 입증된 수행법이 있는데 위험하고도 시비가 많은 수행법을 굳이 선택할 이유는 없을 것이다.

제5편

평가

대승은 더 이상 불교가 아닙니다

78
대승의 환불

불교사상사는 거짓말과 개념 왜곡의 역사였다. 거짓말의 역사는 아
비담마 철학에서부터 시작되었다. 아비담마의 철학 체계는 부처님이
나 사리뿟따가 세운 것이 아니다. 그러나 아비담마 철학은 대승처럼
경전을 통째로 꾸며내는 일까지는 벌이지 않았다.

   실체사상도 아비담마 철학에서부터 시작된 것이다. 아비담마 철
학에서 법마다 박혀 있는 '자체성질'(自性)은 철학적으로 실체 개념에
해당한다. 아비담마 철학은 이 실체 개념으로 불교 전체를 도표화했
다. 이것에 대한 비판이 대승사상의 정당한 시발점을 제공했다. 유식
과 중관사상이 그 역할을 담당했다. 그런데 근본경전과 치밀하게 결
부시킨 아비담마 철학을 극복하기 위해서는 차라리 아비담마 철학의
자체성질을 부정하는 경전을 새로 만들 수밖에 없는 것으로 전략이
잡혀 갔다. 그러나 결과적으로 아비담마 철학은 다원적 실체론으로
바뀌었다면 대승은 관념론적인 일원적 실체론으로 바뀌어 버렸다.
더욱이 아비담마 철학은 대승처럼 새로운 계율을 세우거나 수행법을
뒤바꾸지는 않았음에 비해 대승의 '불교 바꿔치기'(換佛)는 전면적인
차원에서 진행되었다.

. . . .

437   대승에서는 원력수생(願力受生, 원력으로 태어남을 받음)이나 변역생사(變易生死, 화현하는 생사
를 운용함)라는 말로 불보살의 윤회를 합리화한다.

근본불교	대승불교	요약 평가
친설	소설	후대에 대승경전이 만들어짐
3귀의	4귀의	보살이 귀의의 대상으로 편입됨
성문계	보살계	새로운 계율이 만들어짐
무아사상	진아사상	관념론적인 일원적 실체론으로 회통됨
꺼짐	여러 불국토	수행의 궁극적 결과로 대상적인 영원한 세계가 제시됨
소멸	윤회	부처조차 다시 사바세계에 화현함으로써 또 다른 차원의 윤회가 제시됨[437]
12연기	법계연기	연기법이 생사 해결에 적용된다기보다 우주법계를 설명하는 사변철학으로 변질됨
중간 행보	운명론	성불이 이미 정해짐
현재 수행 중심	내세 기복 중심	개체를 유지하며 영원한 행복의 세계를 추구함
4향4과	5향5과	동격자의 깨달음을 넘어서는 보살지(제5향)와 불과(제5과)를 따로 상정함
네 가지 상기의 출처들	6바라밀, 4무량심	보살 시절의 수행법이 핵심으로 다루어짐
네 가지 명상들	추상적인 삼매들	긴 이름의 허황된 삼매(고정됨)들이 주를 이룸
다섯 가지 덮개들	50마장들	실제적이지 않은 거창한 장애들이 제시됨
5도 윤회	6도 혹은 7도 윤회	아수라 혹은 신선이 윤회의 한 갈래로 편성됨
승가의 원리	재가의 원리	굳이 출가가 필요 없는 재가자 중심의 교리와 수행
석가모니불	비로자나불	실제 역사적 교주인 석가모니불이 도외시되고 브라흐마와 동질의 초월적이고 신적인 법신불을 상정함
불교	대승교	새로운 종교의 탄생

도표 30. 대승의 환불 총정리

도표에서 한눈에 드러나듯이 대승은 근본불교를 기본 개념에서부터 계율과 사상과 수행법에 이르기까지 장구한 세월 동안 전체적으로 심각하게 변형시켰기 때문에 불교 역사와 사상 전반을 정리하고 평가하는 작업을 통해서만 제대로 된 비판이 이루어질 수 있다.

대승의 환불을 불교 교리의 발전이라고 보는 자들이 있다. 부처님의 주장이 잘못되었거나 한계를 가질 수도 있고, 그 주장을 뛰어넘는 경지를 실현할 수도 있다는 가능성이야 배제할 필요는 없을 것이다. 그러나 자신이 부처님의 경지를 뛰어넘었다고 생각해서 부처님의 주장들을 반박하거나 부정하려면 정당하게 공식적이고도 객관적인 방법으로 비판해야 할 것이다. 더 뛰어난 자가 더 하열하거나 잘못된 주장을 하는 자를 스승으로 섬기며 머무르는 일은 정신세계에서 어려운 일이다. 그럼에도 불구하고 부처님의 제자인 척하고, 비구인 척하고, 불교도인 척하면서 불교 안에서 이교도의 주장을 펼치는 일은 거짓된 행보이자 위선적인 작태라고 할 수 있다. 간첩으로 위장해서 상대편을 교란하고 붕괴시키는 전략은 세속적으로도 좀 졸렬하고 야비한 수법이다. 결국 정정당당하지 못한 그러한 자들이 노리는 것은 아마도 오직 불교문화의 물질적인 유산뿐일 것이다. 그들은 불교 내부에 침투한 악성 바이러스와도 같다.

대승의 핵심 수행법은 '여섯 가지로 도착하기' 혹은 '네 가지 무량함들'과 같은 부처님이 전생에 행한 보살 수행법으로의 퇴보 내지는 밀교의 성력 수행법과 같은 이교도 수행법으로의 변질이었다. 다만 선불교의 간화선처럼 근본불교 수행법의 정혜쌍수라는 원리를 이어받고서 깨달음을 달성한 부분도 있었다. 그러나 그마저도 대승의 실체화된 공성사상의 테두리에 갇힐 수밖에 없었던 시대적 한계 속에 있었다.

다른 한편으로 거짓말, 개념의 왜곡, 이교도 사상 및 그 수행법으로의 변질은 장구한 세월 동안 뚜렷한 주체 없이 서서히 진행된 것으로도 볼 수 있다. 그렇다 하더라도 그 과정에서 벌어진 아비담마 철학 및 대승의 왜곡과 그 부작용은 기본적으로 '중대한 한정'(mahā padesa. 디2-243)을 지키지 않았기 때문에 벌어진 일이었다. 아무리 당대의 큰스님이 부처님 말씀이라고 말하고 대중들이 부처님의 주장이라고 말하더라도 근본경전의 말씀과 근본 규제집의 규칙에 부합하지 않고 어긋난다면 함부로 받아들여서는 안 된다. 이것이 중대한 한정이다. 이 한정을 무시하면서 기본적인 개념 하나가 왜곡되다가 결국 불교 전체를 왜곡시킬 수 있다는 것을 본서에서 지금까지 살펴봤다. 이러한 사태를 막는 방법은 항상 근본경전과 규제집을 근거로 점검하는 습관을 잃어서는 안 된다는 것이다.

79
대승은 제3의 종교

대승사상에 훈육된 수행자에게 부처님의 친설은 그 옛날의 소박한 이야기 내지 그 시대의 방편쯤으로 들린다. 불과 20년 전만 하더라도 한국불교에서 근본불교인 아함경들은 초등학생들에게나 가르쳐주는 저급 교리 내지 방편설로 폄하되었었고 심지어 외도처럼 취급하는 분위기가 역력했었다. 이것은 외도화되어 있는 자들의 근본불교에 대한 외도 비판이었다.

지금까지 본서에서 살펴본 대로 대승은 규제, 사상, 수행법에 있어서 모두 근본불교를 벗어나 버렸다. 이들 중에 어느 하나라도 근본불교에서 벗어났다면 불교로 인정할 수 없는 핵심에 속하는 문제들이다. 대승이 비불교라면 대승이 비불설임은 자명하다. 대승경전들은 비불설이지만 근본불교의 가르침과 같은 경전으로 인정해야 한다는 극단적인 정신적 원리주의자들의 주장이 있다. 대승이 비불설이라면 자신의 주장을 불설이라고 주장하며 부처님의 권위를 도용한 대승의 작자들의 사악함이 우선 심판 받아야 한다. 그 당시에 통용되던 종교문화였다면 잘못된 문화였다고 평가해야 한다. 설사 극단적인 정신적 원리주의자들의 주장이 옳다 하더라도 친설인 경전들도 방대하고 잘 습득되어 있지 않은 상황에서 비불설인 경전들에 매진하는 것은 순서상으로도 이치에 맞지 않다. 같은 성질과 같은 수준의 것이라 하더라도 정품을 제쳐두고 굳이 짝퉁을 선택하고 의지할 이유는 없을 것이다.

대승교에서는 본서에서 지금까지 다루었던 귀의, 진여, 공, 열반, 법성, 등각, 보살, 부처, 계, 삼매 등등의 핵심적인 용어들을 차용하되 새롭게 개념을 정의하면서 사용했다. 이러한 대승의 동음이의어 전략이란 격의법을 사용했다는 말이기도 하다. 부처님은 기존 종교의 용어들에 대해서 격의법을 사용함으로써 불교라는 새로운 종교를 창시했다. 그와 같이 대승도 기존 근본불교의 용어들에 대해서 동음이의어 전략인 격의법을 사용했기 때문에 대승교라는 새로운 종교가 탄생할 수 있었다. 이러한 새로운 종교가 기존의 불교와 같은 종교인 것처럼 행세하려다 보니 끊임없는 과장, 모순, 역설, 반어, 믿음의 강요 등이 위장술로 동원되었던 것이다. 예컨대, 소승의 교리라며 꺼림을 배척하고 세세생생 중생제도의 보살도를 행한다는 서원도 사실은 큰 위력을 갖춘 존재로 세세생생 중생들의 머리 위에 서 있으려는 대승의 패권주의적인 욕망에 대한 위장술일 수 있다.

대승은 허무를 잘못 극복한 실체철학들의 전철을 답습하고 말았다. 인류가 고질적으로 빠져든 정신병적인 사상의 골에 미끄러져 떨어져 버렸다. 그럼으로써 실체철학의 종교가 갖는 온갖 문화도 꽃피웠다. 그리하여 우리도 모르게 새로운 종교가 우리의 안방을 차지해 버렸다. 대승경전을 읽으려거든 장갑을 끼고 읽어야 한다. 온갖 사악한 것들이 우글거려서 감염될까 염려스럽기 때문이다. 이제 대승교에 감염된 신도들은 정법시대의 비구와 같은 출가자를 만나면 재미없고 무섭고 따분하고 무기력하고도 게을러 보여서 은근히 멀리하게 될 것이다. 또한 대승교의 출가수행자들도 근본 규제를 잘 지키는 비구를 보면 상당히 불편하고 거북스러워서 꾸짖고 싶은 마음까지도 생길 수 있다. 이런 현상은 종교가 달라서 나타나는 이질감에 기인한 것이다.

데와닷따는 예수처럼 기존의 율법을 부정하고 새로운 율법을 세우면서 예수의 기독교처럼 새로운 종교를 만들어냈다. 대승교도 기존 근본불교의 율법을 부정하고 새로운 계율을 만들면서 새로운 종교 단체를 탄생시켰다. 대승의 시조는 데와닷따인 셈이다. 대승의 보살계는 명백히 근본 규제와 경전을 배척하고 있다. 이것만으로도 대승이 근본불교와는 다른 종교라는 것이 증명된다.

대승교의 사상과 문화에서 보자면 부모형제를 버리고 청춘을 버리고 심지어 처자식까지 버리고 출가하는 극단적인 선택을 굳이 할 이유가 없다. 그러나 실제의 윤회에서는 대승교가 생각하는 것처럼 서원만 세우면 세세생생 부처를 향한 인간의 삶이 제공되는 것은 아니다. 그럼에도 일체중생성불론 같은 대승교의 운명론에 빠져들어서 인간으로 불법을 만나 윤회하는 괴로움을 종식시킬 절체절명의 희귀한 기회를 날려버리고 만다. 대승교는 바르게 발심한 수행자들을 농락하는 가르침이다.

대승교에 빠진 신도와 스님들을 보면 마치 영화에서 주인공 남자로 변신한 악마와 사랑을 나누는 여주인공을 보는 것과 같은 안타까움을 자아낸다. 혹은 부모를 죽인 원수인 줄도 모르고 사부로 삼아 무술을 익히는 비운의 제자를 보는 것 같기도 하다. 대승교도들이 섬기는 비로자나불은 브라만교의 브라흐마(신성자)의 다른 이름에 불과하다. 대승의 실체사상은 브라만교의 불이론적 베단따의 한 유형일 뿐이며 서양 사상으로 보자면 범재신론에 불과하다.

역사적인 실존 인물이자 현재 불교의 교주이자 실제로 이루어지는 3귀의의 하나는 석가모니 부처님이지 다른 부처들이 아니다. 더군다나 허황되게 꾸며낸 존재라면 더욱 귀의의 대상으로 삼아서는 안 된다. 비로자나불이나 대승의 수많은 불보살을 귀의처로 삼는 일은 실제 귀의의 대상이어야 할 석가모니 부처님에 대한 귀의심을 무력화시킨다. 3귀의의 실제 중심이 석가모니 부처님이듯 가르침[法]도 석가모니 부처님의 가르침이 우선적인 중심이다. 설사 다른 부처님의 가르침이 전승되어 남아 있는 부분이 있더라도 우선적인 중심은 아니다. 더군다나 대승에서 부처님의 가르침이라고 다루는 가르침은 석가모니 부처님의 가르침과는 이질적이고 모순되며 역사적으로 검증되지 않는 다른 존재의 가르침이다. 이것에 귀의하는 것은 어리석은 짓이다. 이 점을 분명히 정리해야 할 것이다.

대승이 하나의 종교라는 것은 대승에 대한 맹목적인 믿음과 추종 현상에서도 확인 가능하다. 맹목적인 믿음으로 지탱되는 이교도의 교리에 아무리 합리적이고도 과학적인 비판을 가하더라도 계속해서 건재한 것처럼 대승에 대해서도 역사적인 허구와 교리상의 모순과 현실적인 부작용을 낱낱이 파헤쳐 보여주더라도 그 믿음과 추종의 문화는 쉽사리 없어지지 않을 것이다. 애착은 허물은 작지만 느리게 퇴색하고, 화는 허물은 크지만 빨리 퇴색하는데, 어리석음은 허물도 크고 느리게 퇴색하기 때문이다.(앙1-481)

대승은 제3의 종교다. 이제 대승교에서의 출가자들과 신도들은 대승교의 성직자와 신도로 남을 것인가 석가모니 부처님의 제자로 남을 것인가의 선택을 요구 받게 될 것이다.

80
대승의 종말

진실한 종교인이라면 거짓말은 거짓말이라고, 지어낸 말은 지어낸 말이라고 진실을 인정하고 시인하는 기본적인 자세부터 갖추어야 한다. 썩은 부분은 껴안는다고 새롭게 살아나지 않는다. 오히려 다른 부분까지 썩힌다. 그러므로 썩은 부분은 과감히 도려내는 것이 자비로운 처사다. 대승이 바로 거짓말이며 썩은 부분이다. 사금취마(捨金取麻. 금을 버리고 삼을 취한다.)라는 사자성어가 있는데 경전에서 유래한 말이다.(디2-588) 부처님의 금쪽같은 친설을 버리고 대승의 삼대 같은 위경을 따르는 어리석음과도 잘 어울리는 말이다.

사실상 대승은 이미 끝났다. 어디에서 대승의 보살행을 구경할 수 있는가? 세세생생 보살도란 애초에 동격자가 아니라면 불가능한 삶의 양식들이었다고 보인다. 그러나 동격자에게 세세생생이란 존재하지 않는다. 재가자적인 정신으로 시작한 대승은 세속인들의 욕망으로 교묘하게 버무려져 있기 때문에 결과적으로 그러한 욕망의 문화들이 핵심을 차지하게 되어 있다. 물론 거짓말로 시작했으니만큼 위선과 가식적인 말들로 치장하며 은폐할 수밖에 없겠지만 말이다.

대승을 먹거리로 삼는 학자들의 경우에는 경전은 자꾸 만들어져야 한다며 지적 개방성으로 가장한 궤변을 늘어놓을 수 있다. 그러나 걱정하지 마시라. 근본경전만 해도 한평생 연구해도 끝내지 못할 테니까. 논문이나 수필 등 자기의 주장을 펼 수 있는 분야와 영역이 얼마든지 있다. 왜 굳이 중생들을 혼란시키는 경전을 제작해야 하는가?

　본서의 주장대로라면 대승이 망하는 것이지 불교가 망하는 것이 아니다. 대승으로 인한 악순환과 쇠망으로 가는 것이 아니라 근본불교에 입각한 새로운 불교문화와 신행이 피어나게 될 것이다. 바른 틀만 제공된다면 그 틀 속에서 어떻게든 살아남기 위한 분투가 진행될 수밖에 없을 것이기 때문이다. 그렇게 대승은 끝난다.

81
필요악으로서의 대승

그런데 지금 당장 대승불교에서 근본불교로의 전향은 가능할 것인가? 결정된 운명이란 없으며 작업하기 나름으로 미래는 바뀔 수 있다. 그러나 지금까지 작업한 영향력은 무시할 수 없는 것도 사실이다. 상근기들만 있다면 지금 당장에라도 삿된 법들을 버리고 올바른 법을 실천하면 그만이다. 특히나 세속의 모든 물질들을 버린 출가자라면 삿된 법들을 당장 못 버릴 이유가 있겠는가? 그러나 의족이 비록 가짜 다리이지만 갑자기 없애버리면 아직은 약한 그 사람의 몸통까지 쓰러뜨릴 것이다. 대승은 의족과 같은 존재다. 그리고 말법의 중생들은 욕망에 있어서는 강하지만 법에 있어서는 나약하다. 그러므로 대승은 지금 당장에는 필요악이다.

대승에는 근본불교의 파편들이 잔존한다. 불교 색을 내기 위한 장식물이었지만 그러한 잔해라도 주워서 모아야 한다. 꺼져가는 불씨라도 있으면 살려내야 한다. 약간의 힌트 내지 실마리라도 놓치지 말고 정답을 찾아내야 한다. 대승은 그러한 잔해, 불씨, 힌트, 실마리다. 그러므로 지금으로서는 대승은 필요악이다.

대승의 수행이 부처님의 전생 수행법으로 주류를 이루었다는 것에서 대승의 수행법은 완전히 무시할 수도 없다는 점을 알 수 있다. 궁극은 아니더라도 부처를 이루는 자량이 되어준 만큼의 가치와 효과는 있을 것이다. 더구나 부처님은 일정 부분 그 방법들을 채택하기도 한다. 이용 가치가 있기 때문이다. 그러한 가치만큼 대승은 필요악이다.

대승권의 저술이라도 부처님도 일부 채택한 대승의 수행법들을 깊이 수행한 수행자들의 안목이 깃들어 있다. 그러한 정보는 소중하다. 또한 대승권의 번역과 저술 중에는 근본불교의 규제집과 경전집에 대한 번역과 해설이 들어 있어서 이것은 빨리어 원문이 해결하지 못하는 부분을 해결해 주는 내용들이 많다. 대승의 모든 것들을 당장 한꺼번에 함부로 버려서는 안 된다는 의미에서 대승은 필요악이다.

비구가 아예 없어지는 것보다 비구라고 착각하며 행세하는 대승의 땡추라도 있는 것이 낫다. 불교가 아예 없어지는 것보다는 근본불교의 파편이라도 간직한 대승교가 있는 것이 낫다. 그러한 의미에서 대승은 당장 없애 버릴 수 없는 필요악이다.

대승교에는 자신이 부처님 제자라고, 비구라고, 신도라고 착각하는 자들이 많다. 그리고 그들 중 상당수는 근본불교를 만났을 때 그것이 바른 가르침임을 알아보고 기꺼이 부처님의 근본 가르침을 따라 전향할 수 있기 때문에 대승은 점차 불교로 전향시켜야 할 필요악이다.

대승은 불법을 이해하는 데 있어서 빠지기 쉬운 왜곡과 모순과 오류들을 잘 보여준다. 이러한 실험을 보여주었다는 의미에서도 대승은 필요악이다.

대승은 시대와 환경이 변하면서 어떻게 대응해야 되는지 질문을 던져 주었으며 나름의 실험이 실패했지만 여전히 그 문제의식을 우리에게 던지고 있다. 대승의 문제의식이 해결되지 않았다는 측면에서 대승은 아직 필요악이다.

82
한국불교의 미래

지금의 한국불교는 근본불교와는 여러 측면에서 너무나도 벗어나 있기 때문에 근본불교의 정법을 접하고 이해했을 때 도대체 어디에서부터 바로잡아야 할지 난감해질 것이다. 그런데 현재 한국불교의 문제는 대부분이 계율의 문제라고 할 수 있다. 대승불교의 역사를 계율의 측면에서 말하자면 근본 규제를 지킬 수 없는 자들의 거대한 용틀

임이었다고 평가할 만하다.

지금 한국불교의 출가자들 사이에는 '마음의 황폐함'(ceto khila. 맛 1-465)이 견고하게 자리 잡혀 있다. 대중에 대한 불만, 스승과 어른 및 도반들에 대한 불신과 혐오로 가득 차서 그것이 결과적으로 당사자의 마음을 황폐하게 만들고 행동거지까지 거칠고 완고하게 만들어 버린다. 이것은 기본적인 근본 규제들이 무너져 있기 때문에 생겨난 현상이라서 결과적인 상태만을 나무랄 수는 없다. 존경심과 배려심은 자연스러운 발로여야지 억지로 쥐어짜내어서 될 일이 아니기 때문이다.

교단은 비구·비구니 대중과 남신도·여신도의 네 가지 회중으로 이루어져 있다. 지금의 결과는 이 네 가지 회중의 합작품이기도 하다. 그러므로 향후의 대책도 대중 한쪽만으로는 온전한 해결을 이루기 힘들다. 땡도 없는 땡추 없다. 신도들이 이제부터라도 맹목적인 추종과 맹목적인 보시를 버리고 합리적인 비판과 전략적인 보시를 하지 않는다면 한국불교의 미래는 어둡다. 부처님의 말씀을 거역했던 꼬삼비 비구들의 참회는 신도들의 불추종과 무보시의 결과였다.

한편, 한국불교는 첨단의 시대에 어떻게 근본불교의 수행과 문화를 꽃피울 것인지 보여주는 첨병으로서의 사명감을 가질 필요가 있다. 일본은 근본 규제를 없애는 대승의 영향으로 사실상 대중이 사라져 버렸고 티베트는 국가의 멸망과 대승의 승속 무차별한 정교일치로 인해 티베트불교의 폐망으로까지 이어지고 있다. 중국불교는 이제 겨우 소생하고 있을 뿐 불투명하다. 이제 대승불교는 대만과 한국

등에서만 잔존하고 있다. 대만불교는 대승불교권이지만 근본 규제가 잘 지켜지고 있어서 대중과 신도층과 불교문화가 쉽게 흔들리지 않는다. 이것은 근본 규제의 중요성을 역설하는 대목이다.

근본 규제를 무시한 채 아무리 까다롭고 엄격한 세속적인 제도들을 신설한다고 해도 대중은 정화되지 않는다. 오히려 더욱 교활해질 뿐이다. 중국 근대 불교의 중흥조인 허운 스님은 임종 시에 불법을 영속시킬 방법에 대해 묻자, '계'(戒, 덕행)라는 한 글자에 달려 있다고 최후의 유언을 남겼다.[438] 한국불교 또한 좀 더 정확히 말해서 '율'(律, 규제)이라는 한 글자에 미래가 달려 있다고 말할 수 있을 것이다. 더 구체적으로 말하자면 4단두와 13승잔만이라도 '실제로' 점검하는 재계의식[布薩]을 반월마다 실행하는 일에 한국불교의 정화와 성패가 걸려 있다.

· · · · · · · · · ·

438 『참선요지』 허운, 대성 역, 여시아문, 1999, 248p.

쓰고 나서

그릇이 작은 자가 비판에 몰두하다 보면 시나브로 뿔 달린 괴물이 되어가는 수가 있습니다. 이 글을 쓰면서 제가 가장 염려하며 조심한 측면입니다. 이러한 말법시대의 딜레마에 대해서는 '들어가기'에서도 말씀 드린 바 있습니다. 개념 하나 파악하는 데에도 많은 시간과 에너지를 소진시켜야 된다는 점은 부처님과 시간적, 공간적으로 너무 멀리 떨어져버린 변방의 중생에게 주어진 서글픈 업보라고 여겨집니다.

바른 발심으로 출가한 이가 아니라면 많은 명리를 안겨줄 외도사상과 그 수행의 경지를 부처님처럼 과감히 버린다는 것은 어려울 것입니다. 이미 뱉어놓은 말에 대한 책임감과 기득권의 달콤함이 어설픈 발심을 압도하기 때문입니다. 그러나 이제는 대승을 정리할 '시절인연이 현현했다.'(**時**節因緣顯**現**)고 봅니다. 한국불교 모두가 옳다고 주장하더라도 석가모니 부처님께서 틀렸다고 말씀하신다면 저는 석가모니 부처님 편에 서겠습니다. 이 책은 당장에야 기득권들에게 배척당하겠지만 역사는 결국 진실의 편에 서줄 것입니다.

그런데 아직 생사를 해결하지 못한 자가 이처럼 가욋일에 몰두하는 것이 섣부른 일 같아 보이기도 했지만 이 일은 우선 진리를 추구한 제 인생에서 하나의 쉼표 같은 정리 작업이었습니다. 이 작업은 또한 장래의 나를 위한 것이기도 합니다. 왜냐하면 한국불교가 더 변형되고 왜곡된다면 제가 설 땅마저 사라져버릴 것 같은 위기감이 늘 도사리고 있기 때문입니다. 침묵은 불법에서 동의로 간주됩니다. 동의한 침묵은 주변 환경과 같은 거대한 공업의 과보로 나타날 것입니다.

참선을 중심으로 생활하다 보니 독해와 글쓰기 능력이 퇴화되어서 한 줄 한 줄 써내려가는 일이 곤욕이었습니다. 수필과 논문의 경계선에 서 있되 알기 쉽고 공감할 수 있는 글을 쓰고 싶었지만 쓰고 나서 보니 일반인들에게는 좀 어려운 글이 되어 버린 듯합니다. 방대한 범위의 까다로운 내용을 한 권으로 압축하며 비판과 평가를 내리다 보니 아무래도 버거운 작업이었고 그로 인해 생겨난 어쩔 수 없는 난해함이라고 변명해 봅니다.

부처님은 게송을 읊은 대가로 공양을 받지 않으셨습니다.(상1-561) 그런 거래 행위는 가치로 환산할 수 없는 진리에 대한 모독이기 때문이었을 것입니다. 그와 같이 상업 출판에 대해 회의하던 중에 봉선사 현진 스님을 만나 범어에 대한 조언도 구하고 이 책의 출판에 대해서도 상의했었습니다. 처음에는 현진 스님의 개인 출판사를 통해 후원

금만큼 법공양 출판을 하고 인터넷 상에도 올려서 무료로 다운 받을 수 있도록 하는 방법을 생각해 봤습니다. 그러나 현진 스님 소개로 불광출판사의 이상근 주간님과 인연이 되었고 주간님이 출판사를 통해 정식으로 출판하는 것이 여러 가지 측면에서 유익하고도 효과적인 방법이라고 조언해 주셨습니다. 결국 이를 받아들여 불광출판사를 통해 책을 내기로 결정했습니다. 다만 후원금만큼 법공양판을 먼저 출판하여 배포하고 정식 출판을 통한 수익금은 얼마가 되었든 그 모두를 정진만 하다 보면 생계조차 위협 받는 선원 수좌 스님들의 대중 공양금으로 회향하기로 했습니다. 이 출판으로 조금이나마 더 많은 사람들이 정법의 빛을 쪼이게 된다면 그것은, 무명의 저자가 쓴 가소로운 제목의 졸저에 관심을 가져 주고 직접 교정과 편집까지 맡아주셨으며 출판까지 이어지도록 이바지한 이상근 주간님의 권청 공덕에 기인한 것입니다.

그리고 이 자리를 빌어 꼭 감사함을 전하고 싶은 분들이 있습니다. 바로 초기불전연구회의 각묵 스님과 대림 스님, 그리고 한국빠알리성전협회의 전재성 박사님입니다. 이 분들의 인생을 바친 선구적인 연구와 번역이 밑거름이 되어주었기 때문에 많은 시간과 노고를 덜고서 이 책을 정리할 수 있었습니다. 비록 본서에서 기존 번역에 대한 비판이 있었고, 잘못된 비판도 있겠지만 어쨌거나 이 일은 오로지 법을 위한 마음이었을 뿐이지 선학들의 은혜를 모르는 처사가 아님을 알아주셨으면 합니다.

한편 이 책은 거처에서 출판비에 이르기까지 장성운 거사님의 전적인 후원 아래 이루어질 수 있었습니다. 또한 강복득 불자님도 법공양에 동참해 주셨으며, 김정이 불자님도 팔순을 기념하여 가족들과 함께 동참해 주셨습니다. 장대한 인과의 가피를 기대해 봅니다. 이외에도 여러 가지로 도움을 준 많은 인연들이 있지만 일일이 감사를 드리지 못해서 죄송스러울 따름입니다. 영광을 돌릴 훗날을 기약해 보겠습니다.

나무, 시아본사 석가모니불!

(南無, 是我本師 釋迦牟尼佛! 돌아가라, 우리의 본래 스승이신 석가모니 부처님께로!)

한때 三明堂에서 병든 걸사, 時現 삼가 쓰다.

부록

진리의 경(상2-162)

1 이와 같이 저에게 들렸습니다.

한때 세존께서는 사위성에 거처하십니다.

2 "비구들이여, 그대들에게 **따라서-같이-생겨남**(paṭicca-sam-uppāda, 緣起)과 **따라서-같이-생겨난**(paṭicca-sam-uppanna, 緣已生) **법들**에 대해서 교시하겠습니다. 정신을 잘 기울여서 이것을 들어야 합니다. 내가 설하겠습니다." "세존이시여, 그렇게 하겠습니다."라고 비구들은 세존께 대답했습니다.

세존께서는 이렇게 말씀하셨습니다.

3 "비구들이여, 어떤 것이 따라서-같이-생겨남입니까?

비구들이여, '**태어남의 연유로 늙고 죽음**'이라는 것은 한결같은 이들이 생겨나거나 생겨나지 않거나 간에 확정된 경계입니다. 법의 확정성이고 법의 노선성이며 이-연유로-됨입니다. 한결같은 이는 이것을 확연히 깨닫고 간파했습니다. 확연히 깨닫고 간파하고서 알려주고, 보여주고, 제시하고, 출발하고, 드러내고, 분별하고, 뚜렷하게 밝히나니, 아하! 하고 알아보십시오. 비구들이여, '태어남의 연유로 늙고 죽음'이라고 한 거기에서 그대로인 성질, 허황되지 않은 성질, 다름없는 성질, 이-연유로-됨인 이것을 따라서-같이-생겨남이라고 합니다.

4 비구들이여, **'생성됨의 연유로 태어남'**이라는 것은 한결같은 이들이 생겨나거나 생겨나지 않거나 간에 확정된 경계입니다. 법의 확정성이고 법의 노선성이며 이–연유로–됨입니다. 한결같은 이는 이것을 확연히 깨닫고 간파했습니다. 확연히 깨닫고 간파하고서 알려주고, 보여주고, 제시하고, 출발하고, 드러내고, 분별하고, 뚜렷하게 밝히나니, 아하! 하고 알아보십시오. 비구들이여, '생성됨의 연유로 태어남'이라고 한 거기에서 그대로인 성질, 허황되지 않은 성질, 다름없는 성질, 이–연유로–됨인 이것을 따라서–같이–생겨남이라고 합니다.

비구들이여, **'포착의 연유로 생성됨'**이라는 것은 한결같은 이들이 생겨나거나 생겨나지 않거나 간에 확정된 경계입니다. 법의 확정성이고 법의 노선성이며 이–연유로–됨입니다. 한결같은 이는 이것을 확연히 깨닫고 간파했습니다. 확연히 깨닫고 간파하고서 알려주고, 보여주고, 제시하고, 출발하고, 드러내고, 분별하고, 뚜렷하게 밝히나니, 아하! 하고 알아보십시오. 비구들이여, '포착의 연유로 생성됨'이라고 한 거기에서 그대로인 성질, 허황되지 않은 성질, 다름없는 성질, 이–연유로–됨인 이것을 따라서–같이–생겨남이라고 합니다.

비구들이여, **'갈구의 연유로 포착'**이라는 것은 한결같은 이들이 생겨나거나 생겨나지 않거나 간에 확정된 경계입니다. 법의 확정성이고 법의 노선성이며 이–연유로–됨입니다. 한결같은 이는 이것을 확연히 깨닫고 간파했습니다. 확연히 깨닫고 간파하고서 알려주고, 보여주고, 제시하고, 출발하고, 드러내고, 분별하고, 뚜렷하게 밝히나니, 아하! 하고 알아보십시오. 비구들이여, '갈구의 연유로 포착'이라고 한 거기에서 그대로인 성질, 허황되지 않은 성질, 다름없는 성질, 이–연유로–됨인 이것을 따라서–같이–생겨남이라고 합니다.

비구들이여, **'느낌의 연유로 갈구'**라는 것은 한결같은 이들이 생겨나거나 생겨나지 않거나 간에 확정된 경계입니다. 법의 확정성이고 법의 노선성이며 이–

연유로-됨입니다. 한결같은 이는 이것을 확연히 깨닫고 간파했습니다. 확연히 깨닫고 간파하고서 알려주고, 보여주고, 제시하고, 출발하고, 드러내고, 분별하고, 뚜렷하게 밝히나니, 아하! 하고 알아보십시오. 비구들이여, '느낌의 연유로 갈구'라고 한 거기에서 그대로인 성질, 허황되지 않은 성질, 다름없는 성질, 이-연유로-됨인 이것을 따라서-같이-생겨남이라고 합니다.

비구들이여, '접촉의 연유로 느낌'이라는 것은 한결같은 이들이 생겨나거나 생겨나지 않거나 간에 확정된 경계입니다. 법의 확정성이고 법의 노선성이며 이-연유로-됨입니다. 한결같은 이는 이것을 확연히 깨닫고 간파했습니다. 확연히 깨닫고 간파하고서 알려주고, 보여주고, 제시하고, 출발하고, 드러내고, 분별하고, 뚜렷하게 밝히나니, 아하! 하고 알아보십시오. 비구들이여, '접촉의 연유로 느낌'이라고 한 거기에서 그대로인 성질, 허황되지 않은 성질, 다름없는 성질, 이-연유로-됨인 이것을 따라서-같이-생겨남이라고 합니다.

비구들이여, '여섯 영역의 연유로 접촉'이라는 것은 한결같은 이들이 생겨나거나 생겨나지 않거나 간에 확정된 경계입니다. 법의 확정성이고 법의 노선성이며 이-연유로-됨입니다. 한결같은 이는 이것을 확연히 깨닫고 간파했습니다. 확연히 깨닫고 간파하고서 알려주고, 보여주고, 제시하고, 출발하고, 드러내고, 분별하고, 뚜렷하게 밝히나니, 아하! 하고 알아보십시오. 비구들이여, '여섯 영역의 연유로 접촉'이라고 한 거기에서 그대로인 성질, 허황되지 않은 성질, 다름없는 성질, 이-연유로-됨인 이것을 따라서-같이-생겨남이라고 합니다.

비구들이여, '명칭과 방해물의 연유로 여섯 영역'이라는 것은 한결같은 이들이 생겨나거나 생겨나지 않거나 간에 확정된 경계입니다. 법의 확정성이고 법의 노선성이며 이-연유로-됨입니다. 한결같은 이는 이것을 확연히 깨닫고 간파했습니다. 확연히 깨닫고 간파하고서 알려주고, 보여주고, 제시하고, 출발하고, 드러내고, 분별하고, 뚜렷하게 밝히나니, 아하! 하고 알아보십시오. 비구들이여, '명칭과 방해물의 연유로 여섯 영역'이라고 한 거기에서 그대로인 성질, 허황되지 않은 성질, 다름없는 성질, 이-연유로-됨인 이것을 따라서-같이-생겨남이라고 합니다.

비구들이여, **'식별의 연유로 명칭과 방해물'**이라는 것은 한결같은 이들이 생겨나거나 생겨나지 않거나 간에 확정된 경계입니다. 법의 확정성이고 법의 노선성이며 이-연유로-됨입니다. 한결같은 이는 이것을 확연히 깨닫고 간파했습니다. 확연히 깨닫고 간파하고서 알려주고, 보여주고, 제시하고, 출발하고, 드러내고, 분별하고, 뚜렷하게 밝히나니, 아하! 하고 알아보십시오. 비구들이여, '식별의 연유로 명칭과 방해물'이라고 한 거기에서 그대로인 성질, 허황되지 않은 성질, 다름없는 성질, 이-연유로-됨인 이것을 따라서-같이-생겨남이라고 합니다.

비구들이여, **'형성작용들의 연유로 식별'**이라는 것은 한결같은 이들이 생겨나거나 생겨나지 않거나 간에 확정된 경계입니다. 법의 확정성이고 법의 노선성이며 이-연유로-됨입니다. 한결같은 이는 이것을 확연히 깨닫고 간파했습니다. 확연히 깨닫고 간파하고서 알려주고, 보여주고, 제시하고, 출발하고, 드러내고, 분별하고, 뚜렷하게 밝히나니, 아하! 하고 알아보십시오. 비구들이여, '형성작용들의 연유로 식별'이라고 한 거기에서 그대로인 성질, 허황되지 않은 성질, 다름없는 성질, 이-연유로-됨인 이것을 따라서-같이-생겨남이라고 합니다.

비구들이여, **'깜깜모름의 연유로 형성작용들'**이라는 것은 한결같은 이들이 생겨나거나 생겨나지 않거나 간에 확정된 경계입니다. 법의 확정성이고 법의 노선성이며 이-연유로-됨입니다. 한결같은 이는 이것을 확연히 깨닫고 간파했습니다. 확연히 깨닫고 간파하고서 알려주고, 보여주고, 제시하고, 출발하고,

드러내고, 분별하고, 뚜렷하게 밝히나니, 아하! 하고 알아보십시오.

5 비구들이여, '깜깜모름의 연유로 형성작용들'이라고 한 거기에서 그대로인 성질, 허황되지 않은 성질, 다름없는 성질, 이-연유로-됨인 이것을 따라서-같이-생겨남이라고 합니다.

6 비구들이여, 어떤 것이 따라서-같이-생겨난 법들입니까?

비구들이여, **늙고 죽음**은 무상한 것이고, 형성된 것이고, 따라서-같이-생겨난 것이고, 멸진하는 법이며, 쇠멸하는 법이며, 퇴색하는 법이며, 소멸하는 법입니다.

7 비구들이여, **태어남**은 무상한 것이고, 형성된 것이고, 따라서-같이-생겨난 것이고, 멸진하는 법이며, 쇠멸하는 법이며, 퇴색하는 법이며, 소멸하는 법입니다.

8 비구들이여, **생성됨**은 무상한 것이고, 형성된 것이고, 따라서-같이-생겨난 것이고, 멸진하는 법이며, 쇠멸하는 법이며, 퇴색하는 법이며, 소멸하는 법입니다.

9 비구들이여, **포착**은 무상한 것이고, 형성된 것이고, 따라서-같이-생겨난 것이고, 멸진하는 법이며, 쇠멸하는 법이며, 퇴색하는 법이며, 소멸하는 법입니다.

10 비구들이여, **갈구**는 무상한 것이고, 형성된 것이고, 따라서-같이-생겨난 것이고, 멸진하는 법이며, 쇠멸하는 법이며, 퇴색하는 법이며, 소멸하는 법입니다.

11 비구들이여, **느낌**은 무상한 것이고, 형성된 것이고, 따라서-같이-생겨난 것이고, 멸진하는 법이며, 쇠멸하는 법이며, 퇴색하는 법이며, 소멸하는 법입니다.

12 비구들이여, **접촉**은 무상한 것이고, 형성된 것이고, 따라서-같이-생겨난 것이고, 멸진하는 법이며, 쇠멸하는 법이며, 퇴색하는 법이며, 소멸하는 법입니다.

13 비구들이여, **여섯 영역**은 무상한 것이고, 형성된 것이고, 따라서-같이-생겨난 것이고, 멸진하는 법이며, 쇠멸하는 법이며, 퇴색하는 법이며, 소멸하는 법입니다.

14 비구들이여, **명칭과 방해물**은 무상한 것이고, 형성된 것이고, 따라서-같이-생겨난 것이고, 멸진하는 법이며, 쇠멸하는 법이며, 퇴색하는 법이며, 소멸하는 법입니다.

15 비구들이여, **식별**은 무상한 것이고, 형성된 것이고, 따라서-같이-생겨난 것이고, 멸진하는 법이며, 쇠멸하는 법이며, 퇴색하는 법이며, 소멸하는 법입니다.

16 비구들이여, **형성작용들**은 무상한 것이고, 형성된 것이고, 따라서-같이-생겨난 것이고, 멸진하는 법이며, 쇠멸하는 법이며, 퇴색하는 법이며, 소멸하는 법입니다.

17 비구들이여, **깜깜모름**은 무상한 것이고, 형성된 것이고, 따라서-같이-생겨난 것이고, 멸진하는 법이며, 쇠멸하는 법이며, 퇴색하는 법이며, 소멸하는 법입니다.

18 비구들이여, 성스러운 제자는 이러한 따라서-같이-생겨남과 따라서-같이-생겨난 법들을 생성된 대로 바른 알아차림으로 잘 확인하기 때문에 '나는 정말로 과거에 존재했을까? 아니면 과거에 존재하지 않았을까? 나는 과거에 무엇이었을까? 나는 과거에 어떠했을까? 나는 과거에 무엇으로 있다가 무엇이 되었을까?'라고 과거로 거슬러 가거나,

19 '나는 정말로 미래에 존재할까? 아니면 미래에 존재하지 않을까? 나는 미래에 무엇으로 있다가 무엇이 될까?'라고 미래로 치달아 가거나,

20 '나는 정말로 존재하는가? 아니면 존재하지 않는가? 나는 무엇으로 존재하는가? 나는 어떻게 존재하는가? 이 중생은 어디에서 오는 것이며 어디로 가고 있는 것인가?'라고 현재의 성질에 대해서 안으로 의혹을 품게 되는 그런 경우는 분명히 있을 수 없습니다.

21 그 이유는 무엇 때문이겠습니까? 비구들이여, 성스러운 제자는 이러한 따라서-같이-생겨남과 따라서-같이-생겨난 법들을 생성된 대로 바른 알아차림으로 잘 확인하기 때문입니다."

Paccayo (S12:20)

1   Sāvattiyaṃ viharati ‖ ‖

2   Paṭiccasamuppādañca vo bhikkhave desissāmi paṭiccasamuppanne ca
    dhamme ‖ taṃ sunātha sādhukaṃ manasikarotha bhāsissāmīti ‖ ‖
    Evam bhante ti kho te bhikkhū Bhagavato paccassosuṃ ‖ ‖
    Bhagavā etad avoca ‖ ‖

3   Katamo ca bhikkhave paṭiccasamuppādo ‖ Jātipaccayā bhikkhave
    jarāmaraṇaṃ uppādā vā Tathāgatānaṃ anuppādā vā Tathāgatānaṃ ‖
    ṭhitā va sā dhātu dhammaṭṭhitatā dhammaniyāmatā idappaccayatā ‖ ‖
    Taṃ Tathāgato abhisambujjhati abhisameti ‖ abhisambujjhitvā abhisametvā
    ācikkhati deseti paññāpeti paṭṭhapeti vivarati vibhajati uttānī−karoti
    passathāti cāha ‖

4   Jātipaccayā bhikkhave jarāmaraṇaṃ ‖ bhavapaccayā bhikkhave Jāti ‖
    upādānapaccayā bhikkhave bhavo ‖ taṇhāpaccayā bhikkhave upādānaṃ ‖
    vedanāpaccayā bhikkhave taṇhā ‖ phassapaccayā bhikkhave vedanā ‖
    saḷāyatanapaccayā bhikkhave phasso ‖ nāmarūpapaccayā bhikkhave
    saḷāyatanaṃ ‖ viññāṇapaccayā bhikkhave nāmarūpaṃ ‖ saṅkhārāpaccayā
    bhikkhave viññāṇaṃ ‖ avijjāpaccayā bhikkhave saṅkhārā uppādā vā
    Tathāgatānaṃ anuppādā vā Tathāgatānaṃ ‖ ṭhita va sā dhātu dhammaṭṭhitatā
    dhammaniyāmatā idappaccayatā ‖ taṃ Tathāgato abhisambujjhati abhisameti ‖
    abhisambujjhitvā abhisametvā ācikkhati deseti paññāpeti paṭṭhapeti vivarati
    vibhajati uttānī−karoti passathāti cāha ‖

5   Avijjāpaccayā bhikkhave saṅkhārā ‖ Iti kho bhikkhave yā tatra tathatā
    avitathatā anaññathatā idappaccayatā ‖ ayaṃ vuccati bhikkhave
    paṭiccasamuppādo ‖ ‖

6   Katame ca bhikkhave paṭiccasamuppannā dhammā ‖ ‖ Jarāmaraṇaṃ
    bhikkhave aniccaṃ saṅkhataṃ paṭiccasamuppannaṃ khayadhammaṃ
    vayadhammaṃ virāgadhammaṃ nirodhadhammaṃ ‖ ‖

7   Jāti bhikkhave aniccā saṅkhatā paṭiccasamuppannā khayadhammā vayadhammā
    virāgadhammā nirodhadhammā ‖ ‖

8   Bhavo bhikkhave anicco saṅkhato paṭiccasamuppanno khayadhammo
    vayadhammo virāgadhammo nirodhadhammo ‖ ‖

9-16 Uppādānaṃ bhikkhave ‖ ‖ Taṇhā bhikkhave ‖ ‖ vedanā bhikkhave ‖ ‖
    Phasso bhikkhave ‖ ‖ Saḷāyatana bhikkhave ‖ ‖ Nāmarūpaṃ bhikkhave ‖ ‖
    Viññāṇaṃ bhikkhave ‖ ‖ Saṅkhārā bhikkhave ‖ ‖

17 Avijjā bhikkhave aniccā saṅkhatā paṭiccasamuppannā khayadhammā
    vayadhammā virāgadhammā nirodhadhammā ‖ ‖

18 Yato kho bhikkhave ariyasāvakassa ayañca paṭiccasamuppādo ime ca
    paṭiccasamuppannā dhammā yathābhūtaṃ sammāpaññāya suddiṭṭhā honti ‖ so
    vata pubbantaṃ vā paṭidhāvissati ‖ Ahosiṃ nu khvāhaṃ atītaṃ addhānaṃ Na
    nu kho ahosiṃ atītaṃ addhānaṃ kiṃ nu kho ahosiṃ atītaṃ addhānaṃ
    Kathaṃ nu kho ahosiṃ atītaṃ addhānaṃ Kiṃ hutvā kiṃ ahosiṃ nu khvāhaṃ
    atītaṃ addhānan ti ‖ ‖

19 Aparantaṃ vā upadhāvissati ‖ ‖ Bhavissāmi nu khvāhaṃ anāgataṃ addhānaṃ
    Na nu kho bhavissāmi anāgataṃ addhānaṃ Kiṃ nu kho bhavissāmi anāgataṃ
    addhānaṃ Kathaṃ nu kho bhavissāmi anāgataṃ addhānaṃ Kiṃ hutvā kiṃ
    bhavissāmi nu khvāhaṃ anāgataṃ addhānanti ‖ ‖

20 Etarahi vā paccuppannaṃ addhānaṃ ajjhattaṃ kathaṃkathī bhavissati ‖ ‖
    Ahaṃ nu kho smi Na nu kho smi Kiṃ nu kho smi Kathaṃ nu kho smi Ahaṃ
    nu kho satto kuto āgato so kuhiṃgāmī bhavissatī ti ‖ Netaṃ ṭhānaṃ vijjati ‖ ‖

21 Taṃ kissa hetu ‖ Tathā hi bhikkhave ariyasāvakassa ayañca paṭiccasamuppādo
    ime ca samuppannā dhammā yathābhūtaṃ sammāpaññāya suddiṭṭhā ‖ ‖

총 스님에게(『몽산법어』 중)

백장 스님이 마조 스님의 '할'을 듣고 두 번째로 깨달은 인연을 황벽 스님이 듣고
서 곧장 혀를 쑥 내밀었다. 이것은 백장 스님의 법력인가, 마조 스님의 법력인
가? 암두 스님이 덕산 스님의 '할'을 듣고 곧장 절을 올렸는데, 이것은 은혜를 아
는 절인가, 은혜를 갚는 절인가? 이것에 대해 동산 스님이 칭찬하자 암두 스님은
"내가 당시에 한 손은 올리고 한 손은 내렸다." 하시니, 올리고 내린 뜻이 어디에
있는가? 두 늙은이의 골수를 꿰뚫어 봤다면 곧장 한마디 일러 바쳐서 제방의 혓
바닥을 절단내 보아라. 그때서는 입문했다고 인정하겠지만 그렇게 못한다면 급
히 참구해야 한다. 참구하려 한다면 공부하는 법을 알아야 한다.

모름지기 곧장 본분에 의지해서 법답게 해야 하리라. 마땅히 본래 참구하던 공안
에 대해 의심을 가져야 한다. 큰 의심 끝에 반드시 큰 깨달음이 있나니, 천 가지
만 가지 의심을 아울러 한 가지 의심으로 뭉쳐서 본래 참구하던 공안에서 결판을
내야 한다. 그 언구를 의심하지 않는 것이 큰 병통이다. 그러므로 모든 인연을 다
버리고 앉으나 서나, 가든 눕든 24시간 내내 오로지 화두만 챙기고 시선을 안으
로 돌이켜 스스로 살펴야 한다.

좌선 중에 힘을 얻는 경우가 가장 많으니 앉는 법을 바르게 해야 한다. 눈살을
찌푸리며 눈을 부릅뜨고 몸과 마음을 억누르지 말아라. 무리하게 용을 쓰다간

병고만 얻게 된다. 다만, 몸을 단정히 바르게 앉아서 눈을 평상시처럼 뜨고 몸과 마음의 경계에 너무 신경 쓰지 않아야 한다. 혹시 혼침해지거나 산란해지거든 정신을 좀 차려서 한두 번 소리를 내면서 화두를 들면 자연히 모든 마장이 사라질 것이다.

눈이 안정되면 마음이 안정되고, 마음이 안정되면 몸이 안정된다. 그렇다고 안정된 상태에만 빠져 있어서는 안 되나니, 화두를 잊고 마음에 아무 일 없이 고요한 상태에 떨어져 있으면 크게 깨칠 수 없을 뿐더러 큰 병이 되고 만다. 달마 대사가 서역에서 건너오시어 오로지 '바로 가리키는 법'을 써서 큰 깨달음을 얻어 입문하도록 하셨고, 선정이나 신통은 지엽적인 일이라서 거론하지 않으셨다. 물론 선정 가운데 깨달아 밝힌다면야 지혜가 곧 광대해져서 물이든 뭍이든 막힘없이 누빌 것이다.

공부가 진하게 잘 되기도 했다가 희미하게 잘 안 되기도 했다가 하면서 아무 재미없는 시절이 있다. 이때 계속 잘 지어나가면 점점 고비에 다다르게 되니, 절대로 놓아 버리지 말아야 한다. 또렷또렷하면 곧 고요해지고, 고요해진 후에 선정에 들게 된다. 선정에는 삿된 선정과 바른 선정이 있으니 잘 알아야 한다. 선정에서 일어난 후에 몸과 마음이 맑고 거뜬해서 어디에서나 힘이 들지 않고, 움직이는 가운데에서도 의심이 한 조각을 이루거든 자세하게 마음을 써야 된다.

공부를 해나가는 데 있어서 처음부터 끝까지 '고요함'과 '깨끗함' 이 두 글자를 여의지 말아야 한다. '고요함'이 지극하면 곧 깨치게 되고, '깨끗함'이 지극하면 밝게 통달하게 된다.

엄숙하고도 맑은 기운이 감돌아서, 움직이든 가만히 있든 그 상태가 마치 가을 하늘과 같은 시절이 온다. 이것이 첫 번째 고비니, 그 시절을 잘 타서 더 나아가야 한다.

가을 들녘에 고인 물처럼 맑으며 옛 사당 안의 향로처럼 적적하면서도 또렷또렷해서 마음 작용이 멈추는 시절이 온다. 또한 이 몸뚱이가 인간 세상에 있는지조차 모르고 다만 화두만이 면면히 끊어지지 않게 된다. 이 속에 이르면 번뇌는 쉬

고 광명이 밝아진다. 이것이 두 번째 고비니, 만약 여기에서 알았다는 생각을 내면 순일했던 오묘함이 끊어지면서 크게 해롭다.

이런 실수만 하지 않으면 화두가 움직이든 가만히 있든 한결같고 자나 깨나 또렷또렷해서 눈앞에 분명하게 드러나게 된다. 마치 여울 물결에서도 뚜렷이 일렁이는 달빛처럼 건드려도 흩어지지 않고 휘저어도 사라지지 않는 시절이 온다. 이때에 고요한 중심은 요동치지 않으며 바깥 일이 흔들어 대도 꿈쩍도 않는다. 이것이 세 번째 고비니, 의심 덩어리가 깨지고 바른 안목이 열리는 때가 가까워진 것이다.

홀연히 착착 들어맞아지면서 '툭' 끊어지고 '탁' 터져서 자기를 확연히 밝히고 부처님과 조사들이 사람들에게 미움 받은 곳을 잡아내게 된다. 이때 대종장을 친견해서 단련을 받고 법의 큰 그릇을 이루어야 마땅한 것이지, 조금 얻은 것으로 만족해 버리면 안 된다. 깨달음 후에 대종장을 만나지 못하면 뒷일을 요달하지 못하게 되고 그 피해가 한두 가지가 아니다. 혹시 부처님과 조사들이 깨닫게 한 인연 상에서 막히는 곳이 있다면 이는 깨달음이 옅어서 현묘함을 다하지 못한 것이다. 이미 현묘함을 다해 마쳤다 해도 다시 물러나서 자취를 감추고, 보호하며 길러서 역량을 온전히 갖추어야 할 것이다. 경전과 유교 내지 도교 등의 서적까지 살펴보면서 여러 생의 습기를 녹여 없애면 끝없이 청정하고 걸림 없이 두루 밝아져서 비로소 높이 날고 멀리 미칠 수 있으며 성대한 광명을 얻어서 앞선 조사들의 종풍을 더럽히지 않게 될 것이다.

혹시라도 옛날의 본보기가 되는 삶을 다 이루지 못하면 금세 평범한 부류에 떨어져 버린다. 간혹 말할 때엔 깨달은 듯하나 경계에 부딪히면 다시 미혹해진다. 하는 말은 취한 사람 같으며 하는 짓은 속인과 같아서 기틀을 숨기고 드러낼 줄 모르고, 바른 말인지 삿된 말인지 분간할 줄 모르며 인과를 무시해 버리니, 그 피해가 너무나 크도다! 바르고 삿된 것에 대해 선배들의 큰 모범이 있다.

일을 마친 사람은 생사의 언덕에서 거친 것을 섬세하게 바꾸고 단점을 장점으로 고치며, 지혜 광명의 해탈로써 모든 법을 내는 삼매왕을 얻어야 하리라. 이 삼매의 힘으로 마음대로 몸을 받는 능력이 생겨서 향후에 오묘한 응신(應身)과 신신(信身)을 얻게 된다.

도란 큰 바다와 같아서 들어갈수록 더욱 깊어지느니라. 달마 대사가 게송으로 말씀하시길, "부처님의 마음을 깨닫는 것은 똑같아서 차별이 없지만 아는 것과 행하는 것이 일치해야 조사라 할 수 있다."고 하셨으니, 다시는 선종 가운데 부처와 조사를 뛰어넘는 계략이 있다고 말하지 말아라.

총 스님은 믿겠는가? 믿든 믿지 않든 훗날에 스스로 알리라.

(본 번역은 1985년도 용화선원 번역본과 2013년도 도서출판 법공양의 원순 스님 번역본을 참고한 것임)

示聰上人

黃檗見百丈舉再參機緣便吐舌, 是得百丈力耶 得馬祖力耶. 巖頭見德山一喝便禮拜, 是知恩耶 報恩耶. 又答東山語云, 我當時一手擡一手搦, 那裏是他擡搦處. 見徹二老骨髓者, 便好着一轉語, 截斷諸方舌頭, 許汝得入門已. 其或未然急宜參究. 若涉參究便論工夫.

直須依本分如法始得. 當於本參公案上有疑, 大疑之下必有大悟. 千疑萬疑併作一疑, 於本參上取辦. 若不疑言句是爲大病. 仍要盡捨諸緣, 於四威儀內二六時中, 單單提箇話頭迴光自看.

若於坐中得力最多. 坐宜得法, 不要瞪眉努目遏捺身心. 若用氣力則招病苦. 但端身正坐平常開眼, 身心境界不必顧着. 或有昏沈掉舉着些精彩, 提舉一二聲話頭, 自然諸魔消滅. 眼定而心定, 心定而身定. 若得定時, 不可以爲能事. 或忘話頭沈空滯寂, 不得大悟反爲大病. 吾祖西來單提直指以大悟爲入門, 不論禪定神通此是末邊事. 若於定中得悟明者, 知慧卻能廣大水陸並進也.

工夫若到濃一上淡一上無滋味時, 正好進步漸入程節, 切不可放捨. 惺惺便入靜, 靜而後定. 定各有名有邪有正宜知之. 起定後身心輕清, 一切處省力. 於動中打成一片, 當仔細用心. 趁逐工夫, 始終不離靜淨二字. 靜極便覺, 淨極光通達.

氣肅風淸, 動靜境界如秋天相似時, 是第一箇程節. 便宜乘時進步.

如澄秋野水, 如古廟裏香爐相似, 寂寂惺惺心路不行時, 亦不知有幻身在人間, 但見箇話頭綿綿不絕. 到這裏, 塵將息而光將發, 是第二箇程節. 於斯若生知覺心則, 斷純一之妙大害也.

無此過者, 動靜一如, 寤寐惺惺, 話頭現前. 如透水月華, 在灘浪中活潑潑, 觸不散蕩不失時, 中寂不搖外撼不動矣, 是第三箇程節. 疑團破正眼開近矣.

忽然築着磕着, 啐地絕爆地斷洞明自己, 捉敗佛祖得人憎處. 又宜見大宗匠, 求鍛鍊成大法器, 不可得少爲足. 悟後若不見人, 未免不了後事其害非一. 或於佛祖機緣上有礙處, 是悟淺未盡玄妙. 旣盡玄妙又要退步, 韜晦保養力量全備, 看過藏教儒道諸書. 消磨多生習氣, 淸淨無際圓明無礙, 始可高飛遠擧. 庶得光明盛大, 不辱先宗.

其或換舊時行履處未盡, 便墮常流. 更若說時似悟對境還迷, 出語如醉人作爲似俗子. 機不識隱顯, 語不知正邪, 撥無因果, 極爲大害. 先輩正之與邪大有樣子. 了事者生死岸頭, 能易麤爲細能易短爲長. 以智光明解脫得出生一切法三昧王, 以此三昧故得意生身, 向後能得妙應身信身.

道如大海轉入轉深. 達摩有頌云, 悟佛心宗等無差互, 行解相應名之曰祖. 更莫說宗門中, 有超佛越祖底作略. 聽上人信麽. 信與不信向後自知.

| 부록 3 |

찾아보기 번역 대조
(**본문 번역** / 빨리어·한역 / 전재성 역 / 각묵 역 • **PAGE**)

ㄱ

578   대승은 끝났다

ㄷ

ㅁ

ㅋ

ㅌ

ㅍ

시현(時現)
대한불교조계종 선원 비구 수좌

대승은 끝났다

ⓒ 시현 2018

2018년 3월 26일 초판 1쇄 발행
2022년 3월 3일 초판 2쇄 발행

지은이 시현
발행인 박상근(至弘) • 편집인 류지호 • 편집이사 양동민
책임편집 이상근 • 편집 김재호, 양민호, 김소영, 권순범
디자인 쿠담디자인 • 제작 김명환 • 마케팅 김대현, 정승채, 이선호 • 관리 윤정안
펴낸 곳 불광출판사 03150 서울시 종로구 우정국로 45-13, 3층
　　　　대표전화 02) 420-3200 편집부 02) 420-3300 팩시밀리 02) 420-3400
　　　　출판등록 1979. 10. 10.(제300-2009-130호)

ISBN 978-89-7479-391-3 (93220)

값 25,000원